www.ingramcontent.com/pod-product-compliance
Lightning Source LLC
Chambersburg PA
CBHW070645150426
42811CB00051B/747

ספר

# נועם אלימלך

לרבינו החסיד

## רבי אלימלך

מליזענסק

זצוקלה"ה

## מהדורה ליולדת

אותיות קטנות

בהוצאת
שמחת חיים
תשפ"ד
SimchatChaim.com

ידוע כי אין בר בלי תבן, כך אין ספר בלי טעויות, ועוד יודע אני כי דל ועני אני, **ואין עני אלא בדעה**. לכן מבקש אני בכל לשון של בקשה אם יש לכל אחד שאלות, הערות, הארות, תיקונים, נא לשלוח ל - book@simchatchaim.com והשתדל לענות, ולתקן את הצריך תיקון.

**בברכה והצלחה בלימוד התורה הקדושה**
**ובעיקר בפנימיות התורה, ותורת נועם אלימלך**
**ורפואה שלימה לכל חולי ישראל.**

היב"ש



מהדורה ראשונה תשפ"ד 2023

# נֹעַם אֱלִימֶלֶךְ

**נועם אלימלך**

**פתיחה**

**הסכמות**

הסכמת הרב הגאון הגדול החסיד המפורסם בדורו אב"ד דק"ק ליזענסק ואשא עיני וארא והנה שני אנשים נצבים לפני, ובידם מגילה עפה כתובה פנים ואחור וקדם למעשה בראשית, דברים העומדים ברומו של עולם למבינים וראוים לאומרם, ויוצאים מפה קדוש איש אלקים נר ישראל וקדושו המנוח מהור"ר אלימלך זצלה"ה, אשר מכירו הייתי לשעבר, וזה כמה שנים אשר נתקבלתי פה קהילתינו מקום תכונתו מקור מים חיים, אשר רבים שתו וחיו לשכנו דרשו ובאו מקצה ארץ עד קצהו. אמנם עכשיו ביותר אשר באו לפני אנשים האלו אנשי שם, ה"ה בן לאותו צדיק אשר הניח אחריו ברכה הרבני המופלג החסיד המפורסם כמוהר"ר אלעזר נר"ו, וחד דעמיה ה"ה הרבני המופלא ומופלג בתורה וחסידות ויראה שלם כמוהר"ר זכריה מענדיל נר"ו בנן של קדושים שלשלת יחוסים, ופרשו את המגילה לפני מדברים עתיקים הנחקקים מפיו הקדוש, והמה מתאמצים לעלות למצוה רבה לזכות הדור לחוק מהני מילי מילין עלאין קדישין בספר ספירת דברים קדושים אשר מושכים את הלב ליראה וקדושה, ואורו עיני כי טעמתי מעט הדבש בקראי בו שנים ושלש דלתות והמה מתוקים לחיך ונכנסים ללב. ואמרתי שגם מזה נודע גודל צדקתו וענותנותו שלא רצה להתגלות את עצמו כל כך בחייו כאשר היה דרכו תמיד להקטין את עצמו. לכן הנני מחזקם בלבי וידי לחוק הדברים האלו בספר לקבעם בדפוס ויעשו כיון, ויהא רעוא שזכות החסיד המנוח הנ"ל וזכות רבים אשר יעוררו לבבם בקוראם דברי קדושים האלו יעמוד לנו להיותינו זוכים במהרה לטעמי תורה מנשיקות פי משיח צדקינו, ויוחש ויכונן במהרה מקום מקדשינו אמן. וראוי ונכון שלא להסיג גבולם בהדפסת עוד זה הספר עד זמן י' שנים מעת הנ"ל אם לא ברשות בניו. הכ"ד המדבר לכבוד התורה ולומדיה וליראה את השם הנכבד והנורא, יום ו' י"ד חשון שנת תקמ"ח לפ"ק. הקטן זאב וואלף במוהר"ר אלעזר פה ק"ק ליזענסק

הסכמת הרב הגאון הגדול החסיד המפורסם בדורו אב"ד דק"ק פשעוורסק בא החכם לגבולי הרבני המופלא החסיד מוהר"ר אלעזר, בן לאותו צדיק הרב המופלג החסיד המפורסם קדוש ישראל איש פלא המנוח מוהר"ר אלימלך זלה"ה, כבר נודע בישראל גודל צדקתו וחסידותו רבים השיב מעון, ונשאר אצל בניו מרגניתא טבא חידושים על התורה אשר חידש בחייו, וראיתי קצת פירושים, מצאתי בהם מתוקים מדבש ונופת צופים, וודאי יהיו תועלת גדול להדפיס הספר הזה, כאשר אמרו חז"ל דברים היוצאים מן הלב נכנסים לתוך הלב. והנני מסכים מי יתן ויחוקו בספר מילין, וזכות הרב המחבר יעמוד לנו. הכ"ד המדבר לכבוד הרב המנוח החסיד המפורסם מוהר"ר אלימלך ז"ל אשר כל ימיו עסק בתורה ובמצות, וראוי לכל אדם להשתדל לדבר מצוה כזה להיות שפתותיו של אותו הצדיק דובבות בקבר, זו תורה וזו שכרה, נוצר תאנה יאכל פריה. הכ"ד הבא עה"ח היום יום ב' מרחשוון תקמ"ח לפ"ק פה ק"ק פשעוורסק יצ"ו נאום שמואל הקטן בהרב המנוח המפורסם מוהר"ר משה פנחס זלה"ה

הסכמת הרב הגאון הגדול החסיד המפורסם בדורו המקובל אב"ד דק"ק זלאטשוב רבים שתו מבאר מים חיים אשר יצא מפי אותו צדיק איש אלקים קדוש יאמר לו המנוח מורינו אלימלך זלה"ה בחיים חיותו, ועתה קם בנו תחתיו הרבני המופלג הוותיק ועושה חסד מ' אלעזר נ"י, וחד דעמי' ה"ה הרבני מ' זכריה מענדיל, והתנדבו נפשם לדבר מצוה לזכות הרבים ולהביא לבית הדפוס כתבי הקודש אשר נשאר אחריו ברכה בפרט ועוללות שנים שלשה גרגרים בראש אמיר שכתבו כשיצאו מפיו הקדוש, ועתה בראותי הלקוטים אשר בידיהם פירושים על התורה, וכולם מלא עול מלכות שמים ודביקות הבורא ית"ש לעבדו עבודה שלימה ביראה ובאהבה, למען ידעו התועים בינה והשכל לעשות רצון קונם, נתתי שמחה בלבי כי יפוצו מעיינותיו חוצה. הגם שדברי תורה חנ"ל אין צריכין חיזוק וסמיכה, כי מסומכים ומיוסדים על אדני פז, וזחלתי ואירא לשלוח ידי לאחוז ולתמוך את ארון הקודש, אמנם עשיתי למלאות רצון הני זוגא דרבנן הנ"ל שהיה בחפצם שאתן סמיכה, לזאת ידי תיכון עמהם וה' יהיה בעזרתם שיגמרו מלאכת הדפוס ספר הקדוש הנ"ל אשר קראו אותו נועם אלימלך, וראוי ונכון שלא להשיג גבולם להדפיס הספר הנ"ל במשך עשרה שנים מיום כלות מלאכת הדפוס ספר הנ"ל. וזכות הצדיק וזכות התורה יעמוד לכל ישראל עם דל השואל, ובא לציון גואל. כ"ד המדבר לכבוד ה' ותורתו היום יום ג' ב' כסלו תקמ"ח לפ"ק. הק' ישכר בער מגזע צבי פה ק"ק זלאטשוב:

הסכמת הרב המאור הגדול החסיד המפורסם בדורו אב"ד דק"ק טרניגראד מי יפאר גודל פאר גדולת רבינו הקדוש ה"ה הרב הגדול ליהודים היה אורה החסיד והעניו אור ישראל וקדושו יפה פרי תואר קרא ה' שמו מהור"ר אלימלך זללה"ה, וכבר נודע בין החיים אשר גדלו ואשר נשאו המלך מלכו של עולם ושמעו היה הולך בכל הארץ, וינהל אחריו כל בית ישראל בעודנו חי עמנו איש איש ממלאכתו, הן המלאכה הצריכה לגופו הן מרפא נפש עד איש אלחים יבא דבר שניהם ויחדיו יהיו תמים ברפאות תעלה תרף נתן ועקימת שפתיו הוי מעשה רב להושיע. אבל מה נעשה כי בעו"ה אור נערב ומשוש לבינו קדוש ישראל הנ"ל לפי שעה היה, ואחז צדיק דרכו דרך כל הארץ ונגנז ארון הקודש והוא מרומים ישכון, ותהי זאת תנחומתינו אשר הניח אחריו ברכה, והן היום באו בגבולי הני זוגי דרבנן, האחד בן לאותו צדיק, ה"ה הרבני החסיד הותיק המופלא מ' אלעזר נ"י, וה"ה הרבני החריף חסיד ועניו יראת ה' על פניו, וחרות בנשתוניו ידיד נפשי וש"ב מוהר"ר מנחם מענדל נ"י גזע ישישים ובנן של קדושים אשר בארץ המה המפורסמין, ושניהם במצוה רבה עסקי להוציא לאור תעלומות חכמת הרב הגדול הנ"ל, והראוני מחצב של סנפירון אשר חצב באמרי פיו, ואשר דבר בקדשו דברים העומדים ברומו של עולם כבשי דרחמנא מדי שבת בשבתו, והדברים מסודרים דבר דיבר על אופנו על סדר תורתינו הקדושה, ורוצים להדפיסו ולזכות הרבים. והנה אף שידעתי מיעוט ערכי תולעת ולא איש דברים, ואיני כדאי להעיד על דברים שנאמרו מסיני ועוקר הרים, אך מהפצרת ידידי נפשי האנשים הנ"ל ואהבתם עזי, לעשות רצונם חפצתי, ובפרט כי נפשי יודעת מאד רב התועלת מהדברים הנ"ל להחפצים להדבק בה' באמת ובענוה, והיה כל מבקשי ה' יבא להגות באמרי ספר הקדוש הנ"ל, ואשרי אדם עוז לו בו מסילות בלבבם יבואו לעלות מעלה מעלה לעבודת המלך מלכו של עולם, לזה ידי תכון עמם וזרועי תאמצם להביא ספר הקדוש הזה אל בית הדפוס ותמלא הארץ דעה את ה'. דברי המדבר לכבוד תורתינו הקדושה ולכבוד נשמת רבינו הקדוש המחבר ז"ל. היום יום ג' חי חשון תקמ"ח לפ"ק, פה ק"ק טרניגראד. הקטן אליעזר בהגאון מוהר"ר הלוי הראויץ זלה"ה

הסכמת הרב המאה"ג המפורסם החסיד המקובל מהו' יעקב יוסף מאסטרהא היות בא לפני פ"ק יצ"ו הרבני המופלא חחסיד מ' אלעזר, בן לאותו צדיק המפורסם הגדול הרב חחריןז האיש אלקים ומופת הדור המנוח מ' אלימלך זלה"ה, והראה לפני מכתב קודש על התורה הנכתב מדברי נועם זיו אמריו יצאו מפה קדוש מדבר כבוד אביו הנ"ל, וטעמתי טעם והיו מתוקים בפי כדבש למתוק, ובכן אמרתי טוב ויפה להביאו כיון בדפוס, ואשרי המסייע בדבר ישולם שכרו בזה ובבא. הכ"ד יעקב יוסף בהרב מוהר"ר יהודה ליב זצ"ל מק"ק אסטרהא ר' אברהם משה מפשעוורסק

הסכמת הרב המאה"ג המפורסם החסיד המקובל מהו' אברהם משה מפשעווארסק מודעת זאת בכל הארץ את יקר תפארת גדולות הדרת שפעת יקרת אור תורתו ויראתו של כבוד אדמ"ו, ה"ה מהו' הרב החסיד המפורסם איש אלקים קדוש הוא בוצינא קדישא מהור"ר אלימלך זלה"ה נשמתו בגנזי מרומים הכ"מ. וכבר יצא טיבעו בעולם, ושמעו הטוב הולך בכל המדינות, והעמיד תלמידים הרבה, ורבים השיב מעון כאשר נודע ביהודה ובישראל גדול שמו לכל היד החזקה אשר עשה לעיני כל ישראל. ואפף במותו הניח אחריו ברכה מהני מילי מעליותא שנאמרו מפיו הקדוש בעודנו חי עמנו מידי שבת בשבתו על שולחנו הטהור דברים מתוקים לחיך ותאווה לעינים, פירושים חריפים ומתוקים על פסוקים וגמרא ומדרשים מיוסדים על אדני פז, להורות לעם דרך ה' את המעשה אשר יעשון. והן היום בא לפני כבוד מחו' הרבני המופלג החסיד והעניו ירא אלקים וסור מרע מו' אלעזר נ"י, כי אלקי אביו היה בעזרו להוציא מחשבתו מכח אל הפועל, וחד דעמו ה"ה הרבני המופלג החריף חחסיד והעניו שלשלת היוחסין מוהר"ר זכריה מענדיל נ"י בהרב המאה"ג מוהר"ר יהושיע אב"ד דק"ק שטרום, ושניהם לדבר אחד נתכוונו לעסוק במלאכת הקודש ולהיות עבודתו הקודש עליהם להביא אל משבח הדפוס דברי פה קדוש מהור"ר אלימלך זלה"ה, וביקשו ממני ליתן להם הסכמה. והנה מחמת שנפשי יודעת מאוד מיעוט ערכי, מסוה הבושה על פני, כי בושש משה להרים את ידו ולספר את גודל עילות תהילות מעלות אדמ"ו ז"ל, כי לי' דומיה תהילה והמפורסם א"צ ראיה. אמנם מחמת מיום אשר נתן לי אלקים לב לדעת ועינים לראות חסידתו ופרישתו של אדמ"ו לא זזתי מכותלי בית מדרשו, ותמיד הייתי מסתופף בצלו צל חחכמה והיראה, ויראתי בפצותי שיח לספר בשבחו שלא אפגום בכבודו, כי הן אלא קצות דרכיו ואם אמרתי אספרה גודל מדרגתיו קצר המצע מהשתרע. ומיום אשר נלקח ממנו ארון אלקים מאנה הנחם נפשי כי חשכו הרואות בארובות. אמרתי זה ינחמנו מעצבון ידינו בשמענו אמריו כי נעמו, כמו חלב ודשן תשבע נפשינו. וכל הקורא בו בודאי ימצא מרגוע לנפשו ונשמתו ולכל בשרו יהיה מרפא, וזכות הצדיק יעמוד לי לעורר לבב הקורא לעבודת הבורא, ויראה זרע יאריך ימים. וראוי ונכון לבני ישראל לבל ישיגו גבולם להדפיס הספר הנ"ל תוך משך עשר שנים, לבל יהיו שלוחי מצוה נזוקין, ודסייעם מחילו וממאודו, יהיה כזית הודו. הכ"ד המדבר בצדקה, וכבוד אמ"ו הרב המחבר זלה"ה אשר בו נפשי שוקקה, ולזכות אחב"י בדבריו אשר מפז מתוקה. היום יום ב' מרחשון, ואתח ד' קרן דוד תצמי"ח לפ"ק. הק' אברהם משה במהור"ר צבי הירש בר"א ז"ל מפשעוורסק

הסכמת החסיד המפורסם איש אלקים קדוש יאמר לו מוהר"ר משולם זוסמאן במוהר"ר אברהם ברוך ה' אשר הפליא חסדו עמנו, והוציא לאור תעלומות חכמה אמרים נעימים וערבים של אחי החסיד המפורסם איש אלקים קדוש יאמר לו מוהר"ר אלימלך. והיות מחמת שכל העולם תאבים ומשתוקקים כלו כבר הספרים שנדפסו בק"ק לעמבערג. ועתה העיר ה' את רוח בני, ה"ה האברך הרבני המופלג מוהר"ר ישראל אברהם, והנלוה אליו לדבר מצוה ה"ה הרבני המופלא מוהר"ר שמואל בהמנוח מוהר"ר נטע, להעלות את הספר הקדוש על הדפוס המשובח הטוב והנעים דק"ק סלוויטא, בכן גזרתי לבל ירים איש ידו ורגלו לדפוס את הספר הנ"ל בשום דפוס בלתי רשות המדפיסים הנ"ל משך עשרה שנים מיום דלמטה, והשומע לדברי ינעם. הק' משולם זוסמאן במוהר"ר אברהם מאנאפאלו

איסור העתקה תעודת כבוד הרב הגאון הצדיק הקדוש, בוצינא קדישא, אספקלריא המאירה, מופת הדור והדרו, תפארת ישראל ע"ה פ"ה כקש"ת מו"ה יחזקאל שרגא האלבערשטאם זצלה"ה משינאווע

הן זה איזה זמן הגידה לי האשה מרת דבורה, אלמנת המופלג המנוח מו"ה אשר שטראם ע"ה מטארנא, שרצונה להעלות על הדפוס ספר נועם אלימלך, אמרתי לה שטוב הדבר, רק באופן שיהיה ביופי והידור, לא כאותן שבאו בדפוס מטושטשים, אמרה שתדפיסו כתמונת הראשון שהדפיס בנו של המחבר זצללה"ה. ועתה הביאה הקונטריסים שנדפסו והנה הנם מהודרים ויפים מאד. לזאת ראוי ונכון שלא להדפיס ספר זה עד שתמכור הספרים שהדפיסה, היינו ששה שנים מעת שיצאו מהדפוס, שלא להיות שלוחי מצוה נזוקין, ובודאי שארית ישראל לא יעשו עולה. וזכות המחבר

# נֹועַם אֱלִימֶלֶךְ

יגן עלינו ועל כל ישראל להצילנו מכל רע ולהשפיע עלינו ברכת טוב עד יגאלנו גאולת עולם במהרה בימינו אמן. דברי הבעה"ח אור ליום ד׳ לסדר ולכל בני ישראל היה אור, ער"ח שבט שנת "ששון" לפ"ק. הק׳ יחזקאל שרגא האלברשטאם

**התנצלות בן המחבר**

**א** פרש נא שיחתי לפני כל ואדברה וירוח לי.

**ל** א אכזב מלי רק האמת אספרה, למען אבאר אשר בלבי ורעיוני היה תמיד למולי.

**ע** וד בחיים חיותו של כבוד אדוני אבי מורי המפורסם הגדול האיש אלקים בוצינא דנהורא שמו נעים כבוד מוהר"ר אלימלך זלה"ה הכ"ם, בהיותם בכאן כמעט כמו מקדש מעט בהתקבץ יחד קודש ישראל לשמוע דברי אלקים חיים יוצאים מפה קדוש מדבר, ועלימו תטוף מלתו של כבוד אבי מורי זלה"ה מצוף דבש, ומצאו בו כל אחד מגמת נפשו ולבו איך לעבוד את ה׳, בהשכיל לבותם כל חד לפי מדרגתו, רבים שתו בצמא את דבריו הקדושים, להיות חקוקים בעט סופר שמור לדורות ולהביאו לבית הדפוס, באמרם לאו בכל יומא ניסא מתרחיש לנסוע תמיד אל כבוד אבי זלה"ה לשמוע מפיו הקדוש ממש, וכשיהיו הדברים נאמרים בספר זכרון, אז נשמח כולנו תמיד בקראנו בו הנהגתינו, ונדע איך להשכיל דרכינו לפני בוראינו ולכלכל את מעשינו כראוי ונכון, כל חד לפי שכלו אשר יבין בו, וכל אחד יאמר שכל הנאמר בו הכל בשבילי.

ז את השבתי למולם, גם אנכי ככם חשקי מאד לדבר זה, ובודאי כך הוא האמת והיושר, אך אי אפשר לעשות שום דבר קטן ודבר גדול בלתי ידיעת כבוד אבי מורי זלה"ה, ובפרט דבר גדול כזה צריך אני להימלך בו, אמרתי אבקשה את הדבר הזה מאתו אולי ישמע בקולי.

ר צתי במהירות לכבוד אבי מורי זלה"ה ודברתי הדברים האלה באזניו, והשיב בזה הלשון: אמת נכון הדבר מאד לפני בורא עולם ית"ש שיבא לבית הדפוס, כי כל אחד בודאי ימצא בו מחוז חפצו לפי מעמדו ומדרגתו בעבודה, אך שאיני רוצה שיהיה זאת בעודי בחיים מהטעם הכמוס. ונצטויתי בציווי גמור מפיו הקדוש והטהור שלאחר מותו אראה להביאו לבית הדפוס. וכה אמר: אין לך מצוה גדולה מזו, כי אף שנראין הדברים כפשוטין לפי ראות העין לכאורה, אבל כשיבוא איזה אדם צדיק וישר וחכם וילמוד בזה הספר, בודאי ימצא בו כל רצונו ובזה יאות הדבר אלי.

ב עבור הדברים אלו הקדושים ששמעתי מפיו, גמרתי בלבי הדבר להעשות כן למען כבוד הבורא ב"ה וב"ש ויתעלה זכרו, והיה כל מבקש ה׳ באמת להעמיק תוכן הדברים עד היכן מגיעים, עמוק עמוק ימצאנו, והנהגות ישרות ודרכי נועם. וקראתי שם הספר נועם אלימלך על שם כבוד אבי זלה"ה, ועל שם אמירה נעימה כסופה אהובה הנשמעת בקהל קדושים, ואבקשה נא מאת השם הטוב על גמרו של דבר, ד׳ היה עוזר לי.

נ א מאוד אהובי׳ אחי׳ וריעי׳ בקשתי מאתכם, שבאם תמצאו איזה דבר שיהיה נראה כטעות או יתור לשון או כדברים פשוטים, בקשתי מאד לעיין בדבר היטב בענין ההוא, ואחר העיון האמיתי אם באמת ימצא איזה טעות, ידעו נכון שהכותב טעה, כמאמר הרמב"ם ז"ל שילוד אשה לא ימלט משגיאה ודלמא אשתלי.

א רוממך שמך הגדול המפואר, על רב טוב אשר גמלת עמי ועד כה עזרתני, ועל הכל הרבית טובך עמי עתה, אשר זיכיתני להוציא לאור תעלומות חכמה אשר יצאו מובהקים מאור עליון, דברי אלקים חיים של כבוד אבי מורי זלה"ה, בטוב הגדול הזה שמחתי ושימחתי.

ל כן אתנפל לפניך, אל רחום כהרבית טובך וחסדך עמי בדבר זה להביא לבית הדפוס הספר הקדוש הזה, כן תעזור ותהיה למשען לי.

י הי לבי תמים בתורתך, והספר הזה יהיה תמיד לנגד עיני ולבי ללמוד מתוכו רוממותך הגדולה, ולזכור בשפלותי וחסרוני, למען לא אמוט מהדרך הטוב והישר זה חלקי ועמלי.

מ עתה אבקש לפני ד׳ אלהי, אותן האנשים אשר היו בעזרתי להוציא מכח אל הפועל, יהא רעווא שיתברכו בכל הברכות תנו"ך, ויעמוד להם זכות אבי המנוח זלה"ה, ויזכו לעבודתך מתוך הרחבה מרוב כל, וינצלו הם וכל אשר להם מכל נגע ומחלה, ומכל מיני פורעניות ומשחת לבי.

ל מען כבוד שמך הגדול תעשה ותקיים נא כל הברכות אשר תמיד על פה כבוד אבי מורי הורגלו, להיות מברך ישראל ולמסור נפשו עליהם בכל עת, ולבטל מהם גזירות רעות בתפילתו הנאמנה במסירות נפשו. אבי שבשמים, זכרה נא אלהי לטובה לאבי כל זאת, ותהי נשמתו הקדושה צרורה בצרור החיים עם נשמת אברהם יצחק ויעקב, וחוס ורחם עלינו ופדנו מכל צער, ואדרבה תשמח לבבנו בשמחתך הגדולה ובישועתך אשר אנחנו מצפים ומיחלים לה תמיד יומם ולילה.

כ אשר היית עם אבי זלה"ה, כן תהיה עמי ועם אחי׳ וריעי׳ אוהבי נפשי, ונזכה לילך גם כן בעקבותיו הקדושים, ואשר תמיד הדריכנו לעבודתך יעמוד לנו לבל נטה ימין ושמאל, אל תעזבנו ואל תטשינו, ונזכה כולנו לקץ הגאולה. יהיו לרצון אמרי פי והגיון לבי לפניך ה׳ צורי וגואלי.

כ"ד המתנצל הק׳ אלעזר בהרב המפורסם הגדול מוהר"ר אלימלך זצוק"ל

**הצעטיל הקטן**

אלה הדברים אשר יעשה אותם האדם וחי בהם: א. בכל עת ורגע שהוא פנוי מן התורה, ובפרט שהוא יושב בטל לבדו בחדר, או שוכב על מטתו ואינו יכול לישן, יהיה מהרהר במצות עשה זו של "ונקדשתי בתוך בני ישראל", וידמה בנפשו ויצייר במחשבתו כאילו אש גדול ונורא בוער לפניו עד לב השמים, והוא בשביל קדושת השם יתברך שובר את טבעו ומפיל את עצמו להאש על קידוש השם יתברך, ומחשבה טובה הקב"ה מצרפה למעשה, ונמצא שאינו שוכב ויושב בטל, רק מקיים מצות עשה דאורייתא:

ב. בפסוק ראשון של קריאת שמע וברכה ראשונה של שמונה עשרה יהרהר כנ"ל. ועוד יכוין אם יענו אותו כל אומות העולם בכל עינויים קשים, ויפשטו עורו מבשרו להכחיש ח"ו ביחודו, יסבול כל היסורים ולא יודה להם ח"ו. ויצייר בדעתו ומחשבתו כאילו עושין לו כנ"ל, ובזה יצא ידי חיוב קריאת שמע ותפילה כדין:

ג. גם בשעת אכילה וזיווג יכוין כנ"ל, וכשיתחיל להרגיש תענוג גשמי, יצייר במחשבתו כנ"ל, ותיכף ומיד יאמר בפיו ובלבבו שיותר היה לו תענוג ושמחה בעשיית מצות של ונקדשתי באופן הנ"ל מהרגשת תענוג גשמי הזה שהוא מהצרעת משכא דחייא, וכך יאמר וראיה לדבר שיותר היה לו תענוג ושמחה בעשיית מצות עשה של ונקדשתי באופן הנ"ל, שאפילו היו חוטפין אותו רוצחים באמצע אכילה וזיווג לעשות לו העינויים קשים, הייתי משמח את עצמי על קידוש השם יתברך יותר מתענוג גשמי הזה. אך יזהר שיהיה דובר באמת בלבבו, ושיהיה אז בשעת מעשה תקוע על לוח לבו בתוכיות ובפנימיות הלב באמת גמור, ולא ישטה את עצמו להיות כגונב דעת עליונה ח"ו:

ד. בכל הדברים שבעולם, הן בתורה הן בתפילה הן במצוות מעשיות, ירגיל את עצמו לומר בזה הלשון: "הריני עושה זאת לשם יחוד קודשא בריך הוא ושכינתיה לעשות נחת רוח להבורא יתברך שמו". וירגיל את עצמו לומר זאת בתוכיות ופנימיות הלב, ובהמשך הזמן ירגיש הארה גדולה באמירה זו:

ה. כשיתחיל להתעורר בו מידה רעה ח"ו ממידות רעות שהוא רגיל בהם, כגון עקשנות ובושת של גאוה ועצלות ובטלה המביאה לידי שיעמום וכיוצא בהם, יאמר תיכף ומיד בזה הלשון ובכל כחו: "הכנעני החתי האמורי הפריזי החיוי והיבוסי והגרגשי" וינצל. וירגיל את עצמו לצמצם ראייתו שלא להסתכל חוץ לד׳ אמות אפילו בהיותו בביתו, ובפרט בבית הכנסת ובחדר שלומד. בדרך הילוכו בחוץ ובהזדמן לפניו אשה אפילו אשתו ובניו הקטנים וכיוצא, יצייר לפני עיניו השם אדנ"י:

ו. כשיבא לו ח"ו מחשבה רעה מניאוף, יאמר כמה פעמים "ונשמרת מכל דבר רע", ויהרהר אז בדרשות חז"ל שדרשו עליו שלא יהרהר אדם ביום ויבא לידי קרי בלילה, ולא יניח ח"ו לשהות המחשבה רעה במוחו שלא לטמאות שכל העליון ח"ו:

ז. כשיבא ח"ו לידו בהזדמנות כנגדו הסתכלות רעה ח"ו, כגון בהמה וחיה או עוף שנזקקין זה לזה, או טפח מגולה באשה במקום ערוה, או בצורת אשתו נדה וכיוצא בהן, יאמר תיכף ומיד הפסוק "ולא תתורו אחרי לבבכם", ולא יטמא את שכלו ח"ו:

ח. ירגיל את עצמו שלא יתחיל לדבר לשום אדם זולת לצורך גדול ההכרח לו, ואף ההכרח ידבר בדברים קצרים מאוד מנופה בי"ג נפה, שלא יהיה בדיבורו שום שקר ח"ו, ושום חנופה, ושום לשון הרע ורכילות, ושום הלבנת פנים, ולא שום הראות מעשיו לבני אדם. וירגיל את עצמו בכלל שאמרו חז"ל למוד לשונך לומר איני יודע. כשמדברין אליו בני אדם אשר אין נזהרים מלדבר דברים בטלים, ישמיט את עצמו מהם בכל כחו ובכל מיני תחבולות, וכשלא אפשר לו להשמט מהם בשום אופן, על כל פנים יקצר מאוד מאוד בזה שמוכרח להשיב להם:

ט. ירגיל את עצמו תיכף ומיד כשיתעורר משינתו, יאמר "מודה אני לפניך מלך חי וקיים שהחזרת בי נשמתי בחמלה רבה אמונתך". ויאמר אפילו בלשון אשכנז בלב שמח: "ברוך אל עליון אשר נתן לי מצות ציצית אלה אשר אני מסובב בהן, ומצות נטילת ידים שחרית להעביר רוח רעה והקליפה הקשה מעל שתי ידים שלי". ויראה שיהיה לבו מלא שמחה באמרו כנ"ל, ויקבל עליו הגדר של מיעוט הדיבור הנזכר לעיל סימן ח׳:

י. יזהר מאוד בהתמדת הלימוד שיעורין כסדרן, תיכף ומיד אחר קומו משינתו ואחר אמרו תיקון חצות והצעטיל קטן, לא יזוז מהספר שלומד בו אפילו שעה אחת. בכל פעם שיישב את עצמו ללמוד, ואחר שיאמר תפלת השב המתחלת "אנא השם" וכו׳ ותפילת התלמוד תורה בשערי ציון המתחלת "הנני רוצה ללמוד", יראה בכל כחו שלא לעשות שום הפסק אפילו במחשבה אחרת, זולת מחשבת הלימוד ומחשבת הצעטיל קטן שהוא לפני עיניו, כי המאור שבה יחזירנו למוטב:

יא. ירגיל את עצמו להתפלל בכל כחו, ובקול המעורר הכוונה להדבק המחשבה לדיבור, ופניו אל הכותל בתוך סידור התפילה בבוקר ובערב, ולא יסתכל לצדדין מתחילת התפילה עד סופה, ובחזרת הש"ץ השמונה עשרה יעיין בסידור לענות אמן בכל כחו על כל ברכה וברכה, ובשעת קריאת התורה להטות אזנו על כל דיבור ודיבור מהקורא כקורא את המגילה, ולעשות עצמו כאילם בבית הכנסת, אפילו קודם התפלה ואחריה עד הליכתו לביתו:

יב. יצייר במחשבתו תמיד, ובפרט בשעת קריאת הצעטיל-קטן הזה, כאילו איש אחד עומד סמוך לו ומעורר אותו בקול רעש גדול לקיים כל הנהגות אלו, ואל יפיל שום דבר ארצה אפילו נקודה קטנה, וכשירגיל עצמו כך, אזי במשך הזמן יבוא עליו התעוררות גדול מצד נשמתו, רשפי אש שלהבת י"ה:

יג. לספר בכל פעם לפני המורה לו דרך השם, ואפילו לפני חבר נאמן, כל המחשבות והרהורים רעים אשר הם נגד תורתינו הקדושה אשר היצר הרע מעלה אותן על מוחו ולבו, הן בשעת תורה ותפילה, הן בשכבו על מטתו, והן באמצע היום, ולא יעלים שום דבר מחמת הבושה, ונמצא על ידי סיפור הדברים שמוציא מכח אל הפועל, משבר את כח היצר הרע שלא יוכל להתגבר עליו כל כך בפעם אחרת, חוץ עצה הטובה אשר יוכל לקבל מחבירו שהוא דרך השם, והוא סגולה נפלאה:

# נֹעַם אֱלִימֶלֶךְ

יד. יזהר מאוד ומאוד לחזור לפעמים בכל מעת לעת זה הצעטיל קטן, ויפרש כל תיבה ותיבה בלשון אשכנז, וזה יהיה לו חוק ולא יעבור מללמוד קודם הזיווג פרק ט"ז בראשית חכמה והנהגות האר"י ז"ל, ואם יישאר לו פנאי, ילמוד גם פרק י"ז מראשית חכמה הנ"ל, וזה יהיה לו חוק ולא יעבור:

טו. קודם נטילת ידיו לאכילה יאמר "תפילת השב" של רבינו יונה ז"ל, ואחר אכילת המוציא יאמר בזה הלשון: "לשם יחוד קודשא בריך הוא ושכינתיה, אין אני אוכל להנאת גופי חס ושלום, רק שיהיה גופי בריא וחזק לעבודתו יתברך שמו, ואל יעכב שום חטא ועוון והרהור רע ותענוג גשמי את היחוד קודשא בריך הוא על ידי ניצוצות קדושות של האכילה והשתיה הזה", ויכוין כשהוא אוכל דבר מה או שותה דבר מה, שהטעם שהוא מרגיש בפיו בשעת לעיסה ובשעת גמיעה, היא פנימיות הקדושה וניצוצות הקדושה השורה במאכל או במשקה ההוא, ועל ידי האכילה והטחינה בשיניים והאיצטומכא נברר הפנימיות מהמאכל שלא יעשה מותר להשפיע לחיצונים, ואז נפשו נהנית מהפנימיות והפסולת נעשה מותרות ונדחה אל החיצונים, ויקבל אז במחשבתו שתיכף ומיד כשירגיש שיצטרך לנקביו, לא ישהה את הפסולת בקרבו לטמא ח"ו את מוחו ולשקץ את נפשו להשהות את הצואה והשתן בקרבו אפילו רגע אחד. וגם יצייר לפניו בשעת אכילה האותיות "מאכל" בכתב אשורית, ויהרהר שעולה צ"א כמנין הויה בשילוב אדני:

טז. האדם לא נברא בעולם רק לשבר את הטבע, לכן יזרז את עצמו לתקן מדותיו בשנת י"ח דוקא כמו שאבאר. כגון מי שנולד בטבע של עקשנות, ישבר את טבעו מ' יום רצופים לעשות דוקא להיפך ממה שיעלה במחשבתו. וכן מי שבטבע עצל, ירגיל את עצמו מ' יום רצופים לעשות כל דבר בזריזות, הן בהולך לשכוב על מטתו, הן לקום בבוקר ממשכבו, הן בזריזות לבישת בגדים ונטילת ידים ולנקות את גופו ולילך בזריזות לבית הכנסת תיכף אחר קומו מהספר וכיוצא בהן. וכן מי שטבעו ביישן מהחלק של בושה רעה, ירגיל את עצמו מ' יום להתפלל דוקא בקול רם וכח תנועת אבריו, ולקיים כל עצמותי תאמרנה, ולברך על התורה בקול רם, עד שיעזרוהו מן השמים להסיר הבושה הרעה ממנו. וכן מי שאמרי פיו אינם עולים יפה ומסודר מחמת הרגל טבעו וכלי הדבור שלו, ירגיל את עצמו מ' יום להטות אזנו להדיבורים היוצאים מאליו, הן במילי דעלמא והן במילי דשמיא הן בשעת לימוד, כי הרגל של כל דבר נעשה שלטון. וכן מי שטבעו אינו מתמיד בלימודו, ירגיל את עצמו גם כן מ' יום וילמוד יותר מהרגל שלו, ויסתכל בכל פעם קודם הלימוד בצעטיל קטן שלי, ומשם ואילך מן השמים יעזרוהו להיות מוסיף והולך בשבירת מידות הרעות עד תומם:

יז. בכל עת שהוא פנוי מהתורה ומהתפילה, ילמוד את עצמו בעל פה דברים הצריכים לו, כגון תיקון רחל ותיקון לאה, ותפילת השב, וברכת לבנה, ובריך שמיה, ועל הכל, ומודים דרבנן, ויהרהר במצות עשה של ונקדשתי וכו' ככתוב לעיל.

כל זה מצאתי בכתב יד:

## ספר בראשית

**בראשית**

בראשית ברא אלקים כו'. עיין פירוש רש"י "בראשית - בשביל ישראל הנקראין ראשית ובשביל התורה הנקראת ראשית", ובמדרש נמי איתא "בשביל מצות ביכורים שנקראין ראשית". ויש לומר דכולם לדבר אחד נתכוונו דמר אמר חדא ומר אמר חדא ולא פליגי.

דאיתא במשנה "על שלשה דברים העולם עומד על התורה ועל העבודה ועל גמילות חסדים", ואיתא במשנה "על שלשה דברים העולם קיים על הדין ועל האמת ועל השלום". ויש לומר נמי דלדבר אחד נתכוונו, דהנה לפנינו ג' מדריגות בעבודת הבורא יתעלה, האחד ה'תורה' ללמוד לשמה, ובאמת התירו לנו חז"ל אפילו שלא לשמה, כמאמרם "לעולם יעסוק אדם כו'", אם לא הגיע למדריגות לימוד לשמה עכ"פ מזה אל תנח ידך, כי לא במהרה יגיע אדם ללמוד לשמה כי אם ע"י התאמצות גדול בעבודתו יתברך שמו בכל המידות טובות.

ומדריגה שנית 'עבודה', היא התפילה שהיא עיקר עבודה שבלב כמ"ש "ולעבדו בכל לבבכם זו תפילה", כי הלב מבין ובה יוכל לעלות לדביקות הבורא ולקשר עצמו בו יתברך, דתפילה הוא לשון קשר, שמדבק עצמו בבורא ב"ה בדביקות גדול, וזה מרמז לנו קשר של תפילין של יד לקשר המחשבה שבלב בו יתעלה, ולזה צריך התאמצות יותר להתפלל תמיד להשי"ת ב"ה שיהיה בעוזרו לבל יפרידו היצה"ר מדביקות הבורא, כי טבע האדם שעלול הוא במחשבותיו בעניני ובעסקי העוה"ז.

זהו פירוש הפסוק "וירא ה' כי רבה רעת האדם בארץ", ר"ל כל זמן שהוא בארץ ורבה רעת האדם, "[וכל יצר מחשבות לבו]", על ידי זה גם הרוצה לעבוד השי"ת ואינו עושה רע, אעפ"כ מחשבתו מושכתו "רק רע כל היום", "וינחם ה'", פירוש נחמה היתה לו יתברך בזה שיש לו לאדם התנצלות לפניו יתברך, "כי עשה את האדם", ר"ל כמאמר חז"ל אלמלא שלשה מקראות כו' והאחד מהם 'ואשר הרעותי את לבם' שנתתי להם יצה"ר, "ויתעצב אל לבו", פירוש שהשי"ת התעצב בשביל לבו של אדם שנתן לו לב אבן כזה, "ונח מצא חן", פירוש שנח היה צדיק והפך את עצמו מטבע העלול להפרידו מדביקות הבורא יתעלה והתחזק להתדבק בבורא ומצא חן, 'נח' בהיפוך אתווין 'חן', להיות לו חן בעיני השי"ת.

מדריגה שלישית 'גמילות חסדים', דהנה בעולמות העליונים שם 'רחמים', שהוא אהבה ורחימא שהשי"ת אוהב את הצדיק לפי מעשיו הקדושים אשר בארץ עשה, אך בעולם הזה נקראים 'חסד', דהוא אף למי שאינו הגון, השי"ת עושה לו חסד חנם לתת לו די מחסורו, אך הצדיק שהגיע למדריגה שיוכל להעלות כל הדברים הגשמיים למעלה, דהיינו להעלות מחומריות הניצוצות הקדושות שיש בהם, דהיינו במאכלו ושתייתו וכדומה, וכל מחשבותיו בעת שעושה הדברים הגשמיים אינן רק להעלות הנ"ק שבהם, וצדיק כזה אין צריך לחסדים, פירוש חסד חנם כנ"ל לתת לו דברים הנצרכים בעוה"ז מצד החסד, כי השי"ת משפיע לו כל צרכיו ע"פ שורת הדין הראויה לו ע"י מעשיו הטובים, וזה פירוש "וגמילות חסדים" מלשון "הגמל את יצחק", שאין צריך למדריגות 'חסדים', כי אם מגיע לו ע"י אהבת האל יתברך אותו, ועל ידי זה הצדיק מקשר את עצמו למעלה למעלה בחיים הנצחיים, אפילו כשהוא בעוה"ז הגיע לתענוג עולם העליון מחיים הנצחיים, וזה פירוש הגמרא "עולמך תראה בחייך", פירוש שעי"ז שכל מעשיו ותנועותיו שעושה הכל בקדושה ובטהרה ודביקות ושמחה ובאהבה וביראה, מזה יגיע לו תענוג עולם העליון בזה העולם. ויש לומר נמי כוונת הפסוק "ואתם הדבקים בה' אלקיכם חיים כולכם היום", פירוש ע"י הדביקות שתדבקו עצמכם בהבורא ב"ה, יהיה לכם חיים נצחיים גם 'היום' בעה"ז כנ"ל.

וזה נמי פירוש הפסוק "תורה צוה לנו משה מורשה קהלת יעקב", רמז נמי לג' מדריגות הנ"ל. "תורה צוה לנו", פירוש לכולנו צוה ללמוד תורתו אפילו שלא לשמה, וזה 'לנו', כל אחד לפי מדריגתו. שנית "מורשה", זה מדריגה שניה הנ"ל להעלות הנ"ק שהם נקראים 'נחלת אבות' כידוע, ונתן לנו השי"ת בחינת נחלה וירושה זו להעלות הנ"ק למעלה, וזהו 'מורשה'. וזה כוונת "ומקיים אמונתו לישיני עפר", ר"ל הנ"ק שנפלו למטה, השי"ת מקיים אמונתו להם להעלותם מעפר אל הקדושה. ומדריגה שלישית "קהילת יעקב", היינו הדביקות גמור שיש לצדיק, עי"ז הוא משפיע לכלל ישראל כל טוב, והרי הוא מקהיל קהלות יעקב שהם מסתופפים תחת צל כנפיו להשפיע להם.

ובזה יבואר מאמר הגמרא שבת "אמר השטן תורה היכן הוא אמר לו הקב"ה לך אל הארץ, ואמרה הארץ אין בי לך אל הים, והים אמר אין בי לך אצל בן עמרם", ויש להבין האיך יאמר השי"ת דבר שאינו? והנראה לבאר דהנה השי"ת אמר אל השטן המקטרג "לך אל הארץ", דאפילו לימוד תורה בארציות וחומר, היינו שלא לשמה, ג"כ מקובל לפני, ואין לך להשטין על בני ישראל, והארץ אמרה "אין בי", פירוש דעיקר התכלית אין בארציות כנ"ל, רק "לך אל הים" היינו הצדיק שהוא מעלה הניצוצות אל הים העליון שלשם הוא עלייתן, הצדיק שהגיע אל המדריגה זו, הוא עיקר התכלית. וזה אומרו "כל הנחלים הולכים אל הים", פירוש 'נחלים' לשון נחלה וירושה, דהיינו העלאת ניצוצות קדושה נקראים ירושה כנ"ל, הולכים אל הים העליון, "והים אמר אין בי לך אצל בן עמרם", פירוש שיש עוד למעלה מזו מדריגה שלישית כמו מדריגת משה רבינו ע"ה שהגיע למעלות הדביקות בבורא יתברך בחיים הנצחיים.

ונחזור לענין ראשון, "על שלשה דברים העולם קיים על הדין", זו תורה, כדאיתא תורה נמי אקרי דין באיזה אופן שיהיה כנ"ל, "ועל האמת", היינו למדריגת יעקב שהוא הממוצע שהוא רחמים, כמ"ש "תתן אמת ליעקב", דע"י שמעלה נ"ק מעורר רחמים ואין צריך לחסדים כנ"ל, "ועל השלום" היינו דביקות, שדבוק בבורא ב"ה ששמו של הקב"ה שלום.

ובזה יובן מקראי קודש פרשה זו, "ויצו ה' כו' מכל עץ הגן אכול תאכל ומעץ הדעת טוב ורע לא תאכל ממנו כי ביום אכלך ממנו מות תמות". הדקדוקים רבו, 'א' כפל לשון "אכול תאכל", 'ב' דתיבת "ממנו" הוא מיותר, 'ג' כפל "מות תמות", 'ד' מה שפירש רש"י ז"ל "ע"י שהוסיפה על הציווי באה לידי גרעון", דקשה הלא היתה יודעת באמת שלא צוה עליה השם איסור הנגיעה מעולם, וא"כ אין ראיה מנגיעה על אכילה, כי על אכילה באמת היא מצווה ועומדת.

ונ"ל שורש הענין הוא כך, דהשי"ת ב"ה אמר "מכל עץ הגן אכול תאכל", רמז להתורה שהוא עץ החיים, "אכול" הוא לשון נסתר, פירוש לימוד לשמה דזה הוא השורש ועיקר שהזהיר השי"ת ב"ה, ועכ"פ אם לא הגעת עדיין ללמוד תורה לשמה, עכ"פ "תאכל", ר"ל להנאתך תלמוד דהיינו שלא לשמה, וזהו "תאכל" לנוכח ולא תמוש מתורתי, "ועץ הדעת טוב ורע לא תאכל ממנו" דייקא, ר"ל דברי הגשמיות אשר בתוכם מעורב ג"כ טוב, דהם הניצוצות הקדושים אשר בכל דבר גשמי, "לא תאכל ממנו", פירוש שלא יהיה כוונתך מחומריות ומגשמיות לבד, רק מרוחניות שבו היינו הנ"ק שבו מזה תאכל, "כי ביום אכלך ממנו מות תמות", פירוש "מות" בעוה"ב בחיים הנצחיים, ולשון מות הוא ג"כ נסתר רמז לעוה"ב חיים הנצחיים, "תמות" בעוה"ז.

והנה חוה שמעה שני מדריגות, דהיינו לימוד התורה באיזה אופן שלומד כנ"ל וגם העלאת הניצוצות, אז הבינה ממילא שיש עוד מדריגה אחת דהוא הדביקות גמור בבורא ית"ש, וזה שאמרה "לא תאכלו ממנו ולא תגעו בו", פירוש נגיעה בעלמא, היינו הפסקה בעלמא מהדביקות ג"כ לא תפסוק, "פן תמותון", דהיינו הפסקה מהדביקות, שהיא סברה שגם על מדריגה שלישית דהוא דביקות ג"כ נצטוותה, ובאמת הדביקות ממילא בא ע"י שני מדריגות הנ"ל, שהיא לא היתה עדיין במדריגה הזאת, והנחש דחפה עד שנגעה בו ואמר "כשם שאין מיתה בנגיעה זו", פירוש שאין אתה נפסק ע"ז מדביקות, "כך אין מיתה באכילה", פירוש גם אם לא תאכל בכוונה הנ"ל להעלות הרוחניות "לא מות תמותון".

וזהו פירוש "בראשית ברא בשביל תורה כו'" כנ"ל, "ובשביל ישראל כו'", רמז על דביקות בבורא יתברך ויתעלה, שדבוק בו יתברך ע"י שירות ותשבחות וזה רמז "ישראל" - יש"ר א"ל, "ובשביל ביכורים הנקראים ראשית", רמז על מדריגת העלאת נ"ק כמ"ש "ראשית ביכורי אדמתך תביא בית ה' כו'", דהיינו הניצוצות שנפלו למטה "תביא בית ה'" להעלותם מעפר כנ"ל. השם יורנו דרך האמת לעבדו בשלימות באמת ובתמים אמן כי"ר.

# נֹעַם אֱלִימֶלֶךְ

בראשית ברא. פירש רש"י ז"ל "בשביל התורה שנקראת ראשית ובשביל ישראל כו'". נראה לפרש דרש"י ז"ל כיון בדברים האלו להראות אחדותו ית"ש שהוא יחיד בנפלאותיו ובורא אמת, דזה האות וראיה מעמו ישראל הצדיקים, אשר אור שכלם ולבם רחב מאוד במעלות ומידות טובות עד אין קץ, אשר עינינו רואין מעלתם הגדולה מכל האומות, והתורה הקדושה אשר נתן להם האל הטוב ברחמיו, שני האלו יתנו עידיהן ויצדקו על רב נוראותיו ונפלאותיו אשר ברא עולמו לבדו בלי עזר וסיוע בלעדו, על דרך שאמרו "שלשה מעידין זה על זה, הקב"ה ותורה וישראל". וזהו "שמע ישראל ה'", רמז "שמע" על התורה, כי שמע היא התורה ששמענו מפיו יתברך, ו"ישראל" הם עדות על השם שהוא היוצר הוא הבורא, ולזה כיוון רש"י ג"כ באומרו בשביל התורה ובשביל ישראל, לומר ששני אלו הם ראיה על בראשית. וק"ל.

ברא אלהים את השמים ואת הארץ כו'. יבואר עד"ז, ונקדים לפרש הפסוק (תהלים יא, ז) "כי צדיק ה' צדקות אהב", הפירוש כך הוא, דהנה עינינו רואין דרך בני אדם, הדבר שיש להם כבר אינו חביב בעיניהם אלא משתוקקים תמיד לדבר שחוץ להם, אבל הבורא ב"ה אינו כן, אע"פ ש"צדיק ה' בכל דרכיו" ונותן צדקה לכל בשר, אעפ"כ מתאוה ומשתוקק בצדקות אדם, ואף אם צדקנו מה נתן לו רק להטיב לנו באחריתינו, לזה אמר הכתוב "כי צדיק ה' צדקות אהב", אע"פ ש"צדיק ה'" בעצמו ואינו חסר במידותיו כלום, אעפ"כ "צדקות אהב". וזה שבח גדול להבורא יתב"ש ויתעלה שמקבל תענוג ואינו צריך לנו.

או יאמר "כי צדיק ה' כו'", דהנה הבורא ב"ה יחיד במידותיו, שכל מידותיו הוא אצלו יתברך אחדות גמור, ואנחנו עמו ישראל כל אחד חלוק במידותיו ועובד שמו יתברך לפי בחינתו, וזה פירוש הפסוק "כי צדיק ה'", לומר אע"פ שהבורא יתב"ש יחיד בצדקתו והכל אחדות גמור אצלו יתברך, אעפ"כ "צדקות אהב", ר"ל כל מיני צדקות אוהב ומקבל מאתנו אע"פ שכל אחד נותן צדקה בבחינתו, יש שכונתו לשמים לבד למען שמו יתברך, ויש מכוונים לטובתם, אעפ"כ מקבל מהם כי מתוך שלא לשמה כו', וזהו "צדקות אהב" לשון רבים, שאוהב מאתנו הכל, כל מיני צדקות.

וזהו "בראשית כו' את השמים ואת הארץ", שזה העובד לשם שמים הוא בבחינת 'שמים', והעובד שלא לשמה הוא בבחינת 'הארץ', את הכל ברא יתברך שמו ובכל רצונו יתברך, וזה שמפרש הכתוב "והארץ היתה תוהו כו'", פירוש אע"פ שהעובד שלא לשמה היא מדריגה שפילה, אעפ"כ חפץ בו יתברך ג"כ, והטעם אמר הכתוב "ורוח אלקים מרחפת על פני המים", ע"ד דאיתא במדרש רוחו של משיח, ור"ל כשיבוא משיח יהיה הכל מתוקן.

ויאמר אלקים יהי אור ויהי אור. לכאורה מה רבותא שאמר הש"י שיהיה אור ויהי אור, מה חידוש הוא שאמר ויהי. וגם יש לדקדק מה שאמרו חז"ל "מתחילה עלה במחשבה כו' וראה שאין העולם מתקיים כו'", וכבר דקדקו חלילה לחשוב ולומר על הבורא הפשוט אמיתי שמתחילה עלתה במחשבתו כך ואח"כ שום השתנות חלילה וחלילה.

ונראה לפרש דאיתא בכתבים 'ורוח אלקים "מרחפת"' - אותיות "רפ"ח מ"ת", רמז על הרפ"ח ניצוצים שנפלו בשבירת הכלים והיא עבודתינו לתקן להעלות אותן הניצוצות, וזהו "ויאמר אלקים כו' וירא אלהים את האור כי טוב", דלכאורה ג"כ אינו מובן, וכי שייך אצלו יתברך שאחר שראה הבין שהוא טוב ולא קודם? חלילה לומר ולחשוב כך אצל הבורא יתברך. אך הענין והשורש הוא כך שהדיבור של הבורא יתברך היוצא מפיו יתברך נשלם הכל בו ואין צריך עוד לשום תיקון כלל, כי נתקן הכל במאמר פיו יתברך, נמצא בעת נפילת הרפ"ח ניצוצין, אם היה אומר כביכול ברוח פיו דברים אלו 'יהי אור', היה מיד חוזר האור לקדמותו כמו שהיה בעת שהאציל קודם שבירה, והשי"ת ב"ה חפץ דווקא בעבודת הצדיקים שהם יעלו אותם הניצוצות, ואם היה אומר בדיבורו כנ"ל לא היה צורך לעליית הצדיקים, ואם לא היה עושה הש"י שום פעולה כביכול, לא היה ביכולת הצדיקים לפעול כל זאת כמו שאמרו ז"ל "לולא הקב"ה עוזרו כו'", ולכן עשה השי"ת ברוב רחמיו הגדולים ובחכמתו הרמה וראה והביט באור ההוא, פירוש באותן הניצוצות, בראייתו והשגחתו פעל עזר לצדיק שיהא יכולת ביד הצדיק להעלותם.

וזהו פירוש הכתוב "ויאמר כו'", ר"ל אם היה אומר השי"ת 'יהי אור' מיד "ויהי אור", פירוש היה חוזר האור לקדמותו כנ"ל ולא היה לו לצדיק שום עבודה, והש"י ב"ה רצה דווקא בעבודת הצדיקים שהם יפעלו כל זאת, לכך "וירא אלקים את האור", פירוש שהביט וראה באור ההוא למען יהא עזר וסיוע לצדיק להעלות הניצוצין כנ"ל, וזהו "כי טוב", כמו שאחז"ל 'זה צדיק הנקרא טוב', וזהו שאמרו 'גנזו לצדיקים לעתיד לבוא', פירוש גנז אותן אורות לצדיקים שעתידין לבוא שיעלו אותן, "ויקרא אלהים לאור יום כו'", ר"ל כפשוטו, "ולחושך", דהיינו מה שהצדיק צריך לתקן ועדיין לא נתקן, כל זמן שאינו בתיקונו נקרא 'חושך', ו"קרא" אותו "לילה".

ואי"ה בביאת משיחנו שאז יתוקן הכל יהיה אחדות גמור, וזהו שרמז הכתוב "ויהי ערב", ר"ל כשיצמח משיח צדקינו במהרה ויהיה הלילה לערב, פירוש 'ערב' לשון מתיקות, גם לרמוז על השכינה הקדושה שהיא במערב, והיה לעת ערב יהיה אור יתוקן הכל ויבוא לאחדות גמור כמו שהיה קודם שבירת הכלים, "ויהי בוקר יום אחד", שיבוא הכל אל האחדות, שגם הלילה יהיה ליום ויהיה הכל אחד.

וזהו "מתחילה עלה במחשבה לבראו במידת הדין", פירוש קודם הנפילה הנקרא 'עולם המחשבה' היה במידת הדין, כי שם אין צריך לרחמים, "וראה" פירוש אחר הנפילה שהיה צריך לראיה כנ"ל, לפי "שאין העולם מתקיים" בלא צדיקים כנ"ל שהם צריכים להעלות אותן הניצוצין, "ושיתף מידת הרחמים" שהצדיקים צריכים לרחמים. והבן היטב.

והאדם ידע את חוה אשתו ותהר ותלד את קין. לכאורה מלת "ידע" אינו מובן פירושו, דהיה יכול לומר "והאדם בא אל חוה" כו'. אך הענין הוא ע"ד דאיתא באברהם אבינו ע"ה "הנה נא ידעתי כי אשה יפת מראה את", ושמעתי דאיתא בספר דמחמת שבא אברהם למצרים ששם היו שטופים בזימה, ומחמת מחשבתם בהרהורי זנות הכניסו ג"כ הרהור בלבו לאשתו, ולכן אמר "הנה נא ידעתי", ושמעתי באורך אך תפסתי הקיצור. כי כן הוא דרך הצדיק האמיתי שאין לו שום מחשבה והרהור ותאוה אפילו באשתו, ואפילו בעת שמזדקק לאשתו, צריך לחשב אז בעולמות העליונים ולא ידע כלל שהוא עם אשתו.

וזה הוא "והאדם ידע את חוה אשתו", ר"ל שהיה נותן דעתו וידע שהיא אשתו אז בשעת תשמיש, ולכן "ותהר ותלד את קין", כדאיתא בזוהר קינא דמסאבותא.

וזהו דאיתא בגמרא "עלו למטה שנים וירדו שבעה", 'מטה' הוא רמז למדריגה עליונה ע"ד "הנה מטתו שלשלמה", ומחמת שעלה למדריגה עליונה ב"שנים", דהיינו בב' מחשבות, שהיה במחשבתו גם זה העולם כנ"ל, אזי "וירדו שבעה", היינו ז' מדריגות עליונות, שעי"ז גרם ירידה לז' מדריגות עליונים. והאדם אשר מתנהג עצמו בקדושה, הוא מעלה את ז' מדריגות עליונים. והבן.

ונהר יוצא מעדן להשקות את הגן. דהנה העולמות העליונים נקראים 'עדן', והצדיק האמיתי הגמור המופרש מכל עניני עוה"ז והוא מצוחצח צח בכל גופו ואבריו, אזי הצדיק הזה נקרא עדן מלשון 'עדנה', כמ"ש 'אחרי בלותי היתה לי עדנה' ופירש רש"י ז"ל לשון צחצוח בשר, והוא מקושר תמיד בעולמות עליונים כאילו אינו כלל בעוה"ז.

וזה פירוש "מה רב טובך אשר צפנת ליראיך", דאיתא בספרים הטעם מפני מה לרוח צפון אין לו מחיצה רק אויר, ואמרו הטעם שאם יבוא אחד ויחזיק עצמו לאלקות חלילה, אזי אומרים לו שיעשה מחיצה רביעית לצפון, וכל זה הוא בזה העולם שיש בו שייכות היצה"ר לכן ברא הקב"ה העולם ולא עשה מחיצת רוח צפון כנ"ל, אבל הצדיק הגמור כנ"ל שהוא תמיד מקושר בעולמות עליונים ששם אין שייכות ונגיעה לסיטרא אחרא, שם רוח צפון כמו שאר רוחות העולם, כי שם אין שייך הטעם הנ"ל, וזהו "מה רב טובך אשר צפנת ליראיך", ר"ל שליראים האמיתים יש להם באמת הצפון, כי הם בעולמות העליונים.

וזהו "ונהר" לשון אור, כמו "עמי שרי נהורא", "יוצא מעדן", ר"ל מהצדיק האמיתי יוצא אור גדול, "להשקות את הגן", פירוש להשפיע לעוה"ז הנקרא 'גן', "ומשם יפרד והיה לארבעה ראשים", פירוש ולא כל הצדיקים שווים, אך יש בהם חילוק לד' מדריגות, שהם עובדים כולם לתקן הד' עולמות להעלותם לעולם החמישי.

"שם האחד פישון", פירוש 'פישון' לשון נוטריקון 'פי שונה' הלכות, ר"ל ששונה הלכות, דאין לו להקב"ה בעולמו אלא ד' אמות של הלכה, "הוא הסובב את ארץ החוילה", פירוש הצדיק הזה מתקן את העולם שיש בו קצת חבילות, דבי"ת בוי"ו מתחלפין באותיות בומ"ף, דהיינו "אשר שם הזהב", כי מחמת הזהב שעולם צריך לו יש בו קצת חבלה ונזק, שאין העולם מתנהגים במשא ומתן באמונה ח"ו, וצריך הצדיק הזה לתקן ולסבב להשפיע להם זהב טהור, "וזהב הארץ ההיא טוב", פירוש הזהב הזה שהצדיק משפיע להם הוא טוב, "שם הבדולח", ר"ל שהוא בקדושה גדולה כמ"ש במן "כעין הבדולח", "ואבן השוהם" רמז ג"כ לקדושה.

"ושם הנהר השני (הוא) גיחון", רמז להצדיק השני שהוא בהכנעה גדולה, שייף עייל ושייף נפיק על דרך שאמר הכתוב "כל הולך על גחון", "הוא הסובב את [כל] ארץ כוש", דאיתא "שגיון לדוד על דברי כוש", ודרשו חז"ל 'מה כוש משונה בעורו אף שאול משונה במעשיו', ואיתא "בן שנה שאול במלכו", ודרשו חז"ל 'כבן שנה בלא חטא', ומקשה הגמרא 'ואימא כתינוק בן שנה שהוא מלוכלך' ע"ש, נמצא כמו שיש לפרש מלת "כוש" לטובה שהיה משונה במעשים טובים, כמו כן יש לפרש בהיפך מלת "כוש" כמו שהקשו "ואימא כתינוק כו'", וזהו "הסובב את [כל] ארץ כוש", ור"ל הצדיק הזה הוא סובב ומשבר כח האיש רע שהוא משונה במעשיו לרעה ח"ו, וצדקת הצדיק מגין בפני המקטרג שלא ישלוט מחמת רשעתו.

"והנהר השלישי הוא חדקל", כפירוש רש"י ז"ל "חד קל", ר"ל פירוש מי שתופס ומחזיק בעבודת הבורא בחידוד גדול ובזריזות ובתמימות, אזי בא לו עבודות הבורא בקלות, "הוא ההולך קדמת אשור", פירוש הצדיק הזה הוא התנגדות והולך כנגד זה שהוא ישר בעיני עצמו ע"ד "כי אשרוני בנות", שהוא מתפאר בעיני עצמו שהוא שלם במעשיו והצדיק הנ"ל הוא משבר כחו.

"והנהר הרביעי הוא פרת".

**נח**

אלה תולדות נח נח איש צדיק תמים היה בדורותיו. נ"ל דהנה האדם העוסק בעבודת הבורא יתברך ויתעלה בכל מעשיו, דהיינו אפילו בדברים הגשמיים כמו אכילה ושתיה, שאוכל ושותה בקדושה, עכ"פ בכוונה לדחות את הפסולת ולהעלות את הרוחניות שבו, אזי בכל פעם שעולה ובא בבחינה אחרת יתירה זה נקרא בשם 'דור', דהבחינה הראשונה שהיה מתנהג בה, כל ימי נהוגו בה היא כמו 'דור', ואחר שנופל מבחינה זאת ונופל לבחינה אחרת, הרי הוא כמו שבא בדור אחר. וזה הוא "דור הולך ודור בא", פירושו כנ"ל, שזה נופל מבחינה ראשונה שהיה מתנהג עד הנה, הבחינה הזאת הולכת ממנו זה "דור הולך", "ודור בא", ג"כ כנ"ל שבא לבחינה אחרת, ואמר הכתוב אך צריך שיהיה באופן "והארץ לעולם עומדת", פירוש שהארציות, דהיינו הגשמיות, צריך להעמידה שיהא מתנהג בהם בקדושה כנ"ל, והיינו "לעולם עומדת", ר"ל לעולם העליון. והאדם המתנהג כנ"ל, בא בכל פעם בבחינה אחרת, אבל מי שאינו מתנהג בקדושה לא שייך בו כל זאת, שאין עולה כלל לבחינה אחרת.

וזהו "דור לדור", פירוש אדם הרוצה לצאת ולבוא מדור לדור, דהיינו מבחינה לבחינה כנ"ל, "ישבח מעשיך", פירוש צריך לקדש עצמו אף בגשמיות כ"כ, עד שגם מעשיו הגשמיים ישבחו להשי"ת ב"ה.

וזהו "נח איש צדיק תמים היה בדורותיו", פירוש בכל בחינותיו שהיה בו, בכל פעם היה צדיק תמים בהם, וכל זה היה לו מחמת ש"את האלקים התהלך נח", ר"ל שכל מעשיו לא היו רק לשמו הגדול יתברך, לכן הלך בכל פעם מבחינה לבחינה.

אלה תולדות נח כו'. ע"פ הפסוק "אני בצדק אחזה פניך אשבעה בהקיץ תמונתך", לפי שכשהאדם סובר בעצמו שהוא צדיק, אז הוא נופל ממדריגתו, אף אם היה באמת צדיק, ע"י המחשבה הזאת הוא נופל ממדריגה שלו, אבל כשהאדם אף שהוא צדיק הוא סובר במחשבתו שלא יצא עדיין ידי חובתו כל צורכו, והוא בעצמו ולבו כדבר הדמיון ותמונה שלא בא עדיין אל השורש והעצם העבודה, אז הוא שבע ודשן במדריגתו יעמוד חזק וקיים ומוסיף והולך. וזהו מאמר דוד המלך ע"ה "אני בצדק", פירושו כנ"ל, כשאני בעצמי בצדקת תם וישר, אז "אחזה פניך", ע"ד הכתוב בזוהר הק' (ח"א פט, א) "במחזה לאמר, הוא לשון תרגום, לפי שלא היה נימול ולא היה שלם במדריגתו, נגלה עליו בלשון תרגום", וזה גם כאן "אחזה פניך" לשון תרגום, פירוש אני נופל מן המדריגה שהיתה בי מתחילה, רוח אלקים דבר בי בלשון חיבה, אבל "אשבעה בהקיץ תמונתך", פירוש כשאני סובר שאני ב'תמונתך', פירוש בדמיון העבודה, אז 'אשבעה בהקיץ', כי תתמכני בימין צדקך להשביעני ברב טובך מדריגות גדולות למעלה ולמעלה עד אין סוף.

וזה רמז לנו הפסוק גם כאן, שאם תסבור אתה בעצמך שצדקת, עדיין לא פעלת כלום, כיון שנפל לך זאת המחשבה, עדיין לא נכנסת אל העבודה העיקרית אלא כמו תולדה במקום אב, אבל [לא] אל השורש הצריך הנרמז אל האב, וזהו "אלה תולדות נח", ר"ל שאינו אלא תולדה כנ"ל, באם יסבור בעצמו "נח איש צדיק תמים". וק"ל.

או יאמר "צדיק תמים היה בדורותיו", דהצדיק ע"י מעשיו הקדושים שעושה איזה דבר קדושה, הוא ממשיך את הבורא ב"ה יתעלה לעוה"ז, נמצא עושה טובה לדורותיו שמזכה להם, ששכינתו יתברך עמהם ע"י הצדיק, וכשהצדיק עולה במדריגה יתירה, אזי הוא גורם לקשר ולהמשיך את שמו יתעלה בכל העולמות, וזהו "איש צדיק תמים היה בדורותיו", ר"ל שתמימות צדקתו היה מועיל לדורותיו, וגם זאת הועילה צדקתו "את האלקים התהלך נח", פירוש גם לעולמות העליונים היה משפיע להם, וזהו 'את' אלקים, פירוש עם אלקים, דהיינו עולמות עליונים, גם שם היה מתהלך נח. והבן.

או יאמר "בדורותיו", לכאורה 'בדורו' היה ראוי לכתוב, אעפ"י שנח היה חי כמה דורות, אעפ"כ עיקר בא לאשמעינן כפירוש רש"י ז"ל יש דורשין כו', ואם היה נאמר 'בדורו' היה ג"כ נשמע הדרש הזה.

ונ"ל דבא לאשמעינן עוד דבר אחד, דהנה בכל דור ודור יש שורש לתקן מצוה מיוחדת יותר משאר מצוות, למשל בדור הזה יש שורש לתקן מצות ציצית יותר משאר מצוות, וכדומה בכל דור יש שורש להחזיק במצוה מיוחדת יותר משאר מצוות. ובא הכתוב לאשמעינן שהיה נח "צדיק תמים בדורותיו", ר"ל בכל דור שהיה חי, היה מחזיק ומתקן אותה שורש המצוה המיוחד יותר לאותו הדור.

וזהו "יהללו ה' דורשיו יחי לבבכם לעד", דהנה כשהצדיק עושה מצוה ומקיים אותה בשורשה, מביאה אותה המצוה הזאת לידי חימום והתלהבות הבוער בו ע"י המצוה הזאת לאמר שירות ותשבחות להשי"ת, וזהו "יהללו ה'" בשירות ותשבחות, "דורשיו", ר"ל הדורשים המצוה לעשותה בשלימות בשורשה, "יחי לבבכם לעד", ר"ל הכתוב נותן טעם למה להם נאה לשבח? מחמת שלבבם חי לעד, דהיינו שהם דורשים כל מצוה מיוחדת לכל דור לעד לעולם. וק"ל.

או יאמר "נח כו' בדורותיו", דהנה הצדיק השלם ההולך תמיד באחדות האמתי, הוא משפיע שפע טובה וברכה לכל ישראל, ולזה מרמז אות צדיק נכתב כזה צ, דהיינו נו"ן ויו"ד, וראש עליון של הנו"ן הוא קצר רמז אל האחדות שהצדיק הולך בו, ורגל התחתון הוא רחב רמז שהצדיק צריך להשפיע להרחיב ולפשט ההשפעה על כל ישראל, ויו"ד הנכתב מאחורי הנו"ן כמו על הכתף, רמז שהוא מקבל השפעה על שכמו מהיו"ד שמשם באה עיקר השפעה. וזהו "יודוך ה' כל מעשיך", ר"ל כל מעשיך הוא ע"י היודי"ן. וזהו "וישכם אברהם בבוקר", ר"ל שהמשיך השפעות חסדים, ד'בוקר' רמז לחסדים, להמשיך ע"י השכם, 'וישכם' הוא לשון שכם, "ויחבוש את חמורו", ר"ל החומריות, הם הדינים, היה חובש וכובש אותם והמתיקם. וזהו שנאמר גבי שאול המלך ע"ה "משכמו ולמעלה היה גבוה מכל העם", רמז לנ"ל, שהיה שאול כבן שנה נקי מכל חטא, והיה במדריגה זו להמשיך השפעות ע"י השכם, 'יותר מכל העם' היה מעולה וגבוה במדריגה זאת.

וזהו "נח איש צדיק תמים היה בדורותיו", ר"ל שהיה תמים בצדקתו באחדות האמתי, והמשיך השפעות לדורותיו. והבן היטב.

ויולד נח שלשה בנים את שם כו'. נ"ל ע"ד הרמז, דהנה הצדיק צריך לתקן עצמו בשלש מדריגות, דהיינו שילך בהדרגה ממדריגה למדריגה, דהיינו מתחילה צריך לעבוד להשי"ת ב"ה ביראה, דהיינו לתקן את מעשיו וחטאת נעוריו בתשובה שהוא 'תשוב ה'', שהוא מתקן בתשובתו מה שפגם בשמו הגדול יתברך. וזהו "ויולד נח" רמז להצדיק נקרא בשם 'נח', כמו דאיתא במדרש "נח נח למטה ונח למעלה", דהיינו שהוא גורם השפעות למטה ולמעלה בעולמות, והוא מוליד "שלשה בנים את שם", פירוש שהוא מתקן מתחילה ביראתו את השם הקדוש מה שפגם בו כנ"ל, וזה סימן לבעל תשובה גמור, כשהשם הקדוש שם הוי"ה ב"ה עומד לנגד עיניו הוא סימן שתיקן ביראתו כל חטאיו.

"את חם", פירוש ואח"כ צריך להחזיק במדריגת אהבה, שהיא מביאה חמימות לאדם, לכן נרמז אהבה במלת 'חם' שהוא לשון חמימות, רק שעדיין אין זה אהבה שלימה, כי מחמת שהיו לו מתחילה אהבות גרועות ושפלות, כמו אהבת ממון ותאוות נשים ושאר אהבות השפלים, ומחמת זה כשנתעורר לו אהבה להש"י, גורמים לו אהבות הגרועות הראשונים שבא לידי פניות באהבה זו, ולכן מטעם זה רומז ג"כ מלת 'חם' לשון חימה, דהיינו שצריך להרגיז היצ"ט על היצה"ר לשבר כח הפניות עד שיזכה שיהיה אהבתו שלימה, ועל ידי זה הוא מעלה גם את האהבות החיצונות שהיו בו מתחילה, מעלה אותם ג"כ אל הקדושה, כמ"ש חז"ל 'הזדונות נעשים כזכיות'.

וזהו שאנו אומרים "אהבת עולם אהבתנו", פירוש גם אהבת עוה"ז שהיתה לנו מתחילה, "אהבתנו", כלומר גם הם אהובים לפניך כשאנו מעלים אותם אל הקדושה, "חמלה גדולה ויתירה כו'", ר"ל שזה הוא חמלה גדולה ויתירה למקום עלינו.

וזהו "וחם [הוא] אבי כנען", ד'כנען' רמז לשפלות, כמו שאמר הכתוב 'כנען בידו מאזני מרמה', וע"י החמימות שעל ידה מעלה את האהבות הגרועות הראשונים אל הקדושה כנ"ל, הרי החמימות הזאת נקרא בשם 'אב', כי הוא המוליד אותם ומביאם להקדושה.

וזהו ג"כ יש לומר הרמז בדברי חז"ל "יש אם למקרא", ר"ל יש מי שהוא במדרגת 'אם' בקריאתו להשי"ת ב"ה, "ויש אם למסורת", ר"ל גם בזה שמוסר השפלות הקודמות אל הקדושה, יש ג"כ בני אדם שהם במדרגת 'אם', רמז מדריגה קטנה ממדריגת אב כנ"ל. וזהו רמז "ארמי אובד אבי", "ארמי" רמז להשפלות ופניות הבאות לאדם בתוך אהבה הנתעורר בו להשי"ת, "אובד אבי", הוא מאבד תמיד את המדריגות הנ"ל, ולכן נאמר 'אובד' לשון הוה, ולכאורה היה לו לומר 'אבד' אבי? רק שהוא רמז ג"כ לנ"ל. וצריך האדם להתחזק ולהתגבר בתשוקה רבה וחמימות גדול להיותו במדרגת 'אב' כנ"ל."[ואת חם כו'] ואת יפת", רמז שאח"כ בא הצדיק למדרגת התפארות, שזה רמז 'יפת' לשון יפוי ותפארת, שכל מעשיו יפים ומקובלים בעיני הבריות ובעיני כל רואיו, ואז כשיגיע לג' מדריגות הנ"ל נקרא הצדיק הזה בשם 'שרף', שהוא שורף באהבתו תמיד בלי הפסק בלי שום פניות.

וזהו רמז "והאופנים וחיות הקודש מתנשאים לעומת שרפים", "אופנים" רמז למדריגה ראשונה שהיא מדרגת יראה, שלפעמים נופל לגמרי מיראתו, כמו אופן המתגלגל מלמעלה למטה כן הוא מתגלגל לפעמים, "וחיות הקודש", רמז מי שהוא קצת במדריגת אהבה שזה אינו נופל ממדריגתו לגמרי, גם לפעמים אם יפול לא יוטל לגמרי, וזהו רמז 'והחיות רצוא ושוב', ר"ל שב מיד למדריגתו, ובשני מדריגות האלו צריך להתנשאות כ"כ עד "לעומת שרפים", ר"ל עד שיבוא למדריגת 'שרפים', ששורף באהבתו שבלבו תמיד בלי הפסק. והשם יזכנו להיותנו דבוקים ביראתו ובאהבתו בכל לבנו תמיד. אמן.

צהר תעשה לתיבה. פירש רש"י "אבן טוב". יש לומר הרמז "תיבה" היינו המלה ותיבה שאדם מוציא מפיו, צריך לראות שהתיבה הזאת תאיר אור גדול כאבן טוב, "ואל אמה תכלנה מלמעלה", רמז 'אמה' הוא רמז על האחדות גמור, שהצדיק צריך לילך באחדות גמור בעולמות עליונים.

בענין אחר. "צהר תעשה לתיבה", פירוש שהצדיק ע"י תיבות התורה שלומד בה הוא מהפך ה'צרה' ל'צהר', "תחתים שניים ושלישים תעשה", בדרך רמז לשלשה מיני בני אדם, צדיקים גמורים ורשעים גמורים ובינונים, "תחתים", רמז לרשעים, וזהו שכתב רש"י ז"ל 'לזבל', שהם עוסקים בדברים המאוסים לזבל המה העבירות, "שניים" למדור, המה הבינונים העוסקים במדור העוה"ז ותענוגים הגשמיים, אעפ"י שאין עושין עבירות, "שלישים" העליונים לאדם, הוא הצדיק הגמור ההולך תמיד בעולמות העליונים, והצדיק גמור הוא צריך לתקן כולם במעשיו הקדושים, ולכן כתוב אצל שלישים "תעשה", פירוש אתה הצדיק תעשה ותתקנם.

גם רמז אל האדם בעצמו, שבנערותו הוא עוסק בדברים שפלים ומאוסים, ואמצע שניו הוא עוסק בעניני עוה"ז, צריך לראות לתקן הכל עכ"פ בשלישים, המה סוף שניו, לבל יאסף עם חטאים נפשו.

או יאמר "ואל אמה כו'", בהקדים לפרש הגמרא "כל המתפלל ואומר ויכולו נעשה שותף להקב"ה שנאמר ויכולו אל תיקרי ויכולו אלא ויכלו", יש לפרש דהנה הצדיק הוא מבטל הדינים ע"י שמעלה אותם לשורשם ושם הם נמתקים, וזהו "כל המתפלל ואומר ויכולו", ר"ל הצדיק שהוא מתפלל ואומר לכלות הדינין שיהיו בטלין, "נעשה שותף להקב"ה", הקב"ה גוזר והוא מבטל, "שנאמר ויכולו אל תיקרי ויכולו אלא ויכלו", ר"ל שהגזירות והדינים בטלים ע"י שהצדיק מעלה אותם "השמים", למעלה אל הקדושה.

וזהו "ואל אמה תכלנה מלמעלה", דהיינו שתעשה "צוהר לתיבה", ר"ל שתאיר תפילתך כאבן טוב לבטל הדינים והגזירות מישראל, וע"י מה תוכל לבטל הדינים? אמר הכתוב "ואל אמה", ר"ל אמה לשון 'אם', דהרחמים עליונים נקראים 'אם' המרחפת על בנים ומרחמת עליהם, והיינו "ואל אמה", ר"ל 'אם' העליונה, לשם "תכלנה" את הדינים בהעלותם מלמעלה.

ופתח התיבה בצדה תשים, רמז שהצדיק צריך להיות תמיד בתשובה, ע"ד דאיתא בגמרא "למה 'כרעי דהא תלוי' מאן דבעי למיעל" כו', וזהו "בצדה תשים", דהיינו שיכנס באותו פתח שהוא מן הצד של הה"א, שהוא רמז לתשובה.

או יאמר "ופתח התיבה בצדה תשים", ר"ל שהתורה מלמדת אותנו העיקר התחלת והחיזוק לבוא בקדושה, וגם שנראה לאדם קשה מאד, אעפ"כ ידחוק עצמו בעל כרחו עד שמן השמים ירחמוהו, ע"ד שאמרתי כבר "כל האומר הקב"ה וותרן יותר מעוהי", ופירשתי כך, הרוצה שיוותר לו השי"ת עוונותיו וחטאיו, יותר מעוהי, ר"ל צריך לוותר את מעיו, דהיינו שלא למלאות כריסו באכילה ושתיה ותענוגי עוה"ז רק כדי חיותו, והיינו כאילו מוותר המעיים שאינו משגיח עליהם ומסגף אותם בכל מה דאפשר. ואיתא בגמרא למה 'כרעא דהא תלוי' מאן דבעי ליעול בהאי ליעול, דהיינו בפתח קטן צריך הבעל תשובה לדחוק עצמו עד שמן השמים ירחיב לו, וזהו "ופתח התיבה", היינו הפתח של התבודדות, "בצדה תשים", דהיינו שתכנס בפתח קטן ודחוק והתחזק עצמך בכל פעם יותר עד שתתקן בכל שלש העולמות שצריך האדם לתקן, דהיינו עולם השפל ועולם הגלגלים ועולם המלאכים, וזהו "תחתים שנים ושלישים תעשיה". וק"ל.

# נֹעַם אֱלִימֶלֶךְ

"תחתים שנים ושלישים תעשיה", פירש רש"י ז"ל "עליונים לאדם אמצעים למדור תחתים לזבל". יש לומר הפירוש כך, דעיקר צריך הצדיק לתקן בעבודתו שלש עולמות, והם מרומזים בגוף האדם, דהיינו ראש האדם הוא כסא ומרכבה, וזהו "ואראה דמות כמראה אדם יושב על כסא", ר"ל עם הכסא, דהיינו דמות מראה אדם כו' שהוא הצדיק גמור שהוא כסא ומרכבה כמו כסא העליון, והבן, וזהו "עליונים לאדם" כנ"ל שיהיה מרכבה וכסא, "אמצעים למדור ותחתים לזבל", שצריך האדם להתנהג באכילתו בכוונה עכ"פ להוציא הניצוצות הקדושות שבתוך המאכל ולדחות הפסולת, וזהו רמז "שנים", דהיינו אמצע גוף, לקבל המאכל להוציא הנ"ק, "ותחתים לזבל", לכוון לדחות את הפסולת.

ותנח התיבה בחודש השביעי כו'. רמז שעיקר הוא לאדם לתקן את מעשיו בחודש השביעי הוא תשרי, ואז תפילתו רצוי יותר משאר ימות השנה כמו שדרשו חז"ל "דרשו ה' בהמצאו - אלו עשרת ימי תשובה", שאז הוא כח יותר השראת הקדושה, וזה "ותנח התיבה כו' בשבעה עשר יום לחודש", דהיינו לאחר שעברו ג"כ ימי החג שני ימים הראשונים, וקיים בהם מצות סוכה ולולב ואז יש כח להקדושה לשלוט, "על הרי אררט" רמז להקליפות, לשבר אותם ע"י הקדושה.

והמים היו הלוך וחסור עד החודש העשירי. פירוש "המים", התורה הקדושה נקראת מים ע"ד 'כל צמא לכו למים', הוא הקדושה והדביקות שבאדם, "[היו הלוך וחסור]", שהוא בלתי אפשרי להיות בתמידות, רק לפעמים הוא הולך בהדביקות ולפעמים הוא חסר דהיינו שנפסק מהדביקות ע"ד 'מטי ולא מטי', "עד החודש העשירי", ר"ל עד שנתחדש בו מדריגה העשירי שהוא הקדושה העליונה, 'עשירי יהיה קודש', "באחד לחודש נראו ראשי ההרים", ר"ל אעפ"י שבא אל המדריגה זו שבא אל אחדות גמור, אעפ"כ לא נראו בו אלא ראשי ההרים, דהיינו שלא בא עדיין אלא למקצת הקדושה, שעבודת הבורא ב"ה הוא דבר שאין לו סוף

"ויהי מקץ ארבעים יום", פירוש אחר שיזכה האדם לבוא לתוכן התורה הקדושה שנתנה למשה רבינו ע"ה למ' יום, "ויפתח נח את חלון התיבה אשר עשה", פירוש אז השי"ת ב"ה הנקרא 'נח' ע"ש ששוכן ונח בעולמו להשגיח על בריותיו, פותח להצדיק שער בקדושתו שיהא הולך ומתגבר בקדושה רבה, "וישלח את העורב", פירוש הכתוב מונה וחושב מדריגת צדיקים שברא הקב"ה בעולמו, ופירוש "וישלח כו'" דהיינו ששלח הצדיק בעולם, "את העורב", רמז שיש בני אדם שברא אותם הקב"ה שיתעסקו במשא ומתן באמונה לפרנס בניו ובני ביתו, והם נקראים בשם 'עורב' ע"ד דאיתא בגמרא (כתובות מט, ב) על אותם בני אדם שאינם רוצים לפרנס את בניהם, היו מכריזים עליהם 'עורבא בעי בני והאי גברא לא בעי בני', וגם 'עורב' הוא לשון מתיקות, שזה הוא ערב ומתוק בעיני השי"ת ב"ה ובעיני הבריות בעוסקו במשא ומתן באמונה, וזהו "וישלח את העורב", היינו הצדיקים הנ"ל הנקראים בשם 'עורב' כנ"ל, "ויצא יצוא ושוב", פירוש וצריך האדם הזה שתיכף ומיד שיצא יצוא לעסקיו, אזי ישוב מיד, דהיינו שיבחן שיהא כוונתו לשמים וישוב כוונתו להשי"ת ב"ה, "עד יבושת המים", כן יהיה דרך הזה מתנהג עד שיבוא משיח צדקנו במהרה.

ומדריגה הב' הוא "וישלח את היונה מאתו", זה רמז על הצדיק השלם הנקרא בשם 'יונה' כאשר אכתוב לקמן, "לראות הקלו המים מעל פני האדמה", פירוש שיראה לשבר כח הקליפות ולהפרידם מהקדושה הנקרא בשם 'מים' כנ"ל, ויעלה הקדושה מעלה מעלה בקל, כי אחרי הפרד הקליפות מהקדושה יש כח להקדושה לעלות, "ולא מצאה היונה מנוח לכף רגלה", הפירוש, הצדיק הזה אינו מוצא מנוחה לעצמו להדברים הרגליות והחומריות הנעשים בעוה"ז, וכל עצמו מגמתו ותשוקתו אינו אלא לעלות אל הקדושה, "ותשב אליו" פירוש אליו להשי"ת, "אל התיבה" ר"ל אל הקדושה, "כי מים על פני כל הארץ", פירוש שהצדיק רואה שהקדושה היא למטה על הארץ, ונפשו חשקה מאוד להעלותה, מה עושה הקב"ה? "וישלח ידו ויקחה", פירוש השי"ת עושה רצונו של הצדיק ושולח ידו לסייעו כאוות נפשו של הצדיק.

בענין אחר. "וישלח את העורב ויצא יצוא ושוב כו'", כי אמרו שצריך האדם הרוצה להחזיק בתורה להיות אכזר כעורב על בניו שלא יבוא לו שום מחשבה גשמי, נמצא הצדיק הוא נמשל לעורב, ועבדות הצדיק צריך להיות תמיד ברצוא ושוב, כמו חיות הקודש הנאמר עליהם "והחיות רצוא ושוב כו'". וזהו "וישלח את העורב", פירוש החזיק עצמו במדריגת עורב, "ויצא יצוא ושוב" כנ"ל.

וייסף שלח כו' ותבא אליו היונה לעת ערב. פירוש בשעה שהוא עת ערב לעולם, שהם צריכים לרחמים ולפרנסה, אזי הצדיק הזה הוא מעורר רחמים עליהם ומביא לפני השי"ת "עלה זית", רמז על האור הנקרא בשם 'שמן' הבא מזית, "טרף בפיה", פירוש 'טרף' היינו פרנסה, הוא פועל להם ע"י תפילתו שבפיהו, "וידע נח כי קלו המים כו'", פירוש 'וידע נח' קאי על השי"י שהיה נותן דעתו כביכול בעצמו להפריד הקליפה מהקדושה וכו', "ויחל עוד כו' ולא יספה אליו כו'", פירוש מלשון 'קול גדול ולא יסף' שפירש רש"י 'לא פסק', והיינו שיש עוד מדריגה בבני אדם שאינו פוסק מתשובה כל ימיו, כי מעשיו אינם מוכשרים בעיניו ומוצא בהם חסרונות והוא תמיד בתשובה, וזהו "ולא יספה" פירוש לא פסק ממידת "שוב אליו עוד", רק תמיד הוא בעל תשובה.

**לך לך**

ויאמר ה' אל אברם לך לך כו'. נ"ל דהנה צריך האדם לעבוד הבורא ב"ה בשלש מדריגות זו אחר זו, דהיינו [א] מתחילה צריך לשבר כח התאווה המוטבע באדם מדרך הטבע כגון אכילה ושתיה וכיוצא בהם שיהא אכילתו בקדושה ובטהרה, ועל ידי זה הוא משבר כח 'אלקים אחרים' ד'אלקים' גימטריה 'הטבע', ואחר שמשבר כח אלקים אחרים, זוכה לבוא למדריגת יראה שהוא אלקים חיים,

[ב]. צריך האדם לשבר המידות השפלות שבו שהם אצלו בתולדה מיום צאתו מרחם אמו, יש בני אדם שמידותיהם יותר גרועים משאר בני אדם במידה זו, דהיינו למשל מדת כעס וכדומה, ששאר מידותיו גרועים מחבירו בתולדה, ואחר שמשבר כח המידות השפלות והגרועות הוא זוכה לבוא לאהבת הבורא ב"ה.

[ג] ואחר כל זאת צריך לבוא למדריגה ג' שהיא התפארות, כמו שמבואר לעיל בפרשת נח, שכל מעשיו יהיו יפים ומפוארים, כמו שאמר התנא "כל שהיא תפארת כו' ותפארת לו מן האדם".

וזה הוא רמז "לך לך מארצך", רמז למדריגה ראשונה שהיא התאוות הארציות הגשמיות שהוא מוטבע בהחומר וצריך לצאת ממנה, "וממולדתך" רמז למדריגה ב' שהם המידות הגרועות הנולדים עם האדם, "ומבית אביך" רמז למדריגה ג', דהנה עיקר התפארות השפלות באים לאדם ע"י שהוא מתגאה ומתפאר באבותיו שהוא בן גדולים, וצריך לצאת מהמידה הגרועה הזאת להתפארות אחרת הטוב בעיני ה' ואדם כנ"ל, "אל הארץ אשר אראך" רמז לארץ עליונה. וזהו "השתחוו לה' בהדרת קודש", פירוש להדר ולפאר בתפארת את הקדושה שהיא מדריגת התפארת.

וזהו "נופת תטופנה שפתותיך כלה כו'", רמז ג"כ לשלש מדריגות הנ"ל, "נופת תטופנה" רמז למדריגת יראה, 'נוטפות מור' ודרשו חז"ל 'אל תקרי מור' כו', ו"שפתותיך כלה" רמז למדריגת אהבה, ככלה האהובה לארוס שלה, "דבש וחלב תחת לשונך" רמז למדריגה ג', שכל מעשיו הם כדבש ומפוארים לכל אדם.

או יאמר "נופת תטופנה", דהנה בהתחלת האדם לבוא בעבודתו יתברך ויתעלה, צריך להיות ביראה, ומחמת שעדיין אינו מתוקן כל צורכו, לכן לפעמים מדבר דברים בגלוי בלא בושה, ואח"כ כשעולה במדריגה יתירה, הרי הוא מתבייש מלדבר לגלות את מעשיו בדיבוריו ככלה שמעשיה בחשאי, וזה הוא בעבור כי יראתו על פניו, ואח"כ כשעולה למדריגה יתירה הרי הוא צנוע בכל מעשיו, וזה "נופת תטופנה" רמז שמתחיל בהתחלת עבודתו, אזי הוא מטפטף דברים כנ"ל, כי עדיין אין יראתו שלימה, ואח"כ "שפתותיך כלה", ר"ל שדבריו נאמרים בבושה ומעשיו הן בחשאי ככלה, ואח"ז "דבש וחלב", פירוש דברים המתוקים כדבש וחלב, הם "תחת לשונך", שהוא הצנע לכת לגמרי.

או יאמר "לך לך". נ"ל ע"ד הרמז, שצריך האדם לחקור ולדרוש ולחפש תמיד לראות רוממות אל מכל דבר אשר יראו עיניו, ועל ידי זה יזכה שיתן לו השי"ת שכל ובינה להבין ולהשכיל בעולמות העליונים, ואופן אשר יגיע למדריגה הנ"ל להסתכל ברוממות אל, צריך האדם מקודם לתקן את מידותיו, כי השי"ת ב"ה ברא את האדם בכל מיני מידות, וכל מדה ומדה שבאדם יש צד וחלק באותה מדה אל הקדושה, וכן להיפך לרע ח"ו כידוע, וצריך האדם לשבר עצמו בבחירתו להפך את המדות רק אל הקדושה לבדה, ואז יזכה להבין ולהסתכל ברוממות אל, והשי"ת ב"ה פותח לו מעיינות החכמה להשיגו ולהשכילו בכל פעם בשכל עליון יותר ויותר מה שלא ראו עיני שכלו מעולם.

וזהו "לך לך", פירוש לעצמך כפשוטו, דהיינו שתסתכל על עצמך תמיד שתפרוש ממדות ארציות שבך שתהפכם לטובה כנ"ל, וזהו "מארצך", ותביאם אל הקדושה לבדה, "וממולדתך", פירוש דאדם שהוא מתנהג במדות מגונות, אזי יוצא ממנו תולדות רעות חלילה, שמדה אחת מולדת את חברתה ע"ד 'עבירה גוררת עבירה', וזהו 'וממולדתך', "ומבית אביך", פירוש דלפעמים מוטבע באדם מדות ע"פ טבעית הבאות לו מכח אביו שהכניס בו המדות הללו, צריך לצאת מהם ולהכניסם אל הקדושה, וזהו 'ומבית אביך', ואז תזכה "אל הארץ אשר אראך", שתזכה לשכל העליון ולהארץ העליונה שאראך אשר מעולם לא ראית.

וזהו "גול על ה' דרכך", פירושו ג"כ כנ"ל, כי "גול" הוא לשון התגלות, שתגלה "דרכך" ומדותיך, שתסתכל בהם ותראה שיהיו כולם "לה'", "ובטח עליו", פירוש מה שהאדם מסתכל ברוממות אל זה נקרא 'בטחון', "והוא יעשה", פירוש ואז יעשה לך השי"ת ב"ה עשיות חדשות מה שלא ראית מעולם ולא הבנת מעולם, "והוציא כאור צדקך". והבן.

או יאמר "לך לך כו'", דהנה באדם הראשון כתיב "מכל עץ הגן אכול תאכל", קשה למה ציוה להם מה שיאכלו, כי 'אכול תאכל' הוא לשון ציווי, ועוד הרי מתחילה נאמר "מכל עץ הגן כו'", משמע גם מעץ החיים יאכלו, ומה טעם אח"כ כשאכלו מעץ הדעת טוב ורע נאסר להם לאכול מעץ החיים.

ונראה לפרש, דמתחילה היה לו מדריגה גדולה בעולם העליון הנקרא 'עץ החיים', ומזה הטעם ציוהו השי"ת שמעץ החיים יאכל, כדי שישאר בקדושתו לעולם, ומעץ הדעת טו"ר נצטווה שלא יאכל, שהם עולמות התחתונים כדי שלא יתגשם, ואח"כ כשאכל מעץ הדעת טו"ר נפל ממדריגה העליונה ונתגשם, לכן ציווהו השי"ת שלא יאכל מעץ החיים, שכיון שכבר נתגשם והיה בהם טו"ר, ואין ראוי לנגוע בעץ החיים עד שיעלה ממדריגה תחתונה לעליונה בהדרגה, והיוצא מזה שאחר חטא אדם הראשון צריך האדם לעבוד להשי"ת בהדרגה, ממדריגה תחתונה לעליונה.

וזהו פירוש הפסוק "לך לך מארצך", פירוש "לך לך", ר"ל לשורשך העליון אשר משם חוצבת, "מארצך", פירוש ועיקר התחלה שתוכל לבוא לשורש העליון הוא ההכנעה, שתחשוב את שפלותך כי עפר אתה כו', "וממולדתך ומבית אביך", פירוש גם ממולדתך כו', אם תכניס הכל במחשבת רוממות אל יתברך, עי"ז תזכה שתוכל לבוא "אל הארץ אשר אראך" דהיינו לארץ עליונה.

וזהו "אשריכם זורעי על כל מים", כי יש מים עליונים ומים תחתונים והם נקראים 'מים הזדונים', וגם נקראים 'מים רבים', וזהו פירוש "מים רבים לא יוכלו לכבות את האהבה", וצריך האדם לעבוד מתתא לעילא, להעלות המים התחתונים הנקראים 'מים בוכים' שהם מסיטרא דקליפה, להעלות אל הקדושה, ורמז 'ברוך כבוד ה' ממקומו' ר"ת בכים. וזהו "אשריכם זורעי כו'", ד'זריעה' היא המחשבה הנקרא בשם זריעה, ואשרי להזורעים אשר מחשבתם "על כל מים", ר"ל גם על המים התחתונים להכניסם אל הקדושה.

או יאמר "לך לך כו'", דהנה יש שהוא צדיק מחמת זכות אבותיו או מחמת שהוא תמיד בין הצדיקים, אבל באמת צריך האדם שלא להשגיח על זה, הן הצדיק בן צדיק לא ישגיח על זכות אבותיו לאמר שזכות אבות יעמוד לו ולא יתאמץ בעבודת הבורא מחמת זה, לא ישגיח על זה, רק צריך אימוץ וחיזוק גדול בעבודתו יתברך, והן הצדיק שאינו בן צדיק אל יתיאש עצמו לאמר מאחר שאין לו זכות אבות לסייע לא יוכל להגיע לעבודת הבורא יתברך, אל יאמר כן, רק יעבוד השי"ת באמת והבא לטהר מסייעין לו מן השמים, רק לחשוב שהשי"ת עושה לו כל זאת שמסייע לו.

וזהו "לך לך מארצך כו'", פירוש שלא תשגיח על ארצך ועל בית אביך, ותלך לשרשך "אל הארץ" העליונה, "אשר אראך" ר"ל כנ"ל, שלא תחשוב רק שאני מראה אותך כל זאת, שהכל הוא מהבורא יתברך.

וזהו "טוב עשית עם עבדך", ר"ל הטוב שעשית עם עבדך שהוא צדיק, שהצדיק נקרא טוב, "ה' כדברך", ר"ל שאין זה כי אם ע"י דיבורך, שהכל הוא ממך.

ואעשך לגוי גדול כו' והיה ברכה, ואברכה מברכיך ומקללך אאור. ולכאורה יש לדקדק דאצל הברכה נאמר ואברכה כו' ואצל הקללה נאמר המלות בהיפך, והיה לו לומר ג"כ 'ואאור מקללך'?

ונ"ל דהנה הצדיק אשר מקדש ומטהר עצמו, נעשה הוא בעצמו 'ברכה', דהיינו בריכה עליונה להשפיע לכל, אך אותם הרוצים לקבל השפעה ע"י הצדיק, צריכים להסכים עם הצדיק ואז הם ממילא מתברכים בשפע רב, אבל מי שאינו מסכים עם הצדיק, בודאי לזה בלתי אפשרי שיושפע לו ההשפעה ע"י הצדיק. וזהו "והיה ברכה", דהיינו שאתה בעצמך תהיה בריכה להשפיע, "ואברכה מברכך", ר"ל מיד אותו שיסכים עמך אברך אותו, כי הכל הוא מוכן כנ"ל שהצדיק הוא הברכה עצמה, וזהו כמו 'מברכך', פירוש מהבריכה שלך, "ומקללך אאור", פירוש אבל הקללה אינה באה ממילא כמו הברכה, רק אחר מעשה עד שאאור אותו אחר קללתך.

וזהו "טוב עשית עם עבדך", פירוש הטוב, דהיינו ההשפעות, נתת ביד עבדך שהוא המשפיע לכל העולם כנ"ל, רק באופן "ה' כדברך", דהיינו שיסכימו עמו הכל ויאמרו כולם על הצדיק שה' מסכים כדברך, ואז כולם נשפעים ע"י הצדיק בשפע רב וברכה.

ויהי רעב בארץ כו'. נ"ל ע"ד המוסר כמאמר הכתוב "לא רעב ללחם ולא צמא למים כו' כי אם לשמוע דבר ה'", ונמצא זה עיקר הרעב אם ח"ו עם בני ישראל אינם מתנהגים כשורה והולכים שובב בדרך לבם ח"ו, ועל ידי זה הם גורמים גם להצדיק השלם במעשיו שיורד ממדריגתו הגדולה הקדושה.

וז"ש הכתוב "ויהי רעב בארץ" כנ"ל, "וירד אברם מצרימה", פירוש ע"י זה יורד הצדיק הנקרא בשם 'אברם', יורד ממדרגתו, ואעפ"כ כי יפול לא יוטל לגמרי ח"ו, רק שיורד 'מצרימה' דהיינו נוטריקון "מיצר ים", שנעשה לו צר ודוחק בקדושתו העליונה שהיתה לו מקדם, 'ים' רמז לקדושה עליונה, ים העליון, וכל זאת אין עושה השי"ת ב"ה להצדיק שיפול ממדריגתו מחמת רשעת הרשעים, רק גם זה לטובתו דהיינו "לגור שם", דאלולי זאת שיפול ממדריגתו קצת, אפשר שיגבה לבו קצת להתגדל במדריגתו וקדושתו, ועתה ע"י שרואה הצדיק שנפל ממדריגתו, הוא מתבייש מאוד ומתחרט ואינו מחזיק עצמו רק כגר בארץ, דהיינו שמחזיק עצמו שהוא גר בעוה"ז ובעוה"ב מאחר שנפל ממדריגתו.

"ויהי כאשר הקריב לבא מצרימה", פירוש אחר שרואה הצדיק כי קרוב הוא אל המדריגה הנקרא 'מצרימה', "ויאמר אל שרי אשתו", דהנה שני גוונים יש בעבודת הצדיק, דהיינו דרך אחד לעבוד ברוחניות, ודרך השני שגם בהגשמיות צריך להתקדש ולטהר עצמו מאוד מאוד, והבחינה של עבודת הרוחניות נקרא בשם 'אברם', דהיינו מצד דוכרא, ובחינת עבודת הגשמיות נקרא בשם 'שרה', וזהו "ויאמר אל שרי אשתו", דהיינו הצד הנוקבא נקרא 'אשה', ויאמר לה "הנה נא ידעתי כי אשה יפת מראה", ר"ל מאחר שאני רואה שאני יודע שאשה יפת מראה [את], ואילו הייתי בקדושה עליונה האיך הייתי יודע זאת, "והיה כי כו' והרגו אותי כו'", ר"ל אם לא נשגיח על עצמינו להתגבר בקדושה, אזי ח"ו 'והרגו אותי' דהיינו כח הרוחניות, "ואותך יחיו", דהיינו כח הגשמיות יתגבר, לכן" אמרי נא אחותי את", פירוש נתגבר מאוד בקדושה ובדביקות גדול בתורה הקדושה ע"ד 'אמור לחכמה אחותי את', "למען ייטב לי", ר"ל עי"ז יוטב לי בקדושה עליונה שיתגבר כח הרוחניות, וגם זאת "וחיתה נפשי בגללך", לשון גללים, ע"ד 'כאשר יבער הגלל', ר"ל שיבוא חיות קדושה גם בהגללים דהיינו בהגשמיות. וק"ל.

ואברם כבד מאד כו'. נ"ל דהצדיק כשנשפע לו שפע מהשי"ת מתירא מזה מאוד ע"ד קטונתי כו', וע"כ הוא מתגבר יותר בעבודת השי"ת, לזה אמר "וישכם אברהם בבוקר", ר"ל דהחסדים נקראים 'בוקר', ולזאת כשהיה מגיע אצלו החסדים גדולים, אז ביותר הגביר לזרז את עצמו והלך למדריגה היותר גבוהה "וחבש חמורו" זה חומר הגוף.

וזהו "ואברם כבד מאוד במקנה", ר"ל שהיה לו למשא מה שהשפיע לו השי"ת מקנה "כסף וזהב", "וילך למסעיו" פירוש לשורשו, וזהו פירוש רש"י ז"ל "שפרע הקפותיו", דהנה אנו מברכים בכל יום 'מלביש ערומים' ו'זוקף כפופים', כי כל אדם מוקף בחיצוניות של עולם הזה, וכשהוא במדריגה גדולה אזי הוא מופשט מחיצוניות של עוה"ז ונשאר ערום, וזה אמרם 'הוי ערום ביראה', עד שמלבישין אותו בחלוקא דרבנן מעולם העליון, וזה שאנו מברכין "מלביש ערומים" אימת? כשהוא "זוקף כפופים", דהיינו שהולך לעולם העליון. וזה פירוש רש"י ז"ל "פרע הקפותיו" מלשון 'ופרע את ראש האשה', דהיינו הקפותיו שמוקף מחיצוניות.

או יאמר "לך לך כו'", דהנה הצדיק שהוא יודע שהוא משפיע ומחמת זה הוא רוצה לפעמים להשפיע לקרוביו ולתלמידיו, אבל באמת רצונו של השי"ת שלא יעלה על מחשבתו כלל שהוא משפיע, רק שיעבוד השי"ת ב"ה בשלימות והשפע ממילא בא.

וזהו "ויאמר כו' לך לך מארצך כו'", ר"ל שלא יעלה במחשבתך כלל דבר הנוגע לארצך כו', רק "אל הארץ אשר אראך", ר"ל שכל עבודתך יהיה רק אל הארץ העליונה והשפע ממילא יבוא. וק"ל.

וילך אברם כאשר דבר אליו כו'. נראה לפרש, דכבר דקדקו קמאי על המשנה "משה קיבל תורה מסיני ומסרה ליהושע", למה שינה הלשון, דאצל משה נאמר לשון 'קבלה' ואצל יהושע נאמר לשון 'מסירה'.

אך הענין הוא, דהתורה הניתנה על הר סיני לא קבלו ישראל בבחינה אחת, דהנה השי"ת ב"ה בחר בהר סיני מכל ההרים ליתן עליו את התורה מחמת שהוא נמוך מכל ההרים, דעיקר הוא לעסוק בתורה בהכנעה, ומשה רבינו ע"ה היה עניו מכל אדם והיה מוכשר ומוכן לקבל התורה ע"י הכנעה שבו, מהר סיני שהיה ג"כ בבחינת הכנעה, כדאיתא במדרש 'כשראה הר סיני את משה היה רץ לקראתו', והטעם מחמת שהיו שניהם בבחינת הכנעה. ולכן נאמר "משה קיבל תורה מסיני", ר"ל ממדריגת 'סיני' שהוא הכנעה, ולא כן שאר ישראל שלא היו בבחינת הכנעה, ולכן היו קולות וברקים כדי לשבר אותם ולהביאם אל הכנעה מחמת הפחד והמורא, ולכן יהושע שלא היה כל כך בבחינת משה, ע"ד דאיתא 'פני משה כפני חמה ופני יהושע כפני לבנה', לכן נאמר לשון 'מסירה'.

וזהו "וילך אברם כאשר דבר אליו ה'", ר"ל שהוא היה מוכן לקבל דבר ה' מיד כשידבר אליו, שהיה צדיק גדול, ואעפ"כ "וילך אתו לוט" הוא היצה"ר שנקרא 'לוט', דהצדיק אף שהוא בבחינה גדולה צריך ליזהר מהיצה"ר שלא יחטיאו חלילה, "ואברם בן חמש כו'", ר"ל שהיה מתקן הה"א של השם הקדוש, "ושבעים" רמז שהיה במדרגת עי"ן, ע"ד שפרשתי "עיני ה' משוטטות בכל", דהצדיק נקרא 'כל', ר"ל "עיני ה'" הם מתלבשות "בכל", דהיינו בהצדיק, ובידו לפתוח עיני פקיחא מהבורא ב"ה על ישראל. וזהו "עיני כל אליך ישברו", ר"ל העינים המתלבשים ב'כל', דהיינו הצדיקים, הם משברים ומבטלים הגזירות שנגזר מאתו, וזהו "אליך ישברו", לשון שבירה, שהקב"ה גוזר והצדיק מבטל.

ונחזור לביאור הכתוב, "ואברם בן כו' בצאתו מחרן", פירוש ואז יצא מהחרון, דהיינו שביטל הגזירות וחרון, "ויקח אברם את שרי אשתו", ר"ל שלקח גם המדריגה של נקבות והעלה אותה, "ואת לוט" הוא היצה"ר, הפך גם אותו לטוב עד שהיה גם הוא "בן אחיו" דהיינו תולדה של יצר טוב הנקרא 'אחיו', ע"ד שאמרו חז"ל 'בכל לבבך בשני יצריך'.

או יאמר "וילך אברם כאשר דבר כו'", ר"ל הצדיק רצונו לילך בדרכי השם בבחינה זאת "כאשר דבר ה'", דהיינו באותה הבחינה ממש שדיבר ה', בודאי הדיבור ההוא בקדושה ובטהרה ובדביקות, כן דרך הצדיק הרוצה לעשות ולקיים מצוותיו יתברך שיעשה ג"כ בבחינה זו.

"וילך אתו לוט", ר"ל החלק הרע שבאדם המעורב בטוב ורע מעת חטא אדם הראשון מתחיל להתגבר עליו להדיחו מדרכו הטוב, והתקנה להכניע חלק הרע הוא שיהיה האדם שפל מאוד בעיני עצמו כלא נחשב רק כדבר הנוסף, וזהו "ואברם", כלומר כדבר הטפל והנוסף, עי"ז פועל "בן חמש ושבעים שנה בצאתו מחרן", דעיקר שנותיו של אדם שעובד האדם את בוראו, התחלתם מחמש שנים למקרא עד סוף שנותיו והם שבעים שנה, כי החמש שנים של מקרא רומזים לדברים גדולים, לרמז ה' חסדים הממתיקים ה' גבורות כידוע ליודעי חן, ואמר הכתוב שעי"ז שיכניע וישבר כח הרע שבו, יהיה טהור בכל שנותיו מחמש ועד שבעים, וזהו "בצאתו מחרן", ר"ל בצאתו מן החרון, הוא החלק הרע שבו.

"ויעבר אברם בארץ עד מקום שכם", ר"ל שאברהם היה עובד והולך בקדושה "עד מקום שכם" רמז להתורה, שזכה להשיג כל התורה, ע"ד 'ויט שכמו לסבול' עול תורה, "עד אלון מורה", דהנה באילן יש כמה וכמה ענפים, וכל הענפים הם מחוברים אל העיקר האילן, כן כל מצוה ומצוה יש לה שורש ועיקר למעלה באילן העליון, וצריך האדם להשכיל לדעת שורש העיקר של המצוה ולא כמצות אנשים מלומדה, וזהו "עד אלון מורה", שהשיג כל מצוה ומצוה עד השורש שהוא העיקר האילן.

וזהו שאמר התנא "ההולך בדרך", פירוש בדרך ה', "והיה מכיר אילן", ר"ל שהיה מכיר שורש האילן של המצוות, "או גדר", פירוש והיה מכיר הגדרים, שצריך האדם לעשות גדרים לעצמו בדבר המותר כדי שלא יבוא אל האיסור, "ואמר שביתתי תחתיו", ר"ל שאומר שישבות תחת האילן אבל אינו משכיל להשיג השורש לעשות המצוה בשורשה, "לא אמר כלום", "ואם אמר שביתתי בעיקרו", פירוש שהוא משכיל לדעת לעשות המצוה בעיקרה ושורשה, "יש לו ב' אלפין", דהיינו שעושה יחוד גמור באלפין, דהיינו אלף של אדני ואל"ף של אק"י כידוע ליודעי חן. והבן.

או יאמר "ויעבור אברם בארץ עד מקום שכם", לכאורה מלת 'מקום' הוא מיותר. ונ"ל מקודם דהנה אנו אומרים "הכל יודוך והכל ישבחוך כו'", דהיינו שיש עולמות הנקראים 'הכל', ויש עולם ששייך בו הודיות ויש עולם ששייך בו שבחים, וכן כולם מרומזים על עולם השייך בו ונוגע אל שורשו. וזהו "דעת קנה הכל קנה", ר"ל שמתחילה צריך האדם שיהיה לו ידיעה על ידי לימוד כל העולמות, ואז "הכל קנה", ר"ל שיוכל לעלות ולבוא למדריגה לכוון העולמות העליונים הנקראים 'הכל', וזהו עיקר בתפילתו, דהיינו שיתפלל בשורש השייך לאותו תפילה. וזה שאמר הכתוב "וכל אשר יקרא לו האדם נפש חיה הוא שמו", ולכאורה קשה בוודאי כאשר קרא להם שמות כך היה שמם, אלא הפירוש הוא כך הוא שמו בעולם העליון, בשורש השייך לאותו חיה או לאותו בהמה, שאדם הראשון כיוון לקרותם באלה שמות שיש להם שורש בהשם הזה בעולם העליון.

וזהו "ויעבור אברם בארץ עד מקום שכם", שעלה בתפילתו שהתפלל על בני יעקב כפירוש רש"י ז"ל, והיה מכוון ועולה בתפילתו עד עולם העליון שהוא נגד שכם, והיינו "מקום שכם", כי כל דבר למטה יש לו שורש למעלה, "עד אלון מורה", כבר פירשתי דאדם הוא נקרא 'אילן' ע"ד שאמרו 'למה אדם דומה לאילן הנטוע' כו', והיינו מחמת שאדם שורשו למעלה, וכל דיבור ודיבור היוצא מפיו בקדושה ובטהרה, הדיבור הזה נעשה ג"כ אילן, דהיינו ענפים לשורש האילן, והיינו "וישב באלוני ממרא", פירוש 'ממרא' הוא לשון אמירה, דהיינו כל אמירה ואמירה שיצא מפיו, היה נעשה מהם אילנות, וזהו "עד אלון מורה", מורה הוא לשון יראה, ר"ל שע"י יראתו שהיה מקדש עצמו ומטהר נעשה מהם אילנות.

"ויעתק משם ההרה", הוא רמז לעולמות העליונים הנקראים 'אבות', דאבות נקראים 'הרים', והיינו שהמדריגה הנ"ל היה מתגבר והולך עוד לעולמות העליונים, "מקדם לבית אל", ר"ל שהיה משתוקק כ"כ ומתחזק עצמו לבוא אל מדריגה גדולה הקדומה בקדושה יותר מבית אל, דהיינו יותר מקדושת בית המקדש ששם היה עיקר הקדושה, כי כן צריך האדם להשתוקק ולהתאוות שיגיע בעבודת הבורא עד אין קץ ותכלית, "ויט אהלו", פירוש שאברהם אבינו היה נוטה אהלו, דהיינו יראתו ועבודתו שהיה עובד להשי"ת, היה נוטה לכאן ולכאן להכריע בהכרעה אמיתית אם הוא בשלימות או לאו, וראה "בית אל מים", ר"ל וחישב בעצמו שהקדושה רחוקה ממנו מאוד, "והעי מקדם", פירוש שזה היה לפני אברהם תמיד שאינו עובד השי"ת ב"ה כראוי, והיה מוצא חסרונות ועוונות בעצמו, ד'העי' רמז על עונות, ששם נמצא עון שמעל עכן בחרם, כי כן דרך הצדיק שאין מעשיו נוחים בעיניו ורואה תמיד בשפלותו.

וזהו שנאמר באברהם "והאמין בה' ויחשבה לו צדקה", ולכאורה מה רבותא בזה שהאמין בה'? ועפ"י דברינו הנ"ל יבואר ג"כ, ד"ויחשבה לו צדקה" קאי על אברהם, דהיינו שאברהם היה רואה ומסתכל על עצמו תמיד וראה תמיד חוב לעצמו, וכאשר אמר לו השי"ת "כה יהיה זרעך כו'", האמין בה' והיה מתמה על עצמו באיזה זכות יגיע לו זה, וחישב שאין זה אלא צדקת ה'. והבן.

אחר הדברים האלה היה דבר ה' אל אברם במחזה לאמר אל תירא אברם אנכי מגן לך שכרך הרבה מאד כו' ואנכי הולך וכו' ויאמר אברם הן לי לא נתת זרע כו'. ולכאורה 'ויאמר' השני הוא מיותר, שנראה כאילו הוא דבר בפני עצמו.

ונראה דהנה שכר מצוה בהאי עלמא ליכא, והשכר הבא לו לאדם ע"י איזה מצוות שעשה, למשל כשהשי"ת נותן לאדם ממון עבור איזה מצוה שעשה, אין זה עיקר השכר, כי שכר מצוה בהאי עלמא ליכא, רק שנתן השי"ת הממון הזה כדי שיעשה עוד מצוה, וזהו פירוש "שכר מצוה מצוה", ר"ל כנ"ל כדי שיעשה עוד מצוה אחרת, וכשנותן השי"ת לאדם בנים עבור איזה מצוה, הוא ג"כ כדי שיעשה עוד מצוה לגדלם לתורה לעבודת השי"ת ב"ה.

והנה אברהם [אבינו] עליו השלום היה תמיד מדבק ומקשר עצמו להבורא ב"ה, כאדם הנושא מגן בפניו דבוק עליו, כן היה מדבק את השי"ת על עצמו תמיד, וזהו "אנכי מגן לך", פירוש עבור שעשית אותי כמגן לך, שהמשכת והדבקת אותי עליך, לכן "שכרך הרבה מאד". "ויאמר אברם ה' מה תתן לי", פירוש איזה שכר יכול להיות לי בעולם הזה, הלא שכר מצוה בהאי עלמא ליכא, רק כנ"ל שכר מצוה, ומה הוא השכר שלי "ואנכי הולך ערירי" שאין לי בן, ואם תאמר זה שכרי ש"בן משק ביתי", ר"ל אליעזר שהיה משקה מתורתו לאחרים, שזה נחשב לי לבן ע"ד שאמרו 'המלמד בן חבירו תורה כאלו יולדו', 'משק' הוא לשון משקה מתורתו, זה אינו, ד"הוא דמשק אליעזר", פירוש זה שאליעזר הוא צדיק ודולה ומשקה מתורתי לאחרים, אין זה מחמתי, רק שלפעמים שמא גורם, היינו השם שהוא נקרא כשם אדם כשר וישר, זה גורם לאדם שיהיה צדיק, למשל מי ששמו 'אברהם' ורוצה לעבוד השי"ת ב"ה, אזי השם הזה גורם ומסייע לו שיהיה צדיק. זה היה טענה אחת.

ועוד בא בטענה, "ויאמר אברם הן לי לא נתת זרע", דאיתא בגמרא 'מי שאינו מניח בן ליורשו הקב"ה מלא עליו עברה', ואמר אברם גם הממון שנתת לי אין זה נתינה לטובה לשכר, מאחר שאין לי זרע "ובן ביתי יורש אותי", ומי שאין מניח בן הקב"ה מלא עליו עברה.

"והנה דבר ה' אליו לא יירשך זה ויוצא אותו החוצה כו' וספור הכוכבים אם תוכל לספור אותם ויאמר כה יהיה זרעך", ולכאורה היה לו לומר בקיצור כאשר לא תוכל לספור הכוכבים כן יהיה זרעך? אך דהנה אתערותא דלתתא הוא אתערותא דלעילא, וצריך האדם להתחיל מתחילה בדבר גשמי קצת, ע"ד שאמרו 'תשובה תפילה צדקה', [תשובה] הוא דבר גשמי קצת, דהיינו שמסגף עצמו בתענית, ואח"כ תפילה היינו דביקות, ואח"כ צדקה, וזה שאמר לו השי"ת "וספור הכוכבים", דהיינו התחלה יהיה מלמטה ע"י ספירת הכוכבים, ואברהם היה רוצה לעלות מיד למדריגה גדולה למעלה מן הכוכבים, וזהו "והאמין בה'", מלשון 'ויהי אומן את הדסה', דהיינו שהיה מדבק עצמו וממשיך את עצמו למדריגה גדולה לה' מיד, "ויחשבה לו צדקה", ר"ל שהשי"ת עשה לו רצונו מיד והעלה אותו אל העולם עליון שהוא עולם המחשבה ושם הוא צדקה. והבן.

עוד יש לפרש "אנכי מגן לך כו'", פירושו ע"ד דאיתא בגמרא 'מצוה בעידנא דעסיק בה מגנא ומצלא, תורה בין בעידנא דעסיק בה ובין בעידנא דלא עסיק בה מגנא ומצלא', ונמצא כשלומד תורה פעם אחת התורה מגינה עליו גם בשעה שאינו לומד, וכשלומד שוב אזי מגיע לו שכר בעד הלימוד הזה, כי מה שלמד כבר הוא מגין עליו ואין צריך הלימוד השני להגן עליו. וזהו "אנכי", רמז להתורה הקדושה, הוא "מגן לך" ולכן "שכרך הרבה מאוד" כנ"ל עבור כל לימוד ולימוד שמגיע לך שכר. וק"ל.

והנה דבר ה' אליו לאמר. יש לדקדק על הלשון "והנה דבר ה'", דהוי ליה למכתב 'ויאמר ה' אליו' כדרך הכתוב בכל התורה. וגם מלת "לאמר" הוא מיותר, דאין שייך כאן לפרש מלת לאמר כפירושו בכל מקום שהוא לאמר לאחרים.

ונראה לפרש דהנה כשאמר הקב"ה לאברהם "שכרך הרבה מאוד" היה סובר שכוונת הש"י הוא על עניני עולם הזה דבהם שייך לשון ריבוי, דכל עניני עוה"ז הם דברים נפרדים ושייך בהם לשון הרבה שאמר לו השי"ת, ולא כן בעניני עוה"ב דאין שייך לשון הרבה על דבר רוחני, ולכן היה סובר אברהם שהוא על עניני עוה"ז, ועל זה אמר אברהם "מה תתן לי", פירוש למה לי עניני עוה"ז מאחר שאין לי בן, וירד ממדריגתו והתחיל להתפלל על בן, והשי"ת אינו מניח להצדיק שיטה את עצמו לירד ממדריגתו, לכן נאמר "והנה דבר ה' אליו לאמר", פירוש 'הנה' כדבר המוכן מיד, ר"ל מיד הכניסו הקב"ה למדריגתו שיהיה מוכן לאמר דבר ה', וזהו "הנה דבר ה' אליו לאמר", שהיה מיד במדריגה זאת שלא יהיה רק דבר ה' אליו לאמר תמיד, ולא עניני גשמיות עוה"ז כמו שעשה מתחילה. ואמר לו השי"ת "לא יירשך זה כו' ויוצא אותו החוצה", ר"ל שהוציאו אותו השי"ת לחוץ מהמדריגה הזאת שהיה ירד מתחילה, ואמר לו "הבט נא השמימה וספור הכוכבים", ר"ל שאמר לו השי"ת אל תשפיל עצמך לירד ממדריגתך לעניני עוה"ז, רק 'הבט נא השמימה' דהיינו להסתכל ברוממות אל, וביותר יוכל האדם לראות רוממות אל בהביטו השמימה ורואה הכוכבים במסילותם על משמרותם מזהירים בזוהר אורם, ומזה יבוא לאדם יראה להבין רוממותו יתברך, וזהו "וספור הכוכבים".

ואגב אורחא נבאר מה שהקשו העולם, דאיתא בגמרא "הדר בא"י דומה כמי שיש לו אלקי והדר בחוץ לארץ דומה כמי שאין לו אלקי", ומקשים העולם הדיוקים אהדדי, דמתחילה אמר 'הדר בא"י דומה' כו', משמע אבל באמת אין לו, והדר אמר 'הדר בחוץ לארץ דומה כאין לו' כו', משמע אבל באמת יש לו. וע"פ הנ"ל יבואר דאיתא בגמרא "העומד בחו"ל ומתפלל יכוין לבו כנגד א"י, והעומד בא"י יכוין כנגד ירושלים", ונמצא כל תפילות ישראל הולכים דרך שער אחד, ונמצא האדם הרוצה שתהא תפילתו נשמעת צריך לכוין כאילו הוא מתפלל בא"י ובית המקדש בנוי ומזבח על מכונו בהיכלו והרי הוא כאילו דר עתה בא"י, ועל ידי זה הוא בא לבהירות ודביקות גמור להתפלל בכוונה שלימה ביראה ובאהבה כאילו עומד בבית קדשי קדשים. וזהו דוגמא למה שכתבנו לעיל שצריך אדם להסתכל רוממות אל בראיות כוכבים ומזלות מי ברא אלה, כאילו רואה הכל בחוש הראות, כן צריך לצייר במחשבתו בעת תפילתו כאילו הוא ממש בא"י ובבית המקדש ורואה הכל בחוש הראות. וממילא מובן פירושו "הדר בא"י", כנ"ל שמצייר לעצמו כאילו עומד בא"י ועל ידי זה בא לו הבהירות בתפילתו, "דומה כמי שיש לו אלקי", ר"ל הרי הוא דומה לאותו האדם המסתכל רוממות אל להשיג את הבורא ב"ה ע"י פעולותיו המה הכוכבים כנ"ל, ובא לאמונה שלימה במציאות האל יתברך, "וכל הדר בחוץ לארץ", ר"ל שאינו מתנהג בעת תפילתו להשגיח כנ"ל, "דומה כמי שאין לו אלקי", ר"ל כמי שאינו משגיח לדעת אם יש לו אלקי.

ונחזור לביאור הכתוב שאמר לו השי"ת "וספור הכוכבים", דהיינו שתשגיח לרוממות אל, "ויאמר לו כה יהיה זרעך", דלכאורה 'יאמר לו' הוא מיותר, אך זה הוא אמירה אחרת, דהיינו שגם כוונת התפילה על הזרע יהיה ג"כ בדרך הכוונה זו הנוגע לרוממות אל ב"ה.

או יאמר "כה יהיה כו'", ר"ל שגם זרעך תראה שיתנהגו במדריגה זו, "והאמין בה'", פירוש שמיד פנה אברהם אל דברי השי"ת להחזיק באמונתו יתברך ע"י הסתכלותו ברוממותו יתברך ויתעלה, "ויחשבה לו צדקה", פירוש 'ויחשבה' קאי על אברהם, ו'לו' קאי על הזרע, שמיד קיים ועשה מצות ה' שחישב במחשבה על הזרע על הכוונה הנ"ל שיהיה הזרע כנגד עולם הצדקה, שצדקה וזרע הם בעולם אחד, ע"ד 'זרעו לכם לצדקה', דעיקר רוממות אל הוא במחשבה, שהוא אחד מג' מדריגות שצריך האדם לעבוד להשי"ת, בדיבור ובמעשה ובמחשבה, הדיבור היינו התורה הקדושה, ומעשה הם המצוות, ומחשבה הוא רוממות אל יתברך ויתעלה זכרו לעד ולנצח נצחים. אמן.

ויאמר אליו כו' לתת [וכו'] לרשתה ויאמר במה אדע כו'. לכאורה איך עלה על דעת הצדיק אברהם שישאל אות? ורש"י ז"ל הרגיש בזה, אך אין הלשון 'במה אדע' עולה שפיר. אך נראה דמלת "אדע" הוא לשון התגלות על הדבר שיקום כן לעולם, וזהו שנאמר באברהם "עתה ידעתי כי ירא אלקים אתה", ולכאורה איך שייך אצל השי"ת ב"ה היודע מחשבות לומר עתה ידעתי? אלא פירושו ג"כ עתה נתגלה הדבר כי ירא אלקים אתה לעולם, דכל הדברים הם אצל השי"ת ב"ה בכח, ובניסיון העשירי הזה נתגלה הדבר שיהיה ירא אלקים לעולם. וכאן ג"כ הפירוש "במה אדע", באיזה אופן הוא הזכות להתגלות על הדבר, "כי אירשנה", שתהא הירושה זו לעולם בלי הפסק, כמה שדרשו חז"ל 'תינח בזמן שבית המקדש קיים' כו'.

"ויאמר לו קחה לי עגלה משולשת", פירוש נגד זה שעשו ישראל ג' עגלים, אחד במדבר וב' בדן, נגד זה יש ג' פרים לישראל כפירוש רש"י ז"ל, "ועז משולשת", פירושו ג"כ בדרך זה, שעז הוא רמז לס"א, ולעומת זה יש בקדושה ג"כ עז כפירוש רש"י רמז לג' שעירים, "ואיל משולש", רמז לאילו של יצחק שהוא כחוט המשולש אשר לא במהרה ינתק, שאפרו של יצחק צבור לעולם, "ותור" רמז שיש צדיקים בכל דור ודור, כאשר אכתוב לקמן ש'תור' הוא רמז להצדיק המשפיע, "וגוזל", ע"ד שאמרו חז"ל "כל העולם ניזונין בצדקה והם ניזונין בזרוע", "ויקח לו את כל אלה כו' ויתן איש בתרו לקראת רעהו", דהיינו שהעמיד הכל זה לעומת זה כנ"ל, "ואת הצפור", רמז לישראל, "לא בתר", ר"ל נגד כללות ישראל אין לך דבר שישוער נגד זכותם, שגם רשעים מלאים מצוות כרימון.

ונבאר הפסוק "כי יקרא קן צפור כו'", פירוש "יקרא" לשון קריאה, ר"ל בעת שיצטרכו ישראל להקרא לפניו יתברך ע"י תפילות, ואמר הכתוב "לפניך בדרך", פירוש תדע שהדבר הזה מוכן 'לפניך' להתפלל עליהם באיזה מדריגה שאתה עומד בה, רק שיהיה 'בדרך', דהיינו בדרך ה', "בכל עץ", רמז בין שאתה במדריגה עליונה, "או על הארץ", ר"ל בין שאתה במדריגה תחתונה, "אפרוחים או ביצים", רמז ג"כ לב' מדריגות, דהיינו בין שיש לך כנפיים דהיינו יראה ואהבה, דהם נקראים כנפים לפרוח בהם בקדושה עליונה, "או ביצים", ר"ל בין שעדיין אינך במדריגה זו, רק שאתה מוכן למדריגה זו כמו הביצה המוכנת לצאת ממנה אפרוח, אעפ"כ יש לך להתפלל על כללות ישראל ויועיל תפילתך.

ונחזור לביאור הכתוב, "וירד העיט על הפגרים", ר"ל הקליפה ירדה בשביל לעשות הכל לפגרים ח"ו, "וישב אותם אברם", דהיינו שהגביר החסדים על כולם.

**וירא**

וירא אליו ה' כו'. נקדים לפרש פסוק "ואברהם זקן בא בימים". דהנה העולמות העליונים נקראים 'ימים', והצדיק בקדושתו מגיע עד העולמות העליונים, וזהו "ואברהם זקן" זה קנה חכמה, "בא בימים", ר"ל עד שהגיע אל העולמות העליונים, וכן בדוד המלך ע"ה נאמר "ודוד זקן בא בימים כו'", וזהו "חיים שאל ממך נתת לו אורך ימים", דהנה הצדיק, החיים שיש לו בעוה"ז אינו אצלו רק כמו דבר הנשאל לפי שעה, ומחמת זה הולך

ומתגבר תמיד בקדושה מחמת שמחשב תמיד שמא היום הוא החזרת השאלה, וזהו "חיים שאל ממך", פירוש הצדיק שמחשב שהחיים אינם אלא שאלה ששאל ממך, לכן "נתת לו אורך ימים", עי"ז זוכה לאריכות ימים הוא עוה"ב.

וזהו "וירא אליו ה' באלוני ממרא והוא יושב כו' כחום היום", ר"ל דגם שהיה אברהם למטה, אבל עיקר ישיבתו באמת היה בעולמות העליונים, וזה רמז 'כחום היום', ר"ל שהיה בחמימות קדושה ודביקות כמו החמימות והדביקות של עולם עליון הנקרא 'יום' כנ"ל. וק"ל.

או יאמר "וירא אליו ה'", ונקדים לפרש פסוק "כי צדיק ה' צדקות אהב כו'", דאיתא בגמרא האי דנחית קמיה דרב חנינא אמר האל כו' האמיץ כו' עיין שם, אמר לו סיימתינהו לשבחיה דמרא, ולכאורה הלא אנו משבחין להשי"ת שבחים רבים גם מה שלא אמרו אנשי כנסת הגדולה? אך נראה דהנה השי"ת ב"ה נקרא בשם רחום וחנון וצדיק, ובמדה שעובד אדם את הבורא, מעורר המדה זו למעלה בעולמות ונקרא הבורא בשם אותו המדה, וצריך האדם לעבוד את הבורא בכל המדות כדי לעורר אותו המדה למעלה, וכאשר מעורר האדם המדה הנקרא צדיק, אז השי"ת נקרא בשם צדיק וכדומה בכל העולמות, ואז נתעורר רחמים גדולים על כל העולם וכל הדינין נהפכין לרחמים ע"י הצדיק הזה, וזהו "צדיק ה'", ר"ל בעת שהשי"ת נקרא בשם 'צדיק' ע"י המשכת הצדיק בעבודתו, אז "צדקות אהב", דהיינו רחמים וצדקות לעולם, "ישר יחזה פנימו", פירוש הכתוב מפרש מי הוא זה הגורם זאת? "ישר כו'", ר"ל הוא הישר אשר יחזה תמיד להמשיך הבורא ב"ה להפנימיות של העולמות, אבל האי דנחית קמיה דרב חנינא שהיה מזכיר שבחים בכינוי אשר לא ברא הבורא ית' עולמות כאלו, לכן אמר סיימתינהו לשבחיה דמרא.

וזהו "אליו ה' באלוני", "אליו" ר"ל בשבילו, ע"י עבודתו היה נראה "ה'" במדת רחמים, "באלוני", היינו העולמות העליונים כאשר כתבתי לעיל, "ממרא" ר"ל ע"י אמרות הטהורות של אברהם אבינו ע"ה שהיו כדי להמשיך הבורא יתעלה לעולמות כנ"ל. וק"ל.

או יאמר "וירא כו'", דהנה כשעלה ברצונו ית' לברוא את העולם להטיב לברואיו, צמצם הקב"ה את עצמו, ולהיכן צמצם את עצמו? שמעתי מפי מורי ז"ל שצמצם עצמו בתוך האותיות התורה שבהם ברא העולם, ואמר שזה הפירוש שאמרו חז"ל "כביכול" ב"ה, ר"ל ע"י כ"ב אתוון יכול הקב"ה להיות בזה העולם, והצדיק העוסק בתורה לשמה בקדושה, הוא ממשיך את הבורא ב"ה ויתעלה בתוך האותיות של התורה כמו בשעת הבריאה.

וזהו "וירא אליו ה' באלוני ממרא", הוא לשון אמירה כנ"ל, ו'אילן' הוא התורה, והמצוות הם ענפים, ואמר הכתוב שע"י אמרות הטהורות שעסקו בתורה, המשיך את הבורא אל תוך האותיות, וזהו "באלוני ממרא", ר"ל באילן של אמירותיו נראה ה' אליו. ואמר הכתוב מהיכן זכה זאת שנראה ה' אליו ע"י עסק תורתו? זאת היתה לו מחמת הכנעה גדולה שהיה בו, דהיינו "והוא יושב פתח האוהל", דהיינו אף שהיה צדיק גדול אעפ"כ החזיק עצמו בהכנעה גדולה שעדיין יושב בפתח והתחלה של הקדושה, ד'אהל' רמז על הקדושה, "כחום היום", ר"ל שיש בני אדם שנראים שהם מוכנעים אבל אין תוכו כברו, ואמר הכתוב שאברהם היה מוכנע גדול באמת בלב שלם ממש, וברור כשמש בעיניו שאינו אלא מתחיל בעבודתו יתברך, וזהו 'כחום היום'.

"וירא והנה שלשה אנשים נצבים עליו", רמז שראה אברהם שמוטל עליו לתקן ג' עולמות, דהיינו יראה אהבה ותפארת, כי הצדיק צריך לתקן את הששה קצוות שהם ששה ימי חול, והם ג' וג', דהיינו ג' לפני השבת וג' לאחר השבת, ולכן תפס הכתוב בלשונו רק "שלשה אנשים", והוא כולל יחד כל הששה קצוות, אותן שלפני השבת עם אותן שלאחר השבת. וזהו שאנו אומרים "ותן בלבנו לאהבה וליראה", הגם שבאמת צריך האדם להקדים היראה לאהבה, אך אנו מתפללים על היראה הבאה מתוך אהבה, דהיינו שלשה ימים שאחר השבת הם אהבה שהם שייכים לשבת העבר, וג' הימים שלפני השבת הם יראה שמתוכם באים אל אהבה שהוא השבת, ועל זה אנו מתפללים 'לאהבה וליראה' כסדר ימי החול שמתחילה אהבה והדר יראה, לתקן הששה קצוות.

"וירא וירץ לקראתם כו'", פירוש דאחר שמתקן הג' עולמות כנ"ל, עי"ז באה ההשפעה לעולם הזה, והעיקר צריך להיות אתערותא דלתתא, וזהו "וירא וירץ לקראתם", דהיינו בזריזות, שזה הוא עיקר כמו שאמר התנא 'זריזות מביא לידי נקיות' כו', "לקראתם", ר"ל נגד העולמות לתקנם, והיינו אתערותא דלתתא, "וישתחו ארצה", דהשתחוואה הוא כדי להמשיך השפעות למטה, וזהו 'וישתחו ארצה', ר"ל שהמשיך השפעות למטה. "ויאמר אל נא תעבור מעל עבדך", פירוש שהתפלל להשי"ת תפילה קצרה שאל יעבור מאתנו, "יוקח נא מעט מים", פירוש שיוקח מלעילא לתתא חסדים מעט, שכן דרך הצדיקים אומרים מעט ועושים הרבה, "ורחצו רגליכם", פירוש שלא יהיה שום נגיעה ואחיזה להרגלים, דהיינו להחיצונים, להנות מהקדושה, "והשענו תחת העץ", ר"ל שלא יהיה להם השפעה רק מהתמצית וכל השפעה יהיה לישראל. והבן.

או יאמר "וירא אליו ה' כו'", דהנה הגם שענר אשכול וממרא היו בעלי ברית אברהם, אעפ"כ היו כנענים, וזה שמתמה הכתוב "וירא אליו ה' באלוני ממרא", ר"ל האיך אפשר שיתראה השי"ת אליו באלוני ממרא שהיה מן הכנענים ואין הקב"ה משרה שכינתו במקום הגוים? ואמר הכתוב אל תתמה על זה, כי "והוא יושב פתח האוהל", פירוש שכן דרך הצדיק, הגם שהוא למטה אבל עיקר ישיבתו הוא למעלה בעולמות העליונים, דהם נקראים 'אוהל מועד' מחמת שהם תמיד בחדוה ושמחה כמו יו"ט, והצדיק המשתוקק תמיד עם מחשבתו ומתגבר לעלות עם מחשבתו לעולם העליון נקרא 'יושב פתח האוהל', ואם תאמר האיך אפשר שיהיה למטה ולמעלה בעולמות העליונים? לזה אמר הכתוב קח לך ראיה מחום היום, דהיינו מהשמש שהיא למעלה בשמים ואורה מזריח למטה ונדמה כאילו היא למטה, כן הצדיק הוא "כחום היום", שהוא למטה ואור תורתו וקדושתו מזריח למעלה בעולמות העליונים. וזהו "אשרי תבחר ותקרב ישכון חצריך", ר"ל בעולם העליון.

או יאמר "אשרי תבחר כו'", דהנה יש ג' גווני צדיקים, יש צדיק אשר נפשו חושק ומתלהב לעבוד השי"ת ב"ה אלא שאין יכול להעלות עצמו ולהתחזק בעבודתו ית' מחמת איזה מניעה שבו, ויש צדיק שהוא עובד השי"ת בתורה ובתפילה רק שהוא יודע מזה שהוא עובד השם ומחזיק עצמו לעובד השם, ויש צדיק שעובד באמת להשי"ת ובכל עבודתו שעובד מחזיק עצמו שאינו עובד כלל שאינו אלא כמתחיל בעבודתו יתעלה, וזהו "וירא" כנ"ל, "והוא יושב פתח האהל" כנ"ל, שהיה נדמה בעיניו שאינו אלא על פתח האוהל הקדושה, "כחום היום" פירושו ג"כ כנ"ל, שהיה מוחלט אצלו בתום לבבו שאינו אלא כמתחיל. וזהו "אשרי תבחר ותקרב", ר"ל שאתה השם בוחר בו ומקרבו ואעפ"כ בעיני עצמו אינו חשוב, ודומה לו שאינו אלא "שוכן חצריך", היינו בחצר שלפני הבית, שלא נכנס כלל אל הקדושה, כן חושב הצדיק האמתי תמיד. וק"ל.

או יאמר "אשרי תבחר ותקרב כו'", ע"ד שאמרתי הפירוש על מה שדרשו חז"ל "שמעו נא אבירי לב אלו הצדיקים, כולם ניזונים בצדקה והם נוטלים בזרוע", ואמרתי הפירוש "בזרוע" היינו הצדיקים שהם קרובים לעולמות העליונים, ומוכן לפניהם ליטול השפעות בידם, כאדם שהוא קרוב אצל איזה דבר ונוח לו בקל ליטול בידו, כן הצדיקים, וזהו "ישכון חצריך", דהיינו הצדיק הוא שוכן בחצרות קדשך העליונים, ונוטל משם השפעות להשפיע לנו, וזהו "נשבעה בטוב ביתך", שעי"ז גם אנחנו נשבעים בכל טוב ביתך העליון. והבן.

ונחזור לביאור הכתוב, שהצדיק חושב תמיד שאינו עובד השם כלל, ואח"ז זוכה למדריגה גדולה, דהיינו "וישא עיניו וירא", פירוש ע"י ראייתו שרואה ומסתכל תמיד על עצמו כנ"ל, זוכה יותר, "והנה שלשה אנשים נצבים עליו", רמז לשלש המדריגות שצריך הצדיק לעבוד בהם, דהיינו יראה ואהבה והתפארת, דהיינו שמפאר השי"ת במעשיו ברוממותו וגדולתו יתעלה, והג' מדריגות אלו עומדים נצבים על עמדם ומכונם ולא יזיזו ממנו, וזהו הפירוש "אלקים נצב בעדת אל", ר"ל שהצדיק מהפך מדת הדין עד שהשם 'אלקים' שהוא מדת הדין עומד 'נצב' על עומדו 'בעדת אל' שהוא חסד אל כל היום. ועוד יש לומר 'נצב' הוא לשון כלי כמו 'וילך הנצב אחר הלהב', דהיינו שהשם אלקים נעשה כלי של חסד. וע"י שלש המדריגות הנ"ל ממשיך הצדיק השפעות חיי מזוני בני, דלאו בזכותא תליא מילתא אלא במזלא תליא מילתא, דהיינו העולם העליון הנקרא 'מזלא' נתעורר ע"י הצדיק ומשפיע השלש אלה הנ"ל. ויש לומר הפירוש הכתוב "לא על הלחם לבדו יחיה האדם כי על כל מוצא פי ה' יחיה האדם", ר"ל לא על ה'לחם' גימטריה 'מזלא', חושבנא דדין כחושבנא דדין, ואמר הכתוב לא על זה בלבד שהצדיק מעורר עולם העליון הנקרא מזלא, מושך השפעות חיי כו', "כי על כל מוצא פי ה'", פירוש אלא גם אם הצדיק מוציא בפיו שם הקדוש כראוי בקדושה ובטהרה, אזי ג"כ מושך השפעה כנ"ל.

ונחזור לביאור הכתוב, "וירא וירץ לקראתם", פירוש אחר שהצדיק מתגבר עוד ורואה ומסתכל על עצמו יותר, ולכן נאמר 'וירא' שני פעמים, "וירץ לקראתם", ר"ל אזי בלתי אפשרי להצדיק הזה להשקיט ולנוח ולהפסיק עצמו מאהבתו ויראתו ותפארתו יתברך, רק תמיד רודף רץ אחר רץ לקראת המדריגות האלו תמיד, וכל זה זוכה "מפתח", ע"י שמחזיק עצמו בהכנעה, "וישתחו ארצה כו'" כנ"ל, "ויאמר אל נא תעבור", פירוש אחר כל העבודות ומדריגות האלו שיזכה, צריך חיזוק בתפילה ובתחנונים לחלות ולחנן מהשי"ת ב"ה שאל יעבור ממנו ולא יסור ממנו לעולם, כי בכל יום צריך לדאוג על יום המחרת שלא יפול ח"ו מקדושתו, כי עבודתו יתברך הם כהררים התלויים בשערה, שאם לא יזהר בעבודתו ויחסר בה כחוט השערה, אזי מיד והשטן על ימינו לשטנו ח"ו ומפילו ממדריגתו, ולכן צריך חיזוק מאוד בתפילה ובתחנונים יומם ולילה להשי"ת שיעזרהו ולא יעבור ממנו.

ואחר שיזכה הצדיק לכל המדריגות הנ"ל, אזי הוא מוכרח להוכיח אחרים, והמוכיח אחרים אזי הוא דרך שהמחשבות זרות של אחרים נופלים על המוכיח הזה, ולכן אמר בלשון הזה "יוקח נא מעט מים", דהיינו כמו ע"י שליח, ולא התקרב אליהם בתוכחתו בכל גופו ומדריגתו, רק היה זהיר ונשמר שלא יפול מקדושתו, "ורחצו רגליכם", דהיינו האבק שברגלים הם החטאים והדקדוקים הקלים שהם כאבק ואעפ"כ צריך כפרה ווידוי וחרטה, וזהו שנאמר ביעקב אבינו ע"ה "ויאבק איש עמו" ודרשו חז"ל "שהיו מעלים אבק עד כסא הכבוד", יש לומר שכוונו ג"כ לדברינו הנ"ל, שהיו מעלים החטאים שהם כאבק עד כסא הכבוד, רמז ע"י תשובה וחרטה, כמו שאמרו חז"ל "גדולה תשובה שמגעת עד כסא הכבוד", ("והשענו תחת העץ", ע"ד שאמרו לו "עולמך תראה בחייך", יש לומר ע"י שיתקדש אדם בקדושה גדולה, אזי הוא מרגיש תענוג עוה"ב בחייו, וזה 'והשענו תחת העץ', ר"ל שתתענגו ותרגישו גודל התענוג שתחת עץ החיים).

"ואקחה פת לחם וסעדו לבכם", דהצדיק הרוצה להשפיע לעולם, הוא צריך להשפיע ע"י צדיקים אחרים בהתחברו עמהם, וע"י אכילה שמאכיל אותם בקדושה נמשך השפעה גדולה על ידו, וזה שאמר 'ואקחה פת לחם וסעדו לבכם', דהיינו שתסעדו לבכם בקדושה ע"י אכילה זאת, ד'לב' הוא מקום לשכון בו הקדושה, ע"ד שאמר הכתוב 'ונביא לבב חכמה', ואז כשתעשו כן תשפיעו השפעות לאחרים, וזהו "אחר תעבורו", ר"ל שתעבירו השפעה לאחרים ג"כ. והבן.

"ויאמר שוב אשוב אליך כעת כו' ושרה שומעת פתח האהל, ותצחק שרה בקרבה לאמר אחרי בלותי כו' ותכחש שרה כו'. הדקדוקים מפורסמים איך עולה על דעת ששרה אמנו תצחק ח"ו על דבר ה'? ונוסף לזה איך עולה על דעת שתכחש שרה נגד ה'?

אך הענין הוא לאדם שצריך להסתכל על עצמו תמיד בכל מעשיו ותנועותיו בלי הפסק, ואז כאשר יתמיד בהסתכלותו על עצמו יראו עיניו, גם אם הוא צדיק גמור, דלפעמים יעבור על מחשבתו איזה מחשבה לא טובה כמו עוף הפורח ברגע אחד, כן המחשבה הזאת פורחת ועוברת על המחשבת הצדיק, אך הצדיק דוחה ומרחק את המחשבה הזאת ואינו רוצה בה חלילה, אך אעפ"כ לא טוב הדבר הזה, והרוצה לדעת זאת שאמת אתי, ישכיל מאוד להסתכל בתמידות על כל תנועותיו ויראו עיניו כי דברי באמת, אבל מי שאינו משגיח ומסתכל על עצמו לא ידע מזה כלל, ויסבור שלא עלתה על מחשבתו מחשבה הזאת.

וזהו "ושרה שומעת", פירוש שהיתה מאמנת באמת לדברי שליחות מלאך ה', "פתח האהל", פירוש שהיתה שומעת במדריגה זאת שהיא פתח האהל העליון, שזה אשר ישמע האדם לקול דברי ה' גורם לעצמו שעושה פתח לאוהל העליון לכנוס בו לגן עדן, וזה היה צדקות של שרה אמנו באמת שהיתה מאמנת, אך מחמת שהאדם נברא בגוף הגשמי, ועכ"פ בלתי אפשרי שלא יבוא לו איזה נדנוד מחשבה לא טובה העוברת עליו כנ"ל מחמת אחוריים שבו, כידוע ליודעי חן שממקום אחוריים נמשך קצת מחשבות לא טובות, וזהו שאמר הכתוב "והוא אחריו", פירוש הגם שצדקה באמונתה באמת, אעפ"כ היתה לה מחשבה קצת מאחוריים, דהיינו שהיה עובר ופורח עליה המחשבה "ואדוני זקן", הגם שלא חששה למחשבה זאת ודחתה אותה ולא רצתה בה, אעפ"כ לא טוב הדבר.

וזהו פירוש הפסוקים "ותצחק שרה בקרבה", הפירוש שאינו לשון שחוק והיתול ח"ו, רק לשון שמחה כמו שפירש רש"י גבי אברהם "ויפול על פניו ויצחק", שהיה שמח שנעשה לו נס כזה לבן מאה שנה יולד, וכמו כן הפירוש כאן שהיתה משמחת עצמה על הנס גדול כזה שנעשה לה, ש"אחרי בלותי היתה לי עדנה", ובודאי הוא אמת שיהיה לה בן, רק "ואדוני זקן", דהיינו שהיה עובר על מחשבתה המחשבה זאת 'ואדוני זקן', ודחתה המחשבה הזאת כדרך הצדיקים, וסברה שאין זה חטא מאחר שאינה רוצה במחשבה זאת, "ויאמר ה' למה זה צחקה שרה לאמר האף אמנם אלד", פירוש הגם שהיתה מאמנת באמת שתלד, אעפ"כ זה נחשב לצחוק והיתול העברת המחשבה כנ"ל, והיא לא עלתה על דעתה שזה נחשב לנדנוד עבירה וחטא כנ"ל, מאחר שלא חששה ודחתה המחשבה הזאת, לכן "ותכחש שרה לאמר לא צחקתי", פי' שהיתה מתנצלת לאמר שלא צחקה, "כי יראה", פירוש מחמת שראתה שהיתה יראה ממחשבה זאת ולא היתה חוששת עליה ודחתה אותה, וסברה שאין זה חטא ולא נחשב לצחוק והיתול ח"ו, "ויאמר לא כי צחקת", פירוש לא כמו שאת סוברת שאין זה חטא, אלא גם זה נחשב לצחוק, שגם זה לא טוב לצדיק שיעבור על מחשבתו ויפרח איזה מחשבה לא טובה, רק צריך לעבוד הצדיק עד שיזדכך ויתטהר מחשבתו בזיכוך גדול וטהור בלי שום סיג.

או יאמר "ותצחק שרה" דהענין הוא כך, שהצדיק צריך לקדש עצמו כ"כ ולהכיר נפלאות וגדולות הבורא ב"ה, עד שיבוא למדריגה כזו שגם אם יראה איזה פלא, לא יפליא בעיניו לחידוש גדול נגד נפלאות הבורא יתעלה שבידו לעשות פלאי פלאות יותר ויותר אין קץ, ונמצא מה שיתפלא האדם על איזה פלא שהוא חידוש גדול בעיניו, הוא מיעוט קילוס המקום ב"ה, ע"ד שאמרו חז"ל סיימתינהו לשבחא דמרא משל למלך שמקלסין אותו כו', וזהו "ותצחק שרה", פירוש לשון שמחה, שהיתה משמחת על גודל הפלא שעשה לה השי"ת ב"ה דהיינו "אחרי בלותי כו'", "ויאמר ה' למה זה צחקה שרה לאמר האף אמנם אלד", פירוש מה זה חידוש ופלא גדול בעיניה הדבר הזה, "היפלא מה' דבר", ר"ל וכי יש לך דבר שיהא פלא לנגד כחי שיש בידי לעשות נפלאות גדולות יותר ויותר, ושרה היתה יראה שלא יהא סובר אברהם שהיא היתה משחקת ומהתלת, דצחקה הוא ג"כ לשון שחוק והיתול, לכן "ותכחש שרה לאמר לא צחקתי כי יראה", דהיינו שלא היה לשחוק בעיני, והאמת כן היה, רק שהיתה משמחת על גודל הפלא שנעשה לה כנ"ל, "ויאמר אברהם לא כי צחקת", ר"ל גם השמחה שהיית משמחת, נחשב לשחוק והיתול ח"ו, כי אין זה חידוש לפניו יתברך וכאילו סיימתינהו לשבחא דמרא, ואין זה דרך הנכון להצדיק שיתפלא כנ"ל. וק"ל.

ויען אברהם כו' אולי יחסרון כו' ויאמר כו' ארבעים וחמשה. יש לדקדק הלשון 'אולי יחסרון' כי היה לו לומר 'אולי ימצאון ארבעים וחמשה' כמו שהשיב השי"ת. ונראה, דכבר כתבנו דהצדיק הוא המשפיע לישראל את שלש אלה בני חיי ומזוני, אך ברצותו להשפיע, צריך הצדיק שירד קצת מדביקותו ולהטות עצמו לראות צרכי העולם.

ולזה נוכל לומר טעם למה שאמרו חז"ל "כל תפילה שאין בה פושעי ישראל אינה נשמעת", וצריך לתת טעם לשבח על זה למה הוא כך, אך עפ"י הדברים הנ"ל יבואר, דהיינו שהצדיק כשהוא בדביקות גדול אז בלתי אפשר לו שיפסיק מדביקותו להשפיע לישראל, וכשיש פושעי ישראל, דהיינו שפשע במדריגות ישראל, אף שאינו רשע גמור כי אם שפשע באותה מדריגה הנקרא 'ישראל', אז הוא גורם להפסיק הצדיק מדביקותו, וגורם בזה שמטה הצדיק עצמו לצרכי העולם מה שהם צריכין להשפיע להם, ואז תפילתו נשמעת עבורם לכל צרכיהם, נמצא בכל תפילה צריך פושעי ישראל אחד למנין עשרה כדי שיפעול את ההשפעה בנטיית הצדיק.

וזה שאמר אברהם בצחות לשונו "אולי יחסרון", ורמז על אותם המחסרים הצדיקים, ולזה אמר "חמשה", פירוש לחמשים בודאי יחסרון חמשה, כי לכל עשרה יש א' שהוא מדריגת פושעי ישראל, ולזה דייק בלשונו הטוב "אולי יחסרון", פירוש שלא תביא אותם בחשבון החמשים צדיקים מחמת שאינם במדריגת הצדיקים גמורים, ועל זה השיב לו השי"ת אף שלא אחשב אותם, אעפ"כ "לא אשחית אם אמצא שם ארבעים וחמישה".

וזהו "שמש בשבת צדקה לעניים", דהנה עיקר ההשפעות הם הולכים ע"י הצדיקים הגדולים בהדרגתם מאוד בדביקות גדול ובהירות תמיד לא יפסיק, וזה הצדיק נקרא בשם 'שבת', ששבת רמז לדביקות ובהירות הגדול השורה על הצדיקים, אך כשהצדיק הוא כ"כ בהפשטתו מן העולם הזה והוא דבוק תמיד בעולמות עליונים, אינו יודע צרכי העולם כלל ומה להשפיע להם, ולזה הטביע השם הטוב ברחמיו בחינה בצדיק הנ"ל שיהיה לו ג"כ איזה תענוג ורצון בעוה"ז, ונותן לו קצת הנאה גשמית ג"כ כדי שידע צרכי העולם, וכשהצדיק הוא במדריגתו כך אז נקרא בשם 'שמש', כשם שהשמש הוא בבהירות ותענוג ג"כ שבא ממנה הנאה לבני אדם, כן הצדיק הזה הוא בבהירותו ומשפיע להעולם ג"כ, וזו היא "שמש בשבת", ר"ל מה שהשי"ת ב"ה הטביע בנפש הצדיק הגדול הנקרא 'שבת' שיהיה לפעמים בבחינת שמש, הוא בשביל "צדקה לעניים", שיעשה צדקה עם עניי עמו להשפיע להם כל צרכיהם ע"י הצדיק הגדול שהשפעות הולכין על ידו.

וזהו "וישא עיניו וירא והנה שלשה אנשים כו'", יבואר ג"כ בדרך הנ"ל, גם מלת 'וירא וירא' שני פעמים יבואר היטב, דהיינו שאברהם אבינו ע"ה היה נושא עיניו לזה ש"שלשה אנשים", ר"ל בני חיי ומזוני המרומז במלת שלשה אנשים, "נצבים עליו", ר"ל שזה מוטל עליו להשפיע לישראל, אלא שלזה היה צריך לירד מדביקותו, והיה מסופק בדבר אם מותר לו להפסיק מדביקותו בשביל צרכי ישראל או לאו. ויש לומר שלזה כיוונו חז"ל בלשונם "כד חזו דהוי שרי ואסר", ר"ל כנ"ל, שהיה מסופק אי שרי להפסיק או אסור, "מיד פירשו הימנו", ר"ל המדריגה הזאת לפעול שלש אלה הנ"ל להשפיע לישראל פירש ממנו שלא היה יכול לפעול, כנ"ל שבלתי אפשרי להשפיע כי אם בהפסיקו לירד קצת מדביקותו. מיד "וירא וירץ לקראתם", ר"ל מאחר שראה שאינו יכול זאת כי אם שצריך להטות עצמו לראות מה שהעולם צריכין להשפיע להם די צרכם, לזה התחזק עצמו לעשות כן, וזהו "וירא", ר"ל מה שצריך לעולם, "וירץ לקראתם", ר"ל להשפיע להם כל צרכם. וק"ל.

וזהו שאמר דוד המלך ע"ה "ה' רועי לא אחסר כו'", ר"ל שהיה מתפלל ה' יהיה רועי, דהיינו מה שמוטל עלי להשפיע, זה יעשה השי"ת לבדו, שישפיע לישראל בלעדיו, ולכן "לא אחסר", ר"ל שלא אהיה צריך להחסיר עצמי לירד ממדרגתי ומדביקותי, אלא "בנאות דשא כו' על מי מנוחות ינהלני", ר"ל בעולמות עליונים ודביקותו. וק"ל.

ויאמר הנה האש והעצים ואיה השה לעולה ויאמר אברהם אלקים יראה לו השה לעולה בני. כבר דקדקו קמאי מדוע מייחס העקידה לאברהם ולא ליצחק. ונראה לפרש דהנה באמת אברהם ויצחק ידעו שלא היה דעת הקב"ה לשוחטו, ואברהם שהיה מדתו מדת חסד, הלך בבטחונו שישובו שניהם, כמ"ש "ונשתחוה ונשובה אליכם", רק שאעפ"כ היו הולכים במסירת נפשם כאילו לשחוט אותו באמת, וזהו "וירא את המקום מרחוק", פירוש 'המקום' רמז הגם שהיה רואה שיצא ממנו יעקב שנאמר בו 'ויפגע במקום', אעפ"כ היה מרחיק מלבו המחשבה זאת, מחמת שהיה הולך בשלימותו כנ"ל.

וזה שאמר יצחק "הנה האש והעצים", ר"ל מאחר שעשית עבודתך וכוונתך בשלימות כראוי לפי מדתך, "ואיה השה לעולה", ר"ל היכן הוא השה שהיה ראוי להיות מוכן כבר, "ויאמר אברהם אלקים יראה לו כו'", דהנה יצחק הלך במדתו מדת גבורה, והיה רוצה שיהא אפרו צבור לעולם, ואמר לו אברהם אז "יראה השה" כאשר יהיה "לעולה בני", ר"ל לפי מדתך שאתה הולך בגבורה, לא יראה השה עד שתעלה ע"ג המזבח לעולה, אז יגמור מחשבתך שיהיה אפרך צבור לעולם, וההכרח לעקוד אותך ע"ג המזבח ותפשוט צווארך, ולכן מייחס הכתוב העקידה לאברהם מחמת שהוא השיאו ליצחק שיעשה עבודתו בהתגברות גדול יותר ממה שהיה במחשבת יצחק מתחילה. ועקידת יצחק ברחמים יזכור לנו. אמן כן יהי רצון.

או יאמר פירוש הפסוקים בדרך אחר. דלכאורה יש לדקדק בפסוק "ויאמר יצחק כו' הנה האש והעצים", למה אמר בה' הידיעה, היה לו לומר 'הנה אש ועצים' כו'. אך נראה דהנה עוד יש להבין, למה היה לו לאברהם ליקח עצים מביתו לשאת המשא זאת דרך שלשת ימים, וכי לא היה עצים בכל הדרך הזה? גם אם תאמר שהיה חושש פן ואולי לא יהיה מצוי עצים בכל הדרך, עכ"פ למה היה לו לבקע את העצים כאן, היה לו לבקע במקום שהעלהו לעולה? גם למה אמר יצחק "ואיה השה לעולה", היה לו לומר סתם 'ואיה עולה'?

אך הענין הוא, דהנה הבורא ב"ה וב"ש יתעלה אשר קדשנו במצוותיו וציונו לקיים מצוותיו, אין צורך לו יתברך עשיית מצוותיו, רק שזה ריח ניחוח לפניו יתברך שאמר ונעשה רצונו, שעיקר רצון הבורא יתברך הוא שיהיה לאדם רצון מלא ושלם לעשות רצונו יתברך, ונמצא 'אחר כוונת הלב הן הן הדברים', אם כיוון לבו לעשות איזה מצוה לשמו יתברך ברצון מלא ושלם, חשוב לפניו יתברך מיד כאילו כבר עשאה מאחר שכוונתו שלימה, ואעפ"כ ההכרחי לאדם לעשות ולגמור המצוה במעשה, כי זה בלתי אפשרי לאדם שיעמוד על כוונתו בבירור שיהא בכוונה שלימה ברצון מלא, גם אם ידמה לו לאדם שכוונתו כוונה שלימה לעשות המצוה לשמו יתברך, לא יאמין לעצמו עד שיגמור המצוה, כי כן טבע חומר גוף האדם למנעו מלחשוב מחשבות ברצון מלא ושלם.

ובאמת אמרו חז"ל "חשב לעשות מצוה ונאנס ולא עשאה מעלה עליו הכתוב כאילו עשאה", והטעם הוא כדברינו הנ"ל, שעיקר הוא כוונת הלב, והבורא ב"ה הבוחן לבבות וחוקר כליות יודע מחשבות זה האדם שהיה כוונתו לשמו ברצון שלם, לכן חושב לו כאילו עשאה. בשלמא מלך בשר ודם הרוצה לבחון את עבדיו ומצוה להם איזה עבודה לעשות אם יעשה בשלימות, לא יבחון את לבבם אם כוונתם שלימה לעבדו באמת וברצון, רק אחר שיעשו ויקיימו את מצות עבודתו אשר צוה עליהם, יראה לפי המעשה אשר עשו ויבחון קצת כוונתם, אבל הבורא יתעלה, החופש כל חדרי בטן ובוחן כליות ולב, יודע תוכן כוונתו, אם היא שלימה אזי חשוב לפניו יתברך כאילו עשאה, וכן להיפך, אם יעשה אדם מצוה במעשה ולא יכוין לבו לעשות בדחילו ורחימו, לא פרחת לעילא.

והנה מדרך בני אדם כשיעלה על מחשבתם לעשות איזה מצוה, אזי תחילת המחשבה הוא בחשק גדול כל אחד לפי מדריגתו, והצדיק גמור אשר יעלה מחשבתו ורצונו לעשות מצוה, הוא ג"כ לפי גודל צדקתו כן גודל חשקו והשתוקקותו בחמימות, והתלהבות אש ה' תבער בו לעשות המצוה בתוכן השלימות. וזה היה כוונת אברהם אבינו ע"ה כאשר אמר לו השי"ת "קח את בנך כו' והעלהו לעולה", היה מתחיל לבו לבעור כגחלת אש ושלהבת, אך אחר המשכה ועכבה שיתמהמה האדם לעשות המצוה ולגומרה במעשה, נופל האדם מתשוקתו הגדולה שהיה לו מתחילה בעלותו על מחשבתו, ומזה היה מתירא אברהם שיפול מתשוקתו הגדולה הזאת הבוער בלבו בהתמהמה בדרך שלשה ימים, לכן מיד "ויבקע עצי עולה", כדי שיהיה המעשה מיד ג"כ בשלהבת הגדול הזה, וזהו ג"כ שאמר לו יצחק "הנה האש" בה"א הידיעה, כלומר מאחר שראיתי שהיה לך האש הגדול הזה הידוע כדרך הצדיקים, והראיה שאש ה' בער בך, דהנה "והעצים", דאני ראיתי בבקיעת העצים שבקעת מיד לכוונה זאת שתעשה

מעשה מיד כאילו נכון לפניך להעלות עולה מיד, וזהו 'והעצים' בה"א הידיעה, "ואיה השה לעולה", ר"ל למה לך לקחת אותי לעולה, די היה בשה, "ויאמר לו אברהם אלהים יראה לו השה לעולה בני", ר"ל אז יראה השה, כאשר תעשה גם אתה מעשה רב שתהיה לעולה.

**חיי שרה**

ויהיו חיי שרה כו'. פירש"י "בת ק' כבת כ' כו' כבת ז' ליופי". ולכאורה מה נפקא מינה שהיתה כבת ז' ליופי. ונראה דרש"י ז"ל כיון בדבריו לרמז על ב' מדרגות שמחויב האדם להתנהג בהם כל ימי חייו. דהיינו האחד להזהר ולהשמר במאוד מאוד מכל חטא ועון שלא יעבור ח"ו על שום מ"ע ול"ת, ומדרגה ב' דהיינו גם דברים המותרים כמו אכילה ושתיה ומלבושים וכדומה, צריך להכניס הכל אל הקדושה לכוין בהם לשמים, דהיינו אדם שמלביש עצמו ומקשט עצמו במלבושים וקשוטים יפים ונאים, יהיה כוונתו לקשט דיוקנא דמלכא כמבואר בגמ', וכן בכל דבר יהיה כוונתו לשמים, וכאשר יתנהג כך אזי כל מה שיהיה לו הן ממון והן מלבושים יספיק את עצמו במה שיש לו וישמח בהם וחייו חיים שלו, אבל אם אין כוונתו בכל הנ"ל לשמים, אזי תמיד יחסר לו ולא יהיה לו די וסיפוק לעולם, ונמצא חייו אינן חיים ואין החיים שלו.

וזה רמז פשוט "בת קו"ף כבת כ"" שלא היה בה שום חטא ממצות עשה ול"ת, "ובת כ' כבת ז' ליופי" רמז למדרגה ב', דהיינו כמו תינוק שהוא מקשט עצמו אין יודע להתפאר עצמו ולחשוק להתקשט בקישוט יקר, כך היתה שרה כשהיתה בת כ' שאז הוא עיקר התגברות לאדם לתאוות ליפות עצמו ולהתקשט ושאר עניני עולם, והיא היתה כל כוונתה בכל קישוטה והתיפותה רק לשמים.

או יאמר ויהיו חיי שרה כו', ע"ד דאיתא בגמרא "חייב אדם לברך מאה ברכות בכל יום, מקרא מה ה' אלהיך שואל מעמך כו' אל תיקרי מה אלא מאה", ויש לומר הפירוש דעיקר השורש לאדם שיהיה בהכנעה גדולה ושפל בעיני עצמו ובמה נחשב, ואז יכול לפעול במעשיו כמו בזמן המקדש, וזה הרמז מאה ברכות נגד מאה אדנים שהיו במקדש, וזה פירוש הגמרא "אל תקרי מה אלא מאה" ר"ל כאשר תהיה במדרגה "מה" בהכנעה, תתקן גם כן מאה האדנים, שתפעול במעשיך כמו בזמן המקדש.

וזהו "ויהיו חיי שרה מאה שנה", ו"שרה" רמז כשהצדיק הוא במדרגת נוקבא, יראה עכ"פ להיות שפל ומוכנע, לזה רמז "מאה שנה" נגד מאה אדנים, ו"עשרים שנה" (חסר כאן), ו"שבע שנים" רמז שיתקן ז' ימי הבנין, כי "שנה" בגימטריה "ספירה" והבן.

או יאמר דרש"י ז"ל מרמז בדבריו ללמד לאדם דרכי ה'. דהנה יש שני מדרגות בדרכי בני אדם. דהיינו אחד האדם בילדותו הוא מתחזק בלימודו ולומד בהתמדה, והלימוד נקרא "יופי", שזה הוא היופי של הבורא ב"ה, וכאשר האדם בא בשנים, דהיינו מעשרים ולמעלה שאז שכלו של אדם מתגבר לדעת את ה', אזי הוא מתחיל לפשפש במעשיו ורואה בהם אם נעשים כהוגן לכבודו יתברך באמת, ורואה ומבין בעצמו שלא יצא ידי חובתו כלל בשום עסק תורתו ומצוותיו שעשה ולמד עד הנה, ומבין שחיסר וחטא בהם, דהיינו שלמד לאיזה פניה או להתפאר או באיזה אופן אחר להנאת עצמו, ויחרד האיש ומתחרט על הקודם, ומתחזק לתקן עצמו בכל מעשיו ולימוד התורה שיהיה הכל שוין לטובה לשמו יתברך ויתעלה ולא להנאת עצמו.

והנה ידוע דאיתא בספר הקדוש חובת הלבבות "אין לך חסידות כתחילתו", כי כל דבר בהתחלה ראשונה נעשה בחשק ואומץ רב בכל התאמצות האפשרי. וזה שפירש רש"י ז"ל "בת ק' כבת כ' לחטא", ר"ל כמו כשהיתה בת כ' כשאז הוא דרכו של אדם לפשפש במעשיו ומוצא בהם חטאים שחיסר בעבודתו יתברך שמו ותופש הדרך הזה בחיזוק גדול שהוא ההתחלה ראשונה כנ"ל, כך כשהיתה בת קו"ף היתה ג"כ במדריגה זאת, "ובת כ' כבת ז' ליופי" הוא ג"כ על דרך הנ"ל, דהיינו בלימוד צריך ג"כ להיות התפישה מרובה להגות בתורתו הקדושה כמו בעודו בילדותו בשנים הרכים. והצדיק הזה שמתנהג עצמו כך כנ"ל זוכה לחיים הנצחיים. וזהו "ויהיו חיי שרה" לשון הוי"ה וקישור בחיים הנצחיים, "שני חיי שרה, כולן שוין לטובה", רמז אחר שיזכה הצדיק למדרגה זאת אזי הכל שוה לו לטובה.

והנה יותר צריך האדם להתחזק לקדש עצמו באכילתו ושתיתו בקדושה ובטהרה, שעל ידי זה הוא מוציא ניצוצות קדושות ועל ידי זה זוכה לחיים הנצחיים. וזהו שאמר אברהם אבינו ע"ה להמלאכים "והשענו תחת העץ" ר"ל תחת עץ החיים, על ידי זאת "ואקחה פת לחם" דהיינו ע"י אכילה כנ"ל. וזהו "ויאמר ה' הן האדם כו' ועתה פן ישלח ידו ולקח גם מעץ החיים ואכל וחי לעולם", יש לומר הפירוש כך, דהנה השי"ת ב"ה ברוב רחמיו רוצה בתשובה שיתקן אדם את אשר קלקל, ואמר השי"ת "ועתה" ר"ל עתה שחטא אדם הראשון ובמה יתקן את חטאו? פן ואולי יהיה לו תקנה שישלח ידו ליקח ולאחוז בעץ החיים ע"י סיבת אכילה שיוציא ניצוצות קדושות באכילתו בקדושה, וזהו "ואכל וחי לעולם" ר"ל ע"י אכילה יהיה לו אחיזה בחיי עולם הנצחיים, ולכן "וישלחהו ה' מגן עדן לעבוד את האדמה", כי עוה"ב אין בו לא אכילה ולא שתיה כי אם בזה העולם יוכל לתקן להוציא ניצוצות קדושים כנ"ל. והצדיק הזה המתנהג בקדושה בתורה ובאכילה ובשתיה ובכל מעשיו הוא מושך השפעות חסדים לעולם.

וזהו "ואברהם זקן בא בימים" ר"ל "זקן" זה קנה חכמה, ובא למדרגת "ימים" להמשיך השפעות חסדים הנקרא ימים, ע"ד יומם יצוה ה' חסדו, "וה' ברך את אברהם בכל", דהצדיק המושך השפעות צריך שיהיה כל כוונתו לכללות ישראל, ולא יחוש על עצמו כלל כאילו אינו בעולם, רק השי"ת הוא המשגיח על הצדיק ומברכו בכללות ישראל הגם שהוא אינו משגיח על עצמו, וזהו וה' ברך כו' "בכל" פירוש בכללות ישראל.

והנה הצדיק גמור כנ"ל הוא הולך בהתגלות, אבל מי שאינו עדיין במדרגה הנ"ל צריך להיות הצנע לכת לתקן כל פנימיותיו, וזהו "ויאמר אל עבדו זקן ביתו", פירוש הצדיק גמור הנ"ל אומר אל הצדיק השני שעדיין אינו במדרגה זו, ואינו אלא כעבד במדרגה זאת שצריך להיות עוד הצנע לכת כנ"ל לתקן הפנימיות, וזהו "זקן ביתו", "המושל בכל אשר לו" פירוש ועכ"פ הוא במדרגה זו שהוא מושל במידה זאת שלא להתקנא עצמו בחבירו, שאינו חומד ומתאווה להתקנא בממון של אחרים, שזה הוא עיקר מי שרוצה לילך בדרכי ה' להוציא מלבו הקנאה וחמדת ממון שהיא עיקר המונע מעבודת הבורא, וזהו "המושל בכל אשר לו" שדי לו במה שיש לו, ואינו חומד בשל אחרים. והצדיק הגמור הרוצה להביאו ג"כ במדרגה גדולה, אומר לו "שים נא ידך תחת ירכי" ר"ל שיתקשר עמו. לזה רמז "ירכי" הנקרא "יסוד" שהוא התקשרות כידוע.

וזה שנאמר ביעקב אבינו ע"ה "ויזרח לו השמש כאשר עבר את פנואל", ר"ל ה"שמש" היא הבהירות והקדושה רבה, היה זורח ומאיר לו כאשר עבר את פנואל, פירוש "פנואל" לשון פנו אל, והוא כשאדם מסיח דעתו מהקדושה, אזי מיד "והוא צולע על ירכו", היינו שיש לו חסרון בהירך, וכאשר עבר את פנואל, ר"ל שאינו מסיח דעתו כלל מהקדושה, אז ויזרח לו השמש.

נמצא שצריך האדם לקשר עצמו עם צדיקים גמורים בקדושתם ובהירתם, ולשמור עצמו לבל יפנה אל מדעתו, ולקדש עצמו בכל המידות כנ"ל. והשם יעזרנו לעבדו באמת, ויהי ה' עמנו כאשר היה עם אבותינו. אמן כי יהי רצון.

ויען עפרון כו' אדוני שמעני ארץ ארבע מאות כו' וישקול אברהם לעפרון כו'. נראה לפרש דהנה האמת הוא השורש שיהיה האדם כעפר לכל, אך היסוד העפר הוא המושך את האדם לעצלות ושפלות גם אם הוא צדיק, באומרו היצה"ר אליו שאינו צריך לעבוד עוד כי כבר תיקן את עצמו במה שהוא במדריגת עפר ועל ידי זה מביאו לעצלות בעבודת הבורא ית', וצריך האדם להתחזק נגדו אז בשמעו את דברי היצה"ר המביאו לעצלות, להתחיל בעבודת הבורא מחדש כאילו לא עשה עדיין כלום, וזהו שאנו מתפללין "ונפשי כעפר לכל תהיה ובמצותיך תרדוף נפשי", ר"ל שלא יביאני היצר לעצלות לבטל מצוותיך חלילה, אלא אדרבה במצותיך תרדוף נפשי.

לזה אפשר רמז הכתוב ג"כ כאן, כי "אברהם" רמז לצדיק ו"עפרון" רמז ליצה"ר של מדריגות עפר כנ"ל, וזה "ויען עפרון כו' אדוני שמעני ארץ ארבע מאות כו'", פירוש שלהצדיק אומר לו היצה"ר שהוא אדון בדבר עבודתו ית"ש שכבר תיקן הכל, וזה רמז "ד' מאות שקל כסף" הם ת' עלמין דכסיפין שהצדיק צריך לתקן, אומר לו היצה"ר כבר תקנת הכל ומה זה "ביני ובינך", וצריך הצדיק להתחזק נגדו, וזהו "וישקול אברהם" ר"ל שצריך לשקול הדרך ה' בעבודתו מחדש לתקן ארבע מאות שקל כסף הם ת' עלמין כו' כנ"ל, וזהו "עובר לסוחר" מלשון "סחור סחור לכרמא", צריך לסבב את דרכו מחדש. וק"ל.

ואברהם זקן בא בימים כו'. נ"ל ע"פ דאיתא בגמרא "כל העולם כולו ניזון בשביל חנינא בני כו'", ושמעתי אומרים הפירוש "בשביל" ר"ל ע"י שרבי חנינא בן דוסא עשה שביל ודרך ופתח הצינורות, ע"ז ניזון כל העולם, ויש לומר ג"כ לפי דרכינו בענין עבודת הבורא ב"ה, שאנו רואים כמה צדיקים מסגפים עצמם בסיגופים גדולים כמה שנים ובאים למדרגת חסידות, ויש בני אדם שאינם מסגפים עצמם כ"כ ואעפ"כ זוכים לחסידות ושלימות זה ג"כ, ע"י סיבת הצדיק שסיגף עצמו והסיר המסך המבדיל הגדול החרולים והקוצים והברקנים החיצונים המעכבים את האדם לבוא לדרכי ה' ועושה שביל ודרך בעבודתו ית', אזי בקל לקרב אל הקדושה ולילך בדרכי ה'.

וזהו "והחליל מכה לפניהם", ר"ל ע"י המצוה של הבאת ביכורים, הכו החלל ואויר העולם שהוא מלא חיצונים, הכו ובערו אותם ע"י מצוה זאת, "חליל" הוא לשון חלל ואויר. וזהו "כל העולם ניזון בשביל חנינא בני", דהיינו שע"י מעשיו הקדושים כבר נתעורר רחמים ופתח שער הקדושה ע"י שהסיר המסך המבדיל כנ"ל, והיה קל לכל אדם לעבוד השי"ת ב"ה, "וחנינא בני די לו בקב חרובים", רמז "די" כאדם האומר יש לי די, דהיינו כמו רב לי שמחה וחדוה בדבר זה שהיה כח בידו לשבר ה"קב חרובים" המה המקטריגים, שמרמז קב חרובים לעולם החרוב, והוא במעשיו הקדושים הפכם לרחמים.

וזהו מה דאיתא "ברבי חנינא בן דוסא שהלך בדרך ואתא מיטרא, אמר כל העולם בנחת וחנינא בצער פסק מיטרא, וכשבא לביתו אמר כל העולם בצער וחנינא בנחת אתא מיטרא". ולכאורה וכי לא ניחא ליה לר' חנינא שיהיה העולם בנחת שאמר כל העולם בנחת, ולא היה לו לומר רק חנינא בצער כדי שיפסוק המטר שלא יהא לו צער בדרך. ולפי דברינו הנ"ל יבואר היטב, דהיינו שדבריו היו בלשון תימה איך אפשר שזה הוא גשמי ברכה וכל העולם בנחת ממטר הזה, הלא חנינא בצער, והכל הוא בשביל הצדיק כנ"ל, וראויה הוא שיהיה הנחת מקודם להצדיק, ואח"כ אמר כל העולם בצער וחנינא בנחת, ר"ל היתכן שיהא אפשר שיהיה העולם בצער מאחר שחנינא בנחת ובידו הכח לשבר המקטריגים והחיצונים ולהפכם לרחמים, וההכרח שיהיה עולם בנחת ולא בצער.

וזהו "ואברהם זקן בא בימים", "זקן" זה קנה חכמה, "בא בימים" פעל ועשה רחמים שיהיה תמיד בלי הפסק, "ימים" רמז לרחמים כידוע, "וה' ברך את אברהם בכל", דהנה את זה לעומת זה עשה ה', דיש בהקליפה הנקרא "כלב" ויש נקרא "בהמה" שהוא ג"כ גימטריה כלב, וע"י השם הקדוש הנקרא "בכל" נשברים הקליפות הנ"ל, ונמצא אחר שתיקן אברהם אבינו ע"ה שהסיר המסך המבדיל, היה בקל לאחרים לבוא לעבדות הבורא, וזהו חשקו ותשוקתו של הצדיק שכולם ילכו בדרך ה', וזהו "ויאמר אל עבדו" ר"ל שהוא מורה דרך ה' להעבד הזה העובד על ידו, והיינו "זקן ביתו" שקנה חכמה ע"י ביתו, ואומר לו "שים נא ידך תחת ירכי" כנ"ל ויתקשר עמו. וק"ל.

או יאמר ואברהם זקן כו'. דהתורה הקדושה הורה לנו דרכי הצדיקים איך יתנהג לעורר רחמים וחסדים והשפעות לעולם. ונקדים לפרש "אלה תולדות כו' בהבראם", ודרשו חז"ל בה"א בראם, דהעולם הזה נברא בה"א, כי ביה ה' צור עולמים. ועוד דרשו בהבראם - באברהם, ושני מדרשות עולה בקנה אחד, ע"ד שפרשתי על מה שאמרו חז"ל "מתחילה עלה במחשבה לבראה במדת הדין וראה שאין העולם מתקיים ושיתף בו מדת הרחמים", וחלילה לחשוב אצל הבורא האחד הפשוט האמיתי שום השתנות חלילה, אך נראה כוונת חז"ל דבאמת העולם העליון נברא במדה"ד,

וזהו "מתחילה" ר"ל תחילה עלה "במחשבה" ר"ל לעולם המחשבה הוא העולם העליון "ובראו במדה"ד, וראה שאין עולם מתקיים כו'", ר"ל אבל העוה"ז ראה שאין מתקיים במדה"ד, "שיתף בו מדת הרחמים" דעולם חסד יבנה. ובזה מבואר דברי חז"ל "בה"א בראם" היינו העוה"ז נברא בה"א, וגם רמז "באברהם" הוא מדת חסד.

והנה החסדים הם נתעוררים ע"י הצדיקים שהם ממשיכים החסד לעוה"ז, ע"ד שפירשתי "גומל נפשו איש חסד", "גומל" הוא לשון ויגמל יצחק, ר"ל מי שגומל את נפשו מתאוויות הגשמיות, "איש חסד" פירוש הוא בעל החסדים, שהחסדים הם בידו להמשיכם לכל ישראל, והעיקר הוא ע"י התורה העוסק בה לשמה יכול הוא להשפיע.

וזהו "ואברהם זקן בא בימים", ר"ל "אברהם" הוא מדת חסד, "זקן" רמז להתורה הקדושה, דהקב"ה אצל הר סיני היה נראה כזקן מלא רחמים, ו"ימים" רמז לעוה"ז נקרא ימים מפני שהוא בזמן, ויהיה שיעור הכתוב "ואברהם" ר"ל החסדים "באו בימים" היינו לעוה"ז ע"י ה"זקן" ר"ל ע"י התורה הקדושה. "וה' ברך את אברהם בכל", ר"ל השם הויה ב"ה מסכים ומיחד את מדת החסד עם העולם הנקרא "כל", ונמצא כל העולמות ביחוד. "ויאמר אברהם אל עבדו" ר"ל דהחסדים הם כמדברים אל הצדיק, וזהו ויאמר כו' אל עבדו הוא הצדיק העבד נאמן, "זקן ביתו", דהנה התורה הקדושה היא אצל כל אדם בהעלם, דקודם יציאת אדם לעולם מלמדין אותו כל התורה, ובא מלאך וסטרו על פיו ונשכח ממנו, וכל זאת למה? הוא למען תהיה תורת ה' בכח בהעלם באדם, ואח"כ בעסוק האדם בתורה לשמה אזי הוא משיג אמתיות התורה הנרשמת בו, ונמצא התורה היא באדם מכבר קודם יציאתו לעולם, ולכן יש לקרות התורה לשם "זקן", וזהו זקן ביתו, היינו שהוא משיג התורה הנעלם שבביתו.

או יאמר דהצדיק גם כשהוא בילדותו דומה בעיניו תמיד כאילו הוא זקן, וחושב אפשר היום ישוב לביתו ומנוחתו כבוד, ונמצא הוא תמיד בתשובה, ולכן נקרא הצדיק "זקן ביתו", "המושל בכל אשר לו" ר"ל שמושל ביצרו ומושל בהקב"ה כמו שאמרו חז"ל מי מושל בי צדיק, ואומרת מדת החסד אל הצדיק הזה, "שים נא ידך תחת ירכי", דהנה בעולמות העליונים שם אין שום שייכות אחיזה להקליפה כי אם בעולם התחתון, וצריך הצדיק להפריד הקליפות משם לבל יתאחזו, וזהו שאנו מברכים בכל יום "פוקח עורים", והכוונה לפקוח עינים למעלה להשגיח על ישראל, וזהו "עיני ה' אל צדיקים" ר"ל ביד הצדיקים הוא לעשות עינים להשי"ת להשגיח על ישראל, וברכת "מלביש ערומים" הכוונה להלביש ולכסות העולם התחתון בפני הקליפות לבל יתאחזו. וזהו "השמים כסאי" לשון מכוסה, דהיינו "השמים" - העולמות העליונים, הם מכוסים בפני הקליפות שאין להם אחיזה כנ"ל, רק "והארץ הדום רגלי" ר"ל בעולם התחתון אצל הרגלים שם הוא מקום הקליפות, וצריך האדם לראות לבל יתאחזו. וזהו "השמים שמים לה' והארץ נתן לבני אדם", פירוש עולם התחתון נתן לבני אדם לְהפריד הארציות מהקליפות.

וזהו "שים נא ידך" פירוש כחך תשים, "תחת ירכי" הם הרגלים רמז לעולם התחתון, שם תראה להפריד הקליפות, "ואשביעך בה' אלקי השמים כו' אשר לא תקח אשה לבני", פירוש גם זאת אומרת מדת החסד אל הצדיק, התחזק מאוד בשבועה שלא תקח "אשה", היינו השפעות הגשמיות שתשפיע לישראל שהם נקראים בשם אשה, לא תקח אותם להשפיע לבני, ל"בני בכורי ישראל", אל תשפיע "מבנות הכנעני" ר"ל שלא יתערב תאוויות ומרמות, ע"ד "כנען בידו מאזני מרמה", לפי "אשר אנכי יושב בקרבו", לא אוכל און ועצרה. "ויאמר אליו העבד" ר"ל הצדיק הוא משיב אל מדת החסד, "אולי לא תאבה האשה ללכת אחרי" ר"ל אם לא ירצו ההשפעות לילך חלילה, "ההשב אשיב את בנך" פירוש אם יש לי רשות לתלות האשם על בנך ישראל, שהם צריכים לתשובה על עוונותיהם וגורמים לעכב ההשפעות מחמת עוונותיהם. "ויאמר אליו אברהם" פירוש הוא מדת החסד, "השמר לך פן תשיב את בני שמה" ר"ל חלילה לתלות החסרון בהם, רק אתה עשה את שלך. "וישם העבד את ידו כו' וישבע לו", מובן ממילא, שהצדיק עושה ומקיים כנ"ל.

"ויקח העבד עשרה גמלים", ונקדים לפרש פסוק בפרשת לך לך "ומלכי צדק מלך שלם הוציא לחם ויין", נ"ל שזה רמז אל מדת מלכות שדרך שם נשפעים כל השפעות טובות לישראל ולכל העולם, "והוא כהן לאל עליון" שמשם נשפעים כל החסדים שבעולמות העליונים. "ויברכהו ויאמר ברוך אברם כו'", הנה בעת אשר יקבל מדת מלכות השפעות וטובות להשפיע לישראל, אזי הוא מרבה שמחה וחדוה ונותנת שבח והודיה וברכה לעולמות העליונים, וזהו "ויברכהו ויאמר ברוך אברם לאל עליון" ר"ל יחוד מדת החסד לעולם העליון, "וברוך אל עליון אשר מגן צריך בידך", ר"ל בעת הזאת שמתברכת מדת מלכות להשפיע, אזי אין רשות לשום צר ואויב לשלוט על ישראל חלילה, ואדרבה הם נמסרים ביד ישראל ויד ישראל תקיפה עליהם, וזהו "גדול יום הגשמים כיום קבוץ גליות", ר"ל יום השפעות הגשמיות לעולם כיום קבוץ גליות שאז האומות יהיו נכפפים תחת ישראל, "ויתן לו מעשר מכל" פירוש כל הנ"ל גורמת צדקת הצדיק המתנהג בקדושה רבה בכל דרכיו, הן באכילה ושתיה וכדומה הוא מכניס הכל אל הקדושה, וזה רמז "מעשר" רומז אל הקדושה הנקרא עשר.

וזהו פירוש " ויקח לו העבד עשרה גמלים" הוא הצדיק העבד נאמן המשפיע לישראל כנ"ל, הוא לוקח לעצמו עשרה גמלים, ר"ל כל העשיות ועובדות וגמילות חסדים, דכל העובדות נקראים גמילות חסדים, הוא מכניס הכל אל הקדושה המרומז בעשר, וזהו "עשרה גמלים מגמלי אדוניו" שהוא מדבק עצמו במדת הקב"ה אדון הכל. ע"ד שאמרו חז"ל "הדבק במדותיו מה הוא רחום כו'", "וכל טוב אדוניו בידו" ר"ל אז השי"ת נותן בידו ורשותו של הצדיק ומוסר לו כל הטובות והשפעות שישפיע לישראל.

"ויקם וילך אל ארם כו'" שהוא פועל בקדושתו שגם הדברים הגשמיים מוליך ומביא אל אורות הגדולים, וזה רמז "ארם" לשון רמאות. "נהרים" הוא לשון אורות. "ויברך את הגמלים" ר"ל שכל זה הוא ע"י שהוא משבר עצמו על כל גמליו ומדותיו, "ויברך" הוא לשון הברכת אילן, שכופף ומשבר עצמו כנ"ל, "מחוץ לעיר", עיר נקרא הגוף, ע"ד עיר קטנה ואנשים כו', דהיינו שאין הגוף החומר נהנה מזה שהוא חומד ומתאוה תאוות הגשמיות הגופניות, וזהו מחוץ לעיר, "אל באר המים", פירוש והמדריגה הזאת בא לו הכל בשביל "באר המים" היא התורה הקדושה שעוסק בתורה לשמה, ונעשה כמעין המתגבר הנובע, "לעת ערב" פירוש שהוא מקדש ומטהר עצמו ע"י התורה הקדושה לשמה עד שנעשית אצלו ערב ומתוק מדבש וכל טעם, "לעת צאת השואבות" עד שמשפיע השפעות גדולות וטובות רבות לישראל בלי הפסק. והשם יזכנו לעבדו באמת ביראה ובאהבה רבה. אמן.

או יאמר "ואברהם זקן בא בימים" דהנה קודם שברא הקב"ה את עולמו "והארץ היתה תהו ובהו וחשך", והבורא ב"ה הביט בראייתו הקדושה ונתהווה האור, וזהו "וירא אלקים את האור כו'" ר"ל ע"י ראייתו נתהווה האור בתוך החשך, והבדיל בין האור ובין החשך וקבע לזה תחומו ביום ולזה בלילה, אבל בעולמות עליונים שם כולו אור ולילה כיום יאיר. והצדיק כאשר מתקן עצמו אזי הוא קשור ודבוק בו יתברך ויתעלה בעולמות העליונים, ונמצא גם אצל הצדיק הוא כולו יום כי בא למעלה מן הזמן. וזהו "ואברהם זקן בא בימים".

"וה' ברך את אברהם בכל" ודרשו חז"ל בת היה לאברהם ובכל שמה, יש לומר הרמז דכשהצדיק הוא במדרגת דוכרא אז הוא נהנה מזיו השכינה. ובירך ה' את אברהם גם כאשר לא יהיה במדריגה הגדולה כ"כ שיהיה ראוי להשראת השכינה, אזי עכ"פ ישתמש בבת קול. וזה רמז "בת" היה לאברהם. ו"בכל" שמה, כלומד בכל המדריגות שהיה, היה משמש בבת קול.

"ויאמר אברהם אל עבדו זקן ביתו שים נא ידך תחת ירכי כו'", דהנה כשהצדיק הוא במדריגה גדולה בתורה ומצוות ודביקות גדול נקרא בן למקום, אבל כשהוא חושב בעניני ביתו בעסקי העוה"ז כמו משא ומתן וכדומה, אף שהיא מצוה גדולה, אעפ"כ אז אינו אלא במדרגת עבד, ואז צריך זריזות ושימור גדול שיהיה כל עסקיו לשמו ית' שלא יכשל ח"ו בשום דבר אפילו בדיבור קל לבטלה, כי עי"ז גורם לעצמו ח"ו להכשל בלילה בטומאת קרי חלילה, כי הצדיק גם שאינו מהרהר בהרהור אשה, רק שמוציא איזהו דיבור לבטלה, אזי ג"כ שולט בו הרע להחטיאו חלילה במקרה לילה וצריך שימור גדול. וזהו "ויאמר אברהם אל עבדו" ר"ל שהצדיק מדבר לעצמו כשהוא במדרגת עבד. ומפרש הכתוב אימת הוא במדרגת עבד. "זקן ביתו" פירוש כשהוא "זקן" זה קנה חכמה, "ביתו" כלומר בשביל צורכי ביתו כנ"ל, "שים נא ידך תחת ירכי" פירוש שתשים כחך והשגחתך על הירך שלא תכשל ח"ו במקרה לילה, כי בודאי כשהוא בדביקות גדול אין צריך לחוש לכל זה, כי הוא מחשבתו קשורה בעולמות עליונים, אלא כשהוא עוסק בצרכי העוה"ז, אז צריך שמירה גדולה כנ"ל. "המושל בכל אשר לו" ר"ל שאז צריך למשול בכל עניניו ודיבוריו שיהא הכל בקדושה. וזהו "ואשביעך באלקי השמים ואלקי הארץ" פירוש שתהיה תמיד קשור בו יתברך בכל מדרגתך, "באלקי השמים" רמז למדרגת עליונים. "ואלקי הארץ" רמז לעניני העוה"ז, בכל צריך אתה להיות בקדושה. וק"ל.

**תולדות**

ואלה תולדות יצחק בן אברהם כו'. פירש"י ז"ל "יעקב ועשו האמורים בפרשה", יש לפרש ע"ד הרמז, דיצחק רמז לדין ואברהם רמז לחסד כידוע, ואיתא צדיקים תחילתן יסורים וסופן שלוה ורשעים ההיפך, וזהו "אלה תולדות יצחק בן אברהם", ר"ל שאחר הדין נולד חסד, ו"אברהם הוליד את יצחק" ר"ל אחר החסד נולד דין, ופירש"י יעקב ועשו האמורים בפרשה כו', ר"ל הרמז הזה האמור בפרשה, נאמר על יעקב ועשו, דהיינו ליעקב תחילתו דין וסופו שלוה כנ"ל, ולעשו ההיפוך.

או יאמר ג"כ ע"ד הרמז, דהנה אנו רואים מעשה בני אדם דהיינו הרשעים העושים רע, תחילת הסתת היצר הרע בהם הוא שאומר להם שזה הוא מצוה לעשות ובאמת היא עבירה גדולה, והצדיקים הנשמרים מעבירות, לפעמים עושים עבירה לשמה, כמו שמצינו מותר לשנות מפני דרכי השלום, וזהו "ואלה תולדות יצחק" דהיינו הדין הבא ע"י עבירות, הסיבה של עבירה הוא מחמת "בן אברהם" רמז למצוה, דהיינו שהיצה"ר אומר לו שהוא מצוה, ויש צדיקים שעושים עבירה לשמה כנ"ל, לזה רמז "אברהם הוליד את יצחק", ר"ל הצדיק הגדול לפעמים הוא מוליד "את יצחק" דהיינו דין, שעושה עבירה לפעמים לשמה מחמת רוב צדקתו. וק"ל.

או יאמר "ואלה תולדות יצחק כו'". ונקדים לפרש הפסוק "ויזרע יצחק בארץ כו' וימצא מאה שערים", יש לומר הרמז, דהנה עבודת הצדיק הוא תמיד להרים את השכינה הקדושה שהיא ה"א אחרונה, וזהו שפירש"י "אומד זה למעשר", רמז בדבריו לדברינו הנ"ל, שהיה יצחק אומד עצמו למעשר, דהיינו תרומה דהכתוב קראה לתרומה מעשר כדאיתא בכמה דוכתא, תרומה פירוש תרום ה"א, ועיקר העבודה להשי"ת ע"י אהבה ויראה שזה רמז תרומה - תרי ממאה, דחייב אדם לברך מאה ברכות בכל יום וצריך לברכם באהבה וביראה, וזה נקרא "זריעה" אצל הצדיק, שע"י אהבה ויראה נזרע בו אור גדול, וזהו "אור זרוע לצדיק", ועל ידי זה ממילא נמצאים המאה שערים, דהיינו שע"י כל ברכה שהוא מברך הוא פותח שער אחד ממאה שערים העליונים שהם נקראים מאה ברכות דהיינו בריכות העליונים, וזהו "ויזרע יצחק" כנ"ל "וימצא מאה שערים" כנ"ל. והנה ידוע דיש יראה הקודמת לאהבה דאהבה בא מתוך היראה, ויש יראה עליונה הבא מתוך אהבה. וזהו רמז "ואלה תולדות יצחק" דהיינו יראה שעל ידה נולד "בן אברהם" דהיינו אהבה. ויש יראה הבא מתוך אהבה, ולזה רמז "אברהם" דהיינו אהבה "הוליד את יצחק" שהוא יראה.

וזהו שפירש"י "יעקב ועשו האמורים בפרשה" ר"ל מה נפקא מינה בזה, ופירש"י דהנפקא מינה הוא שע"י היראה ואהבה נתעורר רחמים ונשברים הדינים, דהיינו "יעקב" רמז לרחמים ו"עשו" רמז לדינים, וזהו רמז "ואחר כן יצא אחיו וידו אוחזת בעקב עשו" פירוש, הגם שלפעמים מתגברים האומות ח"ו ורוצים להרע לישראל ח"ו ונראה כמעט שהדבר מוכן ח"ו לבוא, ולא כן הוא, שאחר הגעת סוף הדבר ח"ו שיוגמר, אזי יצא כח הצדיק

ואוחז בסוף הדבר שלא יבוא כלל, וזהו "וידו" דהיינו כחו "אוחזת בעקב" דהיינו בסוף של "עשו" הרוצה כמעט לגמור הדבר, אזי אוחז ואינו מניחו ונתעורר רחמים גדולים על ישראל. אמן.

ויעתר יצחק כו'. נ"ל דהנה שלשה אלה - בני חיי ומזוני - צריך אתערותא דלתתא, שיתן הצדיק את דעתו עליהם שהם צורך לעולם, ועל ידי זה יוכל הצדיק להשפיע אותם לעולם. אבל אם לא יהיה אתערותא דלתתא, בלתי אפשרי שיושפעו לעולם, גם אם יהיה צדיק בכל מחשבותיו וקדושתו לה', כי אם שצריך הצדיק לירד קצת ממדרגתו לחשוב עליהם שהם צורכי עולם אז הם נשפעים לעולם. וזהו שאמרו חז"ל "בני חיי ומזוני לאו בזכותא תליא מילתא", ר"ל לאו בזכות וצלילות של אדם לבד תליא מילתא, אלא במזלא לשון "יזל מים מדליו", ר"ל אלא ע"י הצדיק הממשיך השפעות שנותן דעתו ומחשבתו להזיל ולהמשיך אלו חיי בני ומזוני. וזהו "על כל קרבנך תקריב מלח", מזלא גימטריא לחם דהיינו מזוני, ו"לחם" אותיות "מלח", ואמר הכתוב "על כל קרבנך" ר"ל בכל זאת שאתה מקרב את העולמות העליונים ע"י צדקתך וקדושתך, על כל זאת "תקריב מלח" פירוש תתן דעתך להקריב ולהשפיע לחם היינו מזוני.

והנה יצחק אבינו ע"ה היה כל מחשבותיו קדושים כולו לה', דהיינו לשבח ולתהילה להשי"ת ב"ה, דאצל הצדיקים גם התפילה שהם מתפללים נקרא תהילה, ולא היה עולה על מחשבתו להתפלל על זרע בעולם באופן הנ"ל, רק כל מגמותיו ותפילותיו היה לה' כנ"ל, וזהו "ויעתר יצחק לה' לנוכח" ר"ל זה היה התנגדות למחשבת "אשתו", שהיא היתה חושבת בכוונה הנ"ל שהזרע הוא צורך לעולם, וזהו "כי עקרה היא" ר"ל שהיתה מעלה המחשבה הזאת על דעתה, "ויעתר לו ה'" פירוש שהשי"ת הפך את רצון יצחק מכוונתו הראשונה להכוונה הנ"ל, "ויעתר" הוא ע"ד שאמרו חז"ל "למה נמשלו הצדיקים לעתר מה עתר מהפך התבואה בגורן", ונמצא עתר הוא לשון הפך, שהשי"ת עושה רצון להצדיק, וזהו "רצון יראיו יעשה" ר"ל שעושה רצון ליראיו, ואז כאשר הפך ה' את רצון יצחק שיהיה כוונתו על הזרע כנ"ל, "ותהר רבקה אשתו" ר"ל אז ידע שהרתה אשתו, ולא כן מתחילה לא ידע מזה כלל, כי היה דבוק כולו בה'.

"ויתרוצצו הבנים בקרבה ותאמר אם כן למה זה אנכי", דהנה רבקה היתה יודעת שבניה יקבלו התורה הקדושה, ובראותה כשהיתה עוברת על פתח בית הכנסת יעקב היה מפרכס לצאת ובפתח ע"ז היה עשו מפרכס לצאת כמו שדרשו חז"ל, והיא לא היתה יודעת שזה לה שני עוברים במעיה, רק היתה סוברת שזה עובר אחד שהוא מתגבר עיתים לטובה ועיתים לרעה, והיתה מצטערת ואומרת "אם כן" ר"ל אם חלילה באופן זה יהיה בני, וחלילה בקבלת התורה הקדושה יהיה בהם תערובת טוב ורע, "למה זה אנכי", למה לי קבלת התורה שפתח ב"אנכי" ה', כי התורה הקדושה צריכה להיות הכל בקדושה בלי תערובות חלילה. "ותלך לדרוש את ה'" דאיתא בגמרא "שותא דינוקא או דאבא או דאמא", והוא מחמת שהם שותפין בו וכל אחד מכניס בו חלקו לפי מהותו ומדרגתו, והיתה תולה החסרון בעצמה שהיא גורמת זאת, לכן "ותלך לדרוש את ה'" לתקן את חלקה כדי שיהיה כולו לטוב לה', "ויאמר ה' לה שני גויים בבטנך", זה יפנה לרשעו וזה לצדקו בשלימות.

וזהו "שבענו בבקר חסדך", "בוקר" הוא לשון ביקור, דהקרבן היה צריך ביקור למען תהיה אתערותא דלתתא, ששורש הקרבן היה בדביקות גדול בכוונות קדושים עליונים, והביקור היה למען אתערותא דלתתא, וזהו שהתפלל דוד המלך ע"ה "שבענו בבוקר כו'", ר"ל מה שצריך האדם לחשוב ולהעלות על דעתו את צורכי העולם, דהיינו ביקור החסדים הצריכין למען אתערותא דלתתא, אתה תעשה הרצון הזה כנ"ל "רצון יראיו יעשה", ולא מאתנו יבא הרצון רק אנחנו נהיה דבוקים בך, "ונרננה ונשמחה בכל ימינו", דהצדיק העובד ה' באמת הוא מתקן בכל יום ויום עולם אחר, ואין יום אחד דומה לחבירו, וזהו "ואברהם זקן בא בימים", ר"ל שהיה לו ימים הרבה, שכל פעם עלה ותיקן עולם הגבוה מחבירו, וזהו "ונרננה ונשמחה בכל ימינו", פירוש כאשר נהיה דבוקים בך בדבק טוב אזי "נרננה ונשמחה בכל ימינו". והבן.

ויהי רעב בארץ מלבד הרעב הראשון. לכאורה מה בא הכתוב להשמיענו בזה באומרו "מלבד הרעב הראשון"? אך נראה דהנה אצל אברהם נאמר "ויהי רעב בארץ וירד אברם מצרימה כו'", ולכאורה הלא הרעב שהיה אז בארץ היה אחד מעשרה נסיונות, ולמה הלך משם מפני הרעב והיה לו להתעכב שם בימי הרעב לעמוד בנסיונו.

אך הענין הוא, דהנה כשיש רשעים בדור שהם מעכבים ההשפעות, אזי הצדיק הרוצה להשפיע לעולם צריך לירד ממדריגתו עד סוף מדריגתו תחתונה ע"ד שאמר הכתוב ממעמקים קראתיך, ולכן בימי אברהם שהיה דורו רשעים והיה צריך לירד ממדריגתו לגמרי, לכן הוכרח לירד מצרימה ששם הוא מקום עב ומגושם ביותר כדי שיטה עצמו גם הוא ממדריגתו העליונה, שיהא יוכל להשפיע ע"י תפילתו, תפילה לעני כו', דהמתפלל צריך להיות כעני עומד על הפתח, אבל יצחק הגם שהיה דורו רשעים לא היה צריך לירד מצרימה כדי לגשם עצמו, דהנה ידוע דאותו דבר אשר כבר תיקן איזה צדיק בתפילתו, אזי אח"כ אם יארע לצדיק שיהיה אחריו ג"כ אותו הדבר, בקל הוא לו לפעול הדבר הזה מחמת שכבר תיקן הצדיק הקודם לו, ולטעם הזה אמר הכתוב "מלבד הרעב הראשון", כדי לתת טעם לזה שלא היה צריך יצחק לירד מצרים. וק"ל.

ויזרע יצחק בארץ ההיא כו'. דהנה דוד המלך ע"ה אמר "אור זרוע לצדיק כו'", יש לפרש דאור הוא זרוע אצל הצדיק, דהיינו הקדושה והאור שבו הוא כמו זריעה שעושה פירות, שהוא גורם בקדושתו התעוררות יראה על כל העולם וזורע בבני אדם האור הקדושה, "ולישרי לב שמחה" ר"ל ואותם שאינם רק ישרי לב, יש להם מדרגת שמחה, דהיינו שבני אדם שמחים עמהם בראותם אותם, אבל אינם יכולים להזריע אורות קדושות באחרים. וזהו "ויזרע יצחק בארץ ההיא" כנ"ל, שהזריע בבני אדם יראה וקדושה, "וימצא בשנה ההיא מאה שערים", דחייב אדם לברך מאה ברכות בכל יום. והם נתקנו נגד מאה נפשות שהיו מתים בכל יום ותיקן דוד המלך ע"ה נגדם מאה ברכות, והצדיק הזה המזריע קדושה ויראה בבני אדם הרי הוא כאילו מחיה אותם, ועל ידי זה הוא גורם תיקון למאה שערים הידועים, כי לכל איש ואיש יש שער מיוחד לו, והמקיימו הוא מתקן אותו השער המיוחד.

"וכל הבארות אשר חפרו עבדי אברהם כו'", ולכאורה האיך מקושר הפסוק הזה לכאן? וגם מה בא להשמיענו בזה? וגם יש לדקדק שאמר לו אבימלך לך מאתנו כו', ונאמר בפסוק וילך משם יצחק ויחן בנחל גרר, ונמצא איך מובן הפסוק וישב ויחפור את בארות המים כו' הלא הלך משם. ורש"י ז"ל הרגיש בזה ע"ש. ועל פי דרכינו הנ"ל הורה לנו התורה הקדושה דרכי בני אדם הנתעוררים ביראה ע"י הצדיק. ואח"כ אם תסור מהם היראה ע"י שלא התמידו עליה בתמידות להתגבר בדרכי השם, אזי נדמה להם שהם יראים ושלימים יותר מהצדיקים העובדים באמת, וזהו הפירוש כאן, שראו שיצחק היה מתגבר ביראתו וקדושתו, היה נדמה להם שאין מעשיו כראוי ואינם כמעשיהם שהם טובים ממנו, וזה הטעות בא להם מחמת שהחזיקו ביראה בימי אברהם ואח"כ היו נרפים ממנה, וזהו שאמר הכתוב "וכל הבארות" דהיינו מעיינות היראה והקדושה אשר נתעוררו ונחפרו ונפתחו ע"י אברהם אביו, "סתמום פלשתים" דהיינו אח"כ נסתם מהם המעיינות היראה, "וימלאום עפר" ר"ל בגשמיות, [שמילאו] את היראה במצות אנשים מלומדה.

לכן "ויאמר אבימלך לך מעמנו כי עצמת כו'", ר"ל שהיה נראה להם יראת יצחק דבר חדש ותימה ואינו מתוקן כמעשיהם, מה עשה יצחק? "וילך משם ויחן בנחל", דהנה צדיק הנ"ל שיש לו אור גדול בכדי שיוכל להזריע באחרים, אזי עליו הדבר מוטל להתאמץ בכל אופן בכל יכולתו כדי להכניס יראה בלב בני אדם.

וזה יש לומר רמז הכתוב "כי יפתח איש בור כו'", "כי" הוא לשון "אשר", דהיינו שהחיוב מוטל על הצדיק הנקרא "איש" שיפתח את ה"בור", רמז למעייני היראה והקדושה, לפתוח לבות בני אדם ביראה וקדושה רבה, "או כי יכרה איש בור", "יכרה" הוא לשון חפירה, שמתחיל לחפור ולחקוק בלבות בני אדם יראה וקדושה, "ונפל שמה שור או חמור" ר"ל אז בוודאי יפול שמה הקליפות, "בעל הבור ישלם" ר"ל זה שכרו של הצדיק הזה, שהשי"ת ב"ה שהוא בעל ואדון לכל הקדושות והיראות ישלם לו שכרו לעוה"ב, ולא עוד אלא "כסף ישיב לבעליו" פירוש דגם זה שכרו, שהיראה והקדושה הזאת שגורם לבני אדם תשוב אליו ויוסיף בו עוד יראה ואהבה ותשוקה לעבודתו ית"ש, וזהו "כסף" כו' לשון נכסף נכספת, דהיינו התשוקה והאהבה ישיב לבעליו. ועל דרך הזה פרשתי "דברים היוצאין מן הלב נכנסים ללב", פירוש לאותו לב עצמו שיצאו ממנו באמת, אותן הדברים חוזרים ונכנסים בלבו ומוסיפים לו עוד קדושה. ומקשו בגמרא "אם על הפתיחה חייב על הכרייה לא כל שכן", פירושו לפי דרכינו הנ"ל, אם החיוב על הצדיק לפתוח לבות בני אדם במעייני היראה כ"ש על הכריה, ומשני "להביא כורה אחר כורה", דהיינו אם בפעם אחד לא יפעול לעורר לבם, יחזור ויוכיח ע"ד הוכח תוכיח.

וזהו "ויחן בנחל גרר" ר"ל כאשר ראה יצחק שאינם פונים אל יראתו ללמוד ממנו, היה הוא מתגבר והולך בקדושתו עד הנחל העליון שהוא נחל ה' והמשיך משם יראה והתעוררות עליהם, כי כן דרך הצדיק להמשיך התעוררות יראה רוממות מעולמות העליונים על כל בני אדם, וזהו "וישב יצחק ויחפור את בארות המים אשר חפרו בימי אברהם ויסתמום פלשתים", היה הוא חוזר והעיר את רוחם ביראה שלימה, והעיר היראה הקודמת שהכניס בהם אברהם אבינו ע"ה.

או יאמר "ויזרע יצחק בארץ כו' מאה שערים", רמז לעולמות העליונים כאשר מבואר לעיל, דהיינו ע"י שהיה משפיע לעולמות העליונים, "ויברכהו ה'", עי"ז היה גורם שיתברך ע"י השם הקדוש, דעיקר ההשפעות באים ע"י שם הקדוש, וזהו "תהילה לדוד ארוממך כו'", פירוש ע"י שאני מרומם אותך וגורם השפעה בעולמות, עי"ז "ואברכה שמך לעולם" אני גורם שיתברך שמך להשפיע ע"י השם הקדוש. וק"ל.

ורבקה אמרה אל יעקב בנה לאמר הנה שמעתי את אביך מדבר אל עשיו אחיך לאמר. כבר דקדקו קמאי על מלת "לאמר" אין לו שחר כאן כמו בכל מקום שפירשו לאמר לזולתו. וגם לאמר שני פעמים.

ונ"ל לפרש "לאמר" הראשון ויתורץ ממילא האידך, עפ"י דאיתא בספרים שאיך עולה על דעת שיצחק אבינו ע"ה ירצה לברך את עשו ולא את יעקב, ופירשו דבאמת היה רוצה לברך את עשו בעוה"ז, בגשמיות, ואת יעקב היה רוצה לברך בעוה"ב, והיה רוצה יצחק שכל ד' גליות יהיו תחת יד עשו יעו"ש. והנה רבקה אמנו היתה רוצה לקיים את בני ישראל בגלות שיהיה להם ג"כ מעט בעוה"ז, ודרך הצדיק אף שמדבר בגשמיות, אבל כוונתו בעולמות העליונים ברוחניות. וזהו הוא "ורבקה אמרה אל יעקב בנה לאמר", ר"ל מה שאמרה אל יעקב שיקבל ברכות גשמיות מאביו, היתה כוונתה בעולמות העליונים, בשביל הרוחניות שבתוך הגשמיות, כי אין לך גשמיות שאין בו ניצוצות רוחניות, וזהו "לאמר", דהיינו שהיה כוונתה על אמירה אחרת, בשביל הרוחניות כנ"ל.

"מדבר אל עשו אחיך לאמר", שהנה רבקה היתה מעלה מורא על ראשה פן לא ירצה יעקב לקבל ברכות הגשמיות, כי אין חפץ לצדיק בגשמיות, ולכן אמרה רבקה "שמעתי את אביך כו'" ג"כ "לאמר", דהיינו מה שאביך מדבר שרוצה לברכו בגשמיות, הוא ג"כ כוונתו לאמר אמירה אחרת, בשביל רוחניות כנ"ל, שיהיה בגשמיות ג"כ ניצוצות רוחניות, כי אין לך דבר גשמיות בעולם שיהא לו חיות בלא נ"ק מעולמות העליונים.

וזהו שאמר עשו ליעקב "יש לי רב", פירשתי שאמר לו "רב" - היינו העוה"ז - הוא שלי, וחלקי דעוה"ז הוא עולם הפירוד לכן נקרא רב, ואין לך חלק בעוה"ז, "יהי לך אשר לך", דהיינו חלקך העוה"ב השייך [לך] יהי לך ולא עוה"ז. והשיב לו יעקב אבינו ע"ה "יש לי כל", רמז לו על הכוללות שבתוך הגשמיות, שהיא החיות המקיימו שייך לי, כנ"ל שאין לך דבר גשמי שיהיה לו חיות וקיום בלא קדושה, ואם אקח את חלקי דהיינו הנ"ק שבתוך הגשמיות, אזי אתה בטל כעפרא דארעא לגמרי, לכן גם לי שייך בחלקך העוה"ז עבור חלקי שיש לך מחלקי הרוחניות.

וזהו "כל עצמותי תאמרנה ה' מי כמוך", ר"ל כל עצמותי, דהיינו הגשמיות שאני מדבר בהם, הוא ג"כ באותו כוונה ה' מי כמוך, דהיינו שכוונתי להעולמות העליונים לפעול פעולות רבות רפואות והשפעות, ע"ד שאמרו חז"ל "באומות אין כמוך אבל בישראל יש כמוך, הקב"ה מחיה מתים אף הצדיק כן, כמו שמצינו באלישע" ע"ש. וזהו "זאת מנוחתי עדי עד", ר"ל שאמר דוד המלך ע"ה שגם מנוחתי זאת שאני חונה למטה, הוא "עדי עד" דהיינו לעולמות העליונים, כנ"ל שגם בגשמיות וכוונת הצדיק לרוחניות העליונים. והבן.

או יאמר "ורבקה אמרה כו'", דאיתא בזוהר הקדוש דהשכינה נקראת "רבקה" ועם בני ישראל נקראים בשם "יעקב", ויש לפרש בדרך הזה, דיצחק היה רוצה לברך את עשו בגשמיות בעוה"ז, והשכינה הקדושה היא האם המרחמת על בניה ישראל ובכל צרתם לה צר, והיה תשוקתה מאוד שיברך יצחק את יעקב גם בעוה"ז, כי האיך תוכל לראות בעני עמה בצער להם בעוה"ז, ולכן אמרה אל יעקב שילך ויקבל הברכות מיצחק. ויעקב היה מתירא מאוד שיתברך בעניני גשמיות, כי מורא עלה על ראשו פן ואולי ע"י הגשמיות יתגשם ויופרד ח"ו מעבודתו יתברך, כמו שאמר הכתוב "פן תאכל כו' ורם לבבך", לזה אמר אל רבקה אמו, היא השכינה הקדושה, האיך אוכל לקבל ברכות עוה"ז, "הן עשו איש שעיר", ר"ל לו ראוי עוה"ז לפי מדתו שהוא איש מעורב בערבוביא הולך בדרך לבו, וכל הבא לידו לא ימנע עצמו מלעשות אם טוב ואם רע, אבל "אנכי איש חלק" ר"ל שאני צריך להיות חלק ומצוחצח, צח בעבודתו יתברך ויתעלה בלי שום סיג ופסולת, ופן ואולי ח"ו ע"י הגשמיות יומשך לבי מעבודתו יתברך כנ"ל, ו"אולי ימושני אבי" שבשמים, הבורא יתעלה ימשמש ויפשפש במעשי "והייתי בעיניו כמתעתע והבאתי עלי קללה ולא ברכה", שע"י זאת הברכה יצמיח קללה חלילה וחלילה.

"ותאמר לו אמו" היא השכינה הקדושה, "עלי קללתך בני", ר"ל עלי מוטל לשמור אותך מקללה, "אך שמע בקולי ולך קח לי", ר"ל שתקבל הברכות העוה"ז ג"כ שיהיה "לי", ר"ל ג"כ לעבודתו לשמו הגדול, שתהיה כוונתך בכל עניני עוה"ז, הן באכילה ושתיה ושאר גשמיות, רק לשמים, להוציא ניצוצות קדושות מתוך המאכל באוכלך בקדושה ובטהרה, ושיהיה לך כח לעבוד לו יתברך ולעסוק בתורתו ובמצותו, וכן בכל דבר יהיה כוונתך לשמים. "וילך ויקח ויבא לאמו" מובן ממילא, שעשה מצות השכינה לקבל הברכות באופן הזה לשמו הגדול יתברך ויתעלה זכרו לעד ולנצח נצחים. אמן.

ויען יצחק ויאמר לעשו הן גביר שמתיו לך ואת כל אחיו נתתי לו לעבדים ודגן ותירוש סמכתיו ולכה אפוא מה אעשה בני, ויאמר עשו אל אביו הברכה אחת היא לך אבי ברכני גם אני אבי כו', ויאמר אליו הנה משמני ארץ כו'. ויש לדקדק למה המתין יצחק עד שאמר עשו "הברכה אחת" כו', ולא בירך אותו מיד כשאמר לו עשו "הלא אצלת לי ברכה". גם לכאורה כמו זר נחשב שיצחק ירצה לברך את עשו ולא את יעקב.

אך הענין, דיצחק היה רוצה לברך את עשו בגשמיות ואת יעקב ברוחניות כידוע, וכשראה עשו שבירך יצחק את יעקב בברכה הראויה לו לעשו, צוח ואמר לאביו "הלא אצלת כו'", עכשיו שברכת את יעקב בגשמיות, דהיינו שהם נשפעים מג' עולמות עב"י, הלא ברכה שהיא מעולם אצילות מגיע לי, וזהו אצלת לי וכו'. והשיב לו אביו "הן גביר שמתיו כו' וכל אחיו כו' ודגן ותירוש כו'", רמז השלשה ברכות הוא נגד שלשה עולמות הנ"ל נתתי ליעקב אחיך, "ולך אפוא מה אעשה בני", פירוש היא הברכה מעולם העשיה שאברך אותך בה, וזהו מה "אעשה" דווקא, ר"ל מעולם עשיה. ואמר לו עשו בנו "הברכה אחת היא לך אבי", פירוש שגם בגשמיות בעולם עשיה תמצא עוד ברכה לברכני ג"כ, ומיד ברכו בברכת גשמיות, אבל כשאמר לו תחילה לברכו בברכת רוחניות כנ"ל "הלא אצלת", לא היה פונה כלל לדבריו ולא השיב לו כלום ועשה עצמו כלא ידעו והשיב לו "מה אעשה". וק"ל.

## ויצא

ויצא יעקב מבאר שבע כו'. נ"ל בהקדים לפרש פסוק "ויחלוש יהושע את עמלק ואת עמו לפי חרב", היות שסיבת השליטה של עשיו על עם הקדוש הוא הכל בכח המצות כיבוד אב שעשה, ובמה היה כיבודו? בחרבו שהיה ציד בפיו של יצחק, ולזה אמר לו "על חרבך תחיה" פירוש בשביל מצוות שעשית בחרבך ע"י כך יהיה לך חיות קצת, ולזה לא כתב "ב"חרבך תחיה כי אם "על", פירוש כמו בשביל, וישראל כשרוצין להחליש כחו של עשיו אינם צריכים לעמוד נגדו בכח כל תרי"ג מצוות שמקיימין תמיד, כי אפילו בכח מצותו אין לו שליטה עליהם כי הם קיימו כבוד אב יותר ממנו, כמבואר בתורה הקדושה שיעקב כיבד את אביו יותר, כדאיתא במדרש שעשיו לא מצא ציד להביא וצד כלב ורצה להאכילו לאביו, ונמצא מניה וביה אבא ליזל ביה נרגא, וזהו "ויחלש יהושע כו' לפי חרב" פירוש לפי מדרגתו וכחו של חרבו, אשר לזה המציא עצמו ללחום עם ישראל, בזה עצמו החליש אותו כנ"ל.

וזהו ג"כ פירוש "ויצא יעקב מבאר שבע", שידוע שבאר שבע רמז למדריגות גדולות אשר היו ליעקב אבינו שתיקן כל השבע מדות כמבואר בספרי קודש, לזה כשהצריך להתייצב נגד עשו ולבן, לא הלחים נגדם בכל מדריגותיו הגדולות, אלא יצא מבחינה זאת הנקראת באר שבע, "וילך חרנה" פירוש שהיה הולך בכח שלהם, וזהו וילך חרנה ועשה והצליח נגדם. וק"ל.

או יאמר "ויצא יעקב מבאר שבע ויפגע במקום כו'", נ"ל דהנה הצדיק הגמור אף שהלך ממדרגה למדרגה צריך שידמה בעיניו כאילו הוא אינו עושה כלום כי אם הכל הוא מהשי"ת ב"ה. וזהו "כי עמך מקור חיים כו'", פירוש דוד המע"ה אמר מה שאני מתפלל על החולה ונתרפא, זו אינו מחמתי אלא כי עמך מקור חיים, ו"באורך נראה אור" ר"ל והאור הנראה לי הוא הכל אורך שאתה נותן בחסדך הגדול. וזהו "ויצא יעקב מבאר שבע", דהצדיק מתחילה מתקן הששה קצוות ונקרא הוא שבעה, ויצא ממדרגות אלו "וילך חרנה" ר"ל שמוליך ומבטל החרון אף מישראל, וגם פירוש "וילך [חרנה]" שמוליך ומביא חירות.

"ויפגע במקום" ר"ל אף שהיה בכל המדרגות האלו היה חושב שכל תפילותיו שהוא מתפלל הכל הוא מאת המקום ב"ה. או יש לומר הפירוש "ויפגע במקום" שכל תפלותיו לא היו רק על השכינה שנקראת מקום. "וילן שם כי בא השמש" ר"ל בכל עת אשר בא לו השמש דהיינו הבהירות ודביקות היה עושה לינה דהיינו לילה וחושך, בחשבו שאין זה מעצמי ומחמתי בא לי הבהירות כי אם הכל מאתו יתברך.

"ויחלום והנה סלם כו'", דהנה הצדיק הוא מושך השפעה ופרנסה, וצריך שיהא הפרנסה והלחם אצלו כחלום, דהיינו שלא יהא הלחם אצלו רק מצד ההכרח שבלתי אפשרי לעולם בלא לחם, ולזה אותיות לחם הוא חלם. וגם צריך להיות תמיד נגד עיניו שפלות עצמו ורוממות אל יתברך, ואז תפילתו עולה לפניו יתברך וגורם לעצמו שיבוא לו קדושה, ע"ד שפרשתי לעיל בפרשת תולדות "דברים היוצאים מן הלב" כו', דהיינו שדברי קדושה היוצא מלב האדם נכנסין ללב אותו אדם עצמו, ומרבים ומוסיפים קדושה רבה יתירה, וכן להיפוך ח"ו, וזהו "ויחלום" ר"ל שהיה אצלו השפעות הלחם כחלום, ועוד "והנה סלם מוצב ארצה" ר"ל התפילה שהיא עולה למעלה, לזה רומז סלם, היה מוצב ארצה דהיינו שהתחלתו היתה מוצב ארצה שהיה מסתכל בשפלותו, "וראשו מגיע השמימה" היינו רוממות אל, ופעל ע"ז "והנה מלאכי אלקים עולים" ר"ל התפילות והדיבורים הקדושים שעולים למעלה לעולמות העליונים שהם נקראים מלאכים, "ויורדים בו" ר"ל אותם הדיבורים עצמם ירדו "בו", דהיינו בקרבו, שנתוסף לו קדושה כנ"ל. וק"ל.

וישא יעקב רגליו כו', ע"ד הרמז, דהנה צדיק הוא כוללות ישראל והוא מעלה כל השפלות אשר נעשה בישראל חלילה להביאם אל הקדושה, וזהו "וישא יעקב רגליו" ר"ל דגם פושעי ישראל מלאים מצוות כרמון רק שאין כח בהמצוה שתעלה במעלות קדושים מחמת עבירות המכבים אותה והורידו אותה לרגלים למטה, והצדיק העובד באמת מוציא הקדושה מהקליפה ומעלה אותה להשי"ת ב"ה, וזה הוא "וישא יעקב" הוא הצדיק הנקרא בשם יעקב, הוא מעלה ומנשא למעלה את "רגליו", ר"ל הקדושה שנפלה אל הרגלים "וילך ארצה בני קדם" ר"ל נעשה הולך עם הארציות, "בני קדם" ר"ל הנוגע להבורא ב"ה שהוא קדמונו של עולם.

"וירא והנה באר בשדה", דהנה הכתוב הורה לנו את הדרך אשר יבוא בו הצדיק אל המדרגה הנ"ל, הוא ע"י שהצדיק רואה תמיד על הפנימיות התורה הקדושה, דהתורה נקראת "באר", באר חפרוה שרים, והפנימיות נקרא "שדה" שהוא חקל תפוחים, וזהו "וירא והנה באר בשדה", ר"ל שעיקר התורה היא בשביל השדה שהוא הפנימיות הנקרא שדה חקל תפוחים כנ"ל, והסיבה אשר על ידו ישיג פנימיות התורה הוא ע"י ג' בחינות שנתן השי"ת באדם, דהיינו נפש רוח ונשמה, והיינו אחר שישבר האדם הנפש הבהמיות יזכה לנפש השכליות, ואח"ז יזכה לרוח, ואחר אשר יחזיק במעוזו בעבודת הבורא באמת יזכה לנשמה, וע"י ג' בחינות אלו יזכה להשיג פנימיות התורה הקדושה. וזה רמז "שלשה עדרי צאן רובצים עליה כו'", רמז לג' בחינות הנ"ל אשר על ידן יזכה לפנימיות התורה, ועוד נוסף לזה שישפיע השפעות טובות לישראל, וזה "כי מן הבאר ההוא ישקו העדרים" הם ישראל הקדושים, עדרי צאן קדשים. "והאבן גדולה על פי הבאר", ר"ל דהכתוב מפרש דשורש מקום קדושה הוא למעלה, ואותיות הקדושים נקראים "אבנים" כדאיתא בספר יצירה, ובעולמות עליונים שם האותיות גדולים ולנו נתן השי"ת אותיות זעירין, כדאיתא בזוהר הקדוש אית אתוון רברבין ואתוון זעירין, ואנו מחויבין לקדש ולטהר עצמינו ולקשר אותיות זעירין באתוון רברבין העליונים, והוא ע"י נפש רוח נשמה שיזכה האדם, וזהו "והאבן גדולה" ר"ל האותיות גדולים הוא "על פי הבאר", ר"ל בעולם העליון הנקרא פי הבאר שם הוא שורש הקדושה. "ונאספו שמה כל העדרים", ר"ל אחר אשר יאסוף יחד כל הג' בחינות נפש רוח נשמה הנ"ל, אז "וגללו את האבן" ר"ל גלילה והפיכה, דהיינו שעם הקדושה הזאת הם מהפכים מדת הדין למדת הרחמים וממתיקים הדינים בשורשם, "והשקו את הצאן" פירוש אזי הם גורמים השפעות לישראל צאן קדשים, "והשיבו את האבן למקומה" ר"ל שגם הם גורמים קישור ויחוד האתוון זעירין לאתוון רברבין העליונים ששם הוא עיקר מקומם.

"ויאמר להם יעקב אחי מאין אתם", דהנה הצדיק רעיוניו סליקו עליו תמיד לחשוב תמיד יראת ה', ולדרוש ולחקור כל אופני יראת ה' ועבודתו יתברך ויתעלה כאילו מחשבותיו מדברים זה לזה לומר לו איזו סיבה ופעולה היא לאדם שיתעורר לבו לעבודתו יתברך, וזהו "ויאמר כו' אחי מאין אתם", היינו מאיזה אופן וסיבה בא לכם התעוררות לעבודתו יתברך, "ויאמרו מהרן אנחנו" דהיינו סעיפיו ומחשבותיו ישיבוהו שבא להם עיקר התחלת התעוררות יראה מחמת שהזכרנו החרון שהכעסנו שמו הגדול יתברך ויתעלה, ובפרט בעוון המצוי בעו"ה, כאשר יוכשל האדם בטומאת קרי אזי יחרד האיש וילפת, אחזתו חיל ורעדה ופלצות, ועל ידי זה יתעורר לב האדם לעבודתו יתברך באומרו איך הכעסתי את השם הגדול והנורא במעשי הרעים וכשלתי בעווני.

וזה שאמר התנא "הסתכל בשלשה דברים ואין אתה בא לידי עבירה דע מאין באת מטיפה סרוחה", פירוש מאין באת להתחיל בעבודת הבורא יתברך, דהיינו שתזכור איך נכשלת בעוונך במקרה בלתי טהור, וזהו מטיפה סרוחה. "ולאן אתה הולך", ר"ל איזה סיבה ואופן יביאך שתהיה הולך בעבודתו יתברך, בזוכרך שתשוב "לעפר רימה ותולעה", הסיבה הזאת מביא לאדם הכנעה גדולה, והוא העיקר ושורש לאדם שע"י הכנעה יהיה הולך ומתגבר ביראת ה' ובתורתו הקדושה. "ולפני מי אתה עתיד ליתן דין וחשבון כו'", דהיינו אחר שתזכור שני דברים הנ"ל תזכה לרוממות אל יתברך. וזהו "וירא והנה סלם מוצב ארצה כו'", "סלם" בלא וי"ו גימטריא סיני, דהיינו הסיבה הגורמת לאדם שישיג את התורה הניתנה בסיני, הוא העיקר הכנעה, וזהו מוצב ארצה רמז להכנעה גדולה, "וראשו" היינו הקדושה שישיג ע"ז "מגיע השמימה", וצריך שיהיה השתוקקותו מאוד

מאוד שיגיע בקדושתו למעלה למעלה עד אין קץ ותכלית, וישתוקק תמיד לאמר מתי אגיע למקום אבותי, "והנה מלאכי אלקים עולים כו'", דהנה הדיבורים של אדם המדבר בקדושה, נברא מכל דיבור ודיבור שיצא בקדושה מלאך קדוש, וזהו "מלאכי כו' עולים", ר"ל הם מעוררים אתערותא דלתתא, "ויורדים בו" היינו אתערותא דלעילא בהשפעות טובות על ישראל.

ונחזור לביאור הכתוב, "ויאמר להם הידעתם את לבן בן נחור", ר"ל שמחשבותיו שואלים זה לזה אם נתנו לב לדעת המחשבות ופניות שבאים לאדם בשעת הלימוד התורה הקדושה הנתנה אש שחורה ע"ג אש לבנה, וזהו רמז "לבן" דהיינו התורה, "בן נחור" לשון בני אמי נחרו בי, דהיינו הפניות והסתות המחשבות זרות שבא בתוך לימוד, "ויאמרו ידענו" שמחשבותיו ישיבוהו אמנם כן הוא, ידענו, שנתננו לבנו להסתכל תמיד על זה. "ויאמר להם השלום לו" פירוש הן אמת שאתם נותנים דעתכם להסתכל על הפניות והמחשבות זרות, אבל זאת אני שואל אתכם אם תקנתם והשלמתם את המדה הזאת להיות הלימוד שלכם בשלימות בלי שום פניה, "ויאמרו שלום והנה רחל בתו באה עם הצאן", ר"ל עי"ז שאנחנו תמיד מזדעזעים ויראים כרחל לפני גוזזה, בזה השלמנו מדותינו בלימוד התורה הקדושה, ולזה רמז "רחל בתו" רומז ליראה הנקרא בת, דאהבה נקרא בן.

"ויאמר הן עוד היום גדול", ר"ל דגם זאת אומר הצדיק פן תאמר עוד היום גדול לעסוק בעבודתו יתברך, כאשר אפנה מעסקי עניני עוה"ז אז אתחיל בעבודתו יתברך, אל תאמר כן "כי לא עת האסף המקנה", ר"ל שאין עת לאסוף קניני עוה"ז כי צל ימינו עלי ארץ, אך כן תעשו ותצליחו, "השקו את הצאן" ר"ל עניני עוה"ז דברים הגשמיים יהיה לכם כמו נשיקה, כדרך המנשקים שאינו אלא נגיעה בעלמא, כן יהיה מחשבותיכם על עסקי עניני עוה"ז כמו נגיעה בעלמא ודבר הכרחי, "ולכו רעו", פירוש ועיקר לדבק עצמו בבורא יתברך בדביקות ושלימות גמור, וזהו "ותישק ערפה לחמותה" רמז לדברים הגשמיים הנקראת בשם "עורף" יהיה כמו נשיקה, "ורות דבקה בה", רמז בעניני עבודתו, דהיינו לרוותו בשירות ותשבחות, צריך לזה דביקות גמור.

"ויאמרו לא נוכל עד כו'", ר"ל שמחשבותיו ישיבוהו כי תאמר הרי לא נוכל להתחיל בעבודתו יתברך "עד אשר יאספו כל העדרים" כנ"ל, כי אם בג' בחינות נפש רוח נשמה והדבר קשה עלינו עד מאוד, אני נותן לך עצה דהיינו "עודנו מדבר עמם" ר"ל בעת שתתחיל לדבר בדברי תורה, "ורחל באה עם הצאן" ר"ל אז תראה לדבר ביראה ופחד כנ"ל, "אשר לאביה" היא היראה השלימה, יראת הבורא ב"ה וב"ש ויתעלה, הוא אבינו שבשמים, יעשה עמנו חסד וישם בלבנו אהבתו ויראתו לעד ולנצח נצחים. אמן.

או יאמר "וירא והנה באר בשדה כו'", דהנה אנו אומרים "אלקי אברהם" כו' ואח"כ "האל הגדול" כו', וזה אחד, כי אין אבות אלא שלשה, ובשורשם בעולם האצילות נקראים גדולה גבורה תפארת, וזהו הגדול כו', כי תפארת נקרא נורא כידוע, וכל מעשינו בתורה ובמצוות הוא כדי להשפיע כל השפעות מלמעלה למדת מלכות הנקראת "באר מים חיים", וזה הוא פירוש והנה באר בשדה. "והנה שלשה עדרי צאן כו'", שהאבות הם נקראים "עדרים" המשפיעים לנו ע"י מלכות, וזהו "מן הבאר ההוא ישקו כו'", רק "והאבן גדולה על פי הבאר", כי ידוע שהחיצונים נקראים "אבן נגף" הם מעכבים השפע, וזהו "וגללו האבן מעל פי הבאר" שמסלקים החיצונים מהבאר כדי שתלך ההשפעה. "והשיבו את האבן למקומה", כי לעתיד ישחט היצה"ר, היינו שהקליפות יבוער מן הארץ והרוחניות שבו ישאר והכל יוחזר להקדושה במהרה בימינו. אכי"ר.

ויעקב היה רועה את צאן לבן הנותרות, נ"ל לפרש ד"לבן" רמז ללובן העליון ו"צאן" רמז לישראל צאן קדשים, ויעקב אבינו ע"ה היה רוצה לתקן לישראל בגלות המר והמתיק הדינים מעליהם, וזהו ה"נותרות" רמז לגלות המר שאנחנו נותרנו מעט מהרבה, וזהו "רועה את צאן" היינו ישראל הנותרים בגלות המר היה רועה אותן, וממתיק הדינים מהם לרחמים.

"ויקח מקל" רמז לדינים ע"ד שבטך ומשענתך, דהיינו השבט והמקל הם הדינים השולטים חלילה, הלך יעקב לתקנם ולהמתיקם ע"י ד' פרשיות תפילין הקדושים המרומזים בארבע תיבות אלו "לבנה, לח, לוז וערמון", דארבע פרשיות של תפילין הם רומזים על החסד ורחמים ודין וגבורה, דהיינו "ואהבת" הוא אהבה וחסד, "והיה אם שמוע" הוא רחמים, דכתיב בה ונתתי מטר ארצכם שהוא ע"י הרחמים, "קדש" הוא דין, שהכה בכורי מצרים, "והיה כי יביאך" הוא גבורה, שנאמר בה כי ביד חזקה כו'. וד' תיבות אלו רומזים ג"כ רמזים הנ"ל, דהיינו "לבנה" רמז לחסד כולו לבן, "לח" רמז למים היינו רחמים, "לוז וערמון" רמז לדין וגבורה, כמ"ש בזוהר, וע"י הד' פרשיות היה ממתיק הדינים. "ויפצל בהם פצלות לבנות" ר"ל שפיצל בהדינים פצלות, היינו חסד ורחמים, "מחשוף הלבן" דהיינו שהמתיקם עד שנתגלו החסדים המגולים "אשר על המקלות".

"ויצג את המקלות אשר פצל ברהטים" ר"ל שהציג ופעל שנהיה אנחנו ג"כ יכולים להמתיק הדינים ע"י התורה, והיינו "ברהטים בשקתות המים" רמז להתורה הקדושה הנקראת ברהטים כדאיתא בזוהר הקדוש, "אשר תבואנה הצאן לשתות" ר"ל כאשר יבואו הצאן קדשים, דהיינו ישראל, לשתות התורה וללמדה "לנוכח הצאן", אז יהיה לנוכח לפניהם כל המאורעות והצטרכות ישראל בגלות המר הזה, "ויחמנה בבואן לשתות" דהיינו שיבוא להם חימום גדול בלימוד הזה.

"ויחמו הצאן אל המקלות", ר"ל שיבואו להם חימום על הדינים ועל המאורעות אשר לא טובים, "ותלדנה הצאן עקודים כו'", דאיתא בספרים הקדושים דיש עולמות נקראים כן "עקודים כו'", שבראם הבורא ב"ה בתחילה והם היו דין ואח"כ החריבם ובראם מחדש ומזגם ברחמים, והצדיק בתורתו הקדושה הוא בורא שמים חדשים, וכבר אמרתי הטעם שהצדיק יכול לבטל הדינים, הקב"ה גוזר והצדיק מבטל, הוא עי"ז מחמת שהגזירה נגזרה באיזה עולם והצדיק עושה שמים חדשים ונמצא לא היה הגזירה בזה העולם וממילא הגזירה בטילה, וזהו "ותלדנה הצאך עקודים", ר"ל שהם עצמם מולידים ועושים עולמות ועושים אותם רחמים גמורים.

"והכשבים הפריד יעקב", ר"ל כבש וכשב הוא אחד. והוא כאילו נכתב "כבשים", והיינו רמז לאותן שבאים בסוד עליון מלשון בהדי כבשי דרחמנא כו', אותם הפריד יעקב, דהיינו שיהא כל עבודתם על השכינה שיהיה לה עליה, ולא כנ"ל, "ויתן פני הצאן אל עקוד", דאיתא כל האומר העקידה ומכוין כאילו עוקד עצמו ע"ג המזבח, אזי הקב"ה מצרף מחשבתו למעשה וזוכר זכות עקידתו לישראל, וזהו "ויתן פני הצאן אל עקוד" אל זה שעוקד עצמו כנ"ל, "וכל חום בצאן לבן" ר"ל אותם הצדיקים שהם בין צאן לבן, הם ישראל כנ"ל שבאו בסוד העליון ומחממים עצמם להעלות את השכינה, "וישת לו עדרים לבדו", "ולא שתם על צאן לבן" ר"ל שלא שתם על ישראל שעל ידם יהיו ההשפעות לישראל.

רק "והיה בכל יחם הצאן המקושרות" לשון התקשרות, ר"ל כי אם ע"י אותם הצדיקים שיש להם התקשרות עם כללות ישראל, ומחממים עצמם לבטל כל הדינים מישראל, הם משפיעים להם כל צרכיהם, "ושם יעקב את המקלות" היינו הדינים כנ"ל, שם אותם "לעיני הצאן ברהטים", ר"ל שהם ימתיקו הדינים ע"י התורה הקדושה, "ליחמנה במקלות" ר"ל בשביל שהם משגיחים על ישראל ומחממים עצמם עליהם להמתיק הדינים.

"ובהעטיף הצאן לא ישים" ר"ל אותם הצדיקים העטופים בכל מגמותיהם רק להעלות את השכינה, לא שם עליהם הדבר הנ"ל, "והיה העטופים ללבן" ר"ל שאותם הצדיקים לא השגיחו רק לתקן לובן העליון להעלות השכינה, "והקשורים ליעקב" כנ"ל, אותם שיש להם התקשרות עם כללות ישראל, הם פועלים כל הצטרכות ההשפעות הנצרכים ליעקב, היינו לכל עם בני ישראל, משפיעים להם כל טוב לעולם. אמן.

או יאמר "והיה העטופים ללבן והקשורים ליעקב", דהנה כתוב "תפלה לעני יעטוף", דהנה הצדיק צריך להעלות העולמות התחתונים מלמטה למעלה עד שורשם וזה נקרא "עיטוף", דהיינו שכל עולם נעשה לבוש ועיטוף לעולם השני לו, וכן עד סוף כל המדרגות, ו"תפילה" הוא לשון חיבור כמו נפתולי אלקים, ומדת מלכות נקראת "עני" דלית לה מגרמה כלום כדאיתא בזוהר, "ולפני ה' ישפוך שיחו" פירוש שהצדיק צריך להעלות במחשבתו בדביקותו עד רום המעלות שהוא מקום הלובן שכולו רחמים, וזהו לפני ה' כו', וזהו "והיה העטופים ללבן כו'".

והנה כתיב "ומשה יקח את האהל ונטה לו כו' וקרא לו אהל מועד", כי הצדיק מתדבק בשרשו ברום המעלות בהתבודדותו ובמחשבתו ומקשר נפשו בעולמות העליונים וממשיך השפע למטה, וזהו "אהל מועד" מלשון מועד ויום טוב ושבת, כי ביום טוב ושבת הוא עת רצון, כי רעווא דרעווין אשתכח וכל דינין מתכפיין, וזהו "והקשורים ליעקב" ע"י שהם מקשרים עצמם במחשבתם כנ"ל הם ממשיכים השפעות ליעקב. ויהושע שהיה במדרגה פחותה ממנו כתיב "יהושע בן נון נער לא ימיש מתוך האהל", כידוע שבימי החול השכינה מלובש במט"ט הנקרא "נער" וכל העולמות מקבלים על ידו, ובזה יבואר הפסוק "ותקרא שמו משה כי מן המים משיתהו" פירוש כי כוונת מצרים היתה שהיה ידוע להם שמשה הוא משורש כל החסדים, ולכן השליכו אותו למים כדכתיב ויהי מבדיל בין מים למים, ובת פרעה החזירתו לשורשו, דהיינו שהסירה אותו ממים התחתונים ונתדבק בשורשו. והבן.

**וישלח**

וישלח יעקב מלאכים לפניו כו'. נראה לפרש על דרך הרמז, דהנה הצדיק כל עבודתו הוא להיותו דבוק בו יתברך ויתעלה, ולדבק נשמתו תחת כסא הכבוד מקום שרשו, והצדיק המזכך את גופו ומטהר עצמו מכל התאוויות החיצונים אזי גם גופו הטהור דבוק בו יתברך. וזה הוא לשון "תפילה", דהיינו דביקות כמו "נפתולי אלקים כו'", שע"י התפילות הזכות והצלולות במחשבות טהורות נתדבק בו ית'. וזהו "וישלח" לשון לוויה, כמו "ויצו פרעה אנשים וישלחו אותו" תרגום "וישלחו" - "ואלוויאו", ר"ל שהצדיק מלווה את המלאכים הנשלחים לפניו, דהיינו הדיבורים היוצאים מפי הצדיק נבראים מהם מלאכים, והיינו שגם גופו הטהור הוא מסייע להמלאכים שלו שיעלו למעלה, "לפניו אל עשו אחיו" ר"ל עי"ז גורם שעשו נעשה אחיו. "ארצה שעיר שדה אדום" פירוש שנעשה אחיו למטה, לזה רמז "ארצה שעיר", וגם נעשה אחיו למעלה דהיינו בעולם שלו הנקרא "שדה אדום", השר של אדום נעשה ג"כ אחיו.

"ויצו אותם לאמר" פירוש "צו" הוא לשון זירוז כדאיתא אין צו אלא זירוז, דהיינו שהצדיק מוציא דבריו מפיו הקדוש בקדושה ובזירוז כ"כ עד שהם נעשים חזקים כ"כ "לאמר" פירוש שייאמר ממילא הדבר הזה שיתהפך עשו לאחיו, כי בוודאי אין מן הנכון לעשות זאת עיקר התפילה, רק ע"י הדביקות בשאר תפילותיו ודיבוריו של הצדיק במחשבות טהורות וצלולות ממילא יוצא הדבר הזה לפעולתו שגם אויביו ישלים עמו.

וזהו רמז שצוה ירמיהו הנביא (ירמיהו יז, כב) "ולא תוציאו משא מבתיכם ביום השבת", דהנה כפי הנהגתו של אדם כל ימי השבוע ימי החול במחשבות טהורות בתפילה, אזי בשבת קודש נתוספת בו קדושה יתירה יותר ויותר, וכן להיפוך ח"ו אם הולך שובב בדרך לבו במחשבות זרות ומעורבבות, אזי ביום השבת כל המחשבות של ימי החול במחשבות חוץ ופיגול וח"ו נסתמים שערי תפילות מלעלות תפילות ישראל, דהיינו שעומדים על פתח השערים העליונים ומעכבים תפילות שער ישראל. וזהו שהזהיר אותם הנביא "ולא תוציאו משא מבתיכם ביום השבת" דהיינו המחשבות זרות שהם כמשא גדול ועוברים לפניו ביום השבת מחמת שחשב בהם כל ימי החול, "והביאו אותם בשערי ירושלים" דהיינו שלא תביאו אותם התפילות המתפגלים במחשבות זרות בשערים העליונים ועומדים על פתח השער ומעכבים תפילת ישראל לעלות דרך השערים.

ואיך לא יעלה מורא על ראשו וחרדה גדולה בלב האדם השפל עד היכן גורם בעוונו לו ולאחרים.

"כה תאמרון לאדוני לעשו", הנה התורה הקדושה מלמדת אותנו איך להתנהג בגלות המר הזה אשר אנחנו נתונים תחת יד האומות ואנחנו מוכרחים לקבל הגלות באהבה עד ירחם ה' עלינו ויגאלנו גאולת עולם במהרה, ובעוד שאנחנו בגלות המר אנו מוכרחים להיות נכנעים לפניהם

ולקוראם אדונים. וזהו "כה תאמרון לאדוני לעשו", ר"ל שתקראו אותו אדון בדברכם עמו, ואז כאשר יוסיף להרע לכם יותר מן הראוי במסים וארנוניות - גזל יהיה בידם, ועל ידי זה ירחם ה' עלינו, כי די לו בזה שאנחנו נכנעים לפניו וחולקים לו כבוד.

"עם לבן גרתי ואחר עד עתה", דהנה "לבן" אותיות "נבל", דהיינו היצר הרע נקרא נבל, ואחר שיזכה האדם לעבוד בשני יצרים כאמור "בכל לבבך - בשני יצריך", אזי היצה"ר נהפך ללבן דהיינו לובן העליון. ואימת יזכה אדם לזה? העיקר הוא ע"י הכנעה שיחזיק עצמו בזה העולם כגר, וזהו "עם לבן" פירוש שזכיתי שיהיה היצה"ר נהפך מנבל ללבן, היתה הסיבה לזה, "גרתי" לשון גירות, דהיינו שהחזקתי עצמי כגר בהכנעה גדולה, ובכל זאת לא עלתה בידי בימים מועטים, כי אם "ואחר עד עתה" פירוש שאחרתי בעבודה הזאת יום אחר יום ושנה אחר שנה, וזהו שאמרתי (משנה יומא כ, ב) "וכבר אמר אנא השם ונשמע קולו", פירוש שזמן ארוך צריך האדם לצעוק "אנא השם עזרני שאזכה לעבדך באמת" ואז ונשמע קולו, אבל לא בימים מועטים.

ואם תאמר ומהיכן יהיה פרנסתו של אדם? לזה אמר "ויהי לי שור וחמור" דהיינו שהפרנסה בא ממילא אם עושים רצונו של מקום. "ואשלחה להגיד לאדוני למצוא חן בעיניך", ר"ל כי כן דרך האומות בראותם כבוד ועושר ישראל אזי הוא חביב ונושא חן בעיניהם אף שאינו נהנה מישראל אעפ"כ נושא חן בעיניהם. "וישובו המלאכים אל יעקב לאמר באנו אל אחיך כו'", ר"ל הרמז הגם שהדיבורים של הצדיק פועלים ונכנסים בלב עשו שיתהפך לאחיו כנ"ל, אעפ"כ "וגם הולך לקראתך" פירוש אעפ"כ הוא מתנגד והולך לקראתך ומעשיו הם התנגדות והיפך מעשיך הטובים. "וארבע מאות איש עמו" רמז שגם שעושה כל מעשים רעים אעפ"כ אומר שהוא בן עולם הבא, שיש לו ת' עלמין דכסופין, וזהו "עמו" שאומר שעמו הם ארבע מאות רמז לת' עלמין כנ"ל.

או יאמר "ויהי לי שור וחמור" דהנה כתיב "ויאמר אלקים ישרצו המים שרץ נפש חיה ועוף יעופף על הארץ". יש לומר הרמז שע"י התורה הקדושה הנקראת "מים" יזכה האדם ל"נפש חיה" דהיינו לנשמה עליונה, "ועוף יעופף על הארץ" ר"ל שיעופף עם מחשבתו בעולמות העליונים, "ויברא אלקים את התנינים הגדולים" ופירש"י ובדברי אגדה הוא לוויתן שבראם זכר ונקבה, יש לומר שרש"י ז"ל רומז בדבריו לתרץ לשון הכתוב "ויברא" שהוא מיותר לכאורה, וגם השינוי לשון שהיה לו לומר ג"כ "ויאמר יהי תנינים כו'", אך לפי הענין הנ"ל יבואר שזה רמז על הצדיק הדבוק בו ית' הנקרא "לוויתן" לשון לווייה ודיבוק בהשי"ת ב"ה, שזה בלתי אפשרי שיבוא לאדם כי אם מאתו יתב"ש, דמעיקרא ציוה השי"ת שיעבוד אדם מעצמו המדריגה הזאת שיזכה לנשמה ולכן נאמר "ויאמר כו'", אבל המדריגה שנית שיזכה אדם לדביקות בו ית' שיהא נקרא בשם לוויתן, שיהיה בדביקות כ"כ שכמעט יהיה בטל מהמציאות עד שהשי"ת מצנן אותו, וזהו "צינן את הזכר", רמז הדביקות הנ"ל שהשי"ת מצנן בו הדביקות שלא יתבטל מהמציאות, "זכר" רמז לדביקות, "והרג את הנקבה" רמז שהוא צדיק כזה שהצד הנקבות שבו הוא היצה"ר הרג אותו לגמרי, "ומלחום לצדיקים לעתיד לבא" רמז שלהצדיקים הבאים אחריו קל להם לעבוד השי"ת ע"י שגורם הצדיק הנ"ל במעשיו "ומלחום" לשון המתקה, שהמלח ממתיק את הבשר, כמו כן המתיק הצדיק הנ"ל את היצה"ר עד שהוא קל לצדיקים העתידים לבוא לעבוד השי"ת בלי שום עמל ויגיעה, והב' מדריגות הללו נותן השי"ת להצדיק במתנה.

וזהו "ויהי לי שור וחמור", דהיינו שבא לי המדריגה הזאת ממילא שנתן לי השי"ת, ד"שור" הוא לשון הסתכלות וראיה, דאחר שהצדיק מזכך גופו לגמרי אז נותן לו השי"ת שרואה ומסתכל תמיד בשמו הגדול והשם הויה ב"ה הולך לפניו תמיד, וזהו "ויהי לי שור" דהיינו מדריגה עליונה הנ"ל היה לי ממילא בחסד האל יתברך שמו, "וחמור" רמז שגם גוף החומר נזדכך היטב, "צאן כו'" רמז לכל מיני מדריגות כאשר נזכר בדברינו פעמים רבות. "ואשלחה להגיד לאדוני" פירוש ובזה אני פועל המשכה להמשיך לב עשו "למצוא חן" בעיניו. "להגיד" הוא לשון המשכה.

"ויירא יעקב כו' ויצר לו", דהנה הצדיק השלם העובד ה' בתמימות בכל לבו אין כל אומה ולשון יכולים לשלוט בו להרע לו ח"ו, וכאשר רואה הצדיק שהוא מתירא ומפחד אזי "ויצר לו", הדבר הזה צער הוא לו, וזהו "ויירא יעקב" פירוש שהיה מתירא ולכן "ויצר לו", דאין זה מדרך הצדיק שיפחד ויירא משום דבר. ומה עשה? "ויחץ את העם" דהיינו שמיד חזר בתשובה והתוודה לפניו יתברך. דהנה אנחנו אומרים בהווידוי "אנחנו ואבותינו חטאנו", ויש ליתן טעם למה אנו מזכירים חטא אבותינו, ויש לומר הענין הוא דגם אם חטא אדם אין לעשות עצמו רשע ממש נגד המקטרג, רק ירשיע עצמו במקצת ויצדיק עצמו במקצת, וזהו שאנו תולים קצת החטא באבותינו, דהיינו מה שאנחנו חטאנו הוא ע"י אבותינו שלא קדשו אותנו בקדושה שלימה וגם זה גרמה לנו שחטאנו, ובאמת אבותינו כבר הם בגן עדן ולא יזיק להם הקטרוג, רק שאנו תולין בהם כדי שלא ליתן פתחון פה להמקטרג שאנחנו עצמינו חלילה עושים עצמינו רשעים, ונמצא בהתוודות אדם חטאיו עושה עצמו בינוני, וזהו שאמר "כגון אנו בינונים". וזהו "ויחץ את העם" פירוש דהיינו שלימד את העם אשר אתו שיתוודו ויעשו עצמם בינונים כנ"ל דהיינו מחצה על מחצה, כי להצדיק את עצמו בוודאי אי אפשר רק להעשות בינונים. ואחר הווידוי והחרטה של הצדיק אזי הוא חוזר לאיתנו הראשון, לקדושתו ומדריגתו לדיבורו בקדוש ומחשבתו בקדושה, וזה נקרא שני מחנות, דהיינו מחנה אחת למטה הוא הדיבור הקדוש ומחנה השנית למעלה בעולם המחשבות. וזהו "אם יבא עשו אל המחנה האחת והכהו והיה המחנה הנשאר לפליטה", ולכאורה מלת "לפליטה" הוא מיותר, שהיה לומר "השנית תשאר".

אך הענין יבואר ע"י הפסוקים המאוחרים, והיינו שהתחיל יעקב אבינו ע"ה להתפלל "קטונתי מכל החסדים כו' כי במקלי עברתי כו'", רמז "במקלי" הוא לשון קול, שמתחילה לא היה לי רק הקול קול יעקב, ולא זכיתי עדיין לעולם המחשבות, "ועתה הייתי לשני מחנות" רמז כנ"ל, שזכיתי עתה לשני מדריגות לעולם הדיבור ולעולם המחשבות, ולכן אני מתפלל "הצילני נא כו' פן יבא והכני אם על בנים", דהנה הצדיק צריך לעבוד השי"ת בכלל ובפרט, הכלל הוא היראה שהיא השורש והיא נקראת "אם", וגם המחשבה נקראת "אם", והמצוות והדיבורים של הצדיק נקראים "בנים", והם הפרט שכל דיבור ודיבור הוא פרט בפני עצמו. וזהו "פן יבא והכני אם על בנים", פירוש שאני מתירא שלא יבוא ח"ו ויבלבל את מחשבותי ויראתי שהם האם על הבנים כנ"ל.

וזהו ביאור הכתוב כנ"ל, "ויאמר אם יבא עשו אל המחנה האחת והכהו" פירוש הגם שיכה אותי במחנה אחת דהיינו במחשבה שיבלבל אותי ח"ו, "והיה המחנה הנשאר" ר"ל אזי עכ"פ ישאר לי מחנה אחת דהיינו הדיבור, ואז ע"י הדיבור אתחזק לחזור למחנתי הראשונה דהיינו לעולם המחשבה, וזהו "לפליטה" לשון דבר הנפלט מבליעתו, דהיינו ע"י הדיבור אוכל לפלוט המדריגה הראשונה. וזהו שפירש"י ז"ל: "על כרחו כי אלחם עמו", דהיינו עם הדיבור אוכל להלחם ולהתחזק ולחזור לקדושתי ולמחשבתי כבתחילה, כן דרך הנהגת הצדיק, ואעפ"כ הוא מתפלל תמיד שלא יפסוק מקדושתו ומחשבתו העליונה לעולם. וק"ל.

או יאמר "וישלח כו' מלאכים" פירש"י ז"ל מלאכים ממש, "אל עשו כו' ויצו אותם לאמר כה תאמרון לאדוני לעשו כה אמר עבדך יעקב עם לבן גרתי" פירש רש"י ז"ל לא נעשיתי שר וחשוב, דבר אחר גרתי תרי"ג מצות שמרתי, "ויהי לי שור וחמור", פירש"י ז"ל אבא אמר לי מטל השמים ומשמני ארץ וזו אינו לא משמים ולא מן ארץ, ובתנחומא איתא שור זה יוסף שנאמר בכור שורו הדר לו חמור זה משיח בן דוד שנאמר עני רוכב על החמור, "ואשלחה להגיד לאדוני למצוא חן בעיניך".

הדקדוקים המה רבים. א. שפירש"י ז"ל "מלאכים ממש", יש להבין למה באמת שלח יעקב מלאכים ממש אל עשו, והיה די לו בשליחות אנשים ולשום דבריו בפיהם איך יאמרו לעשיו ולא היה לו להטריח מלאכים. ב. "כה תאמרון לאדוני לעשו", למה לו ליעקב לאמר בביתו בדברו עם המלאכים "לאדוני", בשלמא מה שהם יאמרו לעשו ניחא שיאמרו כה אמר עבדך כו', אבל מה שדבר עם המלאכים בביתו למה לו להזכיר לקראו אדוני. ג. "לעשו" הלמ"ד אין לו שחר, כך היה לו לומר כה כו' "אדוני עשו". ד. "עם לבן גרתי" פירש רש"י דבר אחר תרי"ג מצות שמרתי, וא"כ מה זה שאמר "למצוא חן בעיניך", וכי בשביל זה ישא חן בעיניו, אדרבה יכעיסו בדבר זה שהוא מתפאר בעצמו ששמר תרי"ג מצוות, והוא כדי שיבין עשו שאינו מפחד ממנו, בשלמא לפירוש ראשון שפירש"י ז"ל "לא נעשיתי שר וחשוב", הם דברי הכנעה ע"ז ימצא חן בעיניו, אבל לפי דבר אחר אינו עולה כהוגן "למצוא חן בעיניך". וגם לפי המדרש שפירש "שור זה יוסף כו'" ג"כ אינו עולה כהוגן "למצוא חן בעיניך", שדברים אלה הם ג"כ אזהרה שאין לו פחד כלל, שזכות הצדיקים יעמוד לו.

אך הענין הוא, דהנה דרך הצדיק בדברו עם אנשים, אזי הוא מדקדק בדבריו להשכיל שיהיו דבריו נשמעים במשמעותיהם אחד דברים כפשוטן לאיש המדבר עמו, שנית הוא עיקר תוכן דבר שמכוון באותן הדיבורים שיהיו תפילה ותחנונים לפני המקום ב"ה וב"ש. והכוונה בזה שמסתיר דבריו של התפילה בהדיבורים שמדבר עם האדם, ואינו מתפלל תפילתו הצורך לו בפירוש, הוא למען המקטרג שלא יבין כוונתו בדבריו שמכניס בהם תפילה ולא יקטרג עליו, כי אינו יודע שזה הוא מתפלל.

ועל פי הדברים האלה יעלה הכל על נכון. זה ששלח מלאכים ממש ולא אנשים שלוחים, כי כוונתו של יעקב היה שהמלאכים ידברו אל עשו דברים כאלה שיהיו דברי ריצוי אל עשו וגם שיהיו דברי רצון בתפילה ובתחנונים לפני המקום להיותם מליצי יושר לפני המקום ב"ה עבורו, ולכן היה נוח לו וטוב ליעקב לשלוח מלאכים ממש, כי מי הוא האיש שיוכל להיות מליץ יושר לפני ה' כמלאך ה' צבאות, וכדאיתא באמת במדרש שהמלאכים האלה היו מיכאל גבריאל רפאל שהם מליצי יושר תמיד על ישראל, וזהו שאמר יעקב אל המלאכים "כה תאמרון" ר"ל באופן זה ובכוונה זאת תאמרון כל דבריכם אשר תדברון, דהיינו "לאדוני" ר"ל שיהיה כוונתם לאדון הכל הוא הבורא יתעלה זכרו לעד, וגם דברים כפשוטן "לעשו" שיהיה דברי ריצוי לעשו.

וזהו שאמר שיאמרו "כה אמר עבדך כו' עם לבן גרתי", שמלת "גרתי" משתמע לתרי אפי. דהיינו שהוא דברי מליצה לפניו ית"ש ששמר תרי"ג מצוות וזכות זה יעמוד לו שינצל מעשו, וגם דברים כפשוטן דברי ריצוי והכנעה לעשו שלא נעשיתי שר וחשוב. וזהו "דבר אחר כו' תרי"ג כו'", ר"ל שתכניסו ותכוונו בדבריכם שתאמרו לעשו "עם לבן גרתי", שהוא יבין כפשוטו כנ"ל, ואתם תכוונו עוד "דבר אחר", דהיינו להמליץ עבורי שתרי"ג מצות שמרתי.

וכן "ויהי לי שור וחמור" ג"כ על הכוונה שלעשו יהיה משתמע כפשוטו שלא נתקיים בי ברכות אבי, אבל אתם תכוונו להזכיר לפניו יתברך שמו זכות הצדיקים הגדולים יוסף ומשיח בן דוד, "ואשלחה להגיד לאדוני למצוא חן" ר"ל ויעקב היה ג"כ מתפלל לפניו עתה בדברו עם המלאכים, ואמר זה ש"אשלחה" הוא העיקר כוונתי "להגיד לאדוני" בוראי ויוצרי, להזכיר לפניך זכותי וזכות הצדיקים "למצוא חן בעיניך". והזוכר חסדי אבות יעלה זכרונינו לפניו לרחמים ולרצון אמן.

או יאמר "וישלח כו'", דאיתא בגמרא "לעתיד היצר הרע לצדיקים נדמה כהר ולרשעים כחוט השערה", ומדקדקים העולם למה נדמה לכל אחד היפך האמת, דלצדיקים מהראוי שידמה להם כחוט השערה, שלהם היה קל לכבוש את יצרם, ולרשעים בהיפך היה קשה להם לכבוש את יצרם כהר.

ואמינא לפרש שכן הוא האמת לצדיקים כהר ולרשעים כשערה, דאיתא בגמרא "לא כאברהם שקרא לבית המקדש הר - בהר ה' יראה, ולא כיצחק שקראו שדה - ויצא יצחק לשוח כו', אלא כיעקב שקראו בית". ולהבין באמת הטעם שאברהם קראו הר ויצחק קראו שדה, יש לומר דהנה האבות רמזו על מקדש ראשון ושני ועל העתיד שיבנה במהרה בימינו, דהיינו אברהם קראו "הר", זה המקדש ראשון שאז היו צדיקים גדולים

ההולכים תמיד בדביקות, ע"ד שאמרו חז"ל טובים צפורנן של ראשונים מכריסן של אחרונים, והר הוא רמז לעולמות העליונים אשר לית בהם תפיסה כלל כי אם במחשבה, ודביקות הוא עולם המחשבה, ולכן אמר אברהם בהר ה' יראה, דהיינו הצדיקים שיהיו במקדש ראשון יהיו יכולים לתקן הכל בדביקות שלהם, שזה רמז ראייה, דהיינו עיוני שכליות ודביקות.

וזהו "אשא עיני אל ההרים" ר"ל לעולמות העליונים, "מאין יבא עזרי" ר"ל מעולם המחשבה הנקרא "אין" יבא עזרי. וזהו "ועלו מושיעים בהר ציון לשפוט את הר עשו" דאת זה לעומת זה עשה אלקים ובמדרגת הר ציון ישפוט את הר עשו. ובזה יתורץ מה שיש לדקדק בפסוק "ויקרא אברהם כו' בהר ה' יראה" שלכאורה מתחילה היה ראוי לומר בכתוב השני שליחות של שני המלאכים בזה אחר זה, ואח"כ ויקרא אברהם כו', ולפי דרכינו ניחא, דכוונת אברהם אבינו ע"ה הוא שיהיו יכולים לתקן הכל בדביקות ולכן קראו הר כנ"ל, "ויקרא מלאך ה' שנית ויאמר הרבה ארבה את זרעך" ובוודאי לא יהיו יכולים להיות כולם במדריגה אחת גדולה, וצריכין איזה אופן אחר לתקן במדריגה קטנה לפי מדרגתם.

וזה שקראו יצחק "שדה", דהיינו בית המקדש שני שלא היו צדיקים כראשונים, היו צריכין לתקן שיהיה להם קיום ע"י הדיבור, ובבית שני היו בו שנאת חנם ועל ידי זה היה כח בעשו להיות לו אחיזה בהשדה דהיינו בבהמ"ק ע"ד "ועשו יודע ציד איש שדה", וזה שהיה עשו "איש שעיר" הוא רמז שכחו היה ע"י שנאת חנם, כמו שמצינו שאמר איוב להקב"ה שמא נתחלף לך בין איוב לאויב, והשיב לו הקב"ה "מי פלג לשטף תעלה" ודרשו חז"ל בין שער לשער לא נתחלף לי, שאלמלא שני שערות יוצאות בגומא אחת היו מכחישים מאור עינים ע"ש, וזה רמז השער לשנאת חנם, דהיינו פירוד כמו השערות שהם מפורדים כל אחד בגומא לעצמה. והיה יצחק אבינו ע"ה רוצה לתקן לישראל לשבר את כח עשו ע"י הדיבור, וזהו "ויצא יצחק לשוח בשדה", "שיח" הוא לשון דיבור, מחמת שבבית שני לא היו צדיקים כ"כ כראשונים והיו צריכין לתקן במדריגה שהיא למטה מהראשונה, ולכן קראו "שדה" רמז למדריגה תחתונה הנקרא שדה שהיא למטה ממדרגת הר הנ"ל.

וזהו "וישלח יעקב מלאכים" ר"ל דיבורים של הצדיק נקראים מלאכים, "לפניו" ר"ל במדריגה תחתונה שהיה לפניו תיקן יעקב, "אל עשו אחיו" רמז שהיפך הדינים לרחמים ע"י הדיבור שלו, "ארצה שעיר" ר"ל שע"י שנאת חנם בעוה"ר הנרמז במלת שעיר כנ"ל, היה לו אחיזה בהשדה להיות שדה אדום.

ונמצא צדקו דברי חז"ל, "צדיקים נדמה להם כהר", דהיינו הצדיקים הגדולים שעבדו את השם בדביקות תמיד הנקרא בשם הר כנ"ל, נדמה להם כפי מדרגתם כהר, "ולהרשעים" שקלקלו ונתנו כח להשעיר הוא עשו, "נדמה להם כשער" לפי מדרגתם שקלקלו.

וזה שאמר יצחק "ראה ריח בני כריח שדה", דלכאורה מלת "ראה" אינו מובן כלל פירושו. אך לפי דרכינו יבואר ג"כ פירושו בדרך הנ"ל. דהיינו יצחק אבינו ע"ה היה רוצה ג"כ לתקן בגלות המר, אם יהיה צדיק כזה שיעבוד בדביקות שזה נקרא בן להשי"ת, יהיה כח בידו לתקן את השדה ע"י הראייה היינו הדביקות כנ"ל, וזהו "ראה ריח בני" ר"ל ע"ד הכתוב "הדודאים נתנו ריח - אלו בחורי ישראל שלא טעמו טעם חטא".

וזהו שאמר יעקב "כי יפגשך עשו אחי ושאלך לאמר למי אתה כו'", דרש"י ז"ל פירש התקין עצמו לג' דברים לדורון לתפילה ולמלחמה. ולכאורה הוא בהיפך, שמתחילה היה מתפלל ואח"כ לקח דורון לשלוח, ואם לא יועיל הדורון יערוך עמו מלחמה. אך כוונת יעקב היה ג"כ לתקן דורות הבאים וללמדם איך יתקיימו בגלות המר בין האומות, דמעשה אבות הם סימן לבנים שיעשו כמותם, וכיון יעקב בשליחות הדורון במינים הללו עיזים רחלים כו', שיהא מרומז בדורון הזה כוונת תפלה שלימה להשי"ת ב"ה, וזהו "כי יפגשך עשו אחי כו'", ר"ל אם ירצה הקטרוג לקטרג חלילה על ישראל לאמר "למי אתה", ר"ל מי בכם בישראל שיוכל לומר "אתה", דהיינו שיברך ברכה כתקנה דהיינו ברוך אתה, "ואנה תלך" ר"ל ואנה הוא המעשים טובים אשר תהיה בהם הולך בעבודתו יתברך שמו, "ולמי אלה לפניך" ר"ל מי בכם שיוכל לשבר את כח הע"ז המרומז במלת "אלה אלקיך ישראל".

"ואמרתם מנחה היא שלוחה" ר"ל דבר גדול יש לנו, דהיינו תפילת מנחה שאנו שולחים להשי"ת ב"ה, דאליהו לא נענה אלא בתפלת מנחה, "לאדוני לעשו" ר"ל בעת תפילת המנחה אז הוא התגברות כח הדינים שרוצים להיות אדונים עלינו חלילה, וזהו "לאדוני לעשו" דהיינו הדינים המכונים בשם עשו, רוצים להתגבר ולהיות אדונים, אנו משברים אותם ע"י תפילת מנחה. "והנה גם הוא אחרינו" ר"ל עוד דבר גדול יש לנו בשעת תפילת מנחה, שאז הוא הזיווג העליון למעלה בקומה שלימה כידוע, ואף שהזיווג הוא אחור באחור כידוע, דבבוקר הזיווג הוא פנים בפנים אבל הוא למטה, אבל בעת תפילת מנחה הוא בקומה שלימה, ובזה יפה כחנו לשבר כח הקליפות והדינים, וזהו "והנה גם הוא אחרינו" ר"ל הגם שהזיווג הוא אז באחוריים כנ"ל, אבל הוא במדרגת 'הוא', דהיינו זיווג עליון הנקרא 'הוא'. והבן.

וזה שרמז יעקב בהדורון ששלח עיזים מאתים, דאיתא בגמרא "מאי טעמא עיזין מסגין ברישא", יש לומד שרמזו חז"ל על ראשי עם המתגאים על הציבור שלא לשם שמים, וזהו "עיזין" לשון עזי פנים, "מסגין ברישא" ר"ל שהן ראשי עם, "כברייתא של עולם חשוכא והדר נהורא", דהיינו בביאת משיח צדקינו אז יהיה נהורא דהיינו צדיקים, והוא יהיה לנו לראש. וזהו הפירוש כאן "עיזים" ר"ל זה טענה לשבר כח הקליפות וכח הקטרוג דהיינו שהם עזי פנים, "מאתים" ר"ל יש בנו כח להמתיקם, דהנה הקליפה היא עשתי עשר וכל המוסיף גורע, דהיינו העי"ן הניתוסף אל תיבת "שתי", נעשה מנין פחות, וגם כאן תיבת "מאתים" אם נוסיף לו אות אלף בתחילתה יהיה "אמתים", ונמצא האל"ף הוא מגרע שפירושו ב' אמות דהיינו סך מועט, דעם אות אלף נמתקים הדינים, דהיינו אל"ף של אדני נמתקים הג' אותיות די"ן.

או יאמר "מ"ט עיזין מסגין ברישא", דהנה קודם כל מעשינו שאנו עושים להשי"ת צריכין אנו מתחילה להתוודות על עונותינו, וזהו "עיזין" ר"ל חטאים העזין, הן "מסגין ברישא", אנו מתוודים בתחילה, "כברייתא של עולם חשוכא והדר נהורא", וזהו ג"כ הפירוש "עיזים", ר"ל החטאים, הם נמתקים ע"י מאתים, כנ"ל ע"י אות אל"ף הם נמתקים.

"רחלים", רמז שיש בישראל יראים ושלמים, רמז רחלים שהם כרחל לפני גוזזה ביראה שלימה. "גמלים מניקות", ר"ל גם יש בנו הפשוטי עם שהם גומלי חסדים המניקים לומדי תורה ומחזיקים אותם, וזהו "ובניהם" אל תקרי בניהם אלא בוניהם, הם הלומדי תורה הנקראים בונים. "פרות", רמז להצדיקים השלמים ההולכים בגבורה וממתיקים הגבורות בגבורה, כדאיתא "פרה אדומה אשר אין בה מום", ר"ל שאין בהם מום ומנוקים מכל חטא, הם ממתיקים את הפרה אדומה הם הדינים. "אתונות" רמז למשיח צדקינו שיבא במהרה בימינו, ע"ד הכתוב "אוסרי לגפן כו' בני אתונו" שדרשו חז"ל שקאי על משיח עני רוכב על החמור, דהיינו זכות המאמינים באמת בביאת משיחנו ומחכים בכל יום, יעמוד לנו לשבר כח הקליפות והדינים ולקומם בית מקדשינו במהרה בימינו, כמו שקראו יעקב אבינו ע"ה בית אל, שיבנה במהרה בימינו אמן.

או יאמר "וישלח כו'", בצירוף הפסוק "ויאבק איש עמו כו'" ופירש"י ז"ל שהיו מעלים אבק. ואיתא בגמרא "חד אמר כגוי נדמה לו וחד אמר כחכם נדמה לו", ולכאורה הוא פלוגתא רחוקה. ונראה לפרש בהקדים לפרש הפסוק "צרופה אמרתך מאוד ועבדך אהבה", דהנה הצדיק נענה בתפילתו כשהוא מתפלל על החולה וכדומה, ולכאורה הוא כמו השתנות אצל הבורא הפשוט אמיתי חלילה. אך השורש הוא דהנה השי"ת ב"ה ברא את האותיות והם בכח אצל הבורא ב"ה, והצדיק הוא מצרף את האותיות האלה שיהיו נקראים כרצונו, דהיינו התפילה שהצדיק מתפלל הוא ע"י צרופי אותיות שהוא מצרף אותם, ונמצא אין כאן שינוי חלילה, שהאותיות היו ג"כ מתחילה רק שהוא מצרף אותם. ואם תרצה לומר למה דווקא הצדיק נענה בתפילתו כמו שאמרו חז"ל "מי שיש לו חולה בתוך ביתו ילך אצל חכם ויתפלל", כל אדם יתפלל ויהיו האותיות מצורפים? אך מחמת שהתורה הקדושה נבראת באהבה, כנאמר "הבוחר בעמו ישראל באהבה", והצדיק ג"כ אוהב את השם ואת כל אדם בעולם, ע"ד שאמר ר' יוחנן "מעולם לא הקדימני אדם שלום בשוק אפילו נכרי", ולא כן הוא מדת כל אדם, ולכן גם האותיות אינם נצטרפים אלא על ידי הצדיק האוהב לכל. וזהו "צרופה אמרתך מאוד", ר"ל האותיות העליונים הם מצורפים ממילא בכח, וע"י הצדיק האוהב לכל מצטרפים לפועל, וזהו "ועבדך אהבה":

וזהו "וישלח יעקב מלאכים" ר"ל האותיות והדיבורים שלח יעקב, דהאותיות והדיבורים נקראים מלאכים כנ"ל. "לפניו" ר"ל שגם מלפנים היו האותיות האלו בכח אצל הבורא ב"ה, ויעקב היה מצרפם מחמת אהבתו שהיה אוהב לכל, וזהו "אל עשו אחיו" ר"ל גם עשו היה שלם עמו כאחיו ע"ד "אפילו נכרי בשוק", וזהו "ויאבק איש עמו" ר"ל כמו אבק ריבית, דהיינו שבוודאי אין כל אהבות שוים כאחד, כישראל כגוי, רק שאהבה לישראל היא אהבה שלימה ואהבה לנכרי אינה שלימה מחמת שיש בו אבק שהוא נכרי, וזהו כמאן דאמר "כגוי נדמה לו", ולכן ויאבק עמו שהיה כמו אבק, וחד אמר "כחכם נדמה לו", ואעפ"כ לא היה אהבתו שלימה עמו מחמת שהיה יעקב מבין בו שעדיין אין שלם במדותיו והיה אוהב אותו, רק מחמת החסרונות לא היה אהבתו שלימה עמו, וזהו "ויאבק איש עמו עד עלות השחר" ר"ל עד אשר יסיר השחרורית שבו ואז יהיה אהבתו שלימה. נמצא אין כאן פלוגתא רחוקה, שכל מ"ד השמיענו מעלות יעקב איך היה אהבתו שלימה עם כל אדם. וק"ל.

או יאמר "ויותר יעקב לבדו ויאבק כו'", דהנה הצדיק השלם העובד ה' באמת הוא מסתכל תמיד ברוממות אל וגדולתו יתברך, ומתבודד עצמו במחשבתו לעלות במחשבתו ממדריגה למדריגה עד רום המעלות, וגם רואה תמיד בשפלות עצמו, וזוכר חטאת נעוריו כמו שכתוב וחטאתי נגדי תמיד, ואפילו החטאים שאינם חטאים גמורים רק כמו אבק, כמו שאמרו חז"ל שלשה דברים אין אדם ניצול בכל יום אבק לשון הרע כו', הם לזכרון לפניו תמיד והם בעיניו כחמורות שבחמורות, ומתחרט עליהם ושב בתשובה שלימה מאהבתו ית', ותשובתו עולה עד הכסא הכבוד ונעשה הכל זכיות, כמו שאמרו חז"ל שזדונות נעשים לו כזכיות בעושה תשובה מאהבה.

וזהו "ויותר יעקב לבדו", ר"ל בעת שהיה יעקב אבינו ע"ה בהתבודדות מחשבתו בבדידות גמור, אז "ויאבק איש עמו" ודרשו חז"ל שהיו מעלים אבק עד כסא הכבוד, פירוש, "ויאבק איש" היינו אבק החטאים שהם עם כל איש, כל זה היה "עמו" לנגד עיניו כנ"ל, והיה מעלה האבק עד כסא הכבוד ע"ד שאמרו חז"ל גדולה תשובה שמגעת עד כסא הכבוד, "עד עלות השחר" פירוש עד שהעלה הכל לפני השכינה, כנסת ישראל הנקראת אילת השחר.

או יאמר "ויאבק איש עמו", שזה המלאך היה המקטרג שלו, שהיה רוצה ללחום עמו ולתופסו באיזה חטא ולא מצא בידו שום חטא ועון, התחיל לקטרגו באבק אשר בידו, ויעקב אבינו ע"ה עשה תשובה תיכף כדרך הצדיקים, ובזה נתעלה האבק ההוא עד הכסא הכבוד, וזה שאמרו חז"ל "מלמד שהעלו אבק עד כסא הכבוד", וכך הוא תמיד שהבעל דבר מחזר למצוא עוולה בהצדיק, והוא צריך לזה תמיד הרהורי תשובה להעלות אותו אבק עבירות, וזהו "עד עלות השחר", פירוש שכך הוא תמיד שמאבק היצה"ר עם האדם ועומד עליו,"צופה רשע לצדיק כו' ה' לא יעזבנו כו'", עד אי"ה עלות ישראל למעלה, ויבא גאולתינו מהרה ואז יעבור רוח הטומאה מן הארץ ויבטל אז המלחמה בין אדם ובין יצרו, "עד עלות השחר", "שחר" הוא מלשון דרישה שידרוש ה' אותנו, "וירא כי לא יכול לו כו' ויגע בכף ירכו כו'", להיות שכתבו הפוסקים על מה שאין מברכין על הביאה הלא אסור להנות מעוה"ז בלא ברכה, ואמרו ע"ד שאי אפשר להיות בלא תערובות היצר הרע בתוכו לכך אין מברכין עליה, ונמצא הסכימו שאי אפשר שיהיה זיווג בלא תערובות, וזהו "ויגע בכף ירכו", שם היה לו אחיזה מחמת שאי אפשר להזהר בה, "ויאמר שלחני כי עלה השחר", פירוש לעתיד יבקש הבע"ד מישראל לאמר הניחה לי בזה ותשלחוני מאתכם כך כמו שהוא, כי כבר לא ישלוט בנו וירצה להפטר כך, "ויאמר לא אשלחך כי אם בדכתני", פירוש שתחזיר לנו את כל הברכות שהפסדתנו, שעל ידך לא היה לנו הברכות האלו מחמת שהיית לנו לשטן ולמקטרג, "ויברך אותו שם", שעשה כרצונם.

קטונתי מכל החסדים ומכל האמת. נ"ל דהנה כתיב "גומל נפשו איש חסיד", דהיינו הצדיק העובד השם באמונה הוא גומל לנפשו, ו"אמת" הוא מדרגת יעקב כמו שאמר תתן אמת ליעקב, ואמר יעקב "קטונתי מכל החסדים ומכל האמת", פירוש קטונתי ממדריגה זאת שהייתי איש חסיד ואמת, ועכשיו נפלתי ונחסרתי ממדריגה זו, "כי במקלי כו'", פירוש וכל זה היה לי שקטנתי ממדריגות אלו מחמת שהייתי מיקל לעצמי באיזה דבר. "עברתי את הירדן" פירוש וגם זאת שעברתי ממדריגה זו שהיה בידי להמתיק הדינים, לזה רמז "ירדן - ירד דין", ועכשיו עברתי ונחלפתי ממדריגה זאת שאינני אוכל להמתיק הדינים.

וזהו שנאמר "יבטח כי יגיח ירדן אל פיהו" הנאמר בלויתן, דלויתן רמז על הצדיק השלם שהוא דבוק ונלווה להשי"ת ב"ה, וזהו "יבטח" פירוש הצדיק הזה הוא בטוח, "כי יגיח ירדן" ר"ל שיגיח לירד הדינים, "אל פיהו" ר"ל בפיו הקדוש. וק"ל.

ויקח את שתי נשיו ואת שתי שפחותיו כו'. נ"ל דהנה שתי נשים יש לאדם, אחת היא האשה אשר ציוהו הבורא יתעלה לקחת לפרות ולרבות, והשנית היא נשמתו הקדושה, הוא הנפש השכלית אשר נתן השי"ת באדם וכל תשוקתה אינה רק לעבודת הבורא לעלות לשורשה למקום מחצבתה העליון, והיא נקראת "אשת חיל אשה טובה מתנה טובה לבעלה", שעל ידה יכול האדם לבוא למדריגות גדולות לאין קץ ותכלית, והבוחר בעבודת הבורא באמת אין לו שום מניעה בעבודתו ית"ש אפילו מאשתו ממש, אדרבה היא ג"כ מסייעתו, כמאמרם ברצות ה' דרכי כו' ישלים עמו - זו אשה. והם נקראים שתי נשיו של אדם.

וגם יש לאדם שתי שפחות, הם הנפש הבהמיות והיצה"ר, ושתי אלה הם מניעות לעבודת הבורא יתעלה, אבל כשאדם מקדש ומטהר עצמו ומשבר תאוות הגשמיות והיצה"ר, אזי הכל מסייעין לו והוא מוציא יקר מזולל, וגם היצה"ר נעשה טוב ועובד ה' בשני יצריו ביצ"ט וביצה"ר, וגם הנפש הבהמיות המביאה אותו לתאוות הגשמיות היא מסייעתו, כי הוא מקדש עצמו במותר לו באכילתו ושתיתו ובכל תנועותיו, נמצא הוא מעלה הכל אל הקדושה העליונה. וזהו "ויקח את שתי נשיו ואת שתי שפחותיו".

"ואת אחד עשר ילדיו", רמז להס"א כידוע דהקליפה הוא י"א בסוד עשתי עשר יריעות עזים, ואת זה לעומת זה כו' ציונו השי"ת להקריב י"א סימני קטורת כדי לבטל אותם, וכל הנ"ל היה יעקב אבינו ע"ה בצדקתו בתולדות המעשים טובים אשר עשה, היה מעלה את הכל לעולמות העליונים, וזהו "ויעבר את מעבר יב"ק" רמז לג' שמות הקדושים הויה אהי"ה אדנ"י שמספרם יב"ק. וזה ג"כ הפירוש "ויעבירם את הנחל", היינו נחל העליון. והבן.

ויקח מן הבא בידו מנחה. יש לרמז היות שמנחה התגברות הדינים ר"ל, וצדיק כאשר צריך להציל עצמו מאיזה רשע אשר קם עליו, אזי משרה עליו הדינים היוצאים בעת מנחה, ולזה אליהו ג"כ עשה נקמה בנביאי הבעל בזמן ההוא, וזה היה ג"כ כוונת יעקב במנחתו, להשרות הדינים על עשו לבלתי יכול לעשות לו רע, ולא זה בלבד היה כוונתו, כי אם גם ש"מנחה" היא אותיות "מנוחה" והיא אותיות "מחנה", שיהיו מחנות וכתות מלאכים מסייעים אותו להצילו מיד עשו אחיו ויהיו לו מנוחה ממנו. וזהו "ויקח מן הבא בידו מנחה", פירוש מכל מה שבידו, פירוש בכחו ורשותו, לרמוז במנחה, את הכל כיוון בה, ובזה הצליח נגדו. וק"ל.

ויעקב נסע סכתה ויבן לו בית. פירוש עיקר עבודתו של יעקב אבינו ע"ה היה תמיד ביחודים והדביקות הנרמז בתיבת "סכותה" המרמזת על היחוד כידוע, ואף שהיה צריך לחשוב בעניני ביתו והונו, לא היה מעיין בהם בעיקר מחשבתו אלא בהבנה בעלמא, וזהו "ויבן לו בית" - הבנה, "ולמקנהו עשה סכות", פירוש עיקר קנינו דהיינו לקנות עוה"ב היה רק יחודים והדביקות והבן:

משנה (סוכה א: ח) "החוטט בגדיש לעשות לו סוכה", כי ידוע שסוכה היא יחוד, ואמר כשהצדיק הגדול רוצה לקרב ולהתחבר לעצמו את הכל בשוים כדי לעשות יחוד עמהם, זה אינו יכול לפעול, כי כל אחד צריך לעבוד בעצמו היטב לבוא אל היחוד האמת, וזהו "החוטט בגדיש" לרמוז על כל העולם הנקרא "גדיש", "פסולה משום תעשה", פירוש אתה תעשה בעצמך "ולא מן העשויה על ידי אחרים" וק"ל:

**וישב**

וישב יעקב בארץ מגורי אביו כו'. נ"ל בצירוף הפסוק "יהי שלום בחילך שלוה בארמנותיך", דאיתא בגמרא "מיום שנברא העולם לא היה אדם שקרא להקב"ה אדון עד שבא אברהם אבינו ע"ה וקראו אדון", לכאורה מה רבותא בזה שקראו אדון? אך נראה דהנה אנחנו צריכין ליחד השני שמות הוי"ה ואדני ואז נקרא שמו יתברך אדון, ע"ד שאנו אומרים "אל אדון על כל המעשים", ד"אל" הוא חסד כמש"ה "חסד אל כל היום", וע"י שאנו מיחדים שמו יתברך, אנו גורמים וממשיכים החסדים והרחמים לעולם, וזהו "אל", ר"ל כאשר אנו מעוררים החסדים ע"י שאנו מיחדים שמו יתברך אז הוא "אדון על כל המעשים". וזהו "ויהו"ה בהיכל קדשו הס מפניו כל הארץ", שהשם אדנ"י הוא ההיכל להשם הויה ב"ה כידוע, ובשעה שנתיחד שמו הגדול בהיכל קדשו, דהיינו היחוד בשם אדנ"י, "הס מפניו כל הארץ" ר"ל "הס" בגמטריא "אדנ"י", היינו שאז נקרא אדון על כל הארץ.

וזהו "ואדם אין לעבוד האדמה", פירוש "אדמה" הוא לשון "אֶדַּמֶּה לעליון" (ישעיהו יד, יד), שצריך האדם לדמות הצורה ליוצרו, ליחד כל העולמות למעלה ליחדם לאחד ית"ש ויתעלה, וזהו "ואדם אין לעבוד האדמה", פירוש שלא היה עדיין אדם שיוכל ליחד העולמות כנ"ל, לכן "ואד יעלה מן הארץ", רמז שלא היה נקרא הקב"ה אז אדון, ולזה רמז "אד", שהוא רק ב' אותיות משם "אדני", עד שבא אברהם אבינו ע"ה והשכיל בשכלו הזך ועבד את השם באהבה וזכה ליחד שמו ית"ש הוי"ה באדני כנ"ל, ואז היה נקרא "אדון" כנ"ל.

והנה עיקר העבודה שעל ידה יתיחד שמו יתברך, הוא ע"י הסתכלות ברוממות אל יתברך וגדולתו במורא ופחד הבא לאדם ממילא בהסתכלו נוראותיו ונפלאותיו, ואם תאמר למה נתן השי"ת כל התרי"ג מצוות לעסוק בהם, נעבוד אותו במורא ופחד ע"י הסתכלות ברוממותו ית"ש כיון שזה היא עיקר העבודה במחשבה? אך אם היה האדם מסתכל ברוממותו תמיד בלי הפסק, היה בטל מהמציאות מהמורא ופחד ורעדה הבא לאדם עי"ז, לכן השם ברחמיו נתן לנו התרי"ג מצוות שנעסוק בהם בגופינו לעבודתו, והם תועלת לאדם שיהיה אפשר לו לקיים בדביקותו יתברך.

וזהו "וישב יעקב בארץ מגורי אביו", "מגורי" לשון "ויגר מואב", דהיינו שהיה לו ישיבה ועכבה במדריגה זאת תמיד להיותו ביראה ופחד, יראת ה' אביו שבשמים, "בארץ כנען", ר"ל ע"י שהיה עובד בגופו ועסק בתורתו ובמצוותיו יתברך תמיד, "ארץ כנען" רמז להגוף, עי"ז היה באפשר לו שיתקיים בדביקותו והסתכלותו ברוממות אל יתברך במחשבה.

וזהו "יהי שלום בחילך", ר"ל שתראה שיהיה השם שלם ליחדם לאחד כנ"ל, "חילך" רמז לעולמות העליונים נקראים "חיל", על שם ששם כל חיל צבא מרום, "ושלוה בארמנותיך", ר"ל ע"י שיהיה "שלוה בארמנותיך" דהיינו בגופך בכל אברים לעסוק במצוותיו יתברך, עי"ז תהיה דבוק בו יתברך ליחד שמו יתברך ויתעלה לעד ולנצח נצחים אמן. והבן.

אלה תולדות יעקב יוסף. נראה לפרש ע"ד הרמז, דהנה אנחנו בגלות המר הזה דוויין וסחופים ודחוקים בדוחק השפעות שנתמעטו מישראל בעוונותינו הרבים, והשי"ת ברוב רחמיו כביכול "עמו אנכי בצרה", והשכין שכינתו בתוכינו והיא המקיימת אותנו בהשפעה הניתן על ידה, כמו שהבטיח השם יתברך לאברהם אבינו ע"ה "כה יהיה זרעך", פירוש השכינה נקראת "כה", תהיה עם זרעך תמיד. וזהו שאמר השי"ת לאדם הראשון "איכה" - "אי כה", דהיינו איך גרמת גלות השכינה, ואיה תפנה עצמה בגלות.

וזהו "אלה תולדות יעקב", ר"ל ההשפעות הבאות מעולם הנקרא "יעקב", הם באים ע"י השכינה הנקרא "יוסף", והוא תפילת "מוסף" לשון הוספה, מחמת שהשפעה באה בקושי בכח גדול, שאנחנו מוסיפים כח על כח להוריד השפעה אלינו, "בן שבע עשרה שנה", ר"ל בגלות המר אשר בכל צרתם לו צר, שצער גדול לשכינה שאנחנו דחוקים כנ"ל, והשם הוי"ה הוא בקטנות גימטריה שבע עשרה, ואעפ"כ הוא גימטריא "טוב" להשפיע עלינו כל טוב.

וזהו "ויוגד לתמר לאמר כו'", דהשכינה נקראת "תמר", דאיתא בזוהר הקדוש דתמר הוא דכר ונוקבא, וי"ל דמשום הכי נקראת תמר ע"ש תמר, דהשכינה היא המשפעת לעולמות העליונים המעשים טובים של ישראל, ואחר כך מקבלת השפעה מעולמות העליונים ומשפעת לישראל, ולכן נקראת תמר דהיא דכר ונוקבא, שמשפעת לעולמות העליונים ומקבלת השפעה לישראל. וזהו שרמזו חז"ל (יבמות לד, ב) "מועכות של בית רבי תמר שמן", דרבי ע"ה היה דואג תמיד ולא היה נהנה מעוה"ז, דאיתא בגמרא "יומא דמחיך רבי אתיא פורענותא על שונאי ישראל" ר"ל, והוא מחמת שבימי רבי היה צריך להיות התיקון להשכינה באופן זה, והצדיקים ההולכים בעקבותיו, שהם ממעכים עצמם ונדחקים ומצערים על גלות השכינה וצרות ישראל, הם נקראים על שם בית רבי, וזהו "מועכות של בית רבי", ר"ל לשון מעוך וכתות, "תמר שמן", שהם משתתפים עצמם בצער השכינה הנקראת תמר כנ"ל.

וזהו "ויוגד לתמר לאמר הנה חמיך עולה תמנתה", דהנה היחוד והזיווג השמות הקדושים הנקראים "אבא ואמא", עתה בגלות המר בעוה"ר אינו יחוד וזיווג גמור אלא כמו חיתון, עד שיבוא משיח צדקינו במהרה בימינו אז יהיה הזיווג שלם. וי"ל שמטעם זה נאסר לנו חיתון עכו"ם, למען לא יזיק לנו לזה שאנחנו צריכין ליחד קב"ה ושכינתיה ע"י חיתון בגלות המר, וזהו "הנה חמיך" ר"ל בגלות המר, "עולה תמנתה", תמנתה הוא לשון "תמנה", דהיינו דרום, הרוצה להחכים ידרים, ששם במדת "חכמה" היא שורש הרחמים, והיינו שהשי"ת עולה להמידה זאת להתנהג עמנו במדת רחמים הגם שאנו דחוקים ונגושים בגלות המר, וזהו "לגוז צאנו", רמז לישראל הנקראים "צאן קדשים" הם כרחל לפני גוזזיה מדוחק הגלות המר, אעפ"כ הוא ברחמים גדולים, שאינו אלא למען ליראנו ולא בפועל ממש חלילה, והשכינה תשוקתה מאוד באהבה אותנו שלא יחסר לנו כל טוב, וגם בזאת אין רצונה שיעלה מורא על ראשינו ולא יעלה עלינו קול נוגש, וזהו "ויוגד לתמר" ר"ל שזה קשה כגידין להשכינה הנקרא תמר, "לאמר הנה חמיך עולה תמנתה לגוז צאנו" למען ליראם כנ"ל, גם זה קשה לה מאוד כגידין, ותמיד היא מעוררת רחמים ומלמדת זכות עלינו.

"ותסר את בגדי אלמנותה", דאיתא בגמרא "אלמנה על שם מנה", דהנה עם בני ישראל הקדושים הם מלאים מצוות כרימון, רק זה לפעמים חסרונם קצת על עסקי ממון, יש ביניהם פירוד קצת מחמת ממון, והשכינה מסירה מישראל הקטרוג שעל הבגידה זאת, ע"י שהיא מלמדת זכות עליהם בהראות את מעשיהם הטובים והקדושים לפני השי"ת, וזהו "ותסר בגדי אלמנותה", שהיא מסירה הבגידה שהוא החסרון של ממון, "ותכס בצעיף" תרגומו רדידין כמו "וירקעו פחי זהב" שהוא לשון דקות, דהיינו שהיא מתלבשת בקדושה מהדברים הדקים והרוחניים של ישראל הקדושים הפועלים במעשיהם הקדושים שזה כל תענוגה, "ותתעלף" לשון עייפות, מלשון "ולא יכנס למרחץ שמא יתעלף", והיינו דהשכינה בגלות המר הזה היא עייפה ויגיעה, וע"י התפילות והתורה והמצוות ומעשים טובים אנו נותנים חיות ותענוג להשכינה כדאיתא בכתבים, למשל החולה שהוא חלש מאוד ומריחים לו ריח בשמים למען לא יתעלף, כן השכינה בגלות המר הזה כביכול מתעלפת, ואנו נותנים לה ריח ניחוח בתפילתינו ובתורתינו הקדושה, וזהו "ותתעלף".

"ותשב בפתח עינים", דהיינו שהיא מחזרת תמיד על לומדי תורה לשמה, וזה רמז "עינים", שהם לומדי תורה הנקראים "עיני העדה", והיא יושבת בפתחיהם לקבל ריח ניחוח להשיב את נפשה כביכול ע"י תורתם לשמה ליחד קב"ה ושכינתיה. וזה רמז "אל יתפלל אדם אלא אם כן

יכנוס שיעור שני פתחים", רמז ליחד שני שמות הויה ואדנ"י, וזה "אשר על דרך תמנתה", ר"ל על איזה לומדי תורה מחזרת לישב בפתחיהם? הם ההולכים בדרך תמנתה, רמז שלומדים תורה לשמה והולכים בדרך חכמה כנ"ל, תמנתה - הרוצה להחכים ידרים, "כי ראתה כי גדל שלה", ר"ל שהשכינה רואה שגדול השכחה שאנו נשכחים בגלות המר זה ימים רבים ושנים רבים, "שלה" מלשון שול תשולו, ופירש רש"י ז"ל לשון שכחה, וגם י"ל הפירוש שני של רש"י ז"ל מלשון וישל זיתך, דהנה בגלות הזה בעוה"ר שנתמעט ההשפעה מישראל, וכל השפעות נוטלים האומות ואין אנו יונקים אלא מהתמצית, דהיינו בדוחק כמו זריקה שזורקים לנו השפעה קצת, וזהו "כי גדל שלה", שגדול אריכות הגלות ומיעוט ההשפעות לישראל בעוה"ר, "והיא לא ניתנה לו לאשה", ר"ל שזה זמן רב שהשכינה בגלות שאינה ביחוד הגמור האמיתי כי אם ע"י חיתון כנ"ל. "ויראה יהודה ויחשבה לזונה", דאיתא בזוהר הקדוש על פסוק "נפלה ולא תוסיף קום בתולת ישראל", ואיתא בגמרא במערבא מתרצי הכי נפלה ולא תוסיף לנפול עוד, קום בתולת ישראל, ובזוהר הקדוש פירשו בענין אחר, ומאריך שם בדרך המשל למלכות שהיה לו מטרוניתא, ומחמת שלא היו בניו מתנהגים כשורה גרש אותם מאתו וגרש אתם את המטרוניתא, ואח"כ נכמרו רחמיו עליהם ושלח ולקח אותם בהסתר מחמת בושה שעדיין לא היו מתנהגים כשורה, ואח"כ הוסיפו בסרחונם וגרש אותם עם המטרוניתא, ואמר אל המטרוניתא לא אשוב לקחת אותך בהסתר כאשר בתחילה, עד אשר אראה שתקנו מעשיהם, אז אבוא בעצמי אליך, כן הנמשל, בימי עזרא שהיה ראוי לישראל לעשות להם נס כבימי משה, רק מחמת החטא שהיה להם נשים נכריות, לקח אותם מגלות בבל בהסתר, ע"ש הלשון בזוהר הקדוש, וזהו "נפלה ולא תוסיף קום בתולת ישראל", ר"ל לא אוסיף עוד להקים את ישראל כאשר בתחילה שלקחתי אותם בהסתר, רק כאשר יתקנו את מעשיהם אז אבוא בעצמי אליהם ע"ש. וזהו "ויראה יהודה ויחשבה לזונה", ר"ל שהשי"ת ראה שעדיין אין מעשיהם מתוקנים ושהיו להם נשים נכריות, "כי כסתה פניה", פירוש והוכרח ליקח אותם בהסתר מחמת בושה, לכן "ויט אליה אל הדרך", פירוש השי"ת הטה עצמו אליה, "ויאמר הבה נא", ר"ל תראי להיות מוכנת אז כאשר יתקנו את מעשיהם ו"אבוא נא אליך", ר"ל אז אבוא בעצמי אליך כנ"ל, לא כבתחילה שלקחתי אותך בהסתר, "כי לא ידע כי כלתו היא", "ידע" מלשון "כי ידעתיו" לשון אהבה, פירוש שהשי"ת ב"ה אין לו בזה אהבה, "כי כלתו היא", ר"ל שהיא אצלו ככלה, דהיינו בגלות המר שהיחוד הוא ע"י חיתון כנ"ל.

"ותאמר מה תתן לי כי תבא אלי", פירוש השכינה אומרת להקב"ה מה תתן לי אז יותר כי תבוא אלי במהרה שאתה מבטיח לי, ואיזה דבר טוב תתן לי אז יותר מקיבוץ הגלות הראשון? "ויאמר אנכי אשלח גדי עזים מן הצאן", פירוש כי אז אשלח ואסיר כל הקליפות והס"א המרומז ב"גדי עזים", אסיר הכל מה"צאן", פירוש מישראל צאן קדשים, "ותאמר אם תתן ערבון עד שלחך", ר"ל השכינה היא מבקשת מהשי"ת שיתן לה איזה עריבות ומתיקות בתוך כך בגלות המר קודם שיגיע העת שתשלח הס"א, "ויאמר מה הערבון אשר אתן לך", פירוש השי"ת אומר להשכינה באיזה מתיקות היא מבקשת, "ותאמר חותמך כו'", פירוש זה ערב לי שנהיה אנחנו חתומים ורשומים בך כחותם על לבך כחותם על זרועך.

"ופתילך", ונקדים לפרש הפסוק "הכנף פתיל תכלת כו' וזכרתם כו' למען תזכרו כו'", ולכאורה כפל הזכירות למה? אך נראה, דאיתא בגמרא "תכלת דומה לים כו'", כבר פרשתי באופן אחר, ועתה אמרתי לפרש "תכלת" רמז דהמצוות "דומה לים", דהיינו שאין להם סוף כמו הים, שכל הנחלים הולכים אל הים והים איננו מלא, "וים דומה לרקיע", ורקיע היא לשון רקועי פחים, "רקיע דומה לכסא הכבוד", ר"ל הגם שעסק במצוות שאין להם סוף, צריך לזה לראות בדברים דקים רוחניים דהיינו במחשבה, ובכל זאת שמקיים המצוות ועוסק בדברים רוחניים, בכל זאת צריך תשובה בכל פעם, וזה רמז "רקיע דומה לכסא הכבוד" על דרך "גדולה תשובה שמגעת עד כסא הכבוד", וזהו "הכנף פתיל תכלת והיה לכם לציצית", ר"ל "ציצית" לשון מציץ מן החרכים, דהיינו שע"י מצות ציצית שיש בהם תכלת, ע"ז תסתכלו לראות שהמצוות אין להם סוף כנ"ל, תכלת דומה לים, "וראיתם אותו וזכרתם את כל מצות ה'", פירוש ואחר שתסתכלו כנ"ל בציצית התכלת, וגם אמנם אם תזכרו ותסברו שכבר עשיתם את כל מצוות ה', אעפ"כ "ועשיתם אותם", פירוש צריכים אתם לחזור ולעשותם מחדש כנ"ל שהוא דבר שאין לו סוף, "ולא תתורו כו'", דהיינו שצריכין עתה לעשותם בלי שום פניה והרהור, "למען תזכרו", פירוש הזכירה השנית הוא לאחר שתעשו כן כנ"ל, אזי תעלו את כל המצוות שעשיתם עד הנה, תעלם למעלה למעלה לרצון להם לפני השי"ת ב"ה.

וזהו "ופתילך", ר"ל שהשכינה מבקשת מהקב"ה שהוא יעזור להם לישראל שיהיה להם לזכרון הפתילים, שיבואו למדריגה הנ"ל לקיים מצוותיו ולהיות תמיד בתשובה, כי קשה להם מאוד לבוא למדריגה זאת מעצמם, ובפרט בגלות המר אין לנו תכלת רק חוטי לבן, רמז שאנחנו צריכים לעבוד השי"ת בכל כחנו לעורר רחמים דהיינו לובן, ולזה צריכין סעד לתומכם, "ומטך", רמז שאמר אלישע לעבדו "קח את המטה להחיות הילד", וזה רמז שהשכינה מבקשת שיתן השי"ת המטה הזה ביד הצדיקים, שיהיה בהם כח לרפאות ולהחיותם בתפילתם, "ויתן לה", שהשי"ת הסכים על ידה, ותנתן לה כל השלש הנ"ל, "ויבא אליה ותהר לו", פירוש אז היא מתעברת מהמעשים טובים של ישראל ומביאתם לפני השי"ת, ע"ז נתעורר רחמים והשפעות גדולות על ישראל לעולם אמן ואמן. והבן.

או יאמר "וישב יעקב בארץ מגורי כו'", דהנה כתיב "שויתי ה' לנגדי תמיד כו'", דהנה הצדיק אשר לפעמים יבוא לו איזה נדנוד קל שנופל ממדריגתו, גם זה הוא לטובתו, כי ע"ז הוא מתחזק ומזרז עצמו יותר בעבודתו ית"ש, וגם שמביאו לידי הכנעה ושפל בעיני עצמו ומונע אותו מגדלות, וכל מעשיו הקודמים הם רצויים לפניו יתברך, וזהו "שויתי ה' לנגדי כו'", ד"מצוה" הוא הוי"ה ב"ה כידוע, והפירוש כך, "שויתי ה' לנגדי", ר"ל גם מה שהוא התנגדות לי שאני נופל ממדריגתי, גם זה הוא השם הויה ב"ה, גם זה למצוה ייחשב כנ"ל, "כי מימיני בל אמוט", פירוש ע"ז לא אמוט מהימין שלי, שאני מוכרח להיות יותר זריז ומוכנע ושפל כנ"ל. וזהו פירוש "ה' עוזי ומגיני", ר"ל הן הדבר העוז שהוא התנגדות לעבודתו ית"ש, והן הדבר שהוא מגיני, דהיינו המצוות שהם מגינים, הכל הוא השם הויה ב"ה כנ"ל שמביאני לקיים מצוותיו בזירוז יותר, וזהו "כי בו בטח לבי", "בו" דייקא, דהיינו ע"ז אני מתדבק בו יתברך יותר בזריזות.

וזהו "וישב יעקב בארץ מגורי אביו", ר"ל שהיה ביראת רוממות, יראת ה' אבינו שבשמים, וגם "בארץ כנען", ר"ל שהיה בהכנעה, "אלה תולדות יעקב (יוסף)", ר"ל התולדות המעשים טובים האלה, היראה גדולה וההכנעה גדולה, גם אם נפל לפעמים ממדריגתו הגדולה למדריגה קטנה, לזה רמז "יעקב", שהיא מדריגה קטנה, "יוסף", פירוש ע"ז גורם לו שניתוסף לו עוד מדריגה גדולה מהראשונה כנ"ל, מחמת שהוא מתחזק ומתגבר בעבודתו יתברך ויתעלה בזירוז ובהכנעה יותר. וק"ל.

או יאמר "וישב יעקב", בהקדים לפרש הפסוק שאמר דוד המלך ע"ה "אך טוב וחסד ירדפוני כל ימי חיי כו'", דלכאורה אינו מובן מלת ירדפוני, שלשון רדיפה שייך במי שבורח ורודפים אותו. אך הענין הוא, דהנה יש בני אדם שמעשיהם מקולקלים, רק מחמת שיש בהם איזה מידה טובה מצד הטבע, דהיינו שהוא לב טוב גומל חסד ועושה טובה עם בני אדם, זה מועיל להם שחוזרים למוטב, וזהו שאמר דוד "אך" הוא לשון מיעוט, ר"ל המעט הטוב והחסד שבי, זה "ירדפוני כל ימי חיי", "ושבתי כו'" שאשב בבית ה' לאורך ימים.

וזהו "וישב כו'", דאדם העובד ה' תמיד נופל בו לשון ישיבה, שנתיישב בעבודת הבורא ית"ש וה' עמו, ע"ד שמצינו באברהם אבינו ע"ה "ביקש לעמוד אמר לו הקב"ה שב ואתה סימן לבניך שאני עתיד לעמוד בעדת הדיינין והם יושבים", ונמצא מצינו ישיבה במקום שהשי"ת שוכן שם בעדת קדושים העוסקים במצוה, ואמר הכתוב דאדם גם ע"י מידה אחת שבו, דהיינו שיהיה שפל בערכו כדבר הנידש בעקב, ולזה רמז "יעקב" לשון עקב, שמחזיק עצמו לשפל, גם ע"ז יזכה שיהיה לו ישיבה בעבודת הבורא ויעשה טוב בעיני ה' כנ"ל, וזהו "וישב יעקב", ר"ל ע"י מידת עקב, היא ענווה ושפלות, יזכה לישיבה כנ"ל, ואמר הכתוב "בארץ מגורי אביו בארץ כנען", פירוש אפילו אם הוא כבר מורגל במעשים מקולקלים ע"י הרגל שראה אצל אביו, וזהו "מגורי אביו", שאביו היה מתנהג במעשים מקולקלים, ולזה רמז "ארץ כנען", וכאשר ראה כן עשה גם הוא כאביו, אעפ"כ ע"י מדת ענווה ושפלות שיחזיק עצמו, יזכה לשוב לה'.

"אלה תולדות יעקב (יוסף)", פירוש אלו הן התולדות של זה האיש שהוא שפל בערכו, "יוסף", ר"ל שבכל יום ויום יוסיף הנהגות ישרות ומידות טובות ומצוות ושלימות, דהיינו אחר שיחזיק באיזו מידה טובה או איזה מצוה יום או יומים ויראה בעצמו שכבר מוחזק בה, אזי ביום המחרת יוסיף עוד להחזיק באיזו מידה טובה או איזה מצוה אחרת, ואמר הכתוב כל זה היא העבודה בקטנות, וזה רמז "בן שבע עשרה שנה", כי הויה ב"ה בקטנות במספר קטן גימטריא י"ז, והיינו הגם שנקרא "בן" למקום ב"ה, אעפ"כ היא קטנות, ואחר שיבוא למדריגה יתירה שיחזיק בקדושה יתירה, יזכה "לרעות את אחיו בצאן", דהיינו שרבים ישיב מעוון ויחזירם למוטב.

וזהו "והוא נער את בני בלהה כו'", ונקדים לזה לפרש כמה דקדוקים לפי דרכינו, הלא המה הכתובים, "וירא ה' כי שנואה לאה כו' ותהר ותלד בן ותקרא שמו ראובן כו' ותהר עוד כו' ותקרא שמו שמעון כו' כי שמע ה' כי שנואה אנכי כו' ותקנא רחל כו', ותאמר הנה אמתי בלהה בא כו' ואבנה גם אנכי ממנה, ותהר בלהה ותלד בן ותאמר רחל דנני כו' וגם שמע כו' ותהר כו' ותאמר רחל נפתולי כו' ותרא לאה כי עמדה מלדת ותקח את זלפה כו'". ונתחיל לדקדק; א' איך עולה על דעת שיעקב אבינו עליו השלום יהיה שונא לאשתו, ב' שקראה בן השני שמעון מטעם כי שמע ה' כי שנואה אנכי, הלא הדעת נותן שבן הראשון ייקרא שמעון מטעם זה, כי השנאה היתה מתחילה כמו שאמר הכתוב וירא ה' כי שנואה לאה כו', ג' ותאמר רחל דנני כו' וגם שמע בקולי ויתן לי בן, וכי בנה היה והלא בן שפחתה היה? וכל כוונתה היה כדי שתלד גם היא ועדיין לא ילדה, וגם כשילדה בלהה את נפתלי אמרה רחל נפתולי כו' גם יכולתי, גם זה אינו מובן לכאורה, ד' ותרא לאה כו' ותקח את זלפה כו', מה היה כוונת לאה בנתינה הזאת, הלא היא כבר ילדה?

אך הענין הוא, דהנה האימהות ידעו שיצא מהן י"ב שבטים שמהם ישתכלל ויתיסד כל העולם כולו, מהם יהיו אנשים צדיקים עליונים בארבעה מדריגות, ועליהם רמזה לאה בקוראה שם ארבעה בנים שלה, רמז לד' מדריגות צדיקים אשר יהיו בין עם ישראל, הלא המה האחד קראה שמו "ראובן" לשון "ראו בן", רמז שהוא בן למקום ב"ה, והיינו הצדיק העובד את ה' מאהבה ומשמח את המקום ב"ה בחדוה ושמחה נקרא בשם בן, וזה שאמרו חז"ל "כאן בזמן שעושים רצונו של מקום נקראים בנים למקום", כוונתם עושים רצונו, שמשמחים את המקום במעשיהם הטובים נקראים בנים. ואחר שהוא צדיק כזה שנקרא בן, אזי בא למדריגה יתירה, שעולה קנאת אדם עליו שמתקנאים בו ושונאים אותו, כמו שמצינו בדברי חז"ל "האי צורבא מרבנן דרחמי ליה בני מתא, לאו משום דמעלי, אלא משום דלא מוכח להו במילי דשמיא", ונמצא המשמעות בשביל דמוכח להן במילי דשמיא שונאים אותו, והצדיק הזה השי"ת שומע כל תפילותיו, כמו שאמר הכתוב "ואלקים יבקש את הנרדף", וזה רמזה לאה בקוראה שמו "שמעון" "כי שמע ה' כי שנואה אנכי", פירוש שמע ה' כל תפילותיו מחמת שהוא שנוא והוא צדיק גמור כנ"ל. והשם השלישי קראה שמו "לוי", רמז שאחר זה יבוא למדריגה גדולה שיבוא לדביקות גדול, וזה רמז "לוי", כאשר כתבנו מזה כמה פעמים שהוא לשון לויה ודביקות. והבן הרביעי קראה שמו "יהודה" לשון הודאה, רמז שהוא מודה ומשבח להשי"ת ב"ה בשירות ותשבחות, ובזה נשלם ומתוקן השם הוי"ה ב"ה, ד' אותיות שבשם "יהודה", ואות דלי"ת דבשם יהודה רמז לשכינה הקדושה הנקראת דלי"ת כידוע, שע"י השם הקדוש הוא מעלה את השכינה, וגם רמז לדוד כידוע. והבן.

וזה אמרו חז"ל "מאן דלא כרע במודים אחר ז' שנים נעשה שדרתו נחש", רמז מאן דלא הגיע עדיין למדריגה זאת שיהא כורע במודים, דהיינו שיהא מלא בשירות ותשבחות להודות ולשבח לשמו הגדול, אזי עדיין אינו מתוקן כל צורכו, ואף אם הלך בכל ז' מדריגות הידועים, אעפ"כ יש בו עדיין מסוג הנחש הקדמוני, וזה שרמזה לאה שהיא עלמא דאתכסיא על ארבע מדריגות הנ"ל, שעל ידם יתוקן השם הקדוש ומעלים את השכינה.

וגם את זה ידעו האימהות שלעומת ד' מדריגות הצדיקים הנ"ל, יהיה ג"כ בין ישראל ד' מדריגות, אנשים פחותים ושפלים ב', ופשוטי עם ב', ולזאת היתה כוונת רחל בנתינתה את בלהה שפחתה ליעקב, כדי שהשמות המרומזים להמדריגות הפחותים יצאו מהשפחות, ולזה קראה שמו "דן" שהוא לשון דין, לרמז על בני אדם הפחותים שהם תמיד כולו דין, דהיינו שפיהם מלא קללות וארורים שוא ושקר וכדומה, ואת בן השני של בלהה קראה שמו "נפתלי", רמז לבני אדם הפחותים אשר אומרים "נופת לי", דהיינו כל מתיקות העוה"ז ראויה לי ולא לאחרים הלומדים העניים ודלים, וזה רמז נפתלי - נופת לי. ולזה היתה כוונת רחל בראותה שכבר ילדה לאה ד' המרומזים לצדיקים, והיתה יראה שלא יצא ממנה לעומת זה ד' המרומז לנ"ל, כי ידעה שיהיה י"ב שבטים ויהיה לחלקה ששה, ולכן מסרה לו השפחה.

וגם לאה ראתה שעמדה מלדת שהיה לה ד' כנ"ל, והיתה יראה שלא יהיה עוד לה ב' המרומזים לפשוטי עם המגיע לחלקה עוד ב', ולכן גם היא מסרה את שפחתה זלפה ליעקב, כדי שממנה יצא הב' הנ"ל, ולכן קראה שם האחד "גד", "ותאמר בגד" כפירוש רש"י ז"ל מזל טוב, רמז שיהיה בין ישראל בני אדם שיהיה להם מזל טוב בעשירות, "ותהר עוד ותקרא שמו "אשר" כי אשרוני בנות", רמז על מדריגה ד', שיהיה בין ישראל בני אדם המתנהגים בדרך שאינם לומדי תורה, רק שהם מתנהגים כשורה וישרים הם בעיני בני אדם הפשוטים הנקראים "בנות" שהם מצד הנוקבא והם משבחים אותם.

ואחר שראו האימהות שיצאו ד' מדריגות הנ"ל מהשפחות, והיו יודעים שיהיה עוד ד' מדריגות אחרים שעל ידם יהיה קיום לפשוטי עם, ושיכניסם לעבודתו יתברך להחזיר בתשובה להשפלים, ולזה קראה לאה את שם בנה החמישי "יששכר", לשון "יש שכר", רמז שכוונתה היה לתקן שיהיה קיום לבן השפחה שקראה אותו גד, לרמז שיהיה לו מזל בממון ועשירות, וצריך שיושפע לו על ידי הצדיק, הגם שיש לו מזל, אעפ"כ אין השפעה באה כי אם ע"י הצדיק, וקראה אותו יששכר "כי שכר שכרתיך בדודאי בני", דשכר מצוה בהאי עלמא ליכא, רק הפירות של המצוה אדם אוכל בעוה"ז, והפירות של המצוה הוא ע"י שאדם עושה המצוה בשמחה וחדוה, וזה שרמזה בדבריה "בדודאי בני" לשון דודים וחיבה של בני, דהיינו ע"י אהבה והשמחה של המצוה ראוי השכר בעוה"ז.

ולשני קראה "זבולון", רמזה שע"י הבן של השפחה שקראתה אשר, דהיינו שהוא מתנהג כשורה, יהיה השראת שכינה על הצדיק שלא יעוכב השראתה בעבורו, וזהו "הפעם יזבלני אישי", ר"ל שיהיה דירת השי"ת אצל הצדיק, ע"ד ששמעתי משל מתוק מפי אדומ"ו הרב המגיד דק"ק ראווני זלה"ה, והוא שאנו רואים שכעת אשר אנחנו בגלות המר, יש בני אדם שזוכים לרוח הקודש בקל יותר מבימי הנביאים, שהיו צריכין השבעות והתבודדות רב כידוע כדי שישיגו הנבואה ורוה"ק, ואמר משל נפלא ומתוק, למשל המלך שהוא במקום כבודו בביתו בחצירו בפלטין שלו, ויבוא איזה אוהב המלך וירצה להזמינו לסעודתו לביתו, אזי בוודאי יכעוס עליו המלך, כי אין זה כבוד של מלך לצאת מפלטין שלו לבית אחרים גם אם יהיה הסעודה גדולה עד למאוד, ובלתי אפשרי שיזמין את המלך לביתו עד שיכין כל הכנות ויעמיד מליצים ופרקליטין גדולים שימצא חן בעיני המלך שיבוא לסעודתו, אבל כשהמלך נוסע בדרך ורוצה ללון בדרך, אזי כאשר ימצא מקום נקי באכסניא נקיה, אף אם בית המלון הוא בכפר, אם הוא רק נקי, אזי זה בית מלונו ללון שם. והנמשל מובן ממילא, בזמן שבית המקדש קיים והיתה שכינת כבודו בבית קדשי הקדשים, אזי אם היה אדם רוצה לשאוב רוה"ק או נביאות, היה צריך עבודה גדולה, כמו שמצינו בשמחת בית השואבה ששם היו שואבים רוה"ק, אבל עתה בגלות המר, שגם השכינה הקדושה גלתה עמנו ובעו"ה היא נע ונד בארץ, ותשוקתה מאוד למצוא מקום דירה לשכון בה, ואם מצאה מנוח מקום נקי, אדם שהוא רק נקי מעבירות וחטאים, אזי שם היא דירתה, ודפח"ח. וזהו "הפעם יזבלני כו'" לשון דירה, דהיינו בגלות המר יהיה לה דירה להשכינה.

ורחל אמנו היתה רוצה לתקן את שני המדריגות הנולדים משפחתה בלהה, ולכן קראה שם בנה "יוסף", "ותאמר אסף אלקים את חרפתי כו' לאמר יוסף ה' לי בן אחר", ולכאורה היה לה לקרותו "אסף", כמו שאמרה אסף אלקים את חרפתי? אך היא רמזה בקוראה שמו יוסף שני דברים כאחד, כי היא ידעה שמתה בלידתה את בנימין ותקרא אותו בן אוני, ובלתי אפשרי לרמוז בשמו להנ"ל, ולכן רמזה הכל בשם בנה יוסף, דהיינו שהוא יתקן את המדריגה הפחותה של בני אדם אשר רמזה לו בשם דן כנ"ל, שהוא לשון דין, שפיהם מלא בקללות וארורים, וע"י הצדיק הזה "אסף אלקים את חרפתי", שהוא יחזירם למוטב. והוא גם הוא יתקן את המדריגה השפלה של בני אדם שרמזה בשם נפתלי כנ"ל, ולכן קראה שמו "יוסף" רמז למדריגה גדולה, כי יוסף הוא תפילת מוסף, שאז הוא העלאת העולמות כולם למעלה עד מדריגת חכמה כידוע ליודעי חן, ואמרה "יוסף כו' בן אחר", רמז שיהיה במדריגה גדולה יותר מאותו הבן שרמזה לאה שקראה אותו ראובן - "ראו בן" כנ"ל, והוא יתקן הכל.

ונחזור לביאור הכתוב "והוא נער את בני בלהה", רמז אחר זה יבוא למדריגה גדולה, כי "נער" רמז למדריגה גדולה כמו שמצינו ביהושע שנקרא נער, וכמו שאמר הכתוב נער ישראל ואוהבהו, והוא מחזיר את בני בלהה, דהיינו בני אדם הפחותים השפלים המרומזים בשם ב' בני בלהה כנ"ל, הוא מחזירם למוטב ומכניסם להקדושה. ואחר זה יבוא עוד למדריגה יותר גדולה "ויבא יוסף את דבתם רעה אל אביהם", דהיינו כל דבר רע שיארע ח"ו לשום בר ישראל, אזי מביא אותו הדבר לפני אביהם שבשמים ומתפלל עליהם שיסיר מהם כל דבר רע.

"וישראל אהב את יוסף כו' כי בן זקונים הוא לו", רמז אחר שיזכה למדריגה העליונה שנקרא בשם "ישראל", שהוא מעורר ומיחד את העולם הנקרא "ישראל סבא" כידוע, וזהו "שמע ישראל", לשון "וישמע שאול" שהוא לשון כניסה ויחוד, והיינו שהוא מיחד ישראל דלתתא עם ישראל דלעילא, והבן, ואז הקב"ה שנקרא ג"כ בשם "ישראל" כידוע ליודעי חן, "אהב את יוסף" שמעלה את השכינה ממלכות עד חכמה כנ"ל, אוהב אותו "מכל בניו, כי בן זקונים הוא לו" ותרגום "כי בר חכים הוא", רמז להנ"ל שמעלה עד החכמה. וזהו "אם אין אני לי מי לי", רמז "אני" היא השכינה נקרא אני, וחכמה נקרא "אין", וזהו "אם אין אני כו'", ר"ל כשמעלה השכינה עד חכמה, אזי יוצא מהם שם "מי" שהוא רחמים גדולים. וזהו "אני ה' אשר הוצאתי אתכם מארץ מצרים", ר"ל ע"י היחוד השכינה למעלה, הוצאתי את ישראל, "להיות לכם לאלקים", ר"ל שיהיה שם אלקים בידכם. והבן. "ועשה לו כתונת פסים", פירוש השי"ת עושה לו לבושין קדישין מלובן העליון לעוה"ב. והבן.

או יאמר "ויבא יוסף את דבתם כו'", דהנה כתיב "ששת ימים תלקטוהו וביום השביעי שבת לא יהיה בו", נ"ל דהנה צריך האדם לעבוד הבורא ב"ה ביראה ובאהבה כל ששת ימי החול, דהיינו שיראה את שפלות עצמו ורוממות אל יתברך, ועי"ז הוא מעלה ניצוצות הקדושות שנפלו לחיצונים, וזהו "ששת ימים תלקטוהו" רמז ללקט הנ"ק כל ששת ימי החול, ואז "ביום השביעי שבת לא יהיה בו", ר"ל ממילא כשיגיע יום השבת נופלים כל הקליפות החיצונים לנוקבא דתהומא רבא ולא יהיה להם שום אחיזה בהקדושה. וזה שאמר הכתוב "שבו איש תחתיו כו'", דהיינו ביום השבת שהחיצונים נפלו למטה והם מתחת לאדם, צריכים אתם לישב עליהם לכבוש אותם שלא ליתן להם להרים ראש כלל מעתה על השבוע הבא.

ואמר הכתוב בכל זאת אינו יוצא ידי חובתו, רק צריך האדם לעלות למדריגה יתירה מזו, דהיינו "אל יצא איש ממקומו", ולמדו חז"ל "מכאן לתחום שבת אלפים אמה", דהנה השכינה נקראת "מקום", וזהו "כל הקובע מקום לתפילתו", ר"ל עם תפילתו הוא מעלה את השכינה תתאה לקובעה לשכינתא עילאה, ואז כשהצדיק עולה למקום העליון אזי המלאכים שואלים "מה פעל אל", וזהו "איה מקום כבודו", ולזה ציוה הכתוב "אל יצא איש ממקומו", דהנה כל ימי החול, העולמות הם מטי ולא מטי, וכמו כן הצדיק מוכרח להיות כל ימי השבוע בסוד מטי ולא מטי, שצריך לצאת ממדריגת אהבה ליראה ומיראה לאהבה, אבל ביום השבת קודש שהעולמות יש להם עליה כמו קודם החטא שהוא עולם התיקון, וצריך הצדיק ג"כ להיות במדריגה זאת שלא יצא ממקומו העליון. וזהו "עולת שבת בשבתו על עולת התמיד", שהעולה של חול היא בסוד מטי ולא מטי כנ"ל, דהיינו עולה ויורד, אבל "עולת שבת" הוא "בשבתו" למעלה ולא מטי כלל.

זה שרמזו חז"ל שלמדו מפסוק אל יצא כו' ב' אלפים אמה, רמז לב' אלפים, דהיינו אלף חכמה אלף בינה, דחכמה נקרא "אין", וזהו "אם אין אני כו'", ר"ל כשהצדיק עולה למדריגת חכמה נקרא "אני", פירוש אז אין צריך לירד להיות מוכנע ושפל כ"אין", ונקרא "אני" כאדם האומר אני הוא ע"ד אני ואפסי כו', ו"אני" הם אותיות "אין", אתווין דדין כאתווין דדין, ואמר "אם אין אני", ש"אני" הוא ב"אין", דהיינו במדריגת חכמה, "מי לי", פירוש אז תיקנתי כל צורכי את העולם הנקרא "מי", שהוא מעולם בינה ששם נמתקים כל הדינים בשורשם ולא ישלוט שום דין בעולם, וזהו "אם אני כאן הכל כאן", ר"ל אם אני במדרגת "אני", "הכל כאן", ר"ל אזי מתוקן מדריגת ה"כל" שהוא צדיק יסוד עולם, ואין כח להדינים לשלוט בזה העולם. וזהו "שויתי ה' לנגדי תמיד", פירוש מה שתיקנתי את השם הויה ב"ה למעלה, עי"ז גרמתי שגם בזה העולם יהיה תמיד רחמים גמורים, וזהו "לנגדי," רמז לזה העולם שהוא לפני, לנגדי. וזהו "אלף חכמה אלף בינה", פירושו מובן ממילא, כשהצדיק הוא במקומו העליון כנ"ל שעלה למעלה למדריגת חכמה, אזי מתוקן ה"אלף בינה" כל צורכו ואין שום פגע. וזהו שאמרו חז"ל "היוצא חוץ לתחום יש לו ד' אמות לכל רוח", ר"ל אם עולה במדריגתו עוד למעלה ממדריגת חכמה שהיא סוד מוסף, יש לו ד' אמות של הלכה לכל רוח, פירוש שגם הרוח צפון שהוא בלי מחיצה כדאיתא הטעם, הוא פועל ג"כ מה שאמר הכתוב ואת הצפוני ארחיק מכם, שאז יעבור רוח הטומאה מן הארץ, ואין צורך לרוח צפון שיהא פרוץ בלי מחיצה.

וזהו "ויבא יוסף את דבתם רעה אל אביהם", פירוש הצדיק הזה הנקרא יוסף, רמז שהוא במדריגה גדולה הנ"ל, אזי מביא כל המעשים המקולקלים אל אביהם שבשמים, ששם הכל בטל ומבוטל ואין ממש, "וישראל אהב את יוסף כו'", הקב"ה נקרא "ישראל" כמו שנאמר לעיל, עיקר אהבתו הוא להצדיק שעולה למדריגת מוסף. וזה שאמרה רחל "אסף אלהים את חרפתי ותקרא שמו יוסף", ולכאורה היה לה לקרותו "אסף" כמו שאמרה אסף אלקים, אך הרמז הוא להנ"ל, דהיינו אסף אלקים את כל החרפות והשפלות ונתבטל הכל, "ותקרא שמו יוסף", רמז ע"י השורש המדריגה שהיא מדריגת מוסף כנ"ל.

וזה שפירש רש"י ז"ל "ביקש יעקב לישב בשלוה", דהיינו שהיה במדריגה זו שכפה כל הדינים תחתיו ורצה לישב בשלוה, "קפץ עליו רוגזו של יוסף", פירוש ע"ד שאמרנו הפירוש "ויחלום יוסף חלום ויגד לאחיו ויוסיפו עוד שנוא אותו", י"ל שכוונת אחי יוסף הצדיקים היה לטובת יוסף, כששמעו שאמר חלום חלמתי, ואותיות "חלם" הוא אותיות "מחל", והבינו שיעלה לגדולה כדאיתא "אין אדם עולה לגדולה אלא א"כ מוחלין לו כל עונותיו", ולכן "ויוסיפו עוד שנוא אותו", למען עי"ז יתחזק יותר לעלות למדריגה גדולה, וזהו ג"כ "קפץ עליו רוגזו של יוסף", ר"ל בכדי שיעלה למדריגה גדולה שהוא מדרגת מוסף, וזהו "וישראל אהב את יוסף", עיין לעיל.

וזהו "בונה בשמים עליותיו", רמז לצדיקים בני עליה שע"י מעשיהם הם בונים שמים חדשים, פועלים "ואגודתו על ארץ", ר"ל כל האגודות שהם על הארץ, "יסדה", ר"ל הוא מיסד אותם ברחמים מאין פגע, והכל רחמים גמורים. והבן.

ויאמרו המלוך תמלוך עלינו אם משול תמשול בנו. ע"ד הנ"ל, שיוסף היה מעלה את מידת מלכות כנ"ל, וזה היה תשוקתם ג"כ, וכיוונו בדבריהם להעלאת השכינה על ידו, ואמרו "המלך (תמלוך)", ר"ל "ה מלך" כו', רמז לה"א אחרונה שהיא מידת מלכות, "מלך תמלוך עלינו" להעלותה

למעלה, "אם משול תמשל בנו", דהנה הצדיק כשרוצה לפעול איזה דבר צריך להמשיל את הדבר הצריך ע"פ משל, וכוונתו שע"פ המשל יתוקן הנמשל שהוא הדבר הצורך לו, וזהו שנאמר בשלמה המלך ע"ה "ויהי לו שלשת אלפים משל", פירוש שלשת אלפים, דהיינו ג' אלפין, שע"י הג' אלפין של שם אה"י יתוקן כל דבר הצורך, ותיקן שלמה המלך ע"פ המשל את האלפין הנ"ל, "ויהי שירו חמשה" אלפי"ן, רמז אחר שבא אל מדריגה גדולה להודות ולשורר להשי"ת בשירות ותשבחות, עי"ז פעל להעלות את השכינה, היא ה"א אחרונה, עד חכמה שהיא רמז אלף, שהוא פלא חכמה. והבן.

וילכו אחיו לרעות את צאן אביהם כו'. פירש רש"י ז"ל "נקוד על את, ללמדך שלא הלכו אלא לרעות את עצמן". דבר תמוה מאוד לומר זאת על קדושי עליון שבטי יה אשר בצילם אנו חיים וקיימים בגלות המר הזה. ונראה שהפירוש הוא כך, מפני שכוונת השבטים לא היה רק תמיד על ישראל לתקן להם קיום בגלות המר והנמהר שבזכותם נחיה בגוים, וידוע ש"צאן" נקראו ישראל, וע"ז נאמר "וילכו לרעות את צאן אביהם", דהיינו ישראל, שהלכו לרעותם וליתן דעתם עליהם איך שיהיה להם קיום, ע"ז אמרו מה פעולה עשאו להדבר הזה? "שהלכו לרעות את עצמם", ר"ל לתקן את נפשם שיהיו כולם ברורים לעבודת הבורא ב"ה ויעמוד זכותם לישראל בגלות המר הזה.

וזה פירוש ג"כ "יוסף בן שבע עשרה שנה היה רועה את אחיו בצאן", ר"ל שגם הוא במדריגה זאת, אעפ"כ "והוא נער את בני בלהה", פירוש אעפ"כ היה שפל בעיניו יותר מבני בלהה שהם בני השפחות. ויעקב אבינו ע"ה היה ג"כ כוונתו בעבודת הצאן כך, שנאמר "וישת פני הצאן אל עקוד", כי ישראל נקראין "צאן" כנ"ל, כדכתיב "צאן מרעיתי אדם אתם", ואיתא ש"אפרו של יצחק צבור ע"ג המזבח לזכרון תמיד עקידת יצחק", ולזה אמר וישת פני הצאן אל עקוד, דהיינו שיגין תמיד עליהם עקידת יצחק, וגם כונתו שעבד ארבע עשרה שנה עבור נשיו לאה ורחל, לתקן הארבע עשרה שנה שראה פרעה בחלום שני שובע ורעב, שיהיו ניזונין ע"י יוסף ולא ע"י פרעה, שיהיה דרך קדושה ולא שיבוא ח"ו השפע דרך הקליפה, ש"פרעה" אותיות "הערף".

וידוע דלאה ורחל הם שני עולמות, עלמא דאתכסיא ועלמא דאתגליא, מטעם זה היתה צריכה לאה לבוא אליו באתכסיא ולא ידע שהיא לאה, ובשביל זה היו רוב השבטים מלאה, לפי שכל השפעות באים מעלמא דאתכסיא, לזה היה לה ששה בנים כנגד ששה קצוות, ובת אחת כידוע. ופרעה ג"כ ראה עלמא דאתכסיא ועלמא דאתגליא, שאלו הפרות הנבלעות הם כנגד עלמא דאתכסיא, ופרות השניים הם כנגד עלמא דאתגליא, ומה שפרעה ראה עוד ארבע עשרה שבלים, יכול להיות שראה כנגד כ"ח עיתים שאמר שלמה המלך ע"ה בספר קהלת, שהם י"ד וי"ד, י"ד ימין וי"ד שמאל, זה לעומת זה, יד ימין בקדושה יד שמאל בקליפה, ופרעה באמת ראה שניהם, ויוסף הצדיק לא רצה בזה שיהיה לפרעה ח"ו בקדושה איזה אחיזה, ובשביל זה אמר לו "ועל השנות החלום פעמים כי ממהר האלקים לעשותו", ולא כמו שאתה סובר שיש לך ג"כ אחיזה בקדושה, ולא היא אלא שאין לך רק ביד שמאל, שאתה פרעה אותיות העורף, והם ס"א, ואין לך אחיזה בקדושה כלל.

ועוד נ"ל מה שפתרו החרטומים לפרעה "שבע בנים אתה מוליד כו'" ולא נכנסו הדברים באזנו, גם זה אמת, שהראה לו בני ומזוני, דהיינו מה שפתרו החרטומים הוא "בני", ומה שפתר לו יוסף הצדיק הוא על "מזוני", והשלישי שהוא "חיי" לא הראה לו, וזה נטל יוסף ואמר לאחיו "למחיה שלחני אלקים לפניכם", פירוש דהיינו "חיי". ויעקב אבינו ע"ה ראה בראייתו הזכה שיש במצרים השלש אלה, היינו בני חיי ומזוני, ואמר לבניו "שובו שברו לנו מעט אוכל", דהוא מזוני, "ונחיה", הוא חיים, "ולא נמות", הוא בני, כמו שאמרו חז"ל "מי שאין לו בנים חשוב כמת". ורצה באומרו שובו שברו "לנו", ר"ל לנו יהיו שלשה הדברים האלה הנ"ל ולא להם, שלא יהיה למצרים [חלק] בשלשה דברים כלל.

ויוסף לא היה כוונתו רק להכניע קליפת מצרים, ולזה שלח לאביו "עשרה חמורים ועשר אתונות" נושאים בר, רמז בזה ששלח לו כל העשר מס"א, כדי שיכניע אותם יעקב בהיותו בארץ כנען עדיין, ששם נוח להכניעם מכח קדושת א"י, ולזה היו נושאות בר, וידוע שהקליפה נקראת "בר". וזה פירוש הפסוק "וכי יכרה איש בור ונפל שמה שור או חמור", וידוע שהצדיק נקרא "איש", הצדיק צריך לחפור בור להפיל שמה שור או חמור, שהם שני קליפות הנקרא שור וחמור, ומפרש בגמרא "שור ולא אדם חמור ולא כלים", וכידוע. והבן.

וישבו לאכל לחם וישאו עיניהם כו' וגמליהם נושאים נכאת וצרי כו'. הנה רש"י ז"ל פירש למה פרסם הכתוב את משאם. ולענ"ד נ"ל דהנה אברהם ע"ה אמר לאליעזר עבדו "ואשביעך כו' אשר לא תקח אשה לבני מבנות כנען כי אם אל ארצי ואל מולדתי תלך", לכאורה יש לדקדק, הלא עיקר כוונת אברהם לא היה רק שישא לו אשה ממשפחתו, והיה לו לומר בקיצור שתלך למשפחתי ולקחת אשה לבני משם. ונראה דהנה כל דבר שאדם רוצה לשבר כחו, צריך לשברו בדוגמתו מיניה וביה, ע"ד שמצינו שעובדיה הנביא מתנבא על אדום, ודרשינן "עובדיה גר אדומי היה, אמר הקב"ה מהם אביא עליהם מיניה וביה אבא ליזל נרגא", וזה היה כוונת אברהם אבינו ע"ה שהיה רוצה לשבר את כח כנען, מה עשה? אמר לאליעזר "אשר לא תקח אשה לבני מבנות כנען", מפני שאליעזר היה עבד כנען והיה רוצה אברהם שמהם עצמם ישבר את כחם, דהיינו אליעזר שהיה מכנען ישבר הוא את כנען.

"ויקח אליעזר עשרה גמלים כו' וכל טוב אדוניו בידו", דהנה רש"י פירש "מגמלי אדוניו שהיו נכרים כו'", ולפי דרכינו נראה, דאיתא בגמרא "הרואה גמל בחלום מיתה נגזר עליו וניצל ממנה", ולכאורה יש ליתן טעם לשבח למה באמת ראיית הגמל בחלום ירמז על הצלה ממיתה, ונראה דהנה במרכבה טמאה הוא "גמל", וגמל הוא לשון גומל, דהיינו גמילת חסד, והיינו שע"י גמילת חסד הוא משבר כח הגמל של המרכבה טמאה, וזה שמראין לו בחלום גמל, רמז רמזו לו שע"י גמילת חסד הוא משבר כח הגמל מס"א וניצל ממיתה. וזהו "ויקח עשרה גמלים", פירוש דכל דבר מצוה הוא נכלל בעשר, ור"ל "גמלים" היינו גמילות חסדים של אדוניו, וזה "מגמלי אדוניו", "וכל טוב אדוניו בידו", ר"ל כל המעשים טובים של אדוניו לקח בידו כדי לשבר את כחו של כנען.

וזה פירוש המשנה "גמל טעון פשתן", ר"ל הצדיק שהוא משבר כח הגמל של המרכבה טמאה ע"י גמילות חסד שלו, הצדיק הזה הוא ממשיך השפעות לעולם, וזה "טעון פשתן", שטוען על עצמו ההשפעות של העולם, ד"פשתן" הוא רמז להשפעות, ע"ד נותן לחמי ופשתי וצמרי, "נכנם לחנות והדליק בנרו של חנווני", דהקב"ה נקרא חנוני והתורה נקראת חנות, ע"ד שאמר התנא "החנות פתוחה והחנווני מקיף", "נכנם לחנות", ר"ל הצדיק הזה שעוסק בגמילות חסדים הוא עוסק ג"כ בתורה, וזהו "והדליק בנרו של חנווני", דהיינו שהדליק את עצמו בקדושה גדולה ע"י התורה, והצדיק הזה שעוסק בתורה וגמילות חסדים יכול לפעול הכל, והיינו "החנווני פטור ובעל הבית חייב", ר"ל שעיקר החיוב הוא על הצדיק שהוא מחויב לפעול הכל, והוא נקרא בעל הבית, שהוא משפיע לעולם כמו בעל הבית שמשפיע לבני ביתו, וקב"ה כביכול אין החיוב עליו, מחמת שהצדיק לבד ע"י מעשיו הקדושים יכול לפעול הכל, אבל "הניח חנווני נרו מבחוץ", ר"ל אם ח"ו אין עושים רצונו של מקום, ואז הקב"ה צריך להדר לחזור אחריהם שיעסקו בתורתו הקדושה, כי הקב"ה משתוקק שילמדו בני ישראל תורתו, וצריך להמציא להם נרו ואור תורתו לחוץ, "החנווני חייב", ר"ל אז החיוב על השי"ת ב"ה שהוא ישפיע להם בחסדו הגדול.

וזהו "וישבו לאכול לחם", ר"ל שהשבטים רצו לפעול ולהמשיך השפעות ע"י אכילתם, "וישאו עיניהם ויראו והנה אורחת ישמעאלים וגמליהם נושאים נכאת וצרי וכו'", ר"ל שגם הס"א, המרכבה טמאה, גם הם נושאים כל מיני בשמים, רמז כל מיני השפעות, שגם הם נמתקים להטיב עם ישראל. והבן.

**מקץ**

ויהי מקץ כו'. נ"ל ע"פ דאיתא "שנו חכמים בלשון [המשנה]" כו', ולכאורה מה משמיענו בזה, וכי באיזה לשון אחר היה להם לשנות? אלא נראה לפי כשהאדם עוסק בלימוד תורה או במצוה צריך להניח בה שני בחינות, והם האחד העסק שעוסק בדבר ההוא שהוא בעצמו קדושה, ולהוסיף בה מחשבה עליונה של יראה ואהבה להמשיך בעסק ההוא אור העליון מעולמות העליונים, וזהו "שנו" מלשון כפול כמו שנו שלשו, פירוש כשהיו לומדים המשנה, היו לומדים אותה בשני בחינות הנ"ל. וזהו ג"כ מה שאמרו "כל השונה הלכות כו'", והיה לו לומר כל הלומד הלכות, כיוונו בזה לרמוז על הכוונות הנ"ל.

וזהו "מקץ שנתים ימים" כו', "ימים" הוא רמז על הקדושה שנקרא יום, ואמר הכתוב אם יעלה על דעת ומחשבת אדם שכבר הוא גמור במדריגה זו של הב' בחינות הנ"ל, וזהו "מקץ שנתים ימים" ר"ל כאשר יאמר האדם שכבר הוא בשני בחינות הנ"ל, ידע נאמנה שאין מחשבתו אמת, רק המחשבה הזאת באה לו מצד הגוף החומר המרשלו בעבודה וסובר שהוא נגמר בכל טוב, וזהו "ופרעה חולם", פרעה הוא אותיות עורף, רמז על הגוף הוא המעלה לו ההרהור ההוא שאין בו ממש, כמו החלומות שוא ידברו. "והנה עומד על היאור", יאור פירושו כמו אור, היינו שמחשבתו הוא שכבר עומד על האור, אבל באמת צריך התאמצות גדול בשני בחינות הנ"ל בלי הפסק.

"והנה מן היאור עולות שבע פרות כו'", יש לומר דהכתוב מרמז על דברים גדולים, היות שיוסף ג"כ ראה ב' חלומות, חלום א' של תבואה - "והנה אנחנו" כו', וחלום של שמש וירח, ולהיות שיוסף הוא מדריגה היסוד, שהוא הצדיק אשר רצונו וחפצו תמיד להשפיע לישראל כל טוב הראוי להם כרצונו, והחלום הראשון של תבואה לרמוז על הפרנסה, שהצדיק צריך להמשיך לישראל רחמים שיהיה פרנסתם מזומנות להם בריוח, ואח"כ ראה מה שהצדיק פועל בצדקו בעולמות העליונים המרומזים בשמש וירח ואחד עשר כוכבים, ובכאן ג"כ פרעה ראה ב' חלומות אלו על אותן רמזים, ולהיות שהאומות היה להם יניקה מן הפרים שהיו ישראל מקריבין, אלא שפרעה היה מצד הנוקבא ולכך ראה בדמותו פרות, וידוע ששבע הוא רמז לשבעה ימי הבנין, ו"שבע פרות בריאות וטובות" רמז לאומות היושבים שלוים ושקטים, ו"שבע פרות דלות ורעות תאר" רמז על ישראל הדווים וסחופים בגלות המר.

"ותבלענה הפרות רעות המראה כו' את הבריאות והמלאות", רמז שיכלו ישראל את האומות מרוב קדושתם, ומפרש הכתוב מהיכן באו לזה שיכלו את האומות? ולזה אמר "ותבאנה אל קרבנה ולא נודע כי באו אל קרבנה", פירוש היות שנטע ה' הטוב ברחמיו בקרב הצדיקים בתוך לבם שבוער בקרבם אש היראה והדבקות, ומוצנע ומכוסה בהם הדבר והם כמשתגעים בפני העולם אשר לא יודעים מזה, וכפי אשר אמרתי פירוש בימים הקדמונים על פסוק "מה רב טובך כו' נגד בני אדם" ג"כ כפירוש הנ"ל, שנצפון בלב הצדיקים רב טוב האהבה והיראה והתלהבות, וזהו "נגד בני אדם", היינו שהוא התנגדות לאותן בני אדם יושבי חשך אשר אין יודעים מרב טוב היראה וחשק האהבה של בוראינו ית' ויתעלה. וזהו שאמר "ותבאנה כו'", פירוש שבא לתוכם דבר טוב "ולא נודע כי באו אל קרבנה" פירוש דבר שאין יודעים בו רוב ההמון והם יראה ואהבה ודביקות שלם.

וחלום שני היו "שבלים", לרמוז על הפרנסה שצריך הצדיק להשפיע לישראל בצדקתו, והוא ג"כ על הדרך הנ"ל, "ותבלענה" פירוש שישראל בולעים את כל חפץ טוב האומות, כי הכל לא נברא אלא בשביל ישראל.

וזה ג"כ מה שאמר יוסף לאחיו "מרגלים אתם" פירוש שרצה שיכניסו עצמם במדרגת "רגלים", והוא לחשוב תמיד צורך פרנסות ישראל, והם אמרו "כנים אנחנו" והתרגום פירש כוונין אנחנו, פירוש אנחנו רוצין לילך במדריגות גדולות בעולמות עליונים ובכוונות גדולות ביחודים תמיד,

והוא אמר להם "בזאת תבחנו חי פרעה אם כו׳ כי מרגלים אתם", פירוש אמר להם שע"י השכינה הנקרא "זאת" - "תבחנו" פירוש תבואו לבחינה זו, "חי פרעה" שתקחו את חיות מפרעה הם הקליפות, "כי מרגלים אתם" ותשפיעו בכחכם לישראל, "ויאסוף אותם אל המשמר שלשת ימים", פירוש להיות שמכאן למדו שישראל אינם שרוין בצרה יותר מג׳ ימים, וזה ג"כ היה כוונתם בעצמו בזה הפעולה שאסף את אחיו במשמר ג׳ ימים, לפעול זאת בפעולתו הקדושה שתמיד לא יוסיפו לישראל בעת צרה יותר מג׳ ימים, וכן דרך הצדיקים שעושים עובדות ופעולות ומחשבין באותן העובדות כוונות גדולות ופועלין במעשיהן טובה לדור דורים. והבן.

וזהו שאמרו לו "שנים עשר וכו׳ הקטן את אבינו כו׳" ג"כ על הדרך הנ"ל, שהשיבו על מה שאמר שיראו להשגיח על פרנסת ישראל הרמוז בתיבת מרגלים שפירושו של הרגלים כנ"ל, לזה אמרו לו אנחנו הולכין במדריגות גדולות, כי כוונתינו לתקן הי"ב גבולי אלכסון ומחשבותינו קשורה בשמות קדושים עליונים, "והקטן היום את אבינו" רמז למלך המשיח הוא דוד הקטן שהוא יושב בעולם העליון הנקרא קן צפור כמבואר בזוהר, והוא השיב להם "אם תצאו מזה כי אם בבוא אחיכם הקטן הנה", פירוש לא תצאו מזה המדריגה של מרגלים, פירוש לחשוב תמיד עבור ההשפעה בתחתונים עד ביאת המשיח במהרה בימינו, ואז לא תצטרכו לחשוב זה, ואז תצאו מזה המדריגה אל מה שלמעלה, דהיינו לחשוב בעולמות עליונים ובשמות הקדושים כנ"ל. והבן.

או יאמר "ויהי מקץ שנתים ימים כו׳", לכאורה היה לו לכתוב מקץ שתי שנים. ונראה לפרש ע"ד הרמז, דהנה הצדיק צריך לעבוד תמיד להשי"ת ב"ה ולקשר הגשמיות ברוחניות, דהיינו בכל דבר שעושה הן אכילה ושתיה והן כל דבר גשמי, צריך להיות כוונתו למעלה בעולמות העליונים בכוונת יחודים עליונים, וגם למטה צריך להיות אכילתו בקדושה, ונמצא היא עבודה כפולה למטה ולמעלה, וכן צריך להתנהג כל הימים ואז ייקרא היום "יום", ואם לא, אין היום קרוי יום שאין זה יומו, וזהו שנאמר באברהם "ואברהם זקן בא בימים", ר"ל בימים שהיה מתנהג בקדושה, בא אל קדושה גמורה למדריגת זקן זה קנה חכמה.

וזהו "ויהי מקץ שנתים ימים", שנתים פירושו כפול, ור"ל אחר שיגיע הצדיק למדריגה זאת שיבוא אל סוף התקון עבודתו של הימים שהיא עבודה כפולה כנ"ל, ויהיה גמור בקדושה ובמדריגה זאת, אזי יזכה עוד למדריגה יתירה, דהיינו "ופרעה חולם", פרעה לשון גילוי כמו ופרע ראש האשה, דהיינו שנתגלה לו השגה עליונה שיוכל להשיג השגות גדולות ועולמות עליונים. ולזה רמז חלום, דחלום הוא א׳ מששים בנבואה, והיא השגה מעולמות העליונים א׳ מס׳. ודבר הכתוב בהווה מחמת שבשעת השינה תסור מן האדם כל החושים המעכבים אותו להשיג השגות עליונים ולכן אמר הכתוב שנתגלה לו החלום, אבל באמת הצדיק המופרש ומובדל מעניני עוה"ז ואין חושיו בענין עוה"ז, אזי יוכל להשיג תמיד השגות עליונים בין ער בין ישן.

"והנה עומד על היאור", פירוש הצדיק הזה עמידתו תמיד אצל אורות העליונים, "היאור" הוא לשון אור, שאין אנו יכולים לכנות את העולמות העליונים רק בשם אור, כדי לשבר את האוזן בדבר החשוב להשגותינו הוא האור שהוא יותר דבר חשוב אצלינו, והיו"ד של יאור הוא רמז לעולמות העליונים שנבראו ביו"ד, כמו שאמר הכתוב כי בי"ה ה׳ צור עולמים, עוה"ז נברא בה"א ועוה"ב נברא ביו"ד.

"והנה מן היאור עולות שבע פרות". פרות הוא לשון פירות, שהצדיק עושה פירות ומצוות, ומרמז הכתוב שיש כמה גווני צדיקים שאין אחד דומה לחבירו, שכל אחד יש לו אחיזה בפני עצמו בעולם א׳ משבעה מדריגות העליונים. העוסק במשנה לשמה - אחיזתו בעולם המיוחד למשנה, והעוסק בתלמוד - נאחז בעולם המיוחד לתלמוד, וכן כל אחד ואחד לפי דרכו וענינו בלימודו, באיזה אופן יהיה לימודו כן הוא אחיזתו בעולם א׳ מז׳ מדריגות. וכן כל דבר אשר יעשה לשמה יש לו אחיזה בעולם באיזה מדריגה עליונה השייך לאותו דבר.

"יפות מראה ובריאות בשר" רמז יפות מראה לצדיקים אשר אור פניהם תאיר לעיני כל אדם, חכמת אדם תאיר פניו, "ובריאות בשר" רמז גם אם אינו למדן, רק שהוא מתנהג עצמו ביושר לפי יכולתו, ושומר את בשרו שיהיה בריא שלא יתקלקל ע"י עוונותיו ח"ו, בפרט ששומר הברית הקדוש שהיא העיקר, גם זה אחיזתו באחד ממדריגות העליונים. וזהו שרמזו חז"ל "אבר קטן יש באדם רעב שבע", יש לומר הפירוש "רעב" כמו שאמר הכתוב לא רעב ללחם כי אם לשמוע דבר ה׳, והיינו גם אם הוא רעב שאינו כל כך למדן שיוכל לעסוק בתורה תמיד, אעפ"כ יכול להיות שבע, אם שומר את האבר שהוא ברית המעור וברית הלשון והעינים מהסתכל בנשים, "שבע רעב" רמז ההיפוך מזה, אם אינו שומר הברית ומטמא עצמו ח"ו בניאופים וטומאות שונות בהסתכלות בנשים ושאר דברים כדומה, אשר על ידיהם יטמא את בשרו ברית הקודש, מה זה מועיל אם הוא שבע בתורה, אעפ"כ הוא רעב ממנה, כי יבלענו הקליפות ח"ו. וצריך האדם להתאמץ מאוד ולשמור את נפשו ע"י בשרו שלא יטמא את בשרו כנ"ל ויהיה "יפות מראה ובריאות בשר" מצדיקים הנאחזים בא׳ מז׳ מדריגות עליונים.

"ותרענה באחו" רמז שהצדיקים יש להם אהבה וריעות ואחוה זה לזה, "באחו" לשון אחוה, ואמר הכתוב ולעומת זה יש ג"כ בני אדם "והנה שבע פרות אחרות כו׳" רמז שיש רשעים אשר מעשיהם כמעשה צדיקים לפי ראות עיני אדם ושבע תועבות בלבם, וזהו "פרות אחרות" פירות אחרים מעשה רשע, "עולות אחריהן" שעולים עם אחוריים רמז למעשי קליפות, "מן היאור" ר"ל מן האור של תורה עושים ח"ו מעשה קליפות, אם מטמאים עצמם ח"ו בעבירות. ואמר הכתוב "רעות מראה" פירוש הגם שהם עושים עצמם כצדיקים לעיני בני אדם, אעפ"כ יוודע תוכן לבבם לבני אדם והכרת פניהם ענתה בם, שהשי"ת נותן לב להבין את מעשיהם הרעים, וזהו "רעות מראה", "ודקות בשר" שקלקלו את הבשר כנ"ל.

וזהו שאמר יוסף "והיה האוכל לפקדון" רמז שצריך ליזהר מאוד מאוד בכל עניני הגשמיות שיהיו בקדושה לקשר גשמיות ברוחניות כנ"ל, כדי שעי"ז מה שיפקוד ויגזור אומר כן יקום, שהצדיק גוזר והשי"ת מקיים. וגם נאמר שם "ותעש הארץ לקמצים" רמז שצריך האדם להיזהר מאוד ממדות קמצנות וכילות, כמו דאיתא בספר הישר לרבינו תם "אם יהיה אדם כילי", היינו קמצן, "אין זאת המדה הרעה לבדה בו, רק אחרת מלבד אלה, וזאת עלתה על כולנה"", וסוף דבריו "על כן אי אפשר לכילי להיות עובד ה׳", עיין שם דבריו המתוקים האמיתים באורך, וזהו "ותעש הארץ כו׳", דהיינו יוסף היה מתקן את הארץ בשבע שני שבע את מדות הקמצנות שבהם, וזהו "לקמצים", כי אין לך אדם נמלט ממדה זאת, אם לא כולו יש בו מקצתו, ויש אשר בהם אפס קצת קצתו דבר מהקמצנות, וצריך האדם להסיר עצמו ממדה זאת.

או יאמר "ויהי מקץ שנתים ימים ופרעה חלם כו׳", נוכל לומר שהתורה הקדושה רמזה על גלות המר הזה אשר עומדים עלינו לכלותינו והקב"ה מצילנו מידם, והוא ע"פ הכתוב "יחיינו מיומים ביום השלישי יקימנו ונחיה לפניו", דהיינו שהשי"ת יחיינו מיומים משני חורבנים, וביום השלישי, היינו בבנין בית המקדש האחרון שיבנה במהרה בימינו, יקימנו ונחיה לפניו, וזהו "מקץ שנתים ימים" ר"ל בסוף השנתים ימים דהיינו הגלות המר הזה, "ופרעה חולם" דכל מלך המחדש גזירות נקרא בשם "פרעה", אבל הקב"ה מצילנו מידם וכל גזירותיו בטלין ואינן רק כחלום, וזהו ופרעה חולם.

"והנה מן היאור עולות שבע פרות כו׳", דהנה האבות היו רוצים תמיד לתקן את שבע מדריגות העליונים להעלות את השכינה דהיא "באר שבע", וצריך כל צדיק לילך בדרכי אבות הראשונים, וזהו "כי שבע יפול צדיק וקם" פירוש כל מגמתו של הצדיק הוא לתקן את שבע המדריגות, "וקם" - ואז הוא קומ"ה שלימה. "יפול" הוא לשון שוכן, כמ"ש מי גר אתך עליך יפול. וזהו "והנה שבע פרות עולות" הוא רמז לשבעה מדריגות בתיקון השכינה שהצדיק צריך לתקן, "ותרענה באחו" פירוש ועיקר הוא האחוה דהיינו אחדות, עי"ז יוכל לתקן הנ"ל.

"והנה שבע פרות אחרות עולות אחריהן", הנה התורה הקדושה מרמז את הצדיק שצריך להשתמר מאוד לבל יפול חלילה באיזה שפלות, דבהקליפה יש ג"כ ז׳ מדריגות והיא תמיד עומדת מאחוריו של אדם להכשילו חלילה, וזהו "עולות אחריהן" לטרוף הקדושה ח"ו, וזהו "ותאכלנה הפרות רעות כו׳" ר"ל שלפעמים ח"ו טורפים הקדושה מאדם, "ולא נודע כי באו אל קרבנה" ר"ל ואינו מרגיש כלל לדעת זאת שנטרף חלילה אל הקליפות, ע"כ צריך הצדיק ליזהר מאוד.

"וארא בחלומי והנה שבע שבלים עולות בקנה אחד" רמז אל הפרנסה והמשא ומתן של אדם צריך להיות ג"כ "בקנה אחד" דהיינו באחדות, וצריך גם כן שימור גדול לבל יכשל ח"ו כנ"ל, לכן צריך האדם בכל מעשיו להיזהר ולהישמר לבל יפסוק מהקדושה. וק"ל.

ואני שמעתי עליך לאמר תשמע חלום לפתור אותו, ויען יוסף. נקדים לפרש, בחלומות של שר המשקים כתוב "איש כפתרון חלומו חלמנו", ואח"כ כתיב "איש כחלומו פתר", וצריך להבין שינוי הלשון דהוי ליה למכתב ג"כ "ויפתר לנו איש כפתרון חלומו". ונראה לפרש דהנה כשהצדיק רוצה להמשיך איזה שפע על אדם, פרנסה או השפעה אחרת הצריך לאדם לאיזה דבר רחמים, אזי מקשר נפש אותו אדם בנפשו, ומוליך הדברים שצריך לו אל העולם המיוחד לאותו הדבר, וז"ש שר המשקים "איש כפתרון חלומו" כלומר שחלום שלנו היה כפתרון, דהיינו דברים פשוטים ולא סתומים ואין צריך לפתרון, אך יוסף היה יודע השורש העליון של החלום והיה מעלה הדברים לשורשו לפותרו כפי רצונו כאשר היה צריך, שאת שר האופים יתלוהו ואת שר המשקים ישיבו על כנו כדאיתא במדרש, וז"ש פרעה "שמעתי כו׳ לאמר תשמע חלום כו׳", פירוש שאתה משמיע הדברים למעלה לשורשו כנ"ל, "ויען יוסף כו׳ בלעדי", כלומר שאיני רוצה לקשר נפש הרשע בנפשי כנ"ל, אך "בלעדי אלקים יענה כו׳". והבן.

ויאמר יוסף אל פרעה חלום פרעה כו׳, את אשר האלקים עושה הגיד לפרעה, שבע פרות הטובות כו׳, ושבע שבלים הרקות כו׳, הוא הדבר אשר דברתי כו׳, אשר האלהים עושה הראה את פרעה. ויש לדקדק מפני מה בשבע שבלים הרעות אמר יוסף לפרעה "יהיו שבע שני רעב" ובשבע שבלים הטובות לא אמר "יהיו שני השובע". ועוד "הוא הדבר כו׳" הוא מיותר, כי כבר אמר לו "אשר כו׳ הגיד לפרעה". ועוד הוא הדבר כו׳ הוי ליה למכתב אחר "הנה שבע שנים באות שבע גדול כו׳".

ונראה לפרש, דהנה בזאת ידע האדם אם הולך בדרך האמת בעבודתו ית"ש, בראותו שאין תפילתו ודיבוריו חוזרין ריקם וכל דבר אשר הוא עושה ה׳ מצליח בידו, והוא דואג ומצטער תמיד על גלות השכינה וכללות ישראל, וזהו הפירוש "הדריכני באמתך ולמדני" ר"ל "למדני" דהיינו שאדע שכן הוא שאני הולך בדרך האמת, ע"י שאראה "כי אתה אלקי ישעי", וגם "אותך קוויתי כל היום", פירוש "אותך" דייקא, היינו גלות השכינה, לקוות עליה כל היום תמיד, בזאת אדע שאני הולך בדרך אמת. נמצא הצדיק האמיתי גורם טובות לעולם, וכן להיפך אדם רע יכול להמשיך רעות.

וזה שאמר "אשר כו׳ הגיד לפרעה", ר"ל דברים רעים וקשים כגידים זה שייך לפרעה, "הגיד" לשון גידים, דהיינו "שבע שבלים הרקות יהיו שבע שני רעב הוא הדבר כו׳", מיעוט "הוא" ר"ל זה לבד אשר האלקים עושה הראה את פרעה, אבל הטובות בלתי אפשרי שיבוא ע"י אדם רע, ולכן בשבלים הרקות אמר לו "יהיו שני הרעב", ו"הוא הדבר" כנ"ל, אבל בשבלים הטובות לא אמר לו יהיו שני השבע, רק אמר "הנה שבע שנים באות שבע גדול", אבל לא על ידך כי אם על ידי.

או יאמר "הדריכני באמתך כו׳", ר"ל שדוד המלך ע"ה היה מתפלל על עצמו לבל יתגאה לבו בעבודתו ית"ש, שיתן לו השי"ת לב להבין שהכל הוא מאתו יתברך, שהוא ברחמיו עוזר לו לילך בדרך האמת, וזהו "הדריכני באמתך ולמדני כי אתה אלקי ישעי שאותך קוויתי", כנ"ל.

ויזכור יוסף את החלומות אשר חלם כו׳ ויאמר להם מרגלים כו׳. לכאורה אינו מדוייק, וכי בשביל שזכר את החלומות יאמר להם מרגלים אתם, וכי מה ענין ושייכות זה לזה.

ונראה דהנה השי"ת נתן להצדיק מתנה שהצדיק יתן חיות לכל העולמות בכח חלק אלקי ממעל שיש בו, וזהו "אתה ה' לבדך כו' ואתה מחיה את כולם", דלכאורה היה לו לומר ומחיה את כולם שהרי קאי אדלעיל, אך נראה שזה קאי ג"כ על הצדיק, כלומר הצדיק נקרא "ואתה", שהוא חלק ממך, וזה הוא וי"ו הפעולה, ור"ל שהצדיק בכח חלק אלקים מחיה את כל העולמות ועי"ז "צבא השמים לך משתחוים", פירוש כיון שהוא נותן חיות ושפע לעולמות העליונים, עי"ז גם הם משפיעים אליו לעוה"ז השפעות הגשמיות, וזהו "לך משתחוים" הוא לשון הכנעה, שהם מכניעים עצמם להשפיע לעולם.

וידוע דיוסף היה במדרגת "צדיק", ונתן חיות ושפע לעולמות העליונים, ולכן חלם לו שהשמש והירח ואחד עשר כוכבים, רמז לעולמות העליונים, משתחוים לו להשפיע אליו לעוה"ז כנ"ל ע"י שהוא נתן להם חיות, ולכן כתיב "ויזכור יוסף את החלומות כו'" שאחד עשר כוכבים משתחוים לו, דהיינו שזכר שהם צריכין להשפיע אליו, שהם רומזים לאחד עשר כוכבים והם משפיעים אליו מעילא לתתא, ולכן אמר "מרגלים אתם" מלשון רגלים, שאתם צריכין להשפיע לרגלים, דהיינו העוה"ז נקרא רגלים, ע"ד שאמר הכתוב "הארץ הדום רגלי", "ויאמר להם ערות הארץ באתם לראות", פירוש שאתם באתם לראות צורך הגשמיות הנקרא "ערות הארץ" כדי להשפיע להם.

וזהו "טוב ה' לכל כו'", פירוש "טוב ה'" הוא החלק אלקי שיש להצדיק, הוא "לכל", הוא לכל העולם, שעל ידו נשפעים העולמות העליונים ע"י אתערותא דלתתא ומ"ן, ועי"ז נעשין מ"ד להשפיע לעולם העשייה, " ורחמיו על כל מעשיו" פירוש זה הרחמים של הבורא ב"ה, כי אם היה השי"ת בעצמו משפיע, לא היה כח בעולם המעשה לקבל השפעה, אלא ע"י הצדיק נעשין מ"נ ונוכל לקבל השפעה.

או יאמר "ויאמר להם מרגלים אתם כו'", לכאורה יש עוד לדקדק וכי יוסף הצדיק יאמר דבר שאינו - מרגלים אתם. ונראה דהנה יוסף הצדיק היה במדריגה גדולה כנ"ל, שהיה משפיע לעולמות עליונים ועי"ז בא השפעה לעולם התחתון, וזה שראה בחלומו "והנה אנחנו מאלמים אלומים והנה קמה אלומתי" רמז להשפעות פרנסה, ואמר אליהם "מרגלים אתם" כלומר אתם אינכם במדריגה גדולה רק במדריגה קטנה "מרגלים", דהיינו מעולם התחתון, "לראות את ערות הארץ באתם" פירוש שיש מדריגות בני אדם שבאים לעולם להוכיח את בני אדם על מעשיהם הרעים ח"ו, וזהו "לראות את ערות הארץ". ואמרו "ועבדיך באו לשבור אוכל" שאנחנו ג"כ במדריגה גדולה שאנו משברים תאוויות הגשמיות, "לא היו עבדיך מרגלים" אין אנו מעולם התחתון, "בני איש אחד נחנו" במדריגה גדולה באחדות עליון. וק"ל.

וייראו האנשים כי הובאו בית יוסף כו'. נ"ל ע"ד המוסר והנהגה ישרה, איך דרך האנשים כשרים שיראים וחרדים מחרדת יום פקודתם תמיד ומעלים על זכרונם יום המיתה ועונש העוונות והחטאים בעוה"ב, ועי"ז הם תמיד בתשובה ומתחרטים ומתוודים על חטאותיהם ומבקשים על נפשם מאת הבורא יתעלה, וזהו "וייראו האנשים" ר"ל אנשים כשרים מתייראים תמיד, בחושבם "כי הובאו בית יוסף", פירוש שמא הגיע היום וזמן לבוא אל עולם העליון הנקרא "יוסף", "ויאמרו על דבר הכסף השב באמתחותינו", פירוש על דבר כל התאוויות הגשמיות אשר נכסוף נכספנו בעוה"ז להשיב הכל אל החומר, למלאות הכרס במאכלים יתרים, "אנחנו מובאים להתגולל" פירוש נהיה מוכרחים לבוא בגלגול ח"ו, "ולהתנפל עלינו" ר"ל משום שאפשר שיש בני אדם שאינם מתיראים מהגלגול שיתגלגלו, באומרם שגם העוה"ז טוב לפניהם, לזה אמר "ולהתנפל עלינו" ר"ל אבל מי יודע אם יהיה הגלגול לטובה, אולי יהיה הגלגול בנפילה, דהיינו שיהיה שפול ובזוי בגלגולו בעניות ודוחק ובשפלות גדול, ונהיה מוכרחים להתגלגל גלגול בתר גלגול עד שיזדכך הגוף והחומר ג"כ לעבודת הבורא, וזהו "ולקחת אותנו לעבדים ואת חמורינו", ר"ל שיקח גם מהגוף והחומר להיות עבד נאמן להבורא ב"ה, שזה הוא ההכרח וסופו של אדם.

"ויגשו אל האיש אשר על בית יוסף", ר"ל אחר שמעלים על לבם וזכרונם את כל הנ"ל, אזי הם מתחילים להתוודות על עוונותיהם וקלקוליהם ומתפללים אל הבורא יתעלה, וזהו "ויגשו" הגשה לתפילה, "אל האיש" זה הקב"ה הנקרא איש - ה' איש מלחמה, "אשר על בית יוסף" שהוא למעלה מכל העולמות, "וידברו אליו פתח הבית" ר"ל בעוד שהם בזה העולם שהוא פתח אל הבית, בית מנוחתם לעולמים, "ויאמרו בי אדוני ירד ירדנו בתחילה לשבור אוכל", ר"ל שהם מתוודים רבש"ע באמת שירדנו לעוה"ז למען הכוונה שנשבר האוכל, דהיינו תאוות הגשמיות והתענוגים ומאכלים יתירים, כנאמר "ומשביעין אותו הוי צדיק ואל תהי רשע", וקבלנו עלינו את השבועה.

"ויהי כי באנו אל המלון" ר"ל העוה"ז שאינו אלא בית מלון ללון, "ונפתח את אמתחותינו" ר"ל הכרס והבטן, "והנה כסף איש בפי אמתחתו", ר"ל היה כל תאוותינו בשביל החומר, "ונשב אותו בידינו" פירוש ועתה נשוב בתשובה בכל כחינו, "וכסף אחר הורדנו לשבור אוכל", ר"ל ונתחזק שיהיה לנו תאוות אחרים תאוות קדושות, "לא ידענו מי שם כספינו באמתחותינו", פירוש גם אותם התאוות שהיו לנו, היה כלל בלא ידיעה אלא מחמת היצה"ר הוא גרם לנו כל זאת, ואחרי שובינו נחמנו, והצילנו וכפר לנו על כל חטאתינו. אמן.

ויאמר כו', כספכם בא אלי. וקשה איך נכתב בתורה דבר שאינו, שהרי לא בא הכסף שלהם אליו.

ונראה, דהנה ידוע שיוסף ליקט כל הכסף כמו שאמר הכתוב "וילקט יוסף את כל הכסף כו'", וכוונתו היה ללקטם בשביל ישראל כדאיתא בגמרא "שלשה אוצרות הן", וכך אמר להם עבד יוסף "כספכם בא אלי", ר"ל הלא כל הכסף הבא אלי מכל העולם הוא כספכם, הכל בשבילכם, וא"כ למה לי הכסף שלכם, רק שאמר להם בדרך חכמה שהם לא יבינו כוונתו. וק"ל.

**ויגש**

ויגש אליו יהודה ויאמר בי אדוני. נקדים לפרש הפסוק בתהלים "וכיראתך עברתך כו'", דהנה הבורא ב"ה אין שייך בו שום יראה, רק היראה הזאת יש לו להשם יתעלה שמתיירא שלא יחטא האדם, מחמת אהבתו שאוהב את האדם להטיבו באחריתו, כי דרכו יתברך להטיב לכל ברואיו ולכן מתירא שלא יחטא, ונמצא יראת הבורא ב"ה היא יראה מתוך אהבה, וכן העונש שמעניש לאדם הוא ג"כ מחמת שרוצה להטיב באחריתו הוא מצרפו ביסורין בעוה"ז כדי שיוכל לקבל הטוב לעוה"ב, וזהו "וכיראתך עברתך", פירוש כמו שהיראה שלך היא מתוך אהבת האדם, כן עברתך שאתה מעניש לאדם הוא ג"כ מחמת אהבה להטיבו באחריתו.

"למנות ימינו כן הודע", כי האדם צריך לדבק במדותיו יתברך, כמו שהשי"ת יראתו מתוך אהבה, כן האדם צריך להיות ירא [יראה] כזו מחמת אהבת הבורא יתעלה, שיעלה מורא על ראשו לחטוא מחמת אהבה שאוהב להבורא ב"ה והאיך יחטא ויפריד אהבתו ממנו חלילה, כי השורש הדבר הוא שיראה אין שייך אלא ממה שעיניו רואות, אבל ממה שאינו נראה אין שייך יראה כי ממה מתירא, אבל אהבה היא בלב ובלב יכול לצייר [ל]עצמו אפילו דבר שאינו נראה כלל, ולכן הבורא ב"ה בוודאי הרואה ואינו נראה וצריך האדם לצייר בלבו את גודל ממשלתו ונוראותיו ונפלאותיו ית', ועי"ז יבוא לו אהבה רבה בלבו להבורא ית', ומה גם שבמחשבה יכול האדם להשיג השגות גדולות לאין קץ, כי המחשבה היא ג"כ אין סוף, וא"כ צריך האדם לקשר עצמו בעבותות אהבה ומתוך אהבה יהיה לו היראה לחטוא חלילה פן יפריד אהבה חלילה.

וזהו פירוש "את שבתותי תשמורו", ולכאורה היה לו לומר את שַבָּתִי תשמרו [ו]מה זה כפל התוו"ין? ונראה כי השבת הוא רק אהבה, והאדם צריך לקשר ימי החול בשבת, כי ימי החול הם יראה וכתבנו שהיראה צריכה להיות מתוך אהבה, ולכן מטעם זה אנו מונים ימי החול ע"י השבת - "היום יום ראשון בשבת", וכן כל יום ויום, כדי לקשר השבת בימי החול, שגם בימי החול יהיה אהבה ויהיה יראה מתוך אהבה, וכשהיראה היא מתוך אהבה אזי גם ימי החול נקראים שבת כי הם גם כן מדרגות אהבה, אבל אינם כמו השבת עצמו, כי השבת הוא רק אהבה לבד אבל ימי החול הם יראה מחמת אהבה, וזה נקרא מקצת שבת. וזה רמז בפסוק "את שבתותי כו'", ר"ל שני שבתות, היינו ימי החול ויום השבת, כי ימי החול נקראין ג"כ שבת כנ"ל, ומרמז ימי החול בכפל התווין להראות שאינם כמו שבת עצמו שהוא כולו אהבה, "תשמורו" רמז על המחשבה כמו 'ואביו שמר את הדבר', דהיינו דעיקר אהבה היא במחשבה בלב כנ"ל, והיוצא לנו מזה שאנחנו צריכין לקשר ימי החול בשבת כדי להמשיך אהבה משבת על ימי החול ויהיה יראה מתוך אהבה.

וזהו "למנות ימינו כן הודע", ר"ל שהשי"ת הודיע לנו ברחמיו שנמנה ימי החול עם השבת, היום יום ראשון בשבת כו' כדי שיהיה יראה מתוך אהבה, כמו מדת הקב"ה שיראתו היא מתוך אהבת האדם, וזהו פירוש "בי אדני", ר"ל גם הדין - דשם 'אדני' רמז על הדין - הוא ג"כ לטובתי כנ"ל, "וכיראתך עברתך", והכל הוא לטובה כדי להנחיל שכר טוב לעוה"ב. ברוך ה' לעולם אמן ואמן.

או יאמר "ויגש כו' כי כמוך כפרעה". יש לומר מאחר דסתם הכתוב ולא נאמר אל מי גש רק "אליו" סתמא, נוכל לומר דקאי על הקב"ה, שהצדיק נקרא יהודה והוא מגיש אליו ית"ש בתפילה להתפלל על עצמו, "ויאמר בי אדוני כו' ואל יחר אפך בעבדך", רק תמיד תגדיל חסדך עמי ואל תדקדק אחר מעשי, "כי כמוך כפרעה", פירוש למה תדקדק עמי מאחר שבלתי אפשרי לכונן את מחשבותי לדבר אחד, ולפעמים תחזק מחשבתי לעלות במחשבתי למעלות גדולות העליונים במדריגת צדיקים שהם "כמוך" שהצדיק גוזר והקב"ה מקיים, ולפעמים תחלש מחשבתי ולהבל דמה מעשה תעתועים "כפרעה" שהוא אותיות עור"ף שהיא רמז לקליפה, וכי על זה תפקח עיניך לדקדק אחר מעשי, לכן עשה עמי צדקה וחסד. וק"ל.

או יאמר "ויגש אליו יהודה כו'", ונקדים לפרש פסוק [ב]פרשת ויצא, "וידר יעקב כו' לאמר אם יהיה אלקים עמדי כו' וכל אשר תתן לי עשר כו'", והוא תמוה דיעקב אבינו ע"ה מובחר שבאבות יהא מתנה עם השי"ת ב"ה כאשר יעשה לו כל הטובות האמורים בפרשה יתן לו מעשר. אך נ"ל דהנה דוד המלך ע"ה אמר "שמש ומגן ה' אלקים", י"ל הפירוש כמו שהשמש כשהיא מאירה בבהירות גדול, בלתי אפשרי להסתכל בה ולקבל אורה כי אם ע"י מגן, דהיינו חלוני הבית החוצצים בפניה והם להשמש כמו צל, ועי"ז אנו יכולים לקבל הנאת אורה להסתכל בה, כמו כן השם הוי"ה ב"ה וב"ש, מחמת גודל הרחמים והקדושה לא היה באפשרי לקבל השפעות הרחמים הגדולים והקדושה, רק על ידי שם אלקים שהוא הצל להשם הרחמים שם הוי"ה ב"ה, על ידו אנו מקבלים השפעות הרחמים והקדושה, והיינו שהצדיק ממתיק לשם אלקים ומהפכו ומכניסו לרחמים.

וזהו "ה' שומרך ה' צילך" פירוש השומר ישראל הוא השם הוי"ה ב"ה שם הרחמים, "ה' צילך" פירוש וגם הצל שהוא השם אלקים שהוא הצל להשם הוי"ה ב"ה, גם הוא נעשה מדת הרחמים ע"י הצדיק הממתיקו וגם הוא מסכים לשמור אותנו.

וזהו שאמר יעקב אבינו ע"ה "אם יהיה אלקים עמדי", דהיינו שיסכים עמדי שאמתיקנו, "ושמרני בדרך כו'" שגם הוא יהיה לי לשומר כנ"ל, "ונתן לי לחם לאכול", דהנה הגשמיות נקראים 'דינים', ולכן ניתן רשות להנות מעוה"ז מעניני גשמי, דהיינו אכילה ושתיה ושאר ענייני גשמי, כדי שהצדיקים ימתיקום ויוציאו מהם ניצוצות קדושות להכניסם אל הקדושה, ואלולי זאת לא היה רשאי הצדיק להפסיק ולהפריד אף רגע אחת מהקדושה והדביקות ולהטות עצמו לדברי גשמי, רק כדי להכניסם אל הקדושה רשאי קצת לירד ולהפסיק קצת מדביקותו, וח"ו אין רשאי להפריד עצמו רק מעט אל הכוונה הנ"ל, ועיקר הוא לאחוז עצמו בקדושה ודביקות, וזהו "ונתן לי לחם לאכול" באופן "ושבתי בשלום אל בית אבי", פירוש שח"ו לא אפריד את עצמי מהקדושה עי"ז, רק שאוציא הניצוצות הקדושה מהם ומיד להשיב אל אבי שבשמים בשלום.

"וכל אשר תתן לי עשר כו'", ולמדו חז"ל מכאן "המבזבז אל יבזבז יותר מחומש", ולכאורה מה זה הלשון 'המבזבז', היה לו לומר 'הנותן'? ולפי דרכינו יבואר בעז"ה, ד"המבזבז" הוא לשון בזיון, דהיינו שהצדיק מבזה את עצמו להפסיק מהדביקות אל דברי הגשמי, "אל יבזבז יותר מחומש", ר"ל שלא יפסוק מכל וכל רק מעט, דהיינו ארבעה חלקים ישאר בהקדושה ודביקות, רק חלק חמישי ניתן לו רשות לפסוק רמז דבר מועט, וגם

זה יעלה ויכניס אל הקדושה כנ"ל, להעלות נ"ק כנ"ל, ויליף לה הגמרא מיעקב אבינו ע"ה שאמר "וכל אשר תתן לי", דהיינו מעניני גשמיות, לא אטה את עצמי כי אם מעט כנ"ל, וזהו "עשר אעשרנו" דהיינו חומש כנ"ל, ומדלא נכתב 'חומש', רמז ג"כ בדבריו שגם המעט הזה אעלה לך ג"כ אל הקדושה כי 'עשר' רמז להקדושה.

וזהו שאמר יוסף "ה"א לכם זרע", כי ידוע דיוסף היה מל ומגייר את המצרים, ואמר להם הזריעה שלכם, דהיינו העובדות שלכם, תעשו לשם ה"א אחרונה היא השכינה, "ונתתם חמישית לפרעה", פירוש כשתטו עצמכם לדברי גשמי, אל תטו רק חלק חמישית, כי 'פרעה' אותיות 'הערף', רמז לעוה"ז לעניני גשמיות, "וארבע הידות יהיה לכם", שתשארו בהקדושה ותאחזו ארבע ידות בהקדושה ולא תפסיקו לגמרי, ואח"כ תכניסו הכל אל הקדושה.

וזהו "ויגש אליו יהודה ויאמר בי אדני", פירוש שהשם 'אדני' הוא 'בי', דהיינו שהמתקתיו לרחמים, "ואל יחר אפך כו'", שלא יוכל לבוא לידי חרון אף ח"ו, כי גם השם אדני הומתק לרחמים. וק"ל.

או יאמר "ויגש כו'", דאיתא במדרש "הגשה למלחמה הגשה לתפילה", י"ל הפירוש דהנה הצדיק "תגזר אומר ויקם, הקב"ה גוזר והצדיק מבטל", ובאיזה סיבה יכול לבטל? הוא מחמת הגבורה שבו שהוא גבור ואיש מלחמה ללחום מלחמת ה', ומחמת תפילה, וזהו 'הגשה למלחמה הגשה לתפילה', וזהו "ויגש אליו יהודה", רמז להצדיק נקרא בשם 'יהודה', הוא יגש להקב"ה במלחמה דהיינו בגבורה, ובתפילה.

"ויאמר בי אדני", דכבר כתבתי מזה דאיתא בגמרא "לא היה אדם שקראו להקב"ה אדון עד שבא אברהם וקראו [אדון]", ולכאורה מה רבותא שקראו אדון? אך הענין הוא, דאיתא "לא כשאני נכתב אני נקרא, נכתב בי"ה ונקרא בא"ד", והענין הוא דעוה"ב מתנהג ע"י [שם] הויה ב"ה ועוה"ז מתנהג ע"י שם אדנ"י, וזה שאנו אומרים "אל אדון על כל המעשים", דהיינו כל המעשים הנעשים בזה העולם הוא ע"י 'אדני', וע"פ "חסד 'אל' כל היום". והנה הצדיקים הקודמים לאברהם דהיינו מתושלח ונח ובניו היתה עבודתם ע"י שם הוי"ה ב"ה, ואברהם אבינו ע"ה בא למדריגה שהוא הנהיג את העולם ע"פ 'אדני' כרצונו ויגזר אומר ויקם, וזהו "ויאמר בי אדני", פירוש שהיה מתפאר עצמו שהשם 'אדני' מתנהג על פיו, שכן דרך הצדיק שהוא תמיד בהכנעה גדולה, אבל כשרוצה לפעול איזה דבר או לבטל איזו גזירה, אזי מתלבש עצמו בהתפאר[ו]ת שהוא צדיק, וזהו שאנו מתפללים "אדני שפתי תפתח", פירוש שם של "אדני" שהוא המנהיג עוה"ז, יהי רצון ע"י "שפתי".

"ידבר נא דבר באזני אדני", דהיינו הגשה לתפילה, שמתפלל להשי"ת שיקבל תפלתינו ברחמים, "כי כמוך כפרעה", דהנה העולמות בשעה שיש להם עלייה, אזי הם מתגלים ומשפיעים למטה, וז"ש הצדיק תשוקתי להיות 'כמוך' בשעה שהעולמות מתגלים ונותנין השפעה, וזהו 'כפרעה' לשון גלוי, כמו כן תשוקתי תמיד להשפיע למטה ע"י שם 'אדני' שפע ברכה והצלחה וחיים לנו ולכל ישראל. אמן כן יהי רצון.

ידבר נא עבדך דבר באזני אדני ואל יחר אפך כו'. ופירש רש"י ז"ל "יכנסו דברי באזניך", וקשה מה זה לשון הכנסה באזנים, ולא מצינו בכל התורה שאמר משה לישראל או בשאר דברים שיכתוב הלשון הזה הכנסת אזנים.

ונראה דהנה מצינו שאמר הקב"ה למשה "כתוב זאת זכרון בספר ושים באזני יהושע", ולכאורה יש להבין, כיון שיהיה כתוב בספר א"כ כל מי שירצה יקרא בו והאיך שייך 'ושים באזני יהושע'? וכן מה זה לשון באזני כו', וכי יניחום באזניו?

ונראה לפרש דהנה כתיב "ויאמר אין קול ענות גבורה ואין קול ענות חלושה קול ענות אנכי שומע", ולכאורה הלא יכול להבין אם זה קול חדוה שהוא קול נצחון, או אם הוא קול חלושה שהוא ניסה וצעקת הוי? אלא נראה שיהושע היה משמר אזנים שלו שלא ישמע דבר שאינו הגון כלל, והנה 'גבורה' נקראים פסוקי דזמרה שהוא כדי לזמר עריצים והגבורות וצריך להמתיקם ג"כ בגבורה בשורשם, לזה נקראו גבורות, ו'חלושה' רמז לתפילה, ע"ד שאמרו חז"ל "המתפלל על חבירו צריך שיחלה עליו" שהיא חלישת כח, כמ"ש "ויחל משה - מלמד שהחלה עצמו", וזהו שאמר יהושע למשה קול אני שומע במחנה, "אין זה קול ענות גבורה", דהיינו זמר עריצים שהיא המתקת הדינים, "ואין כו' קול חלושה" היא תפילה שצריך להחלות עצמו, "קול ענות אנכי שומע", ר"ל שאיני מבין, שמעולם לא שמעתי קול כזה, שהיה משמר אזניו שלא ישמע דבר שאינו הגון.

והנה יש ליתן טעם לשבח מה זה לשון 'ספר', שהתורה נקראת ספר. ונראה שהספר הוא לשון מדינות העומדים על הספר, כמו שהספר שומרת את המדינה שלא יבוא שום שונא על המדינה, ואם צריך אדם למדינה צריך לילך דרך הספר, כך התורה היא הספר שלנו, שהיא משמרת אותנו כו', וכשצריכין אנחנו לדבק עצמינו בהבורא יתעלה, צריכין אנחנו לדבק עצמינו דרך התורה שהיא הספר. וידוע ד'זאת' נקראת השכינה, וזהו שאמר הקב"ה למשה "כתוב זאת זכרון בספר", ר"ל כשתלמוד בתורה תראה שתשרה השכינה בתורה הנקראת ספר כנ"ל, "ושים באזני יהושע", ר"ל שלא תלמד התורה עם מי שאין לו אזנים ברורים כמו יהושע, והוא דרך רמז כמו באזני יהושע.

וזהו ג"כ הפירוש כאן, כי יהודה ראה בראייתו הזכה שזה הוא מדריגת יוסף, אע"פ שלא ידע שזה יוסף עצמו, אעפ"כ ראה והבין בעין השכל קדושתו הגדולה, לפיכך אמר לו "בי אדוני", פירוש דבר עמי, ואם יקשה לך איך אתה יכול לדבר עמי שאני מדבר במדריגתי הגדולה עד מאוד ואיך אפשר שתדבר עמי? לזה אמר לו "ידבר נא עבדך דבר באזני אדוני", פירוש אני רואה שיש לך אזנים ברורים ויכנסו דברי באזניך, " כי כמוך כפרעה", ולכאורה למה לא אמר 'כי אתה כפרעה'? אך הענין כך, אמר לו שהקדושה שלך היא זה לעומת זה של פרעה, כמו שפרעה הוא בקליפה, כן אתה לעומתו בהקדושה, ולכן יודע אני שיכנסו דברי באזניך. והבן.

ואת יהודה שלח לפניו להורות לפניו גושנה. פירש רש"י ז"ל "לתקן שם בית תלמוד שמשם תצא הוראה", נראה לפרש דאיתא במדרש "בשעה שלקח פרעה את שרה והחזיר אותה לאברהם כתב לה ארץ גושן בכתובתה".

ואגב נבאר הענין שאמר אברהם אבינו ע"ה לשרה "אמרי לי אחותי את וחיתה נפשי בגללך ותוקח האשה בית פרעה כו'", ואח"כ באבימלך חזר ואמר לה "אמרי לי אחותי את וישלח אבימלך ויקח את שרה", ויצחק אמר אל רבקה "אמרי לי אחי הוא", וכתיב "וישקף אבימלך והנה יצחק מצחק את רבקה אשתו", לכאורה יש להבין הענין מה שנלקחה שרה שני פעמים לפרעה ולאבימלך, ואצל יצחק נתוודע לאבימלך שהיא אשתו ולא לקחה, גם השינוי לשון שאמר לה 'אמרי לי אחי הוא' ולא אמר כאברהם.

אך הענין הוא, שהתורה רמזה לנו האיך אבותינו הקדושים נתנו דעתם עלינו, ולתקן לנו להיות לנו קיום בגלותינו, דהיינו אברהם תיקן עול ב' גלויות, דהיינו גלות מצרים וגלות בבל, וזהו "ויהי כאשר הקריב לבא מצרימה", ר"ל כאשר ראה שגלות מצרים היא קרובה לבוא כמו שאמר לו השי"ת ידוע תדע כו', התחיל אברהם להתפלל שיהיה לנו קיום בגלות, שתהיה השכינה עמנו, וזהו שאמר אברהם "אמרי לי אחותי את", ע"ד שפירש האלשיך הקדוש על פסוק "מי יתנך כאח לי כו' אמצאך בחוץ אשקך גם לא יבוזו לי", פירש ע"ד המשל, דהנה אהבת איש לאשתו אין אהבתו בפרסום לכל לחבקה ולנשקה בשוק כי בוז יבוזו לו, אבל אהבת אח לאחותו גם אם יחבקנה וינשקנה בשוק לא יבוזו לו, וזהו "מי יתנך כאח לי", כנסת ישראל אמרה מי יתנך כו', ע"ש הלשון. וי"ל לפי דרכינו הפירוש כך, "אמצאך בחוץ" הוא רמז על הגלות, השכינה אומרת לישראל "מי יתנך כאח לי אמצאך בחוץ" ר"ל בגלות בחוץ לארץ, "אשקך כו'", דהנה בזמן שישראל שרויים על אדמתם השכינה נקראת "אשה בעולת בעל", ולא כן בחוץ לארץ, וזהו מי יתנך כאח לי עכ"פ, וז"ש אברהם "אמרי לי אחותי את", ר"ל שאמר אל השכינה אמרי לי אחותי את בגלות מצרים.

ואח"כ באבימלך אמר ג"כ "אמרי לי אחותי כו'", רמז על גלות בבל, ובאותן ב' גלויות היה כח לפרעה ולנבוכדנצר שהיו עושין עצמן אלקות, מחמת שבמצרים היו עובדי ע"ז בישראל כדאיתא בגמרא "הללו עובדי ע"ז והללו כו'", ובגלות בבל היה להם נשים נכריות, וגם שהשתחוו לצלם ונתנו כח לאלקותם, והוא גלות השכינה 'עבד כי ימלוך ושפחה כי תירש גבירתה', וזה רמז שנלקחה שרה, היא השכינה הנקראת 'שרה', ונלקחה ב' פעמים לפרעה ולאבימלך, שנתפשה ונאחזה השכינה ב' פעמים, ואברהם אבינו ע"ה היה רוצה לתקן גם גלות בבל, ע"ד שפרשתי כבר לעיל שאברהם קראו לבית המקדש 'הר', שרמז על מקדש שנחרב. וזה הענין נתינת גושן לכתובת שרה, רמז אף שנתפשה השכינה אל פרעה, אעפ"כ נשאר לה מקום קדושה לאחוז בקדושה בארץ גושן. ונמצא זה רמז בלקיחת שרה ב' פעמים והחזירה, דהיינו ע"ד 'חיל בלע ויקיאנו'.

ויצחק אבינו ע"ה תיקן לנו להיות לנו קיום בגלות השלישי הוא גלות אדום, וז"ש "אמרי לי אחי הוא" ולא אמר כאברהם 'אמרי לי אחותי את', מחמת שעתה בגלות המר הזה, אף שקשה עלינו השעבוד ועול הגלות, אעפ"כ השכינה היא בינינו ויש בנו כח לדבק עם השכינה, וזה רמז שלא נלקחה רבקה לאבימלך, לרמז על השכינה הנקראת 'רבקה' לא נלקחה, רצה לומר שאין להם אחיזה בה, ואמר לה "אמרי לי אחי", ר"ל שהשכינה תשתעשע עמנו כמו אח, וזהו "ויהי כי ארכו לו הימים", ר"ל אחר שאנחנו בגלות המר הזה ימים רבים, "וישקף אבימלך בעד החלון", רמז ע"פ מה דאיתא בספרים אצל סיסרא "ונשקפה בעד החלון", ואיתא בספרים שהיה לה ראיה על זה שנתפס במלחמה, וזהו ג"כ הפירוש כאן "וישקף אבימלך", ר"ל שגם החיצוניים יש להם ראיה על זאת ש"הנה יצחק מצחק את רבקה אשתו", שהם רואים שגם בגלות המר יש לנו שעשועים עם השכינה ואנחנו דבוקים בה והיא בנו.

וזהו "ותאמר שרה צחוק עשה לי אלקים כל השומע יצחק לי", דיצחק רמז על הגלות, שהוא אותיות קץ חי, שאנחנו קצים בחיינו בגלות המר, ואומרת השכינה "כל השומע", ר"ל מי שישמע לי להחזיק בי ובקדושתי, "[ישחק לי]", יכול לבא לידי שחוק ושמחה וחדוה וקדושה גם בגלות המר.

וזהו "מאימתי קורין את שמע (בערבית)", ר"ל אימתי אפשר לנו שנהיה יכולים לקרות להשי"ת שישמע לנו את כל תפילותינו "בערבית", ר"ל בגלות המר שהוא חושך וערב לילה, "בשעה שהכהנים נכנסים לאכול בתרומתם", פירוש הכהנים היינו צדיקים, בשעה שיכנסו במדריגה זאת לשאוב קדושה ודביקות, 'בתרומתם', שיעלו את השכינה, שרמז "תרומה" - תרו"ם ה"א, וזה נקרא אכילה, ע"ד שנאמר באברהם אבינו ע"ה "והוא עומד עליהם תחת העץ (ויאכלו)", דהמלאכים לא נתנה להם תורה, וכשבאו אצל אברהם שהיו שומעים מפיו דברי תורה שהוא עץ החיים, "ויאכלו", פירוש הקדושה הזאת שהיו שואבים היתה אכילתם. ומקשה הגמרא "מכדי כהנים אימת אוכלים בתרומה (משעת צאת הכוכבים)", ר"ל אימת יהיה המדריגה זאת שיהיו שואבים קדושה ודביקות גמור? "משעת צאת הכוכבים", פירוש כשיבוא משיח צדקינו ויתנשא מזלם של ישראל, ע"ד 'דרך כוכב מיעקב' שזה רמז על משיח צדקינו שיבוא במהרה, "ליתני צאת הכוכבים", כי גם שעה שהכהנים נכנסים לאכול בתרומתם היא בשעת צאת הכוכבים כנ"ל, ומשני "מלתא אגב אורחא קמ"ל", פירוש התנא משמיענו שע"י שילך אדם באורח מישור בדרכי ה' ותורתו הקדושה, וזהו אגב אורחא, ר"ל אגב שילך באורחות הצדיקים, יכול ג"כ לשאוב קדושה גדולה ולהגיע לרוח הקודש גם עתה בגלות, וזהו "אימת הכהנים כו' משעת צאת הכוכבים", ר"ל באמת עיקר הקדושה והדביקות יהיה אי"ה בביאת משיח צדקינו, אז יהיה עיקר הקדושה ע"י 'תרומה' - תרו"ם ה"א, ואז יהיה שפה ברורה יחד בקדושה ודביקות, "והא קמ"ל ביאת שמשו מעכבתו מלאכול בתרומה", פירוש זה שאינו הולך באמת בדרכי ה', שאין לו בהירות השמש, דהיינו הקדושה, זה מעכבו מלאכול בתרומה, "ואין כפרתו כו'", ר"ל 'כפרה' רמז על ביאת משיח שהוא ע"י תשובה וכפרה על עוונותינו כדאיתא בזוהר הקדוש דבתשובה תליא מלתא, זה "אין מעכבו מלאכול בתרומה", דהיינו לשאוב הקדושה והדביקות,

כי גם בגלות המר, אם יחזיק בעבודתו יתברך וישוב בתשובה שלימה על עוונותיו לתקן את כל איבריו וגידיו לקדש ולטהר אותם במאכלים כשרים, ושלא להכניס לתוך מעיו מאכלים אסורים, ויקדש אבריו בכל אופנים, יזכה גם עתה בגלות לידי רוח הקודש.

וזהו דאמרינן "תפילות אבות תקנום" ואיתא "כנגד תמידין תקנו", והכל אחד, דאברהם תיקן תפילת השחר ויצחק תפילת מנחה והן כנגד תמידין, "את הכבש אחד תעשה בבוקר כו'", דהיינו שהם תיקנו לנו שיהיה לנו קיום בגלות ע"י כבשא דרחמנא, דהיינו סודות התורה ואורות גדולים שנלך בהם להגות בהם תמיד יומם ולילה, ויעקב תיקן תפלת ערבית כנגד אברים ופדרים, רמז אחר שנתקן את אברי[נ]ו החיצונים והפנימים במאכלים כשרים כנ"ל, נוכל ג"כ להתקיים ולאחוז בהקדושה.

היוצא לנו מזה, שאנחנו צריכין לדבק עצמינו בהשכינה הקדושה ע"י מעשים טובים, וע"י התורה הקדושה ללמדה לשמה. וזהו "ואת יהודה", רמז לשם הקדוש, שם הויה ב"ה וב"ש, "שלח להורות לפניו גושנה", דשם היה מקום וחלק בשכינה, שורש שכינתא, כאשר פרשנו דברי המדרש שנתן לה לכתובתה, והיינו שיעקב אבינו ע"ה היה מדבק עצמו בהשכינה ע"י מעשיו הטובים שהיה מקדש עצמו לשמו הגדול, וזהו שפירש רש"י "לתקן לו בית תלמוד", ר"ל שיהיה הלימוד מתוקן לשמה, "שמשם תצא הוראה", ועי"ז אנחנו חיים וקיימים בגלות המר הזה.

וזהו "כי בי ירבו ימיך", ר"ל אם ירבו ימיך בגלות חלילה, ויהיה באופן שתהיו דבוקים בי כנ"ל, אזי "ויוסיפו לך שנות חיים", דאיתא בגמרא "שיתא אלפי שני הוי כו' שני אלפים ימות המשיח, ובעו"ה יצאו מה שיצאו", ומבשר לנו הכתוב שיתוספו לנו השנים אי"ה בביאת משיחנו במהרה, דהיינו ששנה אחת יתגדל ויאריך כמו שנים הרבה, ושנות חיים ושלום יוסיפו לנו בגאולתינו קרובה במהרה בימינו. אמן כן יהי רצון.

**ויחי**

ויחי יעקב בארץ מצרים. נ"ל ע"פ דאיתא בגמרא "אמרו עליו על רבי חנינא בן דוסא כשהיה מתפלל על החולה היה אומר זה חי כו', אמרו לו מנין אתה יודע, אמר אם תפלתי שגורה בפי היא מקובלת". לכאורה מלת "שגורה בפי" אינו מובן, היה לו לומר "אם תפילתי יוצא מפי בלי גמגום בידוע שהיא מקובלת". אך הענין הוא, דהנה לכאורה יש להבין הסיבה הזאת שהצדיק מתפלל על החולה והוא מתרפא, ונראה הדבר כמו השתנות חלילה אצל הבורא האחד הפשוט האמיתי וחלילה לחשוב ולומר כך. אך הענין דהנה כל העולמות וכל הנבראים היו מתחילה קודם בריאת העולם בכח א"ס ב"ה, ואח"כ כשעלה ברצונו הפשוט לבוראם הוציאם מכח אל הפועל, וכל מה שיהיה הוא שהיה בכח הא"ס ב"ה וב"ש, ונמצא אין כאן שום השתנות, כי כל זאת היה בכח הא"ס שזה יהיה חולה והצדיק יתפלל עליו ויעתר בתפילתו, והוא שהקב"ה מתאוה לתפילתן של צדיקים, שע"י התפילה הצדיק מתדבק בהבורא יתעלה, וזה תענוגו של מקום שהצדיק עולה ומתדבק בו. ואיתא בספרים הטעם שאנו רואים שלפעמים באים שני בני אדם ואוהבים זה את זה מאוד גם שלא היו מכירים זה את זה מקודם כי אם עתה מקרוב באו ונתוועדו יחד ושניהם דבקו יחדיו באהבה רבה, והטעם מחמת שהיו שכנים זה אצל זה בישיבתם בגן עדן יחד ועתה בבואם להדדי נתעורר בהם אהבה הישנה שהיתה בהם בגן עדן. וזהו שאמר רבי חנינא בן דוסא "אם תפלתי שגורה", ר"ל התפילה הזאת שאני מתפלל עתה היא שגורה בפי, כמו דבר הרגיל שהורגל בה כבר, ומה הוא ההרגל? היינו מה שהזכרנו לעיל שהיה הדבר הזה והתפילה הזאת והצדיק היו כולם בכח הא"ס, על דרך שני צדיקים שאוהבים זא"ז מחמת שהיו ביחד, "בידוע שהיא מקובלת", מחמת שכבר היה בכח הא"ס ב"ה ואין השתנות לפניו חלילה, "ואם אין תפילתי שגורה בפי", נמצא לא היתה התפילה הזאת בכח הא"ס רק האדם מעצמו הוא מתפלל, "בידוע שהוא מטורף".

והנה עיקר החיות של הצדיק היא ע"י התפילה שעל ידה הוא מתדבק בהבורא יתעלה כנ"ל, וידוע שע"י שם הקדוש היוצא מפסוק 'את 'השמים 'ואת 'הארץ נברא העולם, והוא גימטריה טו"ב, ועיקר תפילת הצדיק היא על השכינה הקדושה, וזהו "ויחי יעקב בארץ מצרים", 'מצרים' לשון מיצר ים, דהיינו ע"י שהיה מצער עצמו על גלות השכינה הנקראת 'ים', עי"ז היה לו חיות שהיה מתדבק בהבורא ב"ה, "שבע עשרה שנה", פירוש שכל זאת היה בכח הא"ס בתחילת הבריאה כשברא כל הנבראים וכל עולמות ע"י שם הקדוש שהוא גימטריה י"ז כנ"ל שבו נברא העולם.

וזהו "ברוך ה' אשר לא הסיר תפילתי" שאני מתפלל, לא הסיר אותה ממני מחמת שהיה אז בכח הא"ס ב"ה וממילא היא מקובלת, "וחסדו מאתי", פירוש ועל כל זאת אודה יה, מאחר שהיה התפילה הזאת בכח הא"ס, נמצא שאין זה מחמתי מצד פעולתי שיהיה ראוי להנתן לי שכר על זה, ואעפ"כ נותן לי השי"ת שכר כאילו היתה הפעולה ממני, "וזהו וחסדו מאתי", שאודה לו ית"ש על חסדו הגדול שמעלה עלי כאילו היה מאתי. והבן.

או יאמר "ויחי כו'" ע"פ הפסוק "זמרו כבוד שמו שימו כבוד תהלתו", נראה פירושו היות התחלות אדם בעבודות הבורא ב"ה בוודאי אינו יכול תיכף בהתחלתו [ל]עלות במדרגת עליונים, כי עדיין סבבוהו זרים במחשבתו הדבוקה בעוה"ז השפל ובהבליו, אבל צריך אדם מקודם לפנות מחשבתו ולזמר עריצים, המה הקליפות המבלבלים אותו מעבודתו, ולזה צריך עבודה רבה, ואח"כ יפנה עצמו לעלות במחשבת קדושים ביחודים וכוונות עליונים, ואז נחשב לו אותה העבודה שעבד בתחילתו והיא לזמר עריצים כאותה העבודה החשובה העיקרית שעולה בה לתכליתו, כיון שכוונתו הכל לשם שמים והכל אחד, וזהו "זמרו כבוד וכו'", פירושו כנ"ל שהעבודה של זמיר עריצים הוא חשוב כמו "שימו כבוד תהלתו", ש'תהלה' נקרא המדריגה הגדולה של הצדיק שמאיר לעולמות עליונים, ותהלה הוא לשון אור, כמו עטישותיו תהל אור.

וזהו ג"כ הפירוש כאן, "ויחי יעקב בארץ מצרים", ששם היה עבודתו במדריגת קטנות, וזה רמז "שבע עשרה שנה" גימטריה טו"ב, שהוא השם הקדוש במספר קטן, מחמת שהיה בארץ מצרים מקום הקליפות והיה עיקר העבדות לזמר עריצים, אעפ"כ היה נחשב לו זה כשאר שנותיו שהיה עובד בהם במדריגת גדלות, וזהו "ויהי ימי יעקב שני חייו", פירוש שזה היה נחשב לו במנין שאר שנותיו בשוה כנ"ל.

או יאמר "ימי יעקב שני חייו כו'", לפי שעיקר החיות של הצדיק הם אותן הימים שמוסיף בהם אור העבודה, והם נקראים 'ימים' ע"ד שנאמר "ויקרא אלהים לאור יום", וזהו "ויהי ימי יעקב", פירוש הימים שהיה מוסיף בהם אור, הם היו עיקר "שני חייו". וק"ל.

או יאמר "ויחי כו'", ונקדים לפרש הפסוק "הודו לה' כי טוב כו'", דהנה הצדיק ע"י תפילתו הזכה והצלולה הוא ממשיך את הבורא ב"ה וב"ש לעוה"ז, והרי הוא כמו שמביא שמו הגדול אל הקטנות, כי עיקר גדולתו על השמים כבודו, וגדולתו על כל העולמות, והצדיק ממשיכו לזה העולם הוא כמו קטנות, והשם הקדוש בקטנות גימטריה י"ז, אך עי"ז שממשיך את הבורא לעוה"ז אזי מלאה הארץ חסדו בהשפעות וברכות וטובות הרבה, וזה "הודו לה'", היינו שתתפללו לפניו והודו לו, "כי טוב", ר"ל הגם שתביאו אותו ית"ש ויתעלה כמו אל הקטנות, דהיינו השם הקדוש הויה ב"ה בקטנות גימטריה טוב כנ"ל, "כי לעולם חסדו", ר"ל כי עי"ז תפעלו להמשיך לעוה"ז חסדו, היינו השפעות חסדים וטובות.

וזהו "ויחי יעקב בארץ מצרים שבע עשרה שנה", ר"ל ע"י שם הקדוש שהמשיך למטה והוא גימטריה י"ז כנ"ל, עי"ז היה לו חיות והשפעות טובות בארץ מצרים. וזהו "ברוך ה' אשר כו' וחסדו מאתי", דהיינו שע"י תפילתי אני גורם להמשיך חסדו לעולם כנ"ל. וק"ל.

או יאמר "ויחי יעקב כו'", דהנה ראוי להשכיל ולהבין על קבלת שכר המצוות, הנה מצד השכל והדין אינו מחמת קיום המצוות, כי מאחר שהבורא ית"ש ויתעלה בראנו לכבודו, ואין אנו מספיקים להודות על אחת מאלף כו' על הטובות כו' שעשה עמנו, וראוי ונכון היותינו מקיימים מצוותיו הקדושים כמאמר התנא "אם למדת תורה הרבה אל תחזיק כו' כי לכך נוצרת", אך עיקר קבלת שכרינו הוא מצד שהבורא ית"ש נתן בנו יצה"ר המסית אותנו בכל עת ורגע ומתגבר עלינו להתאוות תאוה ולהרהר חלילה בעבירה וכל יצר מחשבותיו רק רע כל היום, והאדם עומד כנגדו ובתחבולות יעשה מלחמה נגדו להזהר ולהשמר מכל דבר רע, מחניפות ושקרים וליצנות ולשון הרע ותאוות והרהורים והדומה להם, לזה צריך מלחמה ועבודה רבה לשבר כח התאוות היצה"ר, וזהו עינוי וסיגוף גדול, עי"ז הקב"ה מקדשו ומטהרו כאילו עשה מצוה, כי ע"י המצוות אנו מתקדשים ומתטהרים כאמור "אשר קדשנו במצותיו", וזהו דאמרינן בגמרא "היושב בטל ואינו עובר עבירה מעלה עליו הכתוב כאלו עשה מצוה", והיינו כנ"ל, ע"י שהוא משבר כח התאוה של היצה"ר שלא לחטוא חלילה עי"ז והוא מתקדש כאילו עשה מצוה.

וזהו שהתפלל משה רבינו ע"ה "שמחינו כימות עניתנו", פירוש שתשמחנו בקדושתך כימות עניתנו ע"י היצה"ר שאנחנו מוכרחים לשבר כח תאוותו, "שנות ראינו רעה", פירוש כל השנים אשר ראינו והסתכלנו ברעה להזהר ולהשמר ממנו, עי"ז "יראה אל עבדיך פעליך", ר"ל יחשב לפניך כאילו עשינו כל מצוותיך ופעליך, כנ"ל שע"י עינויים וסיגופים מהיצה"ר לשבר כחו, יחשב כאילו עשיתי כל המצוות.

תהו "תאות לבו נתת לו כו'", זה שנתת לאדם הבחירה שיעשה כתאות לבו, "וארשת שפתיו בל מנעת סלה", שלא מנעת ממנו לדבר בשפתיו כרצונו, כל זאת עשית לטובת האדם, "כי תקדמנו ברכות טוב", פירוש עי"ז שהבחירה לאדם והיצה"ר מסיתו והוא כובש את יצרו, עי"ז יקדמנו השי"ת ברכות ושכר גדול, ע"י השם הקדוש שם הויה ב"ה שהוא גימטריה טוב, והיינו אפילו בגלות המר שהשם הוא בקטנות, כי לעתיד שיהיה השם בגדלות, בוודאי אין קץ וסוף להשפעתו, וזהו "הודו לה'", ר"ל להשם הויה שמו הגדול ית"ש, "כי טוב", ר"ל אף בגלות המר שהשם בקטנות, אעפ"כ הוא בגימטריה טוב, וזהו "כי לעולם חסדו".

וזהו "וישכר חמור גרם כו'", פירוש "יש שכר" לאדם ע"י שהחמור - הוא הגוף החומר - החומד ומתאווה והאדם משבר כח תאוותו, הוא גורם לו לשכר הגדול, "רובץ בין המשפתים", פירוש הלשון, שהוא רובץ בין המשפתים, שהבחירה בידו לדבר בלשונו כרצונו, "וירא מנוחה", פירוש ואדם משבר כח תאוותו ואין רואה רק שיהיה לו מנוחה מהתאוות והמחשבות זרות, עי"ז גורם לו "כי 'טוב'", פירוש שיש לו השפעות משם הרחמים שהוא גימטריה טוב.

וזהו "ויחי יעקב בארץ מצרים", פירוש ע"י שהיה משבר כח התאוויות היצה"ר הנקראים 'ארץ מצרים' שהיא הקליפה, עי"ז היה לו חיות והשפעה מהשם הרחמים שהוא גימטריה "שבע עשרה" כנ"ל. וק"ל.

ויקרבו ימי ישראל כו'. ונקדים לפרש הפסוק "שבענו בבוקר חסדך", ולכאורה הלא טוב לנו להתפלל שישבענו בחסדו חסד אל כל היום? אך נראה דהנה החסדים נקראים 'בוקר', וזהו "וישכם אברהם בבוקר", פירוש דאברהם אבינו ע"ה שהיה צדיק גדול והקדים ע"י מעשיו הטובים להשכים ולהקדים את הבוקר, היינו לעורר החסדים הנקראים בוקר, אבל אנחנו דלי מעש וחסרי לב, אנו מתפללין להשי"ת ב"ה שהוא ישבענו בבוקר חסדיו, שהוא יעורר עלינו החסדים, והשי"ת ברוב רחמיו שומע תפילת עמו ישראל ומקבל ברחמים וברצון את תפילתינו.

ויש לכוון הפירוש במה שתקנו לנו בשלש ברכות ראשונות לומר "גומל חסדים טובים", ר"ל 'חסדים טובים', היינו החסדים שהשי"ת נותן להצדיקים הנקראים טובים, ו'גומל' הוא מלשון ויגמל אברהם כו', פירוש השי"ת הוא גומל את החסדים טובים ואינו ממתין עד שיתעוררו החסדים ע"י צדיקים, רק "קונה הכל", פירוש השי"ת ברוב רחמיו מקבל את כולנו, ולא עוד אלא "וזוכר חסדי אבות", דשלש ברכות הראשונות נקרא 'אבות', והם השלש מוחין הנקראים 'ראש', ובאותן שלש ברכות אין שם תפילה כמבואר בשו"ע או"ח, ויש ליתן טעם לשבח לזה, מפני ששלש ברכות הראשונות הם בעולמות העליונים ושם אין קטרוג כלל, לכן אין צריך שום תפילה רק תהלות ותשבחות, כי אין תפילה אלא במקום קטרוג, וזהו "וזוכר חסדי כו'", פירוש תיכף ומיד בהתחלותנו שבחין, הם הג' ראשונות, מיד הוא זוכר את חסדיו לעשות כל צרכינו מיד ב'אבות', היינו שלש ראשונות, קודם גמר תפילתינו הוא יעננו טרם נקרא.

וזהו פירוש "תאות לבו נתת לו", דהתאוה והתשוקה של הצדיק תמיד שיהיו כל ישראל מלאים ושבעים כל טוב, והשי"ת נותן התאוות האלו בלב הצדיק כדי שיתפלל לפניו, שהקב"ה מתאוה לתפילתן כו', "וארשת שפתיו בל מנעת סלה", פירוש והשי"ת שומע תפילתו של הצדיק, ולא עוד אלא "כי תקדמנו ברכות טוב", פירוש וקודם שיתפלל עדיין, הוא מקדים כל ברכות טוב על ידי ש"תשית לראשו עטרת פז", פירוש מחמת שמיד בהתחלת שלש ראשונות הנקראים 'ראש' אתה עושה מהם עטרת פז, ולכן טרם יקרא אתה תענה, כי שם אין צריך לתפילה כנ"ל. וזהו "התהללו בשם", פירוש בעולמות ששם רק תהילה, וממילא "ישמח לב מבקשי ה'" מיד קודם שיתפללו.

וזהו "ויקרבו ימי ישראל למות", פירוש יעקב אבינו ע"ה היה מחשב תמיד את יום המיתה שהוא קרוב ושמא ימות היום, וזהו "ויקרבו כו'", ר"ל שכל ימיו היו בעיניו קרובים למיתה, ועי"ז היה מזכך את גופו והיו כל מחשבותיו בעולמות העליונים, וזהו "ויקרא לבנו ליוסף", פירוש זה רמז אף כשהיה בעניני עוה"ז, דהיינו "לבנו" וכדומה, אף על פי כן היו כל מחשבותיו "ליוסף", דהיינו עולם העליון הנקרא 'יוסף'.

או יאמר "ויקרבו ימי ישראל כו' שים נא ידך תחת ירכי", נראה דהנה העיקר הוא ליחד שמו הגדול באמת, והוא שימסור אדם נפשו על קדושת שמו יתברך ויתעלה, ולכן מצות עשה בתורה לקרות ק"ש ערב ובוקר, שזה יחוד שמו שאנו מוסרים נפשינו לשמו הגדול יתברך, רק שצריך האדם לדמות בנפשו באמת כאילו עתה נמסר נפשו על יחוד שמו הגדול, וכן הוא דרך הצדיקים.

וזהו "ויקרבו ימי ישראל למות", פירוש שתמיד היה מוסר נפשו כ"כ באמת שהיה קרוב למיתה, "ויקרא לבנו ליוסף", לכאורה היה לו לומר 'לבנו יוסף'? אך הענין הוא מה שהאדם מקיים התורה שאינו עובר על מצוותיו, אינו אלא במדריגת 'עבד' שאינו עובר על מצות אדוניו, אבל להיות נקרא 'בן' למקום, צריך לעשות לעצמו גדרים וסייגים ולהוסיף בעבודה לפי שכלו הזך ממדריגה למדריגה, וזהו "ויקרא לבנו" פירוש מי הוא בנו? "ליוסף" שמוסיף תמיד כנ"ל, "שים נא ידך", לפי שהצדיק הגדול המוסיף תמיד בעבודה צריך לשמור עצמו שלא יפול לגאות מחמת שיסבור שהוא טוב ומטיב בעבודה להוסיף בה תמיד, והתקנה לזה הוא לזכור תמיד ולחשוב שכל זכויותיו אינם כדאי להנצל פעם אחד מחטא קרי ר"ל אם נזדמן לו, ובזה יכנע וישפל, וזהו "ויקרא לבנו ליוסף" כנ"ל, "שים נא ידך", פירוש כל כחך, הם התורה והמצוות שאתה מקיים, שים הכל "תחת ירכי" רמז על החטא הנ"ל, אם ח"ו נזדמן לך אז הכל חלף ועבר ח"ו, ובזה תנצל מן הגאוה, וזהו "אל תקברני במצרים", הם הקליפות הנקרא מצרים. וק"ל.

ויקח יוסף את שניהם את אפרים בימינו כו' מימין ישראל וישלח כו' והוא הצעיר כו' שכל את ידיו כי מנשה הבכור. ויש לדקדק הלא עיקר כוונת הכתוב הוא לפרש שהבכור היה מימין ישראל והצעיר משמאלו, וימין ושמאל של יוסף הוא מיותר.

אך נראה שעיקר מחשבת יעקב אבינו ע"ה היה להמשיך לישראל אחריו כל הימים השפעות והברכות כולם להיותם קיימים תמיד, ורצה להמשיך ע"י ב' צדיקים הללו אפרים ומנשה, כאומרו "בך יברך ישראל כו' כאפרים וכמנשה", והטעם למה דוקא ע"י אלו הצדיקים? היות שהעולם צריך תמיד לב' מיני צדיקים, האחד הוא שיחשוב תמיד בעולמות העליונים וביחודים להוסיף אור תמיד למעלה למעלה, ואחד לחשוב בצורכי עולם, מה שהעולם צריכין פרנסה וברכה וחיים ושאר הצטרכותם, ובב' מיני צדיקים הללו הוא קיום העולם, ולזה רצה להמשיך ולפעול זאת על ידם, "כי מנשה הבכור" היה במדריגתו לעלות תמיד ממדריגה למדריגה ולא לחשוב בעניני העוה"ז כלל, ואפרים היה צעיר ממנו בעבודה שלא היה כ"כ הולך במדריגות, כי אם שהיה חושב תמיד המשכת השפעה על ישראל, וזה היה חשוב בעיני ישראל אבינו יותר, כי עיקר מגמתו היה למשוך טוב על ישראל, וכוונת יוסף היה היפך, שהיה סבר שמנשה חשוב מחמת רוב כוונתו ועלייתו, ולזה לקח את אפרים לימין עצמו, כי כוונתו היתה ג"כ בשביל ישראל להמשיך הברכות ע"י ב' הצדיקים הללו, אך שסבר שדי לאפרים כח ימינו במה שהעמידו לימין עצמו, בזה יהיה די לפעול הברכות לישראל וכנ"ל, ועיקר היה אצלו מנשה לפי שהיה עובד במדריגות גדולות ולכך העמידו לימין אביו, ולא כן היה דעת יעקב אבינו ע"ה, אדרבה להיפך, לפי שהיה אפרים הצעיר לכך שכל את ידיו לברכו בימין, כי זה היה עיקר פעולת יעקב להטיב אחריו לדורותיו שיהיו מזומנים כל טוב השפעה ורחמים, וזה היה מדריגת אפרים.

וזהו שאמר יעקב "ידעתי בני ידעתי", פירוש שאמר ליוסף הידיעה של בני, ידעתי מזה ג"כ שמנשה הוא היותר גדול במדירגתו, "ואולם אחיו הקטן" במדריגתו "יגדל ממנו וזרעו יהיה מלא הגוים", שיהיה כל העולם מלא מהשפעותיו וטובו, ולכך הוא חביב בעיני יותר, לזה "וישם את אפרים לפני מנשה".

וזהו "סוד ה' ליראיו (ובריתו להודיעם)", פירוש היראים - הם הצדיקים הממשיכים השפעות, צריכין לעשות בסוד בהסתר מפני הקטרוג שלא יקטרג על הטוב ההוא, "ובריתו" הוא צדיק המתנהג ע"פ הברית והתורה, "להודיעם" פירוש שיודיע זאת לבני אדם שילמדו ממנו הדרך הטוב ההוא.

שכל את ידיו כי מנשה הבכור. ולכאורה הטעם הוא ההיפך של עשיה, אלא למדה תורה דרך ארץ שינהוג אדם כבוד בחבירו לפי הראוי לו, ואעפ"י שהיה יכול יעקב אבינו ע"ה לחזור ולהעמידם כרצונו זה לימינו וזה לשמאלו, אלא שכוונתו היה שלא לבייש את מנשה ולכך שכל את ידיו בראשם. וק"ל.

או יאמר "אם עד שלא פרעו כו'", דהנה כל אדם יש בו חלק אלקי ממעל, וגם בשעה שעושה עבירה חלילה אילולי החלק אלקי שבו לא היה בו כח להתנענע בשום תנועה בשום אבר לעשות, וההכרח לחלק אלהי להתלבש בלבושים על גבי לבושים לסבול הצער הגדול של העבירה, וזהו סוד גלות השכינה, ואח"כ כשאדם חוזר בתשובה ובוכה על עוונותיו, זה הוא שבוכה על גלות השכינה, ועי"ז הוא משבר את הלבושים שהוכרח החלק אלקי להתלבש בהם ונתגלה בתיקונו כשמתקן עוונו, וזהו "עד שלא פרעו", ר"ל שעדיין לא הסיר וגילה את הלבושים מחלק אלקי, שעדיין לא עשה תשובה כהוגן "חייב", "ואם משפרעו פטור", כנ"ל, "ר"י אומר (וכו')", כנ"ל.

יהודה אתה יודוך כו'. דהנה אנו מתפללים בברכת אהבה רבה "ותן בלבנו לאהבה וליראה את שמך", ולכאורה הוא ההיפך, היראה מביאה לידי אהבה. אך אמנם האמת שניהם צדקו יחדיו, דאית יראה ואית יראה, אית יראה תתאה הנקרא 'אימא תתאה', וממדריגה זו בא לידי אהבה, ואהבה זו נקראת בשם 'אח' שעדיין אינה אהבה שלימה, וממדריגת אהבה זאת בא לידי אהבה שלימה הנקרא בשם 'אב', וממדריגת אהבה זאת בא לידי יראה עילאה הנקרא בשם 'אם', וזהו שנאמר "איש אמו ואביו תיראו", רמז ליראה תתאה, נאמר אם קודם לאב, ואצל כיבוד שהיא אהבה נאמר אב קודם לאם.

וזהו שאמר אברהם אבינו ע"ה לאבימלך "וגם אמנם אחותי בת אבי", פירוש מחמת שהיה בדרך לא היה יכול להשיג מדריגת אהבה עילאה הנקרא בשם 'אב', ולא היה כי אם במדריגת אהבה תתאה הנקרא בשם 'אח', שהיא כמו בת למדירגת אהבה עילאה, "אך לא בת אמי", שאינו במדריגת אהבה שהיא כמו 'בת' ליראה עילאה הנקרא בשם 'אם', "ואומר לה בכל מקום אשר נבוא שמה אמרי לי אחי הוא", רמז שאני במדריגת אהבה הנקרא בשם 'אח'.

וזהו "יהודה אתה", דהיינו כשאתה בנגלות, דהיינו מדריגת 'אתה' שהוא הנגלה, כמו שאנו אומרים 'ברוך אתה' הוא הנגלה, 'אשר קדשנו' הוא הנסתר, ובמדריגה הזאת "יודוך אחיך" ר"ל אותם שהם במדרגת 'אח' כנ"ל, אבל "ידך בעורף אויביך", פירוש כשתהיה במדריגה עליונה שיש כח בידך לכלות האויבים והדינים, אז "וישתחוו לך בני אביך", אותם שהם במדרגת 'אב'. והבן מאוד.

יששכר חמור גרם כו'. נראה לפרש, דהנה הצדיק המתפלל צריך להסתיר דבריו בכדי שלא יבין המקטרג לקטרג חלילה, ואילולי הקטרוג היה הצדיק יכול להוציא בשפתיו כל דבריו שירצה, רק מחמת הקטרוג צריך לכחד דבריו תחת לשונו ושפתיו, וזהו "יששכר חמור גרם רובץ בין המשפתים", פירוש הגוף, הוא החומר, גורם לצדיק שמוכרח להיות רובץ את דבריו בין השפתים, 'משפתים' לשון 'שפתים', היינו כנ"ל שצריך להסתיר את דבריו בין שפתיו שלא לדברם בפירוש מפני המקטרג שיכול לקטרג על הצדיק מחמת גוף החומר, ולכן חכם בדעת ידבר ויתפלל, ותפילתו יעלה לרחמים ולרצון. אמן.

לא תראה חמור אחיך רובץ תחת משאו כו'. דהאדם העוסק בעניני ועסקי עוה"ז, הרי העולם עליו כמשא ורובץ תחת משאו, ואמר הכתוב "לא תוכל להתעלם", אזהרה לצדיק שיתפלל עליו. וק"ל.

## ספר שמות

### שמות

ואלה שמות בני ישראל הבאים מצרימה כו' איש וביתו באו. לתרץ השינוי לשון שמתחילה אומר "הבאים" בלשון הוה, וסיים בלשון עבר "באו", גם מתחילה קראם על שם "ישראל" ולבסוף קראם על שם "יעקב". הכוונה בזה היות שהצדיק הגדול הנתחזק ונתיישן בצדקו ימים רבים, אזי אף שעושה דברים גדולים וצדקות רבות, אעפ"כ הוא ניצול מגדלות, כי אדרבה הוא מוצא בעצמו חסרונות לומר שהוא מקצר עדיין בעבודה והוא מיצר עצמו על זה, ומה גם שמצער עצמו על צורכי ישראל וגלותם המר במסים וארנונית וכל התלהבותו ודבקותו בעבודה אינו שוה לו כלל מרוב דאגתו עליהם כנ"ל, והמה עמודי עולם הנקראים בשם "ישראל". ואותן הצדיקים המתחילים בעבודה חדשים מקרוב באו, בהיותם עושים איזה דבר קדושה נתלהב בקרבם הגדלות והמה סוברים שכבר הגיעו לתכלית העבודה האמיתית, ואעפ"י שהם צדיקים המה נכשלים בעון הגדלות, המה אשר בשם "יעקב" יכונה.

וזהו רמז הכתוב באמרו "בני ישראל הבאים מצרימה", לומר שהצדיקים הגדולים המה תמיד במיצר ודאגה על העבודה לומר שהם מקצרים עדיין, ובזה הולכים למעלה תמיד בלי הפסק וזהו "הבאים" בלשון הוה. "את יעקב איש וביתו באו" - בעבר - לרמוז על אותן הסוברים שכבר שלמו בעבודה מבלי שום חסרון אליהם הגיע, שלא כן מדרגת האמת אלא להשגיח תמיד על שפלותו למען ינצל מגדלות ואז טוב להם. וק"ל.

או יאמר "ואלה שמות בני ישראל כו'". ומתחילה נפרש הגמרא "כל המענג את השבת נותנים לו נחלה בלי מצרים", והיה לו לומר המענג את עצמו בשבת, וגם השכר שנותנים לו נחלה בלי מצרים מה מדה כנגד מדה הוא, גם מה שדרשו חז"ל "נשמה יתירה נותנין לו לאדם בשבת ולמוצאי שבת נוטלין ממנו שנאמר שבת וינפש כיון ששבת ווי אבדה נפש", והקושיא מפורסמת מה אומרם כיון ששבת כו', הרי איבוד הנפש היתירה הוא אחר השבת כאמרם ולמוצאי שבת ניטלת הימנו.

אך הענין הוא, דאיתא בזוהר הקדוש דהצדיק נקרא "שבת", מחמת שיש לו בחול נשמה כשאר בני אדם בשבת, אך מה יש בו תוספות מעלה בשבת, יש לומר דהנשמה נתוספת בקדושה יתירה עד שהוא מענג להבורא יתברך, וזהו "כל המענג את השבת", דקב"ה נקרא שבת, ע"ד דאיתא שם מהו שבת שמא דקב"ה, "נותנין לו נחלה בלי מצרים", דהצדיק הזה הוא תמיד מקושר ודבוק בעולמות העליונים אשר אין להם סוף ומיצר וגבול, דעולם הזה יש לו גבול, וביד הצדיק הזה לקשר כל העולמות עד אין סוף ב"ה. וזהו שאמרו חז"ל "כיון ששבת", פירוש האדם שאין

לו נשמה יתירה בחול רק בשבת נותנים לו נשמה יתירה, "ווי אבדה נפש", פירוש ווי שהנפש נאבד בחול, שאין לו בחול הנפש הזה, ולא זכה להקדושה הנוספת בשבת להצדיק שיש לו נשמה יתירה בחול.

והנה יש צדיק שאינו דבוק תמיד בעולמות עליונים, מחמת שצריך עדיין לתקן את מידותיו ביראה וענווה, וצריך לירד מדביקותו כדי לתקן, אך אעפ"כ הוא תמיד בפנימיותו שאינו נכשל חלילה בשום חטא בירדו למטה ממדריגתו. וזהו "ואלה שמות בני ישראל הבאים מצרימה", פירוש הצדיקים הנקראים בשם "ישראל" היורדים לפעמים ממדריגתם ובאים אל מצרימה, דהיינו בירידתם למטה נקרא "מצר ים", שהוא כדי לתקן את מידותיו ביראה וענווה, וזהו "את יעקב" רמז לענווה ויראת חטא כמו שאמר הכתוב עקב ענווה יראת חטא. "איש וביתו באו", פירוש הצדיק הזה הוא בטוח שלא יכשל בשום חטא ויבוא יחד איש וביתו, ד"איש" נקרא הדבוק, ו"ביתו" היינו פנימיותו, דהיינו היראה והענווה שבו שניהם יחד יבואו וכאלו כבר באו. וזהו "ויעקב איש תם יושב אהלים", ופירש רש"י ז"ל "מי שאינו יודע לרמות נקרא תם", רמז לדברינו הנ"ל, שהצדיק שהוא ביראה וענווה הוא איש תם בשני אוהלים, דהיינו אז ביורדו מדביקותו למטה, אעפ"כ הוא תם שאין יודע לרמות, שאינו נכשל בשום חטא, דיש צדיק אשר לפעמים כשנופל ממדריגתו יכול להכשל באיזה חטא חלילה, אבל הצדיק היורד בכדי לתקן את ביתו ביראה וענווה לא יכשל לעולם.

וזהו פירוש המשנה "איזה תם ואיזה מועד וכו'", יש לומר שהתנא מרמז לדברינו הנ"ל, "איזה תם", ר"ל התם הנקרא בשם תם יושב אהלים, "ואיזה מועד", כבר כתבנו "מועד" הוא רמז לעולמות העליונים, לשון מוֹעד בחולם, ואמר "איזה מועד" פירוש איזה הוא הצדיק שהוא תמיד מקושר ודבוק בעולמות העליונים, "מועד כל שהעידו בו שלשה ימים", דאיתא במקרא ומשנה ותלמוד הם מעוררים את הנפש ורוח ונשמה, וזה רמז "שהעידו בו וכו'", פירוש שנתעורר בו הנפש רוח ונשמה לעלות לעולמות להיות תמיד דבוק בהם, "ותם משיחזור בו שלשה ימים", דהיינו כנ"ל, גם שיורד ממדריגתו הוא חוזר לתמותו שאינו נכשל חלילה, וצד תמותו במקומה עומדת. וק"ל.

או יאמר "ואלה שמות כו'", דהנה יש שני מדריגות צדיקים, יש צדיק שאינו משגיח כלל על העולם רק כל עבודתו כדי לזכך ולתקן את נשמתו להעלותה לשורשה למקום מחצבתה, ויש צדיק קדוש וטהור שהוא דואג ומיצר תמיד על צרות ישראל וכל מגמותיו ומחשבותיו לעולם כל טוב להשפיע, ואיתא בגמרא ברכות "כל הקורא לאברהם אברם עובר בעשה ולא תעשה" ומקשה הגמרא "אלא מעתה הקורא ליעקב יעקב יהא עובר בלא תעשה דכתיב לא יקרא כו'", ומשני "שאני התם דאהדריה קרא", גם זה יש להבין למה באמת אהדריה קרא. ועוד איתא במסכת תענית דף ה' "יעקב אבינו לא מת" ומקשה הגמרא "וכי בכדי חנטוהו וספוד ספדינהו א"ל מקרא אני דורש שנאמר ואתה אל תירא עבדי יעקב כי הנני גואלך מרחוק וזרעך מארץ שבים. מקיש הוא לזרעו, מה זרעו בחיים אף הוא בחיים". ומקשים מכל מקום קשיא וכי בכדי חנטוהו כו'.

ונראה דכך הוא פירוש הגמרא, דאיתא בבבא בתרא גבי דוד נאמר וישכב דוד לפי שהיה מניח בן ממלא את מקומו ע"ש, והכי פירושו "מה זרעו בחיים", דהיינו שהם צדיקים הנקראים חיים כמש"ה "ועמך כולם צדיקים", אלא מי מעכב שאור שבעיסה מעכב ושעבוד מלכיות, "אף הוא בחיים" כאילו לא מת, וכמו שיעקב אבינו ע"ה היה לו צער גידול בנים, וכל מגמותיו היה על בניו להשפיע להם כל טוב למען יהיו צדיקים גמורים שלא יהיה להם שום מניעה בעבודת הבורא יתברך שמו, כן הצדיק ההולך בעקבותיו המשגיח על העולם להשפיע להם תמיד נקרא בשם "יעקב". ונוכל לומר להכי אהדריה קרא וקראו יעקב, לרמז שצורך הוא המדריגה הזאת להשפיע לישראל כל צורכיהם, אבל אברהם כשהוסיף לו השי"ת אות ה' על שמו, היה נשאר קשור בעולמות העליונים ולא ירד שוב ממדריגתו.

ואיתא בגמרא (ברכות ז, ב) "מנלן דשְׁמָא גָרים שנאמר (תהלים מו, ט) לכו חזו מפעלות אלקים אשר שם שמות בארץ אל תקרי שַׁמות אלא שֵׁמות", ואיתא בזוהר הקדוש דשם זה הקוראים לאדם ביום המילה הוא השם עצמו שבשרשו, ונמצא הצדיק שאינו משגיח על העולם להשפיע להם אלא על נשמתו להעלותה לשורשה, הוא נקרא בשם "ישראל", שזה הוא עיקר השם בשורשו. וזהו "ואלה שמות", רצה לומר הצדיקים הללו שאינם משגיחים אלא [על] העלותם לשורש שמשם באו להם נשמתם ושמותם, "בני ישראל" הם מכונים בשם "ישראל" לבד, אבל "הבאים מצרימה", דהיינו אותם הצדיקים הבאים במיצר ודאגה תמיד על כללות ישראל, "את יעקב" פירוש הם ג"כ במדריגת יעקב כנ"ל, "איש וביתו באו" פירוש כל איש מישראל וביתו, דהיינו בני ביתו, באו כולם כאחד שווין לטובה לפניו להשגיח עליהם, ודעתו ומחשבתו על כולם להתפלל עליהם ולהשפיע להם ברכה ורחמים וחיים וכל טוב. וק"ל.

או יאמר ע"פ דאיתא דהרוחניות והנשמה של אדם נקראים בשם 'שמות', דעיקר השם הנקרא לאדם כגון ראובן או שמעון זה השם הוא להנשמה ולא להגוף, והחקירה לזאת הוא שאנו רואים אדם שהוא ישן ורוצים להקיצו משינתו, אם דוחפים את גופו לבלתי יקראו אותו בשמו הוא יותר בקושי להעירו מאם היו קוראים אותו בשמו, וזהו מחמת כשאדם ישן אזי נשמתו עולה למעלה ויוצאת מגופו ולכן בקושי להקיצו משינתו ע"י דחיפת הגוף, משא"כ אם קוראים אותו בשמו. וזהו שמתמה הכתוב ואמר "ואלה שמות בני ישראל", ר"ל הצדיקים הקדושים אשר בשם "ישראל" מכונים שהיא מדריגה גדולה, "הבאים מצרימה", פירוש מאחר שהם במדריגה גדולה, מהיכן בא להם זאת שנופלים לפעמים ממדריגתם ובאים אל מצרימה, רמז שבאים אל מדריגה קטנה, ואמר הכתוב "את יעקב", פירוש בשביל "יעקב" דהיינו הפשוטי עם הנקראים בשם יעקב, בעבורם ההכרח שיפול ממדריגתו, שיהא לו שייכות וחיבור עם פשוטי עם כדי להעלותם אל הקדושה, דאילולי זאת לא היה שום שייכות להצדיק עמהם. ואמר הכתוב באיזה סיבה יכול להעלותם אל הקדושה, דהיינו "איש וביתו באו", ר"ל הצדיק נקרא איש וביתו, היינו פנימיותו, דהיינו ע"י שהוא מעורר הפנימיות שלו נתעורר ג"כ הפנימיות שלהם ובאים יחד אל הקדושה, וזהו "איש וביתו באו".

וזהו (תהילים קט, ל) "אודה ה' מאוד בפי", דהנה הכל הולך אחר המחשבה, ויכול אדם לתפוס במחשבתו דברים הרבה מה שאין הפה יכול לדבר, ואמר דוד המלך ע"ה "אודה ה' בפי", ר"ל הגם שאי אפשר להוציא בשפתים כל מה שבמחשבתי, אעפ"כ אודנו בפי שהיא מדריגה קטנה. כי כוונתי "ובתוך רבים אהללנו" פירוש כדי שיתהלל שמו בתוך רבים כנ"ל, כשהצדיק הוא במדריגה קטנה יכול להעלות גם את פשוטי עם אל הקדושה. וק"ל.

או יאמר "ואלה שמות", לתרץ הדקדוק שהיה לו לומר "הבאים עמו". דהנה יש לדקדק בפסוק "ותקרא שמו ראובן כי ראה ה' בעניי", ופירשו רבותינו ז"ל שאמרה לאה ראו מה בין בני לבן חמי, ולכאורה הלא הטעם מפורש בפסוק כי אמרה כי ראה כו', ומה ראו רבותינו לדרוש טעם אחר בדברים.

אך נראה כונת רז"ל דהנה כל הנשמות הנבראים צריכין להיות מקושרים למעלה בעולם העליון, וגם למטה בעולם התחתון, דכל נשמת אדם בשעת ביאתה לעולם נברא עמה עולם למעלה למען תהיה קשורה באותו עולם למעלה, וגם צריכה להיות קשורה למטה בעולם התחתון, והטעם צורך קשירתה למעלה הוא למען יעלו למעלה כל העבודות והתורות והתפילות ממטה למעלה ע"י התקשרותה בעולם העליון, והצורך שתהא קשורה למטה הוא ממילא, דאילולי זאת לא היה באפשרי שתהיה הנשמה העליונה הרוחנית בעולם השפל, לכן צריך לה קישור בעולם השפל. והתורה שבכתב היא כנגד עולם העליון, ותורה שבעל פה היא כנגד עולם התחתון.

ולכן קראה שמו ראובן בכדי שיהא מקושר בשני עולמות כנ"ל, וזהו שכתוב בתורה "כי אמרה כי ראה ה' כו'" הוא התקשרותו בעולם העליון כמ"ש כי ראה ה' דייקא, והוקשה לרבותינו ז"ל הלא גם בעולם התחתון צריך התקשרות והאיך נתקשר ע"י שם זה, ולכן אמרו שבשם זה נכלל גם ההתקשרות העוה"ז, ופירשו "ראו מה בין בני כו'", כי בעוה"ז אנחנו רואים שיש הפרש בין ישראל ובין האומות, אבל בעולם העליון אין להאומות שום אחיזה ואין ניכר ההפרש שביניהם, ונמצא ע"י שם זה נתקשר בשני עולמות.

וזה נקרא "פי שנים" מה שאמרו חז"ל "בכור נוטל פי שנים", רצה לומר הצדיק נקרא "בכור", בני בכורי ישראל, הוא "נוטל פי שנים", פירוש שיש לו אחיזה בשני עולמות, אבל צריך לזה שיהא צדיק גמור בכל מעשיו ומוחזק בצדקו לבל יתמוטט עוד, וזה נקרא חזקה, וזה רמז מה שאמרו חז"ל ש"אין הבכור נוטל בראוי כבמוחזק", וע"י דבר מה יהיה מוחזק בצדקתו? הוא ע"י שמרגיל עצמו בכל מידה ומידה שעושה ובכל גדר אשר יגדור לעצמו עד שנעשה אצלו כטבע, אז הוא מוחזק במעשיו הישרים. וזהו פירוש מה שאמרו חז"ל "מאימתי הוי חזקה מכי דייש אמצרי", ר"ל אחר שמורגל בגדריו שגדר, "דייש" הוא לשון "כיון דדש דש".

ואחר שיהיה הצדיק מקושר בשני עולמות ומוחזק במעשיו הקדושים, אזי כל התורות והתפילות והעובדות שלו הולכים אל הים העליון הנקרא ים התלמוד, אך באופן שבכל זאת ידע בבירור שעדיין לא עשה כלום להבורא יתברך כראוי לעבוד אליו יתברך שמו הגדול, שאם ח"ו יחשוב בעשותו איזה דבר טוב שעשאו בתכלית השלימות ויהנה במעשיו, אזי כל מעשיו אין נחשבין לכלום, וזהו פירוש "כל הנחלים הולכים אל הים" ר"ל כל המידות טובות הנקראים "נחל", שעל ידם הולכים כל השפעות והחסדים כנחל המתפשט ממעלה למטה, כל המידות האלה הולכים אל הים העליון, ובאופן "והים איננו מלא", פירוש שיחשוב בעצמו שפלותו ולא יהיה מלא ממעשיו.

וזהו "ואלה שמות כו'", דידוע ד"ישראל" הוא מדריגה עליונה הנקרא ישראל כידוע, ו"יעקב" הוא מדריגה תחתונה, וזהו שאמרו חז"ל "לא שיעקר שם יעקב ממקומו אלא ישראל עיקר" כו' ע"ש, דשני השמות הוצרכו, שם ישראל בשביל קישור העולם העליון, ושם יעקב בשביל קישור עולם התחתון כנ"ל, והצדיק גמור אשר בשם ישראל יכונה הוא מקושר בעולם העליון, והצדיק שאינו במדריגה ישראל יש לו אחיזה בשם יעקב שהוא מדריגה תחתונה, ובלבד שילך עכ"פ בתמימות אעפ"י שאינו יכול להשיג מדריגה העליונה הנקרא ישראל, וזהו "ואלה שמות בני ישראל", ר"ל אותן הצדיקים שבשם ישראל מכונים שיש להם אחיזה בשם ישראל, "הבאים מצרימה", פירוש הם באים ע"י המיצר, דהיינו ע"י הגדרים שגדרו לעצמם, והם מוחזקים בהם בכשרותם בטבע, ועולים במדריגתם אל הים העליון, וגורמים השפעות טובות לעולם, וזהו מצרימה - "מיצר ים", "מיצר" לשון מכי דייש אמצרי כנ"ל, ו"ים" רמז לים התלמוד.

"את יעקב", פירוש אותן הצדיקים שיש להם אחיזה בשם יעקב שהיא מדריגה תחתונה, "איש וביתו באו", פירוש צריך שיבוא בכל ביתו, דהיינו בכל גופו ותמימות כנ"ל, וזהו "והאכלתיך נחלת יעקב אביך", ר"ל שהשי"ת ברוב רחמיו מבטיח לנו שגם מי שיחזיק במדריגת יעקב, אעפ"כ יגרום השפעות מנחל העליון, "כי פי ה' דבר", פירוש רק שיהיה בתמימותו, שכל אשר יצא מפיו יהיה דבר ה' דהיינו תמימות, ואז גם הוא ישפיע השפעות טובות וברכות מנחל העליון לישראל לעולם. אמן.

ובני ישראל פרו וישרצו כו'. "פרו" יש לומר הוא לשון פירות, דהיינו ע"י קדושתם עשו פירות, "וישרצו", דהנה כתיב "ישרצו המים נפש חיה ועוף יעופף על הארץ", יש לומר הפירוש דעיקר הוא באדם יסוד המים מהארבעה יסודות שבאדם, ומים נקרא התורה, ור"ל שציוה השי"ת שהעסק התורה יהיה בהכנעה, וזה רמז "ישרצו" דהיינו דבר השורץ על הארץ בנמוך והכנעה, "נפש חיה" פירוש וע"י זה יבוא לו חיות לנפשו, "ועוף יעופף על הארץ", ר"ל שגם הגוף והחומר של אדם יעופף ויעלה בקדושה רבה. וזהו "וישרצו", היינו שהיה להם הכנעה כנ"ל.

או יאמר "וישרצו" ופירש"י ז"ל שהיו יולדות ששה בכרס אחד, נוכל לומר שזה רמז שעשו הולדה בששה קצוות, שהצדיקים ע"י קדושתם עושים הולדה בששה קצוות הנקראים ומכונים בשם "כרס", שיהיו מתגדלים על ידם. והבן זה.

"וירבו" ר"ל שהמשיכו השפעות עוה"ז שזה נקרא "רב", דעוה"ז הוא עולם הפירוד לכן נקרא בשם רב, "ויעצמו במאוד מאוד", דאמר התנא "מאוד מאוד הוי שפל רוח", ולכאורה היה לו לומר מאוד תשפיל רוחך, אך הפשוט שהתנא הזהיר שיהא האדם תמיד שפל רוח בלי הפסק, וזהו "מאוד הוי שפל רוח" - "הוי" לשון דבר ההוה תמיד. וזהו "ויעצמו במאוד מאוד", ר"ל שעשו עצמיות במידה הזאת, שלא היה מקריות אצלם לפעמים כך ולפעמים כך, רק תמיד היו במידת שפלות בעצם הנקרא עצמיות, "ותמלא הארץ אותם", ר"ל שגם הארציות דהיינו החומר והגוף שלהם מילא אותם את קדושתם, שהיו כ"כ צדיקים וקדושים עד שהיה הגוף מזכירם ומסייעם לעבודת הבורא יתברך. וק"ל.

ויבן ערי מסכנות לפרעה. נ"ל ע"ד המוסר, דלשון "מסכנות" הוא לשון הנאה, כמו דדרשינן בגמרא לך נא אל הסוכן כו' ויליף לה מקרא ותהי לו סוכנת, וזהו הפירוש כאן, מי שהוא בעל הנאות אזי הוא בונה ערים לפרעה, דהיינו להקליפה שנקרא פרעה, אבל מי שמסגף עצמו ומענה עצמו מהנאות יתירות, אזי יכול לבוא למדריגה גדולה, וזהו "וכאשר יענו אותו", ר"ל כנ"ל שמענה עצמו, "כן ירבה וכן יפרוץ" בקדושה ובכל העולמות. וק"ל.

וייטב אלהים למילדות וירב העם ויהי כי יראו המילדות כו', ויעש להם בתים. יש לדקדק הלא הטובה היתה למילדות שעשה להם בתים כהונה ולויה כפירש"י ז"ל, ולמה הפסיק בוירב העם? ונראה לפרש דהנה כתבנו מזה פעמים הרבה דהצדיק צריך להיות עובד השם באהבה וביראה, אהבה היא רוממות אל יתברך, ונקרא בשם "ישראל" שמודה ומשבח להבורא יתברך ויתעלה בשירות ותשבחות, וזהו "ישר אל", והיראה נקרא בשם "יעקב" כמבואר לעיל, והצדיק הנקרא בשם יעקב משגיח תמיד על העולם להשפיע להם כמדת יעקב כנ"ל, הוא יכול להשפיע לעולם את שלש אלה, דהיינו בני חיי ומזוני, והמשכת שלשתם הוא ע"י מדריגת הנקרא בשם "יוסף", כמ"ש ברחל "יוסף ה' לי בן אחר", דהיינו שהיתה מרמזת למדריגה זו להמשיך לאותו מדריגה "בני", ויוסף אמר "העוד אבי חי" רמז להמשיך "חיי" ע"י מדריגה זו, כי למעלה מזו יש מדריגה הנקרא בשם אב והיה ממשיך משם חיי, ונאמר "ויכלכל יוסף את אחיו", היינו "מזוני" הוא ג"כ ע"י מדריגה זו, ושלש אלה הם נשפעים על ידי הצדיק הנקרא בשם יעקב.

והנה רש"י ז"ל פירש "אלה תולדות נח - עיקר תולדותיהם הם מעשים טובים", יש לומר הכוונה ע"י שהם מתקנים את העולמות העליונים הנקראים טובים, ע"י זה הוא עיקר התולדות בעולם שהם ממשיכים, והוא ע"י אהבה, דהיינו שירות ותשבחות כנ"ל, אבל הצדיק שהוא ג"כ במדריגת יעקב הנקרא בשם יראה, והוא תמיד משגיח ומטה את עצמו לעולם להשפיע להם, יכול להשפיע להם כל השלש הנ"ל דהיינו בני חיי ומזוני.

וזהו "וייטב אלקים למילדות", דהיינו כשהיו המילדות במדריגה זו של הטבה, שהיו מתקנים את העולמות העליונים כנ"ל, "וירב העם ויעצמו מאד", פירוש היה זה לבד שהמשיכו תולדות לעולם, אבל "ויהי כי יראו המילדות", פירוש שירדו ממדריגתם קצת להטות את עצמם להשגיח ג"כ על העולם, והיינו מדריגת יראה הנקרא בשם יעקב כנ"ל, "ויעש להם בתים", כהונה לויה מלכות, דהיינו שהמשיכו כל הנ"ל, "כהונה" רמז לבני, דע"י הכהן הוא "ונקתה ונזרעה זרע", "לויה" רמז למזוני, דלווים ניתן להם את המעשר, "מלכות" רמז לחיי, דמאן מלכי רבנן והתורה היא נותנת חיים לעושיה בעולם הזה ובעולם הבא. וק"ל.

ותתצב אחותו מרחוק כו', איתא בגמרא "כל הפסוק הזה נאמר על השכינה, ותתצב אחותו שנאמר אמור לחכמה אחותי את, מרחוק דכתיב מרחוק ה' נראה לי". נ"ל ע"פ הדברים שכתבנו לעיל דהצדיק צריך להיות ג"כ במדריגה זו להשפיע על ישראל ולבטל מהם כל הרעות והשפלות, והוא ע"י שהצדיק מעלה אותו הדבר עד מדריגות חכמה ושם נעשה "אין" וכלא היה, וזהו "החכמה מאין תמצא", והצדיק הזה נקרא בשם דוכרא, כי כל דבר שבקדושה יש לו דכר ונוקבא, והצדיק המשפיע נקרא בשם זכר, אבל הצדיק שאינו במדריגה זו להשפיע נקרא בשם נוקבא. וזה שאמר פרעה "כל הבן הילוד כו'", כי פרעה אמר "לי יאורי", דהיינו שהיאור היה לו לאלקות, והקליפה אין כח בידה להיותה יונקת מהקדושה רק מצד הנוקבא של הקדושה, כי הקליפה נקראת ג"כ בשם נוקבא, אבל מצד דוכרא אין לה רשות כלל וכלל לנגוע ולינק, והיה פרעה רוצה להכריח חלילה להיות יונק מצד דוכרא, ואמר "כל הבן הילוד" דהיינו צד דוכרא, היה רוצה לכפות ולהכניע חלילה, וזהו "היאורה תשליכוהו", "וכל הבת תחיון", דהיינו צד הנקבות, משם הוא מקום חיותו.

ונחזור לענינינו, דהצדיק שהוא במדריגה לבטל כל הרעות והשפלות מישראל, הוא ע"י שמעלה את הדבר עד החכמה ונעשה "אין", וזהו דאמרינן בגמרא "אחות לנו קטנה זו עילם שזכתה ללמוד ולא זכתה ללמד", והיינו כנ"ל, כי הלומד תורה לשמה זוכה לדברים הרבה, פירוש שזוכה לפעול דברים הרבה, להטיב ולהשפיע ולבטל גזירות רעות ושפלות, ועילם לא זכתה ללמד דהיינו להטיב לאחרים, וזהו "אחות לנו קטנה זו עילם" שהיה לימודם בקטנות, "ושדים אין לה" שלא היתה יכולה להשפיע לאחרים, ואמר שלמה המלך ע"ה "מה נעשה לאחותינו", פירוש שאנחנו צריכין לעשות את אחותינו, דהיינו לימודינו, עד שיעלה למדריגת "מה" דהיינו חכמה, "ביום שידובר בה", פירוש כשאנו צריכין לדבר לפעול איזה דבר ידובר בה באותה מדריגה. וז"ש משה רבינו ע"ה "ונחנו מ"ה כי תלינו עלינו", דהיינו שהוא היה מדבר עמהם למטה וכוונתו היתה אף כי תלינו עלינו אנחנו יכולים להביא אותו הדבר עד מדריגת מ"ה, ונמצא שם בטל ומבוטל ונעשה "אין".

וזהו "ותתצב אחותו - זהו שנאמר אמור לחכמה אחותי את", פירוש שתהיה במדריגה זו להעלות התורה עד החכמה, "מרחוק - דכתיב מרחוק ה' נראה לי", פירוש ע"י זה הוא בא לאותו המדריגה הנ"ל, ע"י שידאג תמיד ומחשב שעדיין ה' רחוק ממנו, ומחמת זה הוא מוסיף והולך בקדושה יתירה, "לדעת מה יעשה לו", דהצדיק שרוצה לבטל ומעלה אותו דבר עד מדריגת חכמה, צריך מתחילה להעלות עד מדריגת דעת, ומדעת לחכמה, וזהו "דעת קנה הכל קנה", דהצדיק נקרא "הכל", שהוא כללות ישראל להשפיע להם, והיינו "דעת" כשבא למדריגת דעת, "הכל קנה", פירוש הצדיק הנקרא "כל" קנה הכל, ר"ל שפועל ועושה הכל. וזהו "לדעת מ"ה", פירוש כשמעלה את דבריו עד דעת ומדעת לחכמה הנקרא מ"ה, אז "יעשה לו" הכל מה שחשקה נפשו ורצונו. והבן.

ויהי בימים כו' וימת מלך מצרים. נ"ל ד"מלך מצרים" נקרא היצר הרע, ואמר הכתוב שמדרך בני אדם ברוב הימים אשר יגיעו ויתעורר לבבם בקרבם ויהרהרו בתשובה ויתחרטו על מעשיהם ורוצים להמית היצה"ר, ויש שאינו משכיל לעשות תשובה כהוגן ולתקן העיקר הם המידות רעות ולטהר מחשבותיו שיתפלל בלי מחשבות זרות, רק אחר שיהרהר בתשובה אמר יאמר בלבו שבזה הוא מתוקן כראוי, ומרפה עצמו מן התורה ומן התפילה שהיא עיקר עבודה שהיא בלב זו תפילה.

וז"ש "ויאנחו בני ישראל מן העבודה", כאדם המתייגע ועומד לפוש אזי הוא מתאנח מיגיעתו ואינו עושה כלום, "ויזעקו", ר"ל רק ביום כנופיא ותענית שאומרים סליחות אז זועקים ובוכים, אבל בשאר הימים אין מתאמצים כלל בתפילה ואין זו תשובה נכונה, אעפ"כ השי"ת ברוב רחמיו וחסדיו מקבל צעקתם כאילו הם מתפללים בכוונה שלימה, וזהו "ותעל שועתם אל האלקים מן העבודה", פירוש כאילו היתה עבודה בלב זו תפילה שלימה, "וישמע אלקים כו' ויזכור את בריתו", פירוש אם יש לו לאדם איזה זכות אזי זוכר לו, ואם לאו "את אברהם כו'", פירוש אעפ"כ הוא מזכיר לו זכות אבות, "וירא אלקים את בני ישראל וידע אלהים", ר"ל וגם מי שתמה זכות אבותיו, אעפ"כ השי"ת ברוב רחמיו הוא היודע עתידות ורואה מה שעתיד האדם הזה לעשות תשובה שלימה, ומקבל צעקתו עתה עבור העתיד להיות. וק"ל.

וירא אליו ה' בלבת אש מתוך הסנה כו'. נראה לפרש דהנה השורש הוא לאדם שישבר את מידותיו כמו השנאה והקנאה והגאוה והתאוה והחמדה וכדומה כל המידות המגונות, צריך שיתקנם ומתוך כך יכול האדם לבוא למדריגה גדולה ולמראות גדולות והתלהבות ודביקות גדול בעבודת הבורא ית"ש. וזהו "וירא כו' בלבת אש מתוך הסנה", פירוש מתוך המידות המגונות שהם כקוצים, בא אל מדריגה שהיה לו התלהבות אש, "וירא והנה הסנה בוער באש והסנה איננו אוכל", פירוש שראה שהיה לו התלהבות גדול ואעפ"כ לא נפרד ממנו כל המידות המגונות לשרוף אותם לגמרי, "ויאמר אסורה נא (ואראה)", פירוש אסורה נא לגמרי מן המידות המגונות, "ואראה את המראה הגדול", אז אבוא אל מדריגות גדולות לראות מראות גדולות, "מדוע לא יבער הסנה", "יבער" לשון ובער בשדה אחר, ור"ל מדוע לא יכלו ויסורו לגמרי המידות המגונות שהם כסנה.

וזהו פירוש "מראות נגעים", ר"ל נגעים הם המידות המגונות, וכשמתקן האדם מידותיו יוכל לבוא למדריגות גדולות כנ"ל, "בהרת (עזה כשלג)", פירוש אם יש לו איזה מידה מגונה שהיא נגע בגופו של אדם כבהרת, "עזה", פירוש צריך להיות עז כנמר להתגבר מאוד עד שיתקנה שתהיה "כשלג" ע"ד "אם יהיו חטאיכם כשנים כשלג ילבינו", "שניה לה כסיד כו'", ר"ל אחר זה יכול הוא לבוא עוד למדריגה "כסיד ההיכל" רמז לקדושה עליונה.

"וירא ה' כי סר לראות", שהשי"ת ראה שמשה רבינו ע"ה רוצה להסיר כל המידות לגמרי כדי לראות כנ"ל, שיוכל לבוא לידי ראיית מראות גדולות, וזה בלתי אפשרי עד שיבוא משיח צדקינו ואז והעביר ה' רוח טומאה מן הארץ לגמרי, "ויאמר אל תקרב הלום", פירוש שאמר לו השי"ת זה בלתי אפשר שתקרב אל המדריגה הזאת, אלא "של נעלך מעל רגליך", "של" הוא לשון שאלה, היינו שזה יהיה אצלך כדבר המושאל ובלתי אפשרי להסיר לגמרי עד ביאת המשיח במהרה, "כי המקום כו' אדמת קודש הוא", פירוש אלא שצריך אתה לראות להתאמץ בכל המקומות שיש בו איזה חומריות לקדש אותו הדבר. וק"ל.

או יאמר "וירא אליו כו' מתוך הסנה והנה הסנה בוער כו' איננו אוכל ויאמר כו' מדוע לא יבער הסנה". יש לדקדק על השינוי לשון, שאמר "והסנה איננו אוכל" ואח"כ אמר "מדוע לא יבער הסנה", והיה לו לומר מדוע לא "נאכל" הסנה.

ונראה ע"ד המוסר, דהנה הצדיקים, גם היצה"ר נהפך אליהם לטוב, כמ"ש בכל לבבך בשני יצריך, אך אעפ"כ אין להאמין לעצמו, רק צריך תמיד להזהר ולהשמר ממנו. וזהו "וירא מלאך ה' אליו (בלבת אש)", דהיצה"ר נקרא ג"כ מלאך ה', "[בלבת אש]" פירוש והוא מראה עצמו להצדיק בהתלהבות גדול כנ"ל, שנהפך גם הוא לטוב, "מתוך הסנה", שהיה בו מתחילה כמו סנה, "וירא והנה הסנה בוער באש", פירוש ואמר הכתוב אעפ"י שרואה שהסנה, הוא היצה"ר, ג"כ בוער באש התלהבות לעבודת הבורא ית"ש, אעפ"כ "והסנה איננו אוכל", ר"ל וצריך להזהר ולהשמר ממנו עד יום מותו, "ויאמר אסורה נא ואראה", דהצדיק עולה תמיד ממדריגה למדריגה, כאשר יתמיד בעבודתו ית"ש באמת ובתמים אזי זוכה לבוא לידי ראייה שכלית כמבואר בחובות הלבבות ששומע בלי אזנים ורואה מבלי עינים, ואז כאשר הוא במדריגה זאת, כל מה שעושה בעבודת הבורא יתברך דומה בעיניו שהוא ממעט בעבודתו ית"ש, וזהו "ויאמר משה אסורה נא ואראה כו'", ר"ל הצדיק מתמיה על עצמו ואומר בלשון תימה מאחר שבאתי לידי ראייה שכלית "מדוע לא יבער הסנה", פירוש כנ"ל, שמוצא בעצמו חסרונות שממעט בעבודת הבורא ויש בו עדיין יצה"ר, ואומר "מדוע לא יבער הסנה" בעבודתו יתברך ויתעלה זכרו לעד ולנצח נצחים. אמן.

ויאמר ראה ראיתי כו' וארד להצילו מיד מצרים ולהעלתו מן הארץ ההיא אל ארץ טובה כו' ועתה הנה צעקת בני ישראל באה אלי כו'. ולכאורה היה ראוי לומר "ראה ראיתי את עני עמי כו' וצעקת בני ישראל באה אלי וארד להצילו" כו'. ועוד מה צורך שהבטיח להם השי"ת ב"ה להביאם אל ארץ טובה כו', היה די שיאמר להם שיוציאם ממצרים, כדאיתא בגמרא שאמרו ישראל באמת הלוואי שנצא בעצמינו משל לעבד ע"ש.

# נועם אלימלך

ונראה לפרש דאיתא בגמרא "העומד בחוץ לארץ ומתפלל יכווין לבו כנגד ארץ ישראל, העומד בא"י יכוין לבו כנגד ירושלים, העומד כו' יכוין כנגד בית המקדש, והעומד כו' יכוין כנגד [בית] קדשי קדשים", ולכאורה אם בכוונה תליא מלתא, גם העומד בחוץ לארץ יכוין לבו כנגד בית קדשי קדשים. אך נראה דרבותינו ז"ל הורו לנו דרכי התפילה באופן שיעלו לרצון לפני השי"ת ב"ה וב"ש, דהיינו "העומד בח"ל", דקדושת ארץ ישראל היא יותר מח"ל, וקדושת ירושלים היא יותר מארץ ישראל, וכן כולם קדושתם זו למעלה מזו, וזה בודאי אי אפשר לאדם שיאחוז בקדושה רבה העליונה בפעם אחד, רק צריך לילך ממדריגה למדריגה, ואמרו חז"ל מי שהוא עדיין בח"ל, יאמץ ויקדש עצמו בקדושה יתירה שיבוא לקדושת א"י, ואחר שיזכה לקדושה יתירה והיינו "העומד בא"י, יכוין לבו" לאמץ עוד בקדושה נוספת "כנגד ירושלים", וכן כולם. וכשיתנהג אדם כך, אזי באיזו בחינה שיהיה, תפילתו רצויה לפניו יתברך ויתעלה, אבל בוודאי מי שעומד בח"ל, דהיינו שהוא עדיין לא נתקדש כלל, והוא מלא מחשבות זרות ותאוות וגשמיות, בלתי אפשרי שתעלה תפילתו לפניו יתברך.

והנה כשהיו ישראל במקום טומאה ונתגשמו מאוד מחמת צרות עול שעבוד וסבלות מצרים, בלתי אפשרי היה שתעלה צעקתם לפני השי"ת ב"ה, ולכן אמר השי"ת "וארד להצילו כו' ולהעלותו אל ארץ טובה כו'", ר"ל שאעלה אותם ואביא אותם אל קדושת ארץ ישראל, "ועתה הנה צעקת בני ישראל באה אלי". וק"ל.

ויאמר משה אל האלהים מי אנכי כו' וכי אוציא את בני ישראל כו'. לכאורה הלשון כפול כמו שהרגיש רש"י ז"ל בזה. גם בפסוק "ויאמר כי אהיה עמך וזה לך האות בהוציאך כו' תעבדון את כו'", גם זה אינו מובן לכאורה שאמר לו השי"ת אות שיהיה אח"כ, ורש"י ז"ל פירש בטוב טעם.

ולענ"ד נראה ע"פ הפסוק "ויירא יעקב מאוד ויאמר מה נורא המקום הזה אין זה כי כו'", ולכאורה מלת "אין" הוא מיותר, והיה לו לומר "מה נורא המקום הזה זה בית אלקים". ונראה דהתורה הקדושה מורה לנו בכל זה איך נתנהג בעבודתו ית"ש ויתעלה, דהנה האדם הבא לו אהבה והתלהבות בלבבו בתפילתו או בלימודו, וכן בכל מעשיו אשר יעשה לשמו ית"ש, ראוי לו שיחשוב מי יודע אם אין זו התלהבות אש זרה חלילה וחלילה, ואם לבו מתלהב עוד בפעם אחר פעם, יחשוב אפשר המקום גורם קדושה והתלהבות הזאת, דהיינו שעומד עם צדיקים ולא יתלה בעצמו כלל וכלל, רק שיהיה שפל מאוד ויחשוב איך אפשר שאיש שפל כמוני יזכה לזאת, ואם יוסיף עוד ולא יפסוק, יחשוב אמת בוודאי זה הוא דבר אלקים שנתן לי השי"ת מתנה והלוואי שיהיה לבבי זה כל הימים, ויתפלל תמיד להשי"ת שיעזור לו וישמור אותו שלא יכשל ח"ו בשום נדנוד חטא, שלא יגרום החטא ח"ו לכבות אש התלהבותו בעבודת הבורא ית"ש.

וזהו "ויירא יעקב מאוד כו'", דהיינו כאשר ראה סולם מוצב ארצה ומלאכים עולים ויורדים בו, וראה המראה הגדול הזה שהשי"ת ב"ה עם כל המרכבה העליונה נצב עליו, "ויירא מאוד ויאמר מה נורא", ר"ל מי יודע מה הוא המורא הזאת, כי מי אנכי שאזכה למראה הגדול הזה, ואח"כ חשב ואמר "המקום הזה", אפשר המקום גורם הקדושה הגדולה הזאת, ואח"כ אמר "אין זה כו'", כיון שראה הקדושה הזאת בלי הפסק, אמר בודאי "אין זה רק בית אלקים", והתחיל להתפלל להשי"ת ב"ה "וידר נדר אם יהיה אלקים כו' ושמרני כו'", דהיינו שלא יגרום החטא ח"ו להפסיק ממנו הקדושה הזאת.

וזהו שאמר משה רבינו ע"ה "מי אנכי כי אלך כו'", שהיה עניו מכל אדם ושפל בעיני עצמו, ואמר איך אפשר שאגיע למדריגה הזאת, "וכי אוציא כו'", פירוש וגם אם היה באפשרי שאבוא למדריגה זאת שאלך אל פרעה, איך אני ראוי למדריגה גדולה כזאת להוציא את בני ישראל, "ויאמר כי אהיה עמך וזה לך האות בהוציאך כו' תעבדון כו'", דהנה סימן טוב לאדם כשהוא שומע מספרים ממעלות הצדיקים ועבודתם בקדושה לשמו יתברך באמת, אם באותו הפעם לבו חושק ומתלהב מאד מאד שיזכה גם הוא לעבוד השי"ת באמת, זה הוא סימן טוב שהשם עמו וזה דבר ה', וזהו "וזה לך האות" שאני אומר לך "בהוציאך כו' תעבדון על ההר הזה", זה יהיה לך לסימן ולאות, אם יהיה לבך בוער ומתלהב לעבודתי בשומעך זאת, בזאת תדע שאני עמך.

וזהו שהתפלל דוד המלך ע"ה "השיבה לי ששון ישעך", ר"ל זכני להשיבני אליך, ושיהיה לי סימן טוב דהיינו ששון ישעך, ר"ל כשאשמע מספרים "ישעך", דהיינו מעוסקי תורתיך ומצוותיך שזה הוא הישועה להשי"ת, כאשר יהיה לי זאת לששון ולשמחה, בזה אדע כי אתה עמדי. וה' יזכנו להיות מעובדי ה' באמת ולשמוח עם הצדיקים. אמן.

ויאמר משה כו' ואמרו לי מה שמו מה אומר אליהם ויאמר אלקים כו' אהיה אשר אהיה ויאמר אהיה שלחני כו' ויאמר עוד כו' ה' אלקי אבותיכם כו'. ופירש רש"י ז"ל שאמר משה רבינו ע"ה די לצרה בשעתה כו', ופירשו קמאי לא שהשכיל משה מה' כו'.

וגם אנכי אענה חלקי, דאיתא במדרש דשמותיו של הקב"ה הם רבים, והשי"ת אמר שמי הוי"ה היה הוה ויהיה, שדי שמי שאמרתי לעולמי די ע"ש, והנה כל עבודתינו הוא לתקן ולטהר העולמות ולקשרם יחד, ולכן תיקנו לנו אנשי כנסת הגדולה בשלש ברכות הראשונות אלקי אברהם כו', מחמת שהאבות בחרו להם ועבדו ותיקנו שלש מדריגות, ועי"ז אנו מקשרים עצמינו בהם ועל פיהם אנו חיים, ולמעלה מהם יש עוד שלש מדריגות כידוע. וזהו "כל מעשיך יהיו לשם שמים", ר"ל לתקן העולמות העליונים.

וזהו שאמר משה רבינו ע"ה "ואמרו לי מה שמו", פירוש אם יאמרו לי באיזה בחינה נעבוד אותו יתברך? "ויאמר אלקים אהיה אשר אהיה", היא המדריגה העליונה כידוע ליודעי חן מלת "אשר", וכתיב עוד "ויאמר כו' אהיה", היא מדריגה למטה מזו, "ויאמר עוד כו' כה תאמר ה' אלקי אבותיכם אלהי אברהם כו' זה שמי לעולם וזה זכרי לדור דור", דהיינו באותה מדריגה אנחנו חיים וקיימים לעולם על ידי שכבר תיקנו לנו אבותינו המדריגה הזאת ואנו מקשרים עצמינו כנ"ל ועל פיהם אנו חיים לעולם בכל דור ודור. והבן.

ויאמר ה' בלכתך לשוב מצרימה ראה כל המופתים אשר שמתי בידך כו' ואני אחזק את לב פרעה. ולכאורה אינו מובן, ורש"י ז"ל פירש לפי דרכו, ואענה גם אנכי את חלקי. דהנה הצדיק המדבר דברי הבורא יתעלה, בלתי אפשרי שלא ישברו הדברים האלה את לב השומעים, והנה השי"ת ברוך הוא היה רוצה שיחזק פרעה את לבו, ואיך אפשר שיחזק את לבו מאחר שישמע דברי השי"ת מפי משה? ולכן אמר לו השי"ת "ראה כל המופתים", ואיתא בסנהדרין "מחשבה מועלת אפילו לדברי תורה", ופירש רש"י ז"ל "אדם האומר שילמוד כך וכך דפין אזי בוודאי אי אפשר שיקיים את דבריו", ולכן אמר לו השי"ת "בלכתך" בדרך, תחשוב הכל שכן תעשה המופתים לפני פרעה ועל ידי זה תשבר לבו, ובאמת המחשבה מועלת ולא תועיל דבריך לשבר את לבבו, לכן "ואני אחזק". וק"ל.

וישב משה אל ה' כו' ומאז באתי לדבר בשמך הרע לעם הזה והצל לא הצלת. לכאורה "הצל לא הצלת" הוא כפל לשון, כיון שאמר "הרע לעם הזה" ממילא לא הציל אותם.

ונראה כך פירושו, דהנה אנחנו בגלות המר הזה אשר בצרותינו לו צר וגלתה השכינה עמנו, אין לנו לדאוג ולהתאונן אלא על גלות השכינה, ולא לחשוב כלל על צרותינו כי אם על צער וגלות השכינה, ואילו היה מגמותינו וצערנו רק על צער השכינה ולא צערנו, בודאי היינו נגאלים מיד, אך כי בשר אנחנו ובלתי אפשר לסבול לנו צרותינו ומכאובינו, לכן ארכו לנו הימים בעווננו הרבים בגלות המר, מחמת שאנו משתתפים צערינו עם צער השכינה ואנו חוששים על צערינו, ואילו היה צדיק אחד כנ"ל, היה מציל את כל העולם כולו מן הגלות.

וזהו שאמר משה רבינו ע"ה "ומאז באתי לדבר בשמך", פירוש כל דבורי לא היה רק בעבור שמך הגדול והקדוש שהוא בגלות ולא בשביל גלותינו, והסימן וראיה שאמת אתי שכוונתי לא היתה רק בעבור שמך הקדוש, כי אני רואה שפרעה "הרע לעם הזה", שזה סימן לאדם הרוצה להוכיח את חבירו או לדבר דברי קדושה, איך ידע שכוונתו היה רק לשמים בלי מחשבה ופניה אחרת? אם רואה בדברו לפני אנשים שאינם מהוגנים והם כועסים על דבריו, בודאי היו דבריו בכוונה שלימה לשמים לבד, ובעזה"י דבריו יעשו רושם, וזהו שאמר משה רבינו ע"ה כל דברי לא היו לשום כוונה אחרת רק בשמך ממש, והא ראיה שהרע לעם הזה, ומאחר שהיו דברי רק למען קדושת שמך, מן הראוי היה שיגאלו ישראל מיד "ומדוע הצל לא הצלת".

וזהו שאמר דוד המלך ע"ה "השיבה לי (ששון ישעך)", פירוש גאל אותנו והשיבנו מהר לארצינו, כי כל כוונתי אינו אלא למען "ששון ישעך", שתגאלנו גאולה קרובה למען ישועתך, להשיב את שבותך היא השכינה הקדושה, ולא למענינו כי אם למענך. והשם יגאלנו במהרה ונגילה ונשמחה בישועתו. אמן.

**וארא**

וידבר אלהים אל משה כו'. נראה לפרש דאיתא בגמרא "רשעים תחילתן שלוה וסופן יסורין וצדיקים תחילתן יסורין וסופן שלוה", יש לומר הפירוש דהצדיק צריך לעבוד את הבורא ב"ה מתחילה ביראה ולשמור עצמו מיצר הרע ולשבר כל תאוויות הגשמיות, וזהו "תחילתן יסורין", ואחר שזכה לשבר כל התאוות ואויבו - הוא היצה"ר - השלים עמו, אז "סופן שלוה".

וזהו "וידבר אלהים", שדיבור הוא לשון קשות ואלקים הוא מדרגת יראה, ופירושו "וידבר" לשון קשות "אלקים" ר"ל אז כשהיה במדרגת יראה, "ויאמר אליו אני ה'" פירוש כשבא במדרגת אהבה דהיינו ה', אז היתה אמירה בלשון רכה.

ויש לומר זהו כוונת רש"י ז"ל "וידבר אלקים דבר אתו משפט על שהקשה לדבר ולומר למה הרעותה לעם הזה וכדאיתא במדרש שהטיח דברים כלפי מעלה", ובאמת ח"ו שמשה רבינו ע"ה יטיח דברים נגד השי"ת, רק זה היה מחמת גודל אהבת ישראל, וזה מורה על גודל אהבת הבורא ית"ש, והפירוש כך, "וידבר אלקים כו'" כלומר אע"פ שהיה ראוי לדבר אתו משפט על שהקשה לדבר כו', אך מחמת שהיה מגודל אהבת ישראל שהיא אהבת הבורא ית"ש, לכן "ויאמר אליו אני ה'" שהיא אמירה רכה באהבה.

וזהו שהתפלל דוד המלך ע"ה (תהילים קיט, לח) "הקם לעבדך אמרתיך כו'", פירוש שהשי"ת יסייע לו לבוא למדרגת אהבה המרומז בלשון אמירה, "אשר ליראתך" ר"ל אהבה כזו שמתוך אהבה אבוא ליראה שהיא היראת הרוממות. וק"ל.

וארא כו'. כתב רש"י ז"ל "וארא אל האבות". ולכאורה מה בעי רש"י בזה, הלא בפסוק מפורש אברהם יצחק וידענו שהם נקראים אבות. ונראה כוונת רש"י בזה כי אברהם היה מדת חסד ויצחק בחינת גבורה ויעקב תפארת, והיו משתנים זה מזה בבחינתם, וא"כ איך שייך שלכולם יתראה אליהם באל שדי, הלא הדרך הוא שכפי מדרגתו באה עליו הקדושה מלמעלה. אך שהשורש הוא בדבר הזה כך, שמצד הבורא ב"ה אין שום השתנות, אלא שהאדם בעבודתו לפי מדריגתו כך ממשיך עליו, נמצא אברהם המשיך על עצמו המדה של חסד, וכן יצחק מדתו, וכן יעקב, אבל מצד הבורא ב"ה הכל אחד הפשוט, ולזה פירש רש"י ז"ל "וארא אל האבות" לומר שאצל הבורא ב"ה אין הפרש וחילוק ביניהם כלל והכל אחד, לכך נראה אליהם בבחינה אחת באל שדי. וק"ל.

וארא כו' באל שדי ושמי ה' כו'. ונראה לפרש דאיתא בגמרא "שדי - שאמר לעולמו די", ולכאורה יש להבין מה יוצא לנו מזה שאמר לעולמו די שלא יתפשט יותר. אך הענין הוא שחז"ל משמיענו הטובה הגדולה שעשה עמנו הבורא ית', דידוע שהנאצל מה שהוא רחוק יותר מהמאציל הוא נתגשם ביותר, ונמצא אילולי שאמר לעולמו די היה העולם מתפשט לאין קץ והיו הקליפות מתהווין בעולם מנוקבא דתהומא רבא, ועכשיו שאמר

לעולמו די הוא הטבה שלא נתהווה הקליפות כ"כ. ועוד איתא "שדי - על שם שהוא משדד מערכות", דהיינו שהשם הזה משדד הטבע לטובת ישראל.

וזהו "וארא כו׳ באל שדי", פירוש כשנראיתי לאבות להבטיח להם על א"י, הבטחתי להם בשם אל שדי שהוא משדד מערכות, בכדי שלא יהיה אחיזה לקליפות ולאומות בא"י גם אם ח"ו לא יהיו ראויים ישראל, "ושמי ה׳ לא נודעתי להם", ר"ל שלא הבטחתים בשם הויה ב"ה וב"ש, פן ח"ו יגרום החטא ויהיה כח להקליפות לינק מאחורים ויהיה לאומות אחיזה ח"ו בא"י, לכן נראה להם באל שדי. והבן זאת.

או יאמר שדי הוא לשון שדים, שמשם זה יונקים ישראל השפעות, ואב הוא ג"כ משפיע לבן, וזהו "וארא כו׳ באל שדי" ופרש"י ז"ל "וארא אל האבות" לרמז שמשום זה נראה להם באל שדי שהוא המשפיע. וי"ל שזה רמזו חז"ל "משמר שלישי אשה מספרת עם בעלה ותינוק יונק משדי אמו" ר"ל כנ"ל לרמז שבעת הזאת יונקים ישראל משדי אמו היינו משם שדי המשפיע, ואיך לא יעלה מורא ופחד ואימה על בני אדם לספר אז עם אשתו רמז להיצה"ר, דהיינו לעסוק אז בדברים בטלים והבלי עולם, והוא לשון תימה אשה מספרת כו׳ ואינו משגיח שתינוק יונק משדי אמו? ופריך הגמרא "מאי קחשיב אי סוף אשמורה כו׳ יממא הוא", ר"ל וכי נמצא איש כזה שידבר אז בדברים בטלים ולא ישים אל לבו כי עת לחננה ובא מועד להתפלל תפילת השחר? ומתרץ "לא צריכא אלא למאן דגני בבית אפל", מובן ממילא הוא הכסיל אשר בחושך הולך וגני באפילות באין משים אל לבו יראת הבורא ב"ה. וק"ל.

או יאמר וארא כו׳. על פי דאיתא בשולחן ערוך "אם לא כיוון באבות חוזר לראש", ויש להבין הטעם מה טעם דווקא באבות חוזר לראש. אך הענין הוא אברהם תיקן מדת חסד כו׳ כנ"ל, וזהו האל הגדול הגבור והנורא, דיעקב הוא מדת אמת - תתן אמת ליעקב, והרוצה לילך באמת צריך להיות במורא גדול, וזהו שאמר יעקב "מה נורא המקום הזה אין זה כי אם בית אלקים", ולפי דרכינו י"ל הפירוש כך, מחמת שההולך במדת אמת צריך לזה עבדות גדול ומורא ופחד ושמירה בכל אופנים, ואמר יעקב "מה נורא המקום הזה" ר"ל באיזה אופן אפשר לבוא למדריגת אמת? "אין זה" ר"ל שבלתי אפשרי לבוא למדריגת אמת שהוא מדריגת נורא כי אם באופן זה דהיינו "כי אם בית אלקים", פירוש שצריך לאחוז ב׳ מדריגות, א׳ שידמה בעיניו כאילו עומד למעלה בעולמות העליונים בבית אלקים ממש לפני השי"ת, ומדריגה הב׳ שיאחוז במדת הכנעה מאוד מאוד, דהיינו "וזה שער השמים", פירוש יחשוב תמיד כאילו הוא מתחיל בעבודת הבורא עתה ועומד על השער ופתח התחלת עבודת השמים. וצריכין אנו בתפילתינו תפילת שמונה עשרה לילך מתתא לעילא, דהיינו שמתחילה אנו אומרים אלקי אברהם כו׳ שהיא מדריגה תחתונה, ואח"כ אנו אומרים האל הגדול כו׳ שהוא מדריגה עליונה.

והנה פירוש "שדי" הוא שאמר לעולמו די, שמתחילת הבריאה היו העולמות מתפשטים עד שאמר להם די ונשתלשלו העולמות למטה, ועוד פירוש "שדי" שאומר לצרותינו די, ואמר "וארא אל אברהם" ופירש רש"י ז"ל אל האבות, שהיא מדריגה תחתונה, דהיינו שהם תיקנו למטה ופעלו רחמים בעולם, וזהו "באל שדי" כפירוש השני של שדי שאומר לצרותינו די, וממילא היה רחמים וחסד אל בעולם. וזהו "ושמי ה׳ לא נודעתי להם" ר"ל שם הויה שהוא מדת הרחמים לא הוצרכתי להכיר להם במדת השם הקדוש הזה, כי אם פעלו רחמים ממילא. וזהו "אם לא כיוון באבות", פירוש אם לא כיוון לתקן המדריגה התחתונה, "צריך לחזור לראש" לתקן מתתא לעילא כנ"ל. וזהו כשאמר משה רבינו ע"ה "למה הרעותה לעם הזה", אז "וידבר אלקים אל משה ויאמר אליו אני ה׳", פירוש שזה מוטל על הצדיק להפוך מדת הדין לרחמים, שגם "אני" - מדת אלקים, יהיה ה׳ - דהיינו מדת הרחמים - ע"פ הצדיק, וזהו "אליו" דייקא.

וזהו "ה׳ אלקי תשועתי", פירוש גם מדת אלקים נהפך להויה שהוא מדת הרחמים, "תרנן לשוני צדקתך", ר"ל ע"י שלשוני תרנן צדקתך, דהיינו שאני גורם צדקות בעולם למטה כנ"ל מתתא לעילא. וק"ל.

או יאמר "וארא כו' ושמי ה׳ לא נודעתי להם". דהנה השם של "שדי" הוא משדד מערכות, והפנימיות הוא השם הויה ב"ה, ולכן נכתב במזוזה שם שדי מבחוץ, והצדיק הוא ממשיך את הפנימיות שהוא השם הויה ב"ה לכל דבר חיצוניות, אפילו במאכל ובמשתה ובכל דבר גשמי הוא ממשיך קדושת השם לתוכו, וזהו "כל מה שברא הקב"ה לכבודו ברא", דהשם הויה ב"ה נקרא "כבוד" וכמו שנאמר ברוך כבוד ה׳, והיינו כל מה שברא הוא כדי להמשיך את שמו הגדול לתוכו וזהו לכבודו ברא, אבל המלאכים שאין בהם לא אכילה ולא שתיה לכן אומרים "ברוך כבוד ה׳ ממקומו", מפני שאין להם שום דבר חיצוני להמשיך את שמו הגדול לתוכו ומברכים ממקומו אשר הוא. וזהו "ושמי ה׳ לא נודעתי להם", כמ"ש רש"י ז"ל לא הודעתי כו׳ ולא קיימתיה שלא נתתי להם הארץ, ונמצא שלא היו יכולים להמשיך את השם הויה ב"ה לתוכו, שלא היה להם עדיין הארץ שהיא החיצונית, וזהו "לא נודעתי" בנפעל, שלא היו יכולים להמשיך.

והנה הצדיק לפעמים צריך לעשות דבר חיצוני ולהמשיך לתוכו הפנימיות, למשל מי שצריך פרנסה או רפואה, אז אומר לו הצדיק שיהיה לו רפואה ופרנסה שהם דברים חיצונים וממשיך לתוכו השם הויה ב"ה ע"י כוונתו ותפילתו והוא מסכים שכן יקום. וזהו "בשרתי צדק בקהל רב", ר"ל שאני מבשר כל מי שצריך דבר שיהיה לו כן כמו שצריך, "ושפתי לא אכלא" אליו לכל הצטרכות מלדברו אפילו חיצוניות הוא מחמת "ה׳ אתה ידעת", פירוש שאתה נותן דעתך וחפצך עמי להסכים על ידי שכן יקום, ואני ממשיך הפנימיות שם קדשך בהדיבורים הנ"ל. וק"ל.

או יאמר "וארא אל אברהם" על פי שאנו אומרים בברכות אבות "אלקי אברהם" כו׳ ואח"כ אנו אומרים "האל הגדול" כו׳ כאשר כתבנו לעיל מזה, דהנה אברהם תיקן מדת חסד והמשיך את הבורא ב"ה במדת חסד לזה העולם, יצחק המשיך מדת גבורה כו', ומחמת שאין כח בנו לקשר עצמינו מיד בעולמות העליונים, לכן מתחילה אנו מקשרים עצמינו באבות אברהם יצחק ויעקב, ואח"כ אנו עולים מתתא לעילא בעולמות עליונים שהם הגדול הגבור כו׳, אבל האבות שהיה כחם גדול והיה כח בידם לקשר עצמם מיד בעולמות העליונים, והיה עבודתם מעילא לתתא שהמשיכו את הבורא ב"ה לזה העולם, כל אחד תיקן מדתו כנ"ל.

וזהו "וארא אל אברהם כו׳ באל שדי" הוא שאמר לעולמו די, והוא השם המשתמש בזה העולם, והיינו שהשי"ת היה נראה להם אחר שהמשיכו לזה העולם, דכאן נקראים אבות, "ושמי ה׳ לא נודעתי להם", ר"ל אבל בעולמות העליונים ששם שמי ה׳, לא נודעתי להם עד אחר שתיקנו המדות העליונות והמשיכו למטה כנ"ל. וזהו שפירש רש"י ז"ל "וארא אל האבות", היינו בזה העולם אחר שהיו נקראים אבות הייתי נראה להם. וק"ל.

ולא שמעו אל משה מקוצר רוח ומעבודה קשה, ויאמר משה לפני ה׳ הן בני ישראל לא שמעו אלי כו'. ודקדקתי מה זה ק"ו הן בני ישראל כו׳ ואיך ישמעני פרעה, הלא מפורש בקרא דבני ישראל לא שמעו אל משה מקוצר רוח כו׳ אבל פרעה אפשר שישמע לו.

אך הענין הוא, דהנה יש בני אדם שהם "ארך רוח", פירוש שיש לו נשמה קדושה עליונה ויודע שצריך לעבוד השי"ת ב"ה בכל מיני עבדות ולא יספיק לו כל ימי חייו כל מעשה עבודתו אשר יעשה להשי"ת, ויש אשר הם "קוצר רוח", פירוש שאין נשמתם ורוחם יקר כל כך ודומה בעיניו שיוצא ידי חובתו בעבודתו ית"ש בכל עניניו, ויש אשר "עבודתם קשה", דהיינו שהם מסגפים עצמם בתענית וסיגופים. והיינו כשבא משה רבינו ע"ה ואמר להם הגאולה "ולא שמעו אל משה מקוצר רוח", פירוש מחמת שהיתה נשמתם ורוחם קצרה, "ומעבודה קשה" דהיינו שהיה ביניהם אנשים שהיו מסגפים עצמם והיו סבורים איך אפשר שמשה יביא את הגאולה הלא גם הם עובדים להשי"ת בכל עבודתם ומדוע לא יבוא הגאולה על ידיהם.

והנה משה רבינו ע"ה תלה חסרון השמיעה שלא שמעו בני ישראל אליו, תלה בעצמו מחמת שהוא אינו ראוי לכך שאינו צדיק גמור, ולכן אמר "הן בני ישראל לא שמעו אלי ואיך ישמעני פרעה", מאחר שדברי לא נכנסו באזני ישראל ואיך יכנסו דברי באזני פרעה, וזהו "ויאמר לפני ה׳" דייקא, דהנה לפעמים יאמר האדם שתולה החסרון בעצמו ובאמת לבו אינו נכון כ"כ באמת גמור שכן הוא שהחסרון בו, אבל משה רבינו ע"ה היה צדיק גדול וזה הדבר שתלה החסרון בעצמו היה אומר לפני ה׳ ממש, שהיה לבו נכון באמת לפי דעתו שהוא הגורם החסרון השמיעה.

"ויאמר משה הן אני ערל שפתים", לכאורה היה לו לומר הן אני ערל שפה, אך הענין הוא, דהנה היה תולה שני חסרונות בעצמו, אחד היה תולה שאינו צדיק גמור ולכן לא שמעו בני ישראל אליו, והשני תלה בעצמו שפרעה לא ישמע מחמת שהוא ערל שפה, דלפעמים אם ידבר אדם לפני שלטון בלשון צח אזי דבריו נושאין חן בעיניו, ומשה אמר שפרעה לא ישמע לו מחמת שהוא ערל שפה, וזהו "ערל שפתים", כפול בערלות שפתים. וק"ל.

וידבר משה כן כו׳ ולא שמעו אל משה מקוצר רוח ומעבודה קשה. ויש לדקדק לפי פירוש רש"י ז"ל שהקוצר רוח היה מחמת עבודה קשה, א"כ לכתוב רק מעבודה קשה. וגם "ומעבודה קשה" משמעו שהקוצר רוח היה מניעה בפני עצמו ועבודה קשה בפני עצמו.

אך הענין על פי מה שדקדקתי לעיל על הק"ו שאמר משה רבינו ע"ה "הן בני ישראל לא שמעו כו׳ ואיך ישמעני כו׳", ועוד מה שאמר משה "הן אני ערל שפתים" הלא כבר אמר לו השי"ת מי ישום אלם כו׳. ויש לפרש דלא כפירוש רש"י ז"ל, דבאמת מה שלא שמעו היה מחמת שני דברים, דאיתא דברים היוצאין מן הלב נכנסין אל הלב, והנה יש שני מניעות מצד המקבל שגם הדברים היוצאין מלב אין נכנסין אל לבו, דהיינו א׳ אם השומע הוא איש בליעל, ב׳ מצד עצבות ג"כ אין יכול לקבל דברי המוכיח, וזהו באמת שלא שמעו אל משה "מקוצר רוח", כמו דאיתא במדרש שהיו ביניהם עובדי ע"ז, "ומעבודה קשה" היינו מחמת עצבות. אך יש חילוק בין השני מניעות הנ"ל, דהיינו אם המניעה הוא שאינו יכול לקבל מחמת שהוא איש בליעל, אזי גם אם צדיק גמור ידבר דבריו אעפ"כ לא יקבל. אבל אם המניעה היא מצד עצבות שבו, אזי אם המשמיע הוא צדיק גמור דבריו נכנסין גם ללב העצב.

וזהו שאמר משה רבינו ע"ה "הן בני ישראל כו׳" דהיינו שהוא היה תולה החסרון בעצמו, מחמת שאינו צדיק גמור לכן אין נכנסין דבריו באזניהם מחמת עצבותם, וזהו "ואני ערל שפתים" ר"ל שאיני צדיק גמור, "ואיך ישמעני פרעה" שמניעתו הוא מצד שהוא איש בליעל. ונמצא עולה הכל כהוגן. וק"ל.

או יאמר "ולא שמעו אל משה כו׳", דהנה האדם מה שהוא עושה צריך להיות בלי שום פניה רק יהיה כוונתו לשמים לבד ולא להנאת עצמו כלל, וישראל היו צדיקים ועיקר צערם בגלותם היה על גלות השכינה ולא על צרת עצמם שהיו בקושי השעבוד, ולפיכך לא הטו אזנם לשמוע אל משה כדי שלא יבוא להם איזה תענוג להנאת עצמם שיגאלו מצרת השעבוד ויהיה שמחתם בשמוע הגאולה לשום פניה דהיינו הנאת עצמם, וזהו "ולא שמעו אל משה" ר"ל שלא הטו אזנם לכך, ומפרש הכתוב הטעם "מקוצר רוח ומעבודה קשה" שלא יבוא להם איזה תענוג ופניה, והם רצו שלא יהיה להם שום פניה אחרת רק על גלות השכינה לבד.

והכלל בזה הוא כך, כשרוצים להכניע הקליפה צריך להיות האדם בשמחה, כי כשהוא שמח אין שם עצבות ותוגה, כשזה קם זה נופל, ומשה רצה להכניע הקליפה - היינו פרעה - ע"י שיכניס בישראל השמחה של גאולה, והם לא רצו לקבל השמחה כדי שלא יבוא להם איזה תענוג, ונמצא לא באו אל השמחה, לזה אמר משה "הן בני ישראל לא שמעו אלי" כלומר זה טוב שלא שמעו אלי כדי לעשות העובדא שלהם בשלימות בלי שום הנאת עצמם, אבל "ואיך ישמעני פרעה" ר"ל שהקליפה לא הוכנעה בזה כיון שלא באו ישראל אל השמחה.

# נֹעַם אֱלִימֶלֶךְ

וזהו פירוש "אברכה את ה' בכל עת תמיד תהילתו בפי", ר"ל כשאני מברך השם בכל עת, דידוע שיש כ"ח עיתים, י"ד ימין וי"ד שמאל, וכיון שאני עושה פעולה בכל עיתים, דהיינו אף בקליפה להכניע את הקליפה, אזי "תמיד תהילתו בפי" אפילו כשיש איזה הנאת עצמי, כיון שצריך הנאה ושמחה כדי להכניע הקליפה, ובזה אין אני נופל מן המדריגה שהיה לי "תמיד תהילתו בפי".

וזהו הפירוש עצמו "רצון יראיו יעשה ואת שועתם כו', שומר ה' כו', תהילת ה' כו'", כי לכאורה איך אפשר שיהיה לצדיק איזה תאוה גשמיות, כי הלא צריך שלא יעשה להנאת עצמו שום דבר, אבל האמת הוא שהצדיק צריך שיהיה מחשבתו צלולה וברורה רק לכבוד שמים ולא להנאת עצמו, אבל איך יוכנע הקליפה כיון שלא הוגבה השמחה אצל הצדיק כדלעיל, לזה עושה לו השי"ת "רצון" שהוא תאוה, שירצה הצדיק איזה דבר והקב"ה ברחמיו עושה לו רצונו והוגבה השמחה אצל הצדיק ובזה מכניע הקליפה, והפירוש הוא כך, "רצון יראיו יעשה" שהקב"ה עושה רצון להצדיק, כדי "ואת שועתם ישמע ויושיעם" והוגבה השמחה אצל הצדיק, ולזה "שומר ה' את כל אוהביו ואת כל הרשעים ישמיד", היינו שמכניע הקליפה, ובזה "תהילת ה' ידבר פי ויברך כל בשר שם קדשו", פירוש אפילו כשעושה ג"כ להנאת עצמו, כיון שבזה עושה פעולה להכניע הקליפה ע"י השמחה הזאת. והבן היטב כי נכון הוא בעזה"י.

וידבר ה' אל משה ואל אהרן ויצום אל בני ישראל ואל פרעה מלך מצרים. לפי פשוטו אינו מובן פירושו, ורש"י ז"ל פירש בטוב טעם. ולפי ענינינו י"ל, דהנה כשבאים בני אדם אל הצדיק בדבר הצטרכותם, למשל שיפעול להם איזה דבר אצל אדון ושלטון, אזי אומר הצדיק לאדם הזה "השלטון ימלא משאלותיך ולא יהיה באופן אחר", והוא כמצווה מפי הצדיק שאל יעשה באופן אחר, וזהו "ויצום אל בני ישראל ואל פרעה כו'", פירוש זה שתאמר הגאולה לישראל, הוא הציווי בעצמו אל פרעה, אע"פ שלא יאמרו משה ואהרן רק לישראל "לא יהיה באופן אחר", ויוכרח להוציאם ע"י הדיבור והציווי שתאמרו לישראל. וק"ל.

הוא אהרן ומשה אשר אמר ה' להם הוציאו את בני ישראל כו' הם המדברים אל מלך כו' הוא משה ואהרן. י"ל הפירוש כך, שהכתוב מתמיה האיך אפשר שאהרן ומשה שפי ה' דבר עמהם, האיך היה אפשר שהם ידברו אל פרעה ערל טמא? ומתרץ הכתוב "הוא משה ואהרן", כלומר שהם היו דבוקים שניהם יחד כמו שנאמר "והוא יהיה לך לפה", והיה הדיבור יוצא מבין שניהם ולא אל פרעה וממילא נשמע אל פרעה. וק"ל.

ראה נתתיך. יש להבין מה זה הלשון "ראה", גם מלת "אלקים". ונראה, דהנה הצדיק הרוצה להעלות את אדם השפל ולהסירו משטותו ושפלותו, בלתי אפשר לשבר את דבר שטותו כי אם בדבר הדומה קצת, דהיינו שצריך הצדיק לירד קצת ממדריגתו להטות אליו בדבר הדומה, והנה פרעה אמר שהוא אלקי, כפירוש רש"י ז"ל "הנה יוצא המימה" כו', לכן אמר השי"ת למשה "ראה נתתיך אלקים לפרעה", שצריך אתה לעשות אותות ומופתים לפני פרעה כמעשה אלקות, ועי"ז תשבר את שטותו שמחזיק עצמו לאלקות, שהוא יסבור שאתה אלקים, ולכן "ראה" - שתסתכל בדבר זה מאוד שלא תתגאה ח"ו.

וזהו "גדולה עבירה לשמה" כנ"ל, שצריך הצדיק לירד ממדריגתו לשבר את שטות אדם השפל, ועושה עבירה לשמה, למשל מי שהוא רגיל לשונו לדבר שקר, צריך הצדיק ג"כ לשבר אותו בדבר הדומה, ובודאי ח"ו שהצדיק יאמר שקר, אך מצינו שהתירו חז"ל לשנות במסכת כו', או כדומה בענין זה, שהצדיק אומר על עצמו שאינו צדיק וזה שקר שהוא צדיק, ועושה עבירה לשמה כדי לשבר כח המשקר. ואיתא בגמרא "אמת אמר לא יברא ששיקרא בעלמא, צדק אמר יברא", וזהו "בשרתי צדק בקהל רב" פירוש כשיש קהל רב, אזי בלתי אפשרי שלא יהיה שקרן אחד, והצדיק הוא מעלה אותו משטותו ושקרותו ע"י שהוא מטה עצמו אליו ג"כ בדבר הדומה כנ"ל, ונמצא הוא בשורה לצדק שטוב אמר שיברא. וק"ל.

כי ידבר אליכם פרעה תנו לכם מופת. הנה מלת "לכם" אינו מדוקדק, תנו "לי" היה לו לומר, שבוודאי רצה פרעה שיתנו לו מופת. ועוד יש לדקדק, אחר שהראו לפניו מופת שהמטה נהפך לתנין ויעשו גם החרטומים כן, מה היה צריך פרעה חיזוק הלב כמ"ש "ויחזק לב פרעה", הלא ממילא מאחר שראה שגם החרטומים עשו כן אין צריך חיזוק לזה.

אך נראה פשוט, דהנה האדם המלומד בניסים שהשי"ת עושה לו נס בכל עת, אזי הוא תמיד חידוש ונפלא בעיניו, הגם שרואה שהשי"ת עושה לו תמיד ניסים, אעפ"כ הוא מפליא הדבר לחידוש גדול, אבל העושה דבר חידוש פעם אחד ע"י כישוף וכדומה, אזי בפעם שנית אין חידוש בעיניו לכלום, מאחר שעשה בעצמו פעם אחד. וזהו שאמר השי"ת ב"ה "כי ידבר אליכם פרעה תנו לכם מופת", פירוש שתעשו מופת כזה שגם לכם יהיה למופת ולחידוש, זה יהיה ודאי דבר ה', ולכן כתיב "וישלך אהרן את מטהו לפני פרעה ולפני עבדיו", וגבי חרטומים כתיב "ויעשו גם הם בלטיהם כן" ולא כתיב "לפני פרעה", משום דהשלכת מטה אהרן היה חידוש לפני פרעה, שהבין שהוא דבר ה' מחמת שראה שגם בעיני משה ואהרן היה לחידוש, אבל בחרטומים לא היה שום חידוש, לא להם ולא לפרעה, כי ידעו שעושים ע"י שטותיהם, ולכן נאמר שפיר "ויחזק לב פרעה", שהיה צריך חיזוק הלב, כי הבין שאין בהם ממש ואעפ"כ היה מחזק את לבו.

וזהו "בשרתי צדק בקהל רב", ר"ל כשאני מבשר איזה דבר חידוש בקהל רב, אעפ"כ בהיות הדבר הזה, הנה "שפתי לא אכלא" מלשבח ולהודות על הדבר הגדול, אף שאני מלומד בכך, וזה הוא מחמת שזה דבר ה'. וק"ל.

ויאמר משה לפרעה התפאר עלי כו' למען תדע כי אין כה' אלקינו. נראה לפרש, דהנה האומות עובדי ע"ז בראותם איזה סיבה הבא עליהם לטובה או לרעה הם תולים בע"ז שלהם, אבל אין להם חשקות יותר לפארה ולשבחה מחמת הסיבה הזאת, ולא כן ישראל עם הקדוש העובדים את האל חי וקים, מכירים נפלאותיו ומשבחים ומפארים אותו ע"י פעולותיו. וזהו שאמר משה רבינו ע"ה לפרעה "התפאר כו' למען תדע כו'", כלומר בזאת תדע כי אין כה' אלקינו, שכאשר תתלה בו יתברך הפעולה, ישא לבבך לפארו בהסיבה הזאת. וק"ל.

## בא

ויאמר ה' אל משה בא אל פרעה כו'. הדקדוק מפורש בזוהר הקדוש "לך אל פרעה" היה לו לומר. ועוד מה זה נתינת טעם "כי אני הכבדתי את לבו", אדרבה מאחר שהכביד את לבו למה לו לילך בחנם, הלא בודאי לא ישמע לו.

ונראה לפרש, דהנה בראות הצדיק נפלאות הבורא או כשישמע מחבירו הצדיק דברים קדושים אזי הוא מתלהב בעבודת הבורא יתברך ויתעלה, משא"כ הרשע אף כשרואה נפלאות או שהצדיק מדבר אליו פעם אחד אזי הוא חוזר לפי שעה אבל אינו מתקיים בקרבו איזה זמן והוא ככלב שב אל קיאו, אבל כשהצדיק מדבר אליו יום יום או בראותו נפלאות הבורא יום אחר יום יכול להיות מתקיים בידו זמן רב.

וזהו "בא אל פרעה" בקביעות יום אחר יום ולא בדרך ארעי, ולכן לא נאמר "לך" שהוא לשון ארעי. וזהו הנתינת טעם "כי אני הכבדתי כו' למען שיתי אותותי" ר"ל אותיותי הקדושים שתדבר אליו יום יום, אשים "בקרבו" דייקא, כלומר שיתקיימו בקרבו זמן רב, ולא כן כשישמע אליך בפעם הראשון יחזור לסורו כנ"ל. ולזה לא נאמר "מופתי", לרמז במלת "אותותי" שני משמעות, לשון אותות כפשוטו וגם לשון אותיות כנ"ל, "ולמען תספר באזני בנך כו'" פירוש דהנה כשהצדיק רואה נפלאות ה' פעם אחד אזי מתלהב לבו זמן רב, וכשיחזור ויראה עוד נפלאות אזי בא למדרגה יתירה לספר גדולותיו יתברך לדורי דורות, ונמצא גם זה נתינת טעם לזה שלא ישמע אליך פרעה בפעם ראשון הוא "למען תספר כו'" שתבוא למדריגה נוספת לספר "באזני בנך" לדורי דורות. וק"ל.

בא אל פרעה כו'. פירש רש"י ז"ל "והתרה בו", ולכאורה מה בעי רש"י בזה. ונראה לפרש, דהנה נקוט האי כללא בידך דהבורא ב"ה ויתעלה זכרו לנצח זהו תענוגו להטיב ולהשפיע לכל העולמות ולכל הברואים, אך מחמת שהשפעת הבורא ב"ה הוא רב מאוד ובלתי אפשרי לקבל השפעתו כי אם ע"י ממוצע הוא הצדיק המקבל השפעה מלמעלה והוא משפיע לכל, גם לאינו הגון ומוכשר לקבל אעפ"כ הוא משפיע לו, ונמצא ההשפעה שהצדיק משפיע אינו אלא כגומל חסד עם כל העולם שהוא מקבל השפעה מלמעלה ומחלק לכל, אבל העיקר הוא מהבורא ב"ה.

וזהו "לעושה נפלאות גדולות לבדו", פירוש שהקב"ה עושה נפלאות עם עמו ישראל אינו אלא לבדו, "כי לעולם חסדו" פירוש כי "לעולם" כלומר המשכת השפעה הבאה לעולם, "חסדו" ר"ל ע"י חסד של הצדיק שגומל חסד עם כל אדם כנ"ל.

והנה הצדיק המשפיע ברצותו לקבל השפעה מלמעלה צריך להקטין עצמו בהכנעה גדולה, ואח"כ בעת השפעתו לעולם הוא מתפשט עצמו ומתרחב להשפיע לכל העולם, כאדם המתפשט עצמו בכל חדריו ועליותיו להכניס בהם כל אשר לו למלאות אותם כל טוב. ורמז לזה אות צ' הוא רמז על הצדיק המקבל ומשפיע, דאות צ' נכתב נון יוד כזה צ', יוד מאחוריו של הנו"ן והראש העליון של הנו"ן הוא קטן והרגל התחתון הוא רחב, וכל זה הוא רמז על הצדיק המקבל השפעה הוא ע"י חכמה והיו"ד הוא חכמה, וצריך הצדיק להקטין ולהכניע עצמו בעת קבלתו כמ"ש "והחכמה מאין תמצא" פירוש מי שהוא בעיניו כ"אין", בצדיק הזה תמצא חכמה לקבל משם השפעה, ולכן ראש העליון של הנו"ן הוא קטן, רמז בעת קבלתו השפעתו מהיו"ד צריך להקטין עצמו שיהיה בעיניו כאין כנ"ל, והרגל התחתון הוא רחב, רמז כנ"ל דהיינו בעת שמשפיע לעולם הוא מתרחב ומתפשט לחלק לכל כנ"ל, ולכן מהדר אפיה דנו"ן מן היו"ד, לרמז לזה שכתבתי שגם למי שאינו הגון כ"כ לקבל הוא משפיע לו ומטה עצמו אליו להשפיע גם לו. וזהו "זמרו ה' כי גאות עשה" פירוש זמרו להשם הטוב שעשה וברא גאות כנ"ל שהצדיק מתפשט ומתרחב עצמו כעין אדם המתגאה, "מודעת זאת בכל הארץ" ר"ל שהוא משפיע לכל הארץ גם לשאינו הגון כ"כ.

ולפי דרכינו ההשפעה נקרא בשם "נפלאות", דהיינו הטובות שהשי"ת עושה עם עמו ישראל הקדושים נקרא נפלאות, אבל מה שהקב"ה מביא פורעניות ועונשים על הרשעים נקרא "אותות" כמ"ש "מאותות השמים אל תחתו" שאין לישראל להתיירא מאותות. וגם המשכת עונשין ורעות על האומות הוא ג"כ ע"י הצדיק כי "מפי עליון לא תצא הרעות".

וזהו פירוש הפסוק "גדול כבודו בישועתך", פירוש שהצדיק נתגדל ונתפשט ונתרחב כבודו בעת השפעתו לעולם, שזה הוא "ישועתך", דמה שישראל מלאים ושבעים כל טוב היא הישועה להשכינה, ומפרש הכתוב "הוד והדר תשוה עליו כי תשיתהו ברכות לעד", ר"ל שמסרת לו הברכות לברך את בית ישראל לעולם, "תחדהו בשמחה את פניך", פירוש וגם המדריגה זאת נתת להצדיק שאתה משמחו בזה שהוא ע"י דיבורו הקדוש ממשיך עונש ורעות על הרשעים, והיינו "את פניך" לשון רוגז, ממשיך הצדיק כי מאתך לא תצא הרעות.

וזהו "ויאמר ה' אל משה בא אל פרעה" פירש"י והתרה בו, כלומר שע"י דיבורך תמשיך עליו האותות, "כי אני הכבדתי כו'" אלא מאתי לא תצא הרעות לכן צריך אתה להתרות בו, "למען שיתי אותותי אלה בקרבו" שאתה תמשיך עליו האותות כי מפי עליון לא תצא הרעה. והבן.

או יאמר "בא אל פרעה כו' למען שיתי כו'", דהנה כתיב "אני ה' אשר הוצאתיך מארץ מצרים", ומקשים העולם למה מזכיר יציאת מצרים יותר מבריאת עולם שזה הוא חידוש והטבה גדולה יותר, אך האמת שעיקר בריאת העולם היה בשביל התורה הקדושה כדאיתא "בראשית - בשביל התורה שנקרא ראשית", ואז ביציאת מצרים התחיל חידוש התורה, לכן אמר אני ה' אשר הוצאתיך, שזה העיקר שהיה התחלת התורה אשר בשבילה היה עיקר הבריאה. והנה הקב"ה מתאוה לתפילתן של צדיקים, ולפעמים השי"ת ב"ה גוזר גזירה כדי שיתפלל הצדיק ויבטלה, וזהו "בא אל פרעה כי אני הכבדתי כו'", שלא ישלח את ישראל, ואתה תבטל זאת "למען שיתי אותותי" ר"ל אותיותי של התורה שיהיה בעת צאתם ממצרים שהיה אז התחלת התורה הקדושה. וק"ל.

ויאמר משה בנערינו ובזקנינו נלך כו'. נראה לפרש דאיתא בגמרא "בשמחת בית השואבה היו אומרים אשרי ילדותינו שלא ביישה את זקנותינו", דהיינו שהיו מתנהגים מיד בנערותם כשורה ולא היו מתביישים בזקנותם ממעשה נערותם שהיו ג"כ בקדושה, אבל מי שאינו מתנהג בקדושה בנערותו, אזי לעת זקנותו הוא מתבייש ממעשיו הקודמים וצריך לסור מדרכו, על כן טוב שיתקדש עצמו מיד. וזהו שאמר הכתוב "חנוך לנער על פי דרכו גם כי יזקין לא יסור ממנה", כלומר שלא יצטרך לסור מדרכו הקודם, ויוכל לילך בעקבות נעוריו כמו שהיה מתנהג עד עתה, ובקל יכול לעבוד השי"ת ב"ה.

וזהו "בנערינו ובזקנינו נלך", רצה לומר שנתנהג ונלך בקדושה הן בנעורינו והן בזקנינו, "בבנינו ובבנותינו נלך", היינו שנדריך אותם בקדושה, "בצאנינו ובבקרינו נלך", רמז גם בעובדות הגשמיות כמו משא ומתן ואכילה ושתיה וכדומה נלך בכל זה להשי"ת, "כי חג ה' לנו", ר"ל כי התלהבות אש בוער בנו לעבודתו יתברך שמו ויתעלה זכרו. וק"ל.

או יאמר "בא אל פרעה כו' ולמען תספר כו'". נראה כי עיקר כוונת הבורא יתברך בהכות את פרעה ועבדיו, למען יהיה אות לבני ישראל, ושיתרבו אותיות התורה על ידו באלה הדברים הנאמרים בו, ולא יהיה הספר תורה חסר אפילו אות אחת. והנה האיש משה כשהלך אצל פרעה, לא היה הולך ברצונו הטוב, כי לא היה חפץ להסתכל בדמות אדם רשע, לכך אמר לו השי"ת ב"ה בלשון "בא", ר"ל שתבוא אליו ברצונך, כי יש לי על ידו להתוסף קדושה ע"י אותיות התורה הנאמרים עבורו, ולזה אין שייך כאן לומר לשון "לך", כי הליכה מיקרי אף שאדם הולך שלא ברצונו, כי אע"פ שהולך שלא ברצונו אעפ"כ המעשה הליכה ברגליו נעשית, ו"ביאה" היא שייך כשהאדם בא ברצונו, ומחשבתו הוא המביאה לאדם אל הדבר ההוא, וזהו "למען שיתי אותותי" הוא מלשון אותיות כנ"ל.

ולמען תספר באזני בנך. היות כשהקב"ה ברחמיו עושה נס לישראל פעם אחת ונוקם להם מאויביהם, אז נתעוררו הרחמים ומועיל אפילו לעתיד בכל דור, כשישראל צריכין להנקם מאיזה שונא העומד עליהם להכבידם בעול שררה או מלך, אז הקב"ה עושה נקמה בו כיון שכבר נתעוררו אותן הרחמים בענין כזה. וזהו "ולמען תספר כו' אשר התעללתי במצרים", וכשתספרו זאת תעוררו אותם הרחמים וינקם לכם מאויביכם לבל יוכלו להיצר לכם כלל. והבן.

ויאמר ה' אל משה נטה ידך על ארץ מצרים בארבה. ויש לדקדק על הלשון "בארבה". ונראה לפרש עפ"ז פסוק בפרשת וארא דכתיב שם במכת ברד "כי עתה שלחתי את ידי ואך אותך בדבר ואולם בעבור זאת העמדתיך כו'", ויש לדקדק למה דווקא במכת ברד אמר לו זה? אך הענין הוא, כי כל המכות שבאו על פרעה, היה על איזה זכות שהיה להם לישראל או שיהיה להם, ועל אותו זכות במכוון בא המכה כנגדו. וזהו פירוש הפסוק הנ"ל, כי מכת ברד היה בא בזכות הדבור שמדברים ומודים תמיד להשי"ת ב"ה, וכיון שכן היה הדין נותן שיבוא במקומו מכת דבר, כי הם האותיות ממש של הדבור כנ"ל, וע"ז אמר "כי עתה שלחתי את ידי ואך אותך בדבר" תחת מכת "ברד", כי כך הדין נותן כנ"ל, "ואולם בעבור זאת העמדתיך למען ספר שמי" הפכתי את האותיות "דָבָר"לאותיות "ברד" ולא לאותיות "דֶבֶר", וזהו "בארבה" בשביל שאמרתי "הרבה ארבה את זרעך" כנ"ל. וק"ל.

ויאמר ה' אל משה נטה ידך על השמים ויהי חושך על ארץ מצרים. ונראה בהקדים הפסוק "יוצר אור ובורא חושך", וכבר דקדקו קמאי למה כתיב באור לשון "יצירה" ובחושך לשון "בריאה"? ולי נראה כי השי"ת ב"ה ותורתו הקדושה נקראו אור א"ס, וזש"ה "וירא אלקים את האור כי טוב", פירוש האור הוא נקרא התורה הקדושה, וכשלומד אדם את התורה לשמה נקרא אור "כי טוב", משא"כ אם לומדה שלא לשמה חלילה, וזה פירוש "וירא אלקים כו'", פירוש הקב"ה הוא משגיח על התורה הזאת שאדם לומד לשמה ולא כשלומד שלא לשמה, כי הבורא ב"ה אינו כבשר ודם שאף שהדבר הוא לפניו ואינו נסתר מנגד עיניו יכול הוא שלא לראות אותו הדבר, וזה הפירוש "יוצר אור", כי התורה הקדושה הוא אור פשוט א"ס בלי צורה, וכשהאדם לומד התורה ומלבש עצמו בהאור א"ס, אזי לפי מדריגתו של הצדיק ההוא יש לו צורה לאור הזה, לפי מדריגתו של הצדיק ההוא המלובש בו, וזהו "יוצר אור", כי קודם בריאת עולם היה האור התורה התפשטות בלי צורה, אבל אחר בריאת עולם כשאדם לומד את התורה ומלבש עצמו בהאור, אזי האור ההוא יש לו צורה כנ"ל, וזהו "יוצר" לשון צורה, כי הצדיק עושה לו צורה.

ובזה יובן מה שרגילים לומר "זכותו יגן עלינו", ולמה יתן הצדיק זכותו לאחר, הלא טוב לו שיקח לו לעצמו לעוה"ב שהוא א"ס? אלא יש לפרש שזכות הוא לשון "זך", דהיינו מה שלומד תורה לשמה, אזי זכות האור שהוא מושך על העולם היא העומדת לדורו ומגין עליהם. וזהו פירוש "נטה ידך על השמים", שתטה מכאן האור שלך שלא יגין עליהם, אזי ממילא יהיה "חושך על ארץ מצרים". וק"ל.

ומשה ואהרן עשו את כל המופתים האלה לפני פרעה ויחזק ה' את לב פרעה. ויש לדקדק מה בא הכתוב להשמיענו? אלא יש לפרש שזה קאי על הפסוק שלאחריו, שבשביל זה נענש פרעה שחיזק ה' את לבו, בשביל שלא שם על לבו שמה' היו הנפלאות האלה, כי כשהצדיק עושה נפלאות, אזי שורה עליו רוח הקודש וקדושה והכל יכולים להבין שמה' היתה זאת, ופרעה הרשע לא רצה לשום על לבו זאת, וזה שאמר הכתוב "ומשה ואהרן כו' לפני פרעה", ר"ל שאדם אחר היה יכול להבין שמשה ואהרן לא עשו כלום אלא שמה' היתה זאת, רק "לפני פרעה" ר"ל בעיניו היה שמשה ואהרן עשו זאת מעצמם, ולא רצה לשום על לבו שמה' הוא זאת, ולכך נענש שחיזק ה' את לבו.

החודש הזה לכם ראשון הוא כו'. נראה לפרש, דאיתא במדרש "הקב"ה ברא עולמות והחריבן ואח"כ ברא עולמות ואמר הדין הניין לי והדין לא הניין לי", ואיתא בספרים הטעם של בריאת העולמות שהחריבן ואח"כ בריאת העולמות הן עולם התיקון, היה למען יהיה שכר ועונש. וזהו "מתחילה עלה במחשבה לבראה במידת הדין ראה שאין העולם מתקיים שיתף בו מידת הרחמים", היינו מתחילה היו בריאת עולמות החרובין, ואח"כ היו בריאת עולמות התיקון שהיא מידת הרחמים.

וזהו מה שאמרו חז"ל "כשברא הקב"ה עולמו היה נמלך בנשמת הצדיקים", לכאורה אינו מובן מה זה שהיה נמלך בצדיקים? אך הענין הוא לפי דברינו, דהנה הצדיק צריך ג"כ להיות עבודתו תמיד כמו שהיה בריאת העולמות, שהיה מתחילה עולם החרובין ואח"כ עולם התיקון, וכל מה שברא הוא נצחיות תמיד בלי הפסק, וצריך להיות תחילת עבודתו בענין עולמות החרובין, דהיינו ע"י סיגוף ותענית, תחילתן יסורין וסופן שלוה, דהיינו אח"כ כשמתקן את עצמו במעשיו הקדושים כל אבריו וגופו ורוחו ונשמתו, אזי עבודתו בעולם התיקון, דהיינו כל דבר ודבר שהצדיק עושה, אז פועל ומתקן בו פעולות ותיקונים גדולים. ואיתא בגמרא "כל מה שברא הקב"ה לצביונם נבראו ולדעתם נבראו", דהיינו שהיה השי"ת שואל את דעתם אם הם רוצים להבראות על תנאי זה ועל עבודה זאת והסכימו כולם, וזהו הפירוש שהיה נמלך בנשמות הצדיקים, דהיינו שהיה נמלך עמהם אם דעתם להיות נבראים על תנאי העבודה זאת, כענין עולם החרובין ועולם התיקון כנ"ל.

ואיתא בספרים שבריאת עולם התיקון שהוא מידת הרחמים, היה בשם הנקרא "מה החדש", שע"י השם של מ"ה נתחדשו עולמות התיקון. וזהו "החודש הזה לכם", פירוש "החדש", דהיינו שזה מסורה בידכם לעורר רחמים ע"י השם של "מה החדש" כענין הבריאה ראשונה. ודרשו חז"ל "לכם" - שיהא קידוש החודש כשירה בקרובים, וחד אמר לכם חשובים כמותכם, ולפי דברינו מר אמר חדא כו' ולא פליגי, דהיינו לעורר רחמים צריך חשובים כמותכם צדיקים גדולים, וחד אמר רמז שצריך אחדות ואהבה וקרבות.

וזהו "מה ה' אלהיך שואל ממך", פירוש זה התעוררות הרחמים, שגם "אלהיך" דהיינו מדה"ד נעשה מדה"ר דהיינו שם "הויה" ב"ה שהוא רחמים, והוא ע"י שם של "מה", הדבר הזה "שואל מעמך", שאתה תפעול כל זאת.

"ראש חדשים ראשון הוא לכם לחדשי השנה", פירוש זה תפעלו ע"י מעשיכם, לחדש תיקונים בעולם התיקון בעולמות העליונים שהם נקראים "ראש", זה יפעול לכם רחמים בזה העולם שהוא נקרא "שנה" כדאיתא בספר יצירה.

דברו אל כל עדת בני ישראל בעשור לחודש הזה, פירוש העיקר לעורר רחמים הוא ע"י יו"ד שהוא חכמה עליונה, וזהו "פותח את ידיך" קרי ביה "יודיך", שהשי"ת ברא ב' יודי"ן, שהוא חכמה עלאה וחכמה תתאה, שזה גילה השי"ת, "ומשביע לכל חי רצון", ר"ל וזה מסר השי"ת להצדיק הנקרא "חי", כמו שאמר הכתוב "בן איש חי", שהצדיק יפעול הרצון הזה, והשביע את הצדיק שעל ידו יתעורר הרצון הזה דהיינו הרחמים.

"ויקחו להם איש שה לבית אבות", כבר פירשתי שכל זאת צריך הכנעה גדולה שזה רמז "שה", "ואם ימעט הבית מהיות משה" ודרשו רז"ל "מחיותו דשה", דהיינו אם ימעט ממנו החיות דשה, שאינו יכול לקבל הכנעה, "ולקח הוא ושכנו", שיתקרב אל הצדיקים ויהיה לו אחדות עמהם, "במכסת נפשות" פירוש ואז גם הוא יהיה בחשבון נפשות הצדיקים.

וזהו (ישעיהו מ, ה) "ונגלה כבוד ה'", ר"ל שהי"ת עשה התגלות כבודו, "וראה כל בשר" פירוש ואפשר לכל אדם, גם מי שהוא בכלל "בשר" שאינו צדיק כ"כ, יכול לבוא לראות את כבוד ה' ע"י התחברות הצדיקים ואחדותם, וזהו "יחדיו", דהיינו שיהיו באחדות. וק"ל.

או יאמר "דברו אל כל עדת בני ישראל ויקחו להם איש שה לבית אבות שה לבית". דהנה השורש כל השרשים לאחוז במדת ענווה, וזה מרומז במלת "שה" שהוא מוכנע מכל הצאן, ויש שני בחינות שצריך האדם לשמור ולזרז עצמו במדת ענוה, האחד כמו שאמר הכתוב "ושכחי עמך ובית אביך ויתאו המלך יפיך", פרשתי כבר דהיינו אם תבוא למדריגה זאת שתשכח מאיזה עם אתה ומאיזה בית אב אתה מיוחס, אז יתאו המלך, מלכו של עולם, את יפיך. וזהו הפירוש כאן, "שה לבית אבות", דהיינו שיהא מוכנע מיחוסו ומבית אבותיו, "שה לבית", שצריך לשמור עצמו מהגיאות הבא מהפנימיות שנקרא בשם "בית", דהיינו עיון תפילה שמחשב שמתפלל בכוונה, או מה שלמד תורה לשמה, וצריך לשמור עצמו מזה שלא יהיה במחשבתו זאת, שידע שלא הגיע עדיין לתפילה בכוונה או לתורה לשמה.

"ואם ימעט הבית מהיות משה", פירוש ואם לא בא עדיין למדריגה זאת שיבחין שעדיין לא בא למדריגה הנ"ל, ואין לו מדת ענוה, אזי "ולקח הוא ושכנו" פירוש היצר טוב שהוא שכינו "הקרוב אל ביתו" דהיינו שהוא מסייע לפנימיותו, "במכסת נפשות", ר"ל שיספר תמיד מהצדיקים הגדולים וימנה תמיד את מידותם הישרים, ו"נפשות" הוא רמז על הצדיקים ומידותם, "איש לפי אכלו תכוסו" פירוש הכתוב מזרזו לזה שרוצה לאחוז במידה זו שלא יגזם במידת הצדיק, רק לפי אכלו תכוסו על השה, ולא יגזם במידתו, כי מזה לא תבוא לך הכנעה כשתגזם במידתו.

"שה תמים זכר", פירוש שיש עניוות שהוא גאות גדול, דהיינו שמראה עצמו שהוא עניו ובפנימיותיו יש לו מזה גאות גדול באומרו שהוא עניו, וע"ז אמר הכתוב "שה תמים זכר", דהיינו שתהיה ענוה בתמימות גדול מצד הדכרות, "בן שנה", פירוש שיהיה כבן שנה בלא חטא, "מן הכבשים ומן העיזים תקחו", פירוש חמדת ענוה תקחו "מן הכבשים", דהיינו שתראה כמה הוא מאוס מדת גאות באדם שהוא עולה במעלות, מה שלא מגיע אליו "כבשים", הוא מלשון "עלה בכבש", ומשם תראה כמה הוא מאוס מדת גאות ותקח מידת ענוה, "ומעיזים" דהיינו מעזי פנים שבדור תקח ג"כ ראיה כנ"ל, "והיה לכם למשמרת עד ארבעה עשר יום לחודש", פירוש שצריך אתה לשמור עצמך במידה זאת ולידע שעדיין לא תקנת עצמך "עד ארבעה עשר יום לחודש", דהיינו עד שיבוא משיח צדקנו ותהיה הלבנה במילואה וחידושה. וק"ל.

או יאמר "דברו אל בני ישראל בעשור לחודש הזה כו'". נראה לי דהתורה הקדושה רמזה לנו בזה דרכי השם לעבודתו, דאיתא "בעשרה מאמרות נברא העולם כו' וליתן שכר טוב לצדיקים שמקיימים את העולם וכו'", דהיינו שהצדיק הוא יסוד עולם, ונותן השפעות אל העשרה מאמרות ע"י מעשיו הקדושים שהוא הולך ומתגבר בכל יום בעבודת הבורא, וכל מה שהצדיק מחדש עצמו אל הקדושה יתירה בכל פעם, אזי הוא מחדש

# נועם אלימלך

השפעות יתירות אל העולמות בכל פעם, וזהו מדותיו של הקב"ה כמ"ש "ובטובו מחדש כו' מעשה בראשית", ר"ל שבכל יום מחדש השפעות במעשה בראשית דהיינו בהעולמות.

וזהו "בעשור", ר"ל בעשרה מאמרות הנ"ל, "לחודש", ר"ל שהצדיק מחדש עצמו בקדושה יתירה כנ"ל, וע"י זה הוא מחדש במאמרות הנ"ל השפעות גדולות, "ויקחו להם איש שה" פירוש לזה האיש הצדיק הרוצה להשפיע כנ"ל, להחזיק עצמו במידת הכנעה שהוא מרומז במלת "שה" כמ"ש (ירמיהו נ, יז) "שה פזורה ישראל" פירוש זה אשר בשם ישראל יכונה, שהוא צדיק גמור, צריך להיות מוכנע ושפל בעיניו כשה, ועוד שתהא נשמתו פזורה בכל העניינים הנוגעים לדבר ה'. וכלשון הזה מצינו בספר חובת הלבבות שאמר חכם אחד "השם יצילני מפיזור נפש", פירוש אדם שיש לו נכסים במקומות הרבה, נמצא נפשו פזורה בכל המקומות שנכסיו שם לחשוב ולדאוג עליהם כמאמר התנא "מרבה נכסים מרבה דאגה", כמו כן הפירוש כאן "שה פזורה", דהיינו כנ"ל, שיהא מוכנע ושפל בעיניו ונפשו פזורה בכל אופנים בתורה ובמצוות ובגמילות חסדים בגופו ונפשו וממונו וכדומה, אז בשם ישראל יכונה והרי הוא צדיק גמור. וזהו הפירוש הפסוק "וכל פטר חמור תפדה בשה", פירוש מי שרוצה לפטור את עצמו מחומריות, יפדה את עצמו בשה, דהיינו מוכנע ושפל בעיני עצמו כנ"ל, וזה יועיל לו שיהיה פטור מכל מיני חומריות, ואז יכול להשפיע לישראל את שלש אלה: "בני חיי ומזוני".

וזהו "שלש משמרות הוי הלילה, משמורת ראשונה חמור נוער כו'", ולכאורה מה הודיענו חז"ל בזה? ונראה שדבר גדול דברו לנו חז"ל בזה, ומלמדים אותנו באיזה עת וזמן אנחנו נדע מה לעשות ולעבוד על שלש אלה הנ"ל, והיינו "משמורת ראשונה חמור נוער", פירוש אז היא התגברות הקליפה הנקרא "חמור" על "בני" חלילה, ואז צריך הצדיק להתגבר ולהתפלל אז להבורא ב"ה לשבר כח הקליפה הזאת. ויש לומר שזה רמז בפרשת עקידה שנאמר שם "וישכם אברהם בבוקר ויחבוש את חמורו", ד"בוקר" נקראים חסדים, ואברהם עצמו הוא ג"כ חסד כמש"ה "תתן אמת ליעקב חסד לאברהם", וכשהלך אברהם לשחוט את בנו, היה הולך בשמחה רבה בהתלהבות גדול לעשות רצונו של מקום, אך אעפ"כ היה רוצה בזה שישאר חי, וכוונתו היה להתפלל להבורא ית"ש שישאר חי, כדאיתא במדרש "וירא את המקום" פירוש שראה יעקב עתיד לצאת ממנו, דגבי יעקב כתיב "וישכב במקום ההוא", וזהו שאמר "ונשתחוה ונשובה אליכם" והאיך אמר ונשובה הא הלך לעקוד אותו? אלא שסמך ובטח עצמו על תפילתו שישאר חי, וזהו "וישכם אברהם בבוקר ויחבוש את חמורו", דהיינו עם החסדים חבש את החמור ג"כ שיסכים עמו שישאר בנו חי, אבל יצחק אבינו היה תשוקתו דוקא שיעקד וישחט על גבי המזבח, ולכן תולה הכתוב באברהם כמ"ש "יען לא חשכת כו'", משום שאף שהיה תשוקתו שישאר חי, אעפ"כ לא חשך ומנע אותו ועשה את ציווי הבורא בשמחה רבה, ולכן בכל דור מזכיר השי"ת את העקידה שעקד אברהם את יצחק בנו על גבי המזבח, אבל יצחק אבינו היה מידתו גבורה ורצה לעשות כמידתו להישחט, ואינו חידוש כל כך כמו באברהם, אעפ"כ אפרו צבור לדורות. ונמצא היוצא לנו מזה דמשמרה ראשונה צריך הצדיק לעבוד ולהתפלל על "בני", דאז חמור נוער.

"שניה כלבים צועקים", דאיתא "מלאך המות בעיר כלבים צועקים", ואז במשמר השני הוא ח"ו התגברות על "חיי", וצריך הצדיק להתגבר לפעול להמשיך כנ"ל, וזהו "ותהי צעקה גדולה במצרים כו' ולבני ישראל לא יחרץ כלב לשונו", היינו כנ"ל שהם פעלו והתגברו על הקליפה להמשיך "חיי".

"משמרה שלישית תינוק יונק משדי אמו", היינו "מזוני", שאז צריך להמשיך מזוני, וע"ש בגמרא בסופו "נפקא מינה למאן דגני בבית אפל ליקום וליקרי קריאת שמע", נוכל לומר דהכי פירושו, "נפקא מינה" מכל הני תלת שהודיעו לנו חז"ל, הלא בודאי הצדיק בכל עת ובכל רגע הוא מתפלל על הנ"ל, ואמר "למאן דגני בבית אפל", דהיינו הכסיל אשר בחושך הולך ובאפילה, "ליקום וליקרי קריאת שמע", פירוש ילמוד הקריאה שהשמיעו חז"ל.

וזהו "יפיפית מבני אדם הוצק חן כו'", דהנה אבותינו אברהם יצחק כו' הם נקראים "בני אדם", מחמת שהם נבראו לתקן חטא אדם הראשון, והיינו "יפיפית" - היפוי כח שיש לך שאתה יכול להמשיך ולתקן כל הנ"ל, הוא "מבני אדם", דהיינו אבותינו אברהם יצחק כו', שהם תיקנו את כל הנ"ל מתחילה וע"כ יכול אתה בקל להמשיך את כל הנ"ל, "הוצק חן בשפתותיך", פירוש אלא ששפתותיך יש בהם חן, "על כן ברכך אלקים לעולם" שתמשיך אתה השפעות לעולם.

נחזור לענינינו, "ויקחו להם איש שה", ר"ל הצדיק שנקרא "איש" שרוצה להשפיע כנ"ל, צריך ליקח לעצמו להחזיק במידת הכנעה שהוא מרומז במלת שה, כמ"ש שה פזורה ישראל כדרך שפירשתי לעיל, "לבית אבות" ר"ל שיכניע עצמו בזה שלא יתגאה ביחוס אבותיו אם הוא ממשפחה מיוחסת, רק יחשוב שזה הוא סיוע לו לעבודת הבורא שזכותם עומדת לו ולזרעו, אבל לא להנאת עצמו ולגאותו. או כלך לדרך זה "לבית אבות" פירוש שתמיד ידאג ויחשוב מתי אגיע למקום אבותי שאהיה צדיק כמותם, "שה לבית" פירוש מידת הכנעה זו יכניס תמיד לביתו, דהיינו בקרבו יוכיח עצמו תמיד. או פירושו "שה לבית אבות", שלפעמים אדם מתגאה ע"י הדרגת והנהגת ביתו, שיש לו בנים ועושר וכבוד, ע"ז מזהיר הכתוב להכניע עצמו גם בזה, שלא להחזיק עצמו במעלה יתירה ע"י זה.

"ואם ימעט הבית", פירוש אם לא יהיה במדריגה זו של הכנעה, "מהיות משה", פירוש, הכתוב נותן לו עצה טובה להידבק בצדיקים, והיינו מהיות משה כפירוש רש"י ז"ל "מחיותו דשה", ר"ל שיוכל לקבל קדושה מחיותו וקדושתו של הצדיק תמים, "ולקח הוא ושכנו", פירוש אם הוא שפל וגרוע כ"כ שהצדיק הוא אצלו כנסתר, שאין משגיח כלום על הצדיק, והיינו מלת "הוא" לשון נסתר, ואעפ"כ "ולקח הוא", פירוש שצריך הצדיק "ושכנו הקרוב אל ביתו" פירוש עם השכינה הקדושה השוכנת בביתו ובקרבו וקרובה אליו, צריכים לרחם על האדם הגרוע ההוא ועל נפשו לבל ידח ממנו נדח, והיינו "במכסת" בשביל חשבון הנפשות שלא יחסרו ח"ו, "איש לפי אכלו תכוסו", פירוש שצריך הצדיק להשפיע גם לו די פרנסתו ולהדריכו בדרך ישרה עד שובו אל הבורא יתברך ויתעלה.

או יאמר "ואם ימעט הבית מהיות משה", פירוש באם שיהיה ממועט ממדריגת הכנעה באמרו שהוא צדיק גמור. "ולקח הוא ושכנו וכו'", דאיתא בספרים למה פעמים בני אדם יש קרבות גדול ביניהם ומחבבים זה את זה עד למאד, ולפעמים כרוכים רבים אחר איש אחד, ויש בני אדם אף שהם לומדים מרחיקים עצמם זה מזה, הטעם הוא מחמת שבודאי בגן עדן היו יושבים זה אצל זה והיו שכנים ומקורבים, לכן גם בעוה"ז הם מקורבים ומחובבים זה לזה, וזהו "ולקח הוא ושכנו", ר"ל זה יהיה לו לסימן, אם הוא צדיק יש לו בני אדם שמתקרבים אצלו ושוכנים עמו באהבה גמורה, "הקרוב אל ביתו" מפני שהיה קרוב אל בית מושבו בג"ע, וזהו אומרו "במכסת נפשות", ר"ל הכתוב מפרש ואומר על איזה בית אני אומר הקרוב אל ביתו, שזה הוא חדר ששמו "גוף" כידוע, ששם הנפשות מנויים ויושבים בהם עד הגעת עת שיבראו ויבואו לעוה"ז, וזהו "במכסת נפשות", וזה יהיה לו לסימן, אם בני אדם כרוכים אחריו אזי הוא צדיק. "איש לפי אכלו תכוסו על השה", פירוש כל איש לפי מה שקלקל ועיוות ח"ו, ד"אכלו" רמז לקלקול כמ"ש "אכלה ומחתה פיה", "לפי" הוא לשון חידוד כמש"ה "לפי חרב", פירוש כל אחד לפי חידודו בקלקולו, יתגבר מאד וימסור נפשו, דהיינו "תכוסו" פירושו הוא מלשון שחיטה, "על השה" פירושו עד שיגיע אל הכנעה שיכניע עצמו מאוד כנ"ל.

"שה תמים" ר"ל שיהא תמים במידת הכנעה בלי הפסק בתמידות, "זכר" ר"ל שיהא במידת זכר, דהנה המחשבה נקרא בשם נוקבא, דהמחשבה הוא מוליד הדיבור, דכשאדם רוצה לדבר הוא מחשב מתחילה את הדיבור ההוא במחשבתו, ונמצא המחשבה מוליד הדיבור, והדיבור נקרא בשם זכר, וצריך האדם לטהר מחשבתו ודיבורו.

וזהו פירוש הגמרא "זכור ושמור בדיבור אחד נאמרו", ר"ל "זכור" הוא רמז לדיבור כנ"ל, ו"שמור" הוא רמז למחשבה, ע"ד ואביו שמר את הדבר, ובין המחשבה ובין הדיבור צריכים להיות שניהם אחד בקדושה ובטהרה, דהיינו אם הוא מחשב לעשות מצוה, צריך ג"כ להוציא בפיו בדיבורו שהוא רוצה לעשות מצוה זאת, ויאמר "לשם יחוד קודשא בריך הוא ושכינתיה". וזהו פירוש הפסוק "לא על הלחם לבדו יחיה האדם כי על כל מוצא פי ה' יחיה האדם", ר"ל במה שהוא מוציא מפיו שהוא עושה לשם ה', "יחיה האדם" זה הוא עיקר החיות של אדם.

נחזור לענינינו, "זכר" הוא רמז להנ"ל שיוציא וידבר בפיו שהוא עושה לשם הקב"ה ושכינתיה, "בן שנה" פירוש שצריך אדם להזדכך עצמו עד שיהא כבן שנה נקי בלא חטא, כדדרשינן בגמרא על "ובן שנה שאול במלכו" - בן שנה בלא חטא כדפירשתי לעיל, "מן הכבשים ומן העזים תקחו", נ"ל דהנה כתוב "את הכבש אחד תעשה בבוקר ואת הכבש כו'", י"ל הפירוש כך, דהתורה רמזה לנו שני מדריגות אשר יעשה האדם וחי בהם, "כבש" הוא לשון דרגא ומעלה, והיינו הדרגא האחד יעשה בבוקר דהיינו החסדים, דבוקר הוא חסד, שצריך הצדיק לעורר החסדים העליונים, "ואת הכבש כו' בין הערבים", דהיינו דרגא ב' בתשובה על עוונותיו אשר יעבור חלילה, ד"ערביים" הוא לשון חושך.

ועל דרך זה נוכל לומר שרמזו חז"ל (שבת עז, ב) "מפני מה עיזים מסגו ברישא וכו'", ד"עיזים" הוא לשון עוז וגבורה, שצריך האדם להתגבר מאוד על יצרו לשוב בתשובה שלימה קודם שירצה לילך במדריגת עבודת הבורא יתעלה, וזהו "מפני מה עיזים", דהיינו תשובה, "מסגי ברישא" צריך להיות קודם, ואמר "כברייתא של עולם חשוכא והדר נהורא", דהיינו שצריך לתקן מתחילה החושך של עבירות ואח"כ נהורא, "מה טעמא הני מכסיין והני מגליין, הני דמכסיין מינייהו מכסיין", פירושו כך, דאיתא בגמרא "חצוף עלי מאן דמפרש חטאיה, דכתיב אשרי נשוי פשע כסוי חטאה", והנה הבעל תשובה כשרוצה להמשיך השפעות צריך לילך באתכסיא מחמת הקטרוג ח"ו, והצדיק גמור מעיקרא הוא הולך באיתגליא ואומר שהוא מתפלל על כל אדם די צורכו ומחסורו, וכן הוא תמיד מתנצל לפני בני אדם ושואג כארי תמיד שהוא מחסר מעבודת הבורא ומחזיק עצמו כחוטא חלילה, וזהו "מאי טעמא הני מכסיין", ר"ל שצריך להיות כסוי חטא, הטעם הוא "דמינייהו מכסיין", דהיינו השפעות הבאים ע"י הבעל תשובה הם באיתכסיא מחמת הקטרוג כנ"ל, "והני מגליין", ר"ל הצדיקים גמורים דמעיקרא שהם הולכים באיתגליא כנ"ל, "מינייהו מגליין", ר"ל השפעות הבאים על ידם ג"כ הם באים באיתגליא, שהם אינם מתייראים מהקטרוג. וזהו (משלי כז, כו) "כבשים ללבושיך", ר"ל שתראה שיהיו לך הדרגות שלא תצטרך להתבייש, וזהו "ללבושיך" ר"ל שהוא נוטריקון "ללא בושה". וזה פירוש הפסוק "מן הכבשים ומן העיזים תקחו" רמז לכל הנ"ל.

ולקחו מן הדם ונתנו על המשקוף וכו'. נ"ל דאיתא בגמרא "דם ניקף מרצה כדם עולה", ונ"ל דהנה כשאדם מוסר נפשו להשי"ת בשלימות והוא גומר בדעתו כאילו הוא נשרף, וזה נקרא בשם "ניקף" דהיינו לשון הקפה, דבר שאינו במזומן, והיינו "דם ניקף" דהיינו מסירת נפש, "מרצה כדם עולה". וזהו "ולקחו מן הדם" דהיינו מסירת נפשם, "ונתנו על המשקוף", פירוש דעי"ז ישגיח וישקיף הקב"ה עלינו בעינא פקיחא, "ועל שתי המזוזות", "מזוזות" אותיות "זז מות", "ואכלו את הבשר בלילה הזה צלי אש", דהנה ה"בשר" הוא רמז על הדינים כנודע, "בלילה" הוא הגלות המר, וזהו הפירוש "ואכלו את הבשר בלילה הזה", שיבטלו את הדינים ויכלו אותם בגלות המר הזה, ע"י "צלי אש", "צלי" הוא לשון תפילה, והיינו ע"י תפילה בתמימות וזהו "אש", "על מצות ומרורים יאכלוהו", דאיתא "חנם בלא מצוות", ופירשו המפרשים מצוה שהוא בא לו בחנם בלי טורח ובלא מעות, לאו מצוה היא בשלימות, וזהו הפירוש "על מצות" קרי ביה מצוות, "ומרורים יאכלוהו", דהיינו שיעשה מצוות שבאים לו בטורח ובקושי כמרור, "אל תאכלו ממנו נא" פירוש שתראו שתשלמו המצוה, כי המצוה אינה נקראת אלא על מי שגומרה, "ובשל מבושל במים" רמז על

המים הזדונים, דהיינו שלא תעשה המצוה בפניות, "כי אם צלי אש", פירוש שיהיה כולו צלול כאש מן השמים, "ולא תותירו ממנו עד בוקר", פירוש שלא ידחה את המצוה והתשובה עד בקר שהוא לאחר זמן, "ראשו על כרעיו ועל קרבו" פירוש שיהא מוכנע.

ועפ"ז נ"ל הגמרא "אמר רב יהודא אמר רב האומר שטר אמנה הוא זה", הרמז האומר שהקב"ה יאמין לו שיעשה תשובה לאחר זמן, "אינו נאמן", ופריך בגמרא "דקאמר מאן אילימא דקאמר לוה" דהיינו האדם, "פשיטא כל כמיניה", כי אין יודע מה יולד יום, "אלא דקאמר מלוה" דהיינו השי"ת ב"ה, "תבא עליו ברכה" על שהוא מאריך אפו, "אלא דקאמרי עדים" רמז על הצדיקים שהם מכונים בשם "עדים", כדאיתא הקב"ה וישראל מעידים זע"ז, פירוש שהצדיקים אומרים זאת שהם עיוותו קצת כי אין צדיק אשר יעשה טוב כו', "אי כתב ידם יוצא ממקום אחר", פירוש החטא הזה שהוא מוטל על הצדיק לשלם ולתקן אותו הוא ממקום אחר, דהיינו חטא נעורים שאינו נוגע לצדקתו, "פשיטא דלא מהימן" וצריך לעשות תשובה על זה מיד, "אלא דאין כתב ידם יוצא ממקום אחר", פירוש שכבר תיקן עצמו מחטאת נעוריו לגמרי, אך שעתה בעשיית מצוות יש לו מעט פניות וגיאות, ועל אלו הקלקולים אומר שיתקן אותם לאחר זמן כנ"ל, "אמאי לא מהימן", כי בודאי אינם יכולים לתקן אותם בפעם אחת, רק מעט מעט הוא משבר עצמו מכל הפניות, ואז יכול לתקן מה שעיוות כבר, "אמר רבא לעולם דקאמר לוה וכדאמר רב הונא אמר רב מודה בשטר שכתבו אין צריך לקיימו", ר"ל האדם שהוא מודה ומתוודה על חובותיו וחוזר בתשובה, "אין צריך לקיים" פירוש אף שלא קיים עדיין הסיגופים והתעניות, אעפ"כ הוא צדיק גמור. ואשמעינן הכא אעפ"י שהודה והתודה על חטאיו, אין נאמן לומר שיאמין לו הקב"ה על הסיגופים עד אחר זמן, כי אם שיתחיל מיד לסגף עצמו, "אביי אמר לעולם דקאמר מלוה" פירוש הקב"ה כנ"ל, "וכגון במקום שחב לאחרים", מאי דקאמר אינו נאמן, דהיינו שהרשע הזה הוא מסור או מלשין והוא מיצר לצדיק, ולרשע כזה אין הקב"ה מאריך אפו, "וכדר' נתן שמוציאין מזה ונותנין לזה", פירוש שמוציאין מהרשע זכיות ונותנין לצדיק, "רב אשי אמר לעולם דקאמרי עדים וכו' וכרב כהנא דאסור לו לאדם לשהות שטר אמנה בתוך ביתו", וצריך להתחזק מיד לתקן הפניות במצוותיו. וק"ל.

ויקרא משה ויאמר אליהם משכו וקחו לכם כו'. רש"י ז"ל פירש הפסוק על אופניו, והתורה כפטיש יפוצץ סלע, ויש לפרש דהנה הצדיק בעת תפילתו כשרוצה להתפלל או לעשות מצות הבורא יתברך, צריך להכין עצמו בשלש מדריגות, א' כדאיתא בגמרא חסידים הראשונים היו שוהין שעה אחת ומתפללים, והיינו שחשבו רוממות אל טרם התפללם, ו"שוהין" מלשון והאיש משתאה, דהיינו בחושבם רוממותו וגדלותו הם מתמיהים על גודל תפארתו, וכל אחד צריך שיחשוב רוממות אל עד מקום שידו מגעת בעולמות העליונים לפי מדריגתו, ועי"ז הוא ממשיך את נשמתו למעלה בעולמות העליונים, ומקבלת משם השפעת קדושה ויורדת למטה, וזהו הפירוש בזוהר הקדוש "מטי ולא מטי". וזהו פירוש "אין לך אדם שאין לו שעה", פירוש אדם כזה שאין לו שעה זו לחשוב רוממות אל כנ"ל, לא יהא נחשב בעיניך כאדם. הבחינה הב' צריך להכין את עצמו להשפיע השפעות גדולות לכל ישראל די פרנסתם, בחינה ג' בעת עשיית המצוות לעשותם בשלימות ובכונה ובשמחה ובתמימות גדול.

וזהו "ויאמר אליהם משכו", פירוש שתמשיכו את נשמתכם למעלה לחשוב בעולמות עליונים קודם עשותכם המצוה הזאת של קרבן פסח, "וקחו לכם", פירוש עי"ז תקחו לכם מלמעלה קידושא רבא בירידתה למטה, "צאן למשפחותיכם" היינו בחינה ב', פירוש שתכינו עצמיכם להשפיע ולהמשיך פרנסה לכל משפחות ישראל, "ושחטו הפסח", היינו בחינה ג' בעשיית המצוות כנ"ל.

וזהו פירוש הפסוק "גדול כבודו בישועתך", היינו ג"כ שלש מדריגות הנ"ל, דעשיית המצוה הוא ישועה לשכינה שהוא מיחד קב"ה ושכינתיה ע"י עשיית המצוה. וזהו "גדול כבודו", דהיינו שמתגדל כבודו של הצדיק בקדושתו כנ"ל, שממשיך את נשמתו למעלה ומקבל משם השפעת קדושה, והוא ע"י "ישועתך" כנ"ל. "הוד והדר תשוה עליו כי תשיתהו ברכות לעד", היינו בחינה ב' להשפיע לכל ישראל, "תחדהו בשמחה את פניך" בחינה ג' דהיינו עשיית המצוה בשמחה, דהשמחה נקראת "פנים", שנברא על ידה מלאך הקדוש. וק"ל.

## בשלח

ויהי בשלח פרעה את העם. נראה לפרש דהנה "פרעה" נקרא היצר הרע שהוא אותיות "הערף", שמקשה ערפו של אדם. והנה לפעמים יתעורר אדם בתשובה ומתחרט על מה שעשה ומודה ועוזב את חטאיו. וזהו "בשלח פרעה" פירוש ששלחו מחטאיו, "את העם" רמז לפשוטי עם, "ולא נחם אלקים" פירוש אעפ"כ אין הנחה לפניו ית"ש ואין נחמה לפניו על עוזבו את חטאיו, מחמת שאוחז את החבל בשני ראשין, שאע"פ שאוחז במדות טובות אינם בשלימות, וזהו "דרך ארץ פלשתים" רמז שמצינו שהפלשתים היו בדרך ארץ קצת יותר משאר אומות, שהיו מקרבים את יצחק כמ"ש אבימלך "הנה ארצי לפניך" כו', ואעפ"כ נאמר "ויקנאו אותו פלשתים" שלא היו טובתם בשלימות, כמו כן זה העוזב את חטאיו ואינו עוזבם לגמרי, "כי קרוב הוא" פירוש כי האדם הזה הוא קרוב לחזור לסורו, "כי אמר אלקים פן ינחם העם בראותם מלחמה" ר"ל כאשר יקום עליהם מלחמת היצה"ר, "ושבו מצרימה" פירוש ישובו אל ה"מיצר ים", דהיינו לסודם הראשון לגמרי.

"ויסב אלקים [את העם] דרך המדבר ים סוף" פירוש השי"ת ברוב רחמיו הוא פועל סיבות להסב את העם לדרכו הטוב "דרך המדבר" ע"י התבודדות כמדבר, "ים סוף" פירוש וגם ע"י התורה שנקרא "ים", "וחמושים עלו בני ישראל מארץ מצרים" פירוש אבל הצדיקים הגמורים המכונים בשם "ישראל" עולים ממצרים בכלי זיין מזויינים שלא ישלוט בהם היצה"ר, "ויקח משה את עצמות יוסף" רמז על הצדיק הגדול הנקרא בשם "משה" הוא לקח לעצמו המידה של "יוסף", דהיינו שמחזיק עצמו בחיזוק ועצמות בעבודת הבורא יתברך, "עצמות" לשון חיזוק. וק"ל.

או יאמר "ויהי בשלח כו'", דאיתא בגמרא "ההולך בדרך ואין עמו לויה יעסוק בתורה", ולכאורה הלא בלאו הכי הוא מחוייב תמיד לעסוק בתורה כמאמר התנא המהלך בדרך ומפנה לבו כו', ונראה לי ליתן טעם למצות לויה, כשהצדיק מלוה את חבירו הם מתקשרים זה בזה בקדושתם ונעשים כאחד, וקדושתו של זה הצדיק העוסק בתורה בביתו הוא משמר את חבירו בדרך כאילו הוא עצמו עוסק בתורה מחמת התקשרותם, אבל מי שאין עמו לויה צריך בעצמו לעסוק בתורה, זה הוא כשהצדיק הוא המלוה, אבל אם הוא איש נעצב וריקן אין תועלת לזה במה שזה מלוהו, ואדרבה הוא מכניס בו עצבותו ומפסיקו יותר מקדושתו שיש בו.

וזהו "ויהי בשלח פרעה" ר"ל מחמת שפרעה שלח את ישראל מחמת הצרות שנגעו בו, דכל מקום שנאמר "ויהי" אינו אלא צרה, ומחמת זה הכניס את ישראל גם כן בעצבות, ולכן "ולא נחם אלקים כו'", כי אם לא היה פרעה מלוה אותם היה השי"ת מוליכם "דרך ארץ פלשתים" כי קדושתם היתה משמרת אותם, אבל מחמת פרעה שהפסיקם מקדושתם בעצבותו, לא רצה השי"ת להוליכם דרך ארץ פלשתים "כי קרוב הוא", ר"ל זה קאי אפרעה, מחמת שעתה מקרוב הלך פרעה מאצלם והיה עדיין רושם עצבותו בהם, ולכן "ויסב כו'". וק"ל.

ויקח משה את עצמות יוסף כי השבע השביע את בני ישראל כו'. כי הנה רז"ל אמרו בגמרא "ויבא הביתה לעשות מלאכתו חד אמר כו' וחד אמר לעשות צרכיו ממש נכנס אלא שראה דמות דיוקנו של אביו כו'", והדבר תמוה, הלא חוש השכל אינו כך, שכשאדם רוצה לעשות עבירה ח"ו וכי יזכה להיות לו מדריגת הראיה כזה, הלא צריך לזה קדושה ופרישות גדול, ואיך שייך שאם הוא הלך ח"ו לעשות צרכיו שיזכה לראייה כזאת לראות את אביו. ועוד תמיהה גדולה וכי יוסף הצדיק יסוד עולם שבזכותו אנו חיים וקיימים בגלות המר הזה לומר עליו שח"ו ירצה לעשות כזאת.

אלא נראה שאמת הדבר כך הוא, שאבות הקדושים היו כל אחד ואחד על מדריגתו כנודע, אברהם בחסד יצחק בגבורה יעקב בתפארת. והנה יעקב אבינו ע"ה היה עובד השי"ת במידתו שהוא תפארת, וכל דבר שהיה רואה או שומע או עושה ואוכל לקח ממנו התפארות להבורא ב"ה, למשל אם היה אוכל איזה דבר הטוב לחיך, חישב בדעתו זה המאכל הוא נברא, ומי נתן טעם הטוב בזה המאכל, הלא הבורא ב"ה, ואם זה המאכל הוא כ"כ טוב טעם הלא בודאי שכל טוב הטעם הוא בבורא ב"ה ית"ש אין קץ ותכלית, וכך הוא חושב בכל דבר. ובזה הוא מובן הפסוק "וישק יעקב לרחל" גם הוא תמוה שיעקב אבינו ע"ה יעשה כזאת, אלא הפירוש הוא כך כאשר כתבנו, שכל דבר הטוב שראה יעקב אבינו ע"ה, בא מכח דבר ההוא אל הדביקות ית"ש ויתעלה, ובכאן שראה את רחל שהיתה יפת תואר עד מאוד, הדביק עצמו בו יתברך על ידה כנ"ל, וזהו הפירוש "וישק יעקב לרחל", שהדביקות נקרא "נשיקה", התדבקות רוחא ברוחא, ומלת "לרחל" כמו בשביל רחל.

ויוסף הצדיק היה רוצה להתנהג עצמו במידת אביו, וזהו "לעשות צרכיו" דהיינו לראות בלבד, ואם תאמר האיך הכניס עצמו בסכנה גדולה כזו שמא יכשל ח"ו, התירוץ הוא להוציא את הקדושה מבין הקליפות עשה זאת כדלקמן, ולא כיון רק לראותה שעי"ז יבוא לדביקות בבורא יתברך כנ"ל, והפעיל באמת פעולתו שבא לדביקות גדול, וזהו "וראה דמות דיוקנו של אביו", ר"ל שבא למדריגתו של אביו כנ"ל, וכאשר פעל יוסף הצדיק ועשה המתקת הדינים מאוד, כי הוציא יקר מזולל ע"י מחשבתו הטהורה ודביקותו, ועיקר מחשבתו היה בזה כדי להביא הגאולה לישראל להוציא הקדושה מהטומאה. וזה הוא כלל גדול כשרוצה צדיק לעשות טובה לאיזה איש, אז צריך מקודם להכניס במקבל הטובה אמונה שיאמין בזה שיהיה לו טוב עי"ז הצדיק.

וזהו פירוש "כי השבע השביע כו' לאמר פקוד כו'", מלת "לאמר" אינו מובן. אך הפירוש הוא "כי השבע" מלשון שביעה, ר"ל שהוא הכניס בהם אמונה כ"כ עד שהיו שבעים ורגיל בפיהם מאוד ואמרו זה לזה "פקוד יפקוד כו'", וזהו "לאמר". וידוע כי הדינים הם נקראים עצם הקשה, וכשממתיקים את הדינים הם עצמם מסייעים אל הרחמים ואל החסדים, וזהו פירוש הגמרא "עצמות האיסור מצטרפים עם ההיתר לבטל איסור", פירוש ע"י הביטול אזי יומתקו הדינים והם מצטרפים אל הרחמים הגמורים. ולזה לא היה צריך יעקב להקבר במצרים, כי ממילא היה להם זכותו ע"י יוסף הצדיק הנקבר שם שהוא הלך במידתו של אביו כנ"ל, וזהו "ויקח משה את עצמות יוסף עמו", ר"ל המדריגה של יוסף שהמתיק את העצמות היינו הדינים כנ"ל, לקח עמו כלומר עם הפעולות שלו להמתיק הדינים למען יגאלו ישראל ממצרים.

וזהו "הים ראה וינוס - מה ראה ארונו של יוסף ראה", פירוש משה גם הוא הדביק עצמו במדריגתו של יעקב כמו יוסף, וזהו "ארונו של יוסף", פירוש מדריגתו של יוסף, ובזה ניצולו ישראל ונמתקו בזה כל הדינים שהיו בים סוף, כמו שאמרו חז"ל שטען השר של מצרים הללו עובדי ע"ז והללו כו', כי לא היה עוד פה לקטרג, כי כבר נמתקו כל הדינים ונתהפכו לרחמים וחסדים. וק"ל.

ויסעו מסוכות ויחנו באיתם, רמז "סוכות" הוא יחוד הויה ואדני - סוכ"ה בגימטריא הכי הוי, והיינו ע"י התפילה שהיא עיקר ליחד כנ"ל, ואחר התפילה צריך להיות "ב"אתם"", אותיות "אמת", שצריך להחזיק במידת אמת, "בקצה המדבר" דקודם התפילה צריך התבודדות כמ"ש חז"ל "חסידים הראשונים היו שוהין שעה אחת קודם התפילה ושעה אחת אחר התפילה", ונמצא עד אחר התפילה צריך התבודדות במחשבתו וזה נקרא "קצה המדבר", מדבר הוא התבודדות.

"וה' הולך לפניהם יומם" פירוש כשהוא במדריגה גדולה, שזה רמז "יומם", אז "וה' הולך לפניהם", "בעמוד הענן" רמז לרוח הקודש, דהיינו שנותן להם רוח הקודש להנחותם דרך האמת. "ולילה בעמוד אש להאיר כו'" פירוש ואם הוא במדריגת לילה דהיינו שאינו במדריגה גדולה שנפל ממנה, אז צריך סיוע מהשי"ת שיאיר לו.

וזהו "ויאמר משה ואהרן כו' ערב וידעתם כי ה' הוציא אתכם מארץ מצרים", ר"ל בעת שיהיה במדרגת "ערב" שנפל ממדריגתו, אז צריך לדעת דברים הנראים ממנו רוממות אל דהיינו יציאת מצרים, "ובוקר", ר"ל כשאתם במדריגה גדולה, אז "וראיתם את כבוד ה'". וק"ל.

ואתה הרם את מטך ונטה את ידך כו'. נראה לפרש בהקדים הפסוק "ויאמר ה' אליו מזה בידך ויאמר מטה כו'", דאיתא בגמרא (שבת קיח, ב) ששאל אחד לחבירו במה אביך זהיר טפי, ולכאורה מה שאלה זאת, הלא צריך אדם ליזהר בכל המצוות? אך זה בלתי אפשרי שיזהר אדם בכל המצוות לקיימם בכל פרטיהם ודקדוקיהם, רק כשאדם נזהר במצוה אחת לעשותה בכל פרטיה ודיקדוקיה התלויים בה, זה הוא מסייע לו שהשי"ת יהיה בעזרו לקיים כל המצוות. וזהו שאמרו חז"ל "כל הקובע מקום לתפילתו כו'" רמז על מצות תפילין, ו"תפילה" הוא לשון קשר, וזהו דאמרינן בגמרא "מלמד שהראה לו הקב"ה קשר של תפילין", ר"ל התדבקות וקישור בעולמות העליונים, וזהו "כל הקובע מקום לתפילתו", פירוש שהוא קובע מקום בשורש העליון "לתפילתו", ר"ל בהתקשרותו והתדבקותו במצוות לקיימם בכל דקדוקיהם, אפילו מצוה אחת כמו תפילין כנ"ל, אזי "אלקי אברהם בעזרו", שיקיים כל המצוות. וז"ש הכתוב "וראיתם אותו וזכרתם את כל מצות ה'", רמז ג"כ כנ"ל, שע"י מצות ציצית שתקיימו כתקנה, תזכו שיסייע אתכם השי"ת לקיים את כל מצוותיו. וזהו דשאל אביך במה זהיר טפי.

וזהו "ויאמר אליו ה' מזה בידך", פירוש איזה מצוה אתה מחזיק בידך ליזהר בה טפי, "ויאמר מטה", פירוש שאני נזהר במידת הכנעה ושפלות מאוד, "מטה" ר"ל הכנעה ושפלות, "ויאמר השליכהו ארצה" פירוש מה שאתה סובר שאתה תקנת אותה המידה, צריך אתה להשליך ארצה המחשבה הזאת, שכן דרך בני אדם כשאוחזים באיזה מידה והוא עומד בה במדריגה אחת, הוא סובר שכבר תיקן כל המידה הזאת והוא שלם במידה זאת, ולא כן הוא, אלא שצריך לעלות באותה מידה למדריגה גדולה הימנה, וזהו "וישליכהו ארצה ויהי לנחש", פירוש כיון שהתחיל לעלות ולהתגבר במידה זאת, הבין שמתחילה היה לנחש, ע"ד ששמעתי מאדמ"ו "שרפים עומדים ממעל לו", פירוש הצדיקים נקראים "שרפים" ע"ש התלהבות אש משמים והדביקות שבהם, והם צריכים לילך תמיד ממדריגה למדריגה, והיינו "שרפים עומדים", היינו הצדיקים עומדים בבחינה זאת, "ממעל לו" פירוש שיעלה למדריגה היותר מעלה הימנו. ונמצא הצדיק נקרא "שרף", וחלילה אם אינו מתקן מידותיו כראוי, לפעמים יגרום במעשיו נחשים שרופים חלילה, "ויאמר שלח ידך ואחוז בזנבו", פירוש השי"ת נתן לו עצה לאחוז ולהתחבר עם הצדיקים, ע"ד שאמרו חז"ל "הוי זנב לאריות", ומחמת זה תזכה למדריגת הכנעה, "וישלח ידו ויחזק בה" ר"ל שהתגבר והחזיק בה, "ויהי למטה בכפו", "כפו" רומז לכללות היד, כמו כן רמז כאן שהבין משה רבינו ע"ה שעדיין לא בא למדריגת ענווה בפרטיה בכל ענינים רק בכללות ענוה.

וזהו "ומטה האלקים בידו", דאמרו חז"ל "כל מקום שאתה מוצא גדולתו של הקב"ה שם אתה מוצא ענוותנותו", פירוש דהמינים אומרים מחמת שהשי"ת הוא גדול בעליונים אינו משגיח חלילה בתחתונים, ולכן אמרו חז"ל "במקום שאתה מוצא גדולתו", ר"ל כשהשי"ת עושה לנו ניסים ונפלאות וע"י זה נתגדל שמו הגדול, "אתה מוצא ענוותנותו", פירוש נמצא אנו רואים ענוותנותו שמשגיח בהשגחה פרטיות על עולם השפל, ופיהם שוא ידברו שחלילה השי"ת אינו משגיח על עולם השפל מחמת גדולתו, ונהפוך הוא. והנה מה שהשי"ת עושה לנו ניסים ונפלאות הוא ע"י הצדיק, ע"ד שאמרו חז"ל "צדיקים מהפכים מדת הדין למדת הרחמים", וזהו "ומטה האלקים" פירוש הענוה של הבורא ב"ה, שהוא מטה עצמו להשגיח בתחתונים, שבזה נראה ענוותנותו, "בידו", ר"ל זה בידו של הצדיק, שהוא גורם זאת כנ"ל.

ונחזור לביאור הפסוק "הרם את מטך", דאיתא בפסוק "[וישובו] ויחנו לפני פי החירות לפני בעל צפון", ופירש רש"י ז"ל הוא נשאר מכל אלהי מצרים כדי להטעותן שיאמרו קשה יראתן, ולכאורה הלא ראו המצרים כל המכות שבאו עליהם ואיך יטעו על ע"ז זאת? ונראה פירושו דהכתוב הורה לנו דרכי ה' ויראתו, דאדם צריך להיות כל ימיו בתשובה ולהתגבר בתורתו הקדושה לשמה, וזהו "וישובו" פירוש שעשו תשובה, "ויחנו" פירוש שעשו חן בהתורה הקדושה שלמדו לשמה שהיא מעלת חן, ולא כן הלומד שלא לשמה, "לפני פי החירות" דכל העוסק בתורה נקרא בן חורין, חירות ממלאך המות, חירות משיעבוד מלכיות, והיינו לימוד תורה לשמה, "בין מגדול ובין הים", דהתורה נקראת "ים", דהיינו הנסתר של התורה נקרא "ים" והנגלה נקרא "מים רבים", מחמת שמצוותיה רבים.

וזהו "יורדי הים באניות", פירוש אותם היורדים בים התלמוד העליון בעניות בעי"ן, דעי"ן באלף מתחלפים באותיות אחה"ע, דהיינו בהכנעה גדולה, "עושי מלאכה במים רבים", ע"ד דאיתא "כשם שמצוה לומר דבר הנשמע כך מצוה שלא לומר" וגו', והיינו שעושים מעשיהם בחכמה ומלאכה, וזהו עושי מלאכה במים רבים, ר"ל בנגלות התורה הנקרא "מים רבים" כנ"ל, עושים בה מלאכה לדעת אם לומר או שלא לומר, ע"ד הנ"ל כשם שמצוה לומר כו', "המה ראו מעשי ה'", ר"ל הם זוכים לראות מעשי ה' דהיינו סודות התורה.

אך בהסודות התורה יש ג"כ שני מדריגות, דהיינו קטנות וגדלות, וזהו כשאמר השי"ת ללבנה "לכי ומעטי את עצמך" ורצה לפייסה, "אמר לה צדיקים יקראו על שמך - שמואל הקטן" ולא רצתה, מחמת שהצורך העיקר שורש העליון גדלות של התורה, וזהו "בין מגדול ובין הים", פירוש שתחזיקו באותה מדריגה של התורה שהיא בין מגדול ובין הים, הוא מדריגת גדלות, מגדל הפורח באויר, "לפני בעל צפון", דאיתא "הרוצה להעשיר יצפין", וי"ל הפירוש הרוצה שיתקיים עשרו מה יעשה? "יצפין" פירוש יתגבר מאוד לשבר כח הצפון דמצפון זהב יאתה, וצפון בחינה וסיטרא דרע כמאמר הכתוב מצפון תפתח כו', וצריך להתאמץ להתנהג בממונו כראוי לשמים לבל יהיה עושר שמור לבעליו לרעתו חלילה, וזהו "לפני בעל צפון", דכל המכות שבאו על המצרים היו יודעים שראויים להם לפי מידתם מידה כנגד מידה, אך כשראו שישראל שאלו מהם כלי כסף וכלי זהב וינצלו את מצרים, היו סוברים שמחמת זה יהיה להם כח לרדוף אותם, מחמת שהיו סוברים ששאלו שלא כהוגן וכדת, ובזה יתגבר כח הצפון שהוא מסיטרא דרע להרע את ישראל חלילה, לכן ציוה השי"ת למשה שיזהיר את ישראל לבל יתנו כח לסטרא דצפון, וזהו "נכחו" פירוש לשון נגד הסטרא הזאת, דהיינו לשבר כח הצפון, "תחנו על הים" ר"ל אז תזכו להיותכם חונים על הים כנ"ל, שתזכו לסודות העליונים הנקראים ים התלמוד.

וזהו "הרם את מטך" פירוש שתראה שתעלה במדריגת הכנעה להרים אותה לשורשה העליון, "ונטה את ידך על הים", ר"ל שתראה להתגבר בכחך לבוא לסודות העליונים הנקראים ים. והשם יזכנו במהרה שנזכה כולנו לסודות עליונים ויקוים בנו ומלאה הארץ דעה. אכי"ר.

כל המחלה אשר שמתי במצרים לא אשים עליך כי אני ה' רופאך. רש"י ז"ל הקשה בודאי כאשר לא ישים למה לרפואה? ונראה לפרש דהנה כתיב "אני ה' אשר הוצאתיך מארץ מצרים", ומקשים למה לא אמר אשר בראתי שמים וארץ, שלפי הנראה זה חידוש יותר. אך נראה דבאמת זה חידוש יותר שהוציאנו מארץ מצרים, דהנה בריאת עולם היה מחמת שהשי"ת ב"ה רצה להטיב לברואים, ואין הבריאה חידוש נגד השי"ת כי טבעו להטיב, אבל יציאת מצרים שהכה השי"ת את מצרים במכות מופלאות, וזה נגד טבעית הבורא ב"ה כי "מפי עליון לא תצא הרעה", אך מחמת שזה היה הטבה לישראל מה שהכה את מצרים, ועיקר הטובה היה לישראל, עשה השי"ת נגד הטבעית להכות אותם, וזה חידוש יותר גדול. וזהו "כל המחלה לא אשים", אך איך הכה אותם הלא מפי עליון לא תצא הרע? לזה אמר "כי אני ה' רופאך", ונמצא היתה ההכאה הזאת הטבה לישראל, אבל להשים חלילה שום מחלה על ישראל זה בלתי אפשר, כי מה הטבה יבוא מזה. וק"ל.

ויאמר ה' אל משה כו' הנני ממטיר לכם לחם מן השמים. פירוש, "הנני" פירושו בדבר ההוה תמיד, כלומר שהשי"ת אומר מה שאתם אומרים שצריכים לפרנסה, אני תמיד בכל עת מוכן ומזומן לפרנס ולתת לכל איש מדי יום ביומו פרנסתו מהשמים, "ויצא העם ולקטו כו'", פירוש אך כשאדם הוא מחוסר הבטחון ויוצא מהגדר הנכון והראוי לבטוח בה', "ולקטו דבר יום ביומו", פירוש צריך להתחדש אליו הלקיטה מחדש, כי אם היה בוטח בלב נאמן היתה פרנסתו מזומנת לו שלא בצער ועבדות כלל, כי אם כמטר הזה ההולך שלא ביגיעה, וזה ויצא העם ולקטו כו'.

והיה ביום השביעי והכינו את אשר יביאו. להיות שכל מי שעובד עבודתו לשמים וכוונתו לטוב כל ימי השבוע בכל מה שעוסק או לומד, אז בהיר הוא בשחקים, ביום בוא יום הששי נתלהב בקרבו אז הבהירות של יום השבת הבא, אף שלא עשה עדיין הכנת יום השבת, רק המעשה של ימי החול ברכו וקדשו ברמ"ח אבריו ושס"ה גידיו להרגיש את יום השבת קודש מיד בהתקרבו ביום הששי בבוקר, ונמצא זה הדבר סימן טוב על ימי החול ההוא אם היו בקדושה, ואם היתה עשייתו נוח לשמים ונוח לבריות, כשבא בוקר יום הששי מרגיש קדושת שבת טרם בואו, וזהו "והיה ביום הששי והכינו", פירוש כשיהיה לכם ביום הששי הכנה דרבה אצליכם בפנימיות, "את אשר יביאו", פירוש קודם שתכינו צורכי השבת יהיה לכם הכנה עצמיות, זה הוא סימן, "והיה משנה על אשר ילקטו יום יום", פירוש שתדע נכון שכל ימי החול היה לכם "משנה", פירוש תורה, פירוש עסקיכם מסתמא היה כתורה עצמה כיון שאתם במדריגה זו הקדושה. וק"ל.

ויאמר משה ואהרן ערב וידעתם כו' ובוקר וראיתם את כבוד ה' כו' עד והנה כבוד ה' נראה בענן. רמז בכאן היות כשאדם לא נגמר עדיין בעבודת השי"ת על מכונו, אז הוא מעורבב במחשבתו, לפעמים מטיב דרכיו ולפעמים חלילה להיפך והוא בעולה ויורד, ו"ערב" הוא סובל כמה משמעות, לפעמים לשון מתיקות ועריבות, ופעמים לשון ערב לילה, וגם הוא לשון ערבוב, ולכן נקרא האדם ההוא בלשון "ערב". ועכ"פ אע"פ שהוא במדריגה זו, אעפ"כ יודע היטב באמונת השי"ת אלא שלפעמים יצרו תוקפו. וזה שהזהירו את ישראל "ערב", מי שהוא בבחינת ערב כנ"ל "וידעתם כי הוציא ה' אתכם כו'", עכ"פ תהיו זכים וברורים באמונת ה', "ובוקר", פירוש הצדיק הגמור הנרמז לבוקר, כי הוא לשון ביקור, שדורש ומבקר עצמו תמיד אם חוטא ח"ו אפילו באיזה חטא קל או נדנוד חטא, ומי שהוא בבחינה הזאת יזכה "וראיתם את כבוד ה'", זהו מדריגות גדולות עד אין קץ, לפנים ממחיצת מלאכי השרת השואלים איה מקום כבודו כנזכר בזוהר הקדוש. גם עוד זאת תזכו "בשמעו את תלונותיכם", כי התפילה שאדם מתפלל להשי"ת היא נקראת כמו "תלונה", כדאיתא בזוהר הקדוש קובלנא דעני, יעו"ש שהתפילה כמו קובלנא, שאדם מפיק את לבו להמשיך רצונו להשי"ת, וזהו שבשרו להם משה ואהרן לישראל שיקובל תפילתם תמיד, וזהו בשמעו את תלונותיכם. וק"ל.

ויאמר משה בתת ה' לכם וכו' ולחם בבוקר לשבוע. והוא ג"כ ע"ד הנ"ל, היות מי שהוא במדריגת "ערב", אעפ"כ יכול להגין בצדקו להמתיק הדינים, והדינים נרמזים ל"בשר", וזהו "בערב בשר לאכול", פירוש לכלות את הבשר להמתיקו, "ולחם" רמז להחסדים כידוע, "בבוקר לשבוע", שמי שהוא במדריגת "בוקר", הוא משביע העולם בהמשכתו החסד והרחמים עליהם. וק"ל.

ויאמר משה בתת ה' לכם וכו' ולחם בבוקר לשבוע. והוא ג"כ ע"ד הנ"ל, היות מי שהוא במדריגת "ערב", אעפ"כ יכול להגין בצדקו להמתיק הדינים, והדינים נרמזים ל"בשר", וזהו "בערב בשר לאכול", פירוש לכלות את הבשר להמתיקו, "ולחם" רמז להחסדים כידוע, "בבוקר לשבוע", שמי שהוא במדריגת "בוקר", הוא משביע העולם בהמשכתו החסד והרחמים עליהם. וק"ל.

ויאמר משה אל אהרן אמור וכו', קרבו לפני ה' כו', תלונותיכם עד נראה בענן. להיות שכן מדריגת הצדיק הגדול האמיתי להרבות תפילה בעת שהוא עת רצון לפניו, ומי לנו גדול ממשה שידע בירור האמיתי עת רצון לפניו לקבל התפילות, לכך כשראה הטוב ההוא פקד את אהרן לאמר הגבה את לב בני ישראל בדבריך עמהם לאמר שעתה עת רצון לקבל תפילתם, וזהו "ויאמר משה אל אהרן אמור אל כו' קרבו לפני ה' כי שמע את תלונותיכם", שהתפילה נקרא "תלונה" כמו שכתבתי לעיל.

"ויהי בדבר אהרן כו' ויפנו כו'", ומפרש שעשו כן והכינו את עצמם להתפלל, והכנה לתפילה הוא עיקר התבודדות, ולזה הטעם הסיבם דרך המדבר למען יתבודדו עצמם, ובלי מחסור כל, כדי שייחדו מחשבתם לדבר אחד, והוא עבודתו יתברך שמו ויתעלה, ויזכו לקבל דברי קדשו מאמר פיו כאשר עשה והטיב עמנו בקבלת תורתינו הקדושה, וזהו כשאמר ראש החסידים אליהם שיכינו את עצמם להתפלל שהוא עת רצון כן עשו, אלא שלא היו במדריגתן כ"כ עדיין שיהיו ברורים היטב בלי שום פניה, ואפילו בעת התבודדותם, וזהו "ויפנו אל המדבר", פירוש שאל המדבר,

הוא התבודדות, היו עדיין להם פניות, ולכך "והנה כבוד ה' נראה בענן" באספקלריא שאינה מאירה, שאם היו ברורים בכל הצורך אז ישר יחזו פנימו. ושים מחשבותיך לדברים הללו. וק"ל.

זכור את אשר עשה לך עמלק וכו'. דאיתא וילכו שלשה ימים בלא מים, בלא תורה, וע"י זה בא עמלק וילחם בישראל, וזה רמזה לנו התורה שלא יהיה אדם מישראל ג' ימים בלא תורה ח"ו, כי ע"י זה יתגשם היצה"ר ח"ו במאוד, ולכן צריך האדם להתחזק מאד ולעסוק בתורה תמיד. וזהו "זכור את אשר עשה כו'", שהיה לו כח ע"י ביטול תורה מישראל, ומהראוי היה להתגבר ולהתחזק מאד ללמוד תורה לשמה, "ואתה עיף ויגע", פירוש שאעפ"כ עדיין אתה עיף ויגע מלעסוק בתורה "ולא ירא אלהים".

"והיה בהניח ה' מכל אויבך מסביב", פירוש דאויבים של אדם הם עוונותיו, וצריך האדם לשוב אל הבורא ב"ה למען ינוח ויסלק את אויביו מעליו, שלא יבואו ביום פקודתו ולא יניחו אותו לבוא לגן עדן, כי הם המסבבים הג"ע כמ"ש "וישכן מקדם לג"ע את להט החרב המתהפכת", וכאשר תזכה לשוב בתשובה שלימה, "והיה בהניח ה' וכו' מכל אויביך מסביב בארץ" פירוש שהיא סביב לארץ עליונה הוא הג"ע, "אשר ה' כו' נותן לך נחלה", שהוא עיקר הנחלה בלי מצרים, "לרשתה" שתזכה שתהיה לך ירושה, אז "תמחה את זכר עמלק" היינו שתמחה את היצה"ר מעליך, "מתחת השמים", אך אעפ"כ "לא תשכח", שיהיה תמיד על זכרונך שלא יכשיל אותך ח"ו. וק"ל.

**יתרו**

וישמע יתרו פירש רש"י ז"ל "מה שמועה שמע ובא קריעת ים סוף ומלחמת עמלק". לכאורה הלא מפורש בפסוק "כי הוציא וכו'" ומה בעי רש"י בזה שחידש עוד טעמים על ביאתו?

אך נראה דהנה אין אדם מתעורר לשוב בתשובה ולקרב עצמו לעבודתו ית"ש ע"י שרואה ניסים ונפלאות הנעשים לאחרים, כי מי שיש לו לב אטום ומטומטם מעוונותיו אין מכיר בנס ולא יבין כלל להשגיח על גדולת הבורא יתברך ורוממותו, אך עיקר התעוררות בתשובה ולהכיר גדולתו יתברך הוא בא ע"י הצדיק העובד השי"ת ב"ה באהבה רבה ויראה ודבקות ומיחד שמו הגדול באמת, אזי השי"ת ב"ה משפיע לו לצדיק עוד שפע קודש ומביאו אל אחדות האמיתי, ע"ד שאמר הקב"ה "אתם עשיתם לי חטיבה אחת בעולם", פירוש שעשיתם לי החטיבה הזאת ליחד שמי, וזהו "אחת", ר"ל אל האחדות, "ואני אעשה אתכם חטיבה אחת", ר"ל גם אנכי אביא אתכם אל האחדות לעורר לבבכם והפנימיות שבכם בדביקות וקדושה אל האחדות, וע"י שהשי"ת משפיע שפע קדושה בהפנימיות של הצדיק, דבר זה הוא הגורר ג"כ את לב בני אדם שיתעוררו בתשובה לעבודתו ית"ש כי הם ג"כ חלק אלקי. וזהו "לא יהיה לך אלהים אחרים על פני" ע"ד דאיתא "לא יהיה בך אל זר" זה היצה"ר, והזהיר "לא יהיה לך אלהים אחרים", פירוש מחשבות זרות, "על פני" ר"ל שהוא נגד הפנימיות, וזה הוא התנגדות שלא תוכלו לעורר הפנימיות.

וז"ש רש"י ז"ל "מה שמועה וכו'", שבוודאי ע"י שראה ישראל שיצאו לא נתעורר לבו לבוא להתגייר, כי זה הנס לא היה ע"י התעוררות ישראל, כאשר באמת היה הקטרוג הללו עובדי ע"ז וכו', ולכן פירש רש"י ז"ל מה שמועה שמע ובא, פירוש איזה דבר היה מעוררו שיבא, "קריעת ים סוף" שזה היה ע"י התעוררות הצדיק כשראה הים ארונו של יוסף - הים ראה וינוס, "ומלחמת עמלק" שזה ג"כ ע"י התעוררות דלתתא כמש"ה "כי יד על כס י"ה מלחמה לה' בעמלק" כפרש"י, וזה יהיה אי"ה במהרה ע"י אתערותא דלתתא של הצדיקים, וזה גרמה לו ליתרו שבא לחסות תחת כנפי השכינה.

וזהו (תהילים כז, ח) "לך אמר לבי בקשו פני", פירוש שדוד המלך ע"ה היה מרמז שעיקר התפילה הוא שיתפלל האדם כשמתעורר לבו בדביקות וקדושה, והיינו "לך", ר"ל בשבילך, "אמר לבי בקשו פני" דהיינו שנתעורר לבי בדביקות, וכאילו אומר בשבילך בקש פני, אז "פניך ה' אבקש". וק"ל.

או יאמר כי יש לדקדק: א' "למשה" הוא מיותר, ורש"י ז"ל פירש דשקול כנגד כולם. ב' "כי הוציאם" מיבעי ליה למימר.

אך נראה בהקדים לפרש פסוק "אני ה' אשר הוצאתיך מארץ מצרים", ופירשו אשר נאמר "הוצאתיך" לשון יחיד. ולענ"ד נראה, דהנה בהיותם תחת שעבוד מצרים לא היה דעת כולם שוה כנ"ל, וזהו "אשר הוצאתיך" לשון יחיד כנ"ל, לכל אחד ואחד היה הגאולה לפי דעתו ומדריגתו, ומשה רבינו ע"ה בוודאי כל דאגתו היה שלא היה יכול לעבוד השי"ת ע"י שהיה לו צער גדול על ישראל.

וזהו "וישמע יתרו" פירוש שהבין "את כל אשר עשה ה' למשה ולישראל", דהיינו למשה במדריגה אחרת היתה הגאולה לעבוד השי"ת בלי שום מניעה וצער, ולישראל היה הגאולה ג"כ באופן אחר, לקצתם לבלתי עבוד למצרים, "כי הוציא ה' את ישראל ממצרים" פירוש וההוצאה והגאולה היה לכללות ישראל, אך לכל אחד ואחד לפי מדריגתו. וק"ל.

או יאמר, דהנה כתיב "קדושים תהיו כי קדוש אני אני ה' כו'", יש לומר הפירוש, דהנה עם בני ישראל קדושים בלתי אפשרי להיותם תמיד במדריגה אחת, רק בכל יום ויום הולכים ממדריגה למדריגה בעבודתו ית"ש ויתעלה, מחמת שיש בהם חלק אלקי ממעל והחלק הזה מעורר האדם לעבודת השי"ת ב"ה, ובכל יום מתגבר החלק הזה בתוך האדם, על ידי העבודה שעובד היום נותן בו התגברות להתעוררו למחרתו בעבודה יתירה, וכן בכל יום תמיד, כי אין סוף וקץ לעבודתו ית"ש, וכן אם ח"ו פוגם, נופל ממדריגתו וצריך התגברות מחדש. וזהו "קדושים תהיו" פירוש בכל יום יהיה נתהווה בכם הויה אחרת בקדושתכם כנ"ל, "כי קדוש אני וכו'", ר"ל מחמת שאני קדוש ה' שוכן בקרבכם ומעורר אתכם תמיד, ובלתי אפשרי שתהיו עומדים, רק הולכים בעבודתי ממדריגה למדריגה. וזהו "ואתה קדוש יושב תהילות ישראל", ר"ל תהילות ישראל הם ע"י שאתה קדוש יושב בהם.

וזהו "וישמע יתרו כו'", דאיתא בגמרא "לא גלו ישראל אלא כדי שיתוספו עליהם גרים", ולכאורה וכי בשביל הגרים יהיו ישראל גולים? ומן הראוי היה שיבואו האומות לארץ ישראל מעצמם ויתגיירו שם. אך הענין הוא שהניצוץ הקדוש שבהם הוא מעורר אותם להתגייר, ומחמת שניצוץ הקדוש שבאומות הוא קטן מאוד, ואין כח בניצוץ הקדוש הזה להשיא את לבם שיבואו מעצמם לארץ ישראל להתגייר, רק ע"י ראותם והסתכלותם את ישראל, מהקדושה של ישראל נותן כח והתגברות והתעוררות לניצוץ הקדוש שבהם שיתגיירו, ולכן הוכרחו ישראל לגלות, וזהו שאמר הכתוב "וישמע יתרו כו' חותן משה כו'", ר"ל ע"י הקדושה של משה נתעורר לב יתרו שניתן בו התגברות לשמוע "את כל אשר עשה ה' למשה ולישראל". וק"ל.

כי יהיה להם דבר בא אלי ושפטתי בין איש ובין רעהו, ויאמר לו יתרו כו'. ויש לדקדק דהוי ליה למימר "באים אלי" דהוא לשון הוה, שהיו באים תמיד אליו, כי "בא" הוא לשון עבר, ואיך שייך כאן לשון עבר? וגם כי מתחיל כי יהיה "להם" דבר, ומסיים בלשון יחיד "בא" אלי. גם תשובת יתרו היה אתה לעם מול האלהים, מה לשון "מול" שייך כאן?

ונראה כי משה רבינו ע"ה היה מדריגתו גדולה למאוד, ראיה שמיעה וריח וכל מעלות הנבואה, וכשהיה לישראל הצטרכות, אז ראה משה ההצטרכות קודם שבא אליו, ופעל ותיקן ההצטרכות קודם שבא אליו האדם לשאול ממנו ההצטרכות שלו, וזהו פירוש "כי יהיה להם דבר" כשיש להם איזה דבר, "בא אלי" דבר ההוא כבר, וצריך אני לתקן הדבר ההוא, וזה אמר "ושפטתי" ר"ל שאני שופט איך שיהיה הדבר, הצדיק מושל ביראת אלקים ע"ד "מי מושל בי - צדיק", וכמו שהצדיק שופט כך הקב"ה מקיים, ואמר לו יתרו מה העבודה גדולה כ"כ שאתה צריך לעיין הצטרכות בני אדם ולפעול לכל אחד ההצטרכות שלו, מוטב "היה אתה לעם מול האלקים" ר"ל כנגד אלקים, היינו התנגדות למדת "אלקים" שהוא מרומז על הדינים לבטלם, וממילא יהיה כל הצטרכות ישראל, כיון שלא ישלטו הדינים ויהיה רק רחמים ויהיה כל הצטרכות. והבן.

או יאמר, כי נמצא בספרי קודש שלעתיד יהיה השם הקדוש "יהיה", כי לעת עתה הוא הויה ולעתיד כולו ביו"ד. ונראה הטעם כי י"ה הוא נגד עוה"ב, ו"ה נגד עוה"ז, ולעתיד יהיה יום שכולו שבת ויהיה כולו עוה"ב ויהיה הכל בי"ה.

וזהו הפירוש "והיה ה' למלך על כל הארץ ביום ההוא יהיה ה' אחד ושמו אחד", כי אצל הצדיק צריך להיות דוגמת הגאולה, כי כל מה שעתיד להיות בעת הגאולה במהרה בימינו, צריך להיות עכשיו אצל הצדיק דוגמתו, וזהו הפירוש "והיה ה' למלך", דלכאורה היה לו לומר והיה ה' "מלך" כו', אלא ר"ל כשהקב"ה נותן מלוכה על הארץ דהיינו לצדיקים, שיהיה הצדיק כמלך למשול ביראת אלקים, כמ"ש לעיל מי מושל בי צדיק, "ביום ההוא יהיה ה' אחד", ר"ל שהשם יקרא "יהיה" כמו שיהיה אי"ה לעתיד כשיבוא הגאולה במהרה בימינו. ובמה זוכה צדיק למדריגה זו שימצא דוגמת הגאולה אצלו? ונראה שהוא ע"י הדיבור הקדוש, כי כשהצדיק מתחיל לומר דיבורים, אזי עושה פעולה בכל העולמות, וזו דוגמת הגאולה.

וזהו שאמר הפסוק "ודבר דבר אז תתענג על ה'", ר"ל כשתדבר דיבורים קדושים אז תתענג "על ה'" כמו "עם ה'", ר"ל שיהיה לך תענוג של השם, כמו שיהיה לעתיד במהרה בימינו כשיקרא השם "יהיה". וזהו "ושמו אחד", דאיתא "עתידין צדיקים שיקראו בשמו של הקב"ה שנאמר כל הכתוב לחיים בירושלים קדוש יאמר לו", וא"כ לעתיד "יהיה ה' אחד" שיקרא השם "יהיה", וזה לשון אחד, "ושמו אחד", שהוא הצדיקים יהיה ג"כ אחד, שיבואו לאחדות גמור.

וזהו "כי יהיה להם דבר", ר"ל כשהם צריכים שיקרא השם "יהיה", "דבר בא אלי", ר"ל שבא אלי הדיבור, וכשאני מתחיל לדבר אז נעשה אצלי דוגמת הגאולה וכנ"ל ודבר דבר. והבן.

היה אתה לעם מול האלהים, פירושו כנ"ל, שתהיה אתה נגד הדינים שלא יהיו יכולים לשלוט, "והבאת הדברים אל האלהים", ר"ל רק שלא תתגרה עם הדינים, אך כן תעשה שתמתיק את הדברים בחכמה עד שתביא את הדברים גם אל הדינים, שגם להם יומתקו הדברים ויסכימו עמך לרחמים. והבן.

בחודש השלישי לצאת בני ישראל מארץ מצרים וכו'. נראה לפרש ע"פ דאיתא בגמרא "והטוב בעיניך עשיתי זה הסומך גאולה לתפילה", ולכאורה האיך מוכח מכאן סמיכת גאולה לתפילה? אך נראה דהנה כבר פירשתי על פסוק "ה' ילחם לכם ואתם תחרישון" הפירוש כך, דהנה יש להבין הסיבה שאנו רואין האומות שהם שונאי ישראל, וגם רשעי ישראל הם שונאים הצדיקים. ואמרתי הטעם מחמת שאין לך נברא בעולם שלא יהיה בו ניצוץ קדוש הנותן בהם חיות, שאילולי הניצוץ קדוש לא היה יכול לחיות, והנ"ק שבהם מתקנא בצדיקים, וכן הניצוץ הקדוש שבאומות מתקנא בכללות ישראל, וזה הסיבה הגורמת שנאה עליהם, וז"ש משה רבינו ע"ה "ה' ילחם לכם", פירוש הניצוץ הקדוש שבהם שהוא חלק אלקי הוא הנלחם בכם, "ואתם תחרישון" פירוש לשון חרישה ועבודה, דהיינו שתראו לעבוד בכדי שתקחו הנ"ק שבהם וממילא יפלו, וזהו כל עבודתינו להוציא הניצוצות הקדושות מהחיצונים וממילא הם נופלים והשכינה מתעלה, שזהו גלות השכינה שהיא עמנו בצרה בגלות המר הזה ועומדת ומצפה שיתעלו ויוגבהו כל הנה"ק ואז יהיה גאולת ישראל במהרה. וזה היה ג"כ גאולת מצרים, שהוציאו הניצוצות הקדושות ממצרים ונגאלו. והנה אנו אומרים פסוקי דזמרה קודם התפילה הוא ג"כ כונה הזאת, דהיינו לזמר עריצים החיצונים להוציא הנ"ק, וזה נקרא מסמיך גאולה לתפילה. וזהו "הטוב בעיניך עשיתי", ר"ל מה שטוב בעיניך, דהיינו בעיני השכינה שהיא מתאוה ומסתכלת בעיניה תמיד על הנ"ק שיוגבהו, "עשיתי", פירוש שעשיתי הפעולה הזאת, ושפיר נלמד מכאן סמיכת גאולה לתפילה.

ואיתא בגמרא "למה נקרא הר סיני שנעשה ניסים לישראל", ומקשה הגמרא "א"כ הר ניסי מיבעי ליה, אלא שירדה שנאה לאומות". ולכאורה הלא מצינו כמה פעמים שאמרו חז"ל "אל תיקרי", הכי נמי מה מקשה הגמרא הר ניסי מבעי ליה, היה יכול לומר "אל תיקרי סיני אלא ניסי" כמו בשאר דוכתי? אך הענין הוא דהמקשה לא ניחא ליה בהאי תירוצא הר ניסים, דניסים הנעשים לישראל הוא מצד חסד, כשאין ראויים לפי מעשיהם השי"ת עושה ברוב רחמיו ע"פ נס, אבל לפי התירוץ שירדה שנאה לאומות עולם, אזי לפי הטבע ראויים ישראל לכל הטובות מהבורא יתעלה, כי השנאה לאומות הוא מחמת שהבורא ב"ה רואה מעשיהם הרעים וממילא מעשי ישראל טובים הם נגד מעשיהם, ולכן מתרץ שירד שנאה וכו', כי ניחא ליה בהאי תירוצא שיהיו ראויים לפי דרך הטבע ולא ע"פ נס, דלאו בכל יומא מתרחיש ניסא.

והנה כשאנחנו עובדים את הבורא ב"ה ואנו מוציאים הניצוצות הקדושות מן האומות ממילא ירדה שנאה עליהם, ואח"כ אנו מתפללים ח"י ברכות, ואיתא בגמרא "לעולם יסדר אדם שבחו דמריה" כו', דהיינו ג' ברכות הראשונות שהם שבחים דמריה כדי לעשות השם יתברך לראש, דשלש ראשונות נקראים ג' רישין, ועי"ז הוא עושה עמנו טובות. זהו שאמרו חז"ל "אם לא כיוון באבות יחזור לראש", ר"ל שצריך לחזור לעשותו ראש, מחמת שלא כיוון בתחילה לעשותו ראש.

וזהו "בחודש השלישי" פירוש אחר שאדם מחדש בברכה שלישית שהיא עיקר לעשותו את הבורא יתברך לראש, "לצאת בני ישראל מארץ מצרים" ר"ל ומקודם עשה את פעולתו כמו שהיה ביציאת מצרים, דהיינו שהוציא ניצוצות קדושות ע"י פסוקי דזמרה כנ"ל, "ביום הזה באו מדבר סיני" פירוש "ביום" הוא בהירות כיום, ועם הבהירות הזה באו מדבר סיני, דהיינו שנאה לאומות העולם כנ"ל.

"ויסעו מרפידים" פירוש גם עי"ז יכולים ישראל לעורר שנאה על האומות, ע"י שמונעים את עצמם מרפיון ידים מעצלות, וזהו "מרפידים" דהיינו לשון רפיון ידים ועצלות, "ויבואו מדבר סיני" ר"ל ע"י זה הם באים למדבר סיני, דהיינו להוריד שנאה על האומות, "ויחנו במדבר" פירוש שגם זוכים שיחול חן גדול על דיבורם, "ויחן שם ישראל נגד ההר" פירוש גם זה זוכים, שזריחת השכינה הנקרא "הר" זורח עליהם, שהם חונים נגד השכינה ואור זריחתה זורח עליהם.

"ומשה עלה אל האלהים", דהצדיק הגדול נקרא בשם "משה", והוא יש לו מדריגה יתירה מהצדיקים הנזכרים לעיל שעולה לעולמות העליונים, "ויקרא אליו ה'", ויקרא הוא לשון חיבה, "כה תאמר לבית יעקב" דהיינו הצדיקים שעדיין אינם במדריגה, עליהם לתקן השכינה הנקרא "כה", "ותגיד לבני ישראל" דהיינו הצדיקים האמתיים אשר בשם "ישראל" יכונו, עליהם חובה לעשות עבודה יתירה וכבידה שקשה כגידין. וזהו "והמן כזרע גד", דהנה ע"י המן שנתן להם השי"ת היו באים להזדככות גדול ולמדריגות גדולות, רמז "גד" כנ"ל ותגיד לבני ישראל, "ויקראו שמו מן", ר"ל מיין נוקבין, שהיו מעלין מ"נ ע"י המן.

ואמר השי"ת "אתם ראיתם אשר עשיתי למצרים", דהיינו שהתחלתם ממדריגה למדריגה, דהנה כתיב "מה ה' אלהיך שואל מעמך" ודרשו רז"ל "אל תיקרי מה אלא מאה, שחייב אדם לברך מאה ברכות בכל יום", י"ל הפירוש כך, דהנה "מה" רמז לעולמות העליונים שם של מ"ה, ואמרו חז"ל שלא יתחיל לעלות מיד למדריגה עליונה לשאוף יראה מעולמות עליונים כי אם מתתא לעילא, דהיינו שיתחיל ממדריגה תחתונה לראות רוממות אל ממאה ברכות, כי מכל ברכה יש לראות רוממות אל, עד שיעלה אח"כ למדריגה עליונה, וזהו "אל תיקרי מה אלא מאה דחייב אדם לברך מאה ברכות כו'" כנ"ל מתתא לעילא. וזהו "אתם ראיתם אשר עשיתי למצרים", ר"ל שהתחלתם לראות רוממות אל ממדריגה תחתונה, דהיינו ממה שעשיתי למצרים, "ואשא אתכם על כנפי נשרים", פירוש עבור זה זכיתם לשאת אתכם על כנפי נשרים מלשון פירות הנושרים, דהיינו עולמות שהם נשורים מכל מגע חיצונים ופגם ח"ו, "ואביא אתכם אלי".

ועתה אם שמוע כו'. "שמוע" הוא שם דבר, שהוא לשון הנסתר שאינו לנוכח, והיינו אם תהיו כדבר הנסתר והנעלם, היינו שלא תחוסו על עצמיכם כלל להחזיק את עצמכם לשום דבר מה, רק תהיו נכנעים כאילו אינכם כלל, אז "תשמעו בקולי", פירוש תזכו לשמוע קולי, דהיינו קולות וכרוזים עליונים סוד ה' ליראיו, "ושמרתם את בריתי" פירוש שאתם תשמרו את כל העולם, ע"ד "אם לא בריתי יומם ולילה כו'", נמצא כל העולם נקרא בשם ברית, "והייתם לי סגולה", "סגולה" הוא לשון אוצר, דהיינו שעולם נקרא אוצר, ר"ל שאתם תקראו בשם כל עולם כולו, ע"ד "כל העולם כולו לא נברא אלא לצוות לזה". וק"ל.

או יאמר "בחודש השלישי לצאת בני ישראל כו'", רמז כשאדם פונה עצמו מהבלי זמן והוא יוצא מבין הקליפות, תיכף בא למדריגה גדולה ונקרא צדיק גמור, ע"ד שאמרו "במקום שבעלי תשובה עומדין" כו', וזה רמז לנו הפסוק שתיכף "לצאת בני ישראל מארץ מצרים" המה הקליפות, "ביום הזה באו מדבר סיני", "מדבר" רמז להתבודדות גדול שהצדיק מתבודד בעצמו ומדבק את עצמו בו יתברך, "סיני" ג"כ רמז להקדושה, כדרך שאמרו חז"ל "למה נקרא שמו סיני על שם שנעשו ניסים לישראל וירדה שנאה לאומות העולם".

ויסעו מרפידים ויבואו מדבר סיני. היות שאדם כלול מד' יסודות, אש רוח מים עפר, וכשנתעורר באדם הכח העפר אז הוא עצל גדול בעבודה ומרפה עצמו מדברי תורה ועבודה, אבל כשאדם מתגבר על עצמו וננער מעפרו לצאת ממנו ומתאמץ בעבודה, אז בא למדריגה גדולה הנקרא "מדבר סיני" כנ"ל. וזהו "ויסעו מרפידים ויבואו מדבר סיני". "ויחנו במדבר", פירוש ויחנו הוא מלשון חן, שיש חן גדול בעבודתו ובקדושתו ובכל שיעסוק ועושה, "ויחן ישראל" שבאים לאחדות גדול, ובזה הם מתגברים "נגד ההר" הוא היצה"ר הנקרא הר, "ומשה עלה אל האלהים" הוא הצדיק הנקרא בשם "משה", כל מעשיו הוא להמתיק הדינים, וזהו ומשה עלה אל האלהים להמתיקו ולהעלותו ולהפכו לרחמים, "ויקרא אליו ה' מן ההר לאמר", פירוש שפועל בצדקו להמתיק הדין, שאפילו מידת הדין הנקרא בשם "הר", ע"ד שאמרו "הר קשה", אפילו הוא מסכים עמו בכל השפעות והחסדים.

כה תאמר לבית יעקב ותגיד לבני ישראל. היות שבמלת "כה" נרמז כל הברכות, כמ"ש כה תברכו, כה יהיה זרעך, ולהיות שרוב העולם צריכין לפרנסה ושפע, ולזה אמר לו בוראינו ית"ש "כה תאמר לבית יעקב" אלו ההמון המכונים בשם "יעקב", תמשיך להם שפע ממידת "כה" אשר משם בא הברכה והשפע גשמי, "ותגיד לבני ישראל" אלו הגדולים הנקראים בשם "ישראל", תמשיך להם אור העליון, אהבה רבה ויראה בלבם תכניס מעולמות עליונים, "ותגיד" - הוא לשון המשכה, תמשיך להם מעולמות עליונים מה שהם צריכים למדריגתם לעבודת השי"ת. וק"ל.

ויבא משה ויקרא לזקני ישראל וכו' ויענו כל העם וכו' וישב משה את דברי העם וכו' ויאמר הנה אנכי בא אליך בעב הענן וכו'. וגם בך יאמינו לעולם ויגד משה את דברי העם וכו'. ויש לדקדק: א. בכפל לשון "וישב משה את דברי העם", ואח"ז נאמר "ויגד משה" כו' ולא נאמר מה אמרו ישראל למשה רבינו לומר להשי"ת רק מה שאמרו "כל אשר דבר ה' נעשה" וכו', ועל זה כבר נאמר וישב משה וכו' ומה זו הגדה שניה שאמר משה להשי"ת. וגם שינוי לשון מ"השבה" ל"הגדה". ב. "בעב הענן" ג"כ כפל, דהא עב נמי שם ענן כמה דכתיב "והנה עב קטנה ככף איש", ורש"י ז"ל הוכרח לפרש זהו ערפל. ג. מה זו הבטחה שאמר לו השי"ת "וגם בך יאמינו לעולם".

ויש לפרש, דהנה הצדיק המדבר בקדושה אל צדיקים, דיבורו פועל ועושה יחוד בעולמות העליונים, ולא כן הוא כשמדבר עם פשוטי בני אדם, כאשר הדבר ידוע לכל ברבות הצדיקים רבות הטובה. וזהו שנאמר "ויבא משה ויקרא לזקני ישראל וישם לפניהם [את] כל הדברים", ולא קרא לכל ישראל לאמר להם יחד, כי היה כוונת משה רבינו ע"ה לדברינו הנ"ל, כדי שיפעול ויעשה יחוד גדול בדברו עם הזקנים, אשר לא יוכל לפעול לעשות יחוד זה בדברו עם כל העם יחדיו, ולכן לא קרא רק לזקנים. וכאשר ראה משה רבינו ע"ה שענו כל העם כמו שנאמר "ויענו כל העם יחדיו כל אשר דבר ה' נעשה כו'", לא הוטב בעיניו באומרו שלא יפעול דיבורו יחוד גדול כנ"ל, לכן כתיב "וישב משה את דברי העם", פירוש "העם" הוא פשוטי עם, דהיינו שהשיב את דברי העם כמו אדם המשיב דבר לאחריו ואין חושש ופונה אל הדברים, רצוני לומר שאין פירוש "וישב" - שהגיד דברי העם אל ה', רק הפירוש שהשיב הדברים וממילא ישמע דבריהם אל ה' שהכל גלוי לפניו, אם הוא לא הגיד מחמת הכוונה הנ"ל, שחשש אולי לא פעל את יחודו האמיתי.

מה כתיב אחר זה? "ויאמר ה' אל משה הנה אנכי בא אליך בעב הענן", פירוש שיהיה השתלשלותי בהשתלשלות רב, "בעב הענן" בכפל עביות, כמ"ש רש"י ז"ל "במעבה הענן זה הוא הערפל" שהוא עב יותר מענן, "בעבור ישמע העם בדברי עמך וגם בך יאמינו לעולם", דהיינו שע"י פשוטי עם תוכל לפעול ולעשות יחוד אמיתי בעולמות עליונים, ואל תתמה על הדבר ותפלא בעיניך האיך אפשר שיהיה יחוד פשוטי עם כמו ע"י הזקנים, אל תתמה, שע"י זה שיאמינו בך, עי"ז יעשו יחוד גדול, וכאשר שמע משה הדבר הזה מפי השי"ת אז "ויגד משה את דברי העם אל ה'", מאחר ששמע שע"י פשוטי עם נעשה ג"כ יחוד אמתי. והשם ברחמיו יזכנו ליחד שמו הגדול יתברך ויתעלה לעולם. והבן כי קצרתי קצת והמשכיל יבין. וק"ל.

ויהי ביום השלישי בהיות הבוקר. ע"ד הרמז י"ל דהנה ישראל הקדושים אינם בצרה יותר מג' ימים, ע"ד "ביום השלישי יקימנו ונחיה", ואמר הכתוב "ויהי", דכל מקום שנאמר ויהי אינו אלא צרה, "ביום השלישי" פירוש מיד ביום השלישי, "בהיות הבוקר" אזי בוודאי נתהוו החסדים, ד"בוקר" רמז לחסדים.

"ויהי קולות וברקים", דהנה יש כמה מיני צדיקים, יש צדיק העובד מיראה אלא שגבה לבו עליו ואינו מחזיק עצמו לשפל, אזי אין איש הזה יראתו מתקיימת, ואינו אלא כמו ברקים וקולות לפי שעה, וזה שמנה הכתוב מדריגת צדיקים זה למעלה מזה, דהיינו אחד "קולות וברקים" כנ"ל, ויש צדיק שמחזיק עצמו לשפל תמיד, וזהו נרמז "וענן כבד על ההר", דדרך ענווים להיותם יורדים ומשפילים עצמם למטה, כמו כן הצדיק הזה ההולך בכובד ראש בהכנעה גדולה, ויש צדיק שיוכל לבטל הדינים שלא יהיה בהם כח לשלוט חלילה, ולזה מרמז הכתוב "וקול שופר חזק מאד", דידוע ד"שופר" רמז לדינים, ומלת "שופר" הוא לשון שפרו מעשיכם, ואמר הכתוב שקולו של זה שמשפר מעשיו הוא חזק מאוד לעכב הדינים שלא ישלטו, "ויחרד כל העם אשר במחנה", רמז שכל אלו מדריגות אינם אלא מדרגת יראה.

ויש צדיק העובד מאהבה שיכול להפוך הדינים לרחמים גמורים שגם הם נעשים רחמים, ולזה מרמז הכתוב "ויוצא משה את העם לקראת האלהים", פירוש שהוציאם מדין לרחמים, שהרחמים הם נגד הדין, "מן המחנה", ר"ל מן המחנה של הדינים ועושה אותם רחמים, "ויתיצבו בתחתית ההר", דהנה השי"ת יש לו נחת רוח מפנימיות התורה, וזהו "וישכון כבוד ה' בראש ההר", ר"ל שכבודו של השי"ת הוא לשכון על הראש, שהוא הפנימיות של התורה שהיא שורש וראש, והשפעות נשפעות ממדריגות תחתונות, וזהו "ויתיצבו" ר"ל שעשה להם מעמד ומצב, דהיינו השפעות, מתחתית ההר.

וזהו רמז התנא "ביצה שנולדה ביום טוב", דיו"ט הוא יומא דדינא, דבפסח נידון על התבואה, בעצרת על פירות האילן וכו', והצדיק בתפילתו עושה הולדה ביום הזה, דהיינו שמשבר כח הדינים, דכל דבר שאינו בתחילתו נקרא הולדה. ולזה רמז "ביצת בר יוכני ששברה ששים כרכים", דדרשינן בגמרא "ששים גבורים סביב לה אלו ששים מסכתות", ואת זה לעומת זה עשה אלקים, וע"י ס' מסכתות נשברים כחות הדינים, וזהו ביצת בר יוכני שברה ששים כרכים. ונחזור לענינינו, "ביצה שנולדה ביום טוב", פירוש אותה הולדה שנעשה בי"ט שמשבר כח הדינים עם הגבורות כאשר כתבנו מזה במקום אחר, "ב"ש אומרים תאכל", פירוש רמז שדי בזה שנשבר כח הדינים לבל ישלטו, וזה רמז לשון "אכילה", שהיא הנאה

להשביע, כמו כן הפעולה הזאת היא ג"כ הנאה ודי בזה, "ובית הלל אומרים לא תאכל", פירוש שזה עדיין אינו מספיק, ואין זו אכילה והנאה ממש עד שיהפכו הדינים לרחמים שגם הם יהיו רחמים גמורים. וזהו "ואכלתם אכול ושבוע", דהיינו שאנו צריכים לכלות אויבינו הם הדינים, וזה פירוש "ואכלתם" ר"ל שתכלו אתם את ה"אכול", פירוש את הדינים הרוצים לכלות אתכם, ולא עוד אלא "ושבוע" שיבוא שביעה מהם, שיעשו הם עצמם רחמים, וזהו "ואכלתם את אויביכם".

"בית שמאי אומרים שאור בכזית", "שאור" הוא מחמץ דבר אחר, והיינו איש רשע החוטא ומחטיא אחרים, זה מר מאוד "כזית", שמעורר דינים גדולים, "וחמץ" שאין כח לחמץ לאחרים, "בככותבת", דכותבת מיתבא דעתא, דהיינו אדם רשע שעושה לתיאבון ח"ו כדי ליתביה דעתיה, זה אינו חמור כ"כ כמו המחטיא, וזהו מקולי ב"ש ומחומרי ב"ה שאומרים "זה וזה בכזית" מחמת שמעביר את הרחמים.

"השוחט חיה ועוף ביום טוב", ר"ל גם זה רמז לדינים, והרוצה לשוחטם לבל ישלטו, "ב"ש אומרים יחפור בדקר ויכסה", ר"ל כנ"ל שדי רק לכסות הדינים לבל ישלטו, ודי שעושה איזה חפירה בדינים, איזו פעולה טובה, "וב"ה אומרים לא ישחוט אלא א"כ היה לו עפר מוכן מבעוד יום", פירוש שצריך לעשות עצמו כעפר מוכן מקודם בכדי שיעשה רחמים גמורים, ע"ד שמצינו באברהם אבינו ע"ה שהתחיל להתפלל ולומר "ואנכי עפר ואפר", דהיינו שימסור עצמו כל וכל עבור ישראל.

ונחזור לביאור הכתוב "וקול שופר הולך וחזק מאוד", דיש צדיק הממשיך ברכות והשפעות לעולם, וזה נקרא "הולך", שהולך מדרגא לדרגא, וזהו "הולך וחזק מאד" רמז להצדיק הזה הממשיך השפעות, ולכן נאמר בבלעם שהלך, ואמר שילך לברך את ישראל כמ"ש רש"י ז"ל, "ויחר אף ה' כי הולך הוא", שאין זו מדריגה הראויה לו להיות "הולך". "משה ידבר", דהצדיק הרוצה להמשיך השפעה צריך לדבר בחזקה ובגבורה, וזהו "משה ידבר", "והאלהים יעננו בקול", לשון נענע לי בראשו, דהיינו שהשי"ת הסכים על ידו ונענע לקולו. וק"ל.

וידבר אלהים את כל הדברים האלה לאמר. איתא בזוהר הקדוש "את כל" - זו אברהם. ונראה לפרש, דאיתא קיים אברהם אבינו ע"ה כל התורה כולה עד שלא ניתנה, ולכאורה מהיכן היה יודע התורה? אך באמת שהיה אברהם אבינו ע"ה מקדש את עצמו ומדבק עצמו בהבורא ב"ה בדביקות גדול, והיה מסתכל בעולמות העליונים תמיד, ע"י זה הבין והשיג שלעולם זה שייך מצות ציצית, דהיינו שהשורש רוחניות שלמעלה מורה על עשיית מצוה זאת, ולעולם זה שייך מצות תפילין, וכן כל עולם ועולם השיג ע"י דביקותו. אבל אנחנו משיגים השורש מצוה ומקורה ע"י התורה הקדושה כשאנו עוסקים בתורה הקדושה לשמה, והוא מחמת שהשי"ת ברוב רחמיו דיבר והכניס הדביקות בהתורה הקדושה, ונתן לנו התעוררות מדביקות בהתורה למען נוכל להתעורר אח"כ מלמטה למעלה בהתדבקות להשיג השורש ומקור כל מצוה ומצוה. וזהו "וידבר אלהים את כל" זו אברהם, פירוש שכל השגות התורה שהשיג אברהם ע"י דביקותו ובמדריגות התדבקות, זאת דיבר השי"ת לנו "את כל הדברים האלה", "לאמר", פירוש שגם אנחנו נוכל אח"כ לומר בדביקות ולעורר מלמטה למעלה. וק"ל.

או יאמר "וידבר כו' לאמר כו'", דהנה ע"י התורה אדם בא לידי דביקות, וזהו "את כל הדברים", "לאמר אנכי ה'" הוא הדביקות ואמונה.

לא יהיה לך אלהים אחרים על פני. מובן ע"פ הגמרא "ויסב חזקיהו פניו אל הקיר מכאן למתפלל שלא יהא דבר חוצץ בינו לבין הקיר", ויש לדקדק האיך מוכח מכאן שלא יהיה חציצה בינו לבין הקיר? ונ"ל דהנה בבלעם כתיב "ותלחץ רגל בלעם אל הקיר", ואיתא בלעם היה נכד לבן הארמי וי"א בן לבן היה, והיה בבית לבן וראה את יעקב אבינו ע"ה שהיה הולך ממדריגה למדריגה, והיה למד ממנו בלעם שאף הוא יהיה הולך בקליפות ממדריגה כו', וזהו ויחר אף ה' כי "הולך" הוא וכו', "ותלחץ רגל בלעם אל הקיר", דהיינו הרגליות והקליפות שלו לחץ אל הקיר אל הקליפה, דהקליפה נקרא קיר. וזהו "ויסב פניו אל הקיר", דהיינו שהיה משגיח ומסתכל לבלתי ח"ו יאחוז בו הקליפה בשום אחיזה בעולם, "מכאן שלא יהא דבר חוצץ בינו לבין הקיר", פירוש שלא יהיה חציצה מלהסתכל על הקיר - הקליפה, שלא יהיה לה שום אחיזה בתפילתו, רק ישמור את עצמו תמיד.

וזהו "לא יהיה לך אלהים אחרים על פני", פירוש שלא יהיה בך אל זר כו', ותשמור עצמך מהקליפות לבלתי אחוז בתפילתך שתתפלל על פני, וזהו "פנים אל פנים דבר ה' עמכם", שאז במעמד הר סיני פסקה זוהמתן ולא היה בהם רק הפנימיות, והיינו "פנים אל פנים" - פני ה' היה אל פנימיותן. וק"ל.

לא תעשון אתי אלהי כסף ואלהי זהב לא תעשו לכם וכו'. כבר דקדקו קמאי דגבי אלהי כסף כתיב "אתי" וגבי אלהי זהב לא תעשו "לכם".

ונ"ל דאיתא "הרוצה להעשיר יצפין", ונ"ל הפירוש כך, דאיתא בעירובין א"ל רבנן לר' אבהו הצפיננו היכן ר' אלעאי צפון א"ל עלץ בנערה אהרונית כו' אמרי לה מסכתא, פירש רש"י ז"ל שהיה לומד מסכת מסדר קדשים, וזהו "הרוצה להעשיר יצפין" פירוש אם יבוא לאדם מחשבה על עשירות שיעשיר, יצפין פירוש ילמוד תורה ותבוא לו העשירות ממילא, וזכות התורה תעמוד אם מה' הוא שיעשיר, וזהו "מצפון זהב יאתה" פירוש ע"ז שילמוד תורה ממילא תבוא לו זהב ועשירות.

וזהו "לא תעשון אתי" היינו בלימוד תורה ותפילה לא תעשון אתי "אלהי כסף", דהנה כתיב לא יהיה בך אל זר, ודרשינן בגמרא איזהו אל זר שהוא בתוך לבו של אדם הוי אומר זה יצה"ר, ו"כסף" הוא לשון תאוה מלשון נכסף נכספתי, והיינו בהתעמקו בתורה ובתפילה לא תעשון אלהי כסף, שלא יהיה בכם תאוות שהוא אל זר כנ"ל, "ואלהי זהב לא תעשו לכם" היינו דבר השייך לכם, היינו מחשבה של עשירות, לא תעשו ג"כ, שהעשירות ממילא בא אם מה' הוא שיעשיר כנ"ל.

"מזבח אדמה תעשה לי" פירוש אני נותן לך עצה שתזבח את היצה"ר ע"י שתעשה את עצמך אדמה כעפר ואפר. "וזבחת עליו את עולתיך (ואת שלמיך)", פירוש ע"ז תזבח את הרוצים לעלות ולהתגבר עליך, "ואת שלמיך" פירוש כל מיני מדריגות אדם ישלימו עמך. "ואם מזבח אבנים תעשה כו'", דאיתא בספר יצירה דאותיות נקראים בשם "אבנים", פירוש אם תרצה לזבוח היצה"ר ע"י עוסקך בתורה, "לא תבנה אתהן גזית" פירוש לא תהיה לימודך ח"ו להראות פלפולך שהוא כאבני גזית, "כי חרבך הנפת עליה", אם תגבה את חריפותך ופלפולך לכבודך ולגבהותך, "ותחללה" אז תחלל את התורה ח"ו, "ולא תעלה במעלות" פירוש שלא תחזיק עצמך במעלות, "אשר לא תגלה ערותך עליו" כי ע"ז יתגלה חרפתך ושטותך, רק יהיה כל כוונתך לכבוד הבורא ב"ה יתעלה ויתהלל. וק"ל.

**משפטים**

ואלה המשפטים כו'. לפרש הסמיכות "ולא תעלה במעלות על מזבחי אשר לא תגלה ערותך עליו, ואלה המשפטים". נ"ל דכתיב "אהללה שם אלהים בשיר ואגדלנו בתודה", דהנה יש שני בחינות במידת הצדיקים, דהיינו יש צדיק שהולך תמיד במדריגה בדביקות בהשי"ת ומשבח תמיד בשירות ותשבחות, וכשמזדמן להצדיק הזה איזה טובה מאתו יתברך, אזי מתדבק יותר בהשי"ת ומכיר יותר בגדולתו יתברך ומשבח להבורא יתברך ביותר הדביקות בו וביותר חשקות, ואינו מודה לו יתברך עתה יותר בשביל הטובה שעשה עמו יותר ממקדם, רק בשביל הטובה הוא מכיר בגדולתו יתברך ומשבח לו בחשקות ודביקות יותר. ויש שאינו במדריגה זו, אבל הוא מכיר בטובתו יתברך ומשבח להבורא ב"ה על הטובה הנעשית לו, וכפי הכרתו הטובה הוא משבח יותר. ויש חילוק בין השבחות של הצדיקים הנ"ל, דהיינו הצדיק שהוא בא אל התדבקות יותר בשביל הטובה ומשבח להבורא ב"ה יותר בדביקות כנ"ל, הוא מדריגה גדולה, ואינו רשאי לעלות יותר ממדריגתו שהוא כעת בשעת השבח והתהילה, דכשיגביה את עצמו יותר ממדריגתו, אזי מגביה שפלותו כנגדו ונופל לו פניות ומחשבות זרות ר"ל, אבל כשהוא משבח בשביל הכרת טובתו, אזי כפי הכרתו יותר הוא יוכל לשבח יותר ואינו מזיק לו.

וזהו "ולא תעלה במעלות על מזבחי", ר"ל שהשירות והתשבחות בדביקות והכרת גדולותיו הוא במקום קרבן, דהיינו שהוא מקרב עצמו אל הבורא ב"ה ולעולמות עליונים ונקרא בשם מזבח, וזש"ה "ולא תעלה במעלות", דהיינו בשעת השירות והתשבחות שהוא במקום קרבן, "על מזבחי", לא תעלה במעלות יותר ממדריגתך, כדי ש"לא תגלה ערותך עליו", דהיינו שלא יגביה שפלותך כנגדך ויפול בך פניות כנ"ל, וסמך לו "ואלה המשפטים (אשר תשים לפניהם)", ור"ל אלה המשפטים הנ"ל שאמרתי לך, "אשר תשים לפניהם", פירוש לפני הצדיקים שאינם במדריגה גדולה, רק שהם מכירים בטובות השי"ת אשר לפניהם, תוכל לשום המשפטים הנ"ל, דהיינו שהוא יכול לעלות במדריגה יותר ויותר כפי הכרתו.

וזהו "ואהללה שם אלקים בשיר ואגדלנו בתודה", ור"ל שאני מחזיק תרתי לטיבותא, דהיינו כשאני במדריגה זו לשבח בשירות ותשבחות ולא בשביל הטובה כנ"ל כי אם מחמת הכרת גדולתו יתברך, אזי אני מחזיק במדריגתי ואין אני משבח יותר ממדריגתי, וזהו "ואהללה בשיר" ולא יותר ממדריגתי, " ואגדלנו בתודה", דתודה רמז על אדם שהוא משבח בשביל טובתו, כדאיתא בגמרא ד' צריכין להודות, ור"ל כשאני בבחינה זאת לשבחו בשביל הכרת טובתו, אזי אני אגדלנו בתודה יותר כפי הכרתי.

וזהו שאמרו חז"ל "אז ישיר משה כו' שר לא נאמר אלא אז ישיר מכאן רמז לתחיית המת־־ם מן התורה", ויש לתת טעם למה דוקא כאן רמז על תחיית המתים? ויש לפרש ע"פ הנ"ל, דהיינו שאז ביציאת מצרים היו במדריגה קטנה שהיו משבחים בשביל הכרת הטובה, וזש"ה "אז ישיר", ר"ל "אז" בעת התחייה, אז יהיו משבחים במדריגת "שיר" כנ"ל. וק"ל.

או יאמר "ואלה המשפטים", דהנה כתיב "מלך במשפט יעמיד ארץ", דהנה יש צדיק אשר בידו הדינים להמתיקם ולהפכם לרחמים, וזהו "מלך במשפט", ר"ל מי שהוא במדריגה זאת שהוא מלך על המשפט, דהיינו על הדינים, "יעמיד ארץ", "ואיש תרומות יהרסנה", דיש צדיק שהוא מנשא ומרים את העולם תמיד להשי"ת ולעבודתו ית"ש, והצדיק הזה הוא יהרס את הדינים שלא יבואו כלל וכלל, ואינו צריך להמתיקם. וזהו "ואלה המשפטים אשר תשים לפניהם", ר"ל הדינים תשים לפניהם, או להמתיקם לרחמים או בדרך השני לעכבם שלא יצאו ולא יבואו כלל וכלל. וק"ל.

כי תקנה עבד עברי כו'. פירש רש"י ז"ל "עבד שהוא עברי", רמז ג"כ לשני הצדיקים, דהנה צריך לדעת בראותינו צדיק גדול, אזי ידוע שהוא מגולגל מנשמת צדיק גדול מנשמה עליונה, והצדיק הזה יש לו אבר כנשרים לעופף בכל העולמות, וזהו "עברי" מלשון אבר, דעי"ן מתחלף באל"ף, והוא לשון כנפים, והיינו "כי תקנה עבד עברי" מובן ממילא, שיש לו כנפים לעופף באהבתו ויראתו בעולמות עליונים, "שש שנים יעבוד" רמז לשנותיו של אדם, דהיינו ששה עשריות שנים צריך לעבוד, "ובשביעית יצא לחפשי חנם", אז אין צריך עבודה בכח, רק שהוא ממילא דבוק בו יתברך והוא חפשי מיצה"ר ומכל גשמי העוה"ז, "אם בגפו יבא (בגפו יצא)", פירוש אם בכנפים מגולגל מנשמת הצדיק, "בגפו יצא" דהיינו שגם הוא יוסיף בקדושתו ויבוא לעולם העליון, "אם בעל אשה הוא", דאיתא בזוהר הקדוש דגוף האדם המסייעו לעבודת השי"ת הוא יקום עמו לתחיית המתים, דהנה לפעמים יש לנשמה אחת הרבה גופים, שבאה בגלגול כמה פעמים, ואין כל הגופים עומדים לתחיית המתים רק הגוף שהיה מסייעו לעבודתו יתברך, וזהו "אם בעל אשה הוא", רמז לגוף, שתיקן את גופו לעבוד להשי"ת, "ויצאה אשתו עמו", ר"ל שגם הגוף יהנה עם הנשמה. וק"ל.

או יאמר, דהנה כתבנו במקום אחר דהצדיק צריך להיות בהכנעה גדולה, וזהו שהורה לנו התנא הדרך אשר נלך ואמר "עשה לך רב", פירוש אם יעלה על דעתך את צורכך המרובים, דהיינו פרנסה ועשירות ובנים וכבוד וכדומה, והיינו "רב" - דברים הרבה, "עשה לך" לשון יחיד, תכניס הכל

אל האחדות, "וקנה לך חבר", דהנשמה נקראת חבר לאדם, והנשמה אינה באה לאדם כי אם ע"י טורח ויגיעה בעבודת השי"ת, והיינו "וקנה" מלשון קונה שמים וארץ, פירוש שתעבוד את הבורא ב"ה בשלימות עד שתקנה לך חבר היינו הנשמה.

וזהו "כי תקנה", כשתרצה לקנות לך נשמה, "עבד" פירוש ע"י עבודת השי"ת, "עברי" פירוש תחזיק עצמך בהכנעה, שהצדיק נקרא בשם "ישראל", אבל אתה תחזיק עצמך בשם "עברי", כמ"ש ואקח את אביכם מעבר הנהר, ואז כשיעשה ויתנהג כך כנ"ל, "שש שנים יעבוד", פירוש שהששה קצוות נקראים "שנים", ויהיה יוכל לעבוד בהם להמשיך משם השפעות וכל הטובות לעולם, "ובשביעית", פירוש אם יבוא למדריגה שביעית ששם הוא החירות, "יצא לחפשי חנם", אז יכול לתקן ולפעול את כל ע"י דיבורו, והיינו "חנם" בלי שום עמל וטורח רק כאשר ידבר כן יקום.

וזהו "אגורה באהלך עולמים", פירוש כשאני מוכנע ושפל בעיני עצמי כגר בארץ נכריה, "אגורה" לשון גירות, "באהלך", ר"ל אני יכול להשפיע לעוה"ז השפעות גדולות, דעוה"ז נקרא אוהל, "עולמים" ר"ל מעולמות עליונים. וק"ל.

לגוף, שתיקן את גופו לעבוד להשי"ת, "ויצאה אשתו עמו", ר"ל שגם הגוף יהנה עם הנשמה. וק"ל.

או יאמר, דהנה כתבנו במקום אחר דהצדיק צריך להיות בהכנעה גדולה, וזהו שהורה לנו התנא הדרך אשר נלך ואמר "עשה לך רב", פירוש אם יעלה על דעתך את צורכך המרובים, דהיינו פרנסה ועשירות ובנים וכבוד וכדומה, והיינו "רב" - דברים הרבה, "עשה לך" לשון יחיד, תכניס הכל אל האחדות, "וקנה לך חבר", דהנשמה נקראת חבר לאדם, והנשמה אינה באה לאדם כי אם ע"י טורח ויגיעה בעבודת השי"ת, והיינו "וקנה" מלשון קונה שמים וארץ, פירוש שתעבוד את הבורא ב"ה בשלימות עד שתקנה לך חבר היינו הנשמה.

וזהו "כי תקנה", כשתרצה לקנות לך נשמה, "עבד" פירוש ע"י עבודת השי"ת, "עברי" פירוש תחזיק עצמך בהכנעה, שהצדיק נקרא בשם "ישראל", אבל אתה תחזיק עצמך בשם "עברי", כמ"ש ואקח את אביכם מעבר הנהר, ואז כשיעשה ויתנהג כך כנ"ל, "שש שנים יעבוד", פירוש שהששה קצוות נקראים "שנים", ויהיה יוכל לעבוד בהם להמשיך משם השפעות וכל הטובות לעולם, "ובשביעית", פירוש אם יבוא למדריגה שביעית ששם הוא החירות, "יצא לחפשי חנם", אז יכול לתקן ולפעול את כל ע"י דיבורו, והיינו "חנם" בלי שום עמל וטורח רק כאשר ידבר כן יקום.

וזהו "אגורה באהלך עולמים", פירוש כשאני מוכנע ושפל בעיני עצמי כגר בארץ נכריה, "אגורה" לשון גירות, "באהלך", ר"ל אני יכול להשפיע לעוה"ז השפעות גדולות, דעוה"ז נקרא אוהל, "עולמים" ר"ל מעולמות עליונים. וק"ל.

או יאמר "ואלה המשפטים", ופירש רש"י ז"ל "למה נסמכה פרשת דינין לפרשת מזבח, לומר לך שתשים סנהדרין אצל המזבח". י"ל כוונת רש"י ז"ל, דשם נאמר בפרשת מזבח "ולא תעלה במעלות על מזבחי", י"ל שרמזה לנו התורה דרכי התשובה איך יתנהג האדם, דבזמן שבית [המקדש] היה קיים היו הקרבנות מכפרים, ועכשיו בעוה"ר שאין לנו מזבח, התורה הקדושה מכפרת, ע"ד שאמרו חז"ל הרגיל ללמוד דף א' ילמוד ב' דפין, ונמצא התורה נקראת "מזבח", שמכפרת כמו מזבח, ואמר הכתוב "תעלה במעלות על מזבחי", פירוש כשתרצה לעלות על מזבח, דהיינו לשוב על עוונך, "לא תעלה" עם מעלות, שתחשוב בדעתך שיש לך איזה מעלות, וגם לא תלך מיד בהתחלתך במעלות ומדריגות צדיקים גמורים, רק מתחילה תרגיל את עצמך בהדרגה ממדריגה למדריגה בהכנעה גדולה, "אשר לא תגלה ערותך עליו", ר"ל דאל"כ סופך להתגלות קלונך וערותך. וי"ל כוונת רש"י ז"ל עם הסמיכות ג"כ בדרך הזה, דהדן דין אמת לאמתו נעשה כו', ובודאי המקיים עסקי הדינים כהלכתו, אזי הוא ג"כ מזבח כפרה להגין עליו, וזה שפירש רש"י ז"ל "לומר לך שתשים סנהדרין אצל מזבח", ר"ל שיתנהגו ג"כ בדרך הזה כנ"ל, כמו שנאמר אצל המזבח. והוא רחום יכפר עון לנו ולכל ישראל. אמן.

או יאמר "כי תקנה עבד עברי כו'", ד"עברי" הוא לשון כנפים, כמש"ה באברתו יסך לך, דאל"ף מתחלף בעי"ן באותיות אחה"ע, ור"ל "כי תקנה", כי תרצה לעלות במדריגה זו שתהיה עבד שהוא עברי, שיהיו לך כנפים לעלות בדביקות הבורא ב"ה, אזי "שש שנים יעבוד", ר"ל ששים שנה תמימים צריך אתה לעבוד ועדיין לא תקנת את עצמך בשלימות, אבל "בשביעית", ר"ל כשתגיע אחר ששים, אזי אינך צריך לעבוד כ"כ.

"אם בגפו יבא", "גפו" הוא ג"כ לשון כנפים כתרגומו, דהנה יש צדיק שהוא קדוש מרחם ולא בא לעולם בגלגול רק לתקן קצת מה שלא תיקן בבריאה ראשונה, ואמר הכתוב הצדיק הזה שבא בגפו, דהיינו באברתו ובכנפיו שהוא צדיק גמור מרחם, אזי הוא בטוח ש"בגפו יצא" לעולמו ולא יכשל ח"ו בשום חטא בהיותו בעוה"ז, "ואם בעל אשה הוא", פירוש ואם אינו קדוש מרחם ויצה"ר יכול להחטיאו, שהוא מגרה אותו בתאוות הגשמיות הנקראים בשם אשה דהיינו נוקבא, כמש"ה "האשה אשר נתתה עמדי וכו' השיאני ואוכל", אבל הוא מתגבר על היצה"ר והוא "בעל אשה", שהוא מתגבר על תאוותיו שלא לעשותם, "ויצאה אשתו עמו", פירוש שכרו יהיה לעוה"ב שתצא אשתו עמו, דהיינו התאוות שהתגבר עליהם יהיו לו לשכר.

ו"אם אדוניו יתן לו אשה", פירוש שיש צדיק גמור ושלם שאין היצה"ר יכול להחטיאו, רק השי"ת מזמין לו איזה נדנוד חטא קצת כדי שע"י זה שיחרד לבו בנדנוד חטא הזה שבא לידו וירבה בתשובה וחרטה, יעלה למדריגה יותר, וזהו "וילדה לו בנים או בנות" רמז כנ"ל, שע"ז יבוא למדריגה גדולה שיהיו לו מצוות הרבה, שזה תולדות הצדיקים מעשים טובים, "האשה וילדיה תהיה לאדוניה", פירושו מובן ממילא, שזה נחשב לו לזכיות לפני אדון הכל, "והוא יצא בגפו" ר"ל שלא יזיק לו למדריגתו הנדנוד חטא הזה, רק יצא בגפו כנ"ל. וק"ל.

וכי ימכור איש את בתו לאמה וכו'. ע"ד הרמז יש לפרש, דהשכינה נקראת "בת" כידוע, ואמר הכתוב "כי ימכור איש" זה הקב"ה שנקרא ה' איש מלחמה, "[את בתו] לאמה" חלילה שפחה כי תירש גבירתה, "לא תצא כצאת העבדים" בראשי אברים, פירוש אם ח"ו תקלקל את האברים, שן באכילה עינים בראייה, ושאר אברים וגיד האמה בכלל צריך שימור גדול שלא ליתן מקום לאחוז כחות הטומאה חלילה, ואם ח"ו תקלקל ותשחית האברים, אוי איך גרמת גלות השכינה שלא תצא מן הגלות המר.

ובמה תצא? אמרו חז"ל ודרשו מן המקרא "שתצא בשש ויובל", רמז לששה קצוות וליובל העליון, דהיינו כאשר יתקנו ישראל את הששה קצוות והיובל אז תצא מן הגלות השכינה, ועוד "מוסיף עליו אמה עבריה שתצא בסימנים", רמז על התורה הקדושה אם תקנה אותה בסימנים, ע"ד שאמרו חז"ל "אין התורה נקנית אלא בסימנים כו'", "סימנים" הוא לשון סימני הקטורת, ויש לומר הפירוש בדברי חז"ל "אין התורה" מתקיימת ומקובלת לפניו יתברך שמו לעשות נחת רוח להשי"ת "אלא בסימנים", פירוש אלא כשמעלה ריח ניחוח כל מיני בשמים, קדושה וטהרה ופרישות וזהירות וזריזות, "שנאמר שימה בפיהם", שהפה הלומד תורה תעלה בשמים לריח ניחוח לפניו, שיהיה שומר פיו ולשונו מכל דבר רע, התורה הזאת עושה נחת רוח ליוצרו לעלות השכינה מהגלות, ויגאלנו גאולת עולם במהרה בימינו. אמן כי"ר.

עושה נחת רוח ליוצרו לעלות השכינה מהגלות, ויגאלנו גאולת עולם במהרה בימינו. אמן כי"ר.

וכי יריבון אנשים וכו'. ע"ד המוסר נראה לפרש, דהנה השי"ת ב"ה נתן באדם שני יצרים יצ"ט ויצה"ר, ושניהם נקראים אנשים, דהיינו אם ח"ו יתגבר היצה"ר על האדם, אזי נקרא איש כידוע, דמתחילה נקרא הלך ואח"כ אורח ואח"כ איש, ואנחנו צריכין לעבוד השי"ת בשני יצרים, כמ"ש בכל לבבך בשני יצריך כדאיתא בגמרא ביצ"ט וביה"ר, וזהו "כי יריבון אנשים" פירוש היצ"ט והיצה"ר כשיתגברו זה על זה, "והכה איש" היצ"ט שזה בודאי נקרא איש, "את רעהו" היינו היצה"ר, כי אחר שיכבוש אותו לכפות אותו ג"כ אל הקדושה נקרא רעהו של היצ"ט כנ"ל שעובד בשני יצרים, וע"י איזה דבר יוכל לכבוש את יצרו? ואמר הכתוב "באבן" פירוש על ידי התורה כאשר כתבנו לעיל דאותיות התורה נקראים אבנים, דע"י התורה הוא מתיש כח היצה"ר.

וזהו דאמרינן בגמרא "לעולם ילמוד אדם תורה אפילו שלא לשמה כו'", דעיקר הלימוד צריך להיות לשמה, פירוש לשם ה' אחרונה היא השכינה ליחדא עם השלש אותיות ראשונות, אך אם רואה אדם שיצרו מתגבר עליו, יכול ללמוד אף שלא לשמה, פירוש שיכול להיות כוונתו כדי לכבוש היצה"ר, וזהו "לעולם יעסוק בתורה אפילו שלא לשמה" כנ"ל לכבוש את יצרו, "שמתוך שלא לשמה" כזה "בא לשמה", יבוא ללמוד לשם ה' אחרונה כנ"ל. וזהו "אם פגע בך מנוול זה משכהו לבית המדרש", פירוש דוקא צריך אתה ללמוד כדי לכובשו.

וזהו "אם אמר יאמר העבד" דהיינו כנ"ל, דהאדם המתחיל להלוך בעבודת השי"ת נקרא עבד, ואם אמר יאמר "אהבתי את אדוני" פירוש אני אוהב השי"ת ב"ה, "ואת אשתי" פירוש וגם אני אוהב את עניני עוה"ז, "לא אצא חפשי" פירוש ע"ז אינני אוכל לצאת חפשי, שכל העוסק בתורה נקרא בן חורין, וזה מעכבני שאינני בן חורין, ואמר "והגישו אדוניו" פירוש יעסוק בתורה לשמה כדי להגיש וליחד אדוניו "אל הדלת" היא השכינה הנקראת דלה בגלות המר הזה, ליחד קב"ה ושכינתיה, "ורצע אדוניו" פירוש שיראה להתקשר מאוד לעבודת השי"ת, "ועבדו לעולם".

ונחזור לביאור הכתוב "באבן או באגרוף" פירוש מלשון בעלי אגרופין, דהיינו גם בזה יכול לכבוש את יצרו, שצריך להתחזק ולהתגבר ולהרגיל את עצמו במידות טובות כדי שע"ז יהיה בעל אגרוף לנצחו. וזהו "בא דוד והעמידן על י"א, בא חבקוק והעמידן על אחת צדיק באמונתו יחיה", פירוש בא דוד המלך ע"ה והעמיד על י"א מידות, הולך תמים ופועל צדק וכו', וחבקוק העמידו על אחת "וצדיק באמונתו (יחיה)", מלשון "ויהי אומן את הדסה", דהיינו הצדיק המרגיל את עצמו להתגדל במידות טובות "יחיה", יש לו חיות קדושה, והיינו "אחת", שהכל הוא אל אחדות.

ואמר הכתוב "ואם יכה" את היצה"ר "באבן" היינו בתורה כנ"ל, "או באגרוף" היינו במידות טובות וכנ"ל, "ולא ימות" שעדיין לא המית אותו לגמרי, "ונפל למשכב", פירוש מה שיבוא ח"ו מכשול עבירה לאדם זה נקרא בשם נפילה, והיינו שיכשל חלילה בטומאת קרי ר"ל וזהו ונפל למשכב, ואמר "אם יקום", פירוש דהעולמות עליונים נקראים "קומה", ואם יש לו קומה, שהוא במדריגה זאת, "והתהלך בחוץ" פירוש שהוא הולך במדריגה שכל החיצוניות מביא אל הקדושה, "על משענתו" היינו שכבר יש לו משען גמור ע"י התורה ומידות טובות בלי שום סיג ופסולת, "ונקה המכה" פירוש אז הוא נקי המכה, היינו היצר טוב שתמיד היה צריך להכות את עצמו עם היצה"ר, ולא יצטרך עוד לזה וישלים עמו לעבודת השי"ת, והצדיק כזה "רק שבתו יתן" דהצדיק בעוה"ז ושבתו הוא בעולמות עליונים, שכל מחשבותיו ועליותיו בעולמות עליונים, וכאשר רק שבתו יתן בעוה"ז, "ורפא ירפא" דהיינו השפעתו יחלק לעולם. וק"ל.

וכי ינצו אנשים כו'. נ"ל דהנה כתיב "ויאמר עשו הלעיטני נא מן האדום האדום הזה ויאמר יעקב מכרה כיום וכו'", י"ל שזה רמז על היצה"ר נקרא עשו, ויצ"ט נקרא בשם יעקב, דהיינו שהיצה"ר הוא מסית לאדם תמיד, "הלעיטני נא מן האדום" רמז האד"ם אפר דם מרה, שילך אחר התאוות הגשמיות והחומריות, "ויאמר יעקב מכרה כיום את בכורתך לי", דהמצוות נקראים "בכור" מלשון ביקור ודרישה, דכ"ף בקו"ף נתחלפים באותיות גיכ"ק, דהיינו קודם שיעשה אדם מצוה, צריך לבקר ולדרוש לעשותה כמצוותה וכתקנה בלי שום פניה, ולחזור בתשובה קודם עשייתה. והנה לפעמים היצה"ר מסית לאדם ג"כ שיעשה מצוות כדי שיהיה לו אחיזה ר"ל ג"כ בהמצוות שאיננו עושה אותן כתיקונן, ויש לו כח לאחוז בהם, וזהו טענת היצ"ט נגדו, "מכרה כיום כו'", פירוש מה לך עוד להסיתני לעשות מצוות שאינם צלולים רק מעורבים עם פניות, די לך שאתה מסיתני לעבירות ח"ו, ומעתה הניח לי המצוות שלא יהיה לך חלק בהם, וזהו "מכרה כיום את בכורתך לי", פירוש מכור אותם לי שיהיו צלולים כיום בלי תערובות שאור, וממילא בלתי אפשרי לעשות מצוות בשלימות כי אם בהקדם לתקן עוונות.

וזהו "ויהי בחצי הלילה וה' הכה כל בכור וכו'", דהנה כתיב "זה יתנו כל העובר על הפקודים מחצית השקל", ויש לפרש ע"פ דאיתא בגמרא "לעולם יראה אדם את עצמו כאילו כל העולם כולו מחצה זכאי מחצה חייב, זכה מכריע כל העולם לכף זכות, לא זכה מכריע וכו'", וזהו "כל העובר

על הפקודים" פירוש מי שירצה שיהיה הוא ג"כ נמנה במנין הצדיקים העוסקים בתורה ובמצוות, אזי יראה תמיד "מחצית השקל", דהיינו שהעולם הוא שקול לחצאין כנ"ל, מחצה זכאי וכו', ואז יהיה ירא וחרד לעשות מצוות וליזהר מכל חטא.

וזהו שרמזו חז"ל "שור זה קרן", וי"ל ד"שור" הוא לשון הבטה והסתכלות, דהיינו שהצדיק מסתכל על העולם תמיד שהוא מחצה כנ"ל, וזה הוא קרנות וצבאות ישראל, ואמרו חז"ל "תם משלם חצי נזק", ד"תם" הוא רמז שהוא תם יושב אוהלים, שמסתכל על כל אוהלים, דהיינו על המצוות, שיהיו בשלימות, ועל עבירות שלא לעשותם ח"ו, אזי הצדיק הזה הוא "משלם חצי נזק", דהיינו מה שהעולם הוא חצי צריך הוא להשלים החצי זאת, שלא יבוא לידי נזק ח"ו בהמנע את עצמו מהמצוות, וזהו "משונה קרן בחצר הניזק", פירוש הצדיק שהוא משנה ומתחבר את עצמו לדור בין רשעים, דהיינו בחצר הניזק, "משלם נזק שלם", רמז אף שהוא צדיק גורם נזק שלם ח"ו.

וזהו "ויהי בחצי הלילה", דעוה"ז נקרא לילה, ואמר הכתוב האדם הזה שהוא רואה תמיד שהוא חצי הלילה, דהיינו שהעולם מחצה זכאי וכו', "וה' הכה כל בכור בארץ מצרים", פירוש הקב"ה בעזרו ברוב רחמיו הוא מכה כל בכור בארץ מצרים, ר"ל דהיינו המצוה הבאה מצד היצה"ר, וזהו רמז ארץ מצרים דהיינו "מיצר ים", שהוא מיצר להשכינה, הקב"ה בעוזרו להכות היצה"ר לבל ישלוט בו, דהיינו שאדם הזה מבין בעצמו ליזהר ממצוות כאלו הבאים מצד היצה"ר.

וזהו שאמר רבה "כגון אנו בינונים, א"ל א"כ לא שבקת חיי לבל בריה", ר"ל "כגון אנו בינונים", דהיינו שעולם הוא מחצה על מחצה וצריך זהירות גדול לשמור מחטא כל דהוא שלא להכריע ח"ו לכף חובה, "א"ל א"כ לא שבקת כו'", דהנה לפעמים הצדיק נכשל בנדנוד חטא קל מאתו יתברך כדי ליתן חיות לחיצונים, וא"ל "לא שבקת חיי לכל בריה", ר"ל שלא יהיה חיות לחיצונים מאחר שצריך ליזהר כנ"ל.

וזהו "ובשר בשדה טרפה לא תאכלו", פירוש "שדה" רמז לחקל תפוחין, והיינו "ובשר בשדה" ר"ל המצוות שתעשו, "טרפה לא תאכלו", צריך זהירות גדול שלא יהיה בהם טריפה, דהיינו תערובות שאור, שע"י זה כח היצה"ר לטרוף אותם, "לא תשא שמע שוא", דהיינו שהיצה"ר מסית אותך לעשות מצוות בתערובות שוא, לא תשמע לו, "אל תשת ידך עם רשע להיות עד חמס", פירוש אם תעשה ח"ו המצוות בשיתוף עם היצה"ר, אזי יהיה הוא עד חמס, ע"ד שאמרו עולה ומסטין ויהיה עד לחמוס את המצוה הזאת שלא נעשית כתקנה.

וזהו "וכי ינצו אנשים יחדיו" רמז על יצ"ט ויצה"ר, כי יריבון שניהם ויתווכחו יחד כנ"ל ויאמר יעקב מכרה כיום כו', "ונגפו אשה הרה", דאדם כזה שעושה מצוות עם היצה"ר מעורב בטוב ורע, אזי בטנו מלא מצוות שאינו מוצא בהם שום חסרון, ועל עוונותיו אינו משגיח לעמוד עליהם, והוא כאשה הרה ע"ד שאמר הכתוב "הרה עמל", משא"כ אם משגיח שיעשה המצוות בשלימות, אזי הוא נוגף את האשה הרה היינו העמל, "ויצאו ילדיה", פירוש שיוציא ילדים, דהיינו מעשים טובים שהם עיקר תולדות הצדיקים. וק"ל.

אם חבול תחבול שלמת רעך וכו'. דהנשמה נקראת "שלמה" דהיינו לבוש, והבורא ב"ה נקרא "רעך" כדאיתא במדרש לא זז מחבבן עד שקראן אמי אחותי רעיתי, ואמר הכתוב אם ח"ו "חבול תחבול" את הנשמה שנתן לך הקב"ה הנקרא "רעך", דהיינו שתחטא ותקלקל ותפגום בנשמתך ותתמשכן חלילה נשמתך בין הקליפות ר"ל, "עד בא השמש תשיבנו לו", פירוש לא תתחיל מיד להחזיק במידת חסידות בהתלהבות אש ובבהירות, רק מתחילה צריך לתקן את אשר עיוות ולכבס כתמיו אשר עשה בהנשמה, והוא דומה למשל למבשל איזה מאכל טוב בכל מיני תבלין רק שלא היה נזהר מלשמור המאכל מלהתערב בו פחמין או אפר, והנה התבשיל הוא טוב למאכל, רק בהגיע הפחמים והאפר בכל פעם לתוך הפה ויגרס בחצץ שיניו, אזי בודאי האדם האוכל המאכל הזה זורק את המאכל מתוך ידו, כן הדבר הזה, האדם שעיוות וקלקל ורוצה לעשות מאכל טוב להבורא ב"ה עם התערובות חמץ, טורפים לו בפניו, אוי לאותה בושה וכלימה, אלא כיצד יעשה? "עד בא השמש", קודם שיבוא לו הבהירות והתלהבות, "תשיבנו לו", פירוש תשיב את הנשמה להבורא ב"ה לתקן ולכבס אותה.

וזהו "שלמה אהיה כעוטיה על עדרי חבריך", דהצדיקים נקראים עדרי, וגם נקראים חברים להבורא ב"ה, וזהו שהשכינה מהללת ומשבחת הצדיקים להבורא ב"ה שהם עשו לה שלמה ומלבוש להתעטף בה ע"י התורה ומצוות שעושים בשלימות, והיינו "שלמה אהיה וכו'", השי"ן בשמאל, "על עדרי חבריך", היינו ע"י הצדיקים שהם חבריך.

וזהו "לא תשחט על חמץ דם זבחי", פירוש דזבח ע"ש דם, דעיקר הזבח הוא הדם, ואמר כשתשחט זבח לי, לא תהיה עם חמץ כנ"ל, "ולא ילין חלב חגי עד בוקר", דדוד המלך ע"ה אמר "זה דרכם כסל למו", פירש"י ז"ל "זה דרכם של רשעים, כסל למו שיש להם חלב על כסליהם ומכסים אותם ואינם יועצות אותם לשוב מרעתם", "ואחריהם בפיהם ירצו סלה", יש לומר הפירוש כך, שתמיד הוא בפיהם שבאחריתם, דהיינו לעת זקנותם, ירצו את אשר קלקלו ועיוותו. וי"ל ג"כ הפירוש כאן כך, "ולא ילין חלב" פירוש החלב שהוא על הכסלים, לא יהיה מלין "את חגי" היינו קדושתי, דהיינו האש התלהבות לשוב בתשובה, אל ילין "עד בוקר", היינו עד הזקנה, שלא תאמר עוד יש לי זמן לשוב, אלא תשוב מיד, כי מי יודע מה יולד יום, ישוב היום שמא ימות למחר.

ונחזור לביאור הכתוב הנ"ל, "עד בא השמש", דהיינו קודם שבא לך הבהירות והקדושה "תשיב" את הנשמה "לו" להקב"ה, שתשוב בתשובה מיד. והנה הכתוב מלמד אותנו מה היא עיקר התשובה, ואמר "כי היא כסותו לבדה", פירוש דמצינו באבימלך שאמר לשרה "הנה נתתי אלף כסף לאחיך הנה הוא לך כסות עינים", לבל יאמרו שהתעללתי בך בעבירה ח"ו, והממון שנתתי לך יכסה זאת שלא יאמרו כך, והוא הפירוש כאן "כי הוא כסותו (לבדה)", פירוש העיקר התשובה שע"י זה יכוסו העבירות, [א]. "לבדה", פירוש ילך בבדידות בזווית הבית וישים אל לבו איך חטא לפני מלך מ"ה הקב"ה, ויבכה בדמעות שליש על עוונותיו בחרטה גמורה, ולקבל על עצמו שלא ישוב עוד לכסלה, וככה יעשה בכל יום תמיד, ובודאי בעזה"י הוא מכסה העוונות בזה. ב. "שמלתו לעורו", פירוש אח"כ יעשה שמלה להשכינה, לאור העליון, ע"י התורה והמצוות שעשה, דאותיות אחה"ע מתחלפין. ג. "במה ישכב", פירוש ישכב בהשקט על מיטתו, שלא יבוא לו שום הרהור ומחשבה, "במה" לשון ונחנו מה. ואם יאמר איך אפשר שיהיה לי תקנה על עוונותי ע"י התשובה הזאת? ואמר "והיה כי יצעק אלי" בבכי וזעקה, "ושמעתי כי חנון אני". וק"ל.

אלהים לא תקלל וכו'. נראה לפרש דהנה התורה הקדושה מלמדת אותנו את הדרך אשר נלך בה להינצל מן הדינים שלא ישלטו בנו, דהיינו שצריכים אנחנו להמתיק הדינים שגם הם יסכימו עמנו לרחמים, וחלילה להתגרות עמהם לקללם ח"ו רק להמתיק אותם. וזה שאמר הכתוב "אלהים לא תקלל", ר"ל הדינים לא תקלל, וזהו "זובח לאלהים יחרם כו'", פירוש כשתרצה לזבוח הדינים, "יחרם בלתי לה' לבדו", "יחרם" הוא לשון הקדש, ע"ד דאיתא בגמרא "סתם חרמים להקדש", וזהו "יחרם לה' כו'", פירוש העיקר להביאם אל הקדושה לה' לבדו, ולהפכם לרחמים ממילא. וזהו "ואלה המשפטים אשר תשים וכו'", וי"ו מוסיף על ענין ראשון הנאמר בפרשת יתרו העשרת הדברות שנצטוו ישראל, וכאשר תשמור כל הדברים, אזי כל המשפטים תשים לפניהם, שיהיו הדינים נמתקים ממילא.

"ונשיא בעמך לא תאור", דהצדיק גמור ההולך תמיד בקדושה נקרא נשיא, וזהו "והנשיאים הביאו את אבני השוהם", דאבני החושן היו כנגד י"ב צרופי הויה ב"ה, והנשיאים שהיו צדיקים גמורים הם הביאו את האבנים האלה, דהיינו שפעלו ותקנו והביאו את י"ב צרופים הנ"ל, ואל הצדיק האמיתי הזה הנ"ל אנחנו מחויבים לחבר אליו, בכדי להוסיף לו אור גדול בקדושתו, שתתפשט אורו על כל העולמות. וזהו "נר ה' נשמת אדם", ר"ל האור ה' צריך אתה להכניסו אל הצדיק הגמור אשר לו נשמת אדם, דהיינו נשמה עליונה וגבוהה.

ואמר הכתוב "ונשיא בעמך וכו'", דהנה הנביא הוכיח את ישראל "ועמך כמריבי כהן", יש לומר פירושו, דאיתא בגמרא דחז"ל תקנו לכהנים גט מקושר מחמת שהם קפדנים ובתוך כך יתרצה לה שלא יגרשנה, ולהבין באמת מה שהכהנים קפדנים, הוא מחמת שהכהן יש בו צד קדושה יתירה, ואורייתא הוא דמרתחי ליה, כדאיתא כל רותחא בישא בר מרתחא דרבנן דהוא טב, והוכיח הנביא "ועמך כו'", ר"ל הפשוטי בני אדם הנקראים בשם "עם", "כמריבי כהן", פירוש הם רתחנים וקפדנים ככהן, וזהו "ועמך" שהם פשוטי עם, "ככהן", אומרים שאורייתא הוא דמרתחי להם, ואין לך עון גדול ככועס שהוא כעובד ע"ז ר"ל, וצריך הרחקה גדולה מאד מאיש נבל כזה. וזהו "ונשיא בעמך", ר"ל כשהנשיא עושה מעשה עם ומעורב במידות העם כנ"ל ועמך כמריבי כהן, "לא תאור", פירוש הרחק תרחיק ממנו כמשור המועד, ואל תתחבר אליו להאיר בו באורך אור ה'.

"מלאתך ודמעך לא תאחר", פירוש וגם אם תזכה שתהיה מלא מיראת ה' וקדושו וזהו "מלאתך", ו"דמעך" לשון דמעות, דהיינו הבכיה ודמעות, "לא תאחר", פירוש תראה מאד מאד שלא יהיה בהם שום פניה ח"ו כדי שלא יהיו נתונים לאחרים ר"ל אל הקליפות ח"ו, וזהו "לא תאחר" לשון אחרים, נכרים.

ואמר הכתוב "בכור בניך" זה רמז על הצדיק הקדוש מרחם אמו, כמו בכור שהוא קדוש מרחם, שנתקדש ע"י אביו במחשבות קדושות בשעת תשמיש, והוא נקרא בן למקום ב"ה, ואמר "בניך", פירוש מה שאתה נקרא בשם "בן" הוא לטובתך, ע"ד אם תצדק מה תפעל לו יתברך, וזהו "בניך" דייקא, ר"ל המדריגה הזאת שאתה נקרא בן הוא לך לטובתך, ואומר השי"ת אל הצדיק השלם מרחם אמו "בכור בניך תתן לי", ר"ל שתראה ליתן לי מה ששייך לי, ור"ל ליחד קב"ה ושכינתיה שהוא דבר הראוי ושייך לי.

"כן תעשה לשורך וכו'", דאיתא בגמרא (בבא קמא ב, א) "ארבעה אבות נזיקין השור" וכו', ואיתא בספר יצירה רמז לארבעה כחות הקליפות ר"ל, שהם נגד אבות הקדושים ע"ה, ולכאורה הלא האבות הם רק שלשה ואת זה לעומת זה עשה ה' ולמה האבות נזיקין הם ד'? אך באמת דוד המלך ע"ה רגל רביעי, ונמצא גם בהקדושה הם ד' אבות.

וזהו הפירוש שאמר התנא "בתולה נשאת ליום הרביעי" (כתובות ב, א), רמז על השכינה שנקראת בתולה, כמש"ה קום בתולת ישראל, דהיינו היחוד הגמור בעת התחלת מלכות בית דוד שהוא רגל רביעי, כשהיה מאיר מלכותו כיום, אז היה היחוד האמתי הגמור, "ואלמנה ליום חמישי", רמז על השכינה הקדושה בגלות המר הזה שנקראת אלמנה גלמודה, אזי היחוד הוא ע"י הצדיקים, שהוא רמז חמישי דהוי ביה ברכה לדגים, הוא הצדיק הנקרא כן שהיא מדריגה עליונה, וע"י אור קדושתו הזכה והצלולה כיום, זוכה וגורם יחוד קב"ה ושכינתיה בגלות המר הזה, ואמר התנא "שפעמיים בשבת בתי דינים יושבין בעיירות", רמז על ב' מקדשים, שהיו הדינים שורים בעיירות ארץ ישראל בעוה"ר ונחרבו, "שאם היה לו טענת בתולים", ר"ל כאשר המצא תמצא צדיקים כאלה שיהיו להם טענות לעשות את השכינה שתהיה בתוליה חוזרים להקרא בתולה במהרה כמאז, "היה משכים לבית דין", ר"ל אזי יהיה מוקדם להדינים וידו על העליונה ותקיפה על הדינים. וזהו שהתורה הקדושה מלמדת אותנו אשר נוכל ליחד השכינה ביחוד האמתי, הוא ע"י התורה הקדושה הלומדה לשמה.

וזהו "כי יפתה איש בתולה", "יפתה" לשון יפוי, דהיינו האיש הצדיק אשר ייפה את השכינה להקרא בתולה, "אשר לא אורסה" רמז על לימוד תורה לשמה, ע"ד דאיתא בגמרא "כל הלומד תורה בפני עם הארץ כאילו בועל ארוסתו בפניו שנאמר תורה צוה לנו משה מורשה אל תיקרי מורשה אלא מאורסה", ולהבין כוונת דברי חז"ל הקדושים י"ל שרמזו על הלומד תורה עם איזה פניות ח"ו לשום כוונה אחרת שלא לשם שמים, והיינו "בפני עם הארץ", דהיינו שלומד כדי להנות ממנה להתגאות ולהשתרר על ע"ה, אזי הוא כבועל ארוסתו, אבל הצדיק הלומד תורה לשמה שלא לשום פניה אחרת אזי הוא מיחד שם הויה ב"ה. וזהו "אשר לא אורסה", פירוש שלא למד באופן זה ח"ו שיהיה כבועל ארוסתו, רק שלמד

לשמה, אזי הוא מיפה להשכינה, "ושכב עמה" רמז לקב"ה ושכינתיה, ואמר הכתוב "מהר ימהרנה", פירוש העיקר צריך שיהיה מהיר וזריז במלאכתו מלאכת שמים, ע"ד שאמרו חז"ל זריזות מביא כו' ולידי רוח הקודש עד תחיית המתים, וצריך זירוז ביותר, "לו לאשה" רומז שיפעול בעבודתו שיביא לימין, דהשמאל נכלל בימין הנקרא בשם זכר והשמאל נקרא בשם נוקבא, וזהו "לו לאשה", פירוש שיכניס הנוקבא "לו", ר"ל לדוכרא. וזהו בכל מקום אשר "אזכיר" את שמי, ולא נאמר אשר "תזכיר" את שמי, רמז על הכנסת שמו בדוכרא שהם רחמים גמורים, אז אבא אליך וברכתיך. וזהו "זכור את יום השבת לקדשו", שכל קדושת שבת תראה להביא למדרגת זכר.

ונחזור לביאור הגמרא "מבעה רב אמר זה אדם ושמואל אמר זה שן" (בבא קמא ג, א), וי"ל דמר רמז חדא ומר רמז חדא ולא פליגי, וכ"ע סברי מבעה זה שור, דאיתא בגמרא "שלשה אבות נאמרו בשור קרן שן ורגל", ולכאורה לפי דברינו הנ"ל שהאבות נזיקין הם לעומת האבות הקדושים, והרי בשור לבד הם שלשה ונמצא יתירים מהקדושה? אך הרמז הוא על ענין שלש מדריגות אשר בהם יתוקן ה"שור", רמז על סיטרא דשמאלא כמאמר ופני השור מהשמאל, וצריך לתקן סיטרא דשמאל להכניס בימין, והוא הגורם לביאת משיח במהרה בימינו הנקרא שור, "בכור שורו הדר לו", פירוש הצדיק הנקרא בכור כנ"ל, ה"הדר לו", שיתוקן השור כנ"ל.

והם שלש מדריגות. א "קרן", והוא רמז על ביאת המשיח בעתו ע"ד "זכה אחישנה לא זכה בעתו", ע"ד הרמז "במשוך היובל המה יעלו בהר", פירוש "במשוך", אם יהיה נמשך זמן הגאולה, "היובל המה יעלו בהר", "יובל", היינו כשיבוא זמן היובל דהיינו בעתה, אז "יעלו בהר", דהיינו ע"ד ועלו מושיעים בהר ציון, וזה רמז "קרן" דיובל היינו קרן.

ב. הוא "רגל" רמז על הצדיק המרגיל את עצמו בקדושתו, יכול לפעול שיהיה אחישנה. וזהו "כי יבער איש שדה או כרם", דהנה יש שני מיני שדות כמש"ה "ראה ריח בני כריח שדה", וזהו ישראל הקדושים המשולים לשדה חקל תפוחים, ולעומת זה עשה אלקים, כמ"ש "ועשו בא מן השדה", נקרא "שדה אחר", וגם ישראל נקראים "כרם", [כרם] היה לידידי, כרם ה' צבאות. ואמר הכתוב "כי יבער איש" לשון הבערה והדלקה, דהיינו איש צדיק שיבער את עצמו בהתלהבות אש על ה"שדה או כרם" הם ישראל, "ושלח את בעירה" ודרשו חז"ל זו רגל, ר"ל כנ"ל, שעם ההרגל יפעול "ובער בשדה אחר", פירוש שיבער ויכלה השדה אחר, "מיטב שדהו ומיטב כרמו ישלם", כל המיטב של השדה והכרם ישלם, לשון ישלם ויתקן הכל על מכונו.

ג. הוא "שן", רמז על התעוררות החסדים שנתעורר על ידי הצדיק, שיש לנו ל"ב שיניים כנגד ל"ב נתיבות פליאות חכמה, ועם היחוד הזה נתעוררים חסדים, דהנה יש ב' מיני חסדים, חסדים מגולים וחסדים מכוסים, ולזה רמז "שן פעמים מגולה ופעמים מכוסה", כדאיתא בגמרא למה נקרא מבעה שן משום דפעמים מגולה. וזהו "לעושה נפלאות גדולות לבדו", כי החסדים הם מכוסים והם אצל השי"ת לבדו, הוא עושה עמנו נפלאות "כי לעולם חסדו".

וזהו הפלוגתא רב ושמואל, "רב אמר מבעה זה אדם", ד"אדם" נוטריקון אדם דוד משיח, דהיינו שהצדיק יכול לפעול הכל, ויכול לפעול לגרום ביאת המשיח, "ושמואל אמר מבעה זה השן", דאיתא בגמרא "שמואל סבר אין בין עוה"ז לימות המשיח אלא שעבוד מלכיות", וזהו מבעה זה שן, ר"ל שיוכל לפעול חסדים כנ"ל.

וזהו "ובשר בשדה טרפה לא תאכלו", פירוש שיהיה אכילתכם בקדושה כדי שלא תתנו כח לשדה טריפה, דהיינו אל הקליפה ר"ל דהוא שדה אחר כנ"ל, "בשר" רמז לגשמיות, "לכלב תשליכון אותו", דאיתא "מעולם לא לן אדם בירושלים ועבירה בידו, דתמיד של שחר היה מכפר על עבירות של לילה, ושל בין הערבים על עבירות היום", לכאורה הלא אין קרבן מכפר בלא תשובה? וגם לשון "לן" אין לו פירוש, הלא גם ביום לא היה לו עבירה, שתמיד של בין הערבים היה מכפר על עבירות של יום? אך הענין הוא, כדאיתא בזוהר הקדוש שהחיצונים היה להם חיות מעשן המערכה, ונמצא מחמת שהיה להם חיות לא היו מתאמצים לפנות אל האדם להחטיאו ולטמאו בלילה בטומאת קרי ח"ו שזה הוא מקום חיותם, וזהו "לא לן ועבירה בידו", ר"ל שלא בא לידי טומאת קרי בלילה.

וזהו "לכלב תשליכון אותו", דבזמן שבית המקדש היה קיים היה מזבח מכפר ועכשיו שולחנו של אדם מכפר עליו. ואיתא בגמרא שאש הבא מן השמים על המזבח היתה רבוצה כארי, ואחר שחטאו היתה רבוצה ככלב, דהיינו שהקליפה טרפה הכל, ואמר הכתוב הוי זהיר באכילתך שיהיה בקדושה, והגשמי שבתוך אכילה תשליך מרחוק להכלב, כמו עשן המערכה, ואל יקרב אליך כלל וכלל.

ונחזור לביאור הכתוב "כן תעשה לשורך ולצאנך", פירוש בין אם תרצה לפעול לתקן מדת ה"שור" כנ"ל, ובין אם תרצה לעורר חסדים לישראל הנקראים "צאן" קדשים, אזי תעשה באופן זה, "שבעת ימים", ר"ל תראה לתקן השבעה מדריגות ש"יהיו עם אמו", דהיינו העולם העליון הנקרא "אם" לעולם התחתון ממנו, "וביום השביעי תתנו לי", שם הוא יחוד גמור האמיתי. והבן. וק"ל.

לא תבשל גדי בחלב אמו. נראה לפרש ע"ד הרמז, דיש ליתן טעם לשבח למה נאסר לנו בשר בחלב, והמלאכים כשהיו אצל אברהם אבינו ע"ה נתן להם דוקא בשר בחלב. וגם אנחנו בחג השבועות התירו לנו חז"ל שלא להמתין אחר הגבינה השיעור כמו בשאר ימות השנה.

ויש לומר כי "בשר" רומז לגשמיות, וע"י שהצדיק אוכל הגשמיות ביחודים, הוא שואב השפעות מעולמות העליונים, ע"ד שאמרו חז"ל באשה דם נעכר ונעשה חלב, כמו כן הצדיק באכילתו, אכילתו נעשה "חלב", דהיינו השפעה נקרא ע"ש חלב, ומחמת שאין בנו כח לעשות היחוד למטה, לכן ציוה השי"ת שלא לאכול בשר בחלב, כדי שלא לערב מה ששייך למעלה עם מה שלמטה. ולא כן המלאכים שכח בידם לעשות היחוד אמיתי גמור למטה כמו למעלה, ולכן לא היו צריכין לשאוב דוקא מלמעלה, לכן אכלו בשר בחלב. וזה הטעם שהתירו לנו בחג השבועות לאכול [בשר] אחר גבינה בלא המתנת שיעור, מחמת שאז הוא שעת מתן תורה הקדושה, ואנו מראים עצמינו שאנו דוגמת המלאכים בשעת מתן תורה ע"י התורה.

רק לזה לפעול השפעות, צריך צדיק גמור ושלם שע"י אכילתו ביחודים יפעול השפעות ביחודים, אבל כל זמן שאדם אין שלם בצדקותיו ועדיין הוא רך כגדי, לפעמים תחזק ולפעמים תחלש ביראתו, לזה אין ראוי לילך במעלות קדושים לעשות יחודים. וזהו שאמר הכתוב "לא תבשל גדי בחלב אמו", פירוש כל זמן שאתה רך וחלש בצדקותיך כגדי, אסור לך לבשל, דהיינו להמשיך השפעות מעולמות העליונים ע"י יחודים, וזהו "בחלב" רמז להשפעה כנ"ל, "אמו" רמז לעולמות העליונים הנקרא "אם" לעולם התחתון. וזהו שאמרו חז"ל "דרך בישול אסרה תורה", דהמאכל שלא נגמר לאכילה צריך בישול עד שיבושל כל צורכו שיהיה ראוי לאכילה, וכמו כן האדם שעדיין לא נגמר בצדקו נקרא ע"ש בישול כל זמן ההוא, מחמת שעדיין צריך לבישול וגמר, ואמרו חז"ל "דרך", ר"ל כל זמן שהוא במדריגת "בישול", "אסרה תורה" כנ"ל לעסוק ביחודים.

וזהו שאמר הכתוב "עשה ירח למועדים שמש ידע מבואו", שאותיות "ירח" הוא אותיות "ריח", דהיינו שהשי"ת ב"ה ברא ב' בחינות צדיקים, יש צדיק שנותן ריח "למועדים" ר"ל לעולמות עליונים שנקרא "מועדים" כמבואר בכמה מקומות לעיל, ויש צדיק הנקרא בשם "שמש", שנותן השפעות למעלה ולמטה כמו השמש המאירה למטה ונותנת אור ללבנה, הצדיק הזה "ידע מבואו" פירוש הוא יודע שורש כל דבר למעלה בעולמות עליונים, שכל דבר למטה יש לו שורש למעלה. והבן. וק"ל.

**תרומה**

ויקחו לי תרומה. פירש רש"י ז"ל "לי לשמי". נראה לי דהנה הצדיק ע"י עוסקו בתורה לשמה ומנדב את לבו למקום ב"ה, ע"י זה הוא מרים ומעלה את הדינים לשורשם וממתיקם שם וממילא פועל רחמים וחסדים, וזהו "ויקחו לי תרומה" ר"ל שיקחו וילמדו את התורה, שע"י זה ירימו "לי תרומה", דהיינו שיעלו את הדינים למעלה להמתיקם. וזה שפירש רש"י ז"ל "לי לשמי", ר"ל שרש"י ז"ל מרמז שקאי על התורה היא שמותיו של הקב"ה, ותלמדו את התורה לשמה להמשיך אותי "לשמי", דהיינו לתורתי שהיא שמותי, וזהו לי לשמי, להמשיך אותי לשמי לתורתי, וזאת התורה תפעול המתקת הדינים בשורשם.

וזהו שאמר דוד המלך ע"ה "אקרא לאלהים עליון כו'", ד"אלקים עליון" הוא עולם העליון אשר משם התחלת הדינים, והצדיק הממתיק אותם צריך להמתיקם שם בשורשם. ואמר דוד המלך ע"ה "אקרא לאלהים עליון", ר"ל שאני ממתיק הדינים שם בשורשם הנקרא "אלהים עליון", "לאל" ר"ל וממילא נעשים רחמים וחסד כמ"ש חסד אל כל היום, "גומר עלי" ר"ל ואז ממילא בא החסד אלי למטה ונגמר אלי הרחמים והחסד. והבן. וק"ל.

או יאמר דהנה הצדיק בכל יום ויום הוא מרבה השפעות יותר להשפיע לעולם. וזהו פירוש "יום ליום יביע אומר", יביע מלשון מעיין הנובע, שבכל יום נובע השפעתו שמשפיע יותר ויותר. וזהו "יודע ה' ימי תמימים כו'", דבאברהם אבינו ע"ה נאמר "עתה ידעתי כי ירא אלהים אתה", ולהבין אין שייך לומר אצל הבורא ב"ה "עתה ידעתי" משמע ולא קודם חלילה. אך הענין הוא כשהצדיק מתנהג בקדושתו ימים רבים אזי הוא מביא קדושתו ועבודתו למעלה עד הבורא ב"ה, ולכן אחר שנתנסה אברהם אבינו ע"ה בעשר נסיונות, אמר השי"ת "עתה ידעתי", ר"ל שעלה קדושתך למעלה אלי, וזה נקרא "ידיעה" לשון חיבור ממש בבורא ב"ה. וזהו "יודע ה' ימי תמימים", פירוש כל יום ויום של הצדיקים התמימים עולים למעלה עד הבורא ב"ה ומתקנים הצינורות ההשפעות, ואחר שיקום עוד צדיק כמותם, אזי הוא ג"כ מתקן הצינורות וממשיך השפעות עוד נוסף על הצדיקים הראשונים, דהיינו מה שתיקנו ופעלו הצדיקים הראשונים קיימת לעד וכל צדיק הבא אח"כ הוא מוסיף תיקון על תיקון הראשונים, וזהו "ונחלתם", דהיינו ירושתם שהם מורישים לעולם, "לעולם תהיה".

וזהו "ויקחו לי תרומה", ר"ל ע"י שאתם תעלו ותגביהו עבודתכם הקודש אלי עד שמי ממש, וזהו "לי לשמי", ע"י זה תקחו "תרומה", דהיינו השפעות, ולא זה בלבד שע"י מעשיכם ועבודתכם תגרמו השפעות, אלא שגם "מאת כל איש אשר ידבנו לבו תקחו תרומתי", פירוש גם מכל איש צדיק וצדיק הקודם לכם תקחו ג"כ תרומתי דהיינו השפעתי לישראל. וק"ל.

או יאמר "ויקחו לי תרומה", דדוד המלך ע"ה אמר "מה גדלו מעשיך ה' מאוד עמקו מחשבותיך". י"ל הפירוש, דהנה יש ב' מיני צדיקים, דהיינו יש צדיק העובד השם במעשים טובים ועובדות כשרות בגופו ועדיין לא הגיע למדריגות מחשבות בדביקות גמור בבורא יתברך ויתעלה במחשבתו הטהורה, והצדיק הזה הוא גורם תיקון השכינה הקדושה והטהורה, אבל עדיין אין בידו הכח להשפיע השפעות טובות לעולם, ויש צדיק הדבוק בבורא יתברך במחשבות קדושות תמיד ודביקות בלי הפסק, הצדיק הזה הוא גורם השפעות גדולות לעולם, וזהו "מה גדלו מעשיך ה'", ר"ל מדריגות הצדיקים העוסקים במעשים טובים, "מאד עמקו מחשבותיך", רמז לצדיק הנ"ל העובד במחשבות, זה עמוק עמוק מי ימצאנו.

וזהו "גדולים מעשי ה' דרושים לכל חפציהם", דהיינו המעשים טובים והתורה והמצוות הם גדולים מאוד, ולא עוד אלא שהצדיק יכול לדרוש אותם לכל חפצי בני אדם לגרום להם השפעות וברכות וטובות.

וזהו "ויקחו לי תרומה", פירש רש"י ז"ל "לשמי", רמז למדריגת הצדיקים העובדים במעשים טובים וגורמים העלאת השכינה הקדושה, "מאת כל איש אשר ידבנו לבו", ר"ל אבל על ידי אותו הצדיק המנדב את לבו בכל מכל כל במחשבותיו ומנדב את עצמו לשמים, על ידי הצדיק תקחו הכל, דהיינו "תקחו את תרומתי" דהיינו קדושתי, וגם נוסף על זאת שיהיה לכם השפעות על ידו, וזהו "וזאת" וי"ו מוסיף על ענין ראשון - תקחו את תרומתי, גם "וזאת אשר תקחו מאתם זהב וכסף ונחושת", דהיינו השפעות גדולות ברכות וטובות. וק"ל.

או יאמר "מה גדלו מעשיך ה'", דיש לדקדק בפסוק שאמר "שמן למאור וכו' אבני שוהם לאפוד", ונמצא מפרש הפסוק כל דבר מאלו לאיזה צורך הם באים, ולגבי זהב וכסף סתם הכתוב ואינו מפרש לאיזה צורך הם באים. אך הענין דדרשו חז"ל "ואהבת את ה' אלהיך בכל לבבך כו' ופירשו בכל ממונך", ויש לדקדק למה לא אמר בפירוש "בכל ממונך", ולמה שינה הכתוב לכתוב "מאודך", אך שהתורה הקדושה רמזה לנו עוד דבר אחד, דהנה השי"ת ברוב רחמיו נתן לנו רשות להנות קצת בעוה"ז מכסף וזהב לצורכינו, אך לזה צריך שימור גדול ליזהר מאד מאד להתנהג כשורה בממונו, וזהו ששינה הכתוב לכתוב "בכל מאודך" ופירשו חז"ל "בכל ממונך", רמז לדברינו הנ"ל, שיזהר מאוד מאוד בממונו שלא יבוא בהם לידי תקלה ח"ו, וצריך האדם לעמוק במחשבותיו שלא יימצא בממונו שום עול ועוון, ולכן לא נאמר בכסף וזהב לאיזה צורך, דרמז דניתן רשות ג"כ להנות בני אדם קצת בממונם לצורכיהם.

וזהו "מה גדלו מעשיך כו' מאד", פירוש בעניני ועסקי ממונו שנאמר בהם בכל מאודך, "עמקו מחשבותיך", צריך לעמוק בהם במחשבותיו שלא יכשל בהם, לקיים בהם "בכל מאודך". וק"ל.

או יאמר "מה גדלו מעשיך ה'", דיש לדקדק בפסוק שאמר "שמן למאור וכו' אבני שוהם לאפוד", ונמצא מפרש הפסוק כל דבר מאלו לאיזה צורך הם באים, ולגבי זהב וכסף סתם הכתוב ואינו מפרש לאיזה צורך הם באים. אך הענין דדרשו חז"ל "ואהבת את ה' אלהיך בכל לבבך כו' ופירשו בכל ממונך", ויש לדקדק למה לא אמר בפירוש "בכל ממונך", ולמה שינה הכתוב לכתוב "מאודך", אך שהתורה הקדושה רמזה לנו עוד דבר אחד, דהנה השי"ת ברוב רחמיו נתן לנו רשות להנות קצת בעוה"ז מכסף וזהב לצורכינו, אך לזה צריך שימור גדול ליזהר מאד מאד להתנהג כשורה בממונו, וזהו ששינה הכתוב לכתוב "בכל מאודך" ופירשו חז"ל "בכל ממונך", רמז לדברינו הנ"ל, שיזהר מאוד מאוד בממונו שלא יבוא בהם לידי תקלה ח"ו, וצריך האדם לעמוק במחשבותיו שלא יימצא בממונו שום עול ועוון, ולכן לא נאמר בכסף וזהב לאיזה צורך, דרמז דניתן רשות ג"כ להנות בני אדם קצת בממונם לצורכיהם.

וזהו "מה גדלו מעשיך כו' מאד", פירוש בעניני ועסקי ממונו שנאמר בהם בכל מאודך, "עמקו מחשבותיך", צריך לעמוק בהם במחשבותיו שלא יכשל בהם, לקיים בהם "בכל מאודך". וק"ל.

או יאמר דאיתא במשנה "אל תהיו כעבדים המשמשים את הרב ע"מ לקבל פרס אלא וכו'", ויש לדקדק על כפל הלשון, וי"ל דהנה הצדיק העובד השם במצוות ומשמר את עצמו שלא לעבור ח"ו על איזה מצוה קלה ומהדר אחריה לעשותה כתקנה, אבל אינו במדריגה זו שיבוא בהמצוות אל הדביקות הבורא ב"ה וחשקות גדול אליו יתברך, לזה הצדיק יש לו לצפות לתשלום גמול לעוה"ב, אבל יש צדיק שעובד במחשבות טהורות ומדבק את עצמו ע"י המצוות בבורא ב"ה בדביקות וחשקות גדול ורואה תמיד רוממותו יתברך, הצדיק הזה הוא מושך תענוגי עוה"ב אליו כאילו נהנה מזיו השכינה בעוה"ז, וזה הצדיק אינו מצפה לתענוגי עוה"ב כי יש לו תענוגי עוה"ב בעוה"ז, וזהו דאיתא בברכות שברכו "עולמך תראה בחייך", ר"ל שתזכה שתהיה כ"כ צדיק שתהיה בדביקות תמיד ואז תהיה לך תענוגי עוה"ב בחייך.

וזהו פירוש המשנה "אל תהיו כעבדים המשמשין את הרב ע"מ לקבל פרס" בעוה"ב, היינו שמצפים לתשלום שכר, "אלא היו כעבדים כו'", ר"ל שתהיו כ"כ צדיקים שתהיה לכם השכר מיד בשעת עשיית המצוות כנ"ל, דהיינו התדבקות ע"י המצוות תמשיכו את התענוג לכם.

וזהו "ויקחו לי תרומה", ר"ל שתזכו להנות מזיו שכינתי בעוה"ז, וזהו כמו תרומה והפרשה מעוה"ב, וזהו "ויקחו לי - לשמי", דהיינו שתקחו ותמשיכו את הבורא ב"ה אצליכם ותהנו מזיו שכינתו. ומפרש הכתוב מי הוא שזוכה אל מדריגה זו ואל מי אני מדבר? דהיינו "מכל איש אשר ידבנו לבו", דהיינו שנדב לבו לעבוד את הבורא ב"ה במחשבות טהורות ודביקות הבורא ב"ה, "תקחו את תרומתי". וק"ל.

או יאמר "ויקחו לי תרומה". דהנה הצדיק כשרוצה לפרש איזה תורה או איזה פסוק, אזי כשמתחיל לדבר הוא מנענע בשורשו ובא לו הפירוש מהשורש שלו, וזהו דוקא כשמדבר אל צדיק חבירו ומנדב את לבו לשמוע אליו, אזי דיבורו אינו נפסק מהשורשו ויכול למשוך הפירוש משורשו, כי כל דבר שבקדושה צריך להיות דכר ונוקבא להשפיע למקבל, משא"כ כשרוצה לדבר וחבירו אין נותן לבו לשמוע אזי דיבורו נפסק, וזהו "ויקחו לי תרומה", ר"ל התרומה שאתם מרימים הפירוש מעולם העליון, "תקחו לי - לשמי" דהיינו לשמה, ואמר הכתוב אימתי אתם תוכלו להרים הפירוש מעולם העליון? "מאת כל איש אשר ידבנו לבו", היינו כשתדברו אל הצדיק אשר נדב לבו לשמוע. וק"ל.

ועשו ארון עצי שטים כו'. נראה לפרש דהנה הארון והשולחן והמנורה הם רמז על "בני חיי ומזוני", דהיינו הארון רמז על "חיי", דע"י התורה הקדושה נמשכים חיים לעולם, כמ"ש "ואתם הדבקים בה' אלהיכם חיים כולכם היום", והשולחן הוא ממילא רמז על "מזוני", ואיתא בגמרא "חיי ובני ומזוני לאו בזכותא תליא מילתא אלא במזלא", ויש לומר הפירוש כך, דימי החול נקראים "זכותא" מלשון זכוכית, והוא מחמת שהצדיק רואה בהם באספקלריה שאינה מאירה, היינו שהוא כעין חציצה ומחיצה קצת המפסקת, אבל קדושת יום שבת קודש נקרא "מזלא" דהוא עולם עליון, והוא בגימטריא ע"ח ג' הויות, והם כנגד שלש סעודות של שבת קודש, וע"י הצדיק ממשיך את השלש הנ"ל, דהיינו ע"י שלש הויות הנ"ל שהם בגימטריא מזלא, הוא ממשיך חיי ובני ומזוני, שבשבת קודש הצדיק בא בקדושה רבה וכאילו רואה באספקלריה מאירה שאין דבר חוצץ נגדו.

וזהו "ארון עצי שטים", דהצדיק נקרא "עץ", שהוא דבוק בעץ החיים כמ"ש "היש בה עץ" ופירש רש"י ז"ל "אדם כשר", וזהו שאמר אברהם אבינו ע"ה למלאכים "והשענו תחת העץ", דהיינו שראה אותם וחשב או שהם צדיקים גמורים או שהם ערביים כפירוש רש"י, ואמר להם לפי ראות עיני אתם צדיקים גדולים והשענו תחת העץ היינו עץ החיים. וזהו "ויורהו ה' עץ", ר"ל ע"י הצדיק נהפך מר למתוק, "וימתקו המים" שהמתיק אותם. ואמר הכתוב הצדיקים שהם נקראים עצי "שטים", ר"ת "שלום, טובה, ישועה, מזוני", היינו שהם ממשיכים הכל לעולם, והם יראו עיקר שיפעלו בתורתם.

"אמתים וחצי ארכו". דאיתא בגמרא "מרובה מדת תשלומי כפל ממדת וכו'", פירוש דהצדיק צריך לקשר ולייחד העולמות העליונים בתחתונים, דהיינו שצריך לעבוד ולתקן האותיות הויה ב"ה וב"ש שהם ד' עולמות עד הגיע אל החכמה, דהיו"ד הוא חכמה, ומשם יעלה עד עולם החמישי שהוא קוצו של יו"ד.

וזהו "עולם הפוך ראיתי עליונים למטה וכו'", דהשי"ת ב"ה ברא העולם יש מאין, והצדיק עושה בהיפך דהיינו מ"יש" עושה "אין", דהצדיק הרוצה לבטל איזה דבר ולפעול צריך להביא אותו הדבר עד החכמה ושם נעשה אין, כאשר כתבתי כמה פעמים, והחכמה מאין תמצא, וזהו "עליונים למטה", היינו עולמות העליונים הצדיק ממשיך למטה, והתחתונים הוא מעלה אותם למעלה לקשר וליחד אותם כאחד. "אמר ליה בני עולם ברור ראית", פירוש זה צריך כל אדם להיות עבודתו כך. וזהו "מרובה כו'" היינו שהצדיק פועל הרבה במידה זאת, "תשלומי כפל" פירוש שעושה שלום ויחוד בעולמות עליונים ותחתונים, והיינו כפל, דהיינו העליונים ותחתונים, זה מרובה שעולמות הם רבים עד אין קץ ותכלית, וע"י איזה דבר יכול לפעול כן? הנה זה בא "ממידת תשלומי ארבעה", היינו שעובד ומתקן ארבעה העולמות שהם ד' אותיות הויה, "וחמשה" הוא עולם החמישי קוצו של יו"ד שעולה הצדיק עד החכמה כנ"ל ועי"ז הוא מיחד כל העולמות לאחד.

וזהו שאמרו חז"ל "אל יוציא אדם דבר מגונה מפיו דהני תרי כהני כו' ואמר אידך לחבריה הגיעני כפול ואמר אידך הגיעני כזנב הלטאה בדקו אחריו ומצאו שמץ פסול", והנה לכאורה דברי הכהן הגיעני כפול הוא ללא צורך, דאין מוכח מזה כלל אל יוציא דבר כו', ולפי דברינו זהו דברי הכהן "הגיעני כפול" והפליגו חז"ל במעלות הכהן זריז שאינו מוציא דבר מגונה מפיו, שעי"ז יכול לטהר ולקדש עצמו ולעשות יחוד בעולמות עליונים ותחתונים, ולזה רמזו שאמר הגיעני למעלה זו "כפול" כנ"ל.

וזהו "שנו חכמים", דהיינו שהגיעו לחכמה, "בלשון המשנה", הם פעלו בלשונם ליחד ב' עולמות וזהו המשנה.

וזהו "שויתי ה' לנגדי תמיד כו'", דזה חיוב על כל איש מישראל לצייר השם הויה ב"ה נגד עיניו, אך הצדיק השלם העובד ומתקן את השם הויה ב"ה, אזי ממילא תמיד עומד נגד עיניו ואין צריך לצייר עוד. וזהו שאמר דוד המלך ע"ה "שויתי ה'", היינו שעבדתי ותיקנתי את השם הויה ב"ה עד שהוא "תמיד" לנגד עיני, "כי מימיני בל אמוט", דחכמה נקרא ימין כדאיתא "הרוצה להחכים ידרים" ודרום הוא ימין, והיינו שאמר עתה שבאתי אל מדריגת חכמה הנקרא ימין, "בל אמוט, אף בשרי ישכון לבטח" עי"ז.

וזהו "אמתים", דהיינו שיראו בתורתם ליחד העולמות העליונים והתחתונים, דהיינו אמות כפולות, ב' אמות עולם תחתון ועולם עליון, "וחצי", פירוש ואל יחשוב הצדיק שעשה ופעל הכל כראוי, אלא יחשוב שלא פעל אלא חצי, היינו מקצת מה שיש לו לפעול, שיחזיק עצמו במידת הכנעה, "ארכו", היינו התקשרותו והתייחדו העולמות ממטה למעלה באורך, "ואמה וחצי רחבו", היינו ההשפעות שהוא ממשיך על עוה"ז בכל רחבו של עולם יחשוב ג"כ חצי כנ"ל.

"וצפית אותו זהב טהור", דאיתא בגמרא "עצי שטים עומדים שמעמידים צפוייהם", נוכל לומר הפירוש כך, דהצדיק נקרא עץ כנ"ל, והם מעמידים את כל מה שהם מצפים וחושקים לפעול לעולם השפעה ורחמים, הם מעמידים על קיומם, שכן יקום כדבריהם ותשוקתם, "שמא תאמר אבד סברם וסכוים", פירוש שמא תאמר לא כך הוא חלילה כל סברם וסכוים בטל, "ת"ל עצי שטים עומדים", וזהו "וצפית", דהיינו הצדיק המצפה להמשיך השפעה לעולם, יהיה צפיותו כ"כ צלול וברור שיהיה ממשיך "זהב" לפרנסה, "טהור" שיהיה בהיתר ובטהרה גדולה. ואיך יעשה? ואמר "מבית ומבחוץ תצפנו", דהיינו שיהיה תוכו כברו, שיהיה מצפה בלב ונפש וגוף להביא ברכה לעולם.

"וצפית אותו זהב טהור", דאיתא בגמרא "עצי שטים עומדים שמעמידים צפוייהם", נוכל לומר הפירוש כך, דהצדיק נקרא עץ כנ"ל, והם מעמידים את כל מה שהם מצפים וחושקים לפעול לעולם השפעה ורחמים, הם מעמידים על קיומם, שכן יקום כדבריהם ותשוקתם, "שמא תאמר אבד סברם וסכוים", פירוש שמא תאמר לא כך הוא חלילה כל סברם וסכוים בטל, "ת"ל עצי שטים עומדים", וזהו "וצפית", דהיינו הצדיק המצפה להמשיך השפעה לעולם, יהיה צפיותו כ"כ צלול וברור שיהיה ממשיך "זהב" לפרנסה, "טהור" שיהיה בהיתר ובטהרה גדולה. ואיך יעשה? ואמר "מבית ומבחוץ תצפנו", דהיינו שיהיה תוכו כברו, שיהיה מצפה בלב ונפש וגוף להביא ברכה לעולם.

"ועשית שולחן עצי שטים", פירוש השולחן הוא שעל ידו ממשיך הצדיק מזוני, ותעשה את השולחן, דהיינו אכילתך, "וצפית אותו זהב טהור", שיהיה בלי מחשבות חוץ רק מחשבות טהורות, "ועשית לו זר זהב סביב", פירוש שיהיה כל סיבוב אכילתך זך בעיניו ולא תכוין להנאתך רק לכבוד שמים, "ועשית לו מסגרת טופח", דאיתא בגמרא "שולחן של תלמיד חכם, שני שליש מכוסה ושליש מגולה שעליו הקערות והכוסות מונחים, וטבעתו מבחוץ", וזהו הפירוש כאן, "טופח" הוא מלשון טפח, היינו השליש שהוא מגולה שניתן לך רשות לאכול, יהיה סביב לו "מסגרת", דהיינו שיסגור את עצמו במחשבות טהורות בלי שום כונת הנאת עצמו, "ועשית לו ארבע טבעות זהב", טבעת הוא טבעת קידושין להשכינה, ע"ד דאמרינן וארשתיך לי לעולם וכו', והיינו שתקדש את שולחנך בארבע אותיות הויה ב"ה היינו ארבע טבעות, "על ארבע הפאות אשר לארבע רגליו", פירוש שאדם נקרא מהלך שתים והבהמה היא מהלכת ארבע רגלים, וצריך האדם שלא יהיה דומה ושווה לבהמה באכילתו, שצריך להתקדש ולהתטהר ולהשרות השכינה והקדושה על שולחנו. וזהו אשר כל הנ"ל יעשה לארבע רגליו, פירוש בשביל שלא יהיה דומה לבהמה

שהיא מהלך ארבע רגלים, רק להוציא הניצוצות הקדושים באכילתו, ולהמשיך ולהשפיע לעולם מזוני ופרנסה טובה. וזהו פירוש הגמרא "וטבעתו מבחוץ", היינו טבעת הקידושין כנזכר לעיל. וק"ל.

ועשית את הקרשים למשכן. יש לומר דהנה כתיב "ועשו לי מקדש ושכנתי בתוכם", ונ"ל דאיתא בברייתא דרבי ישמעאל "בשלש עשרה מדות התורה נדרשת", ור"ל עיקר התורה היא נדרשת כשאדם מחזיק בשלש עשרה מידות מה הוא רחום כו' וכן כולם, ואז תורתו שלומד נדרשת בכל עולמות. ו"מקדש" בגימטריא "מדת", ו"מדה" הוא לשון כלי, ור"ל כשאדם מחזיק עצמו בהמידות טובות ולשמור עצמו מכל מדה רעה, אז הוא מרכבה להשכינה. וזהו הפירוש "כביכול", ר"ל כ"ב הוא כמו ק"ב בקו"ף, שכ"ף בקו"ף מתחלפין באותיות גיכ"ק, וקב הוא מדה, כמו שמצינו "חנינא בני די לו בקב חרובין", ור"ל "כב" דהיינו ע"י המדות - "יכול", ר"ל ע"י המידות טובות שאדם מחזיק עצמו בהם ומשמר את עצמו ממידות רעות, יכול הקב"ה לשכון בזה העולם, דהיינו ע"י שהוא מרכבה להשכינה. וזהו "ועשו לי מקדש", ר"ל שתתקנו את עצמכם במידות כדי שאשכון בתוכם, וראש על המידות רעות הוא מידת שקר, דכל מידות רעות הם נגד מידת אמת, וכשיחזיק את עצמו במידת אמת וישבר עצמו ממידת שקר עד תכליתה, אזי ממילא הוא מחזיק את עצמו במידות טובות ומשבר עצמו ממידות רעות.

וזהו "ועשית קרשים למשכן", ור"ל שאותיות "קרש" הוא אותיות "שקר", והיינו שתשבר עצמך ממידת שקר עד תכליתה ולחזק עצמך במידת היפוך, כמו קרש הוא היפך אותיות שקר, עד שתעשה עצמך קרש למשכן, דהיינו שתהיה מרכבה להשכינה כנ"ל, "עשר אמות אורך הקרש", ר"ל שדבר שהוא ארוך, אף שהוא דבר שאין לו סוף, יכול לקרות לו בשם אורך, אבל רוחב הוא דבר שיש לו סוף וצריך לומר כמה הוא רחב. וזהו הפירוש כאן "עשר אמות אורך הקרש", דהיינו בדבר שאין לו סוף, והוא בדבר רוחני שאין לו סוף ונקרא אורך, תראה שתעבוד אותה באמות שלימות בכל עשר עולמות, "ואמה וחצי אמה רוחב הקרש", ר"ל בדברי הגשמי שהוא דבר שיש לו סוף ונקרא בשם רוחב לגבי הדבר הרוחני, תראה שתעשה באמות חצאים שתאכל ותותר, או שאר גשמי תראה שלא תמלא תאוותיך בשלימות.

"שתי ידות לקרש האחד", דאיתא בגמרא "אשרי מי שבא לכאן ותלמודו בידו", ונ"ל דאיתא בגמרא "גדול תלמוד שמביא לידי מעשה", ונמצא תלמוד הוא גדול כשבא על ידו לידי מעשה, ובעוה"ז אם אנו רואים לאדם שלומד, אין אנו יכולים להבחין אם תורתו מוכשר להביאו לידי מעשה, ועיקר רוב המעשה נעשה ע"י היד, וזהו "אשרי מי שבא לכאן ותלמודו בידו", דהיינו שהתלמוד הביאו לידי מעשה.

ועל פי זה יש לפרש "שתי ידות לקרש האחד", דהנה נברא האדם בשתי ידות, יד ימין ושמאל, כדי להראות לאדם הבחירה אם להימין או להשמאיל, וגם להגביר הימין על השמאל, לעבוד בשני יצרים להכניס השמאל תחת הימין. וז"ש "שתי ידות לקרש האחד (משולבות אשה אל אחותה)", ר"ל מידה אחת שאתה רוצה להחזיק בה או לשבר אותה, תראה להחזיק אותה גם ביד שמאל ולעבוד בשני יצריך, "משולבות אשה אל אחותה", ע"ד שאמר הכתוב "גם אויביו ישלים אתו", ויהיה שלום ביניהם כמו אשה אל אחותה.

"ועשית קרשים כו' עשרים קרש לפאת נגבה תימנה", פירוש דהנה האדם העושה מצוה צריך לעשותה בשני בחינות, דהיינו א' שיעשנה כתקנה וכהלכתה, והב' שישמור עצמו שיעשה טוב ולא יחטא, שלא יהיה בהמצוה שום פניה ואיזה חטא ח"ו, המצוה נקראת בשם "עשר" כנ"ל, ואמר "עשרים קרש תעשה", דהיינו שתעשה המצוה בשני פעמים עשר, דהיינו "לפאת נגבה תימנה", ר"ל דנגב הוא לשון נגד, ר"ל שתשמור עצמך מפאת נגב תימנה, דהיינו ממה שהוא התנגדות התימן, דתימן הוא רמז על חכמה, ותשמור עצמך מכל פניה דהוא התנגדות המצוה ותעשה אותה בתכלית השלימות. וק"ל.

ועשית את המזבח כו' חמש אמות כו' ושלש אמות קומתו. פירש רש"י ז"ל "נאמר כאן רבוע ונאמר בפנימי רבוע, מה להלן גבהו פי שנים כארכו כו', ומה אני מקיים שלש אמות קומתו משפת סובב ולמעלה". לכאורה ה"ל לפרש בפסוק גבהו של המזבח כולו יחד היה עשרה אמות עם הקרנות, ולמה אינו מזכיר הכתוב רק שלש אמות של הקומה מהסובב. ונ"ל דהתורה הקדושה רמזה לנו בדברים האלה לדעת דרכי ה' אשר נלך בה כל הימים אשר אנחנו קיימים על האדמה, דהנה המזבח היה לו "אמה יסוד", דעיקר התחלת עבודת הבורא ב"ה צריך האדם לעשות יסוד אמה, דאמה היא דבר יחידי ואין בה שום ריבוי, כמו כן האדם בהתחלת עבודתו ית"ש צריך התבודדות לעצמו יחידי, דהיינו שצריך לצמצם את עצמו בכל מעשיו להיות בהם הצנע לכת עם ה' שלא להיראות בהם בפני בני אדם, כי בקל יכול לבוא בהם לידי פניות וגאות בעשותו את מעשיו בגלוי.

וזהו שאמר דוד המלך ע"ה "מה רב טובך אשר צפנת ליראיך", פירוש מה גדלו חסדך עם האדם אשר פקדת על הארץ להיות מצפין את עצמו בהצנע לכת עם ה', וע"י זה יכול להיות רב טוב בלי שום פניה וגאות.

וזהו "דרשו ה' בהמצאו", פירוש דהנה השי"ת ב"ה מלא כל הארץ כבודו לית אתר פנוי מיניה, וכשעלה ברצונו יתברך לברוא את העולם להטיב לברואיו, היה צריך לצמצם עצמו כדי לפנות מקום להמציא את ברואיו, כמו כן צריך האדם לצמצם עצמו, וזהו "דרשו ה' (בהמצאו)", ר"ל באופן זה "בהמצאו", כמו שהמציאך ע"י צמצום כן תצמצם עצמך לדרוש אותו ית"ש כנ"ל. וזה רמז אמה יסוד, צדיק יסוד עולם.

ואחר שעלה המזבח בגבהו חמשה אמות היה ה"סובב", רמז דהנה האדם מיד בקומו ממיטתו צריך להתלבש עצמו ביראתו יתברך, לחשוב רוממותו וגדולתו יתברך, ולחשוב ולראות שפלות עצמותו איך הוא שפל ונבזה עפר מן האדמה יסודו מעפר וסופו לעפר, וזהו רמז "ואת המנורה נוכח השולחן", דהמנורה היא רמז לאורות העליונים ורוממות אל ית"ש, והשולחן הוא רמז לפסולת הגשמיות, וצריך להיות זה מול זה, דהיינו לחשוב שניהם יחד, רוממות אל ב"ה וגדלותו ושפלות עצמו וגריעותו, וזהו מנורה נוכח השולחן. וכל זה יעשה האדם, יתנהג כן בכל יום ויום יחזור ויחשוב בכל יום תמיד כתחילתו ביום ראשון, וזה נקרא בשם סיבוב, כאדם המסבב והולך אל מקומו שב וסובב, וזה היה רמז המזבח כנ"ל, שצריך האדם במנהגו הישר לסבבו בכל יום תמיד, ואחרי שיתנהג כן ימים רבים יזכה להיות קומה שלימה, וזהו רמז "שלש אמות קומתו - זהו סובב של המזבח".

וזהו דאמרינן בגמרא "שלשה דברים נתקשה משה רבינו ע"ה: שרצים ומנורה וקידוש החודש", רמז לשלש דברים הנ"ל שחייב האדם להתנהג בהם, דהיינו לחשוב רוממות אל יתברך, ושפלות עצמו, וכן בכל יום תמיד, ובכל זה צריך להיות הצנע לכת בסתר ולא בגלוי בהתבודדות יחידי בכל מעשיו לעבודתו ית"ש, וזהו רמז "שרצים", ע"ד שאמר התנא "ולאן אתה הולך למקום עפר רמה ותולעה", זה שפלות האדם, ו"מנורה" רמז לרוממות אל יתברך כנ"ל, ו"קידוש החודש" רמז שצריך האדם לחדש בכל יום הקדושה הזאת לקדש עצמו במחשבות הנ"ל, וזה שאמרו חז"ל "נתקשה משה", תתקשה הוא לשון "מקשה תעשה", ופירש רש"י ז"ל "עשת של זהב", דהיינו חתיכה אחת, רמז שזה קשה מאוד לצמצם הדבר ביחידי כנ"ל, "עד שהראהו השי"ת מתוך האש", ר"ל שעם האש והתלהבות ובהירות שיתלהב לעבודתו ית"ש תוכל לפעול הכל, ר"ל הבא לטהר מסייעין לו.

וזהו "לעולם ישליש אדם שנותיו שליש במקרא", פירוש שצריך לקרוא להשי"ת בתחילה בתשובה ותפילה וחרטה על עוונותיו, "ושליש במשנה", פירוש משנה דהיינו כפול, לכפול הנהגות כנ"ל, דהיינו לחשוב רוממות אל יתברך ושפלות עצמו כנ"ל, "ושליש בתלמוד", רמז אחר שיתנהג כן ויהיה גמור בצדקו יבוא למדריגה גדולה, ע"ד שאמרו "גמרא גמור זמורתא תהא", י"ל שרמזו לדברינו הנ"ל, שאחר שיהיה גמור בצדקו וזהו "גמרא גמור" לשון גמר, "זמורתא תהא", פירוש תזכה למדריגה להלל להשי"ת ב"ה בשירות ותשבחות כמו דוד המלך ע"ה. וזהו "שלש אמות", רמז על שילוש שנותיו של אדם כנ"ל.

ורמז "חמשה אמות מיסוד לסובב", דאיתא בגמרא "מ"ם וסמ"ך שבלוחות בנס היו עומדין", י"ל רמז על שני מדריגות הצדיקים, דאמר הכתוב "את המשכן תעשה עשר יריעות אורך היריעה האחת כ"ח באמה ורוחב ארבע באמה, ועשית יריעות עזים לאוהל על המשכן עשתי עשרה יריעות אורך היריעה שלשים באמה ורוחב ארבע כו', וחברת כו', וכפלת את היריעה הששית אל מול פני האהל", יש לומר בדרך רמז על שני מדריגות הצדיקים, דיש צדיק העובד השי"ת מנעוריו וממשיך תמיד חסדים, וזה רמז "עשר יריעות", רמז להקדושה העליונה הנקרא בשם "עשר", והצדיק הזה הוא תמיד עבודתו בהם להמשיך החסדים, וזהו רמז "כ"ח באמה ורוחב ארבע באמה", דהשם הויה ב"ה וב"ש הוא ד' אותיות והמילוי הוא כ"ח אותיות, והשם הויה ב"ה הוא כולו רחמים והמילוי הוא קצת דין, והצדיק הזה צריך להמתיק שגם המילוי יהיה כולו רחמים. וזהו "ועתה יגדל נא כח ה'", "[כח ה']"רמז להמילוי הויה ב"ה שהוא כ"ח אותיות, "יגדל נא", דהיינו שיתמלא כולו רחמים.

ויש צדיק ההולך בגבורות, דהיינו שמסגף עצמו בעינויים וסיגופים על חטאת נעוריו ועי"ז הוא משבר כח הדינים וממתיקם, ולזה רמז "עשתי עשרה יריעות עזים", רמז לסטרא אחרא שהיא אחד עשר יריעות עזים, דכל יתר כנטול דמי כידוע, וכנגד זה יש צדיק שמשבר את כחם וממתיקם, והצדיק הזה הוא פועל תיקון השכינה בגלות המר הזה. ולזה רמז "שלשים באמה ורוחב ארבע באמה", והוא גימטריא "דל", שהשכינה בגלות המר הזה נקראת "דלה", וזהו רמז "לאוהל על המשכן", שעושה לבושים להשכינה להעלותה אל המשכן.

וזה רמז למה שאמרו חז"ל "עין יפה אחד מארבעים עין רעה אחד משישים ובינונית אחד מחמשים", לכאורה עין רעה אינו נותן כלום? אך הענין הוא רמז לדברינו הנ"ל, "עין יפה" רמז להצדיק הממשיך תמיד חסדים, ע"ד הנ"ל "עשר יריעות ורוחב כל יריעה הוא ארבע באמה" ונמצא הוא ארבעים, "עין רעה" רמז להצדיק השני הנותן עינו פקיחא להמתיק הדינים רעים, וזה רמז "אחד משישים", ע"ד דאיתא בספר למה שאנו אומרים בשעת ברכת כהנים "רבש"ע חלום חלמתי", הטעם שהחלום הוא אחד משישים בנבואה והכהנים הוא כולו נבואה, שמטעם זה אסור להסתכל בידי הכהנים שהשכינה שורה בידיהם, ולכן אנו אומרים רבש"ע כדי לבטל החלום בששים, וכן הצדיק הממתיק דינים, הוא צריך להמתיקם בשורשם ונמצאים בטלים בששים.

וזהו "מ"ם וסמ"ך שבלוחות בנס היו עומדים", כי "מ"ם" רמז לעין יפה, הוא הצדיק הממשיך כולו חסדים, "וסמ"ך" רמז להצדיק הממתיק הדינים כנ"ל, "בנס היו עומדים", לשון הרימו נס, דהיינו שהצדיקים הללו צריכין לעלות ולהגביה הדבר הזה למעלה, וזה רמז "שבלוחות", שהלוחות קודם החטא לא היו רק לוח אחד, שאז לא היה צריך להמתיק הדינים, ואחר חטא העגל, שאותיות "עגל" הוא "עריות, גזל, לשון הרע", נתחלקו הלוחות ונעשו חמשה מול חמשה, דהיינו חמשה דברות הם כולו דביקות, אנכי ה' וכו', וחמשה דברות שהם לא תנאף כו' הם הנוגע לבריות, ומחמת חטא היה כח להס"א להיות לה אחיזה לכן צריך להמתיקם. וזה רמז ג"כ שני לוחות שנתחלקו, רמז לשני הצדיקים הנ"ל, האחד הממשיך חסדים והשני שקלקל ח"ו ועובד בגבורה להמתיק הדינים כנ"ל, וזהו "מ"ם וסמ"ך שבלוחות כו'".

ויש צדיק שמתקן את עצמו בעבודתו שאוחז בשני המדריגות, שממשיך חסדים וממתיק גבורות, וזה נקרא בינוני שהוא ממוצע בין ב' מידות, וזה "בינוני אחד מחמשים", שהוא כלול מחמשים, דהיינו ב' מדריגות החמשה שבלוחות הנ"ל, שכל דבר הוא כלול מעשרה ונמצא הוא חמשים. וזהו "וחמושים עלו בני ישראל", ופירש רש"י ז"ל "אחד מחמשה", שהיו ישראל בינונים כנ"ל. וזהו שאמר "כגון אנו בינונים, ואמר ליה לא שביק מר חיי לכל בריה", פירוש כשאתה בינוני ואתה ממתיק הדינים ולא שביק להם חיי כלל, דהס"א נקרא חי כמ"ש במ"א, וזהו "וחברת חמש כו', וכפלת היריעה הששית" מהעשתי עשרה יריעות הנרמזים לס"א כנ"ל, תכפול אותם כדי שיהיה אחר שתכפול רק עשרה עם היריעה הכפולה, ונמצא

אתה מעלה אל הנרמזות בעשר ונמתקים הדינים, "אל מול פני האהל" דהיינו אל הקדושה. וזה רמז "חמש אמות מיסוד לסובב", רמז שצריך האדם לעשות לעצמו יסוד כנ"ל, ואח"כ לעבוד ולתקן עצמו במדריגתו למדריגת חמשה כנ"ל, דהיינו מדריגות בינוני, ועל כל זאת צריך "אמה סובב" כנ"ל, לסבב על מדריגות הללו בכל יום תמיד.

"ועשית קרנותיו כו'", "קרן" הוא לשון שררה וגדלות, דהיינו לאחר שתזכה לכל המדריגות הנ"ל, תזכה לשררות גדולות, שכל העולם כולו יהיו נשמעים לדבריך וידבקו בך לשתות בצמא את דבריך, וזהו "קרנותיו על ארבע פינותיו", פירוש באיזה אופן שתפנה יהיה לך שררה וגדולה, "ממנו יהיו קרנותיו", פירוש שכל שררה וגדולה שיהיה לך, בשביל זאת לא תשתנה לאיש אחר, רק כמו שהיית מקודם כן עתה יסוד ואמה סובב, רק שתתגלה מידתך וישאו חן בעיני בני אדם דבריך שתדבר בעבודתו ית"ש, וזהו "ממנו", ר"ל כמו מקדם "תהיה קרנותיו", וזה רמז שהקרן היה אמה, רמז לאחר שיזכה לכל המדריגות, יזכה לאחדות העליון.

וזהו "תחתיים שנים ושלשים תעשיה", כאשר פירשתי כבר שזה רמז שאנחנו צריכין לעבוד ולתקן השלש עולמות ולהביאם אל עולם הד', "ואל אמה תכלנה מלמעלה", פירושו כנ"ל, שאח"כ תזכה לאמה העליונה כנ"ל, דהיינו לאחדות העליונה.

וזה רמז ש"דרומית מזרחית לא היה לה יסוד", רמז להצדיק המקדש עצמו מנעוריו והולך בדרך חכמה שזהו רמז "דרומית", הרוצה להחכים ידרים, "מזרחית", פירוש שאורו זורח על כל העולמות למעלה ולמטה, "לא היה לה יסוד", רמז שצדיק כזה אין צריך להתאמץ לעשות לו יסוד כנ"ל לצמצם עצמו בכל מעשיו, כי הצדיק הזה ממילא הוא משומר מכל פניה ומכשול ורגלי חסידיו ישמור. והבן להכניס הדברים הנ"ל בלב לשומרם ולעשותם כל הימים. אמן.

**תצוה**

ואתה תצוה את בני ישראל וכו'. נראה לפרש בצירוף הפסוק שאמר דוד המלך ע"ה "רבות עשית אתה ה' אלהי נפלאותיך ומחשבותיך אלינו וכו'". נ"ל דהנה לכאורה יש להבין האיך אפשר שהצדיק יפעול נפלאות לרפאות החולה ולהתיר אסורים וכדומה, הלא אין כל חדש תחת השמש, או כשהצדיק מחדש סודות התורה מהיכן היתה זאת להצדיק? אך הענין הוא, דהנה השי"ת ב"ה עמיה שריה נהורא, והנה כתיב "ויאמר אלהים יהי אור ויהי אור", יש לומר הפירוש דהיינו באומרו "יהי אור ויהי אור", ר"ל שנתהוה אור חדש שם במקומו ומשם נמשך האור למטה, ונמצא השורש נשאר למעלה, וכן כל דבר ודבר עשה הקב"ה שורשו למעלה וכל הנעשה למטה הוא ע"י התנועה שאדם מנענע מתנועע השורש למעלה ונמשך הדבר למטה.

וזהו "רבות עשית", ר"ל שהרבה סיבות ופעולות פעלת ועשית "אתה ה'", ונמצא שהשורש הוא למעלה, לכן "נפלאותיך" שאנו מחדשים, דהיינו רפואה ופרנסה וכל דבר, "ומחשבותיך" דהיינו סודות התורה, "אלינו" אנחנו יכולים לעשות הכל.

וזהו שאמר הפסוק שאמר הקב"ה למשה רבינו "ואתה תצוה", לשון צוואה הוא נופל על השפעות ברכה ורחמים, כמ"ש וצויתי את ברכתי וכו', ואמר הקב"ה "ואתה", וי"ו מוסיף על הענין, דהיינו גם אתה תצוה ברכות והשפעות לישראל, כי הכל מצווה ועומד מפי הקב"ה ורשום הכל בשורשו, רק גם "אתה תצוה" לנענע השורש העליון, "ויקחו אליך שמן זית זך", רמז "שמן זית" היא השפעה גדולה וזכה, ומה שנאמר "אליך" והיה לו לומר ויקחו "להם", כי הצדיק בראותו שישראל נשפעים בשפע אזי הנאה לו ותענוג כאילו היה השפעה הזאת לו. וקל"ל.

או יאמר דהתורה הקדושה מלמדת אותנו דרכי מוסר ותוכחה איך יוכיח אדם את חבירו, דהנה האדם הרוצה להוכיח בני אדם, צריך להיות קדוש וטהור בכל בחינותיו דהיינו נר"נ, הוא טהור וגופו טהור, ואז "הוכח תוכיח את עמיתך ולא תשא עליו חטא", דאי לאו הכי שיהיה נבחן עם כל אופניו בקדושה ובטהרה, אזי בלתי אפשרי שתוכחתו יעלה כהוגן, אף אם יצוה בטוב לבני אדם ויעשו על פיו, גם שניהם אינם יכולים שיהיה מעשיהם בשלימות, ויפנה לבבם זה בכה יאמר בלבבו להתפאר בלבו איך מעלתו גדולה שזיכה את חבירו במצות ה' לעשותה ותועבת ה' כל גבה לב, וזה יאמר בלבו ג"כ בהתפארות להתפאר בפני בני אדם ולא יעשה המצוה בשלימות לכבוד השי"ת רק שיבוא לו פניות רבות בלבבו, וכל זה הוא מחמת שזה המצוה לו בטוב אין שלם בצדקו בכל בחינותיו כנ"ל, אבל הצדיק השלם, לו ראוי והגון להוכיח, והעושה במצותו אף בפניו ולא יגבה לבבו בקרבו לשום פניה אחרת לא הוא ולא העושים, רק שניהם כאחד טובים יעשו לכבוד השי"ת.

וזהו "ואתה", דוי"ו הוא המוסיף על הענין, דהיינו "אתה" עם כל בחינותיך כנ"ל, "תצוה את בני ישראל", ע"ד דאיתא בגמרא "וה' - הוא ובית דינו", דהוי"ו הוא המוסיף על הענין, וכמו כן הפירוש כאן, "ואתה תצוה" בטוב, שזה נקרא ציווי, ע"ד דאיתא בספרים מצוה בטוב ומזהיר ברע, ואם תצוה עליהם עם כל הבחינות שלך כנ"ל, תפעול שלא תבואו לידי פניות אחרות לא אתה ולא הם, וזהו "ויקחו אליך שמן זית", דהיינו כל התשובות והמצוות שיעשו, שזה רמז "שמן זית זך", "כתית למאור", כדאיתא באלשיך הקדוש פירושו באורך, שצריך האדם לכתת ולשבר עצמו בענויים וסיגופים בשביל עבודת הבורא יתברך ע"ש, וכל זאת גם אם יעשו בפניך לא תבוא אתם לידי פניה אחרת חלילה, וזהו "ויקחו אליך", ר"ל בפניך, שאתה רואה עשותם כמצותך על ידך ולא תפנו לשום פניה רק ליחוד שמו יתברך, "להעלות נר תמיד", ר"ל שלא תהיה כוונתכם רק להעלות הקדושה והאור העליון הנקרא "נר", "תמיד" פירוש שתראה שלא תזוז ממך הקדושה והאור העליון לעולם. וזהו הפירוש הפסוק "אש תמיד תוקד על המזבח", פירוש שהכתוב מזהיר שיהא תמיד הקדושה ואור העליון בוער בך שלא תכבה לעולם, דהיינו שתוסיף אור וקדושה שלא יכבה לעולם.

וזהו שאמרו חז"ל "אין צו אלא זירוז מיד ולדורות", גם בזה הורו לנו חז"ל דרכי מוסר השכל להוכיח בני אדם באופן זה, דהיינו שיחזיקו עצמם תמיד בהכנעה גדולה ולא בשום מדריגה, רק כמתחיל בעבודת הבורא עתה בסיבה ראשונה המביאה לידי עבודתו יתברך שהוא הזריזות, ע"ד שאמר התנא "זריזות מביא כו' עד לידי רוח הקודש כו'", ונמצא יכול האדם לבוא ע"י הזריזות לידי מדריגות גדולות, אעפ"כ אם יהיה לו כל המדריגות לא יחזיק עצמו רק שהוא בהתחלה ראשונה של זריזות. וזה "אין צו (אלא זירוז)", ר"ל שלא יהא עיקר הציווי ברצותך לצוות לבוא על עבודתו יתברך, לא תצוה להם "אלא זירוז", ר"ל שלא יחזיקו עצמם בשום מדריגה, רק בהתחלה שהוא זירוז, הן "מיד" והן "לדורות", ר"ל אף אם יהיה לו כל המדריגות.

"וביותר צריך לזרז במקום שיש חסרון כיס", דאיתא בגמרא "מהיכן מתחילין לקרוא המגילה, ר"מ אומר מתוקפו של אחשורוש, ור"י אומר מתקפו של מרדכי מאיש יהודי", ופלוגתייהו יש לפרש ע"ד הרמז, דהנה יש שני מדריגות צדיקים, יש צדיק שהוא ממתיק הדינים, ויש צדיק שממשיך כולו רחמים וא"צ להמתקת הדינים כלל.

וזהו פירוש "מגילה נקראת באחד עשר", דהנה השי"ת הראה ליחזקאל הנביא התורה כתובה על מגילה פנים ואחור, י"ל הפירוש דהנה השי"ת נתן הבחירה לאדם כמש"ה ראה נתתי לפניך את החיים וכו' ובחרת בחיים, וזה רמז ג"כ במגילה זאת שהראה אותה פנים ואחור, דהיינו שנתן השי"ת הבחירה לאדם בלימוד תורתו הקדושה ללומדה ב"פנים" דהיינו לשמה, או "אחור" ר"ל שלא לשמה לאיזה פניה וסיבה אחרת חלילה, ובודאי ראוי לקיים הכתוב "ובחרת בחיים", וזה שהורו לנו חז"ל דרכי לימוד באופנים חלוקים, דהיינו דרך האחד הוא "מגילה נקראת", ר"ל דלימוד התורה הקדושה יהיה בדרך הזה, דהתורה נקראת מגילה כנ"ל, יהיה "באחד עשר", ר"ל לתקן עולם עשיה שהוא עולם אשר שולטים הדינים וצריך להמתיקם, וזה רמז "אחד עשר", דהיינו הדינים וסיטרא אחרא שהוא י"א, ולזה החיוב מוטל על כל בני אדם לומר סימני הקטורת קודם משנת איזהו מקומן, בכדי שימתיק בי"א סימני הקטורת את י"א כוחות הדינים של הס"א שהם עשתי עשר יריעות עיזים כידוע ליודעי חן.

"בשנים עשר" רמז על אופן הב' של לימוד התורה הקדושה יהיה בדרך הזה, דהיינו להמשיך כולו רחמים שלא להצטרך להמתקת הדינים, דהנה איתא במדרש בשעת מתן תורה בסיני כשראו ישראל את המלאכים נושאי כסא המרכבה והיה בכל צד ג' מלאכים שהם שנים עשר וכו' מיד היו מתאוים לדגלים, וציוה להם השי"ת שיעשו להם ד' דגלים, והטעם שהיה תאותם ותשוקתם להדגלים, הוא מחמת שראו גודל אהבה הנעימה והנחמדה של מלאכים, ולפעמים כשיעשה אדם מצוה אחת בשלימות אפשר לו לדלג את כל המדריגות בפעם אחד לבוא אל אהבה שלימה, וזהו "ודגלו עלי אהבה - אל תקרי ודגלו אלא ודילוגו עלי אהבה", רמז לדברינו הנ"ל שיכול האדם לדלג ולבוא לידי אהבה שלימה.

וזהו דאיתא בגמרא "קיימו וקבלו", ודרשו "קיימו למעלה מה שקבלו למטה", ישראל קבלו עליהם התורה אז בימי אחשורוש, ולכאורה וכי עד ימי אחשורוש לא קבלו עליהם את התורה? אלא הענין הוא שלא היו יכולים לבוא לידי הרצון הזה של אהבה עד שראו גודל הנס הנעשה להם בימי אחשורוש, וכשנעשה נס לאדם, מחמת זה יבוא אדם לידי אהבת הבורא ב"ה באמת, וזהו "אורה זו תורה", ר"ל שבאו לידי אהבה והאור של תורה מחמת גודל הנס הנעשה להם, "ויקר זה תפילין" כאשר פרשתי כבר תפילין הוא דביקות, ואז קבלו עליהם התורה ברצון, שבאו לידי מדריגת אהבה.

"בשלשה עשר", רמז על לימוד התורה הקדושה באופן לעורר השלש עשרה מידות, וזהו שאמרו חכמינו ז"ל "שלשה עשר זמן קהילה לכל היא", רמז שיהא לימודו התורה הקדושה לעורר הי"ג מידות שהם בכל העולמות, וזהו "זמן קהילה לכל היא". וזהו "מלמד שנתעטף הקב"ה כו'", שעיטף וקיפל העולמות בי"ג מידות.

"בארבעה עשר", רמז למה שציוה השי"ת לזכור מחיית עמלק כמו שאמר הכתוב "כי יד על כס יה" - שיהא השם שלם וכסא שלם, כל זה יפעול בלימוד התורה הקדושה, והוא נגד עולם הכסא.

"בחמישה עשר", רמז לפעול שתהא הסיהרא במילואה כמו שהיה אז בימי יהושע כדאיתא בגמרא ט"ו דורות כו'. ואמר התנא "כרכים המוקפים חומה מימות יהושע בן נון קורין בט"ו", ע"ד שאמרו חז"ל על פסוק "אם חומה היא נבנה עליה" ודרשו חז"ל "אם היו ישראל עולין בימי עזרא כחומה" ע"ש, ולזה רמז התנא במשנה אותם בני אדם הצדיקים המוקפין באחדות גמור כחומה, קורין בט"ו, ר"ל הם פועלים בקריאתם למלאות הסיהרא כמו בימי יהושע, "כפרים ועיירות גדולות", "כפרים" ר"ל מי שכופר בע"ז ומחשבות זרות שהוא כמודה בכל התורה כולה, "ועיירות גדולות" רמז על הצדיקים שמבטלים הדינים ע"י תשובתם תמיד, כמו שאמר הכתוב "ונינוה היא העיר הגדולה", שע"י שחזרו בתשובה ממעשיהם הרעים נמתק הדין מעליהם, "קורין בי"ד", ר"ל הם פועלים כנ"ל למחות את זכר עמלק, "אלא שהכפרים מקדימין ליום הכניסה", ע"ד דאיתא בגמרא "למה נקרא שמם כנסת הגדולה, שהחזירו עטרה ליושנה לומר האל הגדול וכו' שזהו גבורותיו" ע"ש, וגם בגלות הוא רחמים, "והכפרים מקדימין ליום הכניסה", ר"ל שהם מקדימין ברחמים שיהא מתחילה רחמים, שלא יהא שום גבורות ודינים מתחילה ולא יצטרכו להמתיקם, והצדיקים הללו הם ממשיכים השפעות טובות וברכות לעולם, וזה רמז הגמרא "כדי שיספיקו מים ומזון לאחיהם כו'", רמז להשפעות שהם ממשיכים לישראל.

וזה רמז התנא "איזהו עיר גדולה כל שיש בה עשרה בטלנים", ר"ל לבטל הדינים צריך עדה שהוא עשרה שיהיו באחדות, "פחות מכאן", פירוש הצדיקים המחזיקים עצמם בפחות ושפלות מכל אדם, "הרי זה כפר", ר"ל כנ"ל הוא במדריגת בני הכפרים שהם מקדימים הרחמים קודם להמשיך

השפעות. "באמת אמרו באלו מקדימין ולא מאחרין כו'", כנ"ל שהם מקדימים הרחמים שלא יהיה כלל דינים מעיקרא, "ולא מאחרין", ר"ל לעורר רחמים אחר המתקת הדינים, כי אם משתדלים במעשיהם הטובים שיהא מתחילה רחמים.

וזהו "ביותר צריך לזרז במקום שיש חסרון כיס", פירושו מובן ממילא ע"פ הדברים הנ"ל, ר"ל שהצדיקים הממשיכים השפעות הם צריכים להיותם פחותים ושפלים בעיני עצמם יותר מכל אדם, וכאשר פרשנו לעיל שהזירוז הוא ההתחלה בעבודת הבורא כנ"ל, "זריזות מביאה לידי נקיות" כו', וצריך המוכיח המצווה בטוב לצוות על הזירוז, דהיינו כנ"ל שיחזיק עצמו לעולם שהוא אינו אלא כמתחיל בעבודתו יתברך, "וביותר צריך לזרז במקום שיש חסרון כיס", רמז אם ח"ו בעולם חסרון השפעות, צריך הכנעה גדולה יותר ויותר ואז יוכל להמשיך השפעות כנ"ל.

ונחזור לפלוגתא הנ"ל מהיכן מתחילין לקרות המגילה, "חד אמר מתוקפו של אחשורוש", רמז שזה סובר שמתחילה צריך האדם להשתדל לפעול בלימודו התורה הקדושה להמתיק הדינים שזה רמז "תוקפו של אחשורוש", ר"ל לשבר תוקף הדינים שיהא ידו תקיפה עלייהו להמתיקם שלא ישלטו, "וחד אמר מתוקפו של מרדכי", כי זה המ"ד סובר שצריך האדם מתחילה מיד להמשיך הרחמים, שלא להניח הדינים מעיקרא לעוררם. ש"תוקפו של מרדכי" רמז לרחמים, דהיינו להתחיל מ"איש יהודי", ע"ד דאיתא "כל הכופר בע"ז נקרא יהודי", שזה רמז להצדיקים המקדימים רחמים וממשיכים השפעות וברכות לעולם כנ"ל. ואב הרחמן יקדים לנו רחמים תמיד לנו ולכל ישראל. אמן כן יהי רצון.

בדרך אחר נראה לפרש, בהקדם פסוק (תהלים לז, ג) "בטח בה' ועשה טוב וכו'", דהעיקר צריך האדם לעבוד הבורא ב"ה ביראה שלימה ולהיות תמיד כל אבריו נרתחין ומזדעזעין ביראת הבורא ב"ה, והאדם הזה אשר יראת ה' תמיד על פניו, בלתי אפשרי לו להתאפק מלהוכיח בני אדם והוכח יוכיח את עמיתו, ודבריו מעוררים את לב אנשים השומעים את דבריו לשוב לבורא ב"ה, כדאיתא "כל מי שיש בו יראת שמים דבריו נשמעים". ואחר שפעל זאת, להכניס יראה בלב אחרים, אזי אח"כ יזכה עי"ז שיבוא לידי אהבת הבורא ב"ה בלב שלם ולהדביקות, אשר עי"ז יכול להמשיך השפעה גדולה אל העולם. וזהו (תהלים קיב, א) "אשרי איש ירא את ה'" עי"ז "במצותיו חפץ מאוד" היינו אהבה.

וזה פירוש "בטח בה'", היינו שתחזיק מאד להיות תמיד ביראת ה' ולבטוח בהבורא ב"ה, שכל מי שיש בו יראת שמים צריך להיות בטחונו בה' בכל אופניו כמ"ש בקפיטל הנ"ל אשרי האיש כו', ונאמר שם "נכון לבו בטוח בה'", "ועשה טוב", היינו להוכיח את בני האדם בעבודת הבורא ב"ה להשיבם מדרכיהם הרעים ולעשותם טוב, "שכן ארץ", פירוש הכתוב מבשרו אם תראה לשכון בארץ, היינו להוכיח בני אדם שזה נקרא "ארץ", דהיינו דברי ארציות וחומריות, למנוע מהם הבריות מלעשותם, אז "ורעה אמונה", פירוש אז תבוא לידי אהבה שהיא עיקר האמונה ותרעה את עצמך באהבה תמיד בלי שום הפסק.

וזהו "ואתה תצוה", פירוש שאתה תצוה "את בני ישראל" בטוב ביראת ה' לזרזם, כי כל מקום שנאמר צו אינו אלא זירוז, "ויקחו אליך", פירוש עי"ז שיקחו בלבם את יראת ה', זה יגרום לך שתבוא לידי אהבה והיינו "אליך שמן זית זך", "שמן" היינו השפעה שהצדיק ממשיך ע"י אהבה והדביקות שבו, "כתית למאור" פירוש עם כל זאת צריך אתה לכתת ולשבר עצמך להתחזק במדת הכנעה ועי"ז תבוא לידי אור גדול "להעלות נר תמיד", שתהא שלהבת עולה מאליה באהבה ובהתלהבות גדול עד אין קץ ותכלית.

איתא בגמרא "כיצד הלבישן, ומקשה הגמרא כיצד הלבישן מאי דהוי הוי אלא כיצד מלבישן לעתיד לבא, ומקשה הגמרא כשיבוא משה ואהרן ובניו וכו' אלא כיצד הלבישן למסבר קראי" ע"ש. ויש לדקדק דהוי ליה לתרוצי מיד למסבר קראי. ונ"ל בהקדים לפרש "והיה כאשר ירים משה וכו' וכאשר יניח כו'", ולכאורה למה היה מניח ידו? אך האמת הוא מחמת שמשה רבינו ע"ה היה מדריגתו וקדושתו גדולה מאוד וידע איך לעורר רחמים, ואם היה עבודתו כזה לעורר רחמים כמעט היה העולם בטל ממציאות, מחמת שהבורא ב"ה ברא את עולמו ושיתף בו מדת הרחמים, דהיינו דין ורחמים כדי שיהא שכר ועונש, ואם היה משה רבינו ע"ה עבודתו רק לעורר רחמים לבד היה פועל שיהא הכל אחד ולא היה עונש אף לרשעים, לכן הוכרח להיות עבודתו רק בהמתקת הדינים בלבד. אבל אנחנו בעבודתינו אפילו לעורר רחמים הלוואי שנפעול כך כאשר פעל משה רבינו ע"ה בהמתקת הדינים. וזהו "כאשר ירים משה את ידו", פירוש רשותו, כי העולמות הם ברשות הצדיק לפעול בהם כרצונו, וזהו (שבת ל, ב) "לא נברא העולם אלא לצוות לזה", היינו בריאת העולם היה למען ישמעו להצדיק הנקרא 'זה' כמ"ש "זה משה כו'". וכאשר הרים משה את ידו, היינו כחו ורשותו שיש לו בעולמות, "וגבר ישראל", אך "[וכאשר יניח משה את ידו]" שהיה צריך לירד קצת ממדריגתו כנ"ל "וגבר עמלק", "ואהרן וחור תמכו את ידיו" במדריגותם לעורר רחמים.

וזהו "אז ישיר משה כו'", ודרשו חז"ל "שר לא נאמר כו'", ולפי דרכינו יבואר ג"כ בדרך הזה, דהנה משה רבינו ע"ה כשהיה על הים היה צריך לרחמים על ישראל ודינים על המצריים, ולא היה יכול להמשיך ולעורר רחמים כי עי"ז לא היה עונש על מצריים, והיה פועל רק במדריגת המתקת הדינים דהיינו רחמים לישראל ודינים למצרים, אבל הדורות הבאים אחריו צריכין לעבוד במדריגה זו לעורר רחמים כנ"ל, וזהו "אז", דהיינו הפעולה הזאת שפעל משה ע"י המתקת הדינים, "ישיר משה" דהיינו הצדיק שיהיה בכל דור, כי בכל דור הוא גלגול משה רבינו ע"ה, וזהו דאמרינן בגמרא "משה שפיר קאמרת", דכל צדיק נקרא בשם משה, "ובני ישראל" ישירו "את השירה הזאת לה'", דהיינו שהם צריכין לעורר כולה רחמים והיינו "לה'", כולה רחמים כנ"ל, "ויאמרו" עתה השירה איך "לאמר" לדורות הבאים.

וזהו "בכל עת יהיו בגדיך לבנים", דשלמה המלך ע"ה אמר כ"ח עיתים והם י"ד ימין וי"ד שמאל, והיינו "בכל עת", פירוש כל העיתים אף השמאל יהיה "בגדיך" מלשון "בא גד", פירוש מזל טוב, והיינו "בגדיך", המזל הטוב שתרצה לעורר יהיה "לבנים", דהיינו לעורר רחמים ולא בהמתקת הדינים לבד, "ושמן על ראשך לא יחסר", היינו הרחמים הנקראים 'שמן', לא יחסר תמיד.

וזהו פירוש הגמרא "כיצד הלבישן", דבגדי כהונה היו מכפרים, ושואל התנא כיצד באיזה אופן היה ההלבשה, דהיינו התעוררות הרחמים, דלבוש נקרא רחמים. וזהו "ומרדכי יצא כו' בלבוש מלכות תכלת", דאיתא "תכלת דומה לים כו' ורקיע דומה לכסא הכבוד", וכסא הכבוד יש בו דין ורחמים, ומרדכי פעל שיצא מלפני המלך מלכו של עולם בלבוש תכלת, ר"ל תכלת שהוא קצת דין עשה ממנו לבוש היינו רחמים גמורים כולו.

וזהו שמקשה "כיצד הלבישן כו' מאי דהוי הוי", פירוש המדריגה הזאת היה במשה מחמת שהיתה קדושתו גדולה מאוד והיה צריך לעבוד הכל בהמתקת הדינים כנ"ל, ולא כן אנחנו שאנו צריכין לעשות באופן אחר, ואמר התנא "כיצד מלבישן לעתיד לבא", פירוש כשיבוא משיח במהרה, באיזה אופן יהיה הלבוש לעורר רחמים, והשיב לו "כשיבוא משה ואהרן כו'", ואמר "אלא כיצד מלבישן למסבר קראי", פירוש דמשה רבינו ע"ה הכניס והלביש הכל בקראי של תורה, שע"י המקראות והכתובים של תורה נוכל לעורר רחמים, וכיצד היה הלבשה זאת שנדע אנחנו ע"י המקראות לעורר רחמים גדולים.

וזהו "ואתה תצוה את בני ישראל", פירוש שתאמר להם התורה והמצוות, וע"י התורה "ויקחו אליך שמן זית זך", היינו השפעה הזאת שהיתה על ידך ע"י המיתוק הדינים כנ"ל יקחו הם, "כתית למאור" כנ"ל, שצריך שיהא מוכנע ושפל בעיני עצמו, "להעלות נר תמיד", פירוש שהם צריכין לעבוד לעורר רחמים כנ"ל תמיד.

והיה על אהרן לשרת. דהנה כתבנו מזה דצריך האדם שיהא כל כוונותיו לשמים, הן באכילה ובכל דבר, ואמר הכתוב שבגדי כהונה יהיו על אהרן רק לשרת, היינו לשירות ועבודת הבורא יתברך ולא להנאת עצמו וכבודו, ועי"ז "ונשמע קולו בבואו אל הקודש", היינו כשיעלה אל הקדושה בעולמות העליונים, "לפני ה'", יפעול לעשות יחוד וקישור בעולמות, "ובצאתו" פירוש אף בעת שירד ויצא קצת ממדריגתו, יפעול "ולא ימות" פירוש שיפעול אפילו מי שהוא קרוב למיתה יכול הצדיק להצילו ממיתה בתפילתו להמציא לו רפואה וחיים. אמן.

## כי תשא

כי תשא כו'. דהנה כתבנו מזה פעמים הרבה, שהצדיק הרוצה להשפיע לעולם צריך לקשר וליחד העולמות ביחודא שלים עד א"ס ב"ה וב"ש, וע"י כח ותיקון ויחוד הצדיק כזה יכול גם הצדיק שאינו במדריגה זו ג"כ להמשיך השפעה לעולם, וזהו "וחנותי את אשר אחון" ופירש רש"י ז"ל "אף שאינו הגון". ולכאורה נראה פשטא דקרא להיפך למי שהוא ראוי לחוננו, אך לפענ"ד כך היא כוונת רש"י ז"ל, דע"י העושה נחת רוח וחן להבורא ב"ה שמיחד ומקשר העולמות כנ"ל, ע"י כח הצדיק הזה אני אחון אף למי שאינו הגון.

וזהו (תהלים פד, יב) "חן וכבוד יתן ה' כו'", פירוש בין ע"י צדיק שעושה חן ויחוד בעולמות, בין ע"י הצדיק שאינו במדריגה זו אך שהוא תמיד בתשובה ווידוי להבורא ב"ה ויתעלה, ע"י שניהם יתן חן, יתן ה' השפעה וטובה לעולם. "לא ימנע טוב להולכים בתמים", הוא נתינת טעם למה שלמעלה ממנו, דמשום דהבורא ב"ה דרכו להטיב לכל, לכן לא ימנע טוב להולכים בתמים, באיזה מדריגה שיהיה, רק שיהא בתמימות.

וזהו "כי תשא את ראש כו'" פירוש "כי" הוא לשון אשר, שאמר הקב"ה אתה תשא את ראש דהיינו העולמות נקראים 'ראש', "לפקודיהם", פירוש כדי לפקוד לכל בני ישראל את ההשפעה להשפיע להם לפוקדם בכל טוב, ותגרום שאף הצדיקים שאינם במדריגתך רק "ונתנו איש כופר נפשו", פירוש שיהא תמיד בתשובה לבקש כפרה ומחילה לנפשו, גם הם יכולים להמשיך השפעה לעולם, "ולא יהיה בהם נגף בפקוד אותם", שלא יוכל שום קטרוג לקטרג עליהם "בפקוד אותם", היינו את ישראל בהשפעה וטובה. אמן.

משוך חסדך ליודעיך. ובתחילה נקדים לפרש הפסוק "קח לך סמים וכו'", דהנה לעבודת הבורא ב"ה צריך ליקח כל מיני סמים, רמז לכל מיני תחבולות והתפעלות ושכליות שיקח האדם אתו עמו לבוא עמהם לעבודת הבורא ית"ש ויתעלה, ומנה בהם "חלבנה", רמז שגם בבית הכסא יהיה צנוע ויחשוב בו דברים המותרים להרהר, דהיינו שהוא מלא בושה וכלימה נמשל כבהמות, ולזה רמז חלבנה, ושנה הכתוב ל'סמים' שנית, רמז לאחר שבאת קצת לעבודת השי"ת, "סמים", ר"ל קח סמים, היינו השכליות יהא בכל עת צח ומצוחצח יותר שתגיע בהם למעלות הצדיק האמיתי, וזהו "ולבונה זכה" ור"ל בזכות מעשיך תוכל ללבן עונות ישראל, "בד בבד יהיה", ר"ל שתזכך עצמך בלבך עד שתוכל להביא עולם העשיה לאחדות הבורא ית"ש כמו שהעולם העליון הוא באחדות גמור, וזה על פי פירוש רש"י ז"ל על פסוק בד בבד, עיי"ש. וזה פירוש הפסוק (תהלים מא, יד) "ברוך ה' מהעולם עד העולם אמן", ר"ל כשתגיע למעלה זו שתוכל להביא העולמות לאחדות גמור, אז תוכל לומר "אמן" אחר ברכת עצמך, שהאמן מורה ג"כ לאחדות כידוע, וזה "גדול העונה אמן כו'", מי שעונה אמן הוא יותר גדול אם הוא מן המברך כנ"ל.

"ועשית אותה קטורת כו'", ר"ל קטורת הוא לשון קיטור ותימרות עשן, שהוא מרמז לענין הנשמה כי העולמות העליונים אנו מדמין ומושלים באור והעוה"ז נרמז בעשן, פירוש שתראה ג"כ להמשיך השפעה על ישראל בעניני גשמיות, וזה הפירוש של "מעלה עשן כל שהוא", שגם עניני גשמי היה צריך לפעול בהקטרת והם "בני חיי ומזוני", וזהו ג"כ הפירוש "מעשה רוקח", לתקן הצטרכות עולם העשיה. וזה נרמז ג"כ בפסוק "שלש פעמים בשנה", ר"ל שלש דברי הגשמיים הנ"ל, והם מרומזים בתיבת "פעמים" שמשמעו הרגלים כמו "מה יפו פעמיך", "בשנה יראה כל זכורך", פירוש תראה ותזכור להביא השלש דברי גשמי הנ"ל "ב"שנה"" שהוא בגימטריא "ספירה", להתאחדם בעולמות עליונים, "ממולח טהור קדש", ר"ל שתערב הטהרה שלך עם הקדושה, שבעולם העשייה הוא רק טהרה, וקדושה הוא בהעולמות העליונים.

וזהו (תהלים לו, יא) "משוך חסדך ליודעיך", ר"ל היודעים לייחד העולמות השפע להם החסד שלך בכח יחודם אשר מייחדים, "וצדקתך לישרי לב", אותן שלא הגיעו עדיין למעלה זו. וזהו ג"כ הפירוש "אך את שבתותי" שפירושו שני שבתות, ר"ל ג"כ יחוד העליון, הויה ואדנ"י, "כי אות היא ביני וביניכם", פירוש "כי" הוא לשון 'אלא', וכך פירושו, מה שהיא ביני וביניכם, שהם עולמות וספירות עליונים, אינך יכול לתפוס במחשבה כי אם אותיות, כי בא"ס ב"ה לית מחשבה תפיסה ביה כלל, "לדעת כי אני ה' מקדשכם", פירושו כנ"ל שטהרה יכול לבוא מעולם העשייה אבל הקדושה הוא למעלה, מהשם ב"ה.

וזהו ג"כ אשר רמזו חז"ל במסכת שבת באמרם "האי תנא הכנסה הוצאה קרי ליה", פירוש מה שהצדיקים עושין יחוד בעולמות עליונים, אל תבין שהקב"ה צריך ח"ו למעשינו חלילה וחלילה, רק אנחנו צריכין לזה ע"י מעשינו הוא אתערותא דלתתא, להביא העולמות בחדוה ובשמחה ועי"ז יושפע לנו שפע וברכה ורחמים על כל ישראל. אמן.

עוד פירוש "כי תשא את ראש", נ"ל דאיתא בגמרא "נר מערבי היה דולק, ממנו היה מדליק וממנו היה מטיב", י"ל דחז"ל רמזו בדבריהם הקדושים על הצדיק שהוא נקרא "נר מערבי", ע"ד דאיתא בגמרא "למה נקרא שמה בבל שבלולה במשנה וגמרא ואגדות כו'", כמו כן הצדיק הוא מעורב בו כל מיני קדושות, אהבה ויראה ורוממות אל, תורה ותפילה וצדקה, תשובה וגמילות חסדים וכדומה, ולכן נקרא "נר מערבי" לשון מעורב, וגם "מערבי" הוא לשון עריבות ומתיקות, שהצדיק הוא ערב ומתוק בכל מיני מתיקות, וזה הפירוש "ממנו היה מדליק", הם בני אדם המתחברים עם הצדיק גם הם מדליקים נרותיהם, הם נשמתם, באהבה ויראה להבורא ב"ה, "וממנו היה מטיב" פירוש ע"י הצדיק מטיב הש"י ב"ה לעולם כל מיני השפעות.

וזהו שאמר הקב"ה למשה רבינו ע"ה "כי תשא את ראש בני ישראל", פירוש כשתשא לבבם למעלה לראש, הם העולמות עליונים נקראים 'ראש', למען יכנסו בלבם אהבה ויראה וקדושה, "לפקודיהם", פירוש גם זאת יפעלו שיהיה להם פקידה טובה של שפע טוב, שהצדיק גוזר ופוקד והקב"ה מקיים על ידו, "ונתנו איש כופר נפשו", הכתוב נתן להם עצה טובה שיהרהרו בתשובה לכפר על כל עוונותיהם ועל נפשותם, "בפקוד אותם", פירוש בעת הפקידה הזאת של השפע, ואז "לא יהיה בהם נגף בפקוד אותם", ר"ל שלא יהא שום קיטרוג על הפקידה מאחר שהרהרו בתשובה. זה יתנו. איתא בגמרא "כמין מטבע של אש הראה לו הקב"ה למשה מתחת כסא הכבוד ואמר לו כזה יתנו", רמז ע"פ דאיתא בגמרא "איזה בנן של קדושים, דלא ידע בצורתא דמטבע", ומקשה התוס' למה נקרא בנן של קדושים, ומאי ראיה הוא על אבותיו אשר היו קדושים? ומתרצין מאחר דלא ידע כו' מסתמא גם אבותיו היו קדושים, ע"ש. י"ל כוונת דבריהם, דהנה הצדיק הגמור בוודאי גם בגלגול ראשון היה צדיק גמור, והגלגול ראשון נקרא אב לגלגול שני זה שנתגלגל עתה, וזהו כוונת התוס' מאחר שלא יודע בצורת [מטבע] כלל, גם אבותיו - הוא הגלגול הראשון - ג"כ היה צדיק, והטעם כי הצורה של המטבע היא מכבה אור נשמת האדם כאשר יבין מדעתו, אם נותן דעתו על המטבע נכבה אור השכל ממנו. לזה אמר השם הטוב "כזה יתנו", דהיינו שיתנהגו עם כספיהם כזה שהוא אש מתחת כסא הכבוד, דאש שורף ואש מחמם, דהיינו אם ח"ו מתנהג בכספו שלא כהוגן אז שורפתו, ואם מתנהג כשורה בצדקה בלב שלם וגמילות חסדים, אזי המצוה הזאת מגעת עד כסא הכבוד, ומחמתו מגיע לעונג רב בזה ובבא. אמן.

כי תשא את ראש וכו'. נראה לפרש, דהנה יש בני אדם אשר אין משגיחים על צרות ודוחק חבריהם כמאמר הכתוב ואהבת כו', כי אם חוששים לעצמם שיטיב להם, וכן יש בני אדם שחוששים ג"כ על צרות ודוחק חבריהם מחמת רוך לבבם ורחמנותם, הבחינה הזאת היא טובה, אבל לא על אמיתה ומכונה, והבחינה האמיתית הוא שיהא מיצר על צרות ישראל מחמת שזה צער השכינה הקדושה אשר בכל צרתם לו צר, וכל מגמתו הוא להמשיך השפעות על ישראל כדי להעלות השכינה.

וזהו "כי תשא את ראש בני ישראל לפקודיהם", לשון פקידה, שהקב"ה פוקד ומצוה טובות על בני ישראל ע"ד ותגזר אומר ויקם, ואם כוונתך תהיה בהפקידה הזאת לעשות טובות לישראל, יהיה עבור להעלות ולשאת את השכינה הנקראת "ראש בני ישראל", תפעול "ונתנו איש כופר נפשו כו'", דהנה עובדות ותנועות של הצדיק המתחיל להתאמץ בקדושה ועבודת הבורא יתעלה, הם קצת זר בעיני בני אדם הפשוטים ואינם נכנסים בלבם, באומרם שתנועותיו הם שלא כדרך העולם, ומעשיהם שונים וזרים בעיניהם, והוא מחמת שהצדיק הזה עדיין לא נגמר בצדקתו, אבל הצדיק האמיתי אשר כל כונותיו להעלות השכינה, מעשיו נכנסים בלבות בני אדם ונותנים אהבה רבה בלבבם והם מוסרים נפשם על קדושת שמו יתברך, וזהו "ונתנו איש כופר נפשו כו' ולא יהיה בהם נגף בפקוד אותם", ר"ל שלא יהיה מעשה הצדיק כגגיפה ובעיטה שלא יוכשר בעיניהם, רק אדרבה יוסיף אהבה רבה בלבבם.

"זה יתנו כל העובר על הפקודים", פירוש הכתוב מלמד הצדיק המשפיע אשר הולך ועובד במדריגה הזאת להיות פוקד השפעות לישראל, אזי יחזיק עצמו תמיד "מחצית", פירוש יחשוב תמיד שכל מעשיו אינם אלא מחצה, ר"ל כל דבר מעשה טוב אשר יעשה אינה עושה בשלימות גמור אלא חצי כפי הראוי להיות, "השקל", פירוש לכן ישקול בפלס מאזני שכלו כל דבר אשר יעשה קודם עשותו, אם הוא מצד הטוב או להיפך חלילה, "בשקל הקודש" ר"ל כדי לשקול ולהכריע אל הקדושה.

העשיר לא ירבה, דאיתא בגמרא "איזה עשיר השמח בחלקו", י"ל הפירוש ע"ד שאמרו חז"ל "זכה נוטל חלקו וחלק חבירו בגן עדן, לא זכה כו'", ואמרו רבותינו ז"ל איזהו עשיר כו', ר"ל שיהא בטוח בעשרו שחבירו לא יטול חלקו בגן עדן רק הוא עצמו ישמח בחלקו הטוב, ואמר הכתוב "העשיר", פירוש גם אם אתה במדריגת עשיר שתשמח בחלקך בגן עדן, אעפ"כ "לא ירבה", ר"ל לא יחזיק עצמו במדריגה יתירה וגדולה, רק שאינו אלא מחצה כנ"ל, "והדל לא ימעיט", פירוש הדל במצוות, אעפ"כ לא יתייאש עצמו חלילה לילך שובב בדרך לבו, אלא אעפ"כ ישוב לה' "לתת תרומת ה'".

או יאמר "כי תשא כו'", פירוש שכל כונותיו יהיו רק להעלות השכינה הנקראת 'ראש' כנ"ל, וזה "לך ה' הגדולה והגבורה כו'", דהנה השי"ת ב"ה ברא העולמות למען ישראל להטיב להם כאשר יעבדו ויתקנו כל אחד את שורשו, וזהו "לך ה' הגדולה", פירוש מה שאנו משבחים, כל זאת כונתינו רק למען שמך, "לך" דייקא ר"ל בשבילך, "והמתנשא לכל לראש", פירוש והשי"ת ברוב רחמיו עושה חסד עם כל אדם ומנשאו לראשו, דהיינו לשורשו.

וזהו "ה' מנת חלקי", אינו אלא ליתן מנות לה', "אתה תומיך גורלי", פירושו כנ"ל ואתה ברחמיך תומך אותי לגורלי, דהיינו לשורשי. וק"ל.

ועשית כיור נחושת כו'. נראה לפרש דהנה ציוה השי"ת ליקח בבגדי כהונה ג' דברים, "זהב כסף נחושת", י"ל שהתורה הקדושה רמזה לאדם הרוצה לכנוס אל הקדושה ועבודתו יתברך, צריך הכנעה מתחילתה עד תכלית הכנעה, כמאמר התנא "מאד מאד הוי שפל רוח", ולזה רמז אותיות "זהב", שכל אות הוא מספר מועט מאות שלפניו, לרמז להאדם הרוצה לכנוס אל הקדושה שהיא מדריגה חשובה שהוא רמז זהב דבר חשוב, צריך לשבר גבהותו וגדלותו אשר טמן בקרבו, עד תכלית הכנעה צריך למעט עצמו, "כסף" רמז לאהבה ותשוקה בעבודת הבורא יתברך, כמו נכסף נכספת כו', ואותיות כסף עולה במספרו, כל אות מרובה מאות הקודמת, רמז שצריך להתגבר ולעלות למעלה מעלה בכל פעם עד תכלית יכולתו ואפשרו בעבודתו יתברך עד אין תכלית, ו"נחושת" לשון נחש, לשון נופל על הלשון, ר"ל הגשמיות, דהיינו אכילה ושתיה ועניני גשמיות עוה"ז הבא מצד הנחש צריך להכניס הכל אל הקדושה, שיאכל וישתה בקדושה ובטהרה ובמחשבות טהורות הכל למען עבודתו יתברך, ובזה הוא גורם השפעות לישראל ולעולם.

וזהו "ועשית כיור", דהכיור הוא דבר המשפיע ומריק מים מהדדים שבתוכו, וציוה השי"ת שיעשה כיור שיגרום השפעות ע"י נחושת, היינו ע"י הגשמיות שינהג עצמו בהם בקדושה ובטהרה, "וכנו נחושת", "כנו" הוא לשון מושב ויסוד, דהיינו שיעשה יסוד גמור להשפעות להשפיע לישראל ע"י הגשמיות, ולכן מתחילה לא רצה משה רבינו ע"ה לקבל מראות הצובאות שיעשה מהם הכיור עד שציוה השי"ת לקבל מהם, כי מחמת שתאוה הזאת הוא דבר עלול לקבל טומאה, ובעו"ה רוב בני אדם נכשלים בעון הזה הנראה ונדמה להם שאין זה חטא כלל, ואינם יודעים עד היכן הדברים מגיעים שפוגמים בחטא זה ע"פ הרוב חטא של הרהורים, ותאוויות האלו באים מהאשה המהרהרת חלילה בהרהורים לא טובים, ולכן ציוה השי"ת שיקבל מהם, כי השי"ת יודע מחשבות שכוונת הנשים היתה בהסתכלותם בהמראות למען יבוטל מהם ההרהורים מאנשים אחרים, לכן ציוה השי"ת שיקבל מהם, ואף שהיא גשמיות עב מכל הגשמיות, גם זאת הצורך להכניס אל הקדושה.

וזהו "ואתה קח לך בשמים", פירוש שתעלה ריח ניחוח במעשיך, דהיינו אפילו מדבר הגשמי ביותר מכל הגשמיות תעלה ממנו ריח ניחוח, וזהו "ראש מור", לשון מר, ר"ל אפילו דבר שהוא תכלית וראש לכל המרירות תעלה ממנו ריח ניחוח, "דרור", פירוש תראה שיהיה דרור, דהיינו חירות ממלאך המות דהיינו מסיטרא אחרא ומשעבוד מלכיות, כל זה תגרום בכל דברי גשמיות.

וזה שאמרו חז"ל "בן קטין עשה מוכני לכיור כדי שלא יהא מימיו נפסלים בלינה, והיו משקעים אותו בבור ששם אין נפסלים בלינה", רמז שלא יאמר האדם א"כ הוא שאסור לאדם לקחת מעוה"ז ותאוותו כי אם הכל למען שמו והוא דבר קשה מאוד הבלתי אפשרי לעמוד בו, א"כ אפריש עצמי מכל עניני עוה"ז הגשמי ולא אוכל ולא אשתה כלל ואהיה פרוש מאד, אל יאמר כן, אלא צריך האדם להתאמץ במעט מעט לשבר כח התאוויות ולסבב הדבר בסיבוב אחר סיבוב עד שיגיע לתכלית יסוד הקדושה ושורשה בכל דבר גשמיות ג"כ. וזה רמז "שעשה מוכני לכיור לשוקעו בבור", רמז שצריך האדם לגלגל ולשקע הגשמיות עד אשר יושקע ויוטבע בטבע בשורש הקדושה, "שלא יהיו נפסלים בלינה", רמז לעוה"ז הנקרא לילה, ואינה אלא כמו לינה, "אדם ביקר בל ילין". וזהו "ותעבור המנחה על פניו והוא לן בלילה ההוא במחנה", ר"ל אף שכל המנחה ששלח יעקב היו דברים גשמיים, אעפ"כ הוא לן בלילה ההוא, ר"ל בעוה"ז הנקרא לילה, לן בה במחנה, דהיינו בהקדושה, מחנות קדושה.

וזהו "ומשה יקח את האוהל", דאוהל רמז להקדושה והשכינה הנקרא אוהל, ומשה רבינו ע"ה היה מתאמץ בקדושתו להעלות הקדושה והשכינה, וזהו "יקח את האוהל ונטה לו מחוץ למחנה", ר"ל אף דבר שהוא מחוץ למחנה, דהיינו דברים גשמיים שהם דברי חיצונים מחוץ להקדושה, היה משה נוטהו ומביאו אל הקדושה, וזהו "נטה לו", פירוש 'לו' מוסב אל מלת אוהל, "הרחק מן המחנה", פירוש הדבר החיצוני שבתוך הגשמיות היה מרחיק מהקדושה, והקדושה והרוחניות שבו היה מעלה אל הקדושה, "והיה כל מבקש ה' יצא אל אוהל מועד אשר מחוץ למחנה", פירושו מובן ממילא, שכל מבקש ה' היה יוצא להתאמץ עצמו בדרך הזה, והאיך עשה? ואמר הכתוב "והיה כצאת משה אל האוהל כו'", דהנה העיקר לאדם ללמוד מהצדיק את מעשיו אשר עושה, יראה וישגיח על מעשיו הקדושים ובזאת יעיר לבו בקרבו ג"כ בקדושה להתחיל בעבודתו יתברך, וזהו "והביטו אחרי משה, ונצבו איש פתח אהלו", ר"ל שהתחילו לעמוד על פתח וההתחלה של קדושה הזאת לעשות כיוצא בו, "עד בואו האוהלה", מוסב על "ונצבו איש פתח", ר"ל שהתחיל כל איש להתאמץ ולהתחיל בקדושה עד שזכה לבא אל האהל ממש.

ונחזור לביאור הכתוב "ועשית כיור נחושת, ונתת בין אוהל מועד ובין המזבח", פירוש ע"י שתקדש עצמך בדברי גשמיות, תפעול שני דברים, הן שתעלה הקדושה להשכינה כנ"ל, גם שיהא לך מזבח כפרה על עוונותיך, ע"ד שאמרו חז"ל "בזמן שבית המקדש קיים היו קרבנות מכפרים

ועכשיו שולחנו של אדם מכפר", וזהו "בין אוהל מועד ובין המזבח", ר"ל הן זאת והן זאת תפעול, ועוד תפעול "ונתת שמה מים", רמז שתגרום השפעות רחמים וחסדים לעולם וישראל. והשם ברחמיו יחזק ויאמץ לבבנו ללכת בכל דרכיו הקדושים. אמן כן יהי רצון.

ויהי ברדת משה מן ההר כו'. יבואר ג"כ ע"פ דברינו הנ"ל, שאדם הרוצה לבוא אל הקדושה ופרישות לעבודתו יתברך, צריך להכניע עצמו בהכנעה גדולה, וזה יגרום לו לקבל קדושה על עצמו, וזהו "ברדת משה מן ההר", ע"ד שאמרו חז"ל "הרים גבנונים ההר חמד אלהים, שנתן הקב"ה התורה על הר סיני מחמת שהוא נמוך מכל ההרים", ומשה היה מוריד ומשפיל עצמו שהיה עניו מכל אדם, והיה מוכנע מאד יותר מהר סיני, לכן זכה "ושני לוחות בידו", שע"י הכנעתו היה זוכה להקדושה הגדולה הזאת, זהו ששנה הכתוב לכפול "ברדתו מן ההר" שלכאורה הוא אך למותר, שהרי פתח הכתוב בתחילה "ברדת משה מן ההר", אלא שהתורה מרמזת שזכה לזאת בעבור שהכניע עצמו, וזהו "ברדתו", בי"ת של ברדתו פירושו בעבור רדתו מן ההר כנ"ל שהיה מוכנע ביותר, "ומשה לא ידע כי קרן עור פניו בדברו אתו", פירוש שהכתוב מפרש גודל הכנעתו שלא ידע כי קרן כו', דהצדיק המדבר עם אדם דברי קדושות ויראת ה', אזי בא לו ההתלהבות גדול בלבו ויאיר פניו באור גדול מהתלהבות אש אשר בקרבו, וכל זאת לא ידע משה בעצמו אם יש לו התלהבות כלל, וזהו "בדברו אתו", ר"ל כשהיה איזה אדם מדבר עם משה דברי קדושות.

**פקודי**

אלה פקודי המשכן כו'. הנה התורה [י"ל] לכמה פנים, ונראה לפרש דהנה גדולה מעשה הצדקה, הנותן צדקה לצדיק השלם שעושה יחוד במדות העליונות, כידוע שיש שני מדות צדיק וצדק, וע"י הצדיק המקבל את הצדקה הוא מעלה את הה' אחרונה שהיא איתנו בגלותינו למדת צדק ונעשה צדקה, ואז העולם מלא ושבע כל טוב שפע וברכה ורחמים וחיים ובני ומזוני ושלום עד אין קץ ותכלית הנשפע ע"י הצדיק המקבל את הצדקה, וע"י הולכת ההשפעה לכל העולם לכל אחד ואחד די מחסורו והצטרכותו. וזה מרומז בפסוק "ונתנו איש כופר כו'", מלת ונתנו האותיות למפרע הוא ג"כ ונתנו כנ"ל, שע"י הצדקה בא צדקה לעולם:

והנה יש שלש מדרגות צדיקים. יש צדיק שאינו משגיח לחשוב בקבלתו הצדקה לטובת והנאת עצמו, אלא כל כוונתו הוא כדי שיושפע עי"ז שפע טובה לכל ישראל, ותמיד נפשו ורצונו הטוב משתוקק לראות בשמחת ישראל שלא יחסר להם כל טוב, אבל מה שנוגע לו להצטרכותו אינו משגיח כלל וכלל והכל בעיניו כאילו ביתו מלא ומוכן כל טוב, וזה הצדיק נקרא בשם דוכרא אף שהוא מקבל, כי כל כוונתו ובקשתו אינו אלא כדי להשפיע, וזה הוא הזיווג הידוע שיש זיווג מיניה וביה. ויש צדיק המקבל צדקה וכוונתו ג"כ להנאת עצמו כדי מזונותיו ופרנסתו, וזה נקרא בשם נוקבא מחמת שכוונתו ג"כ לקבל. והצדיק הזה ג"כ עושה יחוד להשני מידות הנ"ל ע"י קבלה לידו הצדקה.

וזהו "וכל איש אשר נמצא אתו תכלת וארגמן", דהיינו הצדיק הנקרא בשם דוכרא כנ"ל שכל הצטרכותו כאילו נמצא אצלו הכל מוכן, "תכלת וארגמן" רמז לכל מיני טובה, ואין כוונתו רק להשפיע: "הביאו" ר"ל צדיקים כאלו הם מביאים תמיד שפע רב כל טוב לעולם. "וכל אשה" ר"ל הצדיק השני הנקרא בשם נוקבא כנ"ל, רק שהוא "חכמת לב" היינו בעבודת הבורא ית' ובתורתו הקדושה לעשות נחת רוח ליוצרו. "בידיה טוו" ר"ל ע"י ידיה שמקבל הצדק לידו הוא ג"כ ממשיך השפעה, "ויביאו מטוה" היינו השפעה. "תכלת וארגמן" רמז לכל מיני השפעות.

ג' "וכל הנשים אשר נשא לבן אותנה בחכמה", ר"ל הצדיק שיש לו נשיאת לב בחכמה עליונה, אף שכוונתו לקבל ונקרא ג"כ בשם נוקבא, "טוו את העיזים" ר"ל רמז כצמר ששורשו הוא מן העיזים כך הצדיק הזה מושך השפעה מהשורש:

וזהו "ואלה פקודי המשכן" רמז לשלש צדיקים הנ"ל, "פקודי" פי' מה שהצדיק פוקד את כל אדם בהשפעה טובה יש בהם שלש מדרגות, א' "המשכן" הוא מלשון המשכה שממשיך השפעה ע"י קבלת הצדקה לידו ועושה יחוד בשני מדות הנ"ל וזהו המשכן בה"א. ב' "משכן" רמז לצדיק השלם והגמור כנ"ל זה נקרא בשם דוכרא כנ"ל, ונקרא בלשון סתום ונעלם מחמת שאינו משגיח על עצמו כאילו אינו בעולם ועושה יחוד מיניה וביה, "העדות אשר פוקד על פי משה ואהרן" שהיו משתוקקים תמיד להשפיע לישראל ולא היה כוונתם והשגחתם על עצמם.

וזהו "ויאמר ה' אל משה פסל לך", ודרשו חז"ל הפסולת יהיה שלך כו', ויש לכוון פי' הגמרא שהשי"ת אמר למשה כל מה שנוגע לך לפרנסתך להצטרכותך יהיה בעיניך כפסולת המאכל הנדחה מן הגוף, שלא תשגיח על הנוגע לך: מכאן נתעשר משה, פי' שמשה רבינו ע"ה עשה כאשר אמר לו השי"ת והיה כל כוונתו שיהיו מלאים ושבעים כל טוב, וזה היה כל עושרו שראה בעושרם וטובתם: ג' "עבודת הלוים" היינו הצדיקים הקטנים הנלווים אל ה' לעבודתו, גם הם משפיעים שפע ברכה וחיים לעולם ולכל ישראל.

ויעש למזבח מכבר כו', ומתחילה נפרש הפסוק "ויאמר ד' אל משה עשה לך שרף ויעש משה נחש הנחושת", והנה זה צריך ביאור להבין למה שינה משה: ואקדים לך לפרש במה שדקדקו קמאי בראשית ברא וכו' מתחילה עלה במחשבה לבראו במדת הדין כו', וחלילה לנו לחשוב על הקב"ה האחד האמתי הפשוט שיהא חלילה איזה שינוי אצלו. אך העיקר הוא כך, באמת שצריך האדם לעבוד את הבורא בכל אופני אופנים לבלתי יחטא לפניו חלילה בשום עבירה ונדנוד חטא, והקלה שבקלות יהיה בעיניו כחמורות, וזה הצדיק היה יכול להתקיים אף ע"י מדת הדין, וזה שורת הדין נותן שיהא האדם כך, אבל בני עליה המה מועטים שיהיו יכולים לעמוד נגד שורת הדין, ולכן היה צריך לשתף מדת הרחמים, ובאמת בתחילה ראה הקב"ה באחד השני מדריגות, היינו צדיק מעיקרא ומדרגות בעל תשובה, וזהו מתחילה עלה במחשבה כו', ר"ל מהתחלת הבריאה עלה במחשבה לבראו במדת הדין קאי על הצדיק שיכול להתקיים ע"פ שורת הדין, וראה שאין העולם מתקיים מחמת שטבע הבריאה בלתי אפשרי להיות כולם צדיקים כאשר כתבתי במקום אחר, ושיתף מדת הרחמים, אבל באמת חישב וראה הכל ביחד בלי שום השתנות חלילה, וזהו "אני ה' אלקיכם אמת", ר"ל מי שהולך באמת בעבודת הבורא ית' שלא יחטא חלילה, אף המדת הדין הוא רחמים אצלו ואין לו להתיירא ממדת הדין, וזהו "אני ד' קודם שיחטא האדם ואחר שיחטא", דקודם שיחטא גם הדין הוא רחמים, ואף אחר שיחטא אני ד' הרחמים, וזהו "ועשו לי מקדש" כו', שבית המקדש שלמעלה מכוון כנגד בית המקדש שלמטה, וכשאדם מקדש עצמו למטה עושה מקדש להשי"ת ב"ה.

וזהו "ועשו לי מקדש", אימתי, "ושכנתי בתוכם", היינו כשיקדשו עצמם למטה שאז אני שוכן בתוכם, אז עושין לי מקדש למעלה.

וזהו "עשה לך שרף", ר"ל בני אדם השורפים בקדושתם וכרשפי אש התלהבותם, בוודאי הצדיקים הללו עליהם נאמר ותגזר אומר וכו', "ושים אותו על נס" פי' שתשים את הצדיק הזה לנס לעולם, שיבינו הכל שכל פעולותיו ומעשיו הכל מעשה ניסים, וזהו "כל הנשוך" ר"ל כל מי שיש לו נשיכה, דהיינו שחסר לו איזה דבר הן רפואה והן מזוני חיי בני, "וראה אותו וחי" תיכף בראיה כל דהוא בעלמא ימשיך לו הצדיק הנ"ל הכל. ומשה רבינו ע"ה ראה שבני עליה המה מועטים "ויעש משה נחש הנחושת" ופרש"י ז"ל לשון נופל על הלשון, י"ל הפירוש כך, נחש הוא השטן הוא היצר הרע העולה ומקטרג, וראה משה רבינו ע"ה לעשות נגדו נחושת, שאף מי שאינו כ"כ צדיק כנ"ל, ולזה מרמז נחושת, שהנחושת של נדבת המשכן היה מכפר על מעשה נחש, שגם הצדיק כזה יהיה יכולת בידו לפעול הכל, ולא היה משנה משה מדברי הקב"ה, כי כן היה כוונת הבריאה בתחילה כנ"ל.

וזהו "ויעש למזבח מכבר מעשה רשת נחושת", ר"ל מכבר פי' כוברו בכברה לראות את מעשה הצדיק דמעיקרא ובני עליה המה מועטים, ולכן עשה ופעל שגם הצדיק שאינו בבחינה גדולה כ"כ גם הוא יכול לפעול הכל, ויהיה שיעור הכתוב כך, "ויעש למזבח" ר"ל למען יהיה מזבח כפרה, "מכבר" ההכרחי לראות מעשה הצדיק הגמור, "נחושת מעשה רשת" ר"ל ומחמת שרוב בני אדם נלכדים במצודת ורשת הנחש היצה"ר, עשה ופעל שגם הצדיק המרומז בשם נחושת יפעול הכל כנ"ל, וק"ל.

## ספר ויקרא

**ויקרא**

ויקרא אל משה וידבר ד' אליו מאהל מועד לאמר. לכאורה היה ראוי לכתוב ויקרא ד' אל משה וידבר אליו כדי שנדע מי קראו, ולא כן עתה ויקרא אל משה סתם ואינו יודע מי קראו. אך הענין הוא דאיתא בזוהר ויקרא כו' אלף זעירא, דהשכינה כשאינה במקומה אזי היא זעירא, ואז היו במדבר ועיקר מקום כבודו הוא בבית המקדש בירושלים, ולכן מתחילה נאמר "ויקרא אל משה" והוא אלף זעירא קרא אל משה, אך אח"כ כשכבר קראו והיה מטה רבינו ע"ה מטה עצמו לעבודת הבורא ב"ה בכל יכלתו, והיה מקדש עצמו במאוד מאוד ובא למדריגה זו "וידבר ה' אליו" שהוא שם הרחמים, וזהו שהתפלל דוד המלך ע"ה (איכה ה, יט) "אתה ה' לעולם תשב", כי עתה בעוונותינו הרבים שהשכינה בהגלות, כשהקב"ה רוצה לדון את ישראל, צריך ברוב רחמיו לעמוד מכסא דין ולישב עליהם בכסא רחמים, אבל לעתיד לבא יהיה כולו רחמים גמורים ולא יצטרך לעמוד מכסא דין כלל ולשנות מכסא לכסא, ועל זה התפלל "אתה ה' לעולם תשב כסאך לדור ודור", דעיקר שכינת כבודו יתברך הוא על הצדיקים, והתפלל לאמר אע"פ שנתמעטו הדורות אם ראשונים כו', אעפ"כ יהיה כסאך עלינו בכל דור ודור, ברוב רחמיך תחופף עלינו אור שכינתך. אמן.

ונפש כי תחטא כו'. נ"ל דאיתא בזוהר הקדוש (ח"ג טז, א) ונפש כי תחטא שהוא לשון תמיהה, שהכתוב מתמיה על נפש העליון שיחטא, ע"ש הלשון. ויש לפרש ג"כ ברמז על נפש צדיק שחטא באיזה חטא קל כחוט השערה, שעבר על איזו מדה והנהגה טובה חלילה, כפירוש הזוהר הקדוש שנפש היא מדריגה גדולה, והצדיק הזה הנכשל חלילה באיזו מדה כחוט השערה, אזי יחרד לבו בקרבו ותאחז נפשו פלצות, ומי יתן ויחרד לב הרשעים העוברים עבירות חמורות כקלות כמו הצדיק הזה אשר הקל שבקלות בעיניו כחמורות, ונפשו תאבל עליו ותחרד מאוד כאילו עתה שומע השבועה שהיו משביעין אותו קודם שיצא לאויר העולם כדאיתא בגמ'.

וזהו "ושמעה קול אלה" פירוש שדומה לו כאילו שומע עתה מחדש קול האלה והשבועה כנ"ל, "והוא עד" הוא לשון התראה, מלשון העדותי בכם כו', ופירושו הוא כך, מה הוא הדבר שמעיד ומתרה בהצדיק לעוררו שיחרד לבבו, ומפרש הכתוב והוא עד, ר"ל זה הדבר המתרה להצדיק, דהיינו "או ראה או ידע" על דרך שפירשתי כבר שהנשמה קודם יציאתה לעולם מוליכין אותה בכל עולמות ומלמדין אותה כל התורה, ואח"כ בא מלאך וסטרו על פיו כדאיתא בגמ', וכל זאת למה, אמרתי כבר באריכות השורש הוא לסיבה הזאת שמראין לו כל עולמות, הוא למען שיוכל אח"כ להשיג העולמות ולעבוד בהם להשי"ת ב"ה ולהשיג התורה שלמד, ואילולי זאת שמראין לו כנ"ל, לא היה יכול להשיג כלל וכלל לא התורה ולא העולמות העליונים, רק ע"י הרשימו הנרשם בו קודם יציאתו לעולם, עי"ז יכול אח"כ להשיג, ואם לא היה נשכח ממנו כל מה שראה ולמד, לא היה לו שום שכר בעבודתו.

וזהו "או ראה" ר"ל או שראה כל העולמות הגבוהים לכן יחרד לבו בו, "או ידע" שלפעמים מתגלגל הצדיק עבור איזה מצוה אחת שיש לו לתקן, וזהו או ידע, דהיינו בבריאה ראשונה שראה הכל, ונמצא לא היה הצורך להראות לו כנ"ל כשבא בגלגול, "אם לא יגיד" כו', שדרך הצדיק הזה אם יארע לו איזה נדנוד חטא כל שהוא, אזי הוא מוכיח עצמו ומדבר לעצמו דברים קשין כגידין, ולכן נכתב לו"א יגיד בוא"ו ואל"ף, לרמז ג"כ אם ל"ו דהיינו לעצמו יגיד, פירוש לשון גידין כמו שאמרו חז"ל ותגיד לבני ישראל דברים קשים כגידין, "ונשא עונו" פירוש הצדיק זה נושא עונו זה למעלה

לעולמות עליונים, על דרך שאמרו חז"ל זדונות נעשים כזכיות. וזהו וצדיקים ישמחו ויעלצו בך, ר"ל שהצדיקים בכל פעם הם שמחים יותר ויותר בו ית', לעולם ירננו פירוש זה גורם להם כל השמחות, מחמת שהם מרננים על עצמם כשבא להם שום נדנוד חטא ומביאין אותו החטא לעולם עליון שנעשה להם זכות, וזהו לעולם ר"ל לעולם עליון, ירננו לשון רינון על דרך דאיתא והיו כל העם מרננין אחריו, והרינון הזה הם מביאים לעולם עליון לזכות גמור ולשמחה גדולה עד עולם. והבן.

או נפש אשר תגע בכל דבר טמא כו'. י"ל שהתורה הקדושה מלמדת דרך הצדיק הרוצה לבטל הדינים ולהמתיקם שזה נקרא לשון נגיעה, שצריך להטות עצמו ליגע באותו דבר, ואמר הכתוב "נפש כי תגע בכל דבר טמא" ר"ל בכללות הטומאה להמתיק למט' רשעים הטמאים והמתועבים. "או בנבלת חיה טמאה" כו'. דאיתא בזוהר הקדוש דארבעה חיות הקודש הנושאים הכסא הם נותנים השפעה וחיות כל אחד במינו, דהיינו אדם נותן חיות באדם, ושור נותן חיות בבהמות, והאריה היה מוכרח לרבוץ על המזבח ג"כ כדי להשפיע. וגם נשר אף שהוא מין טמא, אך מחמת שהוא רחמני על בניו הוא ג"כ משפיע על מיני עופות. ולעומת זה יש במרכבה טמאה ג"כ ד' חיות טמאות אשר ג"כ יש להן כח ע"י הרשעים החוטאים הם נותנים להם אחיזה וחיות בעוונם, וצריך הצדיק הרוצה לבטל הדינין להמתיקם בשרשם במקום התחלתם של הדינין. ואמר הכתוב "או בנבלת חיה טמאה" רמז שרוצה להמתיק שורש הדין של החיה טמאה, רמז על דרך שדרשו חז"ל בערבי פסחים על פסוק גער חית קנה, געור חיה כו', "או בנבלת בהמה טמאה" כו', רמז לכח הדין שבמרכבה טמאה שיש בה בהמה טמאה "או בנבלת שרץ" כו', רמז לכללות הטומאות, ובא הכתוב ומלמד הצדיק באיזה אופן ימתיקם, דהיינו "ונעלם ממנו" שצריך הדבר להיות בנעלם ובסוד גמור בהסתר כאילו גם ממנו עצמו הוא נעלם. "והוא טמא", פירוש שהכתוב מלמד שלא ידחוק עצמו לכלות אותם לגמרי שיגרום מיד ביאת המשיח, כי אמרו חז"ל אסור לדחוק את הקץ, רק "והוא טמא" פירוש שהטומאה עדיין תישאר, אלא שיראה להמתיקם, וזהו "ואשם" לשון שממה, ר"ל לעשותם משומם ומבולבל שלא יהיה בהם כח לשלוט כלל ולהמתיקם עד שיבא משיח במהרה ואז והעביר רוח הטומאה מן הארץ. אמן.

או כי יגע בטומאת אדם רמז לאדם רשע שנטמא בעוונות וחטאים וע"ז נותן כח וחיות לאדם רע בליעל, והצדיק רוצה שישוב מעוונו ולא יעשה עוד, וזהו "או כי יגע" פירוש שמטה עצמו לדבר זה כנ"ל, ומלמד הכתוב ג"כ שיעשה בדרך זה, "ונעלם ממנו" שיראה לעשות הדבר הזה בהעלמה ובהסתר, "והוא ידע", פי' ממילא יתוודע לאותו רשע וירגיש בעוונו ויפול עליו חרדה גדולה והתעוררות תשובה. "ואשם" פי' כנ"ל שיהא משומם ומבולבל מאותו דבר ולא יעשה עוד.

או נפש כי תשבע לבטא בשפתים כו'. ונפרש המשנה שבועות שתים כו'. דהנה יש ב' גווני צדיקים, יש צדיקים המענים ומסגפים עצמם, ע"ז הן משברים כח הדינין, ויש צדיקים האוכלים בקדושה ובטהרה למען עבודתו ית"ש, אזי הם משפיעים ברכה ופרנסה לעולם, והצדיקים הללו יש להן כח להשביע ולגזור, כרצונם כן יקום, שזה הכח והשליטה שיש להם לגזור אומר ויקום נקרא בלשון שבועה, על דרך דאיתא ג' מלכו בכיפה וא' מהן היה אחאב, ומביא הגמ' ראיה מהפסוק והשביע את הממלכה ואת הגוי ואם לאו דשליט עלייהו איך יכול להשביעם ע"ש, נמצא ע"י כח השליטה שהיה לו היה יכול להשביעם, ולכן כח הצדיק הגוזר אומר ויקם נקרא בשם שבועה. וזהו "שבועות שתים" פי' ב' גווני צדיקים יש שיש להן כח להשביע ולגזור אומר ויקם כנ"ל, "שהן ארבע", רמז ששניהן גורמין תיקון להשם הוי"ה ב"ה שהוא ד' אותיות. ומפרש התנא "שתים שאוכל ושלא אוכל", רומז כנ"ל שהצדיק הזה מתקן באכילתו וזה בעינויו ובסיגופו שאינו אוכל, והוסיפו חכמים עוד ב' דהיינו "שאכלתי", פירוש הצדיק הזה שהוא אוכל עתה בקדושה, צריך להזכיר עצמו ולהעלות על זכרונו להיותו דואג על אכילתו שאכל כבר בלא קדושה, ולבו יבער על זאת: "ושלא אכלתי", רמז על הצדיק השני המסגף עצמו ידאג על הסיגופים שסיגף עצמו כבר שלא היו לתכלית לעבודתו ית"ש, כי יש פעמים מסגפים עצמם ומכחישים כחם בענין רע בפנים לא טובות שלא לשם שמים, על דרך שאמר הכתוב (ישעיהו נח, ד) "הן לריב ומצה תצומו", כי על זה צריך האדם להשכיל מאוד על דרך שאמרו במטותא מינייכו לא תרתו תרתי גיהנם, וצריך הצדיק לתקן ולבו יבער על הסיגופים הקודמים שלא היו לעבודתו ית"ש, ואז יהיה כח בהצדיקים לתקן הכל כנ"ל:

וזהו שאמר הכתוב "או נפש" רמז על הצדיק כנ"ל כו', "לבטא בשפתים" שעקימת שפתיו של הצדיק הוי מעשה, הם פועלים מעשה בעולמות העליונים "להרע או להטיב" כמ"ש חז"ל להרע שלא אוכל להטיב שאוכל, רומז על ב' גווני הצדיקים הנ"ל. "לכל אשר יבטא" פי' כל אשר יבטא הן הצדיק הזה באכילתו והן השני בסיגופו, "האדם בשבועה", כמו שדרשו חז"ל (שבועות כו, א) שצריך להיות האדם בשבועה, דהיינו שיהא צדיק גמור בצדקו הנקרא בשם אדם שהיא מדרגה גדולה.

וזהו "אדם כי יקריב מכם קרבן" ודרשו חז"ל מכם ולא כולכם, בכם חילקתי ולא באומות, נ"ל הרמז ג"כ לדברינו הנ"ל, אדם שיקריב עצמו להבורא ב"ה בעבודות כשרים שהן כמו קרבן, ואמרו חז"ל ולא כולכם פירוש שלא תהא מדרגת כולכם שוה בסגנון אחד, רק חלוק לשני גוונין כנ"ל, דהיינו א' שמתקן באכילתו וא' בסיגופו כל א' לפי מדרגתו. וזהו בכם חילקתי, פירוש בישראל יש חילוק בין הצדיקים כנ"ל, וזה שאמר יעקב אבינו ע"ה "אולי ימושני אבי כו' והבאתי עלי קללה". ולכאורה איך טעה יעקב בזה שהיה סובר שיצחק יקלל אותו, הרי השכינה היה עם יעקב ובודאי ידע האמת, כאשר באמת אמר יצחק גם ברוך יהיה, אך נבאר לפי מה שאמרתי טעם שרצה יצחק לבדך את עשו, וכי חלילה יטעה יצחק לברך את עשו ולא את יעקב, אך שיצחק היה רוצה לברך את יעקב בברכת עולם הבא ואת עשו בעולם הזה, ורבקה ראתה שחלילה אם לא יהיה ליעקב חלק בעוה"ז לא יהיה לבניו חלילה תקומה בין האומות, לכך היתה מהדרת שיברך יצחק את יעקב גם בעוה"ז, ויעקב אבינו ע"ה לא היה דעתו נוחה מזה, שהיה מתיירא שיצחק יברך אותו בעניני עוה"ז בכולו גשמיות, כי גם בעניני גשמים יש חילוקים כנ"ל שצורך העולם לשני גווני צדיקים כנ"ל, וגם בעניני אכילה יש חילוק לאוכל בקדושה במחשבות טהורות בין האוכל כבהמה, ולזה אמר אולי ימושני אבי לשון ממשות, הדברים גשמיים נקרא בלשון מישוש, דהיינו אולי יברך אותי בכולו גשמיות, והבאתי עלי קללה שזה אצלי קללה יחשב, ואנכי איש חלק פירוש כנ"ל שאני מוכרח להיות מוחלק לשני אופנים כנ"ל. וזהו "בית יעקב לכו ונלכה באור ה'", ולכאורה מלת לכו הוא מיותר, והכי הוי ליה למימר בית יעקב נלכה באור ה', אך הכונה לב' אופנים הנ"ל, בית יעקב הוא מדרגה קטנה כידוע ההפרש שבין יעקב לישראל, וכתיב בפסוק והיה בית יעקב אש ובית עשו לקש, רמז למדרגה של הצדיקים שע"י מדרגתם משברים כח הדינין, וזהו בית יעקב לכו פירוש במדרגתכם רמז למדרגה א', ונלכה באור ה' רמז למדרגה הב' ההולכים באור קדושתם בכל העולמות, והשי"ת יזכנו להיות מהם. אכי"ר.

**צו**

וידבר כו' צו את בני ישראל פרש"י אין צו אלא זירוז ביותר צריך לזרז במקום שיש חסרון כיס. ונ"ל ע"פ הרמז, דהנה האדם העובד את השי"ת ב"ה צריך לעבוד בזריזות ובמדות טובות, אבל העובד את השי"ת בעצלות ובדוחק שלא ברצון, אזי הרי הוא חסר הגוף שאין לו גוף שהוא כמו כיס ונרתק להנשמה, וזה שרמז רש"י ביותר צריך לזרז במקום שיש חסרון כיס, דהיינו שעובד בעצלות כנ"ל.

זאת תורת העולה כו'. פירוש הכתוב מלמד אותנו דרכי השי"ת, "זאת" היא השכינה שנקרא זאת כידוע. ואמר הכתוב "זאת תורת העולה" ר"ל אם לימוד התורה היא לשם זאת, דהיינו לשמה, להעלות נחת רוח ליוצרו, "העולה" פירוש התורה הזאת עולה לפניו ית"ש, אבל מי שאינו לומד לשמה ולימודו הוא מצד השמאל, ולזה רמז "היא" לשון נוקבא שהוא צד שמאל, "העולה על מוקדה" פירוש התורה הזאת צריכה לבא על מוקדה בגיהנם, וענוש יענש ויוצרף בצרוף אש של גיהנם, ואמר הכתוב "על המזבח כל הלילה", פירוש על המזבח, התורה שהיה ראוי להיות כפרה כמו מזבח, דבזמן שבית המקדש קיים הקרבנות מכפרים, ועכשיו התורה מכפרת, דכל העוסק בפרשת עולה כאלו הקריב עולה כו', והיה ראוי שהתורה יהיה במקום מזבח, ועכשיו ענוש יענש בגיהגם. ולא תאמר הלא גם שלא לשמה הוא טוב כדברי חז"ל, לא כן הוא כדבריך, כי חז"ל התירו שלא לשמה שמתוך שלא לשמה יבא לידי לשמה, אבל אם לומד כל ימיו שלא לשמה בודאי ענוש יענש בגיהנם, וזהו "כל הלילה" פירוש אם הלימוד הוא בחושך ואפילה כל ימיו. "עד הבוקר" רמז עד יום מותו, יום הדין וחשבון וביקור על כל מעשיו, אזי הוא מר מאוד, "ואש המזבח תוקד בו" ר"ל האש שהיה ראוי להיות מזבח, תוקד בו בגיהנם.

לכן אמר הכתוב איעצך שתנצל מכל רע עשה זאת ותינצל, דהיינו "ולבש הכהן" דאדם הנכנס בעבודתו ית"ש נקרא כהן. ילבש עצמו "מדו בד" פירש רש"י מדו כמדתו, פירוש רמז שנגד מדתו הרע שיש בו באדם, יתאמץ מאוד לעשות היפך מדה זאת, למשל אם יש בו מדת כעס, יכריח עצמו להתאמץ לבבו להיות רחמן על כל דבר. אם יש בו מדת גאוה, ישפיל עצמו בתכלית השפלות מדה כנגד מדה. וזהו רמז "בד" שהוא פשתן, רמז למדת כילות וקמצנות שזה מדה גרועה ביותר, כמו דאיתא בס' הישר לר"ת, כמו שמצינו בפסוק שקין הביא מפרי האדמה ופירש רש"י מזרע פשתן מן הגרוע. "ומכנסי בד יהיו על בשרו" ר"ל שצריך שיכניס עצמו במדה זאת להתאמץ נגדה שלא יהיה קמצן וכילי. ואז כאשר יתקן המדות שבו ויתנהג כן ימים רבים כל ימי חייו, ויהיה אשריך בעוה"ז וטוב לך בעוה"ב. אמן.

זאת תורת העולה היא העולה כו'. ונקדים לפרש פסוק "יען אשר עשית את הדבר הזה ולא חשכת את בנך" כו'. לכאורה לשון הכתוב משמע שהוא שני דברים, דהיינו את הדבר הזה מורה על עשיית דבר אחר, דאי לאו הכי היה לו לומר יען אשר עשית את הדבר הזה אשר לא חשכת כו', כי הוי"ו של "ולא" מחלקת לב' דברים.

ונראה לפרש, דהנה הקושיא מפורסמת דמקשים מפני מה בפרשה ראשונה של קריאת שמע נאמר בכל מאודך ובפרשה שניה לא נאמר ובכל מאודיכם. וי"ל דאיתא בגמ' גדולה תשובה שזדונות נעשו לו כזכיות, ומקשינן והתניא נעשו לו כשגגות, ומשני כאן מאהבה כאן מיראה, לכאורה מאחר שרבותינו ז"ל האירו לנו עינינו והודיעו לנו שהתשובה מאהבה זדונות נעשים כזכיות, א"כ מוטב מי שהעיר ה' את רוחו שישוב על עונותיו יעשה מאהבה מיד. אך הפשוט שזה בלתי אפשרי שישוב מיד מאהבה, רק צריך להיות בהדרגה, מתחילה ביראה, ומיראה בא אל אהבה, וכן הוא כוונת חז"ל שמתחילה נעשים כשגגות בעשותו תשובה מיראה ואח"כ בבואו לעשות מאהבה נעשים כזכיות.

ולכן בפרשה ראשונה של קריאת שמע ששם הורה לנו את הדרך אשר נלך בה ע"י תפילה, דהיינו בכל לבבך" איזה עבודה שבלב זו תפילה, דמתחילה היא בלב, שצריך לשום על לבו יראת ד' וגדולתו, "ובכל נפשך" דהיינו לגמול את נפשו, דגומל נפשו איש חסד, שהתפילה בכוונה היא גמילות חסד לנפש. "ובכל מאודך" דהיינו לאחר שמוציא בשפתיו ובדיבורו הוא בא אל אהבה, דהיינו שהוא מדבר בכל חושיו וכוחו וכוונתו במאוד מאוד בהתלהבות גדול. אבל בפרשה שניה שהוא הוראת הדרך ע"י התורה הקדושה כמו שדרשו חז"ל והיה אם שמוע בישן תשמע בחדש, ר"ל כאשר יהיה הלימוד אף שלא לשמה, והיינו "שמוע בישן" שתשמע את התורה כאילו דבר ישן, דהיינו שלא לשמה, "תשמע בחדש" תבוא ממילא אח"כ לבוא ללימוד לשמה כאילו מקבל התורה מחדש בסיני מפי הגבורה, דזהו אהבה גדולה והתלהבות גדול, ולכן אין צריך לפרש עוד בכל מאודיכם לרמז על אהבה, כי ממילא בא וכנ"ל, וע"י התורה הקדושה יכול האדם לבא לכל המדרגות. וזהו "וזאת התורה לעולה ולמנחה" כו', דבזמן המקדש היו הקרבנות מכפרים, ועכשיו העוסק בתורת עולה כאילו הקריב עולה. וזהו "וזאת התורה לעולה" כו' פירוש ע"י התורה תוכל לפעול הכל, שהיא מדרגה עליונה על הכל.

ועל שני מדרגות דהיינו יראה ואהבה, רמזו רז"ל באמרם "שבעת ימים קודם יום הכיפורים מפרישין כהן גדול וכו' ושבעת ימים קודם שריפת הפרה מפרישין כו', ומה הפרש בין זה לזה, אלא שזה פרישתו לקדושה ואחיו הכהנים גוגעין בו, וזה פרישתו לטהרה ואין אחיו הכהנים נוגעין בו". ר"ל דמילת קדושה הוא לשון הזמנה אל הדבר, דשני פרישות הנ"ל היו כדי לתקן את הששה קצוות והעולם השביעי, אלא שזה פרישתו לקדושה ואחיו הכהנים נוגעין, פירוש דזה הוא הנוגע לכל ישראל שיזמינו ויקדשו עצמם לעבודת הבורא ית"ש, ופרישתו ג"כ היתה לקדושה דהיינו הזמנה. וזה רמז "דבר אל כל בני ישראל קדושים תהיו" ר"ל להזמנה הזאת כל ישראל שוים כאחד לטובה. וזה פרישתו לטהרה, טהרה היא מדרגה גדולה, ואין אחיו הכהנים נוגעין בו, ר"ל שלאו כל אדם יכול לבוא למדריגה הזאת, וזה רמז ש"מטהרת טמאים", פירוש מי שהיה מחזיק עצמו כשפל וטמא היה מטהר, ו"מטמא טהורים" מי שמחזיק עצמו לטהור שהוא מתוקן וטהור כל צרכו, זה בודאי עדיין בתוך טומאתו הוא יושב, כי המדריגה הזאת אין לה קץ ותכלית.

וזהו שנאמר באברהם אבינו ע"ה יען אשר כו' ולא חשכת כו', שהוא שני דברים, דהיינו אחד אשר עשית שהלך להר המוריה לשחטו אבל עדיין לא עשה, זהו מדרגת יראה. ב' לא חשכת את בנך כו', דזהו מצד אהבה גדולה והתלהבות גדול:

וזהו "זאת תורת העולה", דעולה היה בא על הרהור הלב, ואמר הכתוב זאת תורה העולה, פירוש תבוא למדרגה הזאת שיהיה תורה שלך עולה, פירוש שתכפר על הרהור הלב. "היא העולה על מוקדה" פירוש עוד תפעול התורה ההיא שתלמוד, שתביאך אל אהבה והתלהבות גדול וכנ"ל, שהתורה חשובה כנגד הכל. "על המזבח" ר"ל התורה הזאת היא למעלה מן המזבח, שהקרבנות אינם מכפרים כולם על כל חטא, כי אם כל אחד מכפר על חטא שלו, אבל התורה מכפרת על הכל, ובזה התורה מעולה מן המזבח. "ואש המזבח תוקד בו" ר"ל כמו שהיה בא אש על המזבח מן השמים, כן תוקד התלהבות אש בהצדיק הזה אשר יתנהג כנ"ל. "ולבש הכהן מדו בד" פירוש כאשר יתנהג כנ"ל נקרא הצדיק כזה בשם כהן, וצריך להלביש עצמו מדו בד, ר"ל שצריך לתקן עצמו במדותיו בהתבודדות מחשבתו. "ומכנסי בד ילבש על בשרו" דהיינו שצריך ג"כ התבודדות אחרת לכסות את בשר ערוותו ר"ל תאוותו. "והרים את הדשן אשר תאכל האש" ר"ל שזה בלתי אפשרי שישבר אדם כל מדותיו הנולדים עמו מבטן אמו, רק שצריך להרים אותם אל הקדושה, למשל מי שיש בו מדת כעס יסור מכעס החיצונית ויכעוס על הרשעים, וכן בכל המידות. "ושמו אצל המזבח" פירוש כנ"ל שישים המדה אל הקדושה, דהיינו באם יבא לכעוס או שאר מידה, ישבר עצמו להביא אותה המידה אל הקדושה. "ופשט את בגדיו ולבש בגדים אחרים" ר"ל שאח"כ יבא אל מדרגה יותר עד שיופשט מכל וכל מכל המידות, "והוציא את הדשן מחוץ למחנה" ר"ל שלא יבא לו בשום פעם מהמידות הנולדות עמו כי אם הכל בקדושה רבה.

דבר אל אהרן כו' זאת תורת החטאת כו' במקום אשר תשחט העולה תשחט החטאת, ר"ל שכל דבר ודבר שיש בו נדנוד חטא, אף שאינו אלא כדוגמת הרהור הלב שעולה בא עליו, יהא נחשב בעיניך כאילו עברת על חטא שיש בו חיוב חטאת, וזהו "במקום" ר"ל באותו דבר ונדנוד חטא, "אשר תשחט העולה" עליו "תשחט החטאת" יהיה חשוב בעיניך כאילו נתחייבת חטאת, "לפני ד'" ר"ל דע לפני מי חטאת ועד היכן הפגם הולך לפני ד' למעלה. "קודש קדשים היא" ר"ל המדרגה הזאת היא קדש קדשים.

"והכהן המחטא" ר"ל הצדיק אשר תמיד מחטא ומאשים עצמו תמיד, "יאכלנה במקום קדוש" פירוש אכילה לשון חטא, "אכלה ומחתה פיה", דהיינו בכל דבר קדושה שעושה, יתן דעתו לחפש היטב מה שמחסר באותה מצוה, ויחשוב לעצמו חטא גדול, "בחצר אהל מועד תאכל" ר"ל העולם הזה נקרא חצר, ועולם העליון נקרא אהל מועד על דרך שאמרו חז"ל "העולם הזה דומה לפרוזדור בפני העולם הבא", והיינו הצדיק המתנהג כנ"ל יגרום טובה לעולם, שיהיה הנאה בעוה"ז על ידו.

וזהו "בחצר אהל מועד תאכל", "כל אשר יגע בבשרה יקדש" ר"ל אם יבא לו איזה המחשבה הנוגע אל הבשר דהיינו לתאוותו, "יקדש" ר"ל יראה להביא הדבר ההוא אל הקדושה, "ואשר יזה מדמה על הבגד" ר"ל אם יהיה נתפש בדבר קל, דהיינו בדבר חומריות וגשמיות הקל, ולזה רומז מלת "יזה", "תכובס במקום קדוש" ר"ל שיכבס הדבר ההוא בדברי קדושות ותפילות. "וכלי חרס אשר תבושל בו תשבר" על דרך שאמרו חז"ל "תלמיד חכם דומה לפני עם הארץ, דיבר עמו דומה בעיניו כקיתון של כסף, אכל עמו דומה לו כקיתון של חרם הנשבר שאין לו תקנה" ע"ש. וזהו וכלי חרס כו' פירוש אם יעשה איזה פעולה בכדי שיבא לו הנאה כנ"ל, שדומה ככלי חרס, "ישבר" יראה לשבר עצמו מאד על הדבר. "ואם בכלי נחשת בושלה ומרק" וכו', פירוש אם הוא איש כזה שהוא צדיק רק שיבא לו איזה עבירה מחמת הנחש הקדמוני שהטיל' זוהמא, "ומורק" פירש רש"י לשון תמרוקי נשים, יראה לקשט עצמו בקישוטין נאים ויפים, והיינו במצוות וגמילות חסדים, "ושוטף במים" ר"ל בלימוד התורה שנקראת מים, על דרך שאמרו "אם רגיל ללמוד דף א' ילמוד ב' דפין". וק"ל.

**שמיני**

וישא אהרן את ידיו אל העם כו'. נ"ל דהנה הצדיק הולך תמיד בדביקות ודבוק בעולמות עליונים, רק מחמת שתשוקתו תמיד על טובת ישראל שייטיב להם השי"ת בכל מיני שפע וברכה, מחמת זה הוא יורד קצת ממדריגתו ודביקותו, אך בכל זאת הוא פועל טוב במה שיורד קצת מהדביקות, שע"י שרואים בני אדם גודל תשוקתו ותאוותו לטובתם, הוא מכנים בלבם יראת ד' ואהבתו, שכולם נתעורר לבבם לעבודתו ית"ש. וזהו "וישא אהרן את ידיו" ע"ד נשא לבבינו אל כפים, וי"ל הפי' דהיינו האדם אשר ישא לבו לעבודת הבורא ית"ש, אז מחמת גודל האהבה והתלהבות שבו הוא מכה כף אל כף, ונמצא עבודת הבורא נקרא ע"ש הידים.

וזהו "וישא אהרן את ידיו אל העם" פי כנ"ל שתשוקת הצדיק אל העם להטיב להם, "ויברכם וירד מעשות החטאת והעולה והשלמים" פי' ע"ז ירד ממדריגתו, שמדרגת הצדיק הוא תמיד לבדוק עצמו בכל עת ורגע אולי חטא חלילה באיזה נדנוד חטא והרהור והוא מהרהר תמיד בתשובה, זה רמז "חטאת ועולה" שבא על הרהור, "והשלמים" רמז להדביקות שבו, שעושה שלום בפמליא של מעלה, וע"י תשוקתו היה יורד ממדריגותיו האלו קצת.

"ויבא משה ואהרן אל אוהל מועד", דיש כמה גווני צדיקים, צדיק גדול הנקרא בשם "משה", ויש צדיק אשר הוא מדרגת "אהרן", וכל אחד לפי מדרגתו עולה ובא בקדושה הנקרא "אוהל מועד", "ויצאו" ר"ל ואח"כ יוצאים קצת ממדרגתם, ואין זה אלא למען "ויברכו את העם",כנ"ל אך בכל זאת גורמים קדושה ויראה לכל העם, וזהו "וירא כבוד ה' אל כל העם", וזהו "עדותיך נאמנו מאוד" כו', דאיתא בגמ' שלשה מעידין זה על זה הקב"ה וישראל ושבת, נמצא ישראל נקרא עדות של הקב"ה, וזהו "עדותיך נאמנו מאד" פי' שהם נאמנים וחביבים, למי? ומפרש הפסוק "לביתך נאוה קודש" לאותן הצדיקים הדרים תמיד בעולמות העליונים, "ד' לאורך ימים" פי' שהם גורמין במעשיהם שתתפשט הקדושה והיראה ע"ז לכל ישראל אמן.

זאת החיי אשר תאכלו כו'. נ"ל דאיתא בזוהר הקדוש זאת החיה רמז להשם הקדוש, אשר תאכלו פי' שע"י יש לנו אחיזה וחיות. או יאמר "זאת החיה" רמז למה שראה דניאל חיה זו אדום, "אשר תאכלו" לשון ואכלתם את אויביכם, ואמר הכתוב ע"ז יהיה כח בידכם לכלות אותם דהיינו מכל בהמה, דאיתא בגמ' בבא מציעא "אמר רב חנינא מסורא דפרת לרבינא יציאת מצרים דכתב רחמנא גבי שרצים למה לי, א"ל אמר הקב"ה אני שהבחנתי כו', א"ל אנא המעלה קא קשיא לי מאי שנא המעלה דכתב רחמנא, א"ל לכדתנא דבי ר' ישמעאל אלמלא לא העליתי את ישראל אלא בשביל שאינם מטמאין בשרצים ומעליותא היא גבייהו" וכו'. י"ל הפי' הגמ' הנ"ל ע"פ דאיתא במדרש, שאלו המלאכים את הקב"ה למה ברא השרצים, והשיב להם השי"ת מפני הקטרוג, אם יבא לקטרג על ישראל חלילה שחוטאים לפניו ואין צורך בהם, אז משיב לו השי"ת הלא השרצים אין צורך בהם כלל ואעפ"כ בראתים. וז"ש "אנא המעלה קשיא לי" דהמעלה הוא הוא לשון הגבהה, שהקב"ה מגביה את ישראל מבין הקליפות והחטאים והם נופלים למטה, וז"ש המעלה כו', כלומר לאיזה סיבה וזכות מעלה את כללות ישראל מחטאותיהם, "א"ל אלמלא כו' אלא שאין מטמאין בשרצים" פי' הלא ישראל אין אוכלים השרצים ונמצא אין צורך כלל בבריאתם כיון שישראל אין אוכלין מהם, ואעפ"כ בראתים כדברי מדרש הנ"ל, ממילא אין כח להמקטרג לקטרג עליהם, ולזה אני מעלה ומגביה אותם מעונותיהם כנ"ל.

וזהו "כל ישראל יש להם חלק לעוה"ב", פי' כללות ישראל כנ"ל, וגם הצדיק נקרא "כל", שהוא עיקר כללות להשפיע להם טובה וברכה ויראה, שע"י הצדיק נתעוררים כללות ישראל בתשובה.

וזהו "ויאמר משה אל אהרן קרב אל המזבח" ופרש"י שהיה אהרן בוש וירא לגשת וא"ל משה למה אתה בוש לכך נבחרת, דהנה עיקר הוא לאדם הבושה, סימן טוב לאדם שהוא ביישן, וכל המתבייש לא במהרה הוא חוטא, ואהרן היה מתבייש מאד מגודל ההכנעה שהיה בו, שכן דרך הצדיק שתמיד רואה בעיניו חטאים על כל נדנוד עבירה, ואפי' דבר קל לעבירה חמורה תחשב לו, ומכניע עצמו ומשפיל עצמו תמיד, ובפני רבים מוכיח עצמו, וע"ז מכניס הרהורי תשובה בהשומעים, באמרם אם בארזים נפלה השלהבת מה יעשו אזובי הקיר, והם חוזרים בתשובה שלימה, וזהו שאמר לו משה רבינו ע"ה "למה אתה בוש" פי' בשביל שאתה בוש וירא וא"כ אתה הוא הצדיק השלם הראוי ליקרב למזבח, "לכך נבחרת" שכך הוא ראוי לצדיק להתנהג בעבודתו ית"ש, וזהו "ויקרב אהרן אל המזבח" ר"ל כיון ששמע ממשה שכך הוא המדרגה המעולה, הבושה וגודל ההכנעה בלב ועשה כן, "ויקרב אהרן אל המזבח" פי' שהיה מקרב עצמו תמיד אל המזבח, שהיה מוצא בעצמו חסרונות והיה מחשב תמיד שצריך למזבח כפרה.

וישחט את עגל החטאת אשר לו דהנה באמת מאין יבא לצדיק שיוכשל ח"ו באיזה חטא נדנוד קל, זה בא הכל מחמת חטא עגל, והזוהמא הזאת גודם אף להצדיק חלילה איזה עבירה קלה, וע"י שהוא מתחרט מיד ומצטער מאד ומהרהר בתשובה, אזי הוא גורם "וישחט את עגל החטאת", "אשר לו" פי' שהחטא הזה אינו נחשב לעבירה, כי אם לו לבדו הוא נחשב לו לעבירה, לגודל צדקתו. ובראות שאר בני אדם את מעשה הצדיק הזה, איך שמהרהר בתשובה אפי' על דברים קלים מאד, נשבר לבם בקרבם ומוסרים נפשם ודמם לעבודתו ית"ש.

וזהו "ויקריבו בני אהרן את הדם אליו" פי' כנ"ל שע"י הצדיק מקריבים דמם לו ית"ש. "ויטבול אצבעו בדם" רמז שהצדיק מעלה את הדם של מסירת נפשם "על קרנות המזבח", קרנות לשון גדולה ושררה, שפועל בזה לדבר גדול מאד. ו"את הדם יצק" פי' המידות שהם מחזיקים בהם עם מסירת נפשם יצק "על יסוד המזבח" פי' נעשה מהם יסוד לעולם המזבח כנ"ל.

ונחזור לביאור הכתוב שע"ז יש כח לכלות האויבים "מכל הבהמה", דהיינו כללות ישראל ע"י הצדיק הנקרא "כל בהמה" ע"ד שאמרו חז"ל אדם ובהמה אלו בני אדם שמשימים עצמם כבהמה, דהצדיק מכניע ומשפיל עצמו כבהמה וע"ז כללות ישראל נגבהים ומתעלים וכנ"ל. "מפרסת פרסה" מלשון ופרשו השמלה, דהנה השמים נבראו ע"י פריסה דהיינו הבדל, כמו שאמר הכתוב "יהי רקיע בתוך המים ויהי מבדיל בין מים למים", וי"ל הפי' דהנה שמים פרש"י אש ומים, דהתורה נקראת מים, והשי"ת ברא מדרגות והבדל בין מים למים, שפי' שצריך האדם ללמוד עם אש התלהבות וחשק לשמו ית', ורקיע הוא לשון ריקועי פחים, ותרגומו ורדידו לשון דקות, דהיינו שצריך להיות דקות בין מים למים, שהסודות התורה יעלה למעלה ולהשפיע למטה, וזהו "מפרסת פרסה" כנ"ל, שיהא מבדיל בין מים למים, "ושוסעת שסע" שיהא הבדל גמור.

או יאמר "מפרסת" כו', ע"ד והיה עקב תשמעון, אלו עבירות שאדם דש בעקביו שיהיו דומים עליו כחמורות, והיינו "את המשפטים האלה", וזהו "מפרסת פרסה" לשון דריסת הרגל בפרסות רגליו. וק"ל.

**תזריע**

אשה כי תזריע וילדה זכר כו'. דהנה כתיב "יום ליום יביע אומר" נ"ל דהנה בני אדם ההולכים שובב בדרך ליבם אחר שטותיהם והבליהם, אז אין הפרש אצלו, וכמו שהיה מתנהג יום אתמול כן היום כן מחר, ולא יוסיף דעת ושכל כלל, אבל הצדיקים ההולכים בדרכי השי"ת ועבודתו, אז כל יום ויום יבין וישכיל יותר ויותר מה שלא השכיל אתמול, ובכל יום יוסיף פיו לדבר חכמות ואמרי נועם בחכמות אלקות ורוממות עד אין תכלית, וזהו "יום ליום יביע" לשון מים תבעה אש, שנעשה כמין אבעבועות הנגבהים למעלה, כמו כן הצדיק בכל יום עולה לו אמירה נעימה יתירה מיום אתמול, שיום אתמול שנהג בקדושה גורם לו קדושה יתירה ליום הבא אחריו, רק שצריך האדם לילך ממדריגה למדריגה, דהיינו שמתחילה צריך לתקן מדותיו ואת חטאת נעוריו, וזה נקרא בשם נקבות, ואחר כך יבא אל הקדושה עליונה הנקרא בשם דוכרא, שהוא כלי שלם ומלא בקדושתו ית"ש.

וזהו "אשה כי תזריע" פירוש אשה מזרעת תחילה וכפירוש רש"י, דהיינו שיתחיל מקצה התחתון לתקן את אשר פגם, ואז "וילדה זכר" כנ"ל, יבוא אל קדושה רבה הנקרא בשם זכר, ומפרש הכתוב "וטמאה שבעת ימים" פירוש שיתקן תחילה מה שפגם בז' מדריגות עליונות, שזה נקרא בשם טומאה, רצה לומר שיסתכל מה שטימא ועד היכן קלקל, "וביום השמיני" רצה לומר ואז יבוא אל הקדושה עליונה שהיא מדריגה שמיני למעלה למעלה, "ימול בשר ערלתו" ויהיה לו מחשבות קדושות ודביקות בו ית"ש.

וזהו "מעלה נשיאים מקצה הארץ" דנשיאים כתיב בתורה חסר, ואמר הכתוב "מעלה נשיאים" פירוש שצריך להעלות מה שחיסר, "מקצה הארץ" פירוש מקצה התחתון שקילקל מתחילת קצה הראשון, "ברקים למטר עשה" פירוש ואח"כ יהיה יכול להשפיע לעולם השפעות טובות.

או יאמר "וטמאה שבעת ימים" דהנה אף אם יהיה אדם צדיק, צריך להכניע עצמו תמיד להסתכל על החסרונות שבו, ולעולם לא יהא מלא ממעשיו, וצריך תמיד לעבוד לו ית"ש במדריגות נקבות וזכרות כנ"ל, דהיינו שצריך לילך תמיד בקדושה ברוממות אל ולהסתכל בשפלותו.

וזהו "זכור ושמור בדבור אחד נאמרו" ד"זכור" לזכר ו"שמור" לנקבה, הם שני המדרגות שייכים לדיבור אחד וכנ"ל, ועל ידי זה יזכה שיתן לו השי"ת דביקות גמור מלמעלה, וזהו "יום ליום יביע" על דרך שאמרו חז"ל אין טיפה יורדת מלמעלה אלא אם כן טיפיים עולות מלמטה כנגדן, פירוש דהש"י ב"ה אין נותן דביקות לאדם מלמעלה אלא אם כן ב' טיפים עולות מלמטה, הם ב' מדריגות הנ"ל, שעובד בהם בנקבות וזכרות.

וזהו "אשה כי תזריע" כנ"ל, "וטמאה שבעת ימים", דשבעים שנה של אדם המה נקראים שבעת ימים, כל עשר ועשר נקרא יום אחד, כמו שכתוב בספרים, ופירושו הוא שצריך להסתכל תמיד בכל מעשיו של שבעים שנה, שחיסר בהם מאד, וטימא אותם בעונות הרבה, "כימי נדת דוותה תטמא" פירוש שיהא נדמה בעיניו החטאים הקלים שאדם דש בעקביו כחמורות שבחמורות. וזהו "כימי" כו' שהיא טומאה חמורה, "תטמא" כן יהיה בעיניו קלות שבמעשיו, "וביום השמיני ימול" כו' כנ"ל, ולזה צריך דביקות גדול להיות דבוק בקדושה עליונה הנקרא שמיני וכנ"ל, ו"ימול בשר ערלתו" פירוש רוח נכון יחדש בקרבו.

וזהו דאמרינן בגמרא "אמרו עליו על שאול בן בטנית שכנס ש' מאות גרבי שמן ממיצוי המידות", דהנה ישראל כשעברו על הים, היה על ידי ע"ב שמות היוצאים מפסוק ויסע ויבא ויט, והם ע"ב גשרים כידוע ליודעי חן, ועם אותם ע"ב שמות נמתקים המספר של רבוע אלקים שמספרו שי"ן.

וזהו "ונתתי עשב בשדך" פירוש "עשב" ע"ב שי"ן, דהיינו שזה נתון ומסור בידך להמתיק השי"ן על ידי ע"ב כנ"ל, "בשדך" רוצה לומר על ידי קדושתך הגדולה שאתה הולך בה שהיא שדה תפוחים, וכבר הערנו שהשורש לבוא אל האור האמיתי, הוא על ידי המידות, שיתקן אדם את עצמו במידותיו מקצה הראשון ותחילתם וכנ"ל. וזהו אמרו עליו כו' שכנס ש' מאות גרבי שמן "ממיצוי המידות" פירוש שהיה צדיק גדול כל כך, שתיקן המידות מתמציתם, מקצה תחילתם, "היה כונס", כלומר על ידי זה המתיק השין כנ"ל, על ידי "גרבי שמן" פירוש האור הגדול שהיה לו על ידי מיצוי המידות, היינו מתמצית כנ"ל.

ולפי דברינו יתורץ מה שיש לדקדק לכאורה בהפסוקים שלפנינו, שנכתב בתורה ברישא נגעי אדם, ואחר כך נגעי בגדים, ואחר כך נגעי בתים, והלא הנגעים באים על החטא, ואין בעל הרחמים פוגע בנפשות תחילה, והיה ראוי לכתוב מתחילה נגעי בגדים ובתים ואחר כך נגעי אדם. אך לפי דברינו יבואר בעזרת ה"י, דהתורה מלמדת האדם דרכי ה' בהדרגה כנ"ל, דהיינו שמתחילה צריך האדם לתקן המידות שבו, דהיינו הגאוה והתאוה והחמדה והשקר והחנופה ושאר המידות המגונות, אשר כל מידה לעצמה יש לה ענפים רבים עד אין מספר, וצריך האדם להשכיל מאד לעמוד עליהם, וישגיח עליהם בעזר האל, שברוב רחמיו הוא הנותן בינה לאדם הרוצה בעבודתו באמת, ואי אפשר לפורטם, ואחר כך צריך האדם כשיעשה מצוות או מעשים טובים שהם הלבושים של אדם, צריך להשכיל לעשותם כתקנם, לבל יתערב שום סיג ופסולת, ואחר כך צריך לתקן את הבית, הוא העולם העליון אשר הוא קשור בו, שזה עיקר ביתו ודירתו של אדם, ואחר שיזכה לכל זאת בהדרגה כנ"ל, אז הכח ביד הצדיק הזה להמתיק כל הדינים, ולעורר רחמים גדולים לעולם.

וזהו "אדם כי יהיה בעור בשרו" כו'. דהנה כתיב ויעש אלקים לאדם כתנות עור וילבישם, ואיתא בגמ' "מצינו בתורתו של רבי מאיר כתנות אור באלף", ויש לפרש דהנה באמת השי"ת ב"ה ברא את האדם, והיה כל גופו אור גדול בלי שום יצר הרע, וישיבתו היתה בגן עדן כמאמר הכתוב וישם כו' לעבדה ולשמרה, רק שהיה קצת דקה מן הדקה נדנוד יצר, כאשר ראינו באמת שחטא, רק שהיה בקושי גדול להנחש להחטיאו כידוע, עד שרכב הס"ם כו', ואחר חטא האדם שאכל מעץ הדעת טוב ורע, אז ניתן הבחירה לאדם לעשות טוב ורע חלילה. וברצות האדם דרכי ה' ותורתו הקדושה לשמור כמצוותה לשמה, אז נעשה גופו גם כן כתנות אור באלף כאשר בתחילת הבריאה, וממילא מבואר הפירוש "בתורתו של רבי מאיר" שלפי הנהגתו של רבי מאיר, שהיה מתנהג בהתורה הקדושה, היה לו "כתנות אור באלף" כנ"ל, לפי שתיקן את גופו ואיבריו, והיו מאירים אור גדול. ואמר הכתוב "אדם כי יהיה בעור בשרו" הגשמיות נקרא בשם בשר, והיינו שהכניס חלילה תאות הגשמיות בעורו, פירוש לא די שלא תיקן את עורו שיהיה אור באלף, אלא שהוסיף חלילה חטאים ועוונות בעורו, ואמר הכתוב, מה הם החטאים ועוונות? ומפרש "שאת" רמז למידות המגונות שהם שורש כל החטאים, שעל ידי מידות רעות בא אדם לכלל חטאים, ושורש המידות רעות היא הגאוה, ושאת רמז לגאוה על דרך דאיתא במדרש שאת זו בבל, על שם ונשאת את המשל על מלך בבל, עיין שם במדרש תזריע, ואיתא בגמרא, עשרה קבין גאות ירדה לעולם ט' נטלה בבל. "או ספחת" פירוש הכתוב מלמדינו על ידי איזה סיבה יבוא אדם לגאות בכדי שידע להזהר. אמר הכתוב לזה יש שתי סיבות, "או ספחת" דהיינו התחברות מחמת שאדם מחבר עצמו אל אנשים ריקים המהלכים ברחובות ושווקין, זה סיבה אחת הגורמת במהרה גאות לאדם, וספחת הוא מלשון ספחני נא, "או בהרת" סיבה השנית הבהירות של אדם, כפירוש רש"י בהיר הוא בשחקים, דהיינו לפעמים אם יבוא לאדם איזה בהירות והתלהבות על ידי איזה עובדא שעשה, בקל יוכל לבוא לידי פניות וגאות, אם אינו זהיר וזריז לשמור עצמו.

"והיה בעור בשרו לנגע צרעת" דנגע הם אותיות ענג, דהיינו שהיה אפשר לו להפך הנגע לענג, אך אם אינו נזהר, אז נעשה נגע צרעת, ואמר הכתוב איך יעשה ויתקן את מעשיו? "והובא אל הכהן" דהצדיק גמור נקרא כהן, דהיינו יחבר עצמו לצדיקים, "וראה הכהן וכו' ושער בנגע הפך לבן" פירוש שהצדיק יראה באיזה אופן יהיה הנגע, דהיינו שיבין את זאת, אם נתהפך הלבן דהוא לובן העליון, הן אם נתהפך על ידי "שערה", דהיינו על ידי חטא קל דזה הוי כהררים התלויים בשערה, או מחמת "ומראה הנגע עמוק מעור בשרו" פירוש חלילה מחמת שהעמיק את הנגע בבשרו, "נגע צרעת היא" הן זאת והן זאת, הכל הוא נגע צרעת. "וראהו הכהן וטימא אותו" רצה לומר יראהו ויבינהו את הפגם הגדול שגרם בכל זאת, ויורהו דרכי התשובה והחרטה באמת, לתקן את המידות המגונות והרעות שבו.

ואחר כך כתבה התורה נגעי בגדים, רמז הנגעים הבאים חלילה ללבושיו כנ"ל, דהיינו שיבוא איזה סיג או פסולת בהמצות שעשה, "בבגד צמר" רמז למצוות, כי מצות ציצית עיקרם הם בצמר או פשתים, ומצות ציצית מרומז נגד כל המצות, "או בשתי או בערב" רמז על דרך שאמר בגמ' ע"א שתפשו לרבי אליעזר בן פרטא אמרו ליה מאי טעמא תנית ומאי טעמא גנבת כו' אייתו ליה תרי קבורי אמרו ליה הי דשתי והי דערב אתרחיש ניסא אתיא זיבורא ויתיב על דערבא ואתיא זיבורתא ויתיב על דשתיא, ופירש רש"י זיבורא זכר זיבורתא נקבה, והבין הנס הנעשה לו, שהשתי מקבל הערב, נמצא השתי רומז לזכר והערב רומז לנקבה. וכך אמר הכתוב כאן, באיזה אופן שיהיה הלבוש שעשה מהמצוות, הן שעשה בנקבות והן בזכרות כנ"ל, "או בעור" פירוש שזה בא לו מחמת העור, הוא הגוף העב החומר, "או בכל מלאכת עור" רצה לומר שמלאכת תיקונו שתיקן את גופו בהמידות כנ"ל לא היה כתקנה, על ידי זה נכנס לו אבק סיג פסולת בלבושו. "והיה הנגע ירקרק או אדמדם" כפירוש רש"י ירוק שבירוקים אדום שבאדומים, רצה לומר זה שאירע פסולת וסיגים בלבושי מצוותיו, זה מר מאד, שמאחר שזכה לעשות לגופו לבושים ממצוות, היה ראוי שישכיל במצוות ה' לעשותם כתקנה, ואמר הכתוב הפעולה גם כן "והראה את הכהן" כנ"ל להתחבר לצדיקים, וילמוד ממעשיהם הקדושים להיזהר ולהישמר ולהשכיל האמת.

ואחר כך מפרש נגעי בתים, "כי תבואו אל ארץ כנען", "ארץ כנען" רמז להדינין, שזה עיקר להצדיק להמתיקם, והיינו "כי תבואו" כו', פירוש אחר שתזכו למדריגה זאת להמתיק הדינים, "אשר אני נותן לכם לאחוזה" כלומר שאני מסרתי לכם להמתיקם ולהופכם לרחמים, "ונתתי נגע צרעת בבית ארץ אחוזתכם" פירוש על ידי שתהיו אתם נאחזים בבית שלכם, הם העולמות העליונים שאתם קשורים בהם, על ידי זה מסרתי לכם להמתיק הנגע צרעת הם הדינים, ואמר הכתוב "ובא אשר לו הבית" ופירושו הוא שתיכף שיבוא הצדיק הזה אשר תיקן את ביתו המיוחד לו בעולם העליון, "והגיד לכהן" מיד שיגיד לכהן, השי"ת שנקרא גם כן כהן, "לאמר לו כנגע נראה לי" כו', פירוש שצער לי על שיש נגע, הם הדינים, בביתי המיוחד לי, "וצוה הכהן ופנו את הבית" פירוש להמתיקם לרחמים גדולים. אמן.

או יאמר אשה כי תזריע כו'. נ"ל דאיתא במשנה "כל העושה מצוה אחת מטיבין לו ומאריכין לו ימיו". ולכאורה מי זה האיש אשר לא עשה אף מצוה אחת כל ימיו? ואם רוצה לומר העושה מצוה אחת בשלימות, היה לו לתנא לפרש, ובאמת פירשו חז"ל עיין שם. ולעניות דעתי נראה על פי דאיתא "בכל לבבך בשני יצריך", ואיתא "איזהו גבור הכובש את יצרו", י"ל הפירוש כך, דהנה יצרו של אדם מתגבר עליו בכל יום ומחממו להסיתו לעבירה חלילה, וצריך האדם להתגבר בגבורתו להביא אותו החימום אל הקדושה, ואז נקרא היצר הזה בשם גבור, וזהו פירוש איזהו גבור, וזהו בכל לבבך בשני יצריך, דהיינו שאותו החימום של היצר צריך להכניס גם כן אל הקדושה ושניהם כאחד עובדים להבורא ב"ה, וזהו "כל העושה מצוה אחת", כלומר שעושה המצוה באופן ששני היצרים הם אחת, "מטיבין לו", אך אדם אין צדיק בארץ אשר יעשה טוב ולא יחטא, היינו באותו טוב שעושה יש גם כן איזה חטא, פירוש חסרון, שעושה הדבר באיזה פניה.

וי"ל שזה רמז הפסוק "אדם כי יהיה בעור בשרו שחין ונרפא", ש"בשר" הוא רמז על הצדיק ההולך בדרכי ה', והוא במדרגת בשר על דרך והסירותי לב האבן מבשרכם ונתתי לכם לב בשר, אלא שעדיין הוא מלובש "בעור" בעין, ולא באלף כמו שהיה בתורתו של רבי מאיר, על דרך

מה שפרשתי קודם עיין שם, ונמצא הוא עלול לקבל איזה חימום היצר תחת עור בשרו, וזה רמז "שחין" שהוא לשון חימום כפירוש רש"י. ואמר הכתוב "ונרפא", רצה לומר האדם הזה בוודאי בקל יוכל להתרפא על פגמיו וחסרוניו הקטנים, "והיה במקום השחין שאת לבנה", רצה לומר שהצדיק הזה בוודאי על ידי הרהורי תשובה והחרטות על החימום של היצר, על ידי זה יזכה שבמקום השחין ישא לבבו אל אל בשמים, ויזכה לליבון עוונות ולליבון העליון, וזהו רמז "שאת לבנה", "או בהרת לבנה", רצה לומר שגם יוכל לבא אל בהירות גדול, ו"בהרת" הוא לשון בהירות ואור ההתלהבות בעבודת הבורא ית"ש. ואמר הכתוב אף על פי שתזכה לכל זה, אף על פי כן הנני מזהירך ומלמדך שתדע באמת שעדיין יש בך "אדמדמת", פירוש פתוכי אדמומית, רמז לחטא שנקרא אדום.

"ונראה אל הכהן" פירוש הכהן הוא הצדיק הגמור האמיתי, על דרך שאמר הכתוב "והכהן הגדול מאחיו" ודרשינן גדלהו משל אחיו, י"ל הפירוש דכהן גדול צריך להיות גדול בנוי בחכמה בעושר, ולכאורה העשירות הוא דבר השמאלי, אלא הפירוש הוא כך "בנוי בעושר" פירוש שגם העשירות יהיה לעבודת הבורא ב"ה ולא להנאת עצמו, "ואם אין לו" רצה לומר אם עדיין לא הגיע למדרגה זו, שעדיין יש לו חימום ותאוה אל העשירות החומריות, "גדלהו" צריך להשתדל להביא אותו אל מדריגה זו, "מאחיו" על דרך הנ"ל, הם השני המלאכים המלוין את האדם, המה היצר טוב והיצר הרע, צריך להביא את שניהם אל הגדולה דהיינו ימין. וזהו "עושר שמור לבעליו לרעתו", פירוש שהבעלים צריכים לשמור העושר מהרעות שבו כנ"ל.

ונחזור לענינינו "ונראה אל הכהן" רצה לומר שהצדיק הנ"ל, שעדיין הוא צריך אל הצדיק הגמור האמיתי להיות נראה אליו, "וראה הכהן" פירוש וראה האיש הזה על הכהן, דהיינו הצדיק הגמור, "והנה מראהו שפל מן העור" פירוש שידמה בעיניו שעדיין גם בו חסרונות, כי כן יש בני אדם הבאים אל הצדיקים הגדולים וקשה להם על הצדיק קושיות. וזהו "ושערה" פירוש שיהיה כמו שער בנפשו שיעלה במחשבתו כמה קושיות על הצדיק גמור, וכל זה הוא מחמת חסרון שלמותו, ואף על פי כן "הפך לבן" רצה לומר אחר כל מחשבותיו וקושיותיו על הצדיק גמור, יגרום לו קדושתו של הצדיק ההוא שייהפך גם הוא ללבן.

וזהו "אשה כי תזריע" כפירוש רש"י אשה מזרעת תחילה יולדת זכר, פירוש על דרך הנ"ל שצריך שחימום היצר יביאו אל הקדושה ולעבוד בשני יצרים, כדאמרו ז"ל "זריזות מביא לידי נקיות" רצה לומר הזריזות שמזרז עצמו ומתגבר בחמימות של היצר להביא אל הקדושה, מביאו לידי נקיות, על דרך יצא פלוני נקי מנכסיו, דהיינו בעשותו מצוה הרי היא נקיה מכל סיג, "ונקיות מביאה לידי טהרה" שהוא מדריגה גדולה, וזהו "אשה" רמז על היצר הרע שהוא הנקבות והשמאלית כידוע, ואם גם הוא מזריע בו תחילה החמימות אל המצוה, "וילדה זכר" הרי הוא מוליד הולדה העליונה הנקרא בשם זכר, "וטמאה שבעת ימים" כנ"ל, דהנה אנחנו צריכין למנות הימים, שאנו אומרים היום יום ראשון בשבת, וכן בכל יום, וכוונתינו בזה הוא כדי להכניס קדושת שבת בששת ימי החול, ונמצא בכל דבר כלול קדושת שבת חלק שביעי, וגם באכילה ושתיה צריך לעורר הקדושה שיהא שורה בו הששה קצוות ויום השביעי, וצריך שיבין הצדיק שכל עבודתו העבר עדיין היה בכלל טומאה, דהיינו שלא היתה עבודתו שלימה.

וזהו "וטמאה שבעת ימים" רמז על כל דבר שעשה עד הנה, "כימי נדת" כו', כך ידמה בעיניו, ועל ידי זה ילך בכל פעם ממדריגה למדריגה עד התכלית המכוון. וזהו "וביום השמיני" רמז אל הקדושה שהוא למעלה מקדושת שבת הנקרא ממחרת השבת, והוא יום השמיני כידוע. "ימול בשר ערלתו" רצה לומר אז ימול כל ערלת לבו. "ושלשים יום ושלשת ימים" דאיתא בגמרא ישלש אדם שנותיו שליש במקרא כו', וידוע שכל דבר קדושה כלול מעשר. וזהו "ושלשים ושלשת" רצה לומר כל מה שמשליש ימיו במקרא, צריך להיות כל אחד כלול מעשר, דהיינו שלשתן בין כולם שלשים. "תשב בדמי טהרה" רצה לומר כל זה יעשה תמיד כך בחמימות של הטהרה, כי נקיות מביא כנ"ל. ואמר הכתוב בכל זאת לא תחזיק עצמך בעיניך שבקרבך קדוש, "וזהו בכל קודש לא תגע ואל המקדש לא תבא" כי בזמן המקדש היה השראת השכינה בבית המקדש, ועתה בגלותינו המר כתיב ואהיה להם למקדש מעט, היינו שמשרה שכינתו על הצדיק, ואתה אל תחזיק עצמך במדריגה זו, "עד מלאת ימי טהרה" רצה לומר עד אחר שיתמלאו ימיך ימים רבים בקדושה ובטהרה.

או יאמר אשה כי תזריע כו'. ואיתא בגמרא מפני מה צדיקים נמשלו לעתר, מה עתר מהפך התבואה בגורן, אף צדיקים מהפכין מידת הדין למידת הרחמים. אך כשיש התעוררות תשובה בעולם, אז רחמים בעולם מתחילה ואין צריך להפך, וזהו "אשרי העם שככה לו" רצה לומר אשרי כשיש צדיקים בעולם שיכולים להפך הדין ולשככו להפכו לרחמים, ו"שככה" הוא מלשון וחמת המלך שככה, "אשרי העם שה' אלהיו" רצה לומר אשרי כשהדין הוא רחמים מעיקרא, דהיינו כשיש התעוררות תשובה בעולם כנ"ל.

וזהו "אשה כי תזריע" רצה לומר כאשר כל העולם בהתעוררות תשובה, שאף אותם שהם בנקבות מזריעים ועושים פירות בקדושה, אז "וילדה זכר" רצה לומר רחמים מעיקרא נקרא בשם זכר, "ואם נקבה" רצה לומר בשיש דין חס ושלום שכינה לנקבה, "תלד" רצה לומר גם זאת אפשר לעשות בו הולדה להפכו לרחמים. אמן.

או יאמר אשה כי תזריע כו'. דהנה האדם צריך לעבוד הבורא ב"ה תמיד בתורה ותפילה, רק שאי אפשר לאדם להיות עוסק תמיד בלי הפסק בתורה ובתפילה, וצריך לפעמים לדבר עם אחרים כדי לבטל השיעמום חס ושלום, רק שבכל זאת צריך שלא יהיו אותן הדברים שיחת חולין חס ושלום, רק צריך לדבר ולשיח דברים של יראה ומוסר, אז פועל בדברים אלו שמתעורר אורות עליונים בדיבורים אלו, וזה נקרא בשם "זריעה", כמו שאדם זורע בודאי הזרע מתרבה ומצמיח יותר ויותר, כך הצדיק הגדול שמדבר דיבורים קדושים דברי יראה ומוסר, הוא מזריע לאחרים, כי הוא פועל שיתרבה הרהורי תשובה בליבות בני אדם שמדבר עמם, וגם פועל שיתרבה אורות עליונים למעלה. וזה פירוש הפסוק "אור זרוע לצדיק ולישרי לב שמחה" רצה לומר שזה האות והסימן הניכר לכל, שזה ה"אור" הוא "זרוע להצדיק" שמזריע אורות עליונים בדיבורו, זה הוא האות, ש"לישרי לב שמחה" בדיבורו, כשהצדיק מדבר דברי מוסר, אזי הוא מכניס יראה בלב בני אדם הישרי לב המדבר אליהם, וכשאנו רואים שדבריו נתנו שמחה בלב ישרי לב, בודאי נתעורר אורות עליונים למעלה.

אבל צריך הצדיק לזה להיות מתון ומדקדק על עצמו בדיבוריו, שלא יבוא לו חס ושלום פניה מזה שמדבר דברים כאלו, וצריך להרגיל עצמו בכל פעם מעט מעט עד שיהיה לו הדבר הרגל שלא יהיה לו שום פניה לגמרי. וזהו פירוש הגמרא "שיחתן של תלמידי חכמים צריכין לימוד" רצה לומר כשהצדיק משיח שיחת חולין כדי לנוח מעט מלימודו, צריכין להיות באופן הנ"ל בדברי יראה ומוסר, וזה צריך לימוד, שפירושו הרגל, שצריך שירגיל את עצמו שיהיה לו לטבע שלא יבוא לו איזה פניה וגדלות מזה, והיינו שהתלמיד חכם עצמו צריך להרגיל עצמו בשיחה נאה הזאת, כדי שלא יבא לידי פניה. וזהו "ויברך ה' אותך לרגלי" פירוש שיעקב אבינו עליו השלום היה רוצה להראות ללבן שהשי"ת בירך אותו בשביל צדקתו, ועיקר הצדקות הוא אחר ההרגל כנ"ל, וזהו שאמר ויברך ה' אותך לרגלי, דהיינו אחר שהרגלתי בצדקתי.

והנה כשאדם עוסק בתורה או תפילה, אז נקרא במדרגת "זכר", אבל דברים הנ"ל, היינו דיבורים דברי יראה ומוסר שהצדיק מדבר לפעמים, זה נקרא בשם "נוקבא", כי העיקר הוא התורה והתפילה, אלא שצריך לדיבורים אלו כנ"ל, וגם פועל לעצמו שיעלה על זכרונו הרהורי תשובה בעת שיעמוד עצמו להתפלל או ללמוד, אז הדברי קדושה שדיבר קודם יזכירו לו הרהורי תשובה. וזהו פירוש "אשה כי תזריע" רצה לומר כשאדם הוא במדרגת אשה, דהיינו בשעת הדיבורים דברי יראה ומוסר כנ"ל, שמזריע אורות עליונים, יפעול גם כן בזה "וילדה זכר" פירוש שיוולד לו מהדברים האלו זכירה, שיזכיר לעצמו בשעת תורה ותפילה הרהורי תשובה. "וטמאה שבעת ימים" רצה לומר הצדיק הזה שהוא במדריגה ההוא כנ"ל, הצדיק הזה אינו מוצא בעצמו שום מעלה כל ימיו, רק תמיד הוא אצלו כטמא חס ושלום בטומאת עוונות, שסובר בודאי שעדיין אינו טהור בעבודתו ית"ש. וזה "וטמאה שבעת ימים" רמז לשבעים שנה של אדם, ודואג תמיד שיטהר עצמו יותר ויותר, אבל זה הוא שלא בשעת תפילה, דהיינו כשמדבר עם בני אדם, אז צריך הצדיק להתיישב בשפלותו מטעמים הנ"ל, אבל כשצריך להתפלל על איזה דבר, אל יאמר בלבו מי אנכי שאתפלל על הדבר ההוא, רק אדרבה צריך להחזיק אז במדרגתו ואל יתעצל מלהתפלל על כל דבר, וזהו "וביום השמיני ימול בשר ערלתו" רצה לומר כשיבוא למדריגה השמינית שהוא העולם העליון ונעלם, אז צריך לימול בשר ערלתו, פירוש להחזיק עצמו לצדיק גדול כאילו אין בו שום שפלות וערלות, גם צריך להצדיק הנ"ל להחזיק עצמו במדריגה הזאת, דהיינו "שלשים יום ושלשת ימים תשב בדמי טהרה" פירוש שצריך להחזיק עצמו פעמים בגדלות ופעמים בקטנות כנ"ל, "שלשים" רמז לגדלות, ששם הוי"ה ב"ה עם ארבע אותיותיו עולה גימטריא שלשים, ו"שלש" הוא קטנות, כי שלש הוא מספר קטן של שלשים, והיינו להחזיק עצמו בשפלות והכנעה, דהיינו "בדמי" שהוא טמא, ולפעמים להיפך דהיינו ב"טהרה", שבשעת תפילה יחזיק עצמו לטהור גמור שהוא צדיק כנ"ל, עד כאן מדריגת צדיק ההולך תמיד בעבודתו ית"ש. אבל אם אדם חס ושלום אינו עובד הבורא, ומתעצל עצמו בעבודתו בתורה ובתפילה, שאינו מתפלל בזריזות וחדוה, וכן בשאר דברי קדושה הוא מתעצל, הוא מכונה בשם "נקבה", כי טבע הנקבה היא בעצלות, וזה "אם נקבה תלד וטמאה שבועיים" פירוש שהוא טמא חס ושלום שבועות הרבה, עד שיעשה תשובה שלימה להשי"ת ויתקן מעשיו, ואז טוב לו בזה ובבא.

אדם כי יהיה בעור בשרו שאת או ספחת או בהרת כו' לנגע צרעת והובא אל אהרן הכהן כו'. דהנה לפעמים יבוא אדם להרהור תשובה, ועושה איזה עובדא להבורא ב"ה, דהיינו תפילה ושאר דברים שעושה, והם אינם בפנימיות לגמרי, מחמת שלא תיקן את עצמו עדיין, ולא עשה תשובה על חטאת נעוריו. וזהו "אדם כי יהיה בעור בשרו שאת" רצה לומר שישא לבבו בקרבו באיזה הרהור תשובה לעבודת השם, "או ספחת" פירוש שיבוא לו הרהור שיחבר עצמו לאנשים צדיקים, כמו ספחני נא כו', "או בהרת" שיבוא לו איזה בהירות לעבודתו ית"ש, רק שכל זאת אינו בתמימות לגמרי, רק מבחוץ מראה עצמו כך, "בעור בשרו" ולבו בל עמו לגמרי, אמר הכתוב שזה בא לו מחמת שלא טיהר עצמו לגמרי מחטאת נעורים, וזהו "לנגע צרעת" כמו בשביל נגע צרעת שבו מנעוריו, ולכן "והובא אל הכהן" שזה האדם צריך לבוא לצדיק גדול וגמור שבדורו, והוא נקרא כהן, ואז יחזור בתשובה אצלו לגמרי, ויבוא לו יראה תמימה בפנימיותו. והשם יזכנו לעבדו בלב ונפש בכל מאודינו ולבנו, אמן כן יהי רצון.

**מצורע**

זאת תהיה תורת המצורע. נ"ל דהשכינה נקראת "זאת", וידוע דמצורע הוא מוציא רע, דהנגעים באים על לשון הרע, ואמר הכתוב אחר שישוב בתשובה ויתקן את מעשיו, ויפעול על ידי תשובתו ותורתו תיקון השכינה הנקראת זאת, וזהו "זאת תהיה תורת המצורע", פירוש שתורת המצורע תהיה "זאת", שיתקן השכינה הנקרא זאת, "ביום טהרתו והובא אל הכהן", פירוש ביום שיטוהר מעוונו יפעול להעלות השכינה ליחדה עם קב"ה, וזהו "והובא אל הכהן", הקב"ה נקרא כהן, ואז אחר שיעלה את השכינה "ויצא הכהן מחוץ למחנה", דהעולמות עליונים נקראים מחנה, והעולם הזה נקרא חוץ למחנה, "וראה הכהן" פירוש שישגיח השי"ת ב"ה על העולם הזה להשפיע להם, "והנה נרפא נגע הצרעת" פירוש כל הדינים יהיו נמתקים, "מן הצרוע", כל זה יהיה מן הצרוע שהוא יגרום את כל זאת בתשובתו השלימה. וזהו "יהי כבוד ה' לעולם", דהשכינה נקראת "כבוד",

והיינו כאשר יהיה כבוד ה' "לעולם" דהיינו שתעלה השכינה לעולם העליון, אז "ישמח ה' במעשיו", דהיינו במעשה הטוב שישפיע עלינו כל טוב וברכה. אמן כן יהי רצון.

או יאמר "זאת תהיה" כו'. נראה לפרש על דרך הרמז, דהנה בכל עסק האדם הן תורה או תפילה, צריך האדם לומר "לשם יחוד הקב"ה ושכינתיה", ונראה לקרב אל השכל מה הוא היחוד הזה קב"ה ושכינתיה הוא כך, דהנה האדם כשלומד תורה, הוא מדבר דברים קדושים ואותיות הקדושים, ומכח מה הוא מדבר? מכח חלק אלקות אשר בקרבו, דהיינו הנשמה הקדושה היא חלק אלוה ממעל. וזהו ידוע דאורייתא וקב"ה כולא חד, נמצא על ידי נשמה הקדושה שמדבק עצמו בחלק אלקות שבו באותיות הקדושים, אזי מעלה הדיבורים למעלה ומתדבקים באחדותו ית"ש, וזהו יחוד קב"ה ושכינתיה, שמיחד התורה הקדושה ונשמתו הקדושה עם קב"ה על ידי לימוד התורה והתפילה. וזהו בכל אדם, אבל משה רבינו עליו השלום היה בו מעלה יתירה, שקודם הדיבור היה מיחד חלק אלקות שבו עם קב"ה, דהיינו הקול היוצא מגרונו של אדם הוא קודם הדיבור כנודע, והיה זה מעלת משה רבינו עליו השלום שמיד בקול היה מיחד הקב"ה ושכינתיה, דהיינו עם חלק נשמתו, וזהו "משה ידבר והאלהים יעננו בקול", רצה לומר חלק אלהים היה מנענע בו קודם הדיבור, וזהו שאמרו חז"ל "מלמד שהשכינה היתה מדברת מתוך גרונו של משה", דהיינו בקול היוצא מהגרון, דהיינו נשמתו היה מייחד תמיד עם קב"ה בקול.

ועוד איתא בגמרא "במקום שבעלי תשובה עומדין אין צדיקים גמורין יכולין לעמוד", ונראה לתת טוב טעם לדבר, דהנה האדם ההולך בעבודתו ית', צריך לדקדק על עצמו במאד מאד שלא יבא לו שום פניה וגדלות בעבודתו ית"ש, דהיינו בעסק התורה או תפילה, כי אם חס ושלום יבוא לו איזה פניה, אזי העבדות הזה אינו עולה למעלה, אך כשאדם רשע עושה תשובה על עוונותיו הגדולים, דהיינו חס ושלום גזל ועריות ושאר עבירות, כי אין לך דבר שעומד בפני התשובה, וכשעושה תשובה גמורה באמת ובתמים, אז מעלה גם כן התפילות של הצדיק שנפלו לו פניות בהם, ולזה במקום שבעלי תשובה עומדים כו', כי הבעל תשובה במדריגה גדולה יותר מהצדיק, שמעלה גם כן תפילתו והתורות של הצדיק כנ"ל, וזהו "זאת תהיה תורת המצורע" פירוש תורת המצורע שהוא הבעל תשובה המוציא רע, כשיתקן ויעשה תשובה שלימה, אז יפעול שתהיה תורתו תועלת להשכינה שנקראת זאת כידוע, שמעלה את השכינה ליחדה עם קב"ה, ומפרש הכתוב מהיכן זוכה למידה זאת? ומפרש מחמת "והובא אל הכהן" כנ"ל, שמביא ומעלה תפילת הצדיקים שהיו מונחים למטה מחמת הפניות שהיו להם, ומעלה אותם למעלה למעלה.

או יאמר "זאת תהיה וכו' והובא אל הכהן", כבר דקדקו קמאי מה זה ביאתו אל הכהן, כי הצריך לרפואה טוב לו שיחזור אחר רופא מומחה, וגם "ובא" אל הכהן היה לו לומר, ולא "והובא" שמשמע על ידי אחרים. ונ"ל על פי דאיתא בגמרא "מחשבה טובה הקב"ה מצרפה למעשה", ייראה לפרש הלשון צירוף, שהיה לו לומר מְחַשְׁבָהּ למעשה, דהנה המחשבה שאדם מחשב איזה דבר, בודאי אין בה שום פניה, כי מי יודע בו, ואם אדם מחשב לעשות מצוה או עסק התורה ולא עשה מחמת איזה אונס, ואדם אחר עוסק בתורה או במצוה רק שמכוין בה איזה פניה, הקב"ה מצרף את העובדא הזאת למחשבתו של הצדיק, והוי כאילו הוא עושה המעשה ההוא, ולכך "זכה נוטל חלקו וחלק חבירו", פירושו כנ"ל, אם זכה לטהר את מחשבתו תמיד, ומחשב לעשות מצוות ונתבטלו ממנו מכח איזה סיבה, נוטל המצוה של חבירו שעשה במעשה אבל לא במחשבה, ונשלם אחר כך על ידי זה מצוה שלימה. וזהו "לעולם ילמד אדם כו' שמתוך שלא לשמה בא לשמה" פירושו כנ"ל, דהיינו מתוך זה שלמד שלא לשמה, בא לזה שחישב ללמוד אותה מסכת לשמה ונאנס ולא למד כנ"ל.

וזהו "זאת תהיה תורת המצורע" רצה לומר העסק התורה של המוציא רע מה תקנתו, "והובא אל הכהן" שהתורה הזאת מובאת אל הצדיק שהיה מחשבתו לעסוק בתורה וכנ"ל, "ויצא הכהן" כו', דהצדיק צריך לתקנו ולהחזירו בתשובה, ומחמת גודל האור והדביקות של הצדיק, בלתי אפשרי לאדם השפל לקבל ממנו תשובה, ואמר הכתוב "ויצא הכהן" פירוש שצריך להטות את עצמו ולירד ממדרגתו, "אל מחוץ למחנה" פירוש אל האדם השפל הזה שיצא חוץ למחנה השכינה, שהפריד את עצמו מהקדושה על ידי חטאיו, "וראה הכהן" היינו הצדיק בראייתו הקדושה ושכלו שמשים עינו עליו, "והנה נרפא" על ידי הצדיק המשרה עליו קדושה בראייתו.

וצוה הכהן ולקח כו' שתי צפרים, דהנה השכינה נקראת "הציפור", שהיא עמנו בגלותינו, כמו שנאמר "כצפור נודדת מקינה" כו', זהו נאמר על השכינה שגלתה עמנו בשני חורבנין, בבית ראשון ובית שני בחטאינו, כדאיתא בגמרא "בית ראשון היה בו עבודה-זרה גילוי-עריות שפיכות-דמים, ובית שני שהיה בו תורה וגמילות חסדים מפני מה גלו, אלא שהיה בו שנאת חנם". והנה האדם בנעוריו אז הוא עדיין בכח ובריאות ומתגבר עליו היצר הרע להכשילו בגילוי עריות ושפיכות דמים, כדאיתא בנדה "שוחטי הילדים, אל תקרא שוחטי אלא סוחטי", ואחר כך בזקנותו, שאז נחלש כחו ופסק ממנו קצת תאוות והרהורים, אבל עדיין לא יסור ממנו עוון הזה של שנאת חנם, ואמר הכתוב "וצוה הכהן" היינו הצדיק ילמוד לאיש השב לשוב בתשובה שלימה על החטאים שעשה בנעוריו, וגם על החטאים שלעת זקנותו, שבשני עניני חטאים האלו הוא גורם גלות השכינה, וזהו "ולקח שתי צפרים" כנ"ל, לתקן עוונותיו שעל ידו נגלתה השכינה שתי פעמים כנ"ל, ואז כשיעשה תשובה שלימה יזכה לבוא לידי מדריגה זו "חיות טהורות", דהנה במרכבה הקדושה כתיב "פני אדם מימין כו' ופני השור משמאל ופני נשר" כו', ויש ליתן טעם על היות במרכבה הקדושה חיות טמאות. והוא כך מחמת שמשם יומשך כל דבר גשמי לעולם, ומן פני אדם ושור יומשך חיות ודביקות לעולם, אלא הפרש ביניהם, אדם שהוא מימין, הוא הכל דביקות וחיות, והשור שהוא מהשמאל, לא יומשך הכל בדביקות וחיות, כי אם השפעות גדולות לעולם גם כן בדביקות, אבל אינו כל כך כמו מימין, וזהו "חיות טהורות" רצה לומר שעל ידי התשובה השלימה יזכה לבוא לידי דביקות וחיות ואור גדול.

ואיך יעשה תשובה באיזה אופן? ואמר הכתוב "ועץ ארז" אם קלקל ועיוות בעוונותיו שהיה גבה לב, אז ישפיל עצמו מאד מאד, וזהו גם כן "שני תולעת" פירושו "שני" לשון משנה כפול, כלומר מאד מאד יהיה בעיניו כתולעת ואזוב, "וצוה הכהן ושחט את הצפור האחת", דהנה העוון שנאת חנם קשה מאד לאדם להיפרד ממנו מכל וכל, וצריך לזה תשובה גדולה, לשבר את גופו ככלי חרס שאינו יוצא מידי דופיו לעולם ואין לו תקנה אלא שבירה, ולכן מלמד הכתוב "ושחט אותה אל כלי חרס" שתקנתו של זה הוא בכלי חרס, והיינו שבירה, ואחר זה יזכה לבוא אל דביקות וקדושה גדולה, וזהו "על מים חיים" שיעשה כל הנ"ל כדי שיזכה למים חיים הנובעין תמיד ממקור החיים ודביקות, וכל זה יזכה אם יהיה תשובתו שלימה, לשאוב ולקבל קדושה רבא מהדביקות הבא מימין כנ"ל, וזה נקרא בשם "דוכרא", אבל השמאל נקרא בשם "נוקבא", וזהו "אשה כי תזריע וילדה זכר" כפירוש רש"י אשה מזרעת תחילה, פירוש אם יהיה תשובתו מצד הנוקבא משמאל, אז יפעול "וילדה זכר" לשון זכירה, שגורם להזכיר את ישראל לפני הבורא ב"ה להמשיך משם השפעות גדולות כנ"ל, אבל עדיין אינו בא אל המדריגה העליונה וחיות ודביקות כנ"ל, וזהו "וטמאה שבעת ימים" רצה לומר שאינו כל כך בתשובה שלימה לתקן את השבע מדריגות שצריך האדם לתקנם, וצריך להתגבר במאד מאד לילך ממדריגה למדריגה, וכשיבוא למעלה העליונה והיינו "ביום השמיני", אז "ימול בשר ערלתו" שיהא קדוש וטהור:

**אחרי מות**

אחרי כו'. נ"ל על דרך הרמז, דהנה הצדיק מהפך הדין לרחמים, ואף אם נגזר על אדם מיתה חלילה, יכול לבטל הגזירה ולהפכו לחיים, והסיבה לזאת שכח ביד הצדיק לעשות כן, הוא מחמת שהצדיק עולה בתפילתו בעולמות עליונים אשר שם כולו רחמים בלא תערובות דין כלל, ושם לא נגזר אותה גזירה, וממשיך משם חיים לאותו האדם. וזהו "ששון ושמחה ישיגו" כו', רצה לומר הצדיקים משיגים לעולמות עליונים אשר שם ששון ושמחה, כמו שאמר הכתוב "עוז וחדוה במקומו" וממילא "נסו יגון ואנחה". וזהו גם כן "ויוציא עמו בששון ברנה את בחיריו", רמז לדברינו שמוציא את עמו ומביאם לעולם הששון, ואז "ברינה את בחיריו" פירוש אז מביא רינה לישראל בחיריו. וזהו "אחרי מות שני בני" כו', רצה לומר שיש כח ביד הצדיק שיהיה אחרי מות, כלומר לבטל המיתה מאיזה אדם, כמו שאומרים בני אדם על דבר הנתבטל, אומרים שכבר אחר הדבר ההוא, שלא יהיה עוד. ואמר הכתוב על ידי דבר מה יוכל הצדיק לבטל? ומפרש "בקרבתם לפני ה'" פירוש כנ"ל, על ידי שמתקרבים לפני ה' לעולמות עליונים, "וימותו" רצה לומר הרי הוא כאילו נתקיים הדין של מיתה, ובאמת נמשך להם חיים על ידי הצדיק.

דבר אל אהרן אחיך. נראה לפרש דהתורה הקדושה מלמדת לאנשים המוכיחים לבני אדם, שלא יוכיחו לאנשים ליצים וריקנים, אשר בודאי אין דבריהם נכנסים כלל באזניהם, כמו שאמר הכתוב "אל תוכח לץ", רק לאנשים המקשיבים לקול תוכחה ומוסר ורוצים בתשובה, אליהם יגיד ויורה דרכי התשובה.

וזהו "דבר אל אהרן אחיך" רצה לומר שהוא אחיך, ורוצה במעשים טובים ויקבל תוכחה ממך, וכה תאמר אליו "ואל יבא בכל עת אל הקודש מבית לפרוכת" פירוש, אם הוא אדם כזה שיש לו כל מיני עיתים לטובה ולרעה, שלפעמים עושה מעשים טובים ולפעמים להיפך, שנכשל חס ושלום לפעמים בעבירה, האדם כזה "אל יבא בכל עת אל הקדש" שאל יכניס עצמו בסודות עליונים, "אשר מבית לפרוכת" פירוש כיון שעשה לעצמו מסך המבדיל בינו ובין הקדושה, לא יכנס בסודות עליונים מיד, רק מתחילה ישוב מעבירות שבידו בתשובה ויתחרט מאד.

וזהו "אל פני הכפורת" לשון כפרה, שהתשובה והחרטה מכפרת עוון, "אשר על הארון" רצה לומר קודם לימוד התורה יתחרט ויתודה על עוונותיו, ויהיה לימודו לרצון לפניו ית"ש, ו"ארון" רמז על התורה על שם שמונחת בארון, זה העיקר. ואמר הכתוב "כי בענן" פירוש גם אם עשה לעצמו מסך המבדיל, כמו שכתוב "סכות בענן לך מעבור תפלה", אף על פי כן "אראה על הכפורת" פירוש על ידי התשובה והחרטה יראה אליו השי"ת לקבלו, "ולא ימות" שגדול כח התשובה שמארכת ימים, ואין לך דבר שעומד בפני התשובה.

בזאת כאן מתחיל הפסוק לדבר מדריגת הצדיק הגמור. "בזאת יבא אהרן" הוא הצדיק הגדול, יבא "אל הקדש" בקדושה העליונה, "בפר בן בקר" פר הוא דינים כידוע, בקר רמז לחסד מלשון בוקר, דהיינו גבורה שבחסד, רצה לומר שיהיה לו יראה מתוך אהבה, "לחטאת" רצה לומר לענין חטאים, לפשפש תמיד במעשיו שאינו יוצא ידי חובתו, ויכניע עצמו מאד בהכנעה גדולה, "ואיל לעולה" רמז אבל לעולה, היינו תפילה שהיא עולה לגבוה, יתגבר להיות זריז כאיל, לבל ימנע עצמו להתפלל על כל דבר ודבר, ואל יאמר מי אנכי שאמלא לבי להתפלל על דברים כאלו, אל יאמר כן, וכגדול כקטן יתפלל תמיד, "כתונת בד קודש ילבש" רמז שיתקן את גופו כל כך בקדושה גדולה שיהיה כתנות אור באלף, וכל זה יעשה לעצמו לבושים, "ומכנסי בד ילבש על בשרו", דמכנסיים היו מכפרים על גילוי עריות, וצריך שיהיו על בשרו תמיד, "לכסות בשר ערוה" דהיינו לכסות כל התאוות הגשמיות, שלא יעלה על לבו כלל שום תאוה, "ובאבנט בד יחגור", רמז שיאזור כגבור חלציו יותר, "ובמצנפת בד יצנוף" דמצנפת היה מכפר על גאוה, וצריך לקדש עצמו כל כך לשבר כח הגאוה, עד שיבוא לקדושה כזאת, שגם מהגאוה יכניס לקדושה ויעשה ממנה מצנפת קדש, "בגדי קדש הם" רצה לומר כל הדברים יכניס הכל לקדושה ויעשה מהם לבושי קודשא, "ורחץ בשרו במים" רמז שלא ילמוד ויתפלל בגוף טמא, אם צריך לטבילה יטביל עצמו, ואז כשיטבול יקדש עצמו כל כך שגם מהטבילה יעשה ממנה לבוש לנשמתו, שלא יבוא לידי טומאת קרי חלילה ולא יצטרך לטבול בהכרחי. "ומאת עדת בני ישראל יקח שני שעירי עזים לחטאת" פירוש על ידי שיתחבר עצמו עם בני אדם יזכה לב' מדרגות, ו"שעירים" לשון חשיבות, כמו שמצינו וישלח שני גדיי עזים, "לחטאת" רצה לומר בשביל החטאת והחסרון הבלתי אפשרי לצדיק זולתו, שאי אפשר שיהיה כל תפילתו זכה וצלולה מכל סיג ופסולת מחשבה זרה, והוא מחמת שתי סיבות, האחת מחמת שאדם אחר עושה איזה חטא

חלילה, מזה נמשך שיבוא איזה הרהור לצדיק בתפילתו כדי שיעלה אותו הדבר לכפר עליו, וסיבה השניה כי כל זמן שאנחנו בגלות המר, צריך ליתן יניקה לסיטרא אחרא כדי שיהיה להם חיות קצת, עד שיבוא משיח צדקינו ויעביר ממשלת זדון מן הארץ, וזה רמז "והשעיר אשר [עלה] עליו הגורל לה'" דהיינו החלק שעולה לה' "ועשהו חטאת" רצה לומר שנעשה בו חסרון מחמת הסיבה הנ"ל, "והשעיר אשר עלה עליו" כו', דהיינו החלק המחשבה זרה היא למען "יעמד חי" פירוש כנ"ל להעמיד הסיטרא אחרא שיהיה להם חיות קצת, ועל הסיבה הב' "לכפר עליו" כנ"ל. והשם הטוב יכפר בעדינו ויצמיח קרן ישועה במהרה בימינו אמן סלה.

**קדושים**

דבר אל כל עדת בני ישראל. נראה לפרש דהנה הצדיקים הגמורים נקראים ישראל והצדיקים שאינם גמורים נקראים בני ישראל, וצוה השי"ת "דבר אל כל בני ישראל" פי' שכולן שוין לטובה למדריגה הזאת, "קדושים תהיו" שהיא מדריגה גדולה, "כי קדוש אני ד'" כו', פי' כי עיקר הקדושה הוא להסתכל תמיד על אלקותי שאני ד', ובבחינה זאת הם יכולים כולם להיות קדושים.

וזהו "וישא עיניו וירא והנה איל אחר נאחז בסבך בקרניו", דצריך האדם להסתכל תמיד רוממות אל שהוא אלקינו כנ"ל, וזאת ג"כ צריך להסתכל בשפלותו, והנה עקידת יצחק עפרו צבור לזכור עקידת יצחק לזרע ישראל, ואברהם אבינו ע"ה היה רוצה לתקן עוד לישראל דבר אחד שיהא להם לזכות כמו אילו של יצחק, וזהו "וישא אברהם וירא והנה איל אחר" ר"ל זאת ועוד אחרת תיקן לישראל שיהא כמו זכות האיל של יצחק, דהיינו "נאחז בסבך בקרניו" פי' שיאחוז במידה זאת להסתכל בשפלותו שיהא שפל ונבזה בעיניו כמו קוץ ודרדר, "בקרניו" פי' גם במידה זו להסתכל ג"כ רוממות אל וגדולתו. קרניו לשון שררה וגדולה. וק"ל.

או יאמר דבר אל כל עדת בני ישראל, ונקדים לפרש משנה באבות, ר' חנניא בן חכינאי אומר הנעור בלילה כו', דהנה כבר כתבנו בזה כמה פעמים דהצדיק צריך לעבוד את הבורא ב"ה וב"ש בשני מדריגות, לראות תמיד לחשב רוממות אל וגדולתו, ולחשוב ולראות תמיד בשפלותו, וזהו פי' המשנה "עקביא בן מהללאל אומר הסתכל בשלשה דברים כו' דע מאין כו' מאין באת מטיפה סרוחה כו'", ולכאורה היה לו לתנא לקצר ולומר הסתכל דע מאין באת מטיפה סרוחה כו', ולמה לו לכפול את דבריו. אך האמת שהתנא הורה לנו את דרכי ה' כנ"ל, שאנחנו חייבים להסתכל תמיד את רוממות אל ושפלותינו, ורמז תחילה באמרו "דע מאין באת" פי' ראה והסתכל וחשוב מחצבתך שנחצבת משם ממקום גבוה מתחת כסא הכבוד, "ולאן אתה הולך" פי' ותחשוב שצריך שתחזור נשמתך למקום שלוקחה למחצבה הראשון בלי שום פגם, וצריך אתה לזכך ולצחצח וללבן את נשמתך מכל סיג, "ולפני מי אתה עתיד ליתן דין", והשלש האלה הם רוממות האל, והזהיר התנא בלשונו הזך והטהור. ואח"כ פי' לנו התנא שנחשוב בשפלותיגו, והמה "מאין באת כו' ולפני מי כו'" ואיך תשא פניך לעמוד לפני מלך גדול ונורא בהסתכלך בשפלותך כזה שאתה הבל וריק וצל עובר, לכן יהיה תמיד נגד עיניך ותהיה תמיד בתשובה על עווניך ופשעיך, שהשפל כזה יכעיס שמו הגדול והנורא, ותראה תמיד את רוממות האל ואחדותו ליחד שמו הגדול באמת, ותדאג תמיד על צרות ישראל ולהתפלל עליהם על טובתם והשפעתם, שישפיע להם השי"ת ב"ה כל טוב, ולבטל מעליהם כל הגזירות.

וזהו "הנעור בלילה", פי' הצדיק שהוא נעור ולא ינום ולא יישן בגלות המר הזה נקרא לילה, ומתפלל תמיד על שמחת ישראל וגדולתם, "והמהלך בדרך יחידי" פי' שהולך בדרך האמת בבדידות בהצנע לכת שלא להראות חסידותו לאחרים, והולך באחדותו ליחד שמו הגדול, "ומפנה לבו לבטלה" פי' שפונה לבו מכל עסקיו ועניניו הנוגעים לו ואינו חושב ורואה אלא לבטל כל הגזירות מישראל, וכשתראה צדיק כזה הוי יודע שהוא רואה שפלותו ונאנח ודואג תמיד על עוונותיו, ורואה תמיד חוב לעצמו שמחסר בעבודתו ית"ש, ודומה לו כאילו עדיין לא עבד הבורא ית' אף רגע א', וזהו "הרי זה" פי' צדיק זה, "מתחייב בנפשו" פי' הוא מחייב את נפשו תמיד כנ"ל. וזהו ודברת בם ודרשינן בגמ' ולא בדברים בטלים, פי' כשתעסקו בתורה לשמה אז לא תהיה צריך לדבר לבטל דינים, כי ממילא הם בטלים.

וזהו "דבר אל כל עדת בני ישראל קדושים" פי' זהו דבר השוה לכל נפש להתקדש בקדושת הבורא ית"ש, "כי קדוש אני" כו', ואתם חלקי ממעל, וראוי הוא לכל עדת בני ישראל שקדושים יהיו, ואמר הכתוב "איש אמו ואביו תיראו" ר"ל כל איש יראה בזה בהסתכלו מאין הוא מקום צאתו מאביו ואמו כמאמר התנא מאין כו' מטיפה כו', זהו ראותו בשפלותו, וז"ש דוד המלך ע"ה ובחטא יחמתני אמי, "ואת שבתותי תשמרו" והיינו רוממות אל, שזה הוא חידוש העולם כמ"ש וינח ביום השביעי, ושתי שבתות ע"י שתקיימו שבת תחתון תתקנו שבת העליון, וזהו מלה כפולה שבתותי היינו שבת תחתון ועלינו ליחד אחד אל אחד.

"אני ד' אלקיכם" פי' אף המדה"ד יתהפך לרחמים, ואז ממילא יתמלא כל העולם מילי מיטב, וזהו "אל תפנו אל האלילים" שלא תפנו אל מדעתכם, "ואלקי מסכה לא תעשו לכם" כי ממילא לא תצטרכו לדאוג על כסף וזהב כלל.

"קדושים תהיו כי קדוש אני ה' אלקיכם" וכו'. נראה שהאדם צריך לקדש עצמו מלמטה, ולהאמין בשם הוי"ה ב"ה המנהיג העולמות כולם ע"י עשר ספירות, וישראל עם הקודש מאמינים בא"ס ב"ה, אשר השתלשל העולמות כולם ע"י עשר ספירות בהשפעת השם הוי"ה ב"ה המאיר בהם, אבל האומות אינם מאמינים בשם הוי"ה ב"ה, ומכח זה נתפקרו המינים באמרם שהעולם קדמון, מחמת שאינם מאמינים בהשתלשלות העולמות ע"י עשר ספירות בכח השם הוי"ה ב"ה. וזה אומרו "קדושים תהיו כו' אני ד' אלקיכם" פי' שאני מהוה העולמות כולם בכח השם הוי"ה, ו"אלהיכם" ר"ל אלהותכם, פירוש שלכם אבל לא של האומות, כי הם אינם מאמינים בזה, וזה הוא המצוה "קדושים תהיו" שגם האדם למטה יקדש עצמו כהעולמות העליונים הקדושים, כי העולמות מכוונים וכל מה שיש בעולם הזה השפל יש דוגמתו בעולמות עליונים הקדושים, ובכל דבר שאדם עושה צריך לקדש עצמו בשורש הדבר של מעלה הוא כך. וזה "איש אמו ואביו תיראו", למטה יש אב ואם ודוגמתו למעלה יש עולמות הנקראים או"א, זה הוא "ואת שבתותי תשמורו" שהעולמות נקראים שבת ע"ש קדושתן ומנוחתן, "תשמרו" ר"ל בכל מה שתעשו תשמרו במחשבתכם הכוונה בעולמות העליונים וק"ל.

או יאמר קדושים תהיו כו'. נראה לפרש דאיתא בגמ' "כל דיין שדן דין אמת לאמתו נעשה שותף להקב"ה", ולכאורה מלת לאמתו הוא מיותר, אך נראה דרז"ל רמזו לנו בזה על הצדיק שהוא מבטל הדינים, והוא הנקרא דיין שכאשר ידין ויגזור כן יקום, שהקב"ה גוזר וצדיק מבטל, והוא אע"פ שקושטא הוא שחלילה שקודשא בדיך הוא יעביד דינא בלא דינא, וגזירתו הוא באמת שהדין הוא שיהיה כך כי הוא היודע האמת, אך הצדיק למראה עיניו ישפוט ואמירתו ונראה לו שכך הוא הדין האמת, והקדוש ברוך הוא ברחמיו וחסדיו מסכים עם הצדיק, וזהו "לאמיתו" דייקא היינו אמיתתו של הצדיק נוטה כך. וזהו פי' "איזה דרך שיבור לו האדם כל שהיא תפארת לעושיה ותפארת לו מן האדם" ר"ל תפארת הם הרחמים שזה תפארתו של הקב"ה, והיינו "תפארת לעושיה" ר"ל להבורא ב"ה שברא הרחמים, "ותפארת לו מן האדם" פי' שהתעוררות צריך שיבא מן האדם מכחו כנ"ל. וזהו פירוש המדרש "קדושים תהיו יכול כמוני ת"ל כי קדוש אני קדושתי למעלה מקדושתכם", ולכאורה אינו מובן כלל המדרש, ועפ"י דרכנו יבואר היטב, דהנה השפעות הרחמים מהבורא ב"ה הוא בא בהשתלשלות מעולם לעולם, כי אלולי זה לא היה באפשרי לקבל השפע מרוב בהירות, וזהו "דבר אל כו' קדושים תהיו יכול כמוני" ר"ל שאתם תרצו להתנהג עצמכם בקדושתכם כמו שאני נוהג עצמי בקדושה שלי, הם ההשפעות שיורדים לכם בהשתלשלות, ותרצו גם אתם לעשות כן ולא תעוררו הרחמים בפעם א', "ת"ל כי קדוש אני קדושתי למעלה מקדושתכם" ולכן צריך ההשתלשלות מפני הבהירות הגדול וכנ"ל, וההשתלשלות הוא ע"י שם הקדוש הוי"ה ב"ה וע"י שם "אני" אבל אתם צריכין לעורר הרחמים הכל כאחת וק"ל.

או יאמר קדושים תהיו כו'. דאיתא בגמרא "הלל אומר אם אני כאן הכל כאן ואם אין אני כאן מי כאן", ולכאורה יש להבין וכי היה הלל מתפאר עצמו כך? אך נראה כוונת הדברים בעזה"י, דהנה האדם הוא כלא ואין נחשב, ובלתי אפשר שיאמר אדם על עצמו "אני" שהוא משמע דבר חשוב וממש, והאדם כאין נחשב אם לא כשאדם ממשיך על עצמו קדושת הבורא ב"ה, ומשרה שכינתו הקדושה עליו הנקראת "אני" כידוע, אז האדם הזה נקרא בשם "אני" מחמת השכינה השורה עליו, אבל כל זמן שאינו במדריגה זו צריך האדם להיות שפל בעיני עצמו כלא, וזהו "אם אני כאן" ר"ל שיוכל להיקרא בשם "אני", "אז הכל כאן" פי' הוא בוודאי שלם בכל המידות וזה כל האדם, "ואם אין אני כאן" פי' שאינו במדריגה זו שתשרה שכינה עליו, "מי כאן" צריך להשפיל עצמו לומר מי אנכי שאיני כלל, כן הוא הדרך שיתנהג בו האדם, אבל הבורא ב"ה ברוב רחמיו הוא מקבל מאתנו אף המיעוט שעושים בעבודתו ית', וזהו פי' הגמ' "ופערה פיה לבלי חק, ודרשינן בגמ' חד אמר אף מי שקיים כל התורה כולה ולא חיסר אלא חק א' מוכרח לבא בגיהנום חלילה, א"ל לא ניחא למרייהו לומר כך, אלא מי שלא קיים אפי' חק אחד כו'", ולי נראה דמר אמר חדא ומר אמר חדא ולא פליגי, דהיינו ע"פ הנ"ל שהאדם בעיני עצמו צריך להיות כלא, וידמה בעיניו שפלותו תמיד וכאילו אינו עושה כלל, אבל השי"ת מקבל הכל מאתנו כנ"ל, וזה שאמר "אפילו מי שלא חיסר אלא חק א'", זה קאי על האדם שידמה בעיניו כך שאפי' אם לא יחסר אלא חק אחד יוכרח להיות בגיהנום חלילה, "א"ל לא ניחא למרייהו" כו' ר"ל להבורא ב"ה לא ניחא לומר כן, כי הבורא ב"ה בודאי לא יאמר כך כמו שאדם צריך לחשוב בעצמו, שהוא מקבל הכל מאתנו אפי' חק אחד, וזהו "דבר אל בני ישראל קדושים תהיו" פי' כולכם שוין לטובה אצלי וכנ"ל, רק שיהיה באופן "כי קדוש אני" כו', ר"ל כשיש צדיק כזה שהוא נקרא בשם "אני" וק"ל.

אל תפנו אל האלילים. בגמ' אמרו "אל תפנו אל מדעתכם". נראה פירושם ע"פ שכתב בספרים שבכל אבר או תנועה שאדם עושה בה מצוה או דבר קדושה, אז הנשמה שורה באבר ההוא, וכשהנשמה שורה באותו האבר אז האבר מתנועע מכחה ומחמת זה נראית התנועה בחוץ, וזה משתנה באדם לפי מעשיו הם תנועותיו, ובשביל זה התנועות של הצדיקים מתוקים וטובים לרואיהן, כי מכח הנשמה היא התנועה והנשמה היא חלק אלוה ממעל אשר כל הטוב בו, ולזה כשאדם עושה תנועות חבירו, אינה מקובלת לשום אדם, מחמת שאינו שלו ולא היה נשמתו באבר ההוא כשעשה התנועה והיא בלא קדושה, והוא ר"ל כע"ז שעושה תנועה שאינו חלק אלקות, כ"א מחמת שאהב התנועה שראה מחבירו ותמצא חן בעיניו, וזה אינו יודע שזה היה מחמת החלק אלקות השרויה בהאבר, לזה הטעם התנועה מתוקה ומצאה חן בעיניו, אבל לא מחמת התנועה עצמיות כ"א מכח הנשמה השרויה בה, והוא עושה בלא שכל ובלא כוונה כ"א מחמת יפה התנועה, וא"כ הוא עובד להתנועה, ועושה האבר שעושה בה התנועה כמסכה לעבוד האבר ההוא, וזה הוא "אל תפנו אל האלילים, אל תפנו אל מדעתכם" כו', שאלהותכם אשר חלק לכם הבורא בחסדו, היא הנשמה הקדושה, אל תפנו מכם, "ואלקי מסכה לא תעשו לכם" פירוש לא תעשו לעצמכם במסכה בתנועות כוזבות שאין בהם חיות אלקות, כ"א תעשו בדעתכם ובכוונה, וזו היא "אני ד' אלקיכם" ר"ל מכח האלהות שהיא הנשמה הקדושה השרויה בכם.

וכי תזבחו זבח כו', שהתורה מלמדת אותנו כשנזבח זבחי היצה"ר, "שלמים לה'" ר"ל יהיה הזביחה שלימה כולה לה', ומפרש הכתוב "לרצונכם תזבחוהו" פי' שתזבחו להרצון שלכם, שלא תהיה כוונתכם באכילה למלאות תאות נפשכם, אלא כל כוונתכם יהיה לעבודת הבורא, שיהיה לך כח ובריאות לעבודתו. וזהו "ביום זבחכם יאכל" פי' כאילו נאכל ממילא, שבלתי אפשרי בלא זה, ועיקר כוונתו להמשיך השפעות ע"י אכילתו, "וממחרת" ר"ל שיקבל שכרו לעוה"ב, ע"ד שאמרו חז"ל "היום לעשותם ולמחר לקבל שכרם", "והנותר ביום השלישי" פי' אם תרצה שיותר לך

ליום השלישי, פי' לזמן משיח צדקנו, שזה נקרא ביום שלישי, כמ"ש "ביום השלישי יקימנו ונחיה לפניו", " באש ישרף" צריך אתה לעבוד הבורא בלהבות אש ודביקות גדול ברשפי אש ושלהבת ובאמת ותמים.

או יאמר וכי תזבחו כו', ונקדים לפרש פסוק "ויבא קין מפרי האדמה מנחה לה'" ופרש"י זרע פשתן היה, ולכאורה קשה מה היה חטאו גדול כ"כ, הוא היה עובד אדמה והביא מפרי אדמה. אך נראה דהנה ד' פעמים כתיב "בד" בפ' אחרי גבי בגדי כהונה, כתונת בד קודש ילבש, ומכנסי בד, ואבנט בד, ומצנפת בד. וי"ל שזה רמז גדול ללמוד עבודת הבורא ית"ש, דהנה השי"ת ב"ה ברא עולמות עד אין קץ ואין מספר, וכולם נאחזים בשמו הקדוש הוי"ה ב"ה, וצריך האדם לדעת את ד' ע"י מעשיו הנפלאים והנוראים, ולקשר העולמות עד אין סוף ב"ה, שזה הוא עיקר עבודתו ית"ש, ולא יאמר האדם בעצמו שדי לו בזה שמאמין שיש בורא אחד אמיתי, ומעתה אין לו לחקור ולדרוש על מעשיו הנפלאים, לא זו הדרך האמיתי, רק צריך לדעת את ד' ע"י מעשיו, כמאמר הכתוב "דע את אלהי אביך ועבדהו", והוא ע"י מעשיו הנפלאים, כי הבורא ב"ה אינו גוף ולא דמות הגוף ולא ישיגוהו משיגי הגוף, כ"א ע"י מעשיו, וצריכים אנחנו לעבוד מתתא לעילא.

וזה רמז ד' פעמים בד, דבד הוא מלשון אחד, דכל אות מהשם הקדוש יש בו עולמות רבים עד אין מספר, וצריך האדם לקשרם אחד לאחד, ומתחיל הכתוב לפרש בהדרגה, כתונת ומכנסים ואבנט ומצנפת, שהם לבושים מתתא לעילא, וי"ל שזה היה חטא קין שהביא מנחה מזרע פשתן, דפשתן עולה בד בד, והיינו שהיה מחשב רק בד אחד פי' שיש בורא אחד אבל לא חישב בעולמות כנ"ל. וזהו שאמר התנא "המקבל שדה מחבירו לשנים מועטות" פי' האדם שהוא המקבל השדה, ר"ל שמקבל על עצמו לעבוד את הבורא ב"ה, ו"שדה" רמז לשדה תפוחין, "מחבירו" השי"ת כביכול נקרא חבירו, כדכתיב רעך כו', "לשנים מועטות" דימי שנותיו של אדם שבעים שנה החולפין ועוברים כמעט רגע, "לא יזרענה פשתן" מובן כנ"ל, ופרש"י שזרע פשתן מכחיש לז' שנה, י"ל שאם לא יחשוב כלל על העולמות שברא השי"ת, נמצא הוא מכחיש כל הז"ס שהם העולמות.

ומה דאיתא שהבל חטא ג"כ, היה חטאו שהיה מביא מנחה מבכורות צאנו, דהיינו שהיה מציץ במקום שאין רשות להציץ, ע"ד דאיתא בגמ' ארבעה נכנסו לפרדס בן עזאי הציץ כו', והיינו ע"ד שאמרו חז"ל האומר מה למעלה מה למטה כו', דעיקר צריך האדם לעבודת השי"ת לקשר העולמות עד א"ס ב"ה וב"ש, והעולם אשר אין לנו רשות להציץ ולית מחשבה תפיסה בו כלל זה נקרא "צמר לבן", ושאר העולמות נקראים צמר סתם. וזהו שאמר התנא "הנותן צמר לצבע", דהנה העולמות הם חלוקים במיני גוונין, כל א' גוון לעצמו כידוע, וצריך האדם ליחד הגוונין שזה נקרא המתקה, והשי"ת נתן לאדם כח לצבוע גווני העולמות דהיינו להמתיקם, וזהו "הנותן צמר לצבע והקדיחו היורה" פי' שהקדיח קצת מחמת היורה, דהיינו ע"י הגוף שהוא חומר עב ולא תיקן כראוי," נותן לו דמי צמרו" פי' שהש"י נותן לו שכרו לפי עבודתו. ומפרש התנא "אם השבח יתר" כו', רמז כפי עבודתו כן שכרו.

נמצא העולה לנו מזה שצריך האדם לעבוד השי"ת ב"ה לקשר העולמות עד א"ס ב"ה, ואין מספיק לחשוב זה לבד שיש בורא אחד אמיתי, רק צריך לדורשו ע"י מעשיו כנ"ל, וגם להציץ יותר מה שניתן רשות לאדם, אסור לו. וזהו "עשתה צמר ופשתים ותעש בחפץ כפיה", י"ל שזה קאי על הנשמה של אדם הדורשת את שני החטאים האלה הם חטא קין והבל, שזה קלקל ע"י פשתן וזה בצמר כנ"ל, "ותעש בחפץ כפיה" פי' ולכן היא עושת את מעשיה ע"י החפצים, הם העולמות הנקראים חפץ, חפצי השי"ת, ע"ד כל אשר חפץ ד' עשה, דהיינו שעיקר מעשיה לקשר העולמות עד א"ס ב"ה כנ"ל. וזהו "שאת כצמר לבן" זה א' מ"מראות נגעים", דמראות הוא לשון המראה הגדול, רק שצריך ליזהר מאד שלא יתפוש איזה נגע חלילה במראה הגדול, ומפרש התנא "שאת" פי' דלפעמים יש לאדם מראות גדולות, דהיינו שהוא עוסק בתורה ומצוות, רק שהוא מנשא עצמו בהם ומתפאר בהם, "כצמר לבן" פי' גם זה נחשב כחטא של צמר לבן, פי' כחטא המציץ במקום שאין לו רשות להציץ כנ"ל, והאדם המתנהג עצמו בעבודת הבורא ית"ש כנ"ל, הוא עושה שלום בפמליא של מעלה ובפמליא של מטה, ע"ד שהתפלל יהי רצון שתהא שלום בפמליא של מעלה וכו'.

וזהו "וכי תזבחו זבח שלמים לד'" פי' כשתרצה לזבוח לה' כדי לעשות שלמים למעלה ולמטה, "לרצונכם" ע"ד שפירשתי כבר "בטל רצונך מפני רצונו" פי' שהש"י נתן הבחירה לאדם שיעשה כרצונו, הן לטוב והן להיפך חלילה, ומזהיר התנא "בטל רצונך" דהיינו בחירתך מפגי רצון הבורא החפץ בהצדקך, "כדי שיבטל רצון אחרים" ר"ל שיבטל כל הדינים ממך. וזהו "לרצונכם תזבחוהו" פי' שעיקר שתזבחו את רצונכם, היינו הבחירה שלכם, ולבחור בחיים.

ואמר הכתוב כשיעשה כך שכרו יהיה הרבה מאד על פי פעלו, "ביום ההוא יאכל" פי' הפירות יאכל בעוה"ז, "וממחרת" והקרן קיימת לעוה"ב, "והנותר עד יום השלישי" כבר פירשתי ע"ד "ביום השלישי יקימנו" שקאי על מקדש אחרון שבב"א, והיינו אם תרצה שיוותר לך לעולם התחיה, "באש ישרף" צריך האדם לעשות מעשיו לו ית"ש בהתלהבות אש גדול.

ואמר הכתוב "ואוכליו", דהנה יש כמה בני אדם שעומדים על הצדיקים וכמעט רוצים לאוכלם, "עוונו ישא" אזי ידע נאמנה שעוונותיו משיאין אותו לדבר בהם דברים אשר לא כדת. ועוד אמר "ובקוצרכם כו' ארצכם לא תכלה" כו', דהצדיקים נקראים "ארצכם" שהם המקיימים לכם את הארץ, שאלולי הצדיקים לא היה העולם מתקיים, וכאשר הבני אדם מדברים בהצדיק לומר שהוא מקצר בעבודה, והיינו "ובקוצרכם כו' ארצכם" פי' כשתדברו בקיצור עבודה של ארצכם הם הצדיקים כנ"ל, "לא תכלה פאת שדך" זה רמז דהנה האדם צריך לגלח השערות, שהשערות הם דינים, וצוה השי"ת להניח פאות הראש כדי שיראה האדם באמת שהשערות הם למעלה רחמים גמורים, היפך מלמטה שהם דינים, וכמו כן הצדיקים גמורים אף שלפעמים הם מקצרים בעבודתו, אבל באמת הוא ההיפך, שצורך שעה להם לקצר, נמצא כשאתם מחשבים את הנראה לעיניכם שהצדיק מקצר בעבודתו כן האמת חלילה, נמצא אתם מכלים את הפאות, כי השערות הם דינים כנ"ל, ולא עוד ע"י שאתם מדברים בהצדיקים גמורים אין לכם פנאי לעשות המוטל עליכם, דהיינו "ולקט קצירך לא תלקט" דהאדם ההולך בטל חלילה לפעמים, אם אח"ז מיד מתחרט על שמיעט וקיצר בעבודתו ית"ש, שלא למד את שיעורין גמרא ופוסקים ושאר ספרים, שגם זה נלקט א' לא' ועולה לרצון לפניו ית' ומקבלו, ונמצא אם תפנה לדבר בצדיקים, אין לך פנאי ללקט את המיעוט מקיצור שלך להתחרט עליהם כדי שיעלה לפניו ית', וזהו "ולקט קצירך לא תלקט" כו', "וכרמך לא תעולל" פי' בא הכתוב להזהיר ג"כ את הצדיק שהוא נקרא "כרם ד' צבאות", שיהא נזהר ג"כ לשמור עצמו שלא יעשה ג"כ דברים הנראים לבני אדם ח"ו שהוא מקצר בעבודתו ית"ש, שלא יביאם לחטא חלילה שידברו בו לפי הנראה לעיניהם, אף שבאמת אינו מקצר כנ"ל, אעפ"כ צריך שימור שלא יכשיל ב"א לדבר בו.

ועוד מזהיר הכתוב את הצדיק "ופרט כרמך לא תלקט", פרט לשון פרטיות, היינו שלא תפרוט את מעשה כרמך הם המעלות ומע"ט, אל תפרוט אותם ללקטם ולספרם בפני ב"א, חלילה לך מעשות כדבר הזה, רק "לעני ולגר תעזוב אותם" פי' עני הוא העני בדעת ובמצוות ה', ולגר הבא ללמוד ממעשה הצדיק, תעזוב להם שהם יספרו את מעשיך הטובים כדי שיבוא להם יראה ואהבה בלבבם לעבודתו ית' ולקבל אלהותו, וזהו "אני ד'" כו', כדי שיבינו שאני אלקיכם. ואמר התנא "איזה פרט ואיזה עוללות כל שאין לו לא כתף ולא נטף" פי' דלפעמים הצדיק מספר בשבח עצמו ופורט את מעשיו הטובים, וכוונתו בזה כדי להשפיע לעולם השפעות רחמים וברכה, שהוא כמלמד זכות על עצמו לפני הבורא לומר שהוא צדיק וכך טוב עשה ועבור זה ראוי למלאות משאלותיו להשפיע לישראל כל טוב, נמצא כוונתו אינו להתנשאות, כ"א להביא ברכת טוב על ישראל, והשם הטוב חוקר לב ובוחן כליות עשתונותיו, וגומר בעדו לטובה לכל דבריו ומחשבתו הקדושה, או כדי לתמוך ולסעד את איזה אדם בדבריו ליראת השם הנכבד והנורא, או לאיזה צורך שעה, ודברים כאלו מי יתן דבר ידבר, אבל הדיבור שאינו "לא כתף ולא נטף" פי' "כתף" היינו לתמוך, ו"נטף" לשון נטיפה להטיף השפעות, "זה הוא עוללות" שמעליל לב"א לדבר בו. והשם ברחמיו יזכנו לקדש עצמנו שיהא י דיבורנו בקדושה תמיד עד עולם אכי"ר.

או יאמר "וכי תזבחו כו' לרצונכם כו' ואוכליו" כו'. כי השלמים רומזים למדריגות עליונים וגדולים שהם שלום לבעלים ולמזבח ולכהנים, והם רומזים להצדיק גמור שעושה שלום בפמליא של מעלה וממשיך השפעות לעולם התחתון, וכשאדם רוצה להיות כך, צריך פרישות גדול לזה, ולא יהיה לו רצון לשום דבר כלל, ולא יתאוה כ"א רצון הבורא ב"ה וב"ש, וזה פי' "כשתרצו לזבוח זבחי שלמים", פי' לעשות שלום בעולמות עליונים ותחתונים, "לרצונכם תזבחוהו" תזבחו את רצונכם, שלא יהיה לכם רצון כלל עבורכם כ"א רצון הבורא לבדו, וכשתעשו כך "ביום זבחכם יאכל" פי' שתאכלו הפירות בעולם הזה, "וממחרת" שהקרן קיימת לעוה"ב בגן עדן בין הצדיקים תאכלו הוא התענוג הגדול עד אין קץ ותכלית, "באש ישרף" שאהבת הבורא תבער בו כאש בוערת לפרוח בין הצדיקים שהקב"ה עושה להם כנפים, כי שם לא יהיה אכילה שהיא תענוג גשמי, כ"א אהבת הבורא ב"ה.

וזהו "ואם האכל יאכל" וכו', פי' ע"פ שכתוב בספרים שלעתיד כשיבוא משיח צדקנו, יקבץ את העם המפוזרים, והצדיקים יהיו סמוכים אצלו תמיד, ואותם אנשים שהתנהגו בזה העולם בגלות כשורה, אך לא היה להם שכל של אמת לעבוד את הבורא ב"ה בכל האופן, והיו אוהבי ממון רק ששמרו עצמם מן החטא לפי שכלם, אז משיח מביא אותם אל הים אוקיינוס ופותח להם האוצרות הגנוזים שם, ומלא שם אבנים טובות וכסף וזהב הרבה מאד, ונוטלין משם כל חפצם, והולכים לביתם ברב בצע כסף והון רב, וכשמשיח פורח לגן עדן בקדושתו הגדולה, אז הצדיקים שבדור פורחים אחריו לג"ע בכח קדושתן ופרישותן הגדולה, ואותם אנשים שקבלו טובתם ורצונם באוצרות הזהב, כשרואים הגדולה הזאת הם רוצים ג"כ לעשות כן ולפרוח ביניהם, ואינם יכולין מחמת כובד משאם גשמיותם שדבקו עצמם בכסף וזהב, וזה הוא "ואם האכל יאכל ביום השלישי" פי' שגם ביום השלישי יהיה להם אכילה גשמיות, שיקבלו תענוג מאכילתם ומכספם וזהבם, "פגול הוא לא ירצה ואוכליו כו' ונכרתה הנפש" כו', פי' כי אף שיתן להם משיח כל חפצם ורצונם, אבל נפשם תכרת ביום ההוא מעם הקדש בעת פריחתן לג"ע, וישארו הם למטה, משא"כ הצדיקים אשר חפצם ורצונם היו תמיד לעבוד את הבורא ב"ה בשלימות גדול, והלכו תמיד בדביקות גדול עמו ית', והורגלו בכך כל ימי חיותם, ונעשו כלי מוכן לכך, ויהיה להם קל הדבר מאד בביאת משיחנו ב"ב אמן סלה.

ובקוצרכם את קציר ארצכם כו'. נראה דהתורה מלמדת אותנו דרכי התשובה, והיינו שצריך האדם לתקן מה שקלקל ולשוב על חטאת נעוריו, וזה נקרא מחצדי חקלא, שהוא קוצר את הקליפות שנבראו ע"י חטאיו, ואמר הכתוב "ובקוצרכם את קציר ארצכם" פי' הארציות והחומריות, כשתתחיל לחצוד ולקצור הקליפות, "לא תכלה פאת שדך" שהנשמה נקראת שדה, היינו שדה תפוחים, לא תכלה אותה ע"י שתסגף אותה בתעניות וסיגופים יותר מדאי, רק הכל בהשכל, כדי שלא תכלה ח"ו את נשמתך שלא תוכל לעבוד הבורא ב"ה, ע"י חלישת כחך שתחליש חלילה.

וזהו "עיניך בשדה אשר יקצרו הנערים", ונקדים לפרש פסוק "עיני ה' אל צדיקים" כי אצל הבורא ב"ה וב"ש אין שייך לתארו בשום דמות ותואר חלילה, וכיון שאנו רוצים לומר בו איזה השגחה שהוא משגיח בדבר, אין שייך לתת בו לשון עינים, אלא מכח הצדיקים העושים רצונו וגורמים ההשגחה, אנו אומרים בו מלשון עינים, שהשפעתו הולכת על ידי הצדיקים ובהם שייך לשון עינים, וזהו "עיני ה' אל צדיקים} כלומר בשביל הצדיקים הגורמים השגחה שישגיח עלינו הבורא ב"ה בעינא פקיחא,, שייך לומר עיני ה'. וזהו "עיניך בשדה" פי' כמדבר אל השכינה הנקראת רות כידוע, "עיניך בשדה" שתשגיח על ישראל ע"י "אשר יקצרון הנערים" הם אשר מתחרטין ועושין תשובה על חטאת נעוריהם. וזהו "וירא

אלקים את האור כי טוב" שהקב"ה משגיח על ישראל להטיב להם, וזהו "וירא אלקים את האור" הם הטובות הגדולות המאירין עיניו של אדם, "כי טוב" ע"י הצדיק הנקרא טוב.

ונחזור לביאור הכתוב "ולקט קצירך" כו', אם תרצה לעשות שניהם כא', דהיינו ללקוט כסף וזהב ועשירות מלשון וילקט יוסף, וגם תרצה לקצור את חטאת נעורים, "לא תלקט" לא תעשה כך, רק תעשה תשובה בשלימות, " לעני ולגר תעזוב אותם" פי' ע"י צדקה, כמש"ה וחטאך בצדקה פרוק.

או יאמר ובקוצרכם כו'. כי לפעמים אף הצדיק הגדול אשר כבר יש לו שמירה מן השמים, אעפ"כ לפעמים עושה דבר בחסרון כל שהוא, כגון שאינו מכוין כראוי באיזה ברכה בתפילתו הזכה והדומה לזה, ומאין בא זה לצדיק כזה? נראה שהוא על דרך הכתוב בספרים שיש קליפת נוגה הסמוך לקדושה, כי משם יונקים, לזה היא סמוכה אל הקדושה שיהיו להם מקום לחיות, והכל תלוי בצדיק, וכיון שלא היה לצדיק שום פגם כלל, אז לא היה מקום לקליפת נוגה לינק מהקדושה ולא היה לה חיות כלל, לזה צריך הצדיק הנ"ל להיות לו איזה חסרון במקצת, למען יתן להם חיות ג"כ, וזהו "ובקוצרכם" פי' כשתרצו לקצור את הקליפות ולבערם, "לא תכלה פאת שדך לקצור" ר"ל שתעזוב להם איזה חיות קצת ממה לינק, וק"ל.

וכרמך לא תעולל. כי כרם מרומז לדביקות עליון, רמז ליין המשומר בענביו, והפסוק מוכיח לאדם ואומר לו לכשתהיה במדריגת כרם, שהוא הדביקות העליון, "לא תעולל" פי' לא תעזוב את מדריגתך להיות כעולל ויונק אשר בער מאיש ולא בינת אדם לו, אך תראה לעלות מעלה מעלה, וכשתהיה כך, "ופרט כרמך לא תלקט" פי' כי האדם צריך לקדש איבריו וגידיו בעובדין טבין, ולייגען במעשים טובים, שיהיו האיברים מקודשים בדביקות הבורא ב"ה ולעבודתו, ומזומנים שלא יעכבו כלל במחשבת רוממות האל ית', ולזה נצטוינו במצות העבודה בידים ובכל הגוף, למען התקדש גופנו שיהיה מוכן לעבוד הבורא האמיתי, והעיקר הוא לדבקה בו, ולזה נברא העולם להטיב לברואים, וההטבה הוא לקרבם אליו, כמש"ה ועתה ישראל כו' ולדבקה בו כו' לטוב לך, וכשהאדם נגמר בעבודתו וכל אבריו הגשמיים כבר מקודשים ומוכנים לעבודה לדבקה בו באמת בלי שום מניעה מהם כלל, אז א"צ כלל לעשות המצוה בגופו ממש, דהיינו למשל לעשות סוכה בידיו ממש כדי לייגע גופו בעבודה, כי כבר גופו מקודש, אלא צריך לקיים המצוה ההיא לישב בסוכה, ותיעשה המעשה המצוה ע"י מי שצריך עדיין לקדש איבריו, או לטחון חיטים לפסח, הטחינה גופא אינו צריך ע"י צדיק גמור, כ"א קיום המצוה ההיא בלא העבודה, והעבדות המעשה של המצוה נקרא "פרט" לשון פרטיות, וזו היא "ופרט כרמך" פי' כשאתה במדריגת "כרם" המרומז לדביקות כנ"ל, "לא תלקט" הפרט שבה, כי אינך צריך לזה כבר, "לעני ולגר תעזוב אותם" הם המדריגה השפלה ממך, הנכנסין לעבודה ולא נתקדשו אבריהם עדיין כל צרכם, הם יתנהגו כך כדי שיבואו אל הדביקות העליון, הולך ואור עד נכון היום.

**אמור**

אמור אל הכהנים כו' ואמרת אליהם כו'. י"ל על כפל לשון "אמור ואמרת", ומתחילה נפרש הפסוק "דבר אל אהרן ואל בניו וינזרו מקדשי בני ישראל", דהנה יש ב' גווני צדיקים, יש צדיקים שנתקדשו מאבותיהם שהיו קדושים ויראים ושלימים והתורה מחזרת על אכסניא שלה, ויש צדיקים הנקראים נזירים על שם פרישותם מעצמם אף על פי שהם בני עניי הדעת, והצדיקים ההם לא במהרה הם יכולים ליפול ממדריגתם הקדושה, כי אין להם על מה שיסמוכו, והם נכנעים בדעתם ומשגיחים על עצמם בעינא פקיחא תמיד בלי הפסק, אבל הצדיקים הקדושים שנתקדשו מאבותיהם, אף שהם מלאים תורה ומצוות מחמת זכות אבותם מסייעתם, לפעמים יכולים לבוא ע"י זה לפניה וגדלות מזה ויפלו מהר ממדרגתם, וזהו "אמור אל הכהנים בני אהרן" פירוש רמז לאותן צדיקים אשר הם בני צדיקים והם נקראים "כהנים בני אהרן", תזהיר אותם מאד שלא יעלה על מחשבתם כלל יחוס אבותיהם, רק ינזרו ויפרשו לעצמם פרישות מחדש, ויבחרו להם הדרך הטובה, וזהו "דבר אל אהרן ואל בניו וינזרו מקדשי בני ישראל", ר"ל שגם הם יהיו נזירים ופרושים מעצמם, וישגיחו ג"כ על עצמם מאוד, ולא ישגיחו על זכות אבותם כדי שלא יבוא להם חלילה איזה התנשאות מחמת יחוסיהם, ותועבת ה' כל גבה לב. וזהו "ולא יחללו את שם קדשי אשר הם מקדישים לי".

וזהו "אמור אל הכהנים ואמרת אליהם" פי' אמור ואמרת רמז לב' מדריגות, שצריך אתה לחזור אליהם ולכפול להם הדבר, כדי שלא יחשבו שזכות אבותם מסייעתם ויפלו חלילה ע"י זה לגאות ולא יפעלו כלום, וזהו "ואמרת אליהם" פי' לא ישגיחו על זכות אבותיהם כי אם על עצמם, וזהו אמירה שתאמר להם תיבת "אליהם" פי' שיביטו על עצמם כאילו אין להם זכות אבות כלל, וזהו "לנפש לא יטמא בעמיו", כי ע"י עמיו הם היחוס אבותם, הם יכולין לטמא הנפש, לכך הכפל להם הדבר הזה מאד, ויהיה להם הרגל דבר, ויבחרו הדרך הישרה ואז טוב להם.

או יאמר כו' ואמרת אליהם פירש"י ז"ל "אמור ואמרת להזהיר הגדולים על הקטנים", יש לומר כוונת רש"י ז"ל "להזהיר גדולים" דהיינו צדיקים גדולים, "על הקטנים" ר"ל על עבירות קטנים שאדם דש בעקבו.

או יאמר אמור ואמרת, דהכלל דדרך הצדיק כשרוצה להוכיח אדם אחד, אז צריך להיות האמירה הזה לכלל בני אדם, ואז ממילא יוחל הדיבור לאיש הזה, וזה בא להורות הפסוק, "אמור" ר"ל שיהא האמירה לכלל, "ואמרת אליהם" שיהא הדיבור יוחל לא', וזה פי' רש"י ז"ל "להזהיר גדולים על הקטנים" ר"ל שיהא האזהרה לכלל אף לגדולים, כשרוצה להזהיר על הקטנים. וק"ל.

בענין אחר נראה לפרש דברי רש"י ז"ל "להזהיר גדולים על הקטנים" להיות כל האדם בשעה שעוסק בתורה או בתפילה או באיזה דבר קדושה, אז הוא בגדלות המוחין, וכך הדרך הצדיקים שלפני התפילה המה מיישבים עצמם ומוחין שלהם לפני מי הם מתפללין, והקדושה ההיא מגביה המוחין בעת העסק בה, אבל אחר התפילה או עסק הקדושה ההוא, נופל לקטנות המוחין בהילוכו בהבלי הזמן, וזה אינו תכלית העבודה השלימה, כי אדם צריך להיות תמיד בקדושה ובטהרה בלי הפסק רגע א', לזה צריך לקשר עצמו ג"כ בעת הגדלות מחשבתו בהש"י ב"ה, שיהיה מחשבתו קשורה אף שילך ממנה, וזה "להזהיר גדולים" פי' בשעה שהם בגדלות, "על הקטנים" שישארו בקדושתם אף שיהיו בקטנות. וק"ל.

והכהן הגדול מאחיו אשר יוצק על ראשו שמן המשחה. פי' שעל ידו הולכים כל השפעות והרחמים שהם נקראים "שמן המשחה" לשון גדולה, "ומלא את ידו ללבוש את הבגדים" פי' שיש כח ביד צדיק כזה להלביש את הבגדים, כי בגד הוא מלשון בגידה, פי' היכולת בידו לכפר על עוון הדור, עושה מהם לבושי קודשא, שדרך הצדיק להוכיח עצמו תמיד בכל עת, ואומר בפני ב"א תמיד שהוא מקולקל במעשיו, והוא פורט לפניהם חטאים שעושים אותם שאר בני אדם ותולה הצדיק הזה בעצמו אותם חטאים כאילו עשאם הוא, ועי"ז הוא מכניס בלבם יראה גדולה והם שבים מעוונותיהם, וגדולה תשובה שזדונות נעשים כזכיות, נמצא אותם הבגידות עצמם, הצדיק בחכמתו עושה מהם זכויות ולבושי הקודש כמצוות עצמם, ואמר הכתוב הצדיק כזה "את ראשו לא יפרע" פי' לא יגלה החכמות שבראשו, רק צריך להסתיר אותם מאד בשעת דיבורו עם ב"א, "ובגדיו לא יפרום" ר"ל ומדריגה הזאת שמחזיק עצמו תמיד לשפל ונבזה וכבוגד חלילה, "לא יפרום" רק יחזיק זאת לעולם.

ואיש כי יאכל קודש בשגגה כו'. דהנה יעקב אבינו ע"ה אמר "אם יהיה אלקים עמדי כו' ונתן לי לחם לאכול, וכל אשר תתן לי עשר אעשרנו לך", ולכאורה קשה על המובחר שבאבות ידבר בתנאי לו ית', כאשר יטיב לו אז יעשר לו. אך הענין הוא דדרך הצדיקים האמיתיים שהם כל ימיהם בתשובה, ובכל דבר שעושים מוצאין בו חיסרון שלא עשה הדבר כתיקונו, וע"י שמהרהרים בתשובה תמיד הם מעלים אותן הניצוצות שנפלו למטה מחמת חטא שאר ב"א, כ"ז הם מתקנים בכח הרהורי תשובתם, ואיתא בגמ' "המבזבז אל יבזבז יותר מחומש מנלן מיעקב" כו', וי"ל הפי' עד"ז "המבזבז" הוא ב' תיבות, המבזה בז, שהעוונות נקראים בז, שהם בזויים וכעורים מאד, והוא מבזה אותם, פי' שהוא מתחרט תמיד על מעשיו, שמוצא בהם חסרון ועוון יחשב לו ומהרהר בתשובה, "אל יבזבז יותר מחומש" פי' שעיקר עסקו יהיה בקדושה העליונה, ארבע ידות לה' לתורה ולמצוות, וחלק חמישית יתנהג בדרך הנ"ל.

וזהו שאמר יעקב אבינו ע"ה "אם יהי' כו' ונתן לי לחם לאכול" פי' שיתן לי מדריגה זה להעלות ניצוצות הקדושה תמיד ע"י הרהורי תשובה, שאזכה להסתכל תמיד על מעשיי שאני מקצר בעבודת הבורא, והיה ראוי שהלחם יאכל אותי, "ובגד ללבוש" מלשון בגידה, דהיינו לעשות מהבגידות לבוש עליון חלוקי דרבנן ע"י הרהורי תשובה, "ושבתי בשלום אל בית אבי" פי' שאתנהג כ"כ עד שאפעול להעלות הכל אל אבי שבשמים, "וכל אשר תתן לי עשר אעשרנו לך" פי' שאחר כל זאת אחזיק העיקר בקדושה עליונה, רק חלק חמישית אחזיק בדרך זה כנ"ל.

וזהו "רגלי חסידיו ישמור" פי' הניצוצות הקדושה שנפלו למטה לרגליים, והחסידים מעלים אותם ע"י הרהורי תשובתם, ועי"ז שומר השי"ת ומצפה אליהם תמיד. וזהו "ואיש כי יאכל קודש" פירוש שילך בקדושה תמיד, "בשגגה" פי' כנ"ל שמוצא תמיד חסרונות בעצמו, לומר ששגג בהם ולא עשאם כראוי, "ויסף חמישיתו עליו" רמז לבל יבזבז יותר מחומש, "ונתן לכהן את הקודש" הוא הקב"ה הנקרא כהן, שיעלה הכל אליו ית'. והבן.

שור או כשב או עז כו'. דהנה האדם צריך להיות עובד הבורא ב"ה באלו המדריגות, האחד שצריך שילך תמיד בדביקות, גם צריך שיכסוף תמיד לעבודתו, גם צריך להתגבר בעבודה לבטל כל הדינים, ואם לא עשה א' מכל אלו אז צריך להתגלגל על זה, וזהו "שור" פי' מדריגת שור, דהיינו לשון הבטה, כמ"ש בנות צעדה עלי שור, דהיינו לחשוב תמיד בעיני שכלו רוממות אל ודבקותו ית', "או כשב" לכסוף תמיד לעבודתו ית', כי השין מתחלפת בסמך ובית בפא, "או עז" פי' שיתגבר עצמו לבטל הדינים, "כי יולד" ר"ל שבא בגלגול עבור אחת מהנה לתקנם ולא בשביל עבירה חלילה, "שבעת ימים" רמז למנין שנותיו של אדם שבעים שנה, "יהיה תחת אמו" פי' אמו היא השכינה, כנסת ישראל, והיא מתפללת תמיד על ישראל, ויהיה צדיק תחת אמו כנסת ישראל ג"כ להתפלל על ישראל ולהתעורר רחמים עליהם. אמן.

דבר אל בני ישראל כו' אלה הם מועדי. דהנה השי"ת ב"ה הוא למעלה מן הזמן, שבו ית' אין לתת בו זמן כלל כידוע, וכבר כתבתי דהעולמות נקראים מועדים לשון זמן ומועד, לפי שאצל העולמות שייך לשון זמן שהם תחת הזמן, והנה ידוע דהנהגת העולמות הוא ע"י שם הוי"ה ב"ה הנותן חיות ושפע להעולמות, וזהו "דבר אל בני ישראל מועדי ה'" פי' העולמות הנקראים מועד, הם מתנהגים ע"י שם הוי"ה ב"ה, המשפיע בהם בכח הא"ס ב"ה.

אכן אחר "אשר תקראו אתם מקראי קדש" פי' ע"י שאתם תקראו אותיות התורה בקדושה ובטהרה, אתם מעלים את העולמות אל מדריגות גדולים שנשפעים ע"י הא"ס ב"ה בכבודו, כי האותיות התורה שהאדם מדבר ומקרב עצמו להבורא ב"ה, אז עושה יחוד בכל העולמות, ולזה נצטוינו לקרות בתורה בשבתות ובמועדים לייחד העולמות ולהעלותם, ומלמד אותנו הכתוב איך שנבוא למדריגה זו להעלות העולמות, "ששת ימים תעשה מלאכה" פי' כשתעסוק באיזה מלאכה, אל תכניס כל מחשבתך במלאכה, רק שתעסוק בה דרך עראי והמלאכה תעשה מאליה, כן תתנהגו כל ששת ימי המעשה, "וביום השביעי שבת שבתון" שתקדש עצמך כ"כ שע"י השבת שאתה שומר למטה, תתקן את השבת העליון שיהא שבתון שבת שלם, "שבת היא לה' בכל מושבותיכם" פי' בכל מקום שאתם יושבים, יהא ניכר ונראה הקדושה והאור של השבת, הן בבית הן בחוץ, בכל מקום יאיר ויזהיר האור של השבת קודש בכח קדושתכם הגדולה.

או יאמר דבר אל בני ישראל ואמרת אליהם מועדי ד' כו' אלה הם מועדי. י"ל על כפל הלשון, דהנה השי"ת ב"ה נתן לנו המועדות שהם זמן שמחה ותענוג לנו, והשי"ת ב"ה עיקר תענוגו ושמחתו הוא כאשר אנחנו מתנהגים בקדושה במחשבות טהורות, וזהו "אלה מועדי ה'" שנתן לנו השי"ת למועד ולשמחה, "אשר תקראו אותם מקראי קדש" פי' כאשר תקראו אותם בקדושה וטהרה, אז "אלה מועדי" פי' היא שמחתי ותענוגי, ואמר הכתוב הראיה לזה שהעיקר הוא המחשבה הקדושה, שהרי "ששת ימים תעשה מלאכה" פי' המלאכה נעשית מאליה, ולא פועל ידך עשתה המלאכה כ"א ע"י הבורא ב"ה, ואעפ"י שהמלאכה אפילו בחול נעשית ע"י הבורא ב"ה, אעפ"כ ייחשב לכם השביתה שאתם שובתים בשבת ממלאכה למצוה כאילו אתם שובתים ממלאכה ממש מחמת מצות שבת, וזהו "ולא תעשו מלאכה" שהכתוב תולה המלאכה בכם.

אלה מועדי ד' כו'. דהנה יש להבין מה שהצדיק מתפלל ונענה בתפילתו, הלא נראה כהשתנות, וחלילה להיחיד האמיתי מהשתנות. אך הענין הוא כך, דהצדיק המתפלל על איזה אדם, בשעה שהוא מתפלל, הוא מתפלל בכל רמ"ח איבריו ושס"ה גידיו בלי שום מחשבה זרה, והוא מקשר אותו אדם שמתפלל בעדו ברמ"ח איבריו שלו והוא מקדשו, לזה הוא נענה, כי מהיכא תיתי יחסר לאדם, בוודאי מחמת עונש על חטא שעשה בא' מאברי גופו, ובעת שהצדיק מעטהו ומכסהו עמו, אז נעשה אברי אותו אדם עם אברי הצדיק אחד, וממילא נתתקן האדם, וכיון שנתקן החטא חלף עבר העונש ממנו, וזהו "כל עצמותי תאמרנה כו' מציל" כו', דהנה כאשר יחטא האדם, אותו חטא מביא אותו לידי מחשבות זרות ונטמאת מחשבתו חלילה, וזהו פי' "לנפש לא יטמא בעמיו" פי' שלא יטמא את המחשבה היא הנפש, בעמיו הם האברים, וזהו "כל עצמותי" כו', כשאני מתפלל במחשבה זכה וצלולה, וכל אברים הם מסכימים עמי בעבודה, ועי"ז "מציל עני מחזק ממנו" הוא האדם הצריך לאיזה דבר והוא עני בדבר, אז ניצול, כי אני מתפלל עבורו ומקשרו עמי וכדלעיל, וזהו "אלה מועדי ה'" כו', דהקב"ה הוא למעלה מן הזמן ואין בו שום השתנות, ואמר הכתוב "אלה מועדי ה'" שלפעמים יכול אתה למצוא אצל הבורא ג"כ זמן והשתנות, דהיינו אם אתמול היה איזה גזירה כנ"ל והיום נשתנה לטובה, ומפרש הכתוב מהיכן בא זה באמת אל הבורא האמיתי? ומפרש "אשר תקראו אותם" ואיתא בגמ' אל תיקרי אותם אלא אתם, ר"ל ע"י תפילת הצדיקים המתפללים בכל אבריהם, אתם דייקא, פי' בכל גופכם שלם בלי עירוב מחשבה זרה חלילה, וזהו "במועדם" דהעולמות נקראים "מועד", שהם תחת הזמן, והצדיקים המתפללים בכוונה, הם המקיימין העולמות ומשפיעין טובה וחיות לכל העולמות, ולזה הם הגורמים להפך מידת הדין לרחמים גמורים, כי המה המושלים בכל בכח חיותם אשר משפיעים לכל. וזהו "אם בחוקותי תלכו" כו', פי' דהעולמות הם נקראים "חוקים" מלשון חוק וזמן נתן להם, והיינו כשתתאמצו לילך במחשבותיכם הטהורים בעולמות העליונים, "ונתתי גשמיכם" הם גשמיות הדברים, והמחשבות העולים מהגוף יזדכך ג"כ ויעלו למעלה בעיתים העליונים.

וזהו "כי תבואו אל הארץ", דמחשבות טהורות באים מצד הנשמה, ומחשבות אחרות הם מהגוף, ואמר הכתוב כאשר תזכו להמשיך הנשמה כ"כ בקדושה גדולה שעל ידה יתקדש ג"כ הגוף במחשבות קדושות, ו"תבואו אל הארץ" פי' שתבואו לזה שתעיינו ותשגיחו אל הארציות ג"כ להכניס בקדושה, אז "וקצרתם את קצירה" פי' שמדריגה הזאת תשכיל אתכם להבין המיעוט והקיצור בעבודתו ית', ועד היכן צריך לתקן מעשיו, "והבאתם את עומר" הוא כמו אומ"ר באלף, כי מתחלף זה בזה באותיות אחה"ע, פי' שצריכים אתם לתקן את הדברים בטלים שדיברתם, ותראו להעלות אותם בקדושה שיעלו לרצון לפניו ית' הנקרא כהן, וזהו "אל הכהן", וזהו "ראשית קצירכם" כי הדברים בטלים הם המביאים את האדם לכל הקיצורים והם התחלה לכולם, "והניף את העומר לפני ה'" ר"ל שתעלה ותניף את האומר לפני ה', "לרצונכם" ר"ל למחשבותיכם, דהיינו שיהא האמירה והמחשבה יחד בקדושה, "ממחרת השבת יניפנו הכהן" ר"ל והקב"ה ברחמיו יניף את האמירה זאת למעלה לעולם העליון, "ועשיתם ביום הניפכם את העומר כבש תמים בן שנתו לעולה" פי' כשיהיה מחשבה והדיבור יחד בקדושה טובים, אז יעשה כבש ודרגא להעלות אותו הדיבור לעולה לה'. וזהו "והעומר עשירית האיפה הוא", דאיתא גבי איוב שאמר לו הקב"ה איפה היית ביסדי ארץ, ופי' בספרים ששאל אותו השי"ת מאיזה "איפה" אתה מאדם הראשון, כי כל הנשמות הם היו תלויים באדם הראשון, ואמר לו אמור לי השורש שלך היכן הוא, וזהו "והעומר עשירית האיפה" דעשר רמז לקדושה, והיינו ע"י אמירות קדושות וטהורות מקדש את האיפה, היינו השורש שהוא בא משם.

ונחזור לביאור הכתוב "ומנחתו" ר"ל תפילת מנחה היא עיקרה לבטל דינים המתחילים לצאת אז משרשם, ונמתקים ע"י תפילת הצדיקים, וכדאיתא שאליהו לא נענה אלא בתפילת המנחה, וזהו "ומנחתו שני עשרונים" ר"ל ב' מדריגות קדושות, "סולת בלולה בשמן" רמז להשפעות שמשפיע לזה העולם, "אשה לה'" הוא השפעות שמשפיע הצדיק לעולמות העליונים.

"וספרתם לכם ממחרת השבת" מלשון ספיר המאיר, דהיינו שתאיר קדושתכם ותשפיעו אור ושפע למעלה בעולמות עליונים, וזהו "ממחרת השבת" כנ"ל שתעלו הדיבור, "שבע שבתות תמימות תהיינה" פי' שתתקן כל שבעים שנה אשר אתה חי, "ממושבותיכם תביאו לחם תנופה" ר"ל אף אם יהיה עת שלא תהיו כ"כ במדריגה עליונה, כ"א למטה במושבותיכם, גם אז "תביאו לחם" יהיה יכולת בידכם להמשיך השפעות, "תנופה" עי"ז תנשאו למעלה למדריגתכם, "שתים" פי' ע"י שתי מדריגות אהבה ויראה, "שני עשרונים" היינו שכל אחד יהיה כלול משניהם, שעם היראה תהיה האהבה ועם אהבה תהיה היראה, "סולת תהיינה" ר"ל שכל מעשיכם יהיה נקי כסולת בקדושה וטהרה, "חמץ תיאפנה" פי' בכל זאת לא תחזיק עצמך לכלום, רק שתמצא בעצמך תמיד חסרונות תערובות חמץ, ותהיה תמיד בתשובה, "ביכורים לה'" דכ"ף בקו"ף מתחלף באותיות גיכ"ק, זה הוא הדרך שצריך האדם לבקר בתחילה ולדרוש היטב שיהיו לה' לשמו הגדול, אמן כי"ר.

או יאמר אלה מועדי ה' כו' בחודש הראשון בארבעה עשר לחודש, ר"ל דהכתוב מלמד אותנו איך נעבוד השי"ת בהדרגה, דהיינו בהיות האדם קודם חצי שנותיו, ולזה רמז "ארבעה עשר לחדש" קודם חצי חודש, "בין הערבים" שאז אין האדם יכול לקבל אור הקדושה ולתקן את מעשיו לגמרי, ועדיין הוא בין הערבים, בין צללי ערב, שעדיין התגברות היצר על האדם, "פסח לה'" פי' שצריך לתקן אז בפיו פה סח, שהפה ישיח וידבר תמיד בתורתו הקדושה, לה' לשמו, ולעסוק בעניני הלימוד היטב בגמ' ופוסקים ומפרשי הש"ס.

"ובחמשה עשר יום לחודש" דהיינו אחר חצי שנות האדם, "חג המצות לה'" פי' שיתגבר בקדושה ויהיה עסקן במצוות ה' באהבה רבה, ואש בוערת לה' בהתלהבות גדול, "שבעת ימים מצות תאכלו" פי' עי"ז יתקן כל שבעים שנה של אדם המרומזים בז' ימים, ואמר הכתוב "ביום הראשון מקרא קודש יהיה לכם" פי' בהתחלת קדושתך לכנוס לעבודת הבורא ית', "מקרא קודש יהיה לכם" תתאמץ מאד שיהיה כל קריאתך הן תורה או תפילה רק בקדושה ולא לפני' ח"ו, "כל מלאכת עבודה לא תעשו" דהתפילה נקרא עבודה, איזה עבודה שבלב זו תפילה, ולפעמים נמצאים ב"א אשר יקריבו לעבודה כאשר יראו עיניו מעשה הצדיקים ותנועתם לשמו ית', הוטב בעיניו מאד התנועה ההיא לעשות גם הוא כמוהם להתנועע כך, כנוע עצי היער בלא טעם וריח, שסובר שהתנועה מחמת עצמה היא יפה והיא מלאכה בפני עצמה, ובאמת אינו כך, כי התנועה באה מרוב עבודה הזכה וצחות הנפש וחשקה הגדול לעבודה, אז ממילא נתהוה מכחה התנועה הנאה והיפה, וזהו "כל מלאכת עבודה לא תעשו" דהיינו התנועות והמלאכות שבעבודה, לא תעשו בכונה לדמות עצמו לצדיק לעשות כמעשהו, זר מעשהו בהיות שלא לשמה חלילה, אך ורק תעשו לשמו הגדול.

"והקרבתם אשה לד'", דהנה אמרו חז"ל יצר ותינוק ואשה כו', י"ל שכל זה חד הוא, ר"ל יצר נקרא בעצמו אשה, שמתעצל את האדם בעבודתו ית' כאשה עצלה, ותינוק שעושה מעשה תעתועים כתינוק, וצריך האדם לקרבו להבורא ב"ה, לעבוד את הבורא בשני יצרים. וזהו "והקרבתם אשה" ר"ל דהיינו נקבות הוא צד היצר, תקריבו אותו "לה' שבעת ימים" הם כל ימי שנותיו של אדם, "ביום השביעי מקרא קודש" ר"ל אחר שיגיע לימי הזיקנה, צריך ג"כ להתגבר בקדושה שיהא מקרא קודש, בבוקר זרע זרעך ולערב אל תנח ידיך.

**בהר**

וידבר כו' בהר סיני לאמר. נראה לפרש ע"פ שאמרו בפרקי אבות "משה קבל תורה מסיני ומסרה כו' ויהושע לזקנים כו' ונביאים מסרוה לאנשי כנסת הגדולה". יש לדקדק שמתחילה כתיב ומסרה ליהושע, ומיהושע לזקנים לא נאמר ומסרוה, וגם וזקנים לנביאים לא נאמר ומסרוה כו', והדר נאמר ומסרוה לאנשי כנסת הגדולה, ומסתמא לאיזה כוונה כתבו חכמי המשנה כך בשינוי לשון, ומה גם שאצל משה לא נאמר כלל לשון מסירה אלא משה קבל כו'. ונראה לתרץ ע"פ הגמ' למה תרצדון הרים גבנונים שנתקבצו ההרים לפני השי"ת ליתן עליהם התורה, ואמר להם השי"ת ב"ה כולכם בעלי מומין אתם אצל הר סיני, מלשון גבן או דק כו', ומה מעלתו לפי שנמוך מכולם, ללמד שאין התורה מתקיימת אלא במי שמנמיך עצמו, ומשה רבינו ע"ה היה עניו מאד מכל האדם, לזה היה יכול לקבל התורה מהשי"ת ב"ה בעצמו, וכשרצה אח"כ ללמדה ליהושע ויהושע לא היה בכחו כ"כ כמו משה רבינו ליקח בכח עצמותו התורה ממשה, לזה היה צריך משה למסרה לו בכח מסירת נפשו הגדולה, ומסרה לו ברוב קדושתו הגדולה במס"נ עליו, ויהושע כשלמדה לזקנים לא היה יכול לעשות מס"נ גדול כמו משה רבינו למסור להם כל התורה כמו שמשה למדו, לכך לא נאמר ומסרוה, אלא לימד להם התורה כפי כחם לקבל, דור אחר דור תשו כחם ולא נאמר בהם לשון מסירה, והדר אצל נביאים לכנסת הגדולה נאמר לשון מסירה, שכך הוא הדרך הטבע, שדבר היוצא בטבעו, לסוף הדבר ההוא נתעלה ועולה למעלה, כמו הגלגל, הדבר שהוא למטה, אותה הדבר בעצמו חוזר ומתעלה, לזה אצל הנביאים כבר היה להם כח זה למסרם לאנשי כה"ג בכח מס"נ, נמצא ממילא אצל משה מהשי"ת ב"ה אין שייך ממילא לשון מסירה כלל, כ"א קבלה אשר קבלה מפי הגבורה מחמת שהיה ענוותן גדול, וזהו "משה קבל תורה מסיני" בכח שלמד עצמו מהר סיני שנתן הש"י התורה עליו מחמת שהוא נמוך מכל ההרים, וזהו "וידבר ה' אל משה בהר סיני לאמר" פירוש החזק עצמך במידת הר סיני ועי"ז תוכל לומר לישראל התורה הקדושה בגודל קדושתך. וק"ל.

וכי תאמרו מה נאכל בשנה כו' וצויתי את ברכתי לכם כו'. בשם אחי החסיד המפורסם, ויש לדקדק היות שהתורה יצאתה בכאן מדרכה, שדרך הקרא לכתוב איזה ייתור לשון בפסוק אפילו אות אחת, ועי"ז מתורץ כמה קושיות, אבל הקושיא לא נכתב בעצמה בתורה, וכאן נכתב הקושיא בתורה, וטוב היה שלא לומר כ"א וצויתי את ברכתי וממילא לא יקשה שום אדם לומר מה נאכל. ונראה שהשי"ת ב"ה כשברא את העולם השפיע מטובו צינורות מושכים שפע לצרכי ב"א, ודרך השפע שלא להפסיק כלל אלא כשהאדם נופל ממדרגתו ואין לו בטחון בבורא ב"ה המשגיח אמיתי הזן ומפרנס בריות בלי הפסק כלל, אז עושה האדם ההוא במחשבתו ההיא אשר לא מטוהר פגם חלילה בעולמות עליונים, ומתישין כח פמליא של מעלה ר"ל, ואז נפסק השפע חלילה, וצריך השי"ת ב"ה לצוות מחדש השפע שתלך כמו מתחילת הבריאה, וזה הוא "וכי תאמרו" כו', שהתורה מלמדת לאדם דרכי השם שיהיה שלם בבטחונו על אלהיו, ולא יאמר כלל מה יאכל, כי כאשר חלילה יפול מן הבטחון לחשוב מה יאכל, הוא עושה פגם חלילה בהשפע, ואטרחו כלפי שמיא לצוות מחדש, "וכי תאמרו" פי' כאשר תאמרו כך ואז תטריחו אותי "וצויתי" כו', אלא לא תתנהגו כך, ותבטחו בה' בכל לבבכם, ואז תלך השפע בלי הפסק כלל, תמיד לא יחסר כל בה.

כי ימוך אחיך ומכר מאחוזתו כו'. פי' "ומכר" לשון נתמכר "מאחוזתו" הוא העולם העליון שממנו נחצב, והוא אחוזתו באמת. למשל כאשר אנחנו רואין בחוש שהאדם מתחילת גידולו הוא מקושר מאד באביו בעבותות האהבה, וכל אשר יגדל ויתחזק שכלו בגשמיות העולם, אז נפרד מעט מעט מאביו, עד אשר ייפרד כולו ויצא מאביו וידמה כאחר, וגם הנשמה היא כך, שמתחילת בואה לזה העולם עדיין יש לה התקשרות בעולם

העליון כי ממנה נחצבה, ותרצה בעבודת הבורא, ואח"כ כשהאדם נתהוה בגשמיות העוה"ז, וישים עינא ולבא שהם תרי סרסורי דחטאה בתאוותיו, אז נפרדה מחשבתו מעבודת הבורא, וסובר בעצמו שלא נברא כ"א להבלי הזמן ותאוותיו הגשמיים, ונתמכר ונתרושש מהש"י ב"ה וימוכו בעוונם. וזהו "ומכר מאחוזתו". ומה תקנתיה? "ובא גואלו הקרוב אליו וגאל את ממכר אחיו" והוא הצדיק הקרוב אליו בג"ע בהתקשרות נשמתו משורש אחד, "וגאל את ממכר אחיו" שיסייעהו ויעזרהו לפרוש עצמו מהעולם השפל הזה, ולדבק עצמו בעולמות עליונים, וזהו פי' הפסוק "טוב שכן קרוב מאח רחוק", "שכן קרוב" הוא קירבת הנפשות, אעפ"י שהם בזה העולם כרחוקים זה מזה, אבל הם קרובים בעולם העליון, זה הוא יותר טוב "מאח רחוק" ממי שהוא אח בעוה"ז והוא רחוק ממנו בעולם העליון, שזה אינו יכול להועילו כלום, כ"א הצדיק אשר הוא אתו עמו בשורש אחד זה הוא גואלו באמת. וזהו "וגאל את ממכר אחיו" וכדלעיל.

וכי ימכור כו' עיר חומה כו'. נ"ל ע"פ דאיתא בזוהר הקדוש דהתורה נקראת "חומה", וזהו "והמים להם חומה מימינם", פי' זהו התורה הנקראת חומה וגם מים, והיא חומה לישראל ע"ד הכתוב אורך ימים בימינה ובשמאלה כו'. וזהו "וכי ימכור בית מושב עיר חומה" פי' אם יתמכר אדם את מעשיו חלילה מאביו שבשמים, לעבור על מצוותיו ותורתו הקדושה הנקרא חומה כנ"ל, ואמר הכתוב "והיתה גאולתו עד תום שנת ממכרו" ר"ל אעפ"כ אל יתייאש מלחזור בתשובה, ויכול עדיין לגאול נפשו בתשובה ומע"ט, אפילו אם עבר ושנה והרבה לעשות הרע בעיני ה' כל ימי חייו, אעפ"כ שערי תשובה לא ננעלו, כמ"ש תשב אנוש עד דכא עד דכדוכו של נפש. וזהו "עד תום שנת ממכרו". "ואם לא יגאל עד מלאת לו" כו', פי' שאם לא ישוב חלילה לעולם, "וקם הבית אשר לו חומה לקונה אותו" פי' כל הזכויות שיש לאיש ההוא, אז נוטל אותם הצדיק הגדול, ע"ד שאמרו זכה נוטל חלקו וחלק חברו בג"ע.

"ובתי החצרים אשר אין להם חומה" כו', נ"ל ע"פ דאיתא במשנה "אל תהי בז לכל אדם ואל תהי מפליג לכל דבר", י"ל הפי' כך, דידוע שצריך האדם לתקן השלש העולמות, דהיינו עולם העשייה שנקרא נפש, ושם הוא התיקון במעשה, דהיינו להעלות נ"ק שנפלו, והוא שבכל מה שיעסוק יהיה כוונתו להבורא ב"ה, ועי"ז הוא מוציא ניצוצות הקדושה. והשני הוא עולם היצירה, מלשון ויצר אותו בחרט, והיינו שצריך האדם לקדש דיבורו היוצא מפיו לייחדו ולקשרו בעולם הנ"ל. ועולם השלישי הוא עולם הבריאה, שזהו הדביקות, שע"י הצדיק הוא מושך השפעות לעולם. וזהו "אל תהי בז לכל אדם" היינו מדריגה הראשונה, שהתנא מזהיר לאדם שלא יהא בזוי ומשוקץ בדבר השייך לכל אדם, והוא מדריגה הראשונה לתקן העולם העשיה, "ואל תהי מפליג לכל דבר" למדריגה הב', שלא יפליג לחלק את דיבורו מעולם העליון, ומפליג הוא לשון פלגא, פי' חילוק לחצאין. וזהו "ובתי החצרים אשר אין להם חומה" כו', פי' אותם ב"א הפשוטים אשר אין להם אלא חצר שלפני הבית, אבל בתי גוואי לית להם לכוין ולקשר דיבורם בעולמות עליונים, וזה הוא להם מחמת שלא עסקו בתורה הקדושה, וזהו "אשר אין להם חומה סביב" שהתורה נקרא חומה כדלעיל, "על שדה הארץ יחשב" פי' יראו עכ"פ שיהיו על מדריגה הראשונה, והיינו להשגיח על נ"ק שנפלו לארץ להעלותם אל השדה העליון, וזהו "יחשב" פי' שיחשבו תמיד בזה, וכשיתנהגו כך, "גאולה תהיה לו" ר"ל שפועל בזה גאולה לנפשו, וגם "ביובל יצא" שעושה פעולה שבא בעולם היובל כידוע.

"וערי הלוים בתי ערי אחוזתם"

זה רמז למדריגה הג', דהיינו הצדיקים השלימים הדביקים תמיד בלי הפסק בקדושתו ודביקותו, ו"לוים" פירושו מלשון הפעם ילוה אישי כו', ו"בתי ערי אחוזתם" ר"ל שהבית שלהם הוא בשורש העליון במקום אחוזתם, "גאולת עולם תהיה ללוים" פי' שהם גורמים גאולה והשפעה לעולם, וזהו "יהודה אתה יודוך אחיך" פי' כשאתה במדריגה הראשונה המכונה יהודה, "יודוך אחיך" זה הוא דבר הניכר לכל אדם ויודוך אחיך, "ידך בעורף אויבך" זהו מדריגה הב', לכוף את הדינים להמתיקם לרחמים.

וזהו ג"כ יכול להיות שרמזה לנו המשנה דברים הנ"ל באמרה "שלש ארצות לביעור יהודה ועבר הירדן והגליל ושלש שלש בכל א' וא'", דידוע דהעולמות השלשה שדברנו למעלה, כל אחד מהם כלול ג"כ משלש, וזהו פי' "שלש ארצות לביעור" דהיינו לבער ולברר הקדושה מתוך הקליפה, והם שלש מדרגות, א' "יהודה" רמז למדריגה הראשונה ההכרחי ושוה לכל אדם המכונה בשם יהודה לנהוג כך, והוא תיקון העולם העשיה להעלות הנ"ק להיות כוונתו בכל דבר לכבוד הבורא ב"ה, ובזה הוא מוציא הנ"ק. ומדריגה ב' הוא "עבר הירדן" שהוא ממתיק דינים, ירדן הוא לשון ירד דין, להוריד הדינים ולבערם, ומדריגה הג' הוא "הגליל" הוא הצדיק הגדול הממשיך השפעה הנרמז בשם גליל, ע"ש שנאמר כי בגלל הדבר הזה יברכך ה', והוא רמז להשפעות. וק"ל.

כי ימוך אחיך כו'. ג"פ נאמר בתורה "כי ימוך אחיך" כו', ונראה שהוא רמז לזה שבכתבי האר"י איתא שהחילוק של שמיטה משבת, ששבת יש לה עליה גדולה עד למעלה מאצילות, אבל השמיטה אין לה עליה כ"א שלשה עולמות, וזהו "ושבתה הארץ" רמז לארץ עליונה שהיא מלכות. "שבת לה'" שיהא לה עליה גדולה, ולזה נצטוה האדם לשמור השבת והשמיטה, שעל ידו יתעלו העולמות בעלייתם, שהאדם מישראל הוא כולו שמותיו של הקב"ה, שמקומם ואחיזתם של ישראל הוא בה' אחרונה שבשם הקדוש. וזהו "אשר שם שמות בארץ", ודרשו רז"ל אל תקרי שמות אלא שֵׁמות, פשוטו שמות ממש, שהוא כולו שמותיו של הקב"ה. וזה הוא שאמרו בגמ' "שלש ארצות לביעור יהודה ועבר הירדן והגליל", פי' שלש עליות בעולמות עליונים, וארצות הוא רמז לארץ עליונה, ופי' הוא כך, ע"י שלשה מיני צדיקים יש להעולמות עלייה, "יהודה" פי' שיש צדיק אשר הולך תמיד בדביקות ויחודים בלי הפסק כלל, זה נקרא בשם יהודה, שהוא השם הוי"ה ב"ה שרוי בתוכו והד' רמז למדת מלכות. "ועבר הירדן" הוא ג"כ רמז על צדיק הנקרא כך ע"ש מעשיו, שממתיק דינים ומעבירם בצדקתו, וזהו עבר הירדן, כלומר שמעביר הירד דין, כשיורד דין חלילה לעולם, אז הוא מעביר אותו ומבטלו לבל ישלוט חלילה בעם הקודש. "והגליל" הוא ג"כ שם הצדיק אשר עדיין צריך להתגלגל, והוא מלשון בגלל הדבר הזה, אשר דרשו חז"ל גלגל החוזר בעולם.

ואלו השלושה "וכי ימוך" הם רמוזים לשלשה מדריגות אלו. פי' הצדיק הראשון אשר דברנו בו, הוא על מדריגה גדולה שיכול להביא הגאולה בצדקתו ויחודו שהולך תמיד בדביקות ויחודים, ולצדיק כזה השי"ת ב"ה הוא אצלו כאח נאמן לקיים דברו אשר יצא מפיו, והוא הגוזר והקב"ה מקיים. ומדי דברי בזה נפרש פסוק בתורה, "כעת יאמר ליעקב ולישראל מה פעל", ופי' בגמ' עתידין צדיקים שיהיה מחיצתן לפנים ממחיצת מלאכי השרת, ויהיו המלאכים שואלין אותם מה פעל אל. ולכאורה תמוה אם המלאכים אינם יודעים מה הפעולה של השי"ת, וא"כ איך עושין עכשיו עד שלא שאלו לצדיקים, אלא שלא הוצרכו לידע, גם היום למה ישאלו ומה איכפת להם. אלא נראה שהגמ' פירושה הוא כך, שעתידים הצדיקים שיהיו במדריגתם כ"כ גדולה, שהקב"ה יעשה כל מה שיצוו בבל ישונה, וע"י מי הש"י עושה? ע"י מלאכיו שהם שלוחיו לכל דבר המלך, והלכך יהיו שואלין לצדיקים לאמר אתה יודע כל מה שיפעל השי"ת וכל מה שיצוה אותנו לעשות, כי אתה הגוזר, ובכן אמור לנו מה פעל אל, איזה פעולה שנעשה, ונלך בשליחותינו זריזין, ככל דברך הטוב כן נעשה.

ונחזור לענינינו, שהש"י הוא כאח לצדיק כזה שעוסק תמיד בדביקות ויחודים, ופי' "וכי ימוך אחיך" שהוא הש"י הנקרא אח, כאשר ימוך מכח עוונות ישראל, "ומכר מאחוזתו" היא ארץ נחלתו ובית קדשו ודביר מקדשו, ולזה לא נאמר אחוזתו אלא מאחוזתו, לפי ששכינה לא זזה מכותל מערבי עדיין, ואעפ"כ חופף עלינו אור קדושתו, "ובא גואלו הקרוב אליו וגאל את ממכר אחיו" והוא הצדיק הנ"ל, יגאל כביכול אותו מהגלות החיל המר והנמהר הזה בכח קדושתו ופרישותו הגדולה, "ואיש כי לא יהיה לו גואל" פי' כשלא יהיה צדיק כזה שיהיה הש"י יכול להביא הגאולה בצדקתו, ותושע לו זרועו וחמתו סמכתהו להנקם מאויביו ולשלם גמול לשונאיו, ולזה נקרא "איש" לשון איש מלחמה, שיצטרך להתגבר בגבורותיו. "והשיגה ידו ונגאל" כלומר שישיג בידו עצמו ויגאלנו למען שמו. "ומצא כדי גאולתו", ומהיכן ימצא? ומפרש הכתוב "וחשב את שני ממכרו", שיחשב השם הטוב ברחמיו את אריכות הגלות המר הזה, "והשיב את העודף לאיש אשר מכר לו", כי יש להשי"ת עודף גדול לשלם ממלכי האומות, כמ"ש בגמ' תחת הנחושת אביא כסף כו' תחת ר"ע וחביריו מה תהא עליהם, נמצא שיש עודף להשי"ת ב"ה עליהן ר"ע וחביריו, "ושב לאחוזתו" במהרה בימינו אמן. "ואם לא מצאה ידו די השיב לו" ע"ד שאמרו בגמ' זכו אחישנה לא זכו בעתה, וזהו "והיה ממכרו עד שנת היובל וביובל יצא ושב לאחוזתו" בין כך ובין כך.

"וכי ימוך אחיך ומטה ידו עמך" כו'. כאן רמז להצדיק השני אשר אינו כ"כ בדביקות ויחודים כמו הראשון, וזו היא "ומטה ידו עמך" שאתה גרמת בזה שמטה ידו של השי"ת כביכול, ו"עמך" כלומר מכחך, לכך אני אומר לך "והחזקת בו" שתחזיק בהש"י ב"ה ואל תעזוב אותו, "גר ותושב" רמז להש"י ב"ה שהוא תושב בעולמות עליונים וגר בעולם השפל הזה, "וחי עמך" שתראה בצדקתך להוסיף כח בפמליא של מעלה, ע"ד שאמרו ישראל מפרנסין לאביהם שבשמים.

"אל תקח מאתו נשך ותרבית" פי' כשתעשה איזה דבר טוב, לא תרצה אצל הש"י ב"ה ליקח ממנו רווחים עבור מעשיך הטובים, שיבוא לך איזה פניה או גאות חלילה, ובזה תחשב כאלו אתה נושך כביכול להבורא, שיש לו צער גדול מזה, ותועבת ה' כל גבה לב, אלא אדרבה יהיו כל כוונתך לשם שמים, ובזה יקובל לרצון לפני בוראינו, ועי"ז נזכה לגאולה במהרה בימינו, וזו היא "אני ה' אלקיכם כו' לתת לכם ארץ כנען להיות לכם לאלהים".

"וכי ימוך אחיך עמך ונמכר לך", כאן רמז להצדיק השלישי שהוצרך לבוא בגלגול, וכשהאדם הוא בגלגול אינו כ"כ במדריגה כמו נשמה חדשה, וזהו "וכי ימוך אחיך" זה הש"י ב"ה שהיה אחיך מקודם, ועתה בגלגול "נמכר לך" לשון נתמכר, שנעשה כזר בעיניך, "לא תעבוד בו עבודת עבד" כי מצינו במדרש שכל מה שהעבד עושה לרבו עשה הש"י ב"ה לישראל במדבר, עבד עורך שולחן והש"י ערך שולחן והאכילם לחם מן השמים, העבד מוליך פנס כו' והקב"ה הוליך פנס וד' הולך לפניהם כו' להאיר להם, וכן בכל דור ודור לכל צדיק וצדיק, הש"י ב"ה צייתן לכל דבריו כמו העבד הציית לרבו כביכול, הצדיק גוזר והקב"ה מקיים, וזהו דווקא בצדיק גמור אשר הולך תמיד בדביקות ויחודים, לא ינוח אפילו רגע א' במחשבתו הקדושה והטהורה, אבל הצדיק הנתגלגל ואינו במדרגתו כ"כ כמו הראשון אשר דברנו בו, הוא מוזהר שלא יעבוד בהשם ב"ה וב"ש עבודת עבד, אלא צריך להתחנן אליו מאד מאד בעת הצטרכותו, והשם הטוב יגמור בעדו לטובה.

**בחוקתי**

אם בחוקותי תלכו. נ"ל ומתחילה נפרש הפסוק "ויעמידם לעד לעולם חק נתן ולא יעבור", דהנה עיקר עבודתינו להש"י ב"ה לייחד ולקשר העולמות העליונים, וכתיב בתורה "ויעבור ה' על פניו" כו', כשהתפלל משה רבינו ע"ה על ישראל, ויעבור ה' על פניו של זעם "ויקרא ה'" שהוא רחמים. אבל כשאנחנו מייחדים ומקשרים העולמות כרצון הבורא ית"ש, אז ממילא הרחמים גוברים ואין שליטה כלל לפנים של זעם, ואין צריכים להעברת פנים. וזהו הפי' "ויעמידם לעד לעולם" שהעמיד העולמות כדי לקשרם יחד עם עוה"ז, כאשר מובן מפסוק שמיירי מהעולמות העליונים, באומרו "הללו מן השמים הללוהו כו' כוכבי אור כו' חק נתן ולא יעבור" דהעולמות נקראין חק, ונרמז בפסוק חקת עולם, ואמר הכתוב שהשי"ת ב"ה נתן חק ויש כח ביד הצדיק לקשרם, ואזי ממילא הרחמים גוברין, וזהו "ולא יעבור" פי' שאין צריך להעברת פנים, לפי שאין שליטה כלל להדינים כנ"ל,

וכיון שהרחמים גוברין אז ממילא השפע הולכת בכל טוב להשפיע לעוה"ז ע"י התקשרות הצדיק, ונמצא גם הגשמיות של עוה"ז מקושר בעולמות עליונים.

וזהו "אם בחוקותי תלכו" פי' שתהיו הולכים בעולמות העליונים הנקרא חק, ותהרהרו במחשבותיכם לקשרם, תפעלו זאת. "ונתתי גשמיכם בעתם" שגם הגשמיות העולם יהיו בהתקשרות עם העולמות העליונים הנקראים ג"כ "עת" כנ"ל כמה פעמים. וזהו "עדותיך נאמנו מאוד" כי ידוע שהשמים וארץ נקראין עדות כמ"ש העידותי בכם כו', וכפרש"י בהאזינו שאם יזכו יתנו עדות שבהם כו' ע"ש, וזהו "עדותיך" שאנחנו שמחים בעדותיך, הם השמים וארץ שהם "נאמנים מאוד" ליתן שכרם, אבל אין שמחתינו עיקרית על שנותנים לנו שמחות גשמיות, כ"א עיקר שמחתינו שגם הגשמיות שלנו יקושר בעולם העליון, ובזה אנחנו שמחים מאוד. וזהו "לביתך נאוה קודש" והבן.

או יאמר אם בחוקותי כו', ע"פ דאיתא "מתחילה עלה במחשבה לבראו במדה"ד ראה שאין העולם מתקיים שתפו למדה"ר", והנה כבר הערנו בזה איך ח"ו יעלה על הדעת לומר כן על הבורא האמת מתחילה עלה במחשבה כן ואח"כ ראה כו', חלילה וחלילה מהבורא מהשתנות. נ"ל הפי' דאיתא בגמ' "כל דיין שדן דין אמת לאמיתו נעשה שותף להקב"ה במעשה בראשית", וכבר פרשתי שחז"ל רמזו בזה על הצדיק השלם שנקרא "דיין" והוא "דן דין אמת לאמיתו" דהיינו אף אם ח"ו אין העולם כראוי, ויודע המחשבות הוא היודע האמת וגוזר ח"ו איזה גזירה, בודאי הגזירה הוא טובה גדולה, אך הצדיק לפי דעתו והבנתו שאין מבין הטובה ההיא, הוא מבטל הגזירה ההיא, וזהו מלת "לאמיתו" דייקא, והצדיק הזה הוא "שותף להקב"ה" שהקב"ה גוזר והצדיק מבטל. וזהו "מתחילה עלה במחשבה לבראות במדה"ד" דהקב"ה הוא אלהא קשוט, וקושטא ברא עלמא, שאם יחטא האדם יענש ח"ו, "וראה שאין העולם מתקיים" ר"ל שהשי"ת ב"ה ברא עלמא להטיב לברואים, ראה זה מתחילה שלא יתקיים זה ע"פ מדה"ד, פי' העולם של מדה"ד לא יתקיים, כי הצדיק יבטלם בכח תפילתו, וכך היתה הבריאה מתחילה שיהיה מדה"ד והצדיק יבטלו, ונמצא אין שינוי, וזה "שתפו למדה"ר" פי' שברא הצדיקים שהם שותפין, שהקב"ה גוזר והצדיק מבטל.

וזהו "כל דיין דמפקין מיניה ממונא בדינא לאו דיינא הוא", דממון הוא רמז על השפעות שהצדיק ממשיך בקדושתו, ואם ח"ו יש איזה מונע המפקיע ההשפעה ממנו, "לאו דיינא" כי הצדיק כאשר יגזור אומר כן יקום, והדבר אשר על ידו יוכל הצדיק לבטל הגזירה ולהמשיך השפעה, הוא ע"י התורה הקדושה שהוא מחדש בה חידושים, דכתיב "ונתתי לך מהלכים בין העומדים האלה" דהמלאך נקרא עומד, והוא מחמת שכאשר ימסור לו השי"ת איזה שליחות לעשות, בלתי אפשר לו לשנות כלל וכלל, אבל הצדיק השלם ברוב קדושתו הוא "מהלך בין העומדים" הם המלאכים, ובקדושתו הוא מושך ונוטל הדבר השליחות מהמלאך, ומעלה אותו הדבר למעלה לעולם העליון אשר שם הרחמים גמורים והגזירה ממילא בטל. ואיתא בזוהר דהתורה שבע"פ נקרא חוקים, ולהבין הדבר למה נקראת תורה שבע"פ, הוא מחמת שהצדיק מקדש את פיו, שאינו מוציא מפיו שום דבר בטל ח"ו, וזהו לשון "בעל פה" ר"ל שהוא בעל ואדון לפה, שאינו מדבר אלא דברי קדושה וחידושים דאורייתא בפיו הקדוש, ונקראת תורתו שלומד תורה שבע"פ פי' של בע"פ, וזהו "אם בחוקותי תלכו" ר"ל כנ"ל שתהיו מהלכים בין העומדים, עם החוקים הוא החידושין דאורייתא, וכפרש"י שבתורה הכתוב מדבר.

"ואת מצותי תשמרו" פי' מה שציויתי ובראתי העולם במדה"ד, תשמרו אתם, "ועשיתם אותם" להפכם לרחמים, ואז תגרמו "ונתתי גשמיכם בעתם" דהיינו העולמות, דהשי"ת ב"ה וב"ש אין שייך בו שום זמן שהוא למעלה מהזמן, אבל העולמות הם תחת הזמן, וזהו "ונתתי גשמיכם" ר"ל הגשמיות והשפעות שלכם אתן בהעולמות להשפיע לכם, "והארץ תתן יבולה" ר"ל מן הארציות תינתן קדושה עד היובל העליון, ויבולה מלשון יובל, ומה שנאמר "בעתם" בלשון נסתר, יש לומר דהנה אנו אומרים "ברוך אתה" הוא נגלה, "אשר קדשנו" הוא נסתר, מחמת שבהתחלת האדם לעבוד הבורא, נראה ונדמה לו שהוא כבר קרוב לה' מאד, אבל בהתמדתו בעבודתו ית' בתמידות, אז מבין ורואה שהוא רחוק מאד מהבורא ב"ה, ועדיין לא התחיל בעבודה כלל, וזה שנאמר באברהם "וירא את המקום מרחוק ויאמר אל נעריו שבו לכם פה", דמתחילה היה סובר אברהם שהם כולם קרובים להשי"ת ב"ה כמוהו כמוהם, אבל אח"כ "וירא את המקום מרחוק" ר"ל שהשי"ת ב"ה הנקרא מקום הוא רחוק ממנו, והם לא הבינו זאת, ואמר להם "שבו לכם פה" שאין לנו שייכות והתחברות יחד. ונמצא שמי שנראה לו השי"ת רחוק מאוד, הוא באמת שהשי"ת קרוב לו, ולהיפוך מי שנראה לו שהשי"ת קרוב לו, בודאי הוא להיפך. וזהו "שלום לרחוק ולקרוב" ר"ל מי שנדמה שהוא רחוק מהשי"ת ובאמת הוא קרוב לו. ולכן נאמר לשון נסתר, שהצדיק הנ"ל שגורם השפעות ומבטל הדינים, דומה לו תמיד שהוא רחוק ממנו ית"ש.

וזהו "אשרי שומרי משפט עושה צדקה בכל עת", דהנה העולמות תשוקתם וחשקם להשפיע תמיד, רק החטא חלילה מעכב, שהוא מעורר הדינים, וכשיש צדיק השומר את המשפט, דהיינו הדינים שלא יבואו, הוא "עושה צדקה בכל עת" פי' בכל העולמות, שיכולים למלאות משאלותם להשפיע כאשר ברצונם ותשוקתם. וזהו "אשרי מי שבא לכאן ותלמודו בידו" פי' שלימודו פועל צדקה בעולמות, והצדקה מכונה בשם "ידו" שנותן בעולמות. וזהו "עת לעשות לה' הפרו תורתך" ר"ל כנ"ל לעשות העולמות הנקראים "עת" להפכם לרחמים, "הפרו תורתך" ר"ל זה תפעלו ע"י שתפרו כל א' עם תורתו הדינים, שהמחשבה שהוא מחשב בתורה הקדושה ומחדש בה חידושין דאורייתא, זה נקרא תורתו של אדם.

וזהו "וזכרתי את בריתי יעקב" כו', ולכאורה היה לומר כסדר אברהם יצחק כו', וע"פ הנ"ל יבואר שפיר, דהנה כשנאמרו הקללות אמר הקב"ה "וזכרתי" כו', ופי' כנ"ל, דהצדיק הוא מבטל הדינים, והוא ע"י שמעלה ממטה למעלה ומביא הדינים לשורשם למעלה, ושם אין שטן ואין פגע רע ונהפכו לרחמים. וזהו "וזכרתי את בריתי יעקב" דהיינו ממטה למעלה.

וזהו "איש כי יפליא לנדור" כו', דידוע דהמתקת הדינים הוא ע"י שמעלה אותם למדת חכמה ע"י בינה, ושם נעשים אַין, ע"ש והחכמה מאין תמצא, והחכמה נקראת פלא, וזהו "איש כי יפליא" כו', "איש" הוא הצדיק אשר יבוא אל החכמה הנקרא פלא, ע"י הבינה הנקרא נדר כידוע, והיינו שרוצה לבטל הדינים ולהתפלל על אחרים, אמר הכתוב "בערכך נפשות לה'" פי' שצריך שתהיה תפילתו לה' בטענת שהוא מעריך אותם האנשים הצריכים לתפילתו, שאחר שיוושעו וינצלו מכל צרה אזי יהיה נפשותם לה', דהיינו שיעשו תשובה שלימה.

וזהו "ה' עוז ישועתי" שאמר דוד המלך ע"ה, פי' ע"י ישועתי, פי' ישועה שלי שאני עושה וגורם הדינים הנקראים עוז נהפכים לרחמים, והוא ה' הוי"ה שהוא רחמים. והשם הטוב ישפיע עלינו מטובו, ורחמיו תמיד לא יפסיק לאי"ט, אכי"ר.

## ספר במדבר

### במדבר

וידבר ה' אל משה במדבר סיני כו'. נראה לי על דרך הרמז, דהנה על הר סיני שם ניתנו כל סודות התורה ורזין דאורייתא "וידבר ה' אל משה" כל התורה וגילה לו כל הסודות העליונים, והבחינה הזאת נעלמה ונתכסה מעין כל חי עד אשר יבואו צדיקים ויעבדו את ה' באמת ובתמים, ויתקנו מעשיהם בכל הבחינות, ואז אליהם יגלה כל הסודות העליונות לאומרם בבחינה זו כאשר ניתנה למשה רבינו ע"ה בסיני, וזהו "וידבר כו' במדבר סיני כו' לאמר" שיאמר בזאת הבחינה כמו בסיני, ואיזה צדיק יכול לאומרה בבחינה זו? ואמר הכתוב הוא הצדיק אשר זכה למדריגות האלו דהיינו "באהל מועד", "אהל" רמז ליראה כמו שכל הדברים צריכים לכלי ואהל הוא כלי להכניס בתוכו כל הצורך להכניס, כן כל התורה והמצוה צריך להכניסם אל תוך הכלי היא היראה, ו"מועד" רמז לאהבה שהוא לשון יום טוב, דהיינו אחר שיזכה ליום שכולו טוב שהיא אהבה, "באחד לחדש השני" רמז למדריגה ג' שיזכה לבא לאחדות שמייחד נשמתו בהקב"ה, והיינו עולם התיקון הנקרא בספרים עולם החדש. ואשר אין עבודתו שלימה כי אם בפניות שלא לשם שמים, אז מעשיו הולכים לעולם החרובין, דהנה השי"ת ב"ה בנה עולמות והחריבן ואחר כך ברא עולם התיקון, ונמצא עולם התיקון הוא חידוש העולם שנית, וזהו "באחד" פירוש שהולך באחדות, "לחדש השני" הוא מתקן עולם התיקון הנקרא "לחדש השני". "בשנה השנית" רמז שזה העוה"ז נקרא שנה, כמו דאיתא בספר יצירה ג' שמות יש לעולם: עולם נפש שנה, וכל עניני עוה"ז הם עניני גשמיות, והצדיק המתקן מעשיו בעניני גשמיות העוה"ז נמצא שנותיו הם שנה שניים, וזהו "שנה השנית" דהיינו שהוא במדריגת שנה השנית. ומפרש הכתוב מה הם השנה השנית, דהיינו "לצאתם מארץ מצרים" ר"ל בצאתם מהגשמיות והארציות אל הקדושה האמיתית, הצדיקים האלו יכולים לומר התורה בבחינה הזאת וזהו "לאמר".

"שאו את ראש" ליתן טעם לשבח על המנין, כי באמת אמרו חז"ל אסור למנות את ישראל, אך הענין הוא דאיתא במדרש כאשר ראו ישראל על הר סיני המלאכים נושאי המרכבה התאוו לדגלים, גם בזה יש ליתן טעם למה התאוו לדגלים, והענין הוא דהנה נשמות ישראל הם למעלה מן המלאכים ומן החיות הקודש, וכל העולם הוא כסא לעולם שהוא למעלה ממנו, דהיינו הארבע יסודות של החיות הקודש הם מרכבה לד' אותיות השם הקדוש ב"ה, והמלאכים הם מרכבה לעולם שלמעלה מהם, והנה ישראל ידעו שנשמותיהם הם מרכבה וכסא לעולמות העליונים שהם למעלה מחיות הקודש, ולא הבינו שגם הגוף של האדם צורך בו לקשר עולמות התחתונים, כי לא ידעו שיש בידם שיהיו מרכבה לעולמות תחתונים ג"כ לקשרם ולייחדם עם העולמות העליונים באחדות אחד, ואחר שראו המלאכים עם הדגלים, אז ראו והבינו שיש לעולמות התחתונים כח להיות מרכבה לעולמות עליונים, כמו המלאכים שהם מרכבה להעולם שלמעלה ממנו, לכן התאוו תאוה שגם גופם יהיה מרכבה וכסא לקשר העולמות, ולכן התאוו לדגלים, כמו המלאכים בדגליהם היו מרכבה להעולמות שלמעלה מהם, כן יוכלו הם לתקן ארבע יסודות לקשר יחד העולמות התחתונים בעליונים, והמנין שמנו אותם היו על כוונה זאת ג"כ, כי כל הת"ר אלף של ישראל הם ושמותיהם, היו מכוון נגד כל העולמות העליונים, וצוה הקב"ה את משה למנות אותם כדי לקשרם בעולמות כולם, ויהיה כח בידם לחבר ולקשר כל העולמות כנ"ל ולתקן אותם, כי ע"י מספר הם מקושרים בספירות, כי מספר הוא ר"ל ספירה, וזהו שמקשו חז"ל על המקרא "והיה מספר בני ישראל" כו', ורמי קראי אהדדי, דמתחילה אמר והיה מספר, ולבסוף מסיים אשר לא ימד כו', ומתרץ כאן בעושין רצונו של מקום כו', ולפי דברינו יהיה הפירוש כך, כאן בעושין רצונו של מקום, דהיינו כשישראל עושין הרצון להבורא יתעלה, שמעוררים רחמים ע"י מעשיהם הטובים, אז יהיה להם מספר, שהסיפור של קדושה הוא טוב כנ"ל, שע"י הספירה הם מקושרים בספירות העליונים, כאן שאין עושין רצונו כו', אז אסור למנות אותן. וזהו שפירש רש"י ז"ל מתוך חיבתן מנאן, ולכאורה הוא ההיפך שהרי אסור למנות כו', אבל מתוך דברינו יבואר ג"כ דברי רש"י ועולים כהוגן, מתוך חיבתן שהיו צדיקים גמורים, מנאם כדי לקשרם כנ"ל, והבן.

וי"ל באופן אחר ונושא אחד, דהנה כתיב בתורה "כי אתם המעט מכל העמים", וח"ו שלא יהא המיעוט בטל ברוב, ולכן הנכון שלא למנות את ישראל, שלא יהיה להם מספר, כדי שלא יתבטלו בין האומות, אך כשישראל הם טובים ועושים רצונו ית', אין מזיק להם המנין, וממילא מצוה למנותם כדי לקשרם בהספירות כנ"ל. והוא כשעושים רצונו והם דבוקים בהבורא ית"ש, ובשו"ע פסקינן בדבר הדבוק צריך הביטול כנגד כל הדבוק, וכשאנו דבוקים בו ית"ש, אינם יכולים לבטל אותנו. וזהו שתירצו "כאן בעושין רצונו" כו' ואז יכולים למנותם ומצוה למנותם, ואין מזיק

להם מחמת שהם דבוקים ולא יתבטלו, אבל "כשאין עושין רצונו" כו', אז ח"ו מזיק להם המנין, ואז "אשר לא ימד ולא יספר" וזהו שפירש רש"י מתוך חיבתן מנאן, כי הם דבוקים בו ית' והם חביבין אליו למנותן כדי לקרבם אליו ית"ש ויתעלה, אמן.

ועוד יש לפרש המדרש אשר דברנו בו לעיל בדרך אחר, והוא ע"פ דאיתא "ראשית המחשבה סוף המעשה", דהיינו האדם עלה במחשבה להבראות תחילה ולבסוף המעשה היה אחר כל הנבראים, וזה שלא נברא ג"כ תחילה הוא כדי שיהיה לו בחירה, שאם היה נאצל מיד, היה כמו מלאך אשר אין לו בחירה, לכן מתחילה נבראו כל העולמות ואחר כך נשתלשל האדם עד למטה מכולם בכדי שיתגשם. ונשמתו של אדם חצובה מתחת כסא הכבוד שהוא עולם המחשבה, וצריך האדם לעבוד הבורא ב"ה עד אשר ישוב אל מחצבו ומקורו הראשון. והנה כל הטובות הנעשים לישראל בא הכל מתחת כסא הכבוד ונשלח הטובה לישראל ע"י מלאך, ואם יתוקן האדם במדרגתו עד מחצבו הראשון, לא היה צריך לשליחות המלאך, רק היה נעשה השליחות על ידו שהוא למעלה מהמלאך, ונפקא מינה בין אם היה נעשה ע"י מלאך או ע"י אדם הוא, שהשליח, דהיינו המלאך, בלתי אפשרי לשנות מהשליחות לעשות גדולה או קטנה רק כמה שנמסר לו, אבל הצדיק יש לו רשות לשנות להוסיף על הטובה. והנה החיות הקודש תשוקתם וחושקם שהם יעשו השליחות לישראל להטיב להם, אלא שאחר ירידתם קצת למטה הם מתגשמים קצת מקדושתם שהם שרויים תחת כסא הכבוד, ואז שבים מהר ללכת למכון שבתם, וזהו "והחיות רצוא ושוב" פירוש שהם רצים בחשקם להיות שלוחים, ושבים מחמת שרואים שבירידתם מתגשמים. וזה קשה מאד שיתוקן האדם לגמרי עד מחצבו הראשון, רק אבותינו אברהם כו' הם הגיעו במעשיהם הקדושים עד הכסא הכבוד, והם היו אינם מצווין ועושין, והדורות הללו אנחנו מצווין ועושים, גלל כן צריכין אנו לצפות ולומר מתי יגיעו מעשי למעשה אבותי.

וזה שאמר המלאך לאברהם "עתה ידעתי כי ירא אלקים אתה", כי מדרגת אברהם היה מדת אהבה תמיד, כמ"ש אברהם אוהבי, אלא כשהיה באהבה אז היה למעלה מבחינת מלאך, ולא היה המלאך יודע כלל מהותו וטיבו של אברהם אבינו ע"ה, רק עקידת יצחק בהכרח היה ע"י בחינת יראה מחמת פחד יצחק, הוכרח אברהם להתלבש במידת יראה, ולמען יעמוד זכותו לדורות ויהיה אפרו צבור, הוצרך להיות במדרגה הנוהגת לדורות והיא בחינת יראה, לכן אמר לו המלאך "עתה ידעתי" פירוש עתה שאתה במידת יראה ידעתי אותך, כי מתחילה לא ידעתיך מחמת שאתה למעלה ממני בבחי', אבל עתה ידעתיך "כי ירא אלקים" פירוש מחמת שירא אלקים אתה. ואז אמר לו השליחות "ארבה את זרעך" כו'.

וזהו שנתאוו ישראל, כי ידעו שזה בלתי אפשרי שיתקנו עצמם עד מחצבם הראשון, אלא כאשר ראו המרכבה מהמלאכים וראו שהשליחות נעשה על ידם, התאוו אז כשנבנה המשכן שהיה השכינה למטה, שיהיו הם המרכבה ויהיה השליחות ע"י עצמם. וזהו "שאו את ראש כל עדת בני ישראל למשפחותם", ר"ל לנשאם על העולמות, "לבית אבותם" שיגיעו עד מקור בית אבותם, "במספר שמות" לשון ספיר, והיינו שיאירו בהשמות העליונים, "כל זכר לגלגלותם" ר"ל זה יהיה ע"י שיזכור כל אחד שישוב לגלגול אבות כנ"ל, והבן.

או יאמר וידבר ה' אל משה במדבר סיני כו'. נראה דהתורה מלמדת לאדם שיתנהג עצמו, כי להיות שהתורה ניתנה בסיני למען ילמד אדם להיות תמיד מוכנע גדול ונבזה בעיניו, כדרך שעשה הש"י ב"ה שמאס בהרים הגבוהים ובחר בהר סיני הנמוך מכולם. וזהו "במדבר סיני", רק לזה צריך האדם שלא יתעצב מחמת גודל הכנעה יפול בעצבות, וזה הוא מניעה גדולה מעבודת הבורא יתברך, לכן הזהירה תורה עליו שיראה להיות תמיד בשמחה, כי אין השכינה שורה מתוך עצבות. וזהו "באהל מועד" פירוש שיכניס עצמו לאהלו של מועד, הוא לשון שמחה, כי מועד הוא לשון יום טוב. "באחד לחדש השני" פירוש ואם יאמר האדם איך אוכל לשמוח כיון שהרבתי לפשוע? ולזה אמרה תורה אעפ"כ יראה לעשות תשובה בשמחה, ויתחזק עצמו לאמר הרי אני כאילו נולדתי היום הזה ולא אשוב עוד לכסלה, וזה נקרא "חידוש" שנתחדש כבריה חדשה. וזהו "באחד לחדש השני", כי האדם הזה הוא נתחדש ב' פעמים, האחד ביום שנולד, והשני ביום שעושה התשובה ונתכפר לו. "בשנה השנית לצאתם מארץ מצרים" ג"כ על הד"ז, כי הש"ית ב"ה הוציאנו ממצרים, הם הקליפות גדולות מ"ט שערי טומאה, ותמיד כשאדם עושה תשובה על חטאיו הוא יוצא מהקליפה אל הקדושה ונקרא ג"כ יציאת מצרים, וזה נקרא "בשנה השנית" כי העולם נקרא "שנה" כנזכר בספר יצירה, לומר שגם בשנה השנית פירוש בעולם עכשיו ג"כ יש יציאת מצרים שנית, והיינו בשעה שעושה אדם תשובה כנ"ל, והבן.

או יאמר וידבר כו' במדבר כו', דהנה מדרך אב לרחם על בניו, אם רואה איזה כאב שיש להם, אז הוא מרחם ונותן לו איזה מאכל טוב ודברים טובים שינוחו דעתם בהם, אבל הצער והכאב גופא שיש להם בלתי אפשרי לאביו ליטול מהם, והבורא ב"ה כשיש איזה צער לאדם והוא מתפלל אליו ית', אז לא די שמסיר ממנו הצער, אלא אף זו שנותן לו כל הטובות שפע ברכה, וזהו (שמות כד, טז עיי"ש) "ויכסהו הענן להר ששת ימים ויקרא אל משה ביום השביעי" פירוש ד"הר" הוא רמז למידת הדין, על דרך הר קשה כו', והיינו בששת ימי החול יש כח למידת הדין ח"ו לשלוט, והצדיק בקדושתו הוא מכסה אותו ההר. וזהו "ויכסהו הענן" רמז לקדושה, ולא זו [בלבד] אלא "ויקרא אל משה" בקריאה בלשון חיבה "ביום השביעי" שזו קדושה עליונה.

וזהו (תהלים סה, יב) "עטרת שנת טובתך" ר"ל הטובה שאתה עושה עמי, דהיינו הסרת צער והכאב, לא זו בלבד, אלא שאתה עושה עטרה ונזר להטובה זו וכנ"ל, "ומעגליך ירעפון דשן" שהתפלה פועלת אף השפעות גדולות, וזהו "מעגליך" דהיינו השבילים הנפעלים ע"י התפלה.

וזהו "וידבר כו' במדבר סיני" רמז שהוא מקום נחשים ועקרבים, והצדיק פועל ע"י דיבורו שהוא מתפלל, ו"במדבר" הוא לשון דיבור, הוא פועל "באהל" פירוש דאוהל הוא מכסה כנ"ל, "מועד" רמז ליום טוב, היינו השפעות וטובות גדולות הנפעלות ג"כ כנ"ל.

שאו את ראש בני ישראל כו' למשפחותם כו. נ"ל דהנה יש שלש מדריגות הגורמים לאדם שיהיה צדיק, א' מצד הגלגול, שהיה צדיק בגלגול ראשון ומחמת זה נקל לו להיות צדיק גם עתה. ב' מחמת זכות אבותיו שהיו צדיקים, ומחמת זכותם חולקים להם כבוד בפמליא של מעלה שיהיו בניהם צדיקים. ג' מחמת שהשי"ת ב"ה גזר בבריאת העולם שיהא כך וכך שמות ראובן, וכך וכך שמות שמעון, ועתה כשגתגלגל איזה אדם בעולם ונותן לו שם בשם צדיק א' שהיה כבר בעולם, זה גורם לאיש הלזה שיהיה ג"כ צדיק מחמת שנתעורר האור של הצדיק שהוא בעולם העליון. והחילוק שבין הצדיק שהוא מחמת גלגול הראשון ובין הצדיק שהוא מחמת זכות אבותיו הוא כך, שהצדיק מחמת גלגול הראשון, נהנין ממנו עצה מחמת שהיה כבר בעולם העליון ושמע הכל מה שעתיד להיות בעולם, ולכן יש לו כח זה ליתן עצה, אבל הצדיק מחמת זכות אבות לא כן הוא במדריגה זו, וזהו שאמר דוד המלך ע"ה "בעצתך תנחני ואחר כבוד תקחני" פירוש שהיה מתפלל על עצמו שיהיה צדיק, או במדריגה זו להיות נהנין ממנו עצה, או עכ"פ מחמת כבוד אבותיו.

וזהו "שאו את ראש" כו', שהש"י ב"ה אמר למשה רבינו ע"ה להעלות את כל בני ישראל כל אחד לפי מדרגתו, א' "למשפחותם" כו', היינו מדריגת צדיק מחמת זכות וכבוד אבותיו, ב' "במספר שמות" כנ"ל, ג' "לגלגלותם" היינו צדיק ע"י גלגול ראשון שהיה ג"כ צדיק בעת ההיא. וק"ל.

והיו לי הלוים אני ה' לכאורה אינו מובן הפירוש של "אני ה'", האיך שייך לשלמעלה הימנו והיו לי הלוים. אך הענין הוא, דהנה הש"י ב"ה בלתי אפשר להשיג מציאותו ית"ש, רק ע"י פעולותיו ונפלאותיו הנפלאים והנוראים, על ידם יכול האדם לדעת ה' ב"ה. וזהו "והיו לי הלוים" פירוש כשתהיו דבוקים ולווים לי, עי"ז תגרמו שאעשה נסים ונפלאות בעולמי, ויהיו היכולת בידכם להשיג אותי ע"י מפעלי, וזהו "אני ה'" שתדעו אותי שאני ה'.

וזהו "אם אין אני לי מי לי", פירוש אם לא תקנתי מעשי שיהא "אני לי" פירוש שאכיר בוראי ע"י נפלאותיו בכדי שיוכל להקרא "אני", "מי לי" מה יש לי פעולה שפעלתי. וזהו "אני לדודי" כו',, פירוש ע"י ידידותי ואהבתי שאני אוהב להש"י ב"ה ועובד אותו, עבודתי גורם שיתקרא "אני" כנ"ל, "ועלי תשוקתו" דעיקר תשוקת הש"י ב"ה שלא יחטא האדם, ויהיה צדיק תמים, וזהו "ועלי תשוקתו" פירוש תשוקתו הם גם עלי, שגם אני משתוקק שאהיה צדיק. וק"ל.

## נשא

נשא את ראש בני גרשון גם הם כו׳. יש לתת טעם לשבח למה לפעמים כתיב למשפחותם קודם לבית אבותם ולפעמים כתיב לבית אבותם ולמשפחותם, ע"פ הפסוק שאו את ראש בני ישראל לגלגלותם ולמשפחותם כו׳, כי הצדיק הוא מעלה את העולם כולו והוא נושא אותם ע"י דבקותו וקדושתו, ועי"ז הוא מקרב אותם לעבודת הבורא ית"ש, וזה נקרא נשיאות ראש, לכן צוה השם שהנשיאות ראש ההוא יתנהג לפי הגלגולים, כי הצדיק היודע גלגולי הנשמות יכול לידע איזה איש יש לו נשמה קדושה, או מאיזה עולם נשמתו נלקחה, ומשה ואהרן היו במדריגה זו וידעו גלגול הגשמות, לכך צוה אותם השי"ת ב"ה "שאו את ראש בני ישראל לגלגלותם" פירוש לפי גלגול הנשמות כן תעלו אותם למעלה, אך פשוטי בני אדם אשר נשמתם אינה כ"כ במדריגה גדולה, גם הם צריכים עליה ונשיאות ראש, ולמה יגרעו, ובמה הם יכולים להנשא כיון שהם למטה? לזה צריך הצדיק לקשר אותם באבות הקדושים הכלולים מכללות ישראל, ואז יתעלו למעלה על ידם, וזהו לפעמים כתיב לבית אבותם קודם למשפחותם, על שצריכים לקשר אותם באבות תחילה כדי להעלות אותם בתוך שאר משפחות ישראל, ובאותן שהם צדיקים שנשמתם הוא מעולם העליון הוא להיפך, שמעלין אותם כסדר מתתא לעילא, מתחילה למשפחותם ואחר כך לבית אבותם, לקשר אותם עם מדריגות האבות ג"כ, ודו"ק.

או יאמר נשא כו׳ בני גרשון גם הם כו׳. הדקדוק מלת "גם הם" הוא מיותר. ונ"ל דהנה יש ג׳ מיני צדיקים, יש צדיק שהוא מחמת זכות אבותיו, ולזה הצדיק בקל יכול לבא לאור גדול. ב׳ מחמת שהוא מעורר את הצדיק שהיה כבר בעולם ועתה הוא בעולם העליון, הוא מעורר את אורו ובא לו מכחו אור גדול. ועוד יש שהוא צדיק מעצמו, ולזה הצדיק הוא בקושי קצת שיבא לאור גדול, אך שלבו מתלהב וחושק לעבודת הבורא ב"ה בשלימות, וזהו "אור זרוע לצדיק" פירוש האור הוא זרוע להצדיק מאבותיו, "ולישרי לב שמחה" פירוש אותם הצדיקים שהם ישרי לב, מעצמם שמחה, שלבם מתלהב ומשמח לעבודתו ית׳. וזהו "אז ישיר משה כו׳ ויאמרו לאמר" מלת "לאמר" אין לו ביאור לכאורה, וע"פ דרכנו יבואר, "אז" ראשי תיבות אור זרוע, ר"ל האור הזרוע מאבותינו הקדושים עשה פעולה זאת ש"ישיר משה", פירוש שפעלו במעשיהם הקדושים לדורות הבאים אחריהם שישיר הצדיק שבכל דור ודור, שהצדיק נקרא בשם משה, ולזה אפשר רמזו בגמרא הקדושה "מכאן לתחיית המתים מן התורה", שזה שהצדיק מעורר את האור של הצדיק שכבר מת, זה הוא תחיית המתים, שמחיה את האור של הצדיקים שכבר מתו וגם שפתותיו דובבות כו׳. ועוד פעלו "ויאמרו לאמר" פירוש במה שהם אמרו שירה, פעלו "לאמר" שיאמרו גם אנחנו בניהם שירה. "אשירה לה׳" כו׳ היינו הצדיקים שחושקים ומתאווים לעבודתו ואומרים "אשירה", שאין להם עדיין אור גדול רק שנפשם חשקה, אך הצדיק העוסק בתורה לשמה יוכל לבא לאור גדול אף בלא זכות אבות. והנה בני קהת היו משאם הארון והשולחן כו׳, והיה להם התורה והיו יכולים לבא בקל לאור גדול ע"י התורה הקדושה, וזהו שאמר השם ית' למשה "נשא את ראש בני גרשון גם הם" כו׳, פירוש שגם הם יכולים לבא לאור גדול ע"י זכות אבות וכנ"ל, וק"ל.

וידבר ה׳ אל משה כו׳ וישלחו מן המחנה כל צרוע וכל זב וכל טמא לנפש כו׳ ויעשו בני ישראל כו׳ כן עשו בני ישראל. נראה לפרש הכפל לשון: ויעשו בני ישראל, כן עשו בני ישראל, שהוא יתור לשון. ונראה כי אמר השי"ת ב"ה לישא את ראש בני גרשון קהת ומררי, כי רמז בזה להיות

שיש ג׳ מיני צדיקים משונים במדריגתם זה מזה, והוא, יש צדיק הנקרא "קהת" על שם מעשיו הקדושים והטהורים, ואליו יקהת עמים ללמד להם דרכי ה׳ הטובים, ומשנהו הנקרא "מררי" ע"ש שמסגף עצמו בתעניתים בסיגופים המרים מרוב יראתו ופרישתו, והשלישי הוא אשר הוא כגר בארץ ושפל ברך וענוותן גדול נבזה בעיניו נמאס, ועל שם כך נקרא "גרשום" כי אמר גר הייתי כו׳. וכשיש שלשה מדריגות הקדושים הללו בישראל, אזי ניצולים משלש מדריגות אחרים, והם "צרוע וזב וטמא לנפש", ולכך צוה השי"ת ב"ה לשלח מן המחנה אותן השלש.

וישראל קדושים נביאים הם, ותיכף כשנצטוו בשלש מדריגות הקדושים, והם גרשון קהת ומררי, הבינו מעצמם הדבר שצריך לשלוח השלש אחרים מן המחנה, ולזה בא השפת יתר באמרו "כן עשו" פירוש אפילו קודם שנצטוו במצוה זו, הבינו מעצמם זה וכוונו אל האמת, ושלחו אותם למען יהיה מחניהם קדוש בשלש מדריגות הקדושות, והבן.

דבר אל בני ישראל כו׳ איש או אשה כי יעשו מכל חטאת האדם כו׳. נ"ל בהקדים לפרש פסוק "איש או אשה כי יפליא לנדור נדר נזיר להזיר לה׳", יש לומר דהתורה הקדושה רמזה לנו בזה ללמד דרכי ה׳ ברצות האדם לשוב מדרכו הרעה ומדרכיו המקולקלים, ורוצה לעשות תשובה ולסגף עצמו בסיגופים ותענית, והנה צריך לזה חכמה ושכל להשכיל בסיגופיו. וזהו "איש או אשה כי יפליא לנדור" ר"ל פלא הוא חכמה, והיינו שצריך לעשות בחכמה גדולה כשרוצה לנדור נדר לעשות איזה סיגוף, "נזיר להזיר לה'" פירוש נזיר הוא לשון נזר ועטרה, ופירושו שרוצה לעשות עטרה להש"י, "מיין ושכר יזיר" ר"ל גם משתיית יין יראה לעשות נזר מזה לה׳, שיעשה בקדושה רבה, "חומץ יין וחומץ שכר לא ישתה" פירוש אם אין שתייתו בקדושה, אזי שתיה זאת היא כחומץ חזק וקשה וסופו רע, ושתיה כזו לא ישתה.

"וכל משרת ענבים" ע"ד דדרשינן בגמרא חד אמר לטעם כעיקר וחד אמר להיתר מצטרף לאיסור, והיינו חצי זית היתר וחצי זית איסור מצטרף. ונראה שמר אמר חדא ומר אמר חדא ולא פליגי, ואחד רמז בדבריו הקדושים דבר אחד והשני דבר אחר, והוא "טעם", היינו הסתכלות איסור חלילה או איזה מחשבה והרהור רע חלילה הוא "כעיקר" עבירה גופה, וצריך לשמור עצמו מאד בזה כמו מהעיקר עבירה, ומר אמר "להיתר" כו׳, דהנה עיקר מניעת האדם מעבודת הבורא הוא עסק הפרנסה שקשה כו׳ כקריעת ים סוף, ורובם נכשלים חלילה בעסק משא ומתן שצריך ליזהר מאד בזה וכולי האי ואולי. וזה שאמרה היונה "רבונו של עולם יהיו מזונותי כו׳ ומסורים בידך", פירוש שהבחירה יהיה בידך, שאתה תבחר ולא אני בעסקי מזונות, כי מתיראת אנכי שאם יהיה בידי זאת, שלא אתמוטט חלילה מחמת שצריך לזה שמירה גדולה. וזהו "חצי זית איסור וחצי זית היתר מצטרפין", דהיינו שקצת עושין באמונה לפעמים, ולפעמים להיפך ח"ו, אז גם ההיתר נבלע באיסור חלילה, וזהו "וכל משרת ענבים".

והנה יש צדיקים קדושי עליון אשר מצד עצמותם לא היו חוטאים כלל, רק מחמת חטא אדה"ר, עי"ז נתפסין קצת באיזה נדנוד עבירה, וזהו "איש או אשה כי יעשו מכל חטאת האדם" ר"ל שיהיו בעיניהם זאת שנכשלים באיזה הרהור עבירה, כאילו עשו עבירה ממש, ויהא בעיניהם כאילו מעלו בה׳, וזהו "למעול מעל בה׳", "ואשמה הנפש ההיא", פירוש שיאשים את נפשו מאד, "והתוודו את חטאתם" דהיינו שהם מתוודים על זה במאד מאד, "והשיב את אשמו בראשו", דהנה נפשו של אדם חצובה מתחת כסא הכבוד, וגדולה תשובה שמגעת עד כסא הכבוד, דעיקר תשובה היא תשוב ה׳, והיינו תשובה מאהבה, ופועל בתשובה זו להשיב האשם בראשו, דהיינו בשורשו העליון, והיינו שגם זה נחשב לו לזכיות, וזהו שאחז"ל גדולה תשובה שזדונות נעשים לו כזכיות כו׳ כאן מאהבה כאן מיראה, וזהו "רגלי חסידיו ישמור", דשורש הצדיק הוא למעלה, וזה נקרא ראשו, והאדם למטה הוא נקרא רגלים, והיינו מחמת צדקתו שתיקן כל שורשו למעלה, אז ממילא הוא נשמר למטה ברגלים מחמת ראשו ושורשו למעלה, וזהו שאמרו ישראל כשיצאו ממצרים "נתנה ראש ונשובה", וקשה למה להם ראש, הלא כיון שישובו יהיו משועבדים למצרים ומה להם לראש, אך לדברים הנ"ל יבואר היטב, דדור המדבר היו דור דעה, וביציאתן ממצרים באו לקדושה גדולה, ונמצא היו להם ראש למעלה וממילא היו נשמרים כנ"ל, ולכן אמרו "נתנה ראש" ר"ל נעשה לנו ראש אחר זל"ז למען נוכל לשוב למצרים.

ונחזור לביאור הכתוב "וחמישיתו יוסף עליו" ר"ל שמוסיף עוד קדושה גדולה עליו, ע"ד וחמושים עלו בני ישראל, שפירושו לחמשים שערי בינה, "ואם אין לאיש גואל להשיב האשם אליו", ע"פ הפסוק "וזאת לפנים בישראל על הגאולה ועל התמורה", י"ל שזה רמז על הצדיק השלם הגואל את ישראל מכל צרה ונותנם על האומות שהם תמורתם, ע"ד שנאמר ואתן אדם תחתיך, אל תיקרי אדם אלא אדום כו׳, וכשרוצה אדם לפעול כך צריך להתנהג כך, "ושלף איש נעלו", דאיתא בגמרא לעולם ימכור אדם מה שיש לו ויקח מנעלים לרגליו, י"ל שרמז בזה על האדם אשר הורגל חלילה בדברי שפלות, אז צריך לעשות לעצמו גדרים וסייגים למען יתנכר ויופרש ממעשיו השפלים, וזהו לעולם "ימכור" לשון יתנכר, ר"ל שכל ההרגל השפל אשר לו יתנכר ממנו ויהיה זר בעיניו, "ויקח מנעלים" לשון הסגר ומנעול, דהיינו גדרים וסייגים, "לרגליו" פירוש להרגל שלו, וזהו בכל אדם, אבל הצדיק הגדול אשר פועל במעשיו ליתן האומות תמורה תחת ישראל בכל צרה, צדיק כזה צריך להיות מוטבע בצדקתו כ"כ עד שלא יצטרך שוב לגדרים ולסייגים, וזהו "ושלף איש נעלו" פירוש שיהא מושלף ממדריגה זו שיצטרך לנעל. וזהו "אם אין לאיש גואל" פירוש שאינו במדריגה זו להיות גואל לישראל כו׳, עכ"פ "האשם המושב לה׳ לכהן", פירוש יעסוק בתורה לשמה, שכל התורה שמותיו של הקב"ה, וזהו "לה׳", ועי"ז ירים ויתקן אשמו, "לכהן" דהקב"ה נקרא כהן, וזהו "ויקחו לי תרומה", פירש"י לי לשמי, רמז כנ"ל על העסק התורה שהיא שמותיו של הקב"ה, "תרומה" ר"ל עי"ז הוא מרים ומגביה הכל למעלה.

איש כי יפליא כו׳. נראה לפרש ע"ד דאיתא בגמרא "אין טיפה יורדת מלמעלה אלא אם כן טיפיים עולין מלמטה כנגדן", י"ל הפירוש שזה רמז על התורה הקדושה שנקראת טיפה, על שם שמתחילה האציל הש"י נקודה קטנה שהיא היו"ד, וממנה נתפשטו כל הכ"ב אתוון כידוע ליודעי חן, וע"י התורה הקדושה נשפעים כל ההשפעות למטה, וזהו אין טיפה יורדת כו׳, ר"ל שיושפע השפעות ע"י התורה כנ"ל, אלא אם כן ב׳ טפות עולות מלמטה, הם ב׳ מדריגות אהבה ויראה, אשר על ידם יש כח ביד הצדיק לגרום השפעות לישראל ע"י התורה כנ"ל. וזה שדרשו חז"ל "מקבלה ואילך מצות כהונה ושחיטה כשרה בזר", כשרה הוא לשון שהוא כשר ונכון שיהא כן, שתהא השחיטה בזר, ר"ל הזר הוא מי שעדיין לא בא אל מדריגות הצדיק, ויש לו עדיין לתקן חטאת נעוריו, כשר ונכון לו שיהא הוא שוחט הדינים, דהיינו ע"י התאמצותו לשבר כח התאוות הגשמיות המדובקין בו מנעוריו, וביותר בעת התפילה שהיא במקום קרבן, ומחמת החטאים אשר עדיין לא נתקנו הם מעכבים אותו בתפילתו, שבלתי אפשר לו להתפלל במחשבה טהורה וזכה, וצריך עבודה גדולה לשבר כח המחשבות זרות, ועי"ז הוא שוחט הדינים שלא ישלטו בו. אבל מי שרוצה להמשיך השפעות, צריך להיות במדרגת כהן שהוא חסד, וזהו "מקבלה ואילך" פירוש שרוצה לקבל שפע ורחמים, "מצות כהונה" מצותו עליו שיהא כהן במדת חסד.

וזהו שנאמר גבי בני קהת "למשפחותם ולבית אבותם", ואצל בני גרשון נאמר להיפך "לבית אבותם ולמשפחותם", וע"פ דרכינו יבואר, דהשפעות הולכים ע"י התורה כנ"ל, ומשא בני קהת היה הארון שהוא התורה, ואמר הש"י למשה "נשא את בני קהת" שיהא כח בידם להשפיע, וזהו למשפחותם קודם, דהצדיק המשפיע הוא מדבר עם בני אדם הצטרכותם, ומכוין בדבריו לתקן להם די צרכם ע"י דיבורו, ועניני עוה"ז הם נרמזים בלשון משפחות הרבה, שלכל אחד הצטרכות אחר, והצדיק מדבר עמם במשפחותם בכאן, וכוונתו ויחודו בעולמות עליונים, והם "בית אבות" שהם השורש של כל הרחמים והשפע. ואחר כך צוה "נשא את ראש בני גרשון גם הם", אף שאינם במדריגה הזאת להשפיע, אעפ"כ מתחילה יתקנו עצמם "לבית אבותם", שיהא דבוקים בעולמות עליונים, ואחר כך "למשפחותם" להשפיע להם די צורכם.

וזהו "איש כי יפליא" לשון פלא, דדוד המלך ע"ה אמר "לעושה נפלאות גדולות לבדו כו׳ הודו לה׳ כי טוב כי לעולם חסדו", פירוש דהאיך אפשר לנו להודות להשי"ת? ואמר "כי לעולם חסדו", ר"ל שזה חסד הבורא ב"ה שנתן לנו להודות לו ית׳, וכן הפירוש "לעושה נפלאות גדולות לבדו" פירוש הוא העושה הנפלאות לבדו, ומה שמסר ביד הצדיק שיהא כח בידו לעוררם, הוא חסדו, וזהו "כי לעולם" הוא "חסדו". וזהו "ונפלינו אני ועמך" פירוש שהתפלל משה רבינו ע"ה שאני ועמך יהיה בידינו הנפלאות שנעוררם שתעשה עמנו נפלאות ונסים. וזהו "איש כי יפליא" שיהא הפלא בידו, שיהא מעורר הנפלאות שיעשה עמנו השם יתעלה, "לנדור נדר" פירוש יפעול גם זאת, שיחזיק הנדר והשבועה של הבורא ב"ה, כמ"ש אשר נשבעתי לאבותיכם, שיקיים לנו מהרה. "להזיר לה׳" לעשות נזר ועטרה להבורא יתעלה ע"י מעשיו הקדושים, "מיין ושכר יזיר" ר"ל אפילו מדברים הגשמיים יכול לעשות נזר להשי"ת, אם יתנהג בהם בקדושה לשמו הגדול. רק "חומץ יין לא ישתה" ע"ד דאיתא חומץ בן יין, ופירושו שלא יהיה זולל וסובא בשתייתו חלילה, אלא לאכול ולשתות במקום מצוה לרצון הבורא יתעלה, אכי"ר.

ולבני קהת לא נתן כו׳ בכתף ישאו. נראה לפרש כי נאמר אצל שאול "משכמו ומעלה גבוה מכל העם", ואמר שמואל הנביא "הראיתם אשר בחר בו השם כי אין כמוהו" כו׳, ובגמרא "מפני מה לא נמשכה מלכות שאול מפני שלא נמצא בו שום דופי", ותמוה אדרבה בשביל שלא היה בו שום דופי היה טוב שימשך עדי עד. ונראה כי בגמרא איתא "גדולה עבירה לשמה", וקשה מה זה שייכות אצל עבירה לשמה, וכי מי צוה לעשות עבירה שיהא שייך אצלה לשמה. אבל נראה דהאמת הוא כך, דהנה כל מה שברא הקב"ה בעולמו לא בראו כי אם להטיב לברואיו ע"י השפעות השפע מעילא לתתא, אלא שלזה צריך התערותא דלתתא ע"י מ"נ, וזה היה הכיון בנתינת התורה לישראל ובנסים ונפלאות שעשה עמנו, כדי שנאמין בו ית׳ באהבה ויראה, ונוכל לקבל טובותיו השפעה העליונה, נמצא השפע אינו כי אם ע"י הצדיק המשפיע, והצדיק אשר הוא רוצה להשפיע לבני אדם צריך הוא לדבק עצמו עמהם כדי להשפיע כל דבר הצורך לטובתם, כי מי שרוצה לעשות איזה טובה לחבירו אינו יכול לעשות לו הטובה בשלימות כי אם ע"י שידבק עמו באחדות גמור, וא"כ הצדיק צריך לדבק עצמו בכל ישראל כדי להטיב להם, ואיך הוא עושה עם הבעל עבירה חלילה, הלא אף שהוא בעל עבירה אעפ"כ צריך להשפעה ולחיות, ואיך יתקשר הצדיק עמו? לזה אמרה הגמרא "גדולה עבירה לשמה" שהצדיק עושה ג"כ איזה עבירה, אלא שהיא לשמה, ועי"ז יכול להתקשר עם הבעל עבירה ג"כ ויטיב לו ג"כ.

וענין עבירה לשמה הוא כך, כמו אצל שאול דכתיב וירב בנחל, ודרשו שרב על עסקי נחל, אם על נפש אחת כו׳ בהמה מה חטאה, והיה נראה לו זה שיהרוג הבהמות של עמלק עבירה גדולה, אבל אם היה יכול לעשות עבירה לשמה היה עושה, והורג את הבהמות ג"כ כיון שצוה המקום ב"ה, מה לך שנראה לך עבירה, יהיה עבירה לשמה, אלא שמרוב צדקותיו שלא היה בו שום דופי, לא היה יכול לעשות אפילו עבירה לשמה, וממילא כיון שלא היה יכול לעשות עבירה לשמה, לא היה יכול להתחבר עם הבעלי עבירה להמשיך עליהם השפעה, כי במה היה דבוק עמהם, והמלך צריך להטיב לכל ישראל לכולם שוין, אפילו לבעלי עבירה ח"ו. וזהו שאמרו "מפני מה לא נמשכה כו׳ מפני שלא היה בו שום דופי", ולא היה בידו להטיב לכולם וכנ"ל. ולזה נאמר אצל שאול שהיה "משכמו ומעלה גבוה מכל העם", פירוש כי השכם הם הכתפיים, ונרמזים אל החסדים המגולים, כענין שנאמר "וישכם אברהם בבקר" כנודע, ושאול עם החסדים שלו שהיה צריך להשפיע, גבוה מכל העם, כי לא היה בו שום דופי, נמצא שלא יכול להתאחד עמהם כלל, כי היה למעלה מהם ולא היה יכול להשפיע אליהם כי אם שהם יתאחדו עמו, פירוש שיהיו צדיקים ויתאחדו עמו במדרגתו, אבל הוא לא היה יכול להוריד עצמו אליהם כנ"ל, שלא היה יכול לעשות שום עבירה קלה. לזה אמר שמואל להעם "הראיתם כו׳ כי אין כמוהו", פירוש ראיה הוא הבטה, פירוש שצריכין אתם להביט ולהתקשר בו, "כי אין כמוהו" שאין בו דופי ולא יוכל להוריד אליכם להשפיע לכם, וצריכין אתם להעלות עצמכם אליו לקבל על ידו השפע שלכם, כי בהכרח השפע הולכת ע"י המלך.

וזהו "ולבני קהת לא נתן בכתף ישאו", כי על בני קהת שהיו צדיקים היתה עבודת הקודש חל עליהם, ומה היה עבודת הקודש? "בכתף ישאו" שהיו צריכין להוריד השפע הנקרא "כתף" כנ"ל. ודוק היטב ותהיה מתוק לחיך.

**בהעלותך**

וידבר ה' אל משה כו' בהעלותך את הנרות כו' וזה מעשה המנורה כו' כמראה כו' כן עשה את המנורה. ודקדקו המפרשים איך בא לכאן "וזה מעשה המנורה" שהיא בכאן לשפת יתר. ונראה דאיתא בגמרא בא דוד והעמידן כו' עד בא חבקוק והעמידן על אחת וצדיק באמונתו יחיה, וי"ל ע"פ דכתבנו כבר שמתחילה צריך אדם הנכנס בעבודתו ית"ש לעשות לעצמו סייגים וגדרים והנהגות רבות כדי שיתנהג כשורה בעבודתו, ואחר שיעלה במדרגות גדולות בכל פעם שוב אין צריך אותן הנהגות שהיה צריך קודם בואו לתכלית העבודה, כי בכל פעם שעולה מעלה א' הוא בא יותר אל האחדות והוא מתאחד ג"כ במעשיו ובהנהגותיו. כן הדבר הזה בכאן שבא דוד והעמידן על אחד עשר, כי אחד עשר רמז על העולמות המתאחדים בעבודת הצדיק כידוע ליודעי חן, וזה עיקר תכלית תורה ומעשים טובים לעשות יחודים בעולמות כידוע, וישעיה העמידו על שבע, פירוש כשאדם עולה בעבודה אז הוא מביא הכל אל השבע מאורות העליונים, עד שבא חבקוק והעמידן על אחת, פירוש בתכלית העבודה שיבא כולו אל האחדות הגמור, וזה תכלית המכוון.

וזה שציוה ה' להצדיק "בהעלותך את הנרות" פירוש כשתרצה לעלות התורה והמצוות הנקרא מאורות המתאחדים באורות העליונים שהם שבע, תראה עיקר שיבא הכל אל האחדות הגמור, והוא "אל מול פני המנורה", הכוונה אל השורש הכל והמקור העליון. וא"ת הלא אדרבה שלפי הנראה שהנרות הם בית קיבול להאורות הנתונים בהם והמנורה עצמה היא דבר עביות יותר מן הנרות, ואיך נעשה מן הטפל עיקר? לזה תירץ שלא תימא שהמנורה עצמה נעשה בגשמיות, "וזה מעשה כו' כמראה אשר הראה בהר" כלומר באותה קדושה עצמה שנעשה בהר כן עשה בכאן, והיא ברוחניותה מתחילתה ועד סופה, וא"כ לפי זה המנורה עצמה היא רמז אל האחדות הגמור, והנרות הם נגד שבעה המאורות העליונים, וטוב יותר להביא הכל אל האחדות גמור כי זה העיקר והשורש הכל. והבן.

או יאמר בהעלותך כו', ע"פ הקדמה דאיתא בספר הקדוש "שפע טל" בהקדמתו טעם למה שאמרו חז"ל כל העולם ניזון כו' וחנינא בני די לו כו', והוא דבר תימה למה באמת לא יהנה גם הוא בעוה"ז? ואמר דרך משל אם תקח נר א' מאבוקה ותרצה להחזירו, אזי יכבה האור של אבוקה את הנר, ואם תחבר הרבה נרות אחד לאחד עד שגם הם הם אבוקה ותקרבם לאבוקה, אזי יוכל לקרבם יחד וירבה אורם, כן נר ה' נשמת אדם שהיא חלק אלקי, בלתי אפשר שתחזור למקורה כי אם ע"י לבושי המצוות שהם אורות רוחניות, בכדי שתעשה אבוקה לחזור לאור האין סוף, ולכן הטעם שחנינא בני די לו כו' ע"ש באריכות. וזהו "בהעלתך את הנרות" ר"ל כאשר תוכיח את ישראל להראות להם הדרך האמת במצוותיו ית', כדי להעלותם, "אל מול פני המנורה יאירו" פירוש תאמר להם שהם צריכים לאור באור נשמתם אל מול פני המנורה עליונה שהוא אור אין סוף ב"ה.

או יאמר וידבר כו' בהעלותך את הנרות אל מול פני המנורה כו'. נ"ל דהנה ידוע דהשם אדנ"י הוא ההיכל להשם הוי"ה ב"ה, ואנחנו מחויבין להמשיך את השם הוי"ה לההיכל הוא שם אדנ"י להיות כסא כנ"ל ע"י מעשים טובים. וזהו שאמר אברהם אבינו ע"ה "אדנ"י אל נא תעבור מעל עבדך" ופרש"י י"א קודש, ולכאורה היתכן שיאמר אברהם להקב"ה שימתין עליו עד שיכניס האורחים? וע"פ דרכנו יבואר שכך אמר אברהם, דהנה המצוה צריך לעשותה בדחילו ורחימו, ודחילו הוא שצריך האדם שיעלה מורא על ראשו אולי אינו עושה המצוה בשלימות לייחד השם הוי"ה באדנ"י לעשותו כסא כנ"ל, וזה היה אברהם מתפלל "אדני" כו' ר"ל שע"י המצוה הזאת אוכל לפעול שלא יעבור השם אדנ"י ויהיה כסא שלם להשם הוי"ה ב"ה כנ"ל, ולא עוד אלא שהצדיק צריך לקדש ולטהר עצמו עד שימשיך הקדושה העליונה למטה, והעולם התחתון יתן אור לעולם העליון, והעולמות עליונים יהיו כסא לעולם התחתון מחמת רוב קדושת הצדיק שהמשיך למטה. והנה הדבר שהוא למטה נקרא "מול" שהוא מכוון נגד הדבר שהוא למעלה ממנו., וזהו שממשיך הצדיק הקדושה למטה נקרא "עלייה".

ובזה יבואר "בהעלותך את הנרות" פי' כנ"ל, כשתרצה להמשיך הקדושה למטה הנקרא "נרות", צריך אתה להתקדש כל כך עד שתמשיך הקדושה כ"כ ש"מול פני המנורה" כו' "שבעת הנרות" כו'. דהנה ו"ק הם כנגד ששת ימי החול, והמדה השביעית כנגד שבת, וזהו "שבעת הנרות", וצריך הצדיק לייחדם כאחד ולהמשיך הקדושה למטה עד שיהיה כל הקדושה הנקרא "פני המנורה" למטה, והכסא הנקרא "מול" למעלה. וזהו "אל מול כו' יאירו שבעת" כו', דהיינו שהעולם התחתון יאיר לעולם העליון. וזהו (תהלים יא, ד) "וה' בהיכל קדשו ה' בשמים כסאו" פי' כנ"ל, שימשיך הקדושה כ"כ השם הוי"ה לשם אדנ"י הוא ההיכל שיהיה למטה, והכסא יהיה בשמים בעולם העליון. והבן.

או יאמר בהעלותך כו', דרש"י מפרש אל מול פני המנורה היינו נר מערבי, נר אמצעי שממנה היה מתחיל ובה היה מסיים, ולכאורה יאירו ששת הנרות מבעי ליה. ונראה דנר אמצעי הוא רמז להשכינה, שהשכינה במערב, והצדיק צריך להיות תמיד בדביקות גדול, וזהו "ממנה היה מתחיל" כו', דהיינו שהוא תמיד בדביקות, וזהו מדרגות שבת, ולכך נקרא הת"ח תמיד שבת מחמת הדבקות שבו בימי החול כבימי השבת, וזהו "בהעלותך את הנרות" הוא רמז לדביקות, "אל מול פני המנורה" שהוא נר אמצעי רמז לשכינה "יאירו שבעת הנרות", פירוש שתתקן גם ימי החול שיאירו יחד עם השבת כאור אחד.

ויעש כן אהרן כו' העלה נרותיה פרש"י להגיד שבחו של אהרן שלא שינה. הדקדוק מפורש מה בעי רש"י בזה שפירש להגיד, אי משום דקשה לרש"י ז"ל מה חידוש שעשה כמו שציוה אותו הש"י, וא"כ האיך מתורץ במה שפירש להגיד שבחו של אהרן, הקושיה במקומה עומדת. ועוד יש לדקדק בלשון "יאירו שבעת כו' העלה נרותיה", והיה לו לומר האיר נרותיה. אך הענין דאיתא שבעה רועים יש לישראל, אברהם כו' יוסף ודוד, ושעליהם עומדים כל העולמות שהם מאירים בשבעה ימי הבנין והם יסוד כל העולמות, ונמצא הצדיקים נקראים אורות. והנה הצדיק העובד השם באמת צריך לקשר עצמו בשבעה רועים הנ"ל, והש"י מלמד לצדיק שלא זה בלבד יעשה לקשר עצמו בשבעה רועים, רק יקשר עצמו בכללות ישראל ג"כ, אך זאת בלתי אפשר לקשר עצמו בכללות ישראל ובשבעה רועים בבת אחת, כי בעת שהוא מקשר עצמו בכללות ישראל צריך לירד ולהטות עצמו ממדרגתו העליונה, ובעת שהוא מקשר עצמו בשבעה הרועים אזי הוא עולה גבוה מעל גבוה, וא"א להיות בבת אחת הב' קשרים הנ"ל. וזהו שאמר השי"ת "דבר אל אהרן" כו', דהיינו ללמדו שיעשה בהדרגה, מתחילה יקשר עצמו בכללות ישראל ואחר כך בז' רועים, וזהו "בהעלותך את הנרות" ר"ל בעת שתעלה עצמך להקשר בנרות הם ז' הרועים הנ"ל, "אל מול פני המנורה" הם כללות ישראל נקראים פני המנורה, שהם השורש והגוף של המנורה, ואחר כך "יאירו שבעת הנרות" הם ז' הרועים שתתקשר ותאיר בהם.

"ויעש כן אהרן כו' העלה נרותיה", כי בודאי אם היה באפשרי שיעשה הצדיק השני קשרים כאחד, בודאי היה נחת רוח לפניו ית"ש שזה הוא רצונו, וכן היה הכוונה בשעה שדיבר עם משה רבינו ע"ה, אלא שהכתוב מלמד לאדם איך שיעשה בהדרגה, ואהרן בצדקתו הגדולה עשה שניהם בבת אחת בהתקשרות אחד, וזהו "אל מול פני" כו', פירוש בשעה שהתקשר עצמו בפני המנורה, "העלה נרותיה" של שבעה רועים הכל ביחד, וזה היה שבח גדול לאהרן ראש החסידים לעשות כדבר הזה הנכבד בעיני הבורא ית', וזהו שפרש"י ז"ל "להגיד שבחו של אהרן שלא שינה" פירוש שלא היה צריך לשנות, דהיינו לעשות שני פעמים כנ"ל, אלא עשה ותיקן הכל כאחד. והבן.

וידבר ה' כו' בחודש הראשון לאמר ויעשו כו' את הפסח במועדו בארבעה עשר כו' בין הערבים כו' ככל חוקותיו כו', וידבר משה אל בני ישראל לעשות הפסח ויעשו את הפסח בראשון בארבעה עשר יום בין הערבים כו' ככל אשר צוה כו' כן עשו כו'. ולכאורה יש לדקדק מה טעם בציווי השי"ת נאמר כל הסימנים הללו באיזה זמן יעשו הפסח בחודש הראשון בי"ד בין הערבים כו', ובדבר משה לבני ישראל לא נאמר רק וידבר משה כו' לעשות הפסח, ואח"כ בעשייה נאמר ג"כ כל הסימנים כמו בצווי השי"ת, ממה נפשך, אם אין מן הצורך לפרש בצוואת משה לבני ישראל כל העיתים, כי בוודאי ציוה אותם כאשר ציוה ה' אותו, א"כ גם בעשיה אין צורך לפרש, כי עשו בוודאי כאשר נצטוו, וגם "כן עשו" הוא מיותר, שכבר התחיל הכתוב ויעשו בני ישראל.

אך הענין הוא, דכל מצוות זמניות כגון פסח סוכה שופר ולולב, צריך האדם לעשות המצוה הזאת בבחינה גדולה בשמחה ובדביקות העליון, כדי שע"י"ז יתקשר בקדושה בלי שום הפסק לכל זמן, ולזה רמז מלת "במועדו" ולא אמר בזמנו, לרמז להנ"ל ג"כ שיעשה המצוה בשמחה ודביקות כנ"ל, ו"מועדו" סובל שני פרושים, לשון זמן וי"ט דהיינו שמחה ודביקות, ונמצא עשיית המצוה זמניות היא בפועל בזמן ההוא, ובכח לאחר זמן דהיינו הארת קדושה שתשאר בו. ולזה כיון משה רבינו ע"ה שאמר סתם לבני ישראל לעשות הפסח, לרמז הנ"ל שיעשו תמיד הפסח, דהיינו בזמנו בפועל ולאחר זמן בכח קדושה שנתקשר בה ומעוררן תמיד לעבודתו ית', ולכן בעשייה נאמר "ויעשו כו' במועדו" דהיינו שעשו באופן הנ"ל בשמחה ובדביקות העליון ולזה כפל "כן עשו" להורות שהיה עשייה כפולה, בפועל בזמנו ובכח לעתיד לאחר זמן. והבן.

ויהי אנשים כו' למה נגרע כו' עמדו ואשמעה מה יצוה ה' לכם. נראה שנכתב בתורה כאן מעלת אותן האנשים הצדיקים קדושי עליון, נושאי ארונו של יוסף היו, ואיך הגיעו למעלה ההוא לומר דברים קדושים כאלו, וזכו לכתוב על ידן פרשה בתורה. והוא כי דרך הצדיק בכל מה שמוסיף והולך בקדושה, הוא מבין יותר בחינות אלהות, ודומה לו שלא התחיל עדיין בעבודת הבורא, ואותן אנשים שזכו לשאת ארונו של יוסף הצדיק באו למדרגה גדולה עד מאוד, והבינו בעצמם שאינם כלום, והיו נגד פניהם חשובים כטמאים. וזהו שאמרו "אנחנו טמאים כו' למה נגרע", פירוש בכל פעם כשאנחנו מוסיפים עבודה, אנחנו נגרעים בעינינו, כי ידענו בבירור שלא התחלנו בעבודה לפי רוממותו. וזה שאמר משה להם "עמדו ואשמעה" כו', פירוש הוטב בעיניו מאד דבריהם, ואמר אלך ואתפאר בדבריכם לפני הבורא ב"ה לאמר, היש עם כזה שיותר שעובדים אותו מקטינים עצמם עד מאד, "ואשמעה" מה שיאמר הוא ב"ה לדברים הללו. והשיבו הש"י ב"ה "איש איש כו' בדרך רחוקה כו' ועשה פסח בחודש השני" ע"פ אשר כתבנו למטה על כפל "איש איש" הנאמר בתורה, לרמוז על הצדיק הגדול שהוא איש למעלה ואיש למטה, "כי יהיה טמא או בדרך רחוקה" פירושו כנ"ל שיבא למדריגה גדולה שידמה בעצמו כטמא, או כאדם שהוא בדרך רחוקה בעבודת הבורא, "ועשה פסח בחודש השני", פסח נקרא על שם הקדושה הגדולה כידוע, פירוש שיוסיף בקדושה תמיד בהתחדשות שניות, כי כשיוקטן בעיניו תיכף ומיד יבא להשגת מדרגות היותר גדולות, ויחודש תמיד מעלה ומעלה עד אין סוף. והבן.

וידבר ה' כו' דבר אל בני ישראל איש איש כי יהיה טמא לנפש. נראה לפרש ע"ד הרמז, דאיתא בזוהר הקדוש ובשאר ספרים "אברהם אברהם" פירוש אברהם למטה אברהם למעלה, וכן משה משה כו', וכן כולם. ויש לכוין ג"כ הפירוש גם כאן בדרך הזה, "איש איש" פירוש אם המצא ימצא צדיק גדול כזה הנקרא איש למטה ואיש למעלה בהעולמות, "כי יהיה טמא לנפש", דאיתא בזוהר דהצדיק הגדול הוא מהנפש דאדה"ר, ולזה לא נמצא בו שום דופי רק מחמת חטא אדה"ר קצת, וזהו פירוש "טמא לנפש" ר"ל שטומאתו אינו אלא מצד הנפש שנאחז בו מחטא אדה"ר, "או בדרך רחוקה לכם או לדורותיכם" פירוש הכתוב מפרשו ואומר לנו שהצדיק כזה הוא פועל בשני דרכים, שהם "או בדרך רחוקה" והוא עולמות

עליונים הרחוקים והוא הולך בהם, "לכם" כמו בשבילכם, להשפיע לכם כל טוב, "או לדורותיכם" פירוש לעשות דירה להשכינה להעלותה לדורות העליונים, "ועשה פסח לה'" פירוש כל עשיותיו בפיו הקדוש הכל לה', "פסח" כבר פירשנו שהוא פה סח.

ועוד אמר לנו הכתוב "בחדש השני" ר"ל אז כשיש צדיק גדול כזה, אז כל מי שהוא בדורו של הצדיק ההוא, אף שאינו צדיק גדול כמוהו, אף על פי כן יכול לפעול גם כן כמו הצדיק גמור מחמת התחברו עמו, וזהו "בחדש השני" ר"ל בחידוש שני, שהוא למטה ממנו ממדרגת הצדיק הגדול, "ככל חוקת הפסח יעשו אותו" פירוש שגם הוא יכול לפעול כמוהו בהתקשרו עמו, וזה רמזו חז"ל באמרם "פסח שני חמץ ומצה עמו בבית" רמז שגם אם הוא מעורב קצת בחמץ ומצה, הם טוב ורע, אעפ"כ יכול להיות הפסח לה' כנ"ל, אבל הצדיק גמור, "סביביו נשערה מאד", וחמץ משהו אוסר בו ואינו בטל. ואמר הכתוב רק זאת הוא העיקר הגדול, "ועצם לא ישברו בו" ר"ל הגם שאינו כמו הצדיק הגדול, ויש בו קצת טוב ורע, עכ"פ צריך לראות שלא ישבר את העצמיות, והיינו שלא יעבור על דברי חז"ל המבוארים בש"ע לקיימם היטב, כי הם העיקר העצם והשורש. וק"ל.

וביום הקים את המשכן. נראה דהנה הצדיק כל עבודתו להעלות ולהקים את השכינה, ואמר הכתוב כאשר יהיה הצדיק במדרגה הזאת ויקים את המשכן היא השכינה, "כסה הענן את המשכן" פירוש הצדיק הזה הוא תמיד בהכנעה גדולה וכאילו כסהו הענן, דהיינו לפניו שפלותו וחסרונות שבו, וחושב בעצמו שאינו צדיק כלל, "ובערב" ר"ל אבל מי שהוא בערב ובחשך, "יהיה על המשכן כמראה אש" פירוש הוא חושב בעצמו שהוא כמראה אש, שהוא צדיק גמור, "כן יהיה תמיד הענן יכסנו" בצדיק גמור, "ומראה אש לילה" מי שהוא במדרגת לילה הוא סובר דווקא שהוא טוב, והאמת הוא להיפך אצל הצדיק גמור. וק"ל.

ויאמר משה לחובב כו' נוסעים אנחנו עד והטבנו לך. ולכאורה "והיית לנו לעינים" אין לו שחר, דהלא הארון וענני כבוד הולכים לפניהם להורות להם הדרך. וגם איך מקושר זה "כי על כן ידעת" לכן "והיית לנו" כו'. נראה לפרש, דהנה ע"י אתערותא דלתתא הוא אתערותא דלעילא, והיינו כשהצדיק רוצה לעורר רחמים ושפע לעולם, צריך לעורר מתחילה חדוה ושמחה להבורא ב"ה, ועי"ז משפיע השי"ת טובות לעולם, וזה נעשה ע"י שהצדיק מכיר ורואה בנסים ונפלאות שעושה עמנו יוצרנו בוראנו, אז בא לו שמחה מזה, וכיון שיש שמחה להצדיק, עי"ז הוא מעורר שמחה למעלה. אבל מי שאינו מכיר בנפלאות ונסים, בלתי אפשר לו לעורר רחמים, וזהו פירוש "שלש רגלים תחוג לי בשנה", פירוש דהנה בשלש רגלים היה בכל אחד נס גדול לישראל כידוע, פסח היה יציאת מצרים, שבועות מתן תורה, סוכות היה ענני הכבוד, וזה שצוה הקב"ה שיזכרו ישראל ויתנו דעתיהם להכיר הנסים שנעשה להם בימים האלו, כדי שעי"ז יעוררו חדוה ושמחה להבורא ב"ה, ויעשה להם גם עתה נסים כמאז, וזהו "תחוג לי" שהוא לשון חדוה והתלהבות אש. וזהו "עיני ה' אל צדיקים" כאשר כתבתי מזה לעיל, שעיני ה' הם ביד הצדיקים, שע"י מעשיהם הקדושים הם מעוררים ועושים כביכול עינים להקב"ה, שיתן עינא פקיחא על עמו הקודש לטובה. וזהו פירוש "אל נא תעזוב אותנו כי על כן ידעת חנותינו במדבר" ר"ל שאתה הכרת הנפלאות וגודל החנינה שעשה עמנו השי"י במדבר, ו"חנותינו" הוא מלשון חנינה, "והיית לנו לעינים" פירוש כיון שאתה במדרגה תהיה לנו לעינים, שתגרום במעשיך ובדבקותיך שישגיח השם עלינו בעינא פקיחא, "והיה הטוב כו' והטבנו לך" ר"ל שממילא יהיה טוב לך, והוא ע"פ דאיתא בגמרא בעל הבית מברך משום טוב עין הוא יבורך, ולכאורה משמעות הפסוק הוא דבעל הבית מתברך, אלא הענין הוא דממילא מחמת שהוא מברך מתברך, ע"ד הכתוב ואברכה מברכיך, וזהו "והיה הטוב" ר"ל הטובות שיושפעו עלינו על ידך, "והטבנו לך" כנ"ל ואברכה מברכיך. וק"ל.

או יאמר ויאמר משה לחובב כו' עד והטבנו לך. ולכאורה קשה הלא גם מתחילה אמר לו משה "לכה אתנו והטבנו לך", והוא לא רצה לעכב בשביל ההטבה, ועוד מה זה נתינת טעם "כי על כן ידעת" כו', וכי בשביל שידע חנותינו כו' יעכב בשביל ההטבה? ונ"ל דהנה יש ב' מיני טובות שהשי"י מטיב עם ישראל, דהיינו בזמן שישראל עושין רצונו של מקום, אזי ראוי להם להטיב בשכרם ונקרא הטבה ההיא "רחמים", כרחם אב על בנים, שאז נקראים בנים למקום, וחלילה אם אין עושין רצונו ח"ו, אזי אעפ"כ השם הטוב ברוב חסדיו מקדים ההטבה קודם שיבא הקטרוג, וזה נקרא "חסדים".

וזה שאנו אומרים "הודו לה' כי טוב כי לעולם חסדו", כי אנחנו מחוייבים להחזיק עצמינו שכל טובותינו שמטיב עמנו הבורא ב"ה וב"ש הוא ע"פ חסדיו ולא בשכרנו, וזה שאמר דוד המלך ע"ה "כי תקדמנו ברכות טוב תשית לראשו עטרת פז", והיינו כשהאדם הוא במדריגה שהשי"ת עשה עמו חסד חנם, אזי כל עצמו צריך לשבח ולהודות לו על הטובה, אבל כשהאדם הוא מקדים עצמו לעשות רצון המקום קודם שמטיב לו, יכול הוא לעלות במדריגה עליונה יותר ויותר לתקן בעולמות העליונים, וזהו "כי תקדמנו" כו', שזה הוא כמדבר לאדם לנוכח כאשר תקדמני במעשיך הטובים קודם שיתן לך "ברכות טוב", אז תעלה במעלות ש"תשית לראשו" ר"ל לעולמות העליונים הנקראים "ראש", תוכל לעשות שם "עטרת פז".

וזה שאמר משה בתחילה "לכה כו' והטבנו לך כי ה' דבר טוב על ישראל", היה סבר יתרו שהטובה היא מחמת חסד אל, לכך לא רצה ואמר "כי אם אל ארצי" כו', פירוש אלך לגייר את בני משפחתי למען שיבואני הטובה בשכרי ולא בחסד חנם, לזה אמר לו משה לא כמו שאתה סובר שהטובה היא ברב חסד לבד, כי אם שההטבה בא בשכרנו, ע"י שהיינו במדבר בהתבודדות גדול לאהבה וליראה, "והיה הטוב ההוא אשר ייטיב עמנו" פירוש שעמנו הוא הדבר, שגרמנו לעצמנו הטובה ההיא, וגם אתה היית עמנו וראוי לך ג"כ ההטבה ההיא, וזהו "והטבנו לך" כי ראוי לך ע"י מעשים הטובים. וק"ל.

וישמע משה את העם כו'. ופירשו רבותינו על עסקי עריות. ונדקדק הלא מתחילה לא נאמר בפסוק שבכו על עסקי עריות, רק שאמרו זכרנו את הדגה כו'. וגם "בעיני משה רע" אין לו שחר לכאורה. וגם "אשר נשבעתי לאבותיו" הוא מיותר. אך מתחילה נדקדק בפרשת מרים, "ותדבר מרים ואהרן במשה ויאמרו כו' הלא גם בנו דבר וישמע ה' והאיש משה עניו" כו', והנה מה שייכות קישור פסוק "והאיש משה" להפסוק הקודם "וישמע ה'".

ונראה לפרש הכל בחדא מחתא, דאיתא בגמרא אל ישאל אדם צרכיו בלשון ארמי שאין מלאכי השרת מכירין בלשון ארמי, והקשו התוס' תימה הלא אף מחשבה שבלב יודעין ע"ש, ונדחקו המפרשים בהתוס' דמנ"ל דאף מחשבה שבלב יודעים, ואפשר לומר דבאמת אין המלאכים יודעין מחשבה שבלב רק באופן זה, דהנה המלאכים הממונים על התפלה הם מעלין את תפלת ישראל לפני הקב"ה ועושים עטרה על ראשו, והם צריכין להבחין בין תפלה כשרה וצלולה ובין תפלה הנמצא בה מחשבת פסול חלילה, כי תפלה זו לא תעלה לריח ניחוח לה', ולכאורה לדברי האומר דאין יודעין מחשבה שבלב איך יודעין להבחין, אלא שזה נתן להם השי"ת שיריחו בהתפלות באיזה בחינה שנתפללה, והיינו האדם המשמר עצמו מכל דבר רע כל היום, מחניפות ושקרים וליצנות וכעס וגאות ושנאה ותחרות ומשאר דברים המפסידים העבודה, ולזה הוא עוסק בתורה וג"ח ובעסק המצוות, והיה כאשר יבא אותו האדם להתפלל, אזי כל הבחינות מאיזה מצוה שעשה נותנת בו ריח טוב בהתפלה ההיא, כמו שהתבלין נותנין ריח טוב בתבשיל, וחלילה להיפך נותנת ריח רע בתפלה, והמלאכים המקבלים התפלות הם מריחים באותה תפלה, ובחינת כל מצוה ומצוה יש לה ריח לעצמה, וכן כל חטא ועון יש לו ריח לעצמו, ועל ידי זה יודעים המלאכים להבחין בהתפלות. נמצא ע"י התפלות הם יודעים מחשבות האדם אם טוב ואם רע, אבל בלא זה אינם יודעים מחשבות האדם.

והנה השבתי על דברי אדם אחד, הלא מצינו אצל ישמעאל שאמרו המלאכים לפני השי"י זה שעתיד כו' ואתה מעלה לו הבאר, ונמצא שידעו אף המחשבה העתידה לבא ע"י בחירת האדם, ומכ"ש מחשבה שהיתה כבר שיהיו יודעים. והשבתי לו שגם זה לא ידעו אלא ע"י תפלת אברהם ע"ה שהתפלל לו ישמעאל יחיה לפניך, שבוודאי אברהם אבינו ע"ה שהשיג כל התורה, והיה נביא וידע שעתיד ישמעאל להרע לישראל, אלא שהתפלל על ישמעאל מחמת שבחר לישראל עול גלות ולא גיהנם, ובאותה תפלה שהתפלל על ישראל הכניס אותה מחשבה, אף שעתיד להרע לישראל מוטב שיסבלו עול גלות והתפלל שיחיה, ועי"ז ידעו המלאכים אותה המחשבה העתידה להיות כנ"ל.

ובזה יבוארו הפסוקים הנ"ל, דהנה מה שאמרו ישראל "זכרנו את הדגה" היה מחשבותיהם על עריות, דדגה הוא רמז דדגים הם פרים ורבים, והצדיק בשמעו איזה דיבור, יכול להשיגו לדעת שורש מחשבות האדם בדיבורו. וזהו "וישמע משה כו' בוכה למשפחותיו", פירוש שהבין המחשבה שבלבם באמרם זכרנו את הדגה, ומשה היה מתפלל על ישראל תמיד אף בעת ההיא ג"כ, ונמצא אותה המחשבה הבחינו המלאכים בתפלתו כנ"ל, שכל מחשבות האדם נכנסים בבחינת התפלה, והתחיל הקטרוג לקטרג ע"י אותה המחשבה שהבחינו בתפלת משה, וקטרגו על ישראל בעריות, לכן "ויחר אף ה'" דאילולי הקטרוג לא היו נענשים על המחשבה, דמחשבה רעה אין הקב"ה מצרפה למעשה, ולפי דברינו הטעם הוא שאין המלאכים יודעים מהמחשבה ואין שום קטרוג עליה, אבל עתה ע"י משה הבחינו זאת, לכן התחילו לקטרג, "ויחר כו' ובעיני משה רע" מחמת שהבין שהוא גרם להם זאת, ומה עשה משה? התחיל בתפלתו "ויאמר משה" כו' עד "על האדמה אשר נשבעתי לאבותיו" ר"ל שכוונתו היה להזכיר להם זכות אבות ואף אם חטאו, ואמר משה "מאין לי בשר" כוונתו היתה לסבב הדבר לומר שלא היתה כוונתם על עריות כלל, כי אם על בשר ולא על עריות כדי להשקיט הקטרוג.

והוסיף עוד בתפלתו "ואם ככה את עשה לי הרגני גא הרג", ד"ככה" בגימטריא "מה", דעיקר התפעלות הצדיק הוא ע"י שם מ"ה. וזהו "ועתה ישראל מה ה' אלהיך שואל מעמך" כו', ר"ל שם מ"ה שואל מעמך, שתבא למדרגה זאת שתפעלו בשם מ"ה הצטרכותך. וזהו "אשרי העם שככה לו" פירוש שככה מלשון וחמת המלך שככה, והיינו אשרי העם שיכולין לשכך החימה ע"י שם מ"ה הוא "ככה". וזה שאמר משה רבינו ע"ה "ואם ככה את" כו', ר"ל שכיון שנתת לי מדרגת "ככה", אני מתפלל לפניך "הרגני נא הרג", דדוד המלך ע"ה אמר "ולבי חלל בקרבי" ודרשו חז"ל שהרג היצה"ר, ולכאורה הלא היצה"ר הוא מלאך ואיך אפשר שהרגו, אלא פירושו שהעבירו מאומנתו שהיה מסית אותו, וכן צדיק וצדיק הורג היצה"ר, היינו שמעבירו שלא להסיתו, ודרך היצה"ר כיון שאינו יכול לאדם להתגבר עליו באיזה דבר שמסיתו, אז הוא מתהפך לאומנות אחרת ונעשה מוכיח להצדיק תמיד, ומראה לו תמיד חסרונות ואיך שמעשיו אינו עולין כהוגן, וכוונתו בזה למען יבוש הצדיק ויירא מלהתפלל, וזה שהתפלל משה "הרגני נא הרג" היינו היצה"ר הנקרא הרג, שהרגתיו כבר, רק שנהפך עלי למוכיח ומראה בי חסרונות ורעות כדי שאבוש ואירא מלהתפלל לפניך, לכן הרגהו גם אתה בזה שלא יראני שאני מקלקל, ואהיה מתפלל לפניך בכל לב ונפש, וזהו "ואל אראה ברעתי" פירוש שלא אמצא בי חסרונות.

וזהו "ותדבר מרים" כו', פירוש דאיתא בגמרא עבירות שבין אדם לחבירו אין יוה"כ מכפר, ויש לומר הטעם מחמת כל זמן שלא ריצה לחבירו, יש קטרוג למעלה ואינו מניח לכפר עליו עד שירצה חבירו, שכל זמן שיש לחבירו תרעומות עליו, אז יש למעלה כנגדו קטרוג עליו, וכיון שנתרצה חבירו חלף הלך לו המקטרג. והנה כאן במרים לא היה יכול הקטרוג לקטרג, מחמת שלא הקשה בעיני משה דבורם מגודל ענותנותו, כי היה עניו מכל אדם, וזהו קישור הכתוב "וישמע ה'" ר"ל השם לבדו, שלא היה שם קטרוג כי "והאיש משה עניו מאוד", אך שהשי"י לא רצה לעזוב את עוונם חלילה לעוה"ב, ובעוה"ז א"א לענוש אותם בלא קטרוג, לכן "ויאמר ה' פתאום צאו שלשתכם", ר"ל פתאום כדי שיתבהל משה קצת וירד ממדרגתו

ויהא שוה לאהרן ומרים במדרגתם, וזהו "שלשתכם" מלה מיותרת, אלא פירושו כנ"ל במדרגה אחת, ואז היה קשה קצת בעיני משה את דבורם בו, ולכן היתה יכולה להענש בעוה"ז ולא ימצא בה חטא ועון כלל לעוה"ב.

או יאמר וישמע משה כו' ובעיני משה כו', קצת באופן אחר. כי הנה בראות הצדיק שפלות ישראל אינו יכול להתפלל עליהם חלילה ונתרשל דעתו, וזהו "ובעיני משה רע" שראה שפלותם במה שאמרו זכרנו כו', שהבין שהוא על עסקי עריות כנ"ל, לכך התפלל "למה הרעות לעבדך" פירוש למה נתת לי מדריגה זאת שאוכל לראות הרעות של ישראל ח"ו, וזה גורם לי שאיני יכול להתפלל עליהם, "ולמה לא מצאתי חן לשום את משא כל העם הזה עלי" ר"ל מוטב היה לי אם נתת משאם עלי, פירוש הצטרכותם להשפיע להם כל צרכם, ולא אסתכל בשפלותם רק מעלתם, כדי שאוכל להתפלל עליהם ולהשפיע להם כל טוב.

והנה ידוע דכל השפעות שבעולם נשפעים ע"י אלו שני המדות, שם מ"י ושם מ"ה. ובזה יבואר הפסוק "מי שם פה לאדם או מי ישום אלם", ולכאורה יש לדקדק השנוי לשון, "מי שם" הוא לשון הווה, "או מי ישום" הוא לשון עתיד, ולמה שינה הכתוב? ויבואר ע"פ דאיתא בגמרא (שבת קטז, א), ובמדרש הוא מבואר יותר, וזהו ספר שנמחק ונשתייר בו פ"ה תיבות טעונה גניזה ומטמא את הידים ומצילו מפני הדליקה. ואפשר שהגמרא רמזה בזה, כי כשהאדם לומד ואינו מקיים, הוא כאילו מוחק מה שכתוב בספר ח"ו, וגורם למיעוט השפעות וטובות לעולם, אך כשיש צדיק בעולם שיש לו פה קדוש, ויוכל לפעול בדיבורו הטוב כל מיני שפע ורחמים, אז הצדיק הזה מבטל הדינים, וזהו "מטמא את הידים" ר"ל ידי עשו שהוא השפלות, מטמא אותם להכניעם ולהשפילם, הוא "מציל מפני הדליקה", היינו הרעות הנקרא דליקה מלשון מה דלקת אחרי, ע"ש שרודפים אחרי האדם והקב"ה מצילו מידם, והוא מבואר "ספר שנמחק" פירוש כנ"ל, שאינם מקיימים מה שכתוב בו, "ונשתייר בו פ"ה תיבות", היינו הצדיק אשר יש לו פה קדוש כנ"ל, אז הוא יכול לתקן הכל.

וזהו "מי שם פה לאדם", ר"ל השם של "מי" שם פה לאדם, היינו הצדיק הנקרא "אדם", שיוכל לפעול בפיו הקדוש כל הרחמים והחסדים, ולכן נכתב בלשון הווה, שבכל דור צריך להיות צדיק כזה שיוכל להמשיך שפע לקיים הדור ההוא, "או מי ישום אלם" דמן הראוי שלא יהיה שום מקטרג על ישראל, אבל אם ח"ו המצא ימצא איזה מלשין ומסטין חלילה, אז הש"י ברחמיו עושה אותו אלם שלא יוכל לקטרג, וע"י שם "מי" הוא עושה אותו אלם, לכך כתיב בלשון עתיד "או מי ישום אלם" כלומר כשהשעה הוצרכה לכך לעשותו אלם, והאדם הצדיק הוא מבטל הדינים ע"י שם מ"ה, כי "אדם" בגימטריא מ"ה, והצדיק הוא במדריגה אד"ם, והוא דבוק במדת מ"ה, ועי"ז הוא מבטל הדינים. וזהו שאמר משה רבינו ע"ה ונחנו מ"ה, כשראה שחטאו ישראל אמר לאהרן אנחנו במדריגה מה, ונבטל הדינים מעליהם. וגם כאן התפלל משה על זאת, "ואם "ככה"" בגימטריא "מה", שרצה לעורר הרחמים, אמן כן יהי רצון.

**שלח**

שלח לך אנשים כו'. דהנה צריך האדם לעבוד את הבורא [בשני מדריגות, א'] להסתכל תמיד בשפלותו ולשבר ולהכניע את הגשמיות והארציות. ב' לחשב תמיד רוממות אל ולילך במחשבות טהורות לזכך ולטהר את מחשבתו, ועי"ז הוא מעלה את נשמתו למעלה עד מקום שרשו. וזהו פירוש הפסוק "וישובו מתור הארץ" כו', ר"ל שהשיבו את נשמתם לשורש שלהם ע"י שני מדרגות האלו, דהיינו "מתור הארץ" כלומר ע"י הסתכלותם בארציות להכניעם, ב' "מקץ ארבעים יום" הוא התורה שניתנה למ' יום, ולשון קץ הוא סוף ותכלית, והיינו שלמדו התורה במחשבות טהורות שזה הוא תכלית לימוד התורה וסופה, וזהו "מקץ ארבעים יום", וזהו "שלח לך אנשים" דע"י המצוות נבראים מלאכים וצריך לעשות המצוה במחשבה טהורה ובהכנעה, והיינו "שלח" כו', ר"ל שתעשה המצוה ותשלחם למעלה לשורשך, ו"לך" דייקא, "ויתורו את ארץ כנען" פירושו כנ"ל ע"י הסתכלות בארציות להכניען וזה לשון כנען, וק"ל.

או יאמר שלח כו', דהנה בזמן שיש צדיקים, אף שאינם במדריגה כ"כ, אז בקל הוא להצדיק השלם לפעול פעולתו להכניע הדינים ולהמתיקם, לפי שיש לו עוזרים, וזהו שאמר התנא במקום שאין אנשים השתדל כו', כי במקום שיש צדיקים א"צ להצדיק הגדול הנקרא "איש" להשתדלות, כי בקל יכול לפעול פעולתו, אבל במקום שאין אנשים צריך הוא להשתדלות וחריצות שיוכל לפעול הכל בעצמו. וזהו "צהלי ורוני יושבת ציון כי גדול בקרבך קדוש ישראל", ר"ל ד"ציון" הם המצויינים בהלכה, וזהו פירוש "צהלי ורוני" קאי על הצדיק שישיבתו בין המצויינים בהלכה, ישמח מאד שיוכל לפעול הכל בקל, וזהו "יושבת ציון", וזהו פירוש "כי גדול בקרבך קדוש" ר"ל ע"י שיש לו עוזרים נתגדל בקרבו קדושת הבורא הנקרא קדוש ישראל. וזהו פירוש "שלח לך אנשים" ר"ל לטובתך תראה שיהיה לך צדיקים, "ויתורו את ארץ כנען" ר"ל שהם יעזרו לך לתור ולהכניע הדינים והקליפות, ולזה נקראים "ארץ כנען", ארץ - ע"ש שהם ארציות וגשמיות, וכנען - ע"ש שצריך האדם להכניען תחת הקדושה.

או יאמר דהנה יש ב' גווני בני אדם. יש שהוא צדיק גמור ואין בו סיג ופסולת כלל, ואעפ"כ הוא מוצא תמיד בעצמו חסרונות שנראה לו תמיד שהוא בעל חסרון גדול, ומוכיח עצמו בפני בני אדם. ויש עוד בחינת צדיקים, היות שהם צדיקים אלא שלא תקנו עצמם כל צרכם לגמרי ויש להם עדיין חסרונות. וי"ל ששניהם עשה ה' לטובה, שהש"י מכניס בלב זה שיהיה נראה לו שהוא חסר אף שאינו, ולזה הוא ג"כ אשר נכשל באיזה חטא חלילה, הוא כדי שיוכנע ויראה האמת שעדיין אין מתוקן כל צרכו ועי"ז יתאמץ מאד לעלות במעלות יתרות בעבודתו ית"ש, וזה שהש"י מכניס בלבו שהוא חסר אף שאינו כן, כוונת השם הוא למען כאשר יוכיח את עצמו בפני בני אדם שעדיין לא נתקנו מעשיהם כראוי, והוא מוכיח בפניהם את חסרונו, עי"ז עולה על זכרונם קלקול מעשיהם, ויתאמצו לחזור בתשובה היטב, ולתקן מעשיהם כראוי, ומזרזין עצמם בעבודה. וזה "שלח לך אנשים", אנשים הם הדיבורים של הצדיקים, אשר נבראו מלאכים מכל דיבור ועולים לפניו ית', ואמר "שלח לך אנשים" דהיינו שתאמר דברים כאלה, "ויתורו את ארץ כנען" פירושו כנ"ל, שע"י הדיבורים האלו יזכיר את עצמו השומע דבוריך את חטאו, שזה נקרא בשם "כנען", "אשר אני נותן לבני ישראל" פירושו כנ"ל שזה אני נותן לשני הבחינות כנ"ל.

או יאמר שלח כו'. דהנה הצדיק כל דיבור היוצא מפיו נברא ממנו מלאך, וגורם השפעות בעולמות העליונים והשפעות לעוה"ז וממתיק הדינים, ונמצא דיבוריו הם לצרכו ולטובתו. וזהו "שלח לך" היינו הדיבורים ההולכים בעולמות נקרא שילוח, שהולכים למרחוק, והם לטובתו ולהנאתו, וזהו "לך" להנאתך שתפעול ב' דברים, הא' "ויתורו את ארץ כנען" שהם המתקת הדינים שנקרא ארץ כנען, ועוד "אשר אני נותן לבני ישראל" היינו השפעות.

ודוד המלך ע"ה התפלל בזה רבש"ע "משוך חסדך ליודעיך", ר"ל שהש"י ימשיך החסדים ליודעיך, הם הצדיקים המייחדים תמיד יחודים, מלשון וידע אדם לשון חיבור. או יאמר "משוך חסדך" דהנה יש ב' גווני צדיקים, הא' הוא שסיגף עצמו וטיהר את גופו בצחצחות עד אשר אין בו שום פסולת, והוא הולך בדביקות תמיד, וזה גורם השפעות לכל העולמות לעליונים ולתחתונים, וזה נקרא "חסדים" שהכל צריכים לחסד אל ית', ויש צדיק שעדיין אינו מתוקן בכל המידות, רק שהוא מתאמץ עצמו בכל יכולתו תמיד לתקן מדותיו, וזה אינו ממשיך השפעות לעולמות רק צדקה לעוה"ז, וזהו "משוך חסדך ליודעיך" דהיינו הצדיק ההולך בדביקות וגורם חסדים לכל העולמות, "וצדקתך לישרי לב" היינו אותם המיישרים ומתקנים את לבם להיותם מתוקנים בכל המידות, ופועלין צדקה לעוה"ז, וק"ל.

או יאמר שלח כו', ע"פ שאמר התנא "במקום שאין אנשים השתדל להיות איש", ויש לדקדק היה לו לומר במקום שאין אישים כו', או איפכא לסיים השתדל להיות אנוש. אך הענין ד"אנוש" הוא לשון כי אנוש הוא, דהיינו לשון אנחה, פירוש שעדיין צריך להתאנח ולהיות אנוש בעצמו על שאינו מתוקן במידות, ולא הגיע למדרגת צדיק, וצריך להתגבר בעבודת הבורא, והנה כשיש רבים עובדים ה' ומתאנחים על קיצור עבודתו, אז בקל הוא להצדיק שהוא במדרגת "איש" שהוא מעלה עליונה לעלות במדרגתו יותר ויותר, אבל בעת שפשוטי בני אדם אינם מתאמצין בעבודה, צריך לצדיק השתדלות גדול לבוא למדרגה, וזהו שאמר התנא במקום שאין אנשים כו' השתדל כו', ר"ל צריך השתדלות גדול כנ"ל.

וזהו שאמר הקב"ה למשה "שלח לך אנשים" ר"ל תראה להנהיג אנשים רבים בעבודת הבורא, "ויתורו את ארץ כנען" ר"ל שיתקנו את המידות שלא יהא בהם מידות שפלות וגרועות, "אשר אני נותן לבני ישראל" פירוש עי"ז יהיה בקל ליתן מתנות לבני ישראל הם הצדיקים, שיוכלו לבוא למדרגות גדולות בקל. "איש אחד" ר"ל האיש הצדיק שהוא באחדות, "למטה אבותיו תשלחו" פירוש שצריך הצדיק ג"כ לתקן ולהעלות את מעשה אבותיו שהטו עצמם ג"כ לעבודתו ולא הגיעו למדרגה עליונה להעלות את מעשיהם לעולמות עליונים כראוי ונכון, וזהו "כל נשיא בהם" ר"ל כל מעשיהם צריך לנשא ולהעלות אותם, "וישלח אותם משה ממדבר" ר"ל שמשה רבינו ע"ה הנהיג והכניס את בני ישראל במדרגה זו, והיינו שהכניסם שיהיו כמדבר שהוא הפקר והתבודדות, שהצדיק צריך להיות הפקר לכל ישראל לעשות טובה עם כל אחד, וגם צריך להיות בהתבודדות בעבודתו ית', וזהו מדבר שהוא מקום התבודדות מבני אדם, " פארן" הוא לשון פאר, היינו שכ"כ הכניסם בעבודתו ית' עד שהיו מפוארים ומשובחים, "על פי ה'" ע"ד שכל מוצא פיהם היה נראה לבני אדם שקדושת שם הקדוש שוכן על פיהם, "כולם אנשים ראשי בני ישראל המה" פירוש שלא תאמר שאין כל אדם זוכה לבוא למדרגות אלו, לא כן הוא רק "כולם אנשים", פירוש אותם אשר הם במדרגת אנשים, יכולים לבוא למדרגות גדולות להיותם "ראשי בני ישראל".

"וישלח אותם משה כו' ויאמר אליהם עלו זה בנגב" ר"ל שהדריכם ולימדם שיעלו למדרגת חכמה, ע"ד שאמרו הרוצה להחכים ידרים, "ועליתם את ההר" פירוש שתבואו לעבוד בשני יצרים ביצר טוב וביצה"ר, שגם היצה"ר תעלו אותו, שגם בו יעבוד לו ית', כמו שדרשו חז"ל בכל לבבך בשני יצריך, ו"הר" רמז על היצה"ר, ע"ד שאמרו לצדיקים נדמה להם כהר, וזהו שאמרו "הר קשה ברזל מחתכו", פירוש היצה"ר קשה לכופו, ברזל מחתכו, ר"ל עם התורה הקדושה, שהיא מחתכת כל הקליפות כברזל המחתך ההר, ינצל ממנו, ואדרבה יכניעו תחת הקדושה. "וראיתם את הארץ מה היא" פירוש ועיקר תראו להסתכל על הארציות והגשמיות שבמה נחשב הוא, כדכתיב ואנחנו מה, "ואת העם היושב עליה" פירוש תראו את העולם, "החזק הוא הרפה המעט הוא אם רב", דאיתא בגמרא לעולם יראה האדם העולם כאילו חציו זכאי וכו' עשה מצוה אשריו שמכריע כו' לכף זכות, וזהו "החזק הוא" כו', היינו אם מתחזקים בעבודתו או אם רפים חלילה, "המעט הוא אם רב" צריך אתה להחזיקם בחציו זכאי כדי שתראה לעשות מצוות, "ויעלו בנגב ויבואו עד חברון" ר"ל שהתגברו בעבודת הבורא עד שבאו להתחברות, דהיינו דיבוק חברים וצדיקים ללמוד ממעשיהם הקדושים, "ושם אחימן" פירוש מיד כשמתחברים הצדיקים יחד, אזי שם מיד מתגברים הס"א, וזה רמז "אחימן כו' ילידי הענק", ומעוררים מחלוקת וקטטות על הצדיקים, ואמר הכתוב "וחברון שבע שנים נבנתה" פירוש ומדריגות התחברות הוא מדרגה גדולה שעי"ז נבנה השבע מידות עליונים, "לפני צוען מצרים" פירוש להכניע הקליפות הנקרא "צוען מצרים", ודו"ק.

או יאמר "וישלח אותם משה לתור את ארץ כנען" כו', ולכאורה יש לתת לב דהש"י אמר לשון "ויתורו", ובמשה ג"כ נאמר וישלח כו' "לתור" כו', ובפרשת דברים כשהוכיחן נאמר ותקרבון כו' נשלחה כו' "ויחפרו", ולמה שינה ולא אמר ויתורו? ונ"ל בהקדים לפרש המשנה "כשר בתורים פסול בבני יונה, כשר בבני יונה פסול בתורים", י"ל שרמז לנו התנא בדבריו הקדושים הדרך אשר נלך בו בעבודת הבורא ית', דאיתא בגמרא למה נמשלו ליונה מה יונה אינה מחלפת את בת זוגה כך ישראל אין מחליפים אלהיהם, והיינו שהם מדובקים אליו ית' תמיד, כי כן הוא ראוי ועיקר

לאדם שיהא דבוק בהבורא יתעלה ולא יפסיק. וזהו "זכור ושמור בדיבור אחד נאמרו" ר"ל ד"שמור" הוא מצות לא תעשה, כל מקום שנאמר השמר כו', ו"זכור" הוא מצות עשה, והיינו שכל רמ"ח מ"ע ושס"ה ל"ת לא נאמר לישראל אלא בשביל דיבור אחד, פירוש שיהיו יכולים לדבר דיבור באחדות גמור ודביקות, והצדיק הזה הדבוק בהבורא ית' נקרא "יונה" ע"ש שהוא דבוק בו כיונה כנ"ל, וזהו שנאמר ויברח יונה תרשישה מלפני ה', שהוא היה דבוק בהש"י באמת, וע"ש זה נקרא יונה - אמיתי, ולכאורה קשה איך עולה על הדעת לומר שברח מלפני הש"י אשר מלא כל הארץ כו' ושמים ושמי שמים לא יכלכלו אותו? אלא שכוונתו היה לעשות עבירה לשמה, דגדולה עבירה לשמה, רק שיהא כוונתו לשמים, וכוונתו היה שהיה קשה בעיניו לומר הנבואה לאנשי נינוה, שאם ישובו מעוונותיהם יהיה חלילה קטרוג על ישראל, כדאיתא בגמרא דאומות הם עלולים לקבל תשובה מיד, לזה היה רוצה להפריד עצמו ולטרוד בטירדות הליכות ים, בכדי שיפסיק עצמו מהדביקות למען לא יבוא לו הנבואה הזאת, כי עיקר קבלת הנבואה היה ע"י הדביקות.

והנה יש צדיק במדרגה עליונה מאד שהוא דבוק תמיד ולא יטרידו שום טירדא, ואף שמדבר בדברים גשמיים ונראה לעיני אדם שהוא נפסק מדבקותו, אבל באמת אינו כן, אלא גם באלו הדברים הוא מכוין בהם כוונה עליונה, וזה הצדיק נקרא בשם "תור", מחמת שהוא השפיע השפעה ושמחה בעולם, ע"ש וקול התור נשמע בארצנו, שהוא לשון שירה ושמחה. וזהו שרמז התנא בדבריו הקדושים, "כשר בתורים" הם הצדיקים הגדולים, מה שכשר להם דהיינו שיש להם רשות לפעמים לדבר אף בדברים הגשמיים כנ"ל, "פסול בבני יונה" הם הצדיקים הקטנים, שלהם אין רשות להיותם מטורדים לבל יפסיקו מדביקותם, "כשר בקטנים" ר"ל הם צריכים להחזיק עצמן בקטנות והכנעה גדולה, "פסול בתורים", שהגדולים במעשיהם אין רשאים להיות תמיד בקטנות, כי לפעמים צריכים להיות בגדלות, לפי אשר יורה אותם החכמת אלקים אשר בקרבם להשפיע שפע רב וברכה לעולם על ידיהם. "תחילת הציהוב שבזה ושבזה", ציהוב נקרא שמחה והתפארות מלשון צהבו פניו, והיינו "תחילת" פירוש בהתחלה בעבודה, הן אותו הצדיק המתחיל לדבק עצמו בדביקות והן הצדיק הפועל איזה פעולה והשפעה טובה, אם יבוא לו איזה פניה ושמחה על שהגיע לזה, "בזה ובזה פסול".

וזה שאמר הקב"ה "שלח כו' ויתורו את ארץ כנען", דאותה שעה כשרים היו כפירוש רש"י, והיה כוונת הש"י שיתקנו הם בא"י בקדושתם תקנה לדורות, ולגרום השפעה ושמחות ע"י קדושתם, ולכן אמר "ויתורו" כנ"ל, רמז להצדיק המשפיע כנ"ל, וגם כוונת משה היה ששילחם לתור את הארץ ג"כ לזה הכוונה לתקן השפעה לדורות. ותדקדק היטב ותמצא מרגוע לנפשך.

ויאמר אליהם עלו זה בנגב ועליתם את ההר וראיתם את הארץ עד כי יכול נוכל לה. ולכאורה תמוה מאד, איך אפשר שמשה רבינו ע"ה יהיה חפצו ורצונו לשלוח מרגלים? אדרבה הלא גבי ותקרבון אלי כו' נשלחה אנשים, פירש רש"י שמחמת דוחק הוצרך לשלוח על שבאו אליו כולם ע"ש, וא"כ קשה כיון שעשה זה בלא חפץ ורצון, למה הרבה כ"כ בהתרת הארץ לומר להם שיעיינו יפה איך העם ואיך הארץ והפירות, מוטב היה לו לשלוח אותם סתם רק כדי להפיק רצונם.

ונראה כי כוונת משה רבינו ע"ה היה הכל לטובה, למען מנוע אותם מחטוא בלשונם, שלא יוציאו דבת הארץ רעה, דהנה ידוע שאין הקב"ה מפיל אומה עד שמפיל תחילה השר שלה למעלה, כדכתיב יפקוד ה' על צבא מרום כו' והדר על מלכי אדמה, וכיון שמפיל השר, אע"פ שהאומה עדיין חזקה, הרי היא כאילו נפולה כבר כיון שאין לה על מה להשען כי אבדה מבטחה, וזה יכול האדם הצדיק לפעול בפעולותיו הכשרים להפיל השר של אומה למעלה, ממילא היא ג"כ נופלת, ולזה הכוונה אמר להם משה רבינו ע"ה "עלו זה בנגב", נגב הוא מדרגת חכמה, כי הרוצה להחכים ידרים, לזה אמר להם כשתרצו לרגל את הארץ, צריכים אתם להעלות עצמכם אל החכמה עליונה כדי שלא תבואו לטעות חלילה כאשר נפרש אי"ה לקמן. "ועליתם את ההר" כי מצינו באברהם אבינו ע"ה שאמר לו הש"י "והעלהו לעולה על אחד ההרים אשר אומר אליך", ונראה לפענ"ד עוד כיון א' בדברי הפסוק, כי העולמות עליונים נקראים הרים, כמו שאמרו הר המוריה שלמטה מכוון כנגד הר המוריה שלמעלה, והעיקר הוא למעלה והדוגמא היא למטה, והאדם המדבק עצמו אל הבורא ב"ה, אז נדבק בעולמות העליונים, כי מצינו מעולם לא ירדה שכינה למטה מעשרה, והרי מצינו שכמה נביאים עמדו להם לישראל, ומהיכן היה זה כיון שאין השכינה למטה? אלא ע"כ כאשר כתבנו שהצדיק המדבק עצמו בהש"י הוא שורה במחשבתו הקדושה בעולמות עליונים, ונפשו ורוחו הוא שם, כיון שהמחשבה היא שם, ושם הקב"ה מדבר עמו ומשרה שכינתו עליו, וזהו פירוש "והעלהו כו' על אחד ההרים אשר אומר אליך" פירושו אותם ההרים אשר אני מתגלה לך ומדבר עמך, שהם העולמות העליונים, שם באותו העולם העלה אותו לעולה.

וזה הוא ג"כ הפירוש בכאן, שאמר משה לישראל "ועליתם את ההר" ר"ל כשתרצו לרגל הארץ, צריכים אתם להעלות עצמכם לעולמות עליונים, כדי שתראו את השרים שלמעלה אם הם חזקים או חלושים, ו"הר" נקרא עולמות עליונים כדלעיל, ולזה אמר "וראיתם את הארץ מה היא החזק הוא הרפה" בכפל לשון, והיה די לומר החזק הוא אם לא, אך לזה הכיון כפל להם, למען ללמדם שיראו שהם חזקים שלא יפיגו לבן בזה, כי יכולים לתקן הדבר שיהיה הרפה, דהיינו להפיל השר של מעלה, וכיון שיפילו השר הרי הם כנפולים. וזהו "החזק הוא" פירוש אם חזק הוא, "הרפה" כלומר תפעלו שיהיה הרפה. "המעט הוא אם רב" ג"כ הפירוש כך, אם הוא רב יכולים אתם לפעול שיהיה מעט, וכן כולם כאשר כתבנו, השמנה כו'. וא"כ צריך לזה ב' פעולות א' למעלה וא' למטה, ולזה אמר כלב כשהשיב למרגלים בכפל לשון "עלה נעלה כי יכול נוכל לה", פירוש שני הפעולות אנו יכולים לפעול, להפיל השרים שלמעלה ושל מטה, "כי יכול נוכל לה" הוא כמו נתינת טעם, כלומר כי כבר יכולתי לפעול כזה, כי כלב ויהושע באמת עשו כך ולא טעו כלל, ולזה אמר להם "עלה נעלה וירשנו אותה".

"והאנשים אשר עלו עמו אמרו לא נוכל לעלות אל העם כי חזק הוא ממנו", אמרו בגמרא דערכין שאמרו כביכול אין הבעל הבית יכול להוציא כליו משם, ונראה לפרש מה זה להוציא כליו, וכי איזה כלים הניח שם שצריך להוציאם משם? ונקדים לפרש משנה אחת, "הבית והעליה של שנים שנפלו, אומר בעל העליה לבעל הבית לבנות כו' ויחזיר לו יציאותיו", ועוד משנה אחת סוף מסכת כלים "אשריכם כלים שנכנסתם בטומאה ויצאתם בטהרה", וזו המשנה סתומה בלי פירוש כלל. והנראה היותר מכוון בפירוש המשנה הוא כך, כי ידוע שיש אורות וכלים, והאורות הם למעלה בעולמות עליונים והכלים הם למטה בזה העולם, ולמה היה זה? כדי להוציא הרפ"ח ניצוצין שנפלו בקליפה כידוע ליודעי חן, ועיקר כוונת התורה והמצוות להעלות הניצוצין שנפלו ולבררם עד שהם יגיעו ג"כ אל האורות, והכלים הם נשארים אח"כ למטה כמתים, כמש"נ ורוח אלקים מרחפת - רפ"ח מ"ת, וזה עיקר עבודת האדם לתקן זאת. ונאמר בפסוק "השמים שמים לה' והארץ נתן לבני אדם" הוא ג"כ הפירוש כך כמ"ש, שהשמים שהם האורות הם למעלה, והכלים נתן הבורא ב"ה ל מטה לבני אדם שהם יעלו הפנימיות שיש באותן הכלים למעלה והחיצונית ישארו למטה, וזהו "והארץ נתן לבני אדם".

והעולם הזה נקרא "בית" והשמים הם נקראים "עליה", וזהו פירוש המשנה "הבית והעליה של שנים" היינו של הבורא ב"ה והאדם, שהעליה שהם השמים של הבורא, והבית שהם הארץ היא של האדם, "שנפלו" היינו כמ"ש לעיל שהם הכלים שיש בהם ניצוצי הקדושה מלמעלה והכלי הוא של מטה, "אומר בעל העליה לבעל הבית לבנות" פירוש שהקב"ה אומר לאדם לבנות, שיעלה בפעולותיו הטהורים הניצוצי הקדושה שיש באותן הכלים, "ולא רצה", כי האדם אינו יכול לפעול דבר גדול כזה בעצמו כי הוא שפל אנשים, "יורד בעל העליה אל הבית ודר בתוכו ובונה", דהיינו כביכול צריך הקב"ה בעצמו לירד למטה, ולזה ירדה השכינה עמנו בגלות למען ללקט אותן הניצוצין, "ובעל הבית מחזיר לו יציאותיו" פירוש כי ע"י מה הקב"ה יורד למטה, הלא הוא א"ס ב"ה וב"ש אין בו תואר ודמיון אלא מצד מידותיו, כי מידותיו נתגלו בזה העולם, והם הגדולה והגבורה והתפארת וכל המידות שלו, וזה צריכין אנו להחזיר לו אותן יציאותיו, פירוש המידות שעל ידם הוא דר בעולם הזה, וצריכין אנחנו להודות ולשבח אליו במידותיו דהיינו בגדולה ובגבורה ובתפארת, וזה נקרא החזרת יציאותיו, דהיינו שאנו מחזירין אליו השירות ותשבחות באותן המידות שהאציל וירד אלינו.

וזהו פירוש המשנה דכלים, "אשריכם כלים" כו', כי בריאת האדם ג"כ היתה עד"ז, כי האדם נולד ממקום טומאה ומתחילה אין לו שום שכל, והנשמה היא האור והגוף הוא הכלי, והאדם צריך לזכך עצמו כ"כ עד שיעשה מן החומר - צורה, ויעלה האור למעלה לאור העליון מקום מחצבה ושורשה, ולזה אמרה המשנה "אשריכם כלים שנכנסתם בטומאה" דהיינו מקום טומאה, "ויצאתם בטהרה" אח"כ כשמזדככים אותם הם יוצאים בטהרה.

וזה אמרו המרגלים לכלב, אתה אומר שאנו יכולין לפעול שני הפעולות למעלה ולמטה כנ"ל, "לא נוכל לעלות אל העם" דהיינו מדריגה תחתונה, אפילו אליהם לעלות ולהכניעם אין אנו יכולים, מכ"ש למעלה "כי חזק הוא ממנו" כביכול אפילו הקב"ה אינו יכול להוציא כליו משם, הם הכלים שיש שם עם הניצוצי הקדושה, וצריך הקב"ה בעצמו להעלותן, והוא הנקרא בעל הבית כנ"ל, אפילו הוא אינו יכול להעלותן משם כי הם חזקים מאד. ויהושע וכלב השיבו לא כמו שאתם אומרים, אלא "אם חפץ בנו ה'" פירוש שבדידן תליא מילתא, אם נהיה מקובלין ורצויין לפניו, אז "נוכל להם והביא אותנו" וכו'. והבן היטב.

השיבו לא כמו שאתם אומרים, אלא "אם חפץ בנו ה'" פירוש שבדידן תליא מילתא, אם נהיה מקובלין ורצויין לפניו, אז "נוכל להם והביא אותנו" וכו'. והבן היטב.

בדרך אחר. "עלו זה בנגב" כו', פירוש הרוצה להחכים ידרים, וידוע שהיצה"ר נקרא הר כמ"ש בגמרא "לצדיקים נדמה להם כהר", והאדם צריך לעבוד הבורא בשני יצרים, כי האדם צריך לתקן עצמו עד שהיצה"ר ג"כ ישלים איתו, כמאמר הכתוב "ברצות ה' דרכי איש גם אויביו ישלים אתו". וזה אמר משה לישראל "עלו זה בנגב" פירוש תעלו עצמכם אל החכמה עליונה, "ועליתם את ההר" פירוש תעלו ג"כ היצה"ר הנקרא "הר", "וראיתם את הארץ מה היא החזק הוא הרפה כו'", פירוש שהצדיק העולה ממדריגה למדריגה הוא תמיד בדביקות גדול אל הבורא ית"ש, וכשהוא בדביקות הוא מסולק במחשבתו מבני אדם, ואז אינו יכול לפעול צרכי אדם כי אינו כלל בזה העולם, ולזה צריך הצדיק לפעמים להניח הדביקות שלו בשביל צרכי בני אדם שיפעול פעולותיהם, הן בתפילה, להתפלל עליהם בגוף או בממון, או שאר השפעות, כולם מוטלים על הצדיק. ונמצא עושה הצדיק בזה מצוה גדולה במה שמניח לפעמים הדביקות, כי רצון הבורא הוא כך. וזה הוא פירוש "וראיתם את הארץ מה היא" פירוש כשתהיו במדריגה זו שהיצה"ר ישלים עמכם, צריכים אתם לראות מה שהארץ צריכה, "המעט היא אם רב", נראה כי דברים האלו הם בני חיי ומזוני שאמרו בגמרא "לאו בזכותא כו' אלא במזלא", דהיינו שיש עולם הנקרא "מזל" ע"ש שנוזלים משם כל השפעות, והצדיק צריך להמשיך אותם משם, וזה "המעט היא אם רב" כנגד בני, "החזק...הרפה" כנגד חיי, "השמנה...אם רזה" כנגד מזוני.

או יאמר "עלו זה בנגב", שהאדם צריך לחשב תמיד רוממות אל וגדולתו ית', ולשום עיניו ג"כ על שפלותו של אדם איך שלא נחשב לכלום, כי זה עיקר העבודה. וז"ש "עלו זה בנגב" היא החכמה עליונה וכדלעיל והיא רוממות אל, "וראיתם את הארץ מה היא" פירוש אע"פ שתהיו במדריגה כזו שתהיו מחשבין תמיד ברוממות אל ובדביקותו, גם זה צריכין אתם לראות את הארציות והגשמיות איך שאינו כלום, וזהו "וראיתם את הארץ" הוא האדם הבא מן הארץ "מה הוא" איך שאינו כלום. וק"ל.

או יאמר "ועליתם את ההר" עד"ז דאיתא בגמרא דאברהם קרא לבהמ"ק הר, ואמר "לא כאברהם כו' ולא כיצחק שקראו שדה" שזה רמז על ב' מקדשות שיחרבו, לכך אמר להם משה שיתקנו את ההר, שיגמרו במעשיהם הקדושים שלא יחרב לעולם. וק"ל.

ועתה יגדל נא כו' דברת לאמר. נראה דהנה השי"ת ברא את עולמו להטיב לברואים, שע"י עבודתם לו ית' יזכו לשכר גדול, ולכן נפלו ניצוצות קדושות בשעת הבריאה, בכדי שאח"כ ע"י עבודתם שיעבדו לעלות הניצוצות יזכו לטובות הרבה. ואחר חטא אדה"ר הוסיף ליפול עוד ניצוצות הקדושה ע"י החטא, ולזה צריך האדם לעבוד לו ית' בשני מדריגות הם אהבה ויראה. יראה הוא לראות ולהסתכל תמיד בשפלות העוה"ז, ועי"ז הוא משבר כח הכלים של הניצוצות, ויוכל לבוא לידי רוממות אל שהיא אהבה רבה, ועי"ז הוא מעלה הניצוצות קדושות למעלה ולמעלה, וזה היה כוונת הש"י להביא את ישראל לארץ הקדושה, כי שם הוא כח יותר להעלות הניצוצות קדושות.

וזה היה כוונת שילוח המרגלים שאמר הש"י "שלח לך אנשים", דהנה הש"י אמר לאברהם אבינו ע"ה "כל מקום אשר תדרוך כף רגלך" כו', ר"ל ע"י שאתה תדרוך בה בקדושתך, הרשימה הזאת תשאר לזרעך שיהא קל להם אח"כ להעלות הנ"ק, כי כל דבר הנרשם בקדושה הוא קל אח"כ להוציא אל הפועל, ולכוונה הזאת היה שילוח המרגלים שבאותה שעה כשרים היו, בכדי שהם יעשו רשימה בקדושה בא"י, ויהיה קל אח"כ לישראל להוציא הניצוצות.

ולכן אמר להם "עלו זה בנגב" שהוא חכמה כדפירשתי לעיל, "ועליתם את ההר" דהיינו הנ"ק, "וראיתם את הארץ החזק כו'", ולכאורה יש לדקדק דלא היה לו לומר אלא "וראיתם אם הם חזקים" ותו לא, ולמה לו הדבר והיפוכו? אך הכוונה הוא כנ"ל "וראיתם...החזק" היינו רוממות אל כו', "הרפה" היינו שפלות הארץ, שע"י ב' מדריגות אלו הכח להעלות הנ"ק, אך לזה צריך כח גדול לשבר הכלים להעלות הנ"ק, ע"ד דאיתא בספרים שהמתפלל בכח הוא משבר עי"ז המסך המבדיל. וזהו "קול ה' בכח קול ה' בהדר" פירוש על ידי זה שתעשו "קול ה' בכח" תפעלו שתזכו למדריגה ב' הוא "קול ה' בהדר" הוא רוממות אל.

וזהו שהתפלל משה רבינו ע"ה "ועתה יגדל נא כח", דהנה המרגלים קלקלו מאד בהילוכם, והדרך הוא כך כשישראל הם באיזה צרה ר"ל והש"י מושיע אותם בעת צרתם, אזי הישועה היא גדולה שלא כדרך הטבע יותר ויותר מכבתחילה, לזה התפלל משה "ועתה" פירוש עתה לפי שקלקלו המרגלים ואתה ברחמיך הרבים ענה אותם בעת צרתם, שיגדל הכח הצורך להעלות הנ"ק יגדל כ"כ שלא כדרך הטבע, דהיינו "כאשר דברת לאמר" ר"ל כמו שהיה קודם החטא אדה"ר, וזהו "כאשר דברת" דייקא "לאמר". והבן.

ועבדי כלב עקב היתה רוח אחרת עמו וימלא אחרי כו'. דהנה יש ב' גווני צדיקים, דהיינו יש צדיקים שמוכרחים להיות פרושים ומובדלים מבני אדם, כי כאשר יהיו בין העולם יוכל להיות שיפלו ממדרגתם הנכונה להם, ויש צדיקים שמעורבים בין העולם ומדברים עמהם ואעפ"כ אינו נופל ממדריגתו, ואדרבה הוא מחזירם למוטב, ע"ד ששמעתי הפירוש מרבי ומורי הרב הגאון הקדוש המנוח מורינו דוב בער דק"ק ראווני נשמתו בג"ע "ולא הסריח בשר קודש מעולם" ופירש מי שהוא "בשר קודש" שהוא צדיק גמור, "אינו מסריח מעולם", אף כשהוא מעורב עמהם ומדבר עמם. וזהו "ועבדי כלב עקב היתה רוח אחרת", היינו אף שדיבר עמהם, אעפ"כ לא נפל ממדריגתו, ואדרבה "וימלא אחרי" לגמרי. וק"ל

והיה בבואכם אל הארץ אשר אני מביא אתכם שמה. להיות שיש ארץ עליונה, והאדם צריך לקדש עצמו בארץ התחתונה עד שיבוא למדרגת ארץ העליונה, וכשמקדש עצמו כך אז הקב"ה מסייעו לבוא למעלה מזו לשמים העליונים מעלה ומעלה עד אין קץ, וזה "אדם מקדש עצמו מלמטה מקדשין אותו למעלה, אדם מקדש עצמו מעט מקדשין אותו הרבה". וזה שאמר "כי תבואו אל הארץ", פירוש כשתפעלו במעשיכם הקדושים לבוא אל הארץ העליונה, אזי "אשר אני מביא אתכם שמה" למעלה א"ס ותכלית. וק"ל.

והיה באכלכם מלחם הארץ חלה כו'. פירוש האדם הצדיק הזה שדיברנו בו לעיל, צריך להתנהג שאף כשיעסוק בדברים גשמיים באכילה ושתיה וכיוצא בו, יראה שירים ממנו תרומה לה' שיביא הכל אל הקדושה, "מראשית עריסותיכם כו' חלה תרימו" כו', היות שבזוהר הקדוש מחמיר מאד על עוון הכעס, רק הת"ח אשר אורייתא קמרתח ליה מותר לפעמים באיזה הכרח. וידוע שהת"ח הוא הנקרא 'ראשית' לפי שהתורה שבו נקראת 'ראשית', והעיסה הוא רמז לדברים החמוצין, המה המידות השפלות ככעס או כיוצא. וזהו שאמר הכתוב כשתהיו במדריגה זו שאנו מדברים בו, אז תביאו "עריסותיכם" פירוש הדברים השפלים ג"כ אל הקדושה הנקראת ראשית, וזו "ראשית עריסותיכם חלה תרימו", פירוש תשמרו מאד שלא יהיה תמיד אצליכם הכעס חלילה, כי תסברו מותרים אתם בו חלילה, רק כמו חלה היא א' ממ"ח, כך לפעמים בהכרח גדול לאיזה דבר מצוה או קידוש השם, ובזה "תרימו" כו'.

ויהיו בני ישראל במדבר כו' עד ואל כל העדה. נקדים לפרש פסוק "ויעבור את מעבר יבק" ונבוא אח"כ אל ביאור הכתובים הללו, דבר דבור על אופניו. והוא כי הצדיק כשהוא עולה תמיד בקדושתו למעלה בלי הפסק רגע א', אז גורם בצדקתו שמתיש כח הקליפה, ואין כח להס"א להחטיא אפילו לשאר בני אדם. אבל חלילה כשעוזב הצדיק מדריגתו אפילו רגע א', אז נתגבר הבעל דבר ונעשה כאיש להתגבר ולהחטיא חלילה וחלילה. והתקנה לזה לתקן אשר עיות להתגבר מאד בדביקותו, ולחקור ולדרוש היטב את אשר עשה, ויחזור עצמו לעלות למעלה להתיש כחה כמקדם, וכשעושה כך אז הוא בא יותר למעלה מאשר היה קודם, כי פעל בקדושתו דבר גדול כזה, והקדושה היא הנקראת יב"ק כידוע ליודעי חן. וזהו "ויעבור את מעבר יב"ק" פירוש שהוא היה תמיד בקדושה הרמוזה בחינת יב"ק, פעם אחת עבר אותה המדריגה והניח קצת מדריגתו הגדולה, "ויאבק איש עמו" פירוש מצא הבעל דבר ההוא שנתחזק כמו איש מלחמה, "עד עלות השחר" כך היה ביד הבע"ד כח עד שעלה יעקב אבינו וחזר עלות מדריגת העליונה, וחקר ודרש על אשר אירע לו, וזהו "השחר" לשון חקירה ודרישה, ואז בא יעקב אבינו עי"ז למדריגה יותר גדולה, ובא למדריגה להקרא שמו "ישראל" עבור זה, כמו שגמר אומר "כי שרית" כו'.

ועתה נבוא אל הביאור אשר לפנינו. ונדקדק על השפת יתר "ויהיו בני ישראל במדבר" ללא צורך, כי הלא נאמר ונשנה כמה פעמים שהיו במדבר. אך נראה לתת טוב טעם באמת על היותם במדבר, להיות שמשה רבינו ע"ה היה במדריגתו גדול עד מאד למעלה מן הטבע, ולזה נקרא "איש אלקים", שלא היה כלל בארץ, כי מחשבתו תמיד למעלה דבוקה וקשורה, ולזה לא היה יכול להמשיך פרנסה לישראל ע"פ דרך הטבע, כי היה למעלה מן הטבע, ולזה נהגם במדבר ארץ לא זרועה, כדי להוציאם מן הטבע ויהיה יכול להמשיך להם מזון חוץ לדרך הטבע, ופעל ועשה והמשיך להם מן הקדוש[ה] לחם אבירים. נמצא היוצא לנו מזה שעיקר כוונת משה היה להוציאם מן הטבע, ולזה צריך להיות בדביקות, כי אף במדבר אם לא יכניסו לדביקות יהיה להם בלבול מן המדבר ג"כ, כי הוא דבר גשמי כמדבר מקום הקליפות, ובאמת היו דור המדבר תמיד עולים בדביקותם בלי תכלית כידוע, אלא שפעם אחת אירע להם שהניחו מעט דביקותם, והיו "במדבר" פירוש שהיו הוייתם היותם במדבר,

וזהו "ויהיו בני ישראל במדבר וימצאו איש", כי מצאו שבזה נתגבר כח הס"א ונעשה הבע"ד כאיש להתגבר עליהם, "מקושש עצים" פירוש לפי שהאדם צריך להיות תמיד במדריגתו שלימה, אם אשר יהיה טוב יהיה בשלימות, או אם חלילה להיפך ידע נאמנה שהוא שפל ועי"ז יבוא לו הרהור תשובה, כי יהיה שב מידיעתו שידע שחטא ואשם והתוודה, והעיקר שלא יהיה מעורב בטוב ורע. וע"ז נצטוה אדה"ר "ומעץ הדעת טוב ורע לא תאכל ממנו", פירוש שתלך תמיד באמת. וזהו "מקושש עצים" פירוש התחיל הבע"ד להחטיאם ולקושש להם עצים, פירוש ללקוט להם דברים המעורבין טוב ורע למען החטיאם בלתי השב חלילה, ולזה כתיב "עצים" לשון רבים לרמוז על דברים המעורבין משני עצים מן הטוב ומן הרע, "ויביאו אותו אל משה" כו', פירוש חזרו עצמם אל הקדושה כשראו שאירע להם כזה, ויביאו הדברים אל ה' בטענתם לומר אף כי חטאנו הרי יש צדיק בדור כמו משה שאינו עוזב דביקותו אפילו רגע א', "ואל אהרן" פירוש וגם אהרן יש, "ואל כל העדה" פירוש כללות ישראל הם תמיד טובים, אף שלמטה בפירודם נמצא איזה בני אדם החוטאים, אבל הכולל הם טובים עד למאד, ולזה יעמוד לנו זכות הצדיקים הללו להתיש כח הקליפה לבלתי החטיאנו עוד ונהיה קדושים בעבודתיך. אמן כן יה"ר.

וכי תשגו ולא תעשו כו' אשר דבר ה' אל משה כו' אליכם ביד משה כו' והלאה לדורותיכם עד סוף הפרשה. רבו הדקדוקים בשינוי לשונות זה מזה. אך נראה לפרש ד"תשגו" הוא מלשון השגה שאדם משיג בשכלו הזך איזה דבר, והכתוב מלמדנו איך שיהיה השגתינו בחכמתינו ובתורתינו הקדושה רק להשיג אמיתת יראת הבורא ב"ה, ואל יהיה השגתינו חלילה להתנשאות בו, כי השם הטוב ברחמיו השפיע בטובתו וחסדו לנו עמו הקדוש חכמה בינה ודעת להשכיל דבר דבור על אופניו, וענין ההשגה היא טבעיות בבני אדם שישיג בשכלו כל מה שירצה, כן הטביע הבורא באדם בעת המציאו שישיג בכל מה שיעסוק, הן בתורה והן ביראה ובמצוות ומעשים טובים ובשאר חכמות, והאדם הצדיק הרוצה לזכך נפשו ולהעלותה לדבקה בבורא ית"ש הוא מניח מחשבת העוה"ז ותענוגיו, ועוסק הכל במחשבתו ומעשיו ולימודו הכל כוונתו כדי להשיג אמיתת עבודת הבורא באהבה ויראה השלימה מכל סיג ופסולת, ולעשות מצוות ה' בהתלהבות גדול כאשר דבר הש"י המצוות אל משה מתוך האש, כי אש אכלה הוא ונתן לנו תורתו ג"כ מתוך האש, למען נלמד עשות מצוותיו באש התלהבות וחשק גדול, וכן הוא עבודת ה' באמת לעשות התורה והמצוה כנתינתן מפי הגבורה באש שלהבת יה. וכמו שקבל משה מפי הגבורה בהתלהבות יראה ואהבה גדולה, כן היושר שאנחנו נעשה כמוהו למצותיגו, אלא שמשה רבינו ע"ה שמע מפי הקב"ה בכבודו ואנחנו קבלנו ממשה, בוודאי לא היה יכול משה לדבר אלינו באש ההיא כאשר שמע מפי הגבורה, וא"כ עלינו עכ"פ מוטל לעשות כמו שקבלנו מפי משה באופן ההיא. וכן יש עוד אופן הקל מזה, והיינו אינו דומה אותה מצוה אשר צוה משה לעשות בעת ההיא, בודאי היו מחויבין לעשותה כאשר צוה בכל היותר טוב ונכון, אבל אשר פקד משה לעשות לדורות הבאים אחריו, בודאי לא היה אפשר להכניס בלבם האש היראה ההיא שהיה בשעת הציווי מפי משה עצמו, ואעפ"כ עכ"פ צריך לעשותה ביראה ואהבה גדולה כל אדם לפי השגתו, והעיקר שיראה האדם שיהיה כל השגתינו לעבודת הבורא.

וזהו "וכי תשגו" כנ"ל שיהיה לכם השגה כפי הטבע כנ"ל, אך "ולא תעשו את כל המצות האלה אשר דבר ה' אל משה" כלומר שלא תעשו המצוה במדריגה הזאת באהבה והתלהבות אש כאשר דבר ה' אל משה, ולא זו אלא עכ"פ היה לכם לעשות במדריגה "כאשר דבר ה' אליכם ביד משה" פירוש ששמעתם ע"י משה, שזה בלתי אפשרי שיהיה הדבור של משה לישראל במדריגה זו כאשר היה הדיבור שיצא מפי ה' אל משה, אזי עכ"פ תעשו באופן זה דהיינו "מן היום אשר צוה ה' והלאה לדורותיכם" ר"ל עכ"פ תכניסו כל מחשבותיכם ומגמותיכם כפי השגותיכם בכל יכולתכם במדריגה זאת "כאשר צוה ה' כו' לדורותיכם" כנ"ל.

או יאמר "מן היום" פירוש עכ"פ תראו לשאוב ולקבל התעוררות קדושה מאותו יום שנתקדש מכבר בקדושה רבה, כאשר אנו רואים הימים טובים ושבתות ור"ח שנתוסף קדושה באדם מחמת שהיום גורם, כן כל יום שציוה בו הש"י ב"ה איזה מצוה, אזי נתקדש אותו יום בתוספות קדושה מחמת המצוה הזאת, וגורם בהגיע היום הזה נתעורר ג"כ קדושה באדם, ואמר הכתוב עכ"פ תראו שתהיו כלי מוכשר לקבל קדושה ע"י התעוררות היום. וזהו "מן היום כו' והיה אם מעיני העדה נעשתה לשגגה", דעיני העדה הם הראשים המנהיגים את העם המה נקראים "עיני העדה", ואמר הכתוב אם ח"ו עיני עדה הם הראשים הולכים בדרך לא טוב, דעיקר תולה בהם כדרך שאמרו "כלה שעיניה יפות כל גופה אינו צריך בדיקה", הכתוב מבשר "ועשו כל העדה" פירוש הש"י ברוב רחמיו וחסדיו ירחם על עמו ישראל, ויעמיד להם צדיקים גדולים הנקראים "כל העדה", מטעם

שהם דואגים תמיד על כללות ישראל ומתפללים עליהם בכל עת, והצדיקים ההם מעוררים רחמים וממתיקים כל הדינים מעל ישראל ומהפכים לרחמים.

וזהו "ועשו כל העדה פר בן בקר" [פר] הוא רמז לדינים, עושים מהם "בן בקר" דהיינו רחמים וחסדים מלשון בוקר, "אחד לעולה" ר"ל שמעלים הכל אל אחדות גמור, "לריח ניחוח לה'" שיהא נחת רוח לפניו ית"ש ויתעלה, "ומנחתו ונסכו כמשפט" דאיתא אליהו נענה בתפלת המנחה, והטעם נראה שהוא מחמת שאז יוצאים הדינים משורשם והצדיק הרואה זאת ממתיקם לרחמים ע"י תפילתו שמתפלל אז ושופך את לבו במנחתו כמים הנשפכין ומתנסכין וזה חביב מאוד לפניו ית' ולכן נענה בתפלת המנחה. וזהו "ומנחתו" פירוש תפלת המנחה שלו, "ונסכו" ר"ל מה ששופך ומנסך לבו, ע"ז הוא ממתיק הדינים. "כמשפט" פירוש כפי העת והזמן שרואה הצדיק הדינים יוצאים, שלא כל העתים שוות בעת צאת הדינים, ולפעמים יוצאים בהתגברות גדול ואז צריך הצדיק להוסיף יקר תפארת תפילתו הטהור באהבה רבה ויראה גדולה למען המתיקם, ולפעמים לא כ"כ בהתגברות. כפי העת והזמן, כן הצדיק מתפלל להפכם לרחמים גדולים. וזהו "כמשפט". "ושעיר עיזים אחד לחטאת" דאיתא הטעם של שעיר המשתלח היה כדי ליתן חלק לס"א שלא יקטרג על ישראל כידוע. וזה רמז "שעיר עיזים" שגם הצדיק הגמור שהוא כל העדה כנ"ל, צריך ג"כ להניח יניקה קצת לס"א כדי שלא יקטרג עליו, וזהו "לחט"ת" חסר א', רמז שח"ו אינו פוגם באלף, פירוש באחדות ע"י חטאו, "כי שגגה היא" והשם אנה לידו מטעם הנ"ל.

"וכפר הכהן כו' ונסלח להם" כפשוטו. "והם הביאו את קרבנם" ר"ל אין נדנוד חטאם מעכב אותם להביא קרבנם, "אשה לה'" אש קדושתם מקריבים לפניו ית"ש, "וחטאתם לפני ה' על שגגתם" פירוש שהכתוב מפרש בשבח הצדיקים לאמר, ראה הגם שחטא שגגתם קל מאוד בנדנוד חטא דקה מן הדקה, אעפ"כ הם חושבים תמיד שחטאם גדול מאוד יותר מעל שגגתם. "ונסלח לכל עדת בני ישראל" ר"ל ע"ז גורמים סליחה לכל ישראל.

"ואם נפש אחת תחטא בשגגה", כבר פירשתי בפרשת בהעלותך על פסוק "איש כי יהיה טמא לנפש" שזה רמז על הצדיק הגדול שאין בו שום חטא ודופי כי אם מחמת חטא אדם הראשון ע"ש, והפירוש גם כאן כך, "ואם נפש" כו', ר"ל שהצדיק הזה ידמה בעיניו שחטא, ובאמת אינו חטא רק בשגגה בא לידו שאלקים אנה לידו כנ"ל. "וכפר הכהן" ר"ל הש"י נקרא כהן הוא מכפר על הנפש השוגגת, "בחטאה בשגגה לפני ה'" ר"ל שזה החטא אינו אלא לפני ה', פירוש שמה' היתה זאת לו, "לכפר עליו" פירושו כמו לחפות עליו מפני המקטרג וכנ"ל, "ונסלח לו" שהסליחה היא שהחטא נמחק לגמרי כאילו לא היה.

"והנפש אשר תעשה ביד רמה מן האזרח ומן הגר" פירוש אבל הנפש אשר ידבר בזדון דברי חירופים וגידופים על הצדיקים הנ"ל, הן מן האזרח והן מן הגר, "את ה' הוא מגדף" ר"ל שנחשב כאילו דבר על הש"י כביכול. "ונכרתה כו' ואת מצותו הפר הכרת תכרת", פירוש שיש ב' עניני כרת, דאיתא בגמרא יכול יכרת ממקום זה וילך למקום אחר ת"ל כו', נמצא ההוה אמינא היה שיברח ממקום למקום, ובאמת הוא כך ג"כ ושניהם דברי אלקים חיים ההוה אמינא והמסקנה, שהכתוב מדבר מב' עניני חוטאים, דהיינו האחד כפשוטו מגדף ע"ז ממש, והשני הוא המדבר על הצדיקים ופוער פיו עליהם בחירופים וגדופים אשר נחשב בעיני הבורא ית"ש כאילו מדבר עליו כביכול ב"ה, ולזה כפל הכתוב "הכרת תכרת" לרמוז על ב' עניני כרת הנ"ל, שהם על ע"ז ממש כהמסקנא של הגמרא, ועל שהוא מבזה הצדיקים שאין זה אלא מגובה לבו, לכן יכרת ממקום למקום ויהיה גולה נע ונד בארץ, אז יכנע לבבו הערל ויכיר מעלת הצדיקים העובדי ה' באמת.

נחזור לענינינו, דעיקר הלימוד התורה והמצוה הוא כדי להשיג עבודת השם באמת ביראה ואהבה שלימה בלי שום סיג ופסולת, ואמר הכתוב הראיה לזה איך לא טוב הדבר שילמוד תורה להתנשאות בה, הא ראיה "ויהיו בני ישראל במדבר וימצאו איש" כו', שחטאו היה שקיצץ בנטיעות, וזה היה מחמת לימוד תורה שלא לשמה הביא המכשלה הזאת תחת ידו, ולכן עונשו היה "רגום אותו באבנים" כו', שהאותיות נקרא "אבנים" כדאיתא בספר יצירה. וזה היה מדה כנגד מדה מחמת שלמד תורה שלא לשמה היה מיתתו ברגימת אבנים המרומזים באותיות, ודווקא "מחוץ למחנה" כלומר חוץ למחנה שכינה ע"ש שלא היה תורתו פורחת לעילא. ואמר הכתוב איך הדרך לבוא אל לימוד תורה לשמה ליראה את השם, ומפרש "ועשו להם ציצית על כנפי בגדיהם" פירוש שישגיח על עבירות שאדם דש בעקביו, שישמור עצמו: מכעס ומחנופה, משקרים ורכילות ולשון הרע, משנאה, מקנאה, מתחרות, מגאות, מפניות, מהסתכלות בנשים, מדברים בטלים, מחמדת ממון שאינו של יושר, וכן בכל דבר ודבר ישגיח על עצמו בעינא פקיחא, ואז כאשר ילמוד או יעסוק באיזה חכמה מחכמת אלקות, יאיר לו אור תורתו וילמדהו דרכי השם והשגות אמיתותו ית"ש ויתעלה. ו"ציצית" הוא מלשון מציץ מן החרכים, "בגדיהם"לשון בגידה, יסתכל עליהם וינצל מכל וכל מהם, אז טוב לו בזה ובבא אמן כן י"ר.

או יאמר ע"ד אשר כתבנו לעיל שהצדיק צריך להחזיק בקדושה למטה ולתקן דוגמתה בעולמות עליונים, היינו ב' מדרגות למעלה ולמטה, וזהו "דבר אל בני ישראל ועשו להם ציצית על כנפי בגדיהם לדורותם", ד"ציצית" הוא לשון הסתכלות כנ"ל, שע"י מצות ציצית יראו ויסתכלו לתקן ב' מדרגות הנ"ל, דהיינו "בגדיהם", דבגד נקרא לבוש, ואיתא בגמרא לבוש לא בושה, וגם כן הוי חוטי לבן שעל ידם יתלבנו עוונותיהם, וגם שיתקדשו כ"כ בקדושתם שיהא להם ארבע כנפים, "לדורותם" נכתב חסר כמו לדירתם, דהיינו עיקר דירתם יהיה בעולם העליון, שיהיו גם הם מרכבה כמו החיות הקודש שיש להם ארבע כנפים, שמתחילה היה להם ששה כנפים ואחר החורבן ניטל מהם ב' כנפים, ופלוגתא הוא בגמרא, חד אמר ב' כנפים שאמרו בהם שירה ניטל, וחד אמר אותם הכנפים שהיו מכסין רגליהם ניטל מהם, והצדיק צריך לתקן ב' הדעות והם ב' המדריגות הנ"ל ונבארם לקמן בביאור היטב. וזהו "ונתנו על ציצית הכנף פתיל תכלת" ואיתא בגמרא למה תכלת? שתכלת דומה לים וים דומה לרקיע ורקיע דומה לכסא הכבוד, ו"ים" הוא רמז ליראה, ו"רקיע" רמז לאהבה, דאיתא במדרש: אמר הקב"ה לישראל בני ראו שבראתי לכם הים והרקיע לשמש אתכם ואינם עוברים על מצוותי דכתיב גבול שמתי לים כלום שינה ועבר את גבולו כי מתירא לעבור גבולו אשר שמתי לו ורקיע מאיר לכם בחדוה ושמחה. וזה רמז "התכלת שדומה לים וים דומה לרקיע", דהיינו שע"י ב' מדריגות שהם יראה ואהבה יתקנו אותם כנפים הניטל מהחיות הקודש, דהיינו עם יראה יתוקן הב' כנפים למ"ד אותם שהיו מכסים בהם רגליהם דזה הוא יראה, ובאהבה יתוקן אותם כנפים שאמרו בהם שירה דזה הוא אהבה, ואז יוכלו להיות מרכבה כמו חיות הקודש.

וזהו "בכל עת יהיו בגדיך לבנים" דלכך נקרא בגד לבוש, דהיינו בלא בושה כדאיתא בגמרא, והיינו ג"כ רמז שיראה ללבן עונותיהם של ישראל, "ושמן על" כו', רמז לאור העליון שישפיע לעולמות עליונים. וזהו "בית שמאי אומרים בערב כל אדם יטה ובבוקר יעמוד", ר"ל "בערב", אם רוצה לבטל איזה דבר רע שהוא ערב וחושך, "יטה" פירוש צריך להטות עצמו לדבר זה בלבד, "ובבוקר" דהיינו להמשיך חסדים, "יעמוד" היינו תפילה שהיא בעמידה. "ובית הלל אומרים קורא כדרכו" ר"ל שיקרא להבורא ב"ה כדרכו המיוחד לו לעולם העליון, פירוש שיתאמץ להיות מרכבה כחיות הקודש כנ"ל וממילא יתוקן הכל. וזהו "ודלת ראשך כארגמן" דהשכינה בגלות נקרא דלה ראשך כארגמן, ר"ל תראה לבא אל ראשך ושורשך תחת כסא הכבוד, "כארגמן" רמז למלאכי המרכבה המרומזין במלת ארגמן שהם אוריאל רפאל כו' כדאיתא בספרים.

ויאמר ה' אל משה כו' ועשו כו'. נראה לפרש ע"פ דאיתא במסכת קידושין על פסוק ותשאנה את האיפה ורוח בכנפיהם, ומפרש שם לבנות לה בית בארץ שנער וא"ר יוחנן זו חנופה כו' וע"ש. והנה ראינו שבכח העבירות הקליפה עושה לה כנפים, ובני רשף יגביהו עוף לעוף במדורי הגיהגם להכין מדור להרשעים, ולזה צריך האדם להזדהר ולהשגיח על זה תדיר. ובמה יתקן הדבר לבלתי תוכל הרע לו? בהביטו על הדבר ההוא תמיד ויכנע לבבו ויתחזק במעשים הטובים מאד, עד שיעשה ע"ז לעצמו כנפים לעוף ולהתגבר עליה להפילה לארץ ואז טוב לו בזה ובבא.

ועתה הפירוש הוא כך, "ועשו להם ציצית" לשון הסתכלות והבטה, ור"ל שישגיחו תמיד "על כנפי בגדיהם לדורתם" חסר כתיב שפירושו לדירתם, פירוש להשגיח על אותם כנפים הנעשה מהבגידות והרע לעוף לדירתם למדורי גיהנם. "ונתנו על ציצית הכנף" פירוש העצה הנכונה שיעשו לעצמם כנפים אחרים לאותה ההסתכלות הקדוש, שישגיחו על זאת למען הכנע לבו להטיב, כך יגרמו בגודל קדושתם שיהיו להם ג"כ כנפים ביותר התחזקות להשפיל ולהתיש כח הקליפה ההיא, "פתיל תכלת" דכתיב יעקב חבל נחלתו, פירוש שנשמות ישראל חצובות מתחת כסא הכבוד ושלשלם למטה לארץ, כחבל הזה הנקשר בשרשו למעלה ותלוי והולך עד למטה, כך היא נשמת ישראל והם תמיד קשורים בו ית' ע"י החבל ההוא הם נשמתם הקדושים, אך כשאדם חוטא, אז נפסק חבל הקדושה ונשאר האדם ההוא בלי שורש קדושה, ולזה צריך התשובה להעשות שיתקשר שוב החבל ההוא ויגיע עד כסא הכבוד, וזהו גדולה תשובה שמגעת עד כסא הכבוד.

ואיתא בגמרא תכלת דומה לים כו' לכסא הכבוד כו', ולכאורה נראה שפת יתר, כי לא היה לו לומר אלא תכלת דומה לכסא הכבוד כיון שזה עיקר המכוון, אלא שהתורה הקדושה מלמדנו בזה כי עיקר כוונתינו במעשינו הקדושים לקשור עצמנו בשרשנו למעלה בכסא כבודו ית', ואיך הדרך לבוא למדריגה כזו? לזה סדרו לנו חז"ל המדריגות כסדרן לעלות על ידם עד המכוון, וזהו "תכלת דומה לים", ים הוא הנקרא ים התלמוד היא התורה, פירוש בתחילה תראה להתמיד ולהתנהג ע"פ התורה וללמדה היטב בהתמדה, ואח"כ "וים דומה לרקיע", פירוש רקיע הוא דבר הדק מאד מלשון ריקועי פחים, פירוש דבר הרוחני עד מאד והיא הדבקות וההתבודדות בו ית' תמיד, אח"כ "רקיע דומה לכסא הכבוד" פירוש תבוא למדריגה שיהיה נשמתך קשורה בכסא הכבוד ע"י דבקותך הטוב, וזהו "פתיל" פירוש החבל הקדוש, "תכלת" תבוא למדריגת תכלת כמבואר, וזה הכל ע"י הסתכלותם בשפלות שלכם לתקנה וכדלעיל, "והיה לכם לציצית" פירוש עוד זאת תגרמו טוב לכם ע"י הסתכלות הקדושה, שתבואו למדריגת "וראיתם אותו" כדרך שהיה בזמן הנביאים שהיו נקראים רואה וחוזה. והבן.

ויאמר ה' כו' דבר אל בני ישראל ועשו להם ציצית על כנפי בגדיהם כו'. נראה לפרש על דרך המוסר. דהנה "ציצית" הוא לשון הסתכלות כמו מציץ מן החרכים, דהיינו שציוה הקב"ה למשה רבינו ע"ה ללמוד את "בני ישראל" שיסתכלו תמיד "על כנפי בגדיהם", ר"ל בעשותם מצוות ה' שהמצוות נקראים "כנפי", כמו שמצינו באלישע בעל כנפים, וגם שהיא פורחת לעילא, ואמר הכתוב שיסתכלו תמיד על חסרונם מה שמחסרים וממעטים בעשיית המצוה מלעשותה בשלימות, כי אדם אין צדיק בארץ אשר יעשה טוב ולא יחטא, דהיינו בעשותו מצוה בלתי אפשרי שלא יחסר בה קצת, וע"י שהוא מסתכל ורואה החסרון שחיסר במצוה, אזי יחרד לבו בקרבו וצעק יצעק לה', וה' ברחמיו וחסדיו הגדולים מעלה עליו כאילו עשאה כמצותה בלי שום חסרון, ו"בגדיהם" הוא לשון בגידה וחסרון, "לדורותם" ר"ל וגם יסתכלו תמיד בעולמות העליונים, "לדורותם" הוא לשון דירה, שעיקר דירתו של אדם הוא בעולמות העליונים, והיינו שיסתכלו תמיד ברוממות אל.

גם נוכל לפרש "לדורותם", דהנה עם בני ישראל נקראים "משפחות", כמו שמצינו בתורה פעמים הרבה, והאומות נקראים "דורות", וזהו שאמר שלמה המלך ע"ה "דור הולך ודור בא והארץ לעולם עומדת", ר"ל דהנה כתיב בראשית ברא אלקים את השמים ואת הארץ, ופירש רש"י בשביל ישראל שנקראים ראשית, והיינו "דור הולך" ר"ל היינו האומות אין להם קיום לעולם, רק שדור הולך כו', "והארץ לעולם עומדת" ר"ל ישראל שעיקר בריאת הארץ היתה בשבילם, לעולם עומדת, עומדים לעולמי עולמים, וזהו "לדורותם", דהיינו שתעשה המצוה בשלימות לשמה, וע"י זה תכניע האומות לבל ישלטו בכם.

"ונתנו על ציצית כו'", פירוש ועוד יעשו למעלה ממדריגה זו מה שיסתכל על הבגידה וחסרונם שמחסרים במצוה כנ"ל, יתנו לזה עוד מדריגה דהיינו "הכנף פתיל תכלת", דאיתא בגמרא "למה ציצית בא מן התכלת, מפני שתכלת דומה לים וים דומה לרקיע ורקיע דומה לכסא הכבוד", ולכאורה יש לדקדק דהוי ליה לומר בקיצור תכלת דומה לכסא הכבוד, אף שאינו דקדוק כל כך, יש לפרש דברי רבותינו ז"ל שרמזו לנו דבר גדול בזה, להורות לנו את הדרך אשר נלך בה באמת, דהנה "ים" אותיות "מי", דהיינו שרמזו לנו שצריך אדם להיות ולהחזיק עצמו שפל ונבזה וכלא יחשב בעיני עצמו, ולשאול את נפשו תמיד מי אני, שאינני כלום ואיני מקיים מצוות ה' ותמיד אני מחסר וממעט בעבודתו ית"ש, וזהו פירוש "מה ה' שואל מעמך כי אם ליראה" ר"ל שהשי"ת אינו שואל ומבקש ממך רק שתחזיק עצמך במדריגת "מה", שאתה שפל ונבזה ובמה נחשב, כי זה הוא עיקר ליראת ה' ולעבודתו. וזהו שאמר שלמה המלך ע"ה "כל הנחלים הולכים אל הים", הנחלים הוא רמז על התורה והמצוות שנקראים נחלה, כמ"ש תורה ציוה כו' מורשה לשון ירושה, והיינו כל התורה והמצוות שאתה עושה הולכים אל הים היינו "מי" כנ"ל, שתחשוב ותדאג תמיד שעדיין לא יצאת ידי חובתך וכאילו לא עשית וקיימת כלום, "והי"ם איננו מלא", ר"ל שזה הדבר אין לו שיעור, ובכל פעם שעולה במדריגה יותר, יחשוב תמיד יותר מי אנכי. "והי"ם דומה לרקיע", דרקיע הוא לשון התפשטות, כמו לרוקע הארץ, והיינו שצריך להתחזק ולהתפשט במדה זאת, ויחשוב בכל פעם יותר שהוא שפל מאוד וכלא נחשב, "ורקיע דומה לכסא הכבוד", דהנה תשובה נקראת בשם כסא הכבוד, ע"ד שאמרו חז"ל גדולה תשובה שמגעת עד כסא הכבוד, והיינו אז כשתהיה שפל בעיניך, אז תתחיל לשוב בתשובה שלימה, כי בעוד שתהיה נחשב בעיניך לכלום, בלתי אפשר שתהיה תשובה שלימה.

וזהו "הכנף פתיל תכלת" ר"ל בעשות המצוה הנקרא כנף כנ"ל, תחבר לזה תשובה הרומזת לתכלת כנ"ל, דהיינו שתעשה המצוה בשני מדריגות, דהיינו שתסתכל בשפלותך וחסרונך שאתה ממעט בעבודתו, וגם שתהיה עם תשובה תמיד, "פתיל" הוא לשון חיבור מלשון צמיד פתיל.

וזהו "תפילה לעני כי יעטוף", דהנה כתיב והאיש משה עניו מאוד, ראיתי כתוב שצ"ל עניו בוי"ו קטיעה, ור"ל שהתורה רמזה בזה שהיה עניו באמת כעני ושפל בדעתו, שלפעמים העניוות באדם הוא גאוה, דהיינו שמחשב בעצמו שהוא עניו שמדבר עם בני אדם שפלים וזהו גאוה גדולה, ולכן כתב במשה רבינו ע"ה עניו בוי"ו קטיעה כיו"ד, לרמוז שהיה שפל בעיניו כעני ושפל, וזהו "תפילה לעני" היינו העני והשפל בעיניו, "כי יעטוף" ר"ל שיתעטף ויקפול כל המדריגות ומעלות ומידות טובות שבו כאילו אינם בו, ואז כשיעשה בדרך הזה, אז תפילתו בוודאי רצויה ומקובלת לפני הבורא ב"ה יתעלה.

**קרח**

ויקח קרח תרגומו ואתפליג. נ"ל בהקדים לפרש פסוק "יהי רקיע בתוך המים" כו', דהנה יש להבין על שברא הקב"ה בעולם שיהיו צדיקים ורשעים, והלא אין חפץ השי"י ברשעים, אך מחמת ש"אין צדיק בארץ כו'" ולמען שלא יהא ח"ו קטרוג על הצדיק, כי הצדיק צריך לתקן העולמות שזה הוא מעשה דקות ורוחניות, וע"י הרשעים ניכר ונראה צדקת הצדיק, כמ"ש שלמה המלך ע"ה "כיתרון כו' כן יתרון החכם מן הכסיל" ופירשו המפרשים כמו שע"י חושך ניכר מעלת האור כן ע"י הכסיל ניכר מעלת יתרון החכם בחכמתו, ובראות המקטרג רשעת הרשעים נגד צדקת הצדיק שבחר בחיים בבחירתו שנתן לו השי"י אז נסתם פיו מלקטרג עוד עליו. וזהו פירוש "יהי רקיע בתוך המים", ר"ל הצדיק שנקרא בשם 'רקיע' ע"ש הדקות והרוחניות מלשון "וירקעו פחי הזהב", שיהיה לו כח לתקן ע"י התורה הקדושה הנקראת "מים". "ויהי מבדיל בין מים למים" כלומר ע"כ הוכרח להיות הבדל בין מים למים, והיינו שיהיה צדיק, וגם ניתן רשות ובחירה לאדם להיפך ח"ו, ואף גם הוא יש לו חלק בתורה כמו שאמרו "רקנין שבך מלאים כו'", ובראות המקטרג ההבדל שבין הצדיק והרשע אין יכול שוב לקטרג עליו ויכול הצדיק לפעול פעולתו כנ"ל.

וזהו פירוש הפסוק "ונתתי כפרך מצרים כוש וסבא תחתיך", כפרך הוא מלשון כפירה וחטא ח"ו, והיינו אם ח"ו הצדיק נכשל קצת בחטא קל כנ"ל, לעומת זה נתן הקב"ה רשעים, כמו למשל מצרים ושאר אומות כוש וסבא בעולם, כדי שעי"ז לא יהיה כח למקטרג לקטרג על הצדיק. ולכן כתיב "תחתיך" שפירושו שהם כבושים תחתיך, כי כיון שנסתם פי המקטרג ממילא כבושים תחת הצדיק כל האומות. וזהו "ויקח קרח" תרגומו "ואתפליג" דהיינו שעשה חלוקה והבדל, שע"י רשעתו היה ניכר צדקת אביו שהיה צדיק גדול, ולכך מייחסו אחר אביו. וק"ל.

או יאמר "ויקח קרח - ואתפליג", כי בריאת אדם ונשמתו חצובה מתחת כסא הכבוד, לזה צריך להיות עיקר דירתו בעולמות עליונים וליתן השפעות מעולם התחתון עד א"ס ב"ה, וכשאדם עובר עבירה ח"ו, אז הוא מפריד עצמו מהעולמות עליונים ואין להם בו שייכות כלל, ונשאר גופו ונשמתו בעולם השפל הזה. וזה תרגמו "ואתפליג", פירוש שהפריד עצמו מעולמות, וזהו "אוהב ה' שערי ציון כו'", כי העולמות הם שערים לאדם שיחזור דרך שם למקום חוצבו, ולהשכין נשמתו תחת כסא הכבוד, וזהו "אוהב ה' שערי ציון" הם השערים המצויינין בהלכה, והם העולמות שנותן בהם השפעה וחיות, ואימתי הוא אוהב אותם? "מכל משכנות יעקב" פירוש כשישראל שוכנים תחת כסא הכבוד.

או יאמר "אוהב כו'" ע"פ הפסוק "מה טובו אהליך יעקב כו'", דמדריגת יעקב הוא מדריגה התחתונה וישראל הוא מדריגה עליונה, ואהל הוא בנין עראי ומשכן הוא הקבוע, וזהו "מה טובו אהליך יעקב" פירוש מה טוב הוא כשהמוני עם קובעים לתורה עיתים כאהל שהוא בנין עראי, "משכנותיך ישראל" פירוש הצדיק השלם שהוא קובע עצמו בקביעות בעבודת הבורא כמשכן הקבוע.

והנה דרך הצדיק העובד ה' בקביעות, נדמה אליו תמיד שעדיין לא התחיל כלל לכנוס בעבודת הבורא, ודומה לו שאינו עומד אלא על שער העבודה, וזהו שאמר "אוהב ה' שערי ציון" שאוהב השם הטוב אותם הצדיקים המצויינים בהלכה והם בעיניהם כעומדים על השער עדיין, "מכל משכנות יעקב" פירוש מאותם הנקראים בשם יעקב והם סוברים שכבר עשו בעבודתם בנין קבוע כמשכן הקבוע. וק"ל.

ויש לפרש עוד בדרך אחר. "ויקח קרח" דאיתא במדרש "למה תורת ה' תמימה? בשביל שהיא משיבת נפש". והנה המדרש הוא מופלא הפלא ופלא. ונראה כי המקובלים כתבו שקרח היה גלגול קין, לכך נאבד ע"י פתיחת הארץ כדי לתקן אשר פצתה האדמה את פיה לקחת דמי הבל אחיו, ולזה הוצרך קין להתגלגל בקרח לתקן זה, ולמה לא תיקן קין אז בעצמו זה הדבר באותו הפעם? אלא שברא השי"ת ב"ה בגלגולים כדי שיהיה תורתו שלימה, שאל"כ היה חסר פרשת ויקח קרח בתורה. ובזה דברי המדרש המה מבוארין היטב "למה תורת ה' תמימה? בשביל שהיא משיבת נפש" פירוש בשביל שהקב"ה ברא העולם ע"י גלגולים כנ"ל.

ויקח קרח בן יצהר בן קהת בן לוי. פירש רש"י "ולא הזכיר בן יעקב שביקש כו' והיכן נזכר שמו על קרח בהתיחסם על הדוכן". ויש לדקדק על קושיות רש"י ז"ל "והיכן כו'", מה היה קשה אם לא היה נזכר שמו בשום מקום? ויש לפרש שרש"י ז"ל כיון בקושיתו להורות לנו דבר גדול, כי היה קשה לרש"י בהפסוק מה לנו ליחוסו בן יצהר כו', אלא פירושו הוא שלקח את היחוס הזאת למחלוקתו וחלק עליהם מחמת יחוסו, ולא זכר את יחוס של יעקב במחלוקתו שביקש כו', ושורש הדבר שזכות אבות הוא דבר גדול ועומדת לו לאדם בשעה שהוא רוצה לעבוד את ה' שיהיה לו סייעתא מן השמים לעשות המצוה בשלימות, וזאת אינו אלא כשלא לקח מעלת היחוס לצד אחר אזי בודאי עומדת לו לעבודת הבורא, וזה שפירש רש"י "ולא הזכיר בן יעקב" וכיון שלא נזכר שמו על המחלוקת, אזי בודאי שנזכר שמו לעבודת הבורא, והיכן נזכר שמו? ומפרש שנזכר שמו על הדוכן. והבן.

ויאמרו אליו רב לכם כי כל העדה כולם קדושים ובתוכם ה' כו'. דהנה יש לדקדק "כי כל העדה" מה זה נתינת טעם על הקודם? אך הענין הוא דכך אמר להם "רב לכם" פירוש הגדולה שיש לכם לא בא לכם מצד עצמיותיכם שאתם ראוים לגדולה, רק מצד ש"כל העדה כולם קדושים" ע"ד דאיתא במדרש שהקב"ה הראה לאדה"ר דור ודור ודורשיו כו', דור לפי דורשיו ודורשיו לפי הדור, והיינו אם הדור צדיקים גם הדורשים הם צדיקים, "ומדוע תתנשאו על קהל ה'" ע"ד שפרשתי "אשר נשיא יחטא" ופירשו בגמ' "אשרי הדור שהנשיא חוטא", ופירשתי בדרך הזה, דהנה הצדיק הוא מופרש ומובדל מכל עניני עוה"ז ואין לו שייכות עם העולם כלל, ועי"ז קשה להעולם שיעלה הצדיק אותם כי אין לו שייכות עמהם. אך אם יארע לצדיק איזה חטא ח"ו, אז יורד ממדרגתו ומהרהר בתשובה, עי"ז יוכל לחזור גם העולם עמו בתשובתו, וזהו שאמרו "אשרי הדור שהנשיא חוטא", עיין בפ' ויחי באריכות, ואח"כ כשהצדיק עושה זה העובדא ומעלה את העולם עמו, הוא בא למדריגה גדולה יותר עבור זה. וזהו שאמרו "ומדוע תתנשאו כו'", פירוש שאתם מתנשאים עצמכם שיש לכם מדריגה זו להעלות העולם עמכם, ובאמת א"צ לזה "כי כל העדה כולם קדושים". וזה שאמר משה "לא חמור אחד מהם נשאתי" פירוש לא באתי כלל למדריגתי על ידכם, כי לא נשאתי את חמורם זו גופם, "ולא הרעותי את אחד" פירוש לא אירע לי שום חטא ורעה ח"ו שאפול ממדריגתי להתערב עמהם כנ"ל.

וידבר כו' בקר ויודע ה' כו' ואת הקדוש והקריב אליו כו', פירוש לא כדבריכם שעל ידיכם באתי למדריגה זו, לא כן הוא, כי אם מחמת שנהגתי עצמי בדרך הזה, שתיכף ומיד בקומי ב"בקר" יחדתי שמו הגדול והנורא ביהודים ודביקות, וזהו "ויודע ה'" מלשון וידע את חוה שפירושו יחוד, וזהו "בקר ויודע ה' את אשר לו" שיחדתי קב"ה ושכינתיה עם העולמות, "ואת הקדוש" פירוש דהצדיק אח"כ מקדש עצמו במחשבות טהורות, "והקריב אליו" פירוש שמקרב עצמו להשי"ת להתפלל לפניו ואחר כך "אשר יבחר בו יקריב אליו" ר"ל מי שהשי"י ב"ה בוחר בו, יקריב אליו - הוא מקרב אליו במדריגות קדושות, ולא כדבריכם שאתם אומרים שעל ידכם באתי למדריגה זאת. וק"ל.

או יאמר "בקר ויודע" כו'. כי משה רבינו ע"ה רצה דווקא לעשות להם טובה שישארו חיים, לכן אמר שימתינו עד אור הבקר שאז הרחמים גוברים וחסד אל מתגלה, וכשהחסד גובר אז אעפ"י שהאדם חייב אעפ"כ הקב"ה מרחם עליו, בהיות שמרחם על מעשה ידיו שהם בראויו לבלתי השחיתם, או מחמת שהקב"ה רואה זכות הצדיק שבדור ובזכותו מרחם על הדור ומכפר להם הכל, לכך אמר להם "בקר" שהחסד גובר, "ויודע ה' אשר לו" פירוש שהשי"י ירחם עליכם בשביל שאתם שלו ופועל ידיו, או "ואת הקדוש והקריב אליו" שיקריב אליו זכות הצדיק הקדוש ויגן עליכם למחול לכם. וק"ל.

או יאמר "וישמע משה ויפול על פניו" כו', י"ל ע"פ דרך הלצה, כי איתא בגמרא אסור לאדם ליפול על פניו אלא א"כ יודע שנענה כיהושע כו', ומשה רבינו ע"ה היה עניו מאד והיה שפל בדעתו מכל אחד, והיה מתיירא ליפול על פניו, ואחר ששמע מקרח שאמר שהוא הרב והנשיא שבישראל ולו ראוי הגדולה, התחיל ליפול על פניו, ולזה נאמר "וישמע משה ויפול" כו'.

ויאמר משה אל קרח קחו לכם מחתות קרח כו' קטורת. כתב רש"י "וכי טפשים היו הלא התרה בהם אלא הם חטאו בנפשותם וקרח שפקח היה" כו'. ולכאורה תמוה מה התירוץ הם חטאו כו', ע"ז ג"כ קשה למה חטאו וכי טפשים היו, אלא נראה דהנה בודאי שכוונתם היתה גדולה מאוד לשם שמים, כי תשוקתם היתה לכהונה גדולה ולהקטיר קטורת לפני ולפנים, וקשה הלא צריך לזה דביקות גדול, אלא ע"כ צריך לומר שזה גופא היתה כוונתם, כי הם היו ראשי סנהדראות כולם, לכן היו מתאוים אל העבודה הזאת כדי שעל ידה יוכלו לתקן את שלימות נפשם ולבוא אל הדביקות היותר גדול. ומשה הבין זה ג"כ, אך שהבין עוד יותר שהם לא יוכלו לגמור זאת בדביקות שלהם, כי צריך בהכרח לזה דוקא בני אהרן המובחרים ולא שאר העם, כי לדביקות צריך יראה גדולה שלא יהנה ממנה להנאת עצמו כלל רק התפשטות גמור, וזה היה חטא נדב ואביהוא כאשר נבאר אי"ה בתוך הביאור.

ותחילה נפרש דברי הגמרא שאמרו "מאי טעמא מתו בני אהרן על שהורו הלכה כו', וחד אמר שתויי יין נכנסו למקדש". ולכאורה תמוה, הלוא בפסוק כתיב בהקריבם אש זרה, והם מפרשים טעמים אחרים. ונראה כי הם לא אמרו רק הטעם הפסוק כי חטא בני אהרן היה על שהקריבו אש הדיוט, ובאמת אמרינן אע"פ שבא אש מן השמים מצוה להביא מן ההדיוט, וא"כ עשו כדת ולמה נענשו? ולזה באו המפרשים הנ"ל לפרש החטא ולמה היה העונש. והפירוש הוא כך, שכוונת נדב ואביהוא היה לטובה מאד, כי היה להם דביקות גדול מאוד, והדביקות נקרא "אש" ע"ש שהאדם מקרב עצמו אל אור שכינתו ובוער בקרבו האור הגדול כאש בוערת, ויש ג"כ אש אחר, והיינו שיש לאדם חשק ותענוג גשמי ולבו בוער לדבר ההוא, ואש הדביקות נקרא "אש מן השמים", וזה הגשמי נקרא "אש מן ההדיוט", והאדם צריך להעלות הכל למעלה, אפילו כל ההנאות הגשמיות, הן אכילה ושתיה ובכל המידות צריך להוציא יקר מזולל, וזו היא "אע"פ שבא אש מן השמים מצוה להביא מן ההדיוט", אלא שבשעה שאדם מדבק עצמו אין רשאי לערב בתוכה שום צורך הנאתו, שח"ו פוגם במקום ההוא אשר הדביקות שם שורה.

והנה הם היו בדביקות גדול מאוד ולא היו רשאין לקרב לשם באש זרה ולכך נענשו, וידוע שהדביקות מרומז בשם "יין המשומר בענביו", ולכך אמרו בגמרא שנענשו על האש זרה כנאמר בפסוק, והוא משום הטעם "שנכנסו שתויי יין", והרמז על הדביקות הגדול המרומז ביין, ולא היה להם להקריב במקום ההוא האש של הדיוט. "וחד אמר על שהורו" כו', ג"כ כך שקאי על בהקריבם, אלא שמפרש מה היה האש זרה שפירושו הנאה גשמי כדלעיל, ומפרש שהיה להם תענוג גדול מזה על שבאו על דבר האמת להקריב אש זרה כמו שבאמת הוא מצוה כנ"ל, והיה להם תענוג מזה שכוונו האמת, וזו היה "על שהורו הלכה בפני רבן", פירוש שהם עשו כך בדעתם קודם ששמעו מפי רבן, וכוונו האמת ובאו לידי הנאה מזה, ובשעת הדביקות לא היה להם לחשוב הנאתם כלל.

וזה עצמו היה חטא ר"נ איש שרצו להקטיר קטורת למען התקרב אל האור העליון לתקן נפשם, אך שמשה ידע שהם אינם במדריגה זו, שצריך לזה בהירות גדול בלי שום הנאה עצמיות, לכך אמר להם "קחו לכם מחתות" פירוש ואז תבחנו אם תוכלו להיות במדריגה זו להתקרב בעבודה, ובשביל זה הכוונה שכוונו עצמם לשמים אמר הש"י ב"ה לאהרן "הרם את המחתות כו' כי קדשו", פירוש שיש להם קדושה לאלו המחתות, מחמת שכוונתם היה לשמים אלא שלא היו במדריגה זו וכדלעיל, "ואת האש זרה הלאה" פירוש האש הדביקות שלהם ישאר למטה שלא ידבק עצמו שום אדם בזה הדביקות, לכך זרה הלאה למרחוק שלא יתקרב לשום אדם, וזה כוונת רש"י במ"ש "הם חטאו בנפשותם", פירוש הם סברו שיתקנו בזה את נפשם. והבן מאד ותרבה הדר והוד.

וידבר ה' אל משה קח מאתם מטה כו'. נ"ל בהקדים לפרש דברי התנא "ראה את המציאה" כו', דהנשמה נקרא "מציאה", ע"ד שאמרו מצאתי דוד עבדי ודרשו חז"ל היכן מצאו בסדום, ונמצא הנשמה נקרא מציאה, ולהבין הטעם נראה שהוא ע"ד דאיתא בספרי המקובלים טעם למה יצאו אברהם מתרח וכן כמה צדיקים הקדושים יצאו מאבות הטומאה, ופירשו מחמת שהמקטריגים החיצונים בראותם הנשמה העליונה וגבוהה אינם מניחים לה לצאת לעולם ועושים כל התחבולות לעכבה, מה עושה הקב"ה? נותן אותה בגוף טמא ואז מניחין אותה ועי"ז באה הנשמה בעולם, כי גם הם בראותם שיורדת למקום טמא סוברים שבוודאי א"א שתעלה במעלות קדושים, ונמצא היא כמו מציאה, וזהו "ראה את המציאה", ר"ל אדם שזכה אל מציאת נשמה, "ונפל עליה" פירוש שפגם בה כמו ונפל עליו והכהו, "ובא אחר והחזיק בה" פירוש שבא צדיק והחזיק בה בהנשמה והעלה אותה אל הקדושה, "זה שהחזיק בה זכה בה", שזכותו גדול מאד שהוציא יקר מזולל. ומקשה הגמרא "והא ד' אמות של אדם קונות לו בכל מקום", פירוש קושית המקשן לפי דברינו הוא כך, דאיתא בפירוש רש"י "וייצר ה' את האדם עפר מן האדמה" כו', פירש רש"י "צבר עפרו מד' רוחות העולם שכל מקום שימות שם תהא קולטתו לקבורה", ואין לו לאדם כי אם ד' אמות של קבורה, ונמצא הפירוש הוא כך, "בא והחזיק בה" שהעלה את הנשמה, וע"י מה העלה אותה? ע"י שהוכיח לאותו האדם על פניו וחיזקו בדברים ערבים, באמור לו אדם חשוב ומהולל כמותך יעשה כזאת וכזאת, ועי"ז חזר בתשובה אותו האדם, נמצא זה שפעל כל זאת זכותו גדול יתר מאד על שהוציא יקר מזולל, וזהו לשון "והחזיק בה" מלשון התחזקות בדברים טובים ונעימים, ע"ד שמצינו ברבי ששאל אם יש בן לאותו צדיק ואמרו לו כל זונה כו' ע"ש, וסמכו וקרא אותו רבי וכו' אמר ליה רבי קרית לך ואמרת איזיל לקרייתא עד שקבל על עצמו שלא יעשה עוד כדבר הרע כו' ע"ש הלשון, ומקשה הגמרא הלא העיקר הוא הכנעה, וההכנעה בא לאדם ע"י שזוכר את יום המיתה הוא הגורם לאדם הכנעה בזכרו שאין לו בעולמו כי אם ד"א של קבורה, וזהו ג"כ פירוש "אין לו להקב"ה בעולמו אלא ד"א של הלכה", פירוש שזה עיקר התענוג של השי"ת ב"ה כשאדם לומד הלכה בהכנעה גדולה, וזוכר ד"א בלימוד הלכה ואין מתגאה בלימודו הטוב, לזה מקשה שנמצא העיקר הגדול הוא להשפילו ולהוכיחו בהכנעה ולא לגדלו בחשיבות? ומשני "כיון דנפיל גלי דעתיה דבנפילה ניחא ליה דלקני בד"א לא ניחא ליה דלקני", פירוש "כיון דנפל" ר"ל כיון שקלקל כ"כ שהפיל את נשמתו לרגלים ממש והכה בפצע וחבורה, "גלי אדעתיה" כו', ר"ל נראה מדעתו דניחא ליה בהשפלתו וקלקלתו מעשה תעתועים, ובלתי אפשרי לאדם כזה להחזירו ולהחזיקו ע"י הזכרת שפלותו ויום המיתה, כי אדם כזה למיתה לא חייש, וזהו "בד"א לא ניחא ליה דלקני" וצריך חיזוק ע"י גדלות, להחשיבו שהוא חשוב ומעולה במעלות ואין נאה לו לעשות כמעשים האלו ע"ד הנ"ל שקראו רבי.

וזהו "קח מאתם" פירוש זאת תקבל מאתם לעיקר בעיניך, "מטה" פירוש הכנעה, שיהיו מוכנעים ושפלים בעיניהם, "מטה לבית אב" שיכנעו עצמם ולא יתגאו ביחוס אבותיהם, "מאת כל נשיאיהם" פירוש וביותר יוכנעו בנשיאות עצמם, שלא יתגאו בחשיבות עצמם וגדלותם לאמר בלבם שהם בעצמם גדולים וחשובים, " שנים עשר מטות" דהנה יש י"ב גבולי אלכסון שהעולם מתנהג בהם, צריך להיות הכנעתו גדולה כ"כ בכל הגבולים, בכל העולם הגבוה מחבירו שם צריך שיהיה הכנעתו ג"כ גדולה, "איש את שמו תכתוב על מטהו", דהנה כתיב ויקרא את שמו יעקב, ובעשו כתיב ויקראו כו', ופירש רש"י הקב"ה קראו יעקב, והענין הוא באמת שכל העולם קראו יעקב, רק מחמת שכוונו אל אמיתת שמו בשורשו העליון, שגם בשורשו נקרא כן ושם הוא אחדות גמור לכן נאמר בלשון יחיד ויקרא, ע"ד שפרשתי על פסוק "וכל אשר יקרא לו האדם נפש חיה הוא שמו", ולכאורה אין מובן פירושו, בודאי כאשר קרא אותם כך הוכרח להיות שמם, אך הפירוש הוא כנ"ל, "הוא שמו" בשורש, שכיון ברוח קדשו לשמות כל א' בשרשו העליון, אבל עשו שאין לו שורש למעלה והוא בעולם הפירוד, לכך נאמר בלשון רבים ויקראו כו'. וזהו "איש את שמו תכתוב על מטהו" ר"ל בשביל הכנעתו הגדולה הנקרא "מטהו", יגרום שיכתוב שמו בשורשו למעלה, ויעשה שורש למטה ופרי למעלה. אכי"ר.

וידבר ה' אל אהרן כו' ואני הנה נתתי כו' לחק עולם. נקדים לפרש הפסוק "יחר למשה כו' אל תפן אל מנחתם לא חמור אחד מהם נשאתי ולא הרעותי את" כו'. ויש לדקדק הלא המה העוברים על עיקר הדת שאמרו אין תורה מן השמים, ומה אמר אל תפן, הלוא בוודאי ידע באמת שהם מנחותי שאול חיים ואיך היה ההוה אמינא אצלו שיפן השם אל מנחתם, ועוד האיך תלוי בזה שאמר לא חמור א' כו', דמשמע אם היה לוקח מהם חמור או הרע להם לא היה ראוי להם עונש על אמרם אין תורה כו', והענין מופלא.

אך נראה דהנה מדרך הצדיק שאינו יכול לראות בצער בני אדם כלל וכלל, וגם בבני אדם רשעים אין רוצה שיענשו בזה העולם כי אינו יכול לראות בצערם, וכן טבע הצדיקים, ואם אמנם שחטאו וההכרחי שישולם להם עונשם רוצה שיענשו בעוה"ב ולא שיראה בצערם בעוה"ז, וזה שאמר "אל תפן אל כו' לא חמור" כו', בתוך הדברים התנצל לפניו ית' שלא יענשו בזה העולם, ולימד זכות עליהם באמרו "לא חמור אחד מהם" כו', דהנה כן הוא המהנה ת"ח וצדיקים מנכסיו אז ההנאה הזאת תביאהו שלא במהרה הוא חוטא להיות רשע גמור לכפור בתורה חלילה, וגם זאת אם הצדיק גוער באיזה אדם, גם הגערה הזאת פועל בו שלא ישתקע בחטאו, כי הצדיק בגערתו שגוער בו הוא משבר הכח הקליפה של הרשע, וזהו שאמר "לא חמור" כו', כלומר אני גרמתי להם זאת, שע"י שלא לקחתי מהם זה גרמה להם שחטאו, שאם נהניתי מהם היה מגין עליהם זאת לבלתי יחטאו, וגם "לא הרעותי את אחד מהם" בשום רעה וגערה, ונמצא אינם חייבים כ"כ לעונש בעוה"ז, וגם עוה"ב ראוי ליתן להם אחר העונש שיענשו על חטאם, וזה שאמר משה "לכן אתה וכל עדתך היו לפני ה' אתה והם ואהרן מחר" פירוש שהשיאו עצה טובה שלא ישאר בגיהנם עולמית, ואמר לו תראה שיהיה לך התקשרות עם אהרן "לפני ה' מחר" רמז לעוה"ב, כדרך שאמרו היום לעשותם ומחר לקבל שכרם.

והיוצא לנו מזה שע"י נתינה לצדיק נשברים כח הקליפות, ונתקשר בקשר של קיימא עם הצדיק שלא ישיאהו היצר לחטוא בחטא גדול ח"ו, ואדרבה יתקדש ע"י הצדיק, וזהו "ואני הנה נתתי" דהש"י ב"ה צוה לתת תרומה לכהן, ואמר לו הש"י הנה הדבר הזה אני מטיל עליך להיות נתון בידך, שתהא אתה ה"משמרת של תרומתי", שע"י התרומה שיתנו לך יהיו משומרים, "לכל קדשי בני ישראל" שיתקדשו ע"י הנתינה הזאת בכל מיני קדושות, "לכל קרבנם" אם יביאו קרבן יהיה בקדושה, "ולכל אשמם אשר ישיבו" היינו אם יאשמו בחטא וישיבו בתשובה, תגרום להם הנתינה זאת שיהיה תשובתם שלימה, כן תפעול להם בלקיחתך מהם התרומה, "למשחה" ופירשו חז"ל לגדולה כדרך שהמלכים אוכלים, דאיתא בגמרא לעולם ישתדל אדם לראות מלכי אומות שאם יזכה יבחין כו', ולהבין מה היא הבחינה הזאת, נראה שיבחין לראות איך מידת מלכות מושפלת עתה בגלות המר, ויבחין בביאת משיחנו במהרה שיתנשא אז כתר מלכות, ויבין גדולת מלכות איך מעלתה גדולה לאין חקר, וזהו "כדרך שמלכים אוכלים" פירוש שיהיה אכילתם בקדושה, שע"י אכילתם יתקנו מידת מלכות, "ולבניך" ר"ל כמוך כמוהם כך "לחק עולם".

זה יהיה לך מקדש הקדשים מן האש כו'. נ"ל בצירוף הפסוק "דבר אל בני ישראל וקח מאתם מטה מטה שנים עשר מטות וכו' מטהו יפרח". ונדקדק למה ציוה השי"ת ב"ה ליקח שנים עשר מטות, הלא עיקר הסימן היה הפריחה שזה דבר הפלא, והיה די בלקיחת מטה אהרן לבד וכאשר יראו שיפרח מטהו יהיה לאות ביניהם ויסור תלונותם, ואם יאמרו לבחון אולי גם מטותם יפרח כשיניחום באוהל מועד, אז מי שירצה לידע זאת ילך ויבחן וינסה לעצמו, ולמה ליקח כל הי"ב בפעם אחת. אך הענין הוא דהנה כתיב "אשרי שומע לי לשקוד על דלתותי יום יום", ולכאורה על דלתי הוי ליה למימר בפתח, והוא ג"כ לשון רבים. אלא נראה שאדם צריך לדבק עצמו ולעבוד השי"ת בכל מידותיו, ואל יאמר שדי לו לבחור לעצמו איזה מידה - או ללמוד או להתפלל או ליתן צדקה או איזה מידה אחרת, רק צריך האדם לקבל על עצמו לדבק את עצמו בכל נפשו בכל מידותיו האפשרי בכל ההתאמצות, ולכן נאמר "דלתותי", לומר שמחויב לשקוד על כל דלתות, דאילו נאמר "דלתי", הייתי אומר מיעוט דלתי שנים, לכן הוסיף הכתוב לכתוב דלתותי להורות הריבוי האפשרי.

והנה עיקר כללות המידות הם שנים עשר כנגד י"ב שבטי י"ה שהם כנגד י"ב גבולי אלכסון, שכל שבט בפני עצמו הוטבע בו מידה אחת היותר מוטבע אצלו מבשבט הב' וכן כולם, אבל באמת כל האדם צריך להתחזק ולהתאמץ בכל המידות לעבוד בהם הבורא ב"ה, ולזה ציוה השי"ת לקחת שנים עשר מטות, לרמוז שהחיוב מוטל להחזיק בכל המידות לשקוד בהם, וזה שפירש רש"י "כשהוכר הפרי הוכר שהיה שקדים", פירוש שרש"י מתרץ זאת שבני ישראל לא ידעו מה זה הציוי לקחת כל הי"ב מטות הלוא היה די במטה אהרן לבד, אך כאשר ראו הפריחה של שקדים הבינו שנס הגדול הזה בא מחמת "שקדים", פירוש ע"י שהוא שוקד על כל המידות טובות והוא כולל בטובו את כל השבטים, וזהו "הוכר שהן שקדים", פירושו שהוכר שלכך בא למדריגה הזאת הוא מחמת שקדים, ששקד על דלתות יום יום כנ"ל. וזהו "זה יהיה לך", "זה" בגימטריה י"ב, רמז לו הש"י שיחזיק בכל המידות של שנים עשר שבטי יה. והבן.

או יאמר "ואני הנה נתתי כו' משמרת תרומותי" כו'. נ"ל ע"פ דדרשינן בגמרא "אחור וקדם צרתני, אחור למעשה בראשית וקדם למעשה בראשית", והפירוש הוא כך, דהבורא ב"ה וב"ש תחילת בריאתו ברא את האדם בעולם המחשבה וקשרו שם, ואחר כך נשתלשל עד שבא לעולם השפל,

וזהו "אחור למעשה בראשית" היינו בעולם הזה, "וקדם למעשה בראשית" היינו בעולם המחשבה, וכל זה עשה הקב"ה בחסדו הגדול למען יוכל אדם לילך ממדריגה למדריגה, ברא אותו בעולם השפל וקשרו בעולם המחשבה, ובזה יכול אדם לפעול בצדקתו שיוכל לחזור ולשוב לשורשו העליון בעודו בחיים חיותו. ומחמת זה מדריגות הצדיק יותר להשיג בגדולת הבורא מחיות ואופני הקודש, דאצל חיות כתיב "והחיות רצוא ושוב", כי רצים ועולים וסוברים שמשיגים המראה הגדול והנורא שלמעלה מכסא הכבוד, ומגודל הפחד והאימה שבים לאחוריהם וזהו רצוא ושוב, אבל האדם יכול להשיג בשכלו הזך יותר ע"י כח מעשיו הטובים.

ובזה יתורץ שהקשה "משה רבך אמר כי לא יראני האדם וחי ואת אמרת ואראה" כו', כי הפירוש הוא כך, כי לא יראני "האדם וחי" במדריגה א', ו"חי" הוא מלשון חיות הקודש, והיינו האדם וחי אינם רואים אותו בסיגנון א', כי לא ראיית זה כראיית זה, שהאדם יכול להשיג יותר בראייתו השכלית, וכל זה הוא ע"י שאדם מדבק עצמו בבורא ב"ה בדביקות ולהבות אש הקדושה שבו ע"י מעשיו הטובים ובקבלת עול מלכות שמים שלימה בלב ונפש שהבורא ב"ה הוא אחד יחיד ומיוחד. וזהו דאמרינן בגמרא אתם עשיתוני חטיבה אחת בעולם אף אני אעשה אתכם חטיבה אחת בעולם, אתם אומרים שמע ישראל כו' ואני מי כעמך ישראל גוי אחד כו', והיינו כמו שאנו מדבקים עצמינו בבורא ב"ה כביכול, כמו כן הבורא ב"ה מדבק בנו ונעשה הכל אחד באחדות גמור, ועי"ז באים השפעות גדולות בעולם עד בלי די.

וזהו שאמרו בגמרא "וראית את אחורי מלמד שהראה לו הקב"ה קשר של תפילין", ר"ל "תפילין" הוא לשון התחברות ודביקות, ע"ש נפתולי נפתלתי כו', והראהו הקב"ה ה"קשר", שיעשה קשר בין הדבקים, שאנחנו נקושר בו והוא כביכול בנו שיהא הכל א', והיינו "קשר של תפילין".

וזהו שאמר התנא "יפה שעה אחת בתשובה ומעשים טובים בעולם הזה מכל חיי העוה"ב", פירוש "יפה" לפני הקב"ה "שעה אחת", ר"ל שנעשה אחדות בתשובה ומע"ט, כי ע"י התשובה ומע"ט אנחנו נדבקים בו והוא כביכול בנו ונעשה אחת, "בעולם הזה" היינו מה שאנחנו עושים בעוה"ז, "מכל חיי עוה"ב", ר"ל מכל התענוגים שיש לו בעולמות העליונים, כי תשוקת ותענוג השי"ת ב"ה אינו אלא להתאחד בנו להטיבנו, "ויפה שעה אחת של קורת רוח בעוה"ב מכל חיי עולם הזה", ר"ל ויפה שעה אחת כנ"ל דהיינו שאנחנו פועלים להמשיך את הבורא ב"ה לעוה"ז להיות שכינתו בתוכנו, ועי"ז יש להבורא ב"ה קורת רוח כנ"ל, וחשוב בעינינו הקורת רוח של עוה"ב, פירוש התענוג שיש להבורא הוא הנקרא עוה"ב, והתענוג שלו יפה לנו מכל חיי ותענוגי עוה"ז שלנו, כי זה עיקר הבריאה.

וזהו דאמרינן בגמרא "חסידים הראשונים היו שוהים שעה אחת", פירוש שהיו "שוהים שעה" ומקשרים עצמם בדביקות, "אחת" פירוש בשביל אחת כנ"ל שיהא להם אחדות כביכול ב"ה, "קודם התפילה" ר"ל החיבור והקישור שיתדבקו בכביכול ב"ה ע"י מחשבתם הקדושה כדי שיפעלו ע"י מחשבתם הקישור כנ"ל, "ושעה אחת אחר התפילה", היינו אחר שנעשה החיבור והקישור ואחדות ביניהם היו שוהים שעה ומכוונים מחשבתם להנות מהתענוג שיש להבורא ב"ה בהתחברו בנו כנ"ל, שזהו תענוגים שיש להקב"ה כביכול תענוג ושעי"ז באים השפעות לישראל.

וזהו "ויאמר אל אהרן בארצם לא תנחל כו' אני חלקך ונחלתך בתוך בני ישראל", דהצדיק ברצותו להשפיע לישראל צריך שלא יהא כוונתו להנאת עצמו, וזהו שאמר לו הש"י "בארצם לא תנחל" פירוש שלא יהיה כוונתך לצורך עצמך, רק "אני חלקך" פירושו כנ"ל, שיהא כל כוונתך לדבק עצמך בי שיהא אני חלקך "ונחלתך" יהיה "בתוך בני ישראל", פירוש ההשפעות שאשפיע להם זה יהיה עיקר נחלתך.

וזהו "ברית מלח עולם הוא", "ברית" היינו התורה הנקראת ברית, "מלח" ר"ל מלשון ממולח שפירושו מעורב, והיינו כשהצדיק מערב התורה במחשבות קדושות וטהורות כדי שיהא באחדות עם כביכול ב"ה, "עולם הוא" פירוש עי"ז הוא ממשיך הבורא ב"ה בעולם הזה להיות שכינתו בתוכנו ולהשפיע לנו כל טוב.

והנה הדביקות שיש להבורא ב"ה בנו הוא נקרא בשם "תרומה", והטעם מחמת שהש"י מרומם ומגביה אותנו בקדושתו ולכן נקרא תרומה לשון התרוממות, והדביקות שלנו נקרא "משמרת", לפי שאנחנו חייבים לשמור עצמנו תמיד שלא יפסיק דביקותינו מהבורא ב"ה כביכול חלילה אפילו רגע. וזהו "וידבר ה' אל אהרן" הוא הצדיק הנקרא כהן, "ואני נתתי לך את משמרת תרומותי", ר"ל שאינך צריך רק לשמור הדביקות שלא יפסוק דבקותי הנקרא תרומה ממך, וזהו משמרת תרומתי. "לכל קדשי בני ישראל" ר"ל שזה שייך לכל הצדיקים הקדושים שבבני ישראל, ועי"ז גורמים הצדיקים להשפיע לישראל את שלש אלה, הם בני חיי ומזוני, וזהו "לך נתתים" פי' שהכל בידך לפעול ע"י מעשיך הטובים, "למשחה" היינו מזוני, ע"ד שאמרו כדרך שבני מלכים אוכלים בגדולה, והיינו שולחן מלכים, "ולבניך" היינו בני, דאיתא בגמרא אין מושיבין בסנהדרין חשוכי בנים שאין יודעים בצער גידול בנים, ולכן צריך להיות להצדיק בנים כדי שישפיע לישראל כמו שהוא מרחם על בניו, "לחק עולם" היינו חיי, דכל מה שהאדם מאריך ימים ושנים בעולם הזה, עי"ז הוא מקיים מצות בוראו יותר ויותר באמונה שלימה בלי שום ספיקות חלילה, דהנה החוקים שהשטן ואומות העולם מונין עליהם כפרש"י, וע"י שאדם מאריך ימיו, מתחזק אמונה בלבו בזיכוך וצלילות גדול לקיים המצוות חוקיים כמו המצוות השכליות, והיינו חיי, וזהו לחק עולם. וק"ל.

ועבד הלוי הוא את עבודת אוהל מועד. נראה דהנה התורה נקרא "אוהל מועד", ואמר להם "ועבד הלוי" דהיינו יעבוד להש"י שיכניס את "הוא" דהיינו הקב"ה נקרא "הוא", "את עבודת אוהל מועד" פירוש בתוך התורה, דהיינו תורה לשמה, "והם ישאו את עונם חוקת עולם לדורותיכם", פירוש שיהיה צדיק גמור ושלם שלא יבא לעולם חטא על ידו, רק זה שירד ממדריגתו קצת, דהיינו מעולמות עליונים שהם אצלו חק ודירה קבוע, "לדורותיכם" לשון דירה, "כי את מעשר בני ישראל אשר ירימו לה' תרומה", ר"ל דהצדיק צריך להיות במדריגה זו להרים הקדושה, מעשר נקרא הקדושה, "על כן בתוך בני ישראל לא ינחלו נחלה", פירוש שלא יהיה נחלתו למטה בעולם השפל רק בעולמות עליונים. וק"ל.

ונחשב לכם תרומתכם כי שכר הוא לכם חלף עבודתכם. פירוש כי במשנה פרקי אבות יש "מעשרות סייג לעושר, נדרים סייג לפרישות" כו', ויש לדקדק הלא התנא כונתו במשנה זו להורות לנו דרכי ה' איך להתנהג ולעשות גדרים לעבודת הבורא, ולמה לו ליתן לנו עצה איך להתעשר באמרו מעשרות סייג לעושר, המשמעות הוא שהעצה הוא בשביל קיום העושר, ואמר שהמעשר הוא גדר לקיום העושר. ונראה כי האדם ביותר צריך לקדש עצמו במאכל ובמשתה ובממון יותר מן התורה או תפילה, כי שם אין יצה"ר כ"כ שולט מחמת שהוא עוסק בדבר קדושה, אבל בתאוות הגשמיות שהיצה"ר מצוי מאד, צריך פרישות יתירה שלא לבוא ח"ו אל התגברות התאווה, וגם בממון צריך לקדש עצמו מאוד שיהיה משאו ומתנו באמונה ולשם שמים, כדי שלא יהיה ח"ו עושר שמור לבעליו לרעתו, לזה אמר התנא "מעשרות סייג לעושר", פירוש שאתה צריך לקדש עצמך כ"כ בממונך עד שהמעשרות לא יהיה כי אם סייג אל העושר, והעושר יהיה עיקר הקדושה יותר מקדושת מעשר.

ולזה הכיון הוא בכאן בפסוק "ונחשב לכם" כו', פירוש שהקב"ה אומר אל הצדיק המקדש עצמו במאכליו בקדושה, שכמן כן יקדש עצמו אל התורה ותפילה כמו אל הגשמיות, ו"תרומתכם" הוא רמז לדברי קדושה מלשון התרוממות, וזהו "כתבואה מן הגורן וכמלאה כו' כי שכר הוא" כו', פירוש כי אצליכם אין חילוק בין תורה או תפילה או אכילה ושתיה, הכל הוא אצליכם עבודת הבורא, ואינו אלא חילוף מעבודה לעבודה, וזהו "חלף עבודתכם". וק"ל.

"ואמרת אליהם בהרימכם את חלבו" כו'. דהנה הצדיק בשעת תפילתו הוא בודאי בדביקות ובקדושה במחשבות טהורות וצלולות וזכות, ובעת אכילתו מחמת שהוא דבר גשמי, אז מורא עולה על ראשו לבל יתגשם וינתק מהקדושה ח"ו ע"י האכילה, ולכן הוא מתחזק ומתאמץ לקדש עצמו יותר ויותר בעת אכילתו לדבק עצמו בקשר ודביקות גדול, ונמצא בעת אכילת הצדיק הוא מקדש את עצמו יותר מבשעת תפילתו, אבל לא כן שאר העם שבעת תפילתם יכולים להתקדש יותר מבשעת אכילתם, וזהו פירוש "וקוי ה' יחליפו כח", דהקדושה שאדם מקדש ומטהר עצמו בעת תפילתו ואכילתו, עי"ז הוא נותן כח בפמליא של מעלה, "וקוי ה'" הם אותם הצדיקים השלימים המקוים ומצפים לתשועת ה' הוי"ה ב"ה שיתמלא במהרה ושיהא השם שלם בקרוב, הם מחליפים הכח, פירוש מחליפים משאר העם, שאצל ההמון עם בשעת תפילתם הם יותר בקדושה, אבל הם מקדשים ומטהרים עצמם באכילתם יותר ויותר מבשעת תפילתם, וזהו "ואמרת אליהם בהרימכם את חלבו" ר"ל כשתרימו הקדושה והדביקות שזה נקרא בשם "חלב" כמו בהקרבן שלא נקרב ממנו אלא החלב, כך בתפילה - הקדושה שבה היא העולה למעלה, וזהו בהרימכם את הקדושה, "ונחשב לכם תרומתכם כתבואת גורן", ר"ל קדושת תרומתם בתפילתם יחשב כמו בעת אכילתם, וזה רמז "תבואת גורן ויקב" היינו האכילה שהיא בקדושה וטהרה כנ"ל. וק"ל.

**חקת**

זאת חוקת התורה כו'. פירש רש"י "לפי שהשטן ואומות העולם מונין את ישראל לומר מה המצוה הזאת ומה טעם יש בה, לכך כתיב בה חוקה לומר גזירה היא מלפני אין לך רשות להרהר אחריה". ויש להקשות שלהלן כתב רש"י בשם ר' משה הדרשן טעם על מצוה זו "תבא פרה כו'", א"כ קשה כיון שיש טעם למה כתיב בה חוקה.

ונראה לתרץ כי באדם יש רמ"ח אברים ושס"ה גידים כנגד רמ"ח מ"ע ושס"ה ל"ת, ובכל אבר או גיד תלוי מצוה אחת, גם ביעקב אבינו ע"ה "ותקע כף ירך יעקב כו' על כן לא יאכלו" מיד שהיה המעשה ההוא ביעקב תיכף קבלו ישראל המצוה התלויה בגיד ההוא, והאומות מקטרגים תמיד על ישראל לראות אם הם שלמים במצוותיהם, ובמצוה זו של פרה אדומה אינם יודעים מה ענינה, כי הם מונין האברים והגידים של ישראל ואינם מוצאין מצוה זו במנינם, לכך שואלים מה טעם יש בה. והתירוץ להם הוא כך, כי בגמרא אמרו לא היו ישראל ראוין לאותו מעשה אלא כדי להורות תשובה לרבים, ולזה הוקם להם מעשה פרה לכפר, להראות כי התשובה מועלת לרבים, נמצא כל עיקר הטעם פרה הוא בשביל חטא העגל, והחטא גופא לא היה כי אם להורות תשובה והוא בעצמו חוקה, לכך כתיב בה חוקה אעפ"י שיש בה טעם כדברי ר"מ הדרשן. והבן.

או יאמר "זאת חוקת כו'", דהנה יש לדקדק דה"ל למימר "זאת חוקת הפרה" דהא בפרה קמיירי. וגם קשה על מה שפירש רש"י "לפי שהאומות כו' נאמר בה חוקה", אדרבה איפכא מסתברא, בשלמא אם היה צריך הטעם בשבילנו שלא יקשה לנו מה טעם, היה שפיר שכתב בה חוקה לומר אין להרהר על מצוותיו ית"ש, אבל עתה שהאומות העולם מונין אותנו, טוב היה לפרש הטעם בכדי שנדע מה נשיב לאפיקורוס.

אך הענין הוא, וכך פירוש "זאת חוקת התורה אשר צוה ה' לאמר", דהנה הש"י ב"ה נתן לנו תורתו הקדושה הכלולה בנגלה ונסתר כנגד אהבה ויראה, דהיראה הוא הנגלה, דהיינו מחמת שאנו רואים את מעשה נוראותיו ונפלאותיו אנו יראים מפניו ית"ש, ומצד נוראותיו מורא עולה על ראשינו והוא הנגלה, ואהבה הוא הנסתר, דאהבה יוכל להיות לאדם כשמזכירים לפניו איזה דבר יופי ומהולל ומשבחים לפניו הדבר ההוא, אז לבו מתלהב לדבר זה מאד ונפשו משתוקק שיזכה לראות הדבר ההוא, והנגלה הוא דבר שיש לו קצבה, כי בלתי אפשרי שיהיה האדם במורא בלי הפסק תמיד באימה וחרדה כי יבוטל ממציאות, ואהבה הוא דבר שאין לו קצבה.

וזהו "שמש ומגן ה' אלקים" פירוש כמו שה"שמש" שהיא הבהירות בהתפשטות שאין לו קצבה, וה"מגן" דהיינו כשעושין מחיצה בפני השמש הוא יש לו קצבה, וכן התורה הקדושה הנתונה לנו בנגלה ונסתר, אם היה הטעם מפורש היה דבר שיש לו קצבה, ולכן סתמו הכתוב ולא נאמר הטעם

מפורש, למען נבין מעצמינו טעמו של דבר, וזה הוא דבר שאין לו קצבה, כי כל טעם שנזכה להבינו יש לו עולם מיוחד, באמירתינו הטעם נעשים שמים חדשים בכל פעם.

וזהו "אשר צוה ה' לאמר", פירוש שהש"י ב"ה צוה לנו שאנחנו נאמר הטעם של חוקת התורה כדי שיהיה דבר שאין לו קצבה, וזה שפירש רש"י "לפי שהשטן ואומות העולם מונין" הוא לשון מנין, שמונים וסופרים המצוות וחוזרים ומשיבים עליהם, שאפילו נאמר להם הטעם של המצוה ההיא, הם בהבלי שטותיהם ושקריהם משיבים גם על הטעם, ואם היה טעם מפורש היה חלילה הכח בידם לדחות אותו הטעם חלילה באיזה הבל או שטות, וטעם אחר לא היינו יכולים לומר להם מחמת שהיו אומרים שאינו כתוב זה הטעם בתורה, אבל עתה שלא נאמר הטעם מפורש, אם ישיבו אותנו בדבר אז נוסיף להם טעם לשבח אחר, והכח בידינו להפילם ולשבר את כחם בכל פעם בעולם הנתחדש לנו. וק"ל.

או יאמר דהנה הצדיקים העוסקים בתורה לשמה הם בונים עולמות כמ"ש וכל בניך כו' אל תקרא בניך אלא בוניך, והעולמות נקראים "חוק" ע"ד חק וזמן נתן להם, וזהו "זאת חוקת התורה" ר"ל שציוה הש"י שנעסוק בתורה לשמה כדי לעשות "חוקת" היינו לבנות העולמות, "אשר צוה ה' לאמר" לכאורה מלת "לאמר" אין לו ביאור כיון שכתוב "דבר אל בני ישראל", אך הענין הוא לרמוז שצריך האדם להיות הולך בעבודתו ית"ש מדי יום ויום יותר מיום העבר, והיינו גם אם עסק בתורה לשמה ודביקות ביראה ואהבה היום, אז למחרתו יוסיף לפשפש במעשיו ולראות על הלימוד שלמד אתמול שלא יצא ידי חובתו ושלא היה כראוי, וצריך ללמוד היום בבחינה יותר בקדושה וטהרה ופרישות רתת וחיל ורעדה, וכן בכל יום ויום, וזהו "אשר צוה ה' לאמר" ר"ל לאמר בכל יום בבחינה אחרת התורה בעומקו בה.

וזהו (איוב יד, ד) "מי יתן טהור מטמא לא אחד", דכבר פירשנו מה שאמרו חז"ל "הפרה מטהרת טמאים ומטמאת טהורים", האנשים אשר הם שלמים ויראים בעיניהם ונגד פניהם נבונים ומדמים בנפשם שהם יוצאים י"ח בעבודתם להש"י, בודאי הם טמאים לנפש ועדיין הם מלוכלכים בעוונות וחטאים ולא יבינו בחשכה יתהלכו, אבל הצדיק העובד ה' באמת הוא להיפך, שכל מעשיו ועבודתו להש"י מדמה הכל בנפשו שאינו עושה כלום, ומוצא בעצמו תמיד חסרונות שמחסר בעבודתו ולא עשה כתיקונו, ועי"ז הולך ומתגבר בכל יום בעבודתו, ותמיד אינו נוח לו ממעשיו ואין לו מנוחה והולך עד אין קץ ותכלית, וזהו "מטמא טהורים" ר"ל הצדיקים הטהורים היא מטמאת, פירוש שמדמים בעצמם שהם טמאים ח"ו בחטאם, "ומטהר טמאים" ההיפוך ברשעים החוטאים שחושבים תמיד שהם הצדיקים הטהורים. וזהו "מי יתן טהור מטמא לא אחד", ר"ל מי יתן טהור מטמא, פירוש שיהיה לו טהרה מזה שהוא מטמא עצמו, דהיינו שעי"ז יהיה לו טהרה באמת, כי לפעמים נמצא אדם שאומר שמחסר בעבודתו ית"ש ומטמא עצמו ובאמת הוא כך, אבל הצדיק האמיתי עי"ז יבוא לו טהרה ופרישות יותר שהוא מתאמץ ומתגבר בכל יום, וזהו "מי יתן כו' לא אחד" ר"ל מי שהוא במדריגה אחד תמיד ואינו מתחזק יותר להיות הולך בעבודה, זה אינו טהור מטמא.

ונחזור לביאור הכתוב "דבר אל בני ישראל" פירוש שציוה ה' למשה ולאהרן שידברו עם בני ישראל ויתחברו עמהם, דגם הצדיקים גדולים צריכים התחברות לשאר הצדיקים הקטנים מהם ועל ידיהם יבוא להם מדריגות יותר, וזהו "דבר אל בני ישראל" פירוש תתחברו עמהם, ועי"ז יפעלו לך "ויקחו אליך פרה אדומה תמימה", היינו מה שהצדיק מוצא בעצמו חסרונות שהוא כ"פרה" סוררה ומלוכלך בחטאים הנקראים "אדומה" ע"ש אם יהיו חטאיכם כשנים, יהיה המדריגה הזאת עמו "תמימה", ר"ל שיהיה תום לבבו באמת שכן הוא שאינו עובד השם כלל, אבל באמת "אין בו מום" כלל בהצדיק הזה, שאין בו נדנוד חטא ועוון כלל. "ונתתם אתה אל אלעזר הכהן" ר"ל המדריגה הזאת תמסרו גם להצדיקים הקטנים מכם, "ושחט אותה" ר"ל שגם הוא ישחוט וימסור נפשו על הדבר הזה ויהרהר בתשובה על שהוא מקצר בעבודה, "לפניו" פירש רש"י זר שוחט ואלעזר רואה, "לפניו" הוא לשון פנימיות, דכיון רש"י ז"ל בזה דקשה היתכן דצדיק גמור יהיה צריך לשחוט ולמסור נפשו כשמוצא איזה חסרון בעצמו כמו זר שהוא זר לגמרי בעבודת הבורא, לזה אמר "זר שוחט" פירוש שמי שהוא זר בעבודה צריך למסור נפשו ולעשות תשובה גמורה, "ואלעזר רואה" ר"ל אבל הצדיק גמור אשר באמת אין בו מום רק מחמת גודל צדקתו הוא מוצא בעצמו חסרונות תמיד, זה א"צ רק לראות שיסתכל תמיד כך וילך ממדריגה למדריגה בהרהור תשובה לבד ויתכפר לו. וק"ל:

או יאמר "זאת חקת התורה" בצירוף הפסוקים "זאת התורה אדם כי ימות באהל", "וזאת התורה אשר שם משה לפני בני ישראל".

דהנה השי"ת ב"ה הוא למעלה מן הזמן, והעולמות אשר ברא הנאצלים מאתו ית' הם נקראים "מועדים" לשון זמן, דכל דבר נברא יש לו זמן, וזהו "להקריב לי במועדו" ר"ל דרצון ותשוקת הבורא ב"ה שיתייחד בעולמות ע"י אתערותא דלתתא כשישראל עושין רצונו ית', עי"ז הם ממשיכים את הבורא ב"ה לעולמות, וזהו "להקריב לי במועדו" ר"ל להקריב אותי אל העולמות שנקראים "מועדים" ע"י מעשיהם הטובים, וע"י עוסקם בתורה לשמה לתענוג הבורא ב"ה כדי להעלותה עד מקום שורשה ששם נקראת התורה "בית", דהעיקר התורה היא משם, והש"י ברוב רחמיו וחסדיו נתן לנו את תורתו כדי שע"י התורה נהיה יכולים לעורר את הבורא ב"ה בחדוה ושמחה רבה להשפיע לנו כל טוב, וכאן נקראת התורה בשם "אהל" שהוא לחסות בצל כנפים כאהל. וזהו "וידבר ה' אל משה מאהל מועד לאמר", ר"ל שהש"י ב"ה לימד למשה רבינו ע"ה איך יהא התעסקו ולימודו בהתורה הקדושה, דהיינו מעולם התחתון עד העלותה לעולמות עליונים לשורשה, והיינו "מאהל מועד לאמר" פירוש שתאמר את התורה מ"אהל" היינו מעוה"ז, עד העולמות עליונים הנקראים "מועד" ששם הוא מקום שורשה של תורה.

וזהו "וזאת התורה אשר שם משה לפני בני ישראל" ר"ל משה רבינו ע"ה למד לפני בני ישראל ג"כ סדר הלימוד כך כמו שמסר לו הש"י, וזהו דאמרינן בגמרא אשרי מי שבא לכאן ותלמודו בידו, דלכאורה הוא דבר רחוק שיהא הכח ביד האדם להעלות התורה עד מקום שורשה, אך מחמת שאדם נחצב מתחת כסא הכבוד ממקום שורש התורה ובזה הוא יכול להעלות עצמו עם התורה לשרשה, והיינו אשרי מי שבא כו', למשל האדם שלוה מחבירו מעות ובהחזירו לו הוא נושא מעותיו צרורות בידו בשמחה להשיבו את מעותיו, כמו כן התורה שנחקקה עמו בהחצבו מתחת כסא הכבוד הוא מביאה בידו לשם.

וזהו "זאת חקת התורה" מלשון חקיקה, דהיינו שהתורה נחקקה עם האדם ועי"ז יוכל האדם לעורר חדוה ושמחה להשפיע ע"י התורה הנקראת "זאת", אך "זאת התורה" שעל ידה יכול לפעול כנ"ל, ["אדם כי ימות באהל"] היינו מי שלומד במסירות נפש, יכול להעלות התורה בעודו בחיים, ע"ד שאמרו חז"ל אין התורה מתקיימת אלא במי שממית עצמו עליה, היינו שלומד במסירת נפש, וזהו "זאת התורה אדם כי כו'".

או יאמר דהנה האדם צריך לעבוד הבורא ב"ה בשני מדריגות, יראה ואהבה, ויראה הוא לחשוב שסופו לעפר, כי מחמת שיש באדם יסוד העפר שהוא ממשיכו לתאוות רעות ח"ו וצריך לשבר תאותו ג"כ בדבר הדומה לזה, והיינו שסופו לעפר וזהו היראה. ואהבה היא רוממות אל, וזהו תמיד לאדם מלחמה כבידה מלחמת היצה"ר המסיתו תמיד, וזהו "על כן יאמר בספר" ר"ל שהאדם צריך לקדש עצמו כ"כ עד שתהיה הקדושה נשרשת אצלו בטבע כאילו הספר התורה שלומד נאמרת ממילא בקדושה מתוך גרונו, וזהו "יאמר בספר" והיינו ע"י שאדם לוחם תמיד מלחמות היצר עד שתושרש הקדושה בו, וזהו "מלחמת ה'". "את והב בסופה" ר"ל שהמלחמה מתנהגת ע"י ב' אלו שהם "את והב" הוא לשון אהבה, ומדריגה הב' שיחשוב מה יהא בסופו, וזהו "בסופה" היינו יראה.

וזהו "זאת חקת" דהיינו המצוה שאין לה טעם, האדם העושה אותה הוא מצד אהבה שאוהב את הבורא ומקיים מצותיו וחוקיו, וזהו "זאת חקת התורה" שיהא לימוד התורה באהבה כחוקה, ומדריגה הב' "וזאת התורה אדם כי ימות" היינו יראה, שיזכיר יום המיתה. ובזכות זה נזכה במהרה שיקוים בנו מקרא שכתוב בלע המות לנצח. אכי"ר.

או יאמר דהנה התורה הוא מרפא לכל, ולכאורה אסור להתרפאות בדברי תורה, אלא שהענין הוא כך, שהרשימה הנשארת באדם והקדושה שנרשם בו ע"י לימוד התורה, על ידם יכול האדם הזה לרפאות חולים, וזהו "זאת חקת" מלשון חקיקה, הוא רשימה הנשארת באדם מהתורה, אבל באיזה אופן יהיה לימוד התורה שיורשם בו קדושה? "וזאת התורה אדם כי כו'" פירוש שימסור נפשו עליו בגודל אהבה ויראה. כן יזכנו ה' הטוב ללמוד תורתו. אמן.

או יאמר "זאת חקת התורה כו'", דהנה הצדיק הוא גוזר אומר ויקם והרי הוא כאילו מצוה להשי"ת כביכול והשי"ת מקיים את דבריו, וזהו "ויאמר ה' אל משה ואהרן לאמר" לישראל "זאת חקת התורה", ר"ל באופן זה צריך להיות לימוד התורה כ"כ בקדושה וטהרה לשמה עד שיוכל לצוות להש"י כביכול, וזהו "אשר צוה ה' לאמר" בכדי שיוכל לומר צוה להשם שיהיה כך והש"י ב"ה יקיים את דבריו לטוב.

או יאמר "זאת כו'", דהצדיק כשרוצה לפעול איזה דבר צריך להלביש אותו הדבר באיזה תורה, והתורה היא העולה ומעלה אותו הדבר לפני הש"י ב"ה, ואין לך דבר בעולם שלא יהא לו לבוש בהתורה, וזהו "זאת הקת התורה" ר"ל שהתורה נאמרה כדבר חוק, ועי"ז יוכל אדם לפרש בה ולהלביש בה כל דבר שע"י התורה יפעול כרצונו, וזהו "לאמר" שיוכל לומר על ידה כל מה שירצה. וק"ל.

ויקחו אליך. הנה רש"י ז"ל פירש מלת אליך. ואמנם עוד לאלוה מלין. ואפשר לפרש כי הנה עבודת מתנה נתונה להצדיק להיות מושל באלקים, הקב"ה גוזר והצדיק מבטל, ואף גם זאת ביד הצדיק להשפיע לכל העולם, ושלש אלה יעשה להם לישראל בפעולותיו ומעשיו הקדושים, הלא המה חיי ומזוני ובני, ואיזה היא עבודה שהצדיק יכול על ידה לבטל גזירות ולהשפיע לעולם? הוי אומר זו מסירת נפשו הקדושה והטהורה בשביל כל ישראל ונתאחד באחדות השלימות האמיתי, ועי"ז הצדיק נדמה להבורא ב"ה שהוא יחיד בעליונים ובתחתונים, וכמו כן הצדיק במסירת נפשו ובאחדותו עם כל ישראל נקרא כן, ועי"ז מבטל גזירות ומשפיע להם כנ"ל. ומצינו כתוב בתורה "ויקרא לו אל אלקי ישראל", ואיתא שהקב"ה קרא ליעקב אל, ו"אל" הוא לשון כח כמו שנאמר ואת אילי הארץ לקח, ר"ל שהקדוש ברוך הוא נתן ביד הצדיק כח של עוז ותעצומות לבטל גזירות.

והנה הדבר הזה צריך זיכוך וטהרה גדולה, ולבל ימנע לצדיק א' מאלה הנ"ל, והיינו מחשבת מזוני כי פן ואולי עי"ז יהיה קצת מניעה לצדיק מעבודתו, לזה תקנו לנו אנשי כנה"ג התפילה, והם שלש ראשונות ושלש אחרונות ואמצעיות, ואמרינן בגמרא "המתפלל צריך שיכרע עד שיראה איסר כנגד לבו", ר"ל שצריך לכרוע ולהשפיל ולהכניע עצמו עד שיראה איסר היינו "מעות" הפרנסה כנגד לבו, פירוש כאילו הוא מזומנת ומוכנת כנגד לבו, שלבו בטוח בהש"י שיש לו כל צרכו, ועי"ז אין לו שום מניעה ויכול להיות מסירת נפשו בזכות ובצלילות ויגיע לאחדות האמיתי, כדבר הידוע למביני שכל ומדע ששלש ראשונות בלתי אפשרי להיות כי אם ע"י מס"נ ואחדות, ואחר זה הם הברכות האמצעיות, ונכלל בתוכם השלש אלה הם בני חיי ומזוני. ואמנם האמת שהברכות האמצעיות הם סודות נפלאות אין חקר כידוע ליודעי חן, שהם כנגד י"ב גבולי אלכסון, אך הג' הנ"ל ג"כ נכללים בתוכם.

וזהו ג"כ שלש ארונות שעשה בצלאל, והאמצעי של עץ שהוא דבר גשמי והוא כנגד מזוני, ואמר הכתוב "ועשית לו זר זהב סביב", ר"ל שהצדיק אוכל בקדושה ובטהרה ובמחשבות קדושות, ואם היה באפשרי בלא אכילה לא היה אוכל כמבואר בספרים, והצדיקים אוכלים בסתר וביחידות מחמת הבושה שבושים לאכול, כי נפשם חשקה תמיד בדביקות הש"י ולהיותם כמלאכי אלקים שאין בהם אכילה, אך מחמת שהוא דבר בלתי אפשרי הם עושים "זר זהב" סביב לאכילתם בקדושה גדולה. וזהו ג"כ נרמז גבי שולחן הקודש שהוא ג"כ נגד מזוני, נאמר בו ג"כ "ועשית זר זהב".

# נֹועַם אֱלִימֶלֶךְ

ושורש הדבר נמצא שהצדיק מחמת מס"נ והגיעו באחדות האמיתית, מביא רחמים גדולים לעולם לבטל כל הגזירות ולהשפיע להם כל טוב וכל מיני ברכה. ולזה רמז הכתוב "מי יתן טהור מטמא לא אחד", ר"ל הכתוב מתמה מי הוא זה שיכול ליתן טהור מטמא, דהיינו רחמים גדולים מהדינים והקליפות להפכם לרחמים, "לא אחד" זהו בלתי אפשרי כי אם ע"י אחדות של הצדיק המוסר נפשו באחדות שלימות.

וזהו ג"כ אמר איוב "והוא באחד ומי ישיבנו ונפשו איותה ויעש", פירוש איוב היה מתמה מאחר שהקב"ה אחד ואין יחיד כיחודו, "ומי ישיבנו" לבטל גזירותיו? ואמר "נפשו איותה" ר"ל נפש של הצדיק המתאוות ומשתוקקת ומוסר נפשו ומגיע לאחדות אמיתי, והוא ג"כ נקרא "אחד" כנ"ל, "ויעש" הוא העושה העשייה הזאת לעורר רחמים גדולים ולבטל כל הגזירות.

וזהו ג"כ נרמז בגמרא "שמעון העמסוני היה דורש כו' כיון שהגיע לאת ה' אלקיך תירא פירש עד שבא רבי עקיבא כו' לרבות תלמידי חכמים", והנה כמו זר נחשב ששמעון העמסוני לא היה יכול לדרוש הדרש הזה של ר"ע, ועפ"י דברינו יבואר, שדוקא ר"ע היה דורש, דאיתא בגמרא בשעה שהוציאו את ר"ע להריגה זמן ק"ש היה וקיבל עליו עול מלכות שמים שלימה, אמרו לו תלמידיו רבינו עד כאן, אמר להם כל ימי הייתי מצטער על פסוק זה בכל לבבך ובכל נפשך אמרתי מתי יבא לידי ואקיימנו כו', ואיתא בספרים שח"ו שיאונה לצדיק מקרה זה, אך שנדמה להם דמות אותו צדיק, והנידון היה מהם רק שר"ע בהגיע זמן ק"ש קיבל עליו עול מ"ש ומסר נפשו ביחודא שלים והיה מתחזק יותר ויותר במס"נ, אמרו לו תלמידיו רבינו עד כאן, ופרש"י בחידושי אגדות עדיין אינך מניח כוונתך, אמר להם כו' ואקיימנו. פירוש שהיה מצפה תמיד שע"י מס"נ יפעול כ"כ שיהא הדבר קיום לדורות הבאים שגם הם יהיו יכולים לפעול במס"נ, וזהו לשון "ואקיימנו" שאקיים הדבר ההוא לדורות. וזהו "לרבות תלמידי חכמים", ר"ל שת"ח אף שהם רבים, בהתאחדם באחדות שלימות והצדיק השלם העולה על גביהם הכולל כולם במס"נ ביחודא שלים, ידמה לה' לבטל גזירות להשפיע, לכן נקרא "את ה'".

וזהו "המה מי מריבה אשר רבו בני ישראל את ה'", דהמן וענני כבוד ובאר היו בזכות השלשה צדיקים משה ואהרן ומרים, והשלש האלה הם כנגד חיי ומזוני ובני, דהיינו מן הוא מזוני, וענני כבוד הוא חיים שהיה מגין עליהם מאבני בליסטראות, והבאר הוא בני ע"פ דאיתא ג' נזדמנו להם זיווגם ע"י הבאר. והצדיק יכול להמשיך ולהשפיע כל זאת במס"נ כנ"ל, ולא היו מאמינים ע"ז שהצדיק יכול לפעול זאת, לכן נקרא שרבו בני ישראל "את ה'" אלו תלמידי חכמים.

וזהו ג"כ הפירוש כאן, "זאת חוקת התורה ויקחו אליך", פירוש חקה שתלכו בחוקותי, פירוש במדותי, שתתאחדו במסירת נפשכם ועי"ז תבואו למדריגה הזאת, ומפרש "ויקחו אליך" שהקב"ה אמר למשה שכל ישראל יקחו עצמם אליך ויתאחדו בך כאיש אחד, ואתה הוא הצדיק הכולל את כולם תפעול במס"נ ובאחדותך שתהא "פרה אדומה", דהיינו "אדומה" הם הדינים הנקראים אדום ע"ש אם יהיו חטאיכם כשנים כו', תגרום שתהא "תמימה" שתהפכם לרחמים גדולים, שיהא הכל בתמימות ושלימות. וגם רמז לזה שע"י יחודך השלם תגרום להעלות השכינה הנקראת פרה אדומה כידוע, רק שיהא באופן זה "אשר אין בה מום" דהיינו שלא יהא במס"נ ויחודך שום מום, כי אם הכל בשלימות וזיכוך וצלילות גדול. וק"ל.

או יאמר "ויקחו אליך כו'", דאיתא בגמרא על פסוק "אמרתי אחכמה והיא רחוקה ממני", ודרשו חז"ל שהפסוק הזה אמר שלמה המלך ע"ה על מעשה הפרה שמטהרת הטמאים ומטמאת הטהורים, ולכאורה היה לו לומר אמרתי חכמתי כו' לשון עבר, אך נראה דהנה האדם המתחיל להתחזק בעבודתו ית', אז הבורא ב"ה מתרחק ממנו לטובת האדם כדי שיתחזקו עוד יותר ויותר בכל פעם כמ"ש "מרחוק ה' נראה לי", וזהו פירוש "ביום השלישי וישא כו' וירא את המקום מרחוק", דשלישי הוא רמז על הקדושה הגדולה, כמ"ש ביום השלישי יקימנו ונחיה לפניו, וכאשר בא אברהם בקדושה הגדולה ראה את המקום מרחוק. וזהו "אמרתי אחכמה כו'", ר"ל שאמרתי שאתחיל לבא אל החכמה עליונה "והיא רחוקה כו'" כנ"ל, ופרה הוא רמז על התשובה, שמחויב האדם לתקן את חטאיו, ד"פרה" היא רמז על השכינה כידוע, וה' של תיבת פרה היא רמז על הה"א אחרונה שבשם שמעלה אותה האדם בעשותו תשובה, דתשובה היא "תשוב ה"א", וכמו שדרשו רז"ל למה כרעיה דה"א תלויה כו' ע"ש, וכבר פרשתי זה פעמים הרבה. וזה שדרשו חז"ל על "מעשה פרה שמטהרת הטמאים", דהיינו בעשות האדם תשובה כהלכתו ומתקן את מעשיו אזי הוא טהור מחטאיו, ואח"כ כשיעלה אדם בקדושה יתירה אז הקב"ה מתרחק ממנו כנ"ל כדי שיתאמץ יותר בקדושתו, ואז נראה לו לאדם שהוא חלילה טמא בעוונות וחטאים ועי"ז הוא מתחזק מאד בקדושה רבה בכל פעם, וזהו "שמטמא את הטהורים".

וזהו שאמרו בגמרא "מטמאין היו הכהן השורף את הפרה" רמז לדברינו, שהכהן השורף היה טעון פרישה ז' ימים ומחמת פרישה זאת היה בא אל הקדושה רבה והיה נראה בעיניו שהוא רחוק מאד מהבורא ית' כנ"ל, וזהו "מטמאין כו'" פירוש כאילו מטמאין אותו, "כדי להוציא מלבן של צדוקין כו' במעורבי השמש היתה נעשית", פירוש שהרשעים היו אומרים שרשות לעשות הכל בערבוביא, דהיינו לערב הבהירות והקדושה המרומז בשם "שמש" לערבו חלילה עם הטומאה, והיינו באמרם שהחטאים אינם מזיקין למצוות שעושה, ולא כן הוא, דבאמת עבירה מכבה מצוה וכל הגדול מחבירו בקדושה יותר צריך שימור מכל נדנוד חטא ועוון קל, כמ"ש וסביביו נשערה מאוד, והקדושה והפרישה של הכהן הוא מוציא מכללם, פירוש שאין מידות כמדתם של צדיקים.

וזהו "ויקחו אליך פרה אדומה" רמז על התשובה למטהר את הטמאים. ואחר כך מפרש מדרגת הקדושה, והיינו "ואסף איש טהור את אפר הפרה", דאל"ף הוא רמז על התורה הפותחת באנכי ה' כו', והצדיק גמור מתחילה שומר ומקיים את התורה בתחילתו מיד, וכמו כן צריך הבעל תשובה להתאמץ ולהתחזק בהתורה הקדושה שיעשה מפרה אפר, ר"ל דאלף הוא רמז על התורה כנ"ל, וצריך האדם להיות מוכנע עם התורה שלומד ומקיים שלא יתגאה בה חלילה, ולזה רמז אפר כמו שאמר אברהם אבינו ע"ה ואנכי עפר ואפר, לפי שאברהם היה מוכנע בעיניו כעפר שהוא באמת דבר עב מאד, אך אם היה צריך לתפילה להתפלל, היה מתנשא קצת לאמר שמקיים מצוותיו ותורתו ית' הנרמז באלף של אפר כנ"ל, ובכל זאת בהכנעה גדולה כנ"ל, וזהו "ואסף כו'" כמו אסף את חרפתי, "את אפר הפרה" ר"ל כנ"ל שמתחילה צריך לתקן הה"א אחרונה ולבוא אל מדרגת אלף שהיא התורה הקדושה ובכל זאת יהיה מוכנע כמו אפר, "והניח אל מחוץ למחנה", פירוש שכל מעשיו הטובים וקדושתו יניח מחשבתו, דהיינו שידמה לו שעדיין הוא מחוץ למחנות קדושים, "אל מקום טהור" פירוש כל כוונתו יהיה לשמים שיהיה תמיד אצל הקדושה.

וזהו "ויהי דוד לכל דרכיו משכיל" פירוש בכל מעשיו היה משכיל תמיד עליהם ומסתכל בהם שאינם עשויים על מכונם, "וה' עמו", ואעפ"כ היה תמיד אצל הקדושה של שמו ית'.

וזהו "מקצה הארץ אליך אקרא" פירוש אחר שאני בקצה ארץ למטה, דהיינו שאני מאשים עצמי שאני בגשמיות וארציות בקצה האחרון, "אליך אקרא" ע"ד ה' מרחוק נראה לי. והבן.

או יאמר עד"ז "ויקחו אליך פרה אדומה", ר"ל שע"י התורה ימשיכו למטה פרה אדומה כידוע, "תמימה", פירוש שיהיו ישראל תמימים שלא יהיה להם חסרון בשום אבר מאבריהם, "אשר אין בה מום" פירוש שלא יהיה להם חסרון בשום דבר הצריכה להם, "אשר לא עלה עליה עול", ר"ל שלא יהא כח לעלות עליהם עול מלכות ועול דרך ארץ, וכל זה יפעול ע"י התורה, דכל המקבל עליו עול תורה מעבירין ממנו כו' ועול דרך ארץ, וגורם חירות ממלאך המות ומשעבוד מלכיות.

וזהו פירוש "על כן יאמר בספר מלחמות ה' כו'", דדוד המלך ע"ה אמר "השמים מספרים כבוד אל", מספרים מלשון "ספיר", והיינו ע"י שאנחנו רואים בו את גבורת ה', עי"ז אנו מהללים ומשבחים כבוד תפארת גדולתו, "ומעשה ידיו מגיד הרקיע", דרקיע הוא לשון דקות ורוחניות כמ"ש וירקעו פחי הזהב, והצדיקים נקראין מעשי ידיו של הקב"ה, וזהו "מעשה ידיו" דהיינו הצדיק, "מגיד" הוא לשון המשכה, שהוא ממשיך דברים דקים ורוחניים במעשיו הקדושים שבורא עולמות בקדושתו.

וזהו "על כן יאמר בספר מלחמות ה'", ר"ל ע"י הצדיק המאיר במאור הגדול ע"י מלחמת ה' שבו תמיד ללחום במלחמתה של תורה ומצוות, על הצדיק הזה יאמר "את והב בסופה", דלעתיד לבוא כשיבוא משיח צדקנו במהרה, נאמר בו ונהרו אליו גוים, והיינו שיהא לאומות גודל אהבה אליו ויתנו לו מתנות רבות, כמ"ש יובילו שי למורא וכהנה רבים, והצדיק בצדקתו גורם שגם בגלות המר הזה יהיה לנו חן בעיני האומות ושתהא אהבתם עלינו, וזהו "את והב בסופה" ר"ל האהבה הזאת והנתינות שיתנו לנו האומות בסופו כשיבוא משיח צדקנו, "יאמר" לנו כעת שגם עתה בגלות יהיה כן כנ"ל, "ואת הנחלים ארנון" ר"ל שזה פועל הצדיק הכל ע"י תפילותיו הזכים והטהורים וע"י התורה הקדושה, ש"נחלים" הוא רמז על התפילה, ע"ד דאיתא בגמרא המתפלל על חבירו צריך שיחלה עצמו עליו, ו"ארנון" הוא רמז על התורה שהיתה מונחת בארון, וזהו "ואת הנחלים ארנון" שכל זה הצדיק גורם ע"י "נחלים" שהוא לשון חולה והיינו תפילה, וע"י "ארנון" הוא לשון ארון דהיינו התורה.

"ואשד הנחלים אשר נטה כו'", דאיתא בגמרא כנחלים נטיו כאהלים נטע ה' למה נסמכה אהלים לנחלים מה נחלים מעלים את האדם מטומאה לטהרה אף אהלים שהם התורה מעלים את האדם מכף חובה לכף זכות, ואיתא בגמרא תפילות אבות תיקנום ר' יהושע אומר תפילות כנגד תמידין תיקנום, וי"ל דמר אמר חדא ומר אמר חדא ולא פליגי, דהיינו באמת האבות תקנו התפילות, אלא דבזמן שבהמ"ק קיים היו הקרבנות מכפרים, תמיד של שחר על עבירות שבלילה ותמיד של בין הערבים על העבירות של יום ונמצא היו תמיד בלא חטא, ועתה בעו"ה שחרב בית המקדש התפילות מכפרין במקום התמידין ולזה תקנו התפילות. וזה יכול להיות שרמזו חז"ל "מה נחלים" ע"פ דברינו הנ"ל שהנחלים היינו תפילות, "מה נחלים כו' מטומאה לטהרה" דהיינו שמכפרים, "כך אהלים נטע" היינו התורה מכפרת. וזהו פירוש "ואשד הנחלים" כפרש"י שפך הנחלים, דהיינו השורש הנמשך מהנחלים הם התפילות, "אשר נטה" היינו התורה כנ"ל כאהלים נטע, דעי"ן מתחלפת בה"א, ועי"ז נמשך שאנחנו קיימין בגלות המר, וזהו "לשבת ער" הוא לשון עורר, שאנחנו יכולים לישב בין האומות העוררים עלינו, "ונשען לגבול מואב" ר"ל השורש הנשען שהתפילות גורמים לנו כל הנ"ל הוא באבות, שהם תקנו לנו שלא יהיו האומות יכולים לשלוט בנו לעבור הגבול, כמ"ש והיה זרעך כחול הים, והיינו כמו שהים יש לו גבול ואינו יכול להעבירו כך האומות לא יהיו יכולים לעבור הגבול עם זרעך להרע להם ח"ו, והוא מחמת התפילות שלנו שמכפרים עלינו אין כח בידם לעבור הגבול, וזהו "ונשען לגבול מואב" הוא לשון מאב דהיינו מאבות, "ומשם בארה", דהנה האבות נזדמנה להם זיווגם אצל הבאר, יצחק ויעקב ומשה, ו"אשה" הוא כינוי להנשמה כידוע, וזהו "ומשם בארה" דהיינו שהצדיק הנ"ל שאנחנו עוסקין בו, בהיותו מתנהג כסדר האמור למעלה, זוכה עי"ז לנשמה הנקראת בשם אשה שנזדמנה לצדיקים על הבאר, וזהו ומשם בארה, וכשזוכה לנשמה אז יכול להשפיע לכל ישראל כל טוב שפע רחמים, רק יראה הצדיק ההוא שיהיה לישראל אחדות, וזהו "היא הבאר" פירוש כשזוכה לנשמה, "אשר אמר ה' למשה" ר"ל שאז פועל הצדיק שהש"י אומר למשה, רמז לצדיק המכונה בשם משה, ע"ד שמצינו בגמרא "משה שפיר קאמרת", "אסוף את העם" פירוש שיהיה להם אחדות, "ואתנה להם" אז אתן להם רחמים גדולים המרומזים בשם "מים". וק"ל.

לנשמה, "אשר אמר ה' למשה" ר"ל שאז פועל הצדיק שהש"י אומר למשה, רמז לצדיק המכונה בשם משה, ע"ד שמצינו בגמרא "משה שפיר קאמרת", "אסוף את העם" פירוש שיהיה להם אחדות, "ואתנה להם" אז אתן להם רחמים גדולים המרומזים בשם "מים". וק"ל.

באר חפרוה שרים כרוה כו' במשענותם. יראה לפרש דהנה מלת "חפרוה" הוא גדולה, ו"כריה" הוא מלשון חפירה קטנה ודקה, ורמז לזה ג"כ דכתיב "כי יכרה איש בור ונפל שמה שור או חמור בעל הבור ישלם", נראה דהתורה מרמזת להצדיק אשר בידו הכח וגבורה להמתיק הדינים והקליפות, והיינו "כי יכרה איש" הוא הצדיק הנקרא "איש" יעשה כריה דקה ב"בור" הם הקליפות הנרמזים בתיבת בור, רק לא יבטל אותם לגמרי היות כלה גרש יגרש אותם לנוקבא דתהומא רבא רק ימתקם קצת, וזהו "ולא יכסנו" בתהומא רבא, ועדיין כח בהם להיותם נאחזים בעם הדומים לשור ולחמור, וזהו "ונפל שמה שור כו'", ואמר הכתוב "בעל הבור ישלם" הוא הקב"ה הוא בעל הגבורות לעשות בהם כרצונו, "ישלם" ר"ל יתקן אותם בני אדם הדומים לשור וחמור להיותם שלמים לבל ידח מהם נדח.

וזהו ג"כ פירוש הפסוק "באר חפרוה שרים" הם משה ואהרן שהם שקולים נגד כל ישראל, עשו חפירה גדולה בבאר הזאת שהוא חיי ומזוני ובני, ש"באר" הוא רמז להשלש האלה, והיו הם יכולים לפעול גם להשפיע לישראל, ואף בגשמיותם היו יכולים לפעול, "כרוה נדיבי העם" דהיינו שע"י משה ואהרן נמשך שגם נדיבי העמים הם הצדיקים המנדבים את לבם ונפשם בשביל כל ישראל שיכולים גם הם להמשיך ולהשפיע אותם לישראל ע"י כריה דקה, "במחוקק במשענותם" היינו גם המחוקקים שהם הצדיקים שאינם עושים כי אם חקיקה בעלמא, שהיא יותר דקה מכריה, גם הם יכולים להמשיך ולתקן "במשענותם" משען לחם ומים, ונכלל ג"כ בזה חיי, כי למאן יהיב מזוני? לחיים.

**בלק**

וירא בלק בן צפור כו'. ומתחילה נקדים לפרש פסוק "פתחו שערים ויבא גוי צדיק שומר אמונים", דאיתא בגמרא "פתחו לי פתח כסדקו של מחט ואני אפתח לכם כפתחו של אולם" וזהו "פתחו שערים", פירוש פתחו שערי התשובה ובזה תגרמו "ויבא גוי צדיק", פירוש שיהא תפילת הצדיק עולה עד למקום שורשה, כי לפעמים היא מעוכבת מלעלות מחמת הרשעים לכן תשובו, "שומר אמונים" זה קאי על הש"י השומר וממתין מתי תבוא תפילת הצדיק לפניו ושומר את התפילה לומר עליו "אמן", פירוש להסכים עמו בדבר שאלותיו להנתן לו.

וזהו ג"כ "וירא בלק כו' אשר עשה ישראל לאמורי", והבין שבודאי מחמת גודל צדקת ישראל נצחו לסיחון ועוג, לכך "ויגר מואב מפני העם" פירוש מפשוטי העם אשר אינם כי אם במדריגת יראה, היו מואב מתייראין מהם, כי האדם לפי מדרגתו שעובד כך ממשיך עליו, ואותן שעבדו מיראה המשיכו על עצמם יראה מלמעלה והיו אימתם מוטלת על שונאיהם, ולכך "ויגר מואב מפני העם". "ויקוצו מפני בני ישראל" אותם המרומזין בחינת "ישראל", והם הצדיקים גדולים העובדים מאהבה המשיכו על עצמם אהבה גדולה, ולכך קצו מואב בחייהם כי זה בלתי אפשרי לרשע לקבל אהבה בלבו, לכן קצו בחייהם ע"י האהבה שלא יוכלו לקבל.

או יאמר עד"ז, "פתחו שערים" דאיתא בשו"ע או"ח "אין עונין אמן אחר ברכת עצמו אלא אחר ברכה שהיא סוף הברכות", ונראה דהטעם הוא לפי שכל ברכה שאדם מברך הוא מעורר אותו העולם של הברכה ההיא אשר שם שורשה ואורה, ולכל ברכה וברכה הוא עולם בפני עצמו עד סוף כל העולמות, וברכה שהיא סיום הברכות היא נגד סוף העולמות, ולכך אחר ברכת עצמו אין שייך לומר אמן כיון שלא גמר עדיין האורות בכל העולמות, אבל חבירו רשאי לענות עליו אמן שהוא כמסכים על דבריו ובזה מעלהו יותר למעלה, אבל הוא עצמו אינו רשאי כי אם בסוף הברכות שהוא נגד סוף העולמות. ו"אמן" הוא שבח על כל העולמות יחד, כדרך שנתקן שהיו אומרים במקדש "מן העולם ועד העולם", והתקינו אח"כ לענות אמן והוא א', והוא ג"כ הפירוש "ברוך ה' מעולם ועד עולם אמן" פירוש הברכה שהיא מעולם עד עולם מותר לענות אמן אחר ברכותיו כנ"ל. ונמצא לפי זה שהצדיק הגדול שהוא עולה תמיד בכל הברכות עד סוף העולמות הוא היה מותר לענות אמן אחר ברכת עצמו. וזהו "פתחו שערים" היינו שהצדיק מתפלל שיפתחו לו שערי תפילות, "ויבא גוי צדיק" בברכותיו "שומר אמונים" פירוש שיהיה יכול לענות אמן אחר ברכותיו. והבן.

או יאמר עד"ז "וירא בלק כו'", כי בלק היה מבין בישראל שיכולין לפעול בדיבור שלהם כל מה שרוצים, ע"ד שאמרו הצדיק גוזר והקב"ה מקיים, וזהו "וירא" לשון הבנה, שהבין "את כל אשר עשה ישראל" הוא "לאמורי", כלומר בשביל אמורי הוא הדיבור, וזהו שאמרו אין כחו אלא בפיו. "ויגר מואב", ראוי לשום לב שאצל העם נאמר "ויגר" ואצל בני ישראל לשון "ויקץ", גם למה רמז כפל הלשון? ונראה כי הנה ינאי המלך אמר אל תתייראו מן הפרושים, כי ידע בהם שהם צדיקים גמורים ואינם יודעים לנקום נקם רק שהיה מתיירא משאר העם, וגם כאן אותם הצדיקים הנקראים "בני ישראל", מהם לא היו מתייראין כי היו בטוחים בעיניהם, אבל מפשוטי העם היו מתייראין, וזהו "ויגר מואב מפני העם", ודקדק לומר אצל בני ישראל "ויקץ" לומר שלא היו מתייראין מן הצדיקים אשר הם מדריגת בני ישראל אלא קצו במעשיהם הטובים, כדרך הרשעים שאינם יכולין לסבול מעשיהם, ולא כן דרך הצדיקים השמחים בטוב אחרים יותר מאד. וק"ל.

"כי לא נחש ביעקב כו'", ותרגום אונקלוס: ארי לא נחשיא צבן דייטב לדבית יעקב כו' כעידן יתאמר ליעקב ולישראל מה עבד אלהא. ויש לדקדק איך תליא הא בהא, משום דנחשיא אינם רוצים שייטיב לישראל "לכן יאמר ליעקב כו'" דהיינו דמלאכי השרת שואלין "מה פעל אל" והאיך תליא זה בזה? ועוד יש לדקדק במקראות הקודמין "ויבא אלקים אל בלעם לילה ויאמר לו אם לקרוא לך באו האנשים קום לך אתם", ואח"ז כתיב "ויחר אף ה' כי הולך הוא", וכי אפשר שהקב"ה אמר לו בעצמו ואחר כך יחרה אפו בהילוכו, וח"ו לחשוב כזאת. אמנם רש"י ז"ל הרגיש בזה אך דברי תורה כפטיש כו'.

ונלע"ד לפרשו, דהנה המפרשים מהדרים ליתן טעם על כי מאין להם לישראל לנחול ג"כ בעוה"ז, אחר שיעקב ועשו חלקו בנחלת ב' עולמות ובחר יעקב בעוה"ב ומאין בא להם עוה"ז. ונ"ל טעם לשבח, דהנה הצדיק השלם במדרגתו ע"י הרהורי תשובה ומעשיו הקדושים הולך ממדריגה למדריגה עד הגיע למדרגת עלמא דאתכסיא הנעלם מקום שאין רשות ואחיזה להמנחשים שם, ומשם הוא ממשיך השפעות לישראל, נמצא באמת כן הוא שבמקום יניקת המנחשים שם אין לישראל שייכות בגוייהו, רק ישראל יונקים שפעותיהם ממקום גבוה ויקר מאד אשר אין להם רשות שם.

וזהו שאמר שלמה המלך ע"ה "גם את העולם נתן בלבו" ר"ל "עולם" הוא מלשון נעלם הוא עלמא דאתכסיא, "נתן בלבו" של צדיק שיכול לעלות במדרגתו עד מקום הנעלם. וזהו ג"כ "עולם חסד יבנה", דהיינו מהעולם הנעלם כנ"ל ממשיך הצדיק חסד למידת בינה, כי יבנה אותיות בינה, ומה שנכתב היו"ד בתחילת התיבה הוא רמז למידת חכמה, כי יו"ד הוא חכמה, "והחכמה מאין תמצא" הוא עלמא דאתכסיא, והצדיק הולך במעשיו הקדושים עד המצאו מדריגה הזאת ומשם הוא ממשיך השפעות לישראל. וזה ג"כ נרמז בגמרא "שלשה דברים באים בהיסח הדעת ואלו הן נחש ומציאה ומשיח", והיינו שהנחשים מסיחין דעת הזאת שלא יהא לישראל חלק בעוה"ז, ולעומת זה גם הם מסיחין דעתם עד הגיעם לעולם המציאה הוא עולם הנעלם שהוא כמציאה ומשם המשכת השפעתם.

וזהו ג"כ "על זאת יתפלל כל חסיד", דהיינו שהצדיק יתפלל על כללות ישראל שיהא להם חסד ורחמים, כי חסיד הוא לשון חסד, והיו"ד הוא רמז ג"כ למדת חכמה שביד הצדיק להמשיך משם חסדים והשפעות, ואמר "לעת מצא" כשיגיע הצדיק לעת הזאת וימצא אותה, כי המידות נקראים "עתים", כי הא"ס ב"ה אין שייך בו עת, רק המידות היו כמוסים בכח הא"ס ב"ה והגיע העת שיוציאם מכח אל הפועל ולכן נקראים עתים, וכשימצא הצדיק המידה הזאת, כי זה א"א להיות עומד במדריגה הזאת בתמידות רק הוא במציאה, והיינו לעת מצא, "רק לשטף מים רבים אליו כו'", ר"ל "רק" הוא מיעוט, שממעט לשטף מים רבים הם הקליפות והנחשים מהשפעה הזאת ש"אליו לא יגיעו" שאין להם שייכות להשפעה זאת כנ"ל.

היוצא לנו מזה שהצדיק הולך במעשיו הקדושים ממדריגה למדריגה עד המצא ימצא המדריגה הזאת שאין להמנחשים שייכות בגווה. וזהו פירוש הכתוב "ויאמר אם לקרא לך באו האנשים" ובפרש"י שתקבל שכר והוא העוה"ז, "קום לך אתם" כי זה חלקך המגיע לך. אך "ויחר אף ה' כי הולך הוא" ר"ל כי תפס אומנותן של ישראל להיות הולך ממדריגה למדריגה כישראל, ויחר אף ה' כו', ולכן בסופו הרגו אותו בחרב. וזהו כוונת התרגום אונקלוס ארי לא נחשייא צבן דייטיב לדבית יעקב כו', דהיינו שהם באים בטענה שהעוה"ז הוא חלקם המגיע להם ומעתה מאין להם לישראל חלק ונחלה בעוה"ז, ולכן אמר "כעת יאמר ליעקב כו'" פירוש לזה צריך הצדיק להעלות למעלה עד עלמא דאתכסיא לפנים ממחיצת מלאכי השרת ושם הוא רחמים גמורים וחסדים גדולים.

טובו אוהליך כו'. איתא בגמרא שכל הברכות שנאמרו ע"י בלעם נתבטלו חוץ מן הפסוק הזה מה טובו. והטעם לזה נראה בהקדים לפרש פסוק "ולא אבה כו' לשמוע כו' ויהפוך כו'", יש לדקדק דמעיקרא אמר "ולא אבה לשמוע" משמע שלא רצה לשמוע אליו כלל, והדר כתיב "ויהפוך כו'" משמע ששמע אלא שהפכה לברכה. ונראה שהפירוש כך, דאיתא בגמרא "מתוך ברכתו של אותו רשע אתה יודע מה היה בלבו לקללם אלא שהפך הש"י לברכה", וכך פירוש הפסוק "ולא אבה" ר"ל שהקב"ה לא רצה לשמוע קללתו ולברכם בברכה שהיא היפך הקללה שחישב בלעם, אלא ברכם בברכה שאינו היפך הקללה, וכוונת הש"י ב"ה היה בזה כדי שלא יסבור בלעם שהקב"ה אינו חפץ לברך את ישראל אך לבטל מהם הקללה שלא תחול ולכך ברכם בהיפך מקללה, ולכן ברכם ב"ה בברכה אחרת למען ידע שכוונתו אינה כי אם לברך את ישראל ממש תמיד, וזהו "ולא אבה כו' ויהפוך" שהפך מחשבתו שרצה לקללם, והש"י ב"ה ברוב רחמיו לא די שביטל קללתו אף ברכם ברכה אחרת.

וזהו פירוש הפסוק "וירא בלעם כי טוב בעיני ה' לברך כו'", פירושו ג"כ כדלעיל, דהיינו שבלעם הבין שהקב"ה אין כוונתו רק לברך את ישראל ולא לבטל קללתו לבד, שאל"כ היה לברכם בברכה שהיא היפך הקללה, ולכך עלה בלבו של בלעם ג"כ לברך את ישראל וחישב מחשבה טובה עליהם, ונתן הש"י בפיו ברכת מה טובו, ולכך נתקיימה כי לא היה בה משום מחשבת קללה משא"כ בשאר הברכות.

וזהו פירוש הגמרא "מברכתו של אותו רשע" כו', והיינו ברכת מה טובו, והיא נקראת "ברכתו" כי לא חישב בה קללה, משא"כ שאר הברכות שהיה בהם תערובות קללה וזה היה עיקר מחשבתו של אותו רשע בהם, ולכך נתקיימה זו דווקא. ופירוש "איך היה בלבו" קאי על שאר הברכות. והבן כי מתוק לחיך.

יזל מים מדליו וזרעו במים רבים. ידוע כי הצדיק הוא הממשיך השפעות להעולמות ולזה נקרא "דליו" שעל ידו בא השפע, וקי"ל ניצוק חיבור והוא כשר לטבול בו כמו במקוה עצמה, מאחר שנוזל מן הדלי אל הבור הוי חיבור לטהרה. והצדיק ג"כ הוא כך, שהשפע בא אליו ונוזלת ממנו אל מקורה למעלה ע"י דביקותו והוי ג"כ ניצוק והוי חיבור, ויכול להמשיך השפעות תמיד בלי הפסק בלי שום פעולה כלל רק בכח צדקותו כנ"ל. אך לפעמים צריך לעשות איזה פעולה כדי שלא יהיה למקטרג פתחון פה לקטרג, צריך לעשות איזה עובדא, מצוה או תורה או תפילה, ועל ידם ממשיך השפע, ואז נסתם פי המקטריגים מעליו ואין להם שליטה, כי בא בכח העובדא ההיא, והפעולה נקראת "זריעה", שהיא דבר הנראה כמו זריעה שזורעין כדי לפעול שיגדל התבואה אח"כ, כן הפעולה היא כדי להמשיך השפע.

וזה פירוש הפסוק "יזל מים מדליו", פירוש הצדיק ברוב דביקותו בלי פעולה יכול להמשיך ג"כ השפע הנקרא "מים" שהם החסדים, אך "וזרעו במים רבים" ר"ל שהפעולה היא בשביל "מים רבים" הם הקליפות הנקראים "מים רבים" שלא יקטרגו. והבן.

בדרך אחרת. תחילה נקדים פירוש בפסוק אחר ונבוא אל הביאור אשר לפנינו. והוא כי יש להקשות למה נענש משה רבינו ע"ה במי מריבה בהכותו הסלע, הלא הסכים הקב"ה על ידו דכתיב "ויצאו מים רבים", וכיון שעשה שלא כהוגן לא היה להסלע להוציא מים וכי עביד רחמנא ניסא

לשקרי, אלא נראה בוודאי חלילה לו לאיש האלקים שלא לעשות רצון הבורא ב"ה, אלא שדרך הצדיק תמיד לחזור אחר טובות ישראל, ואף שנראה לו איזה דבר קצת עבירה בעשותו הדבר ההוא אך שיהיה לטובות ישראל, עושהו ויקבל עליו אף להיות בגיהנם עבורם כי כל תשוקתו להטיבם. ובאמת הצדיק יכול להמשיך השפע ע"י דיבורו הקדוש בלי שום פעולה גשמיות כלל, רק שלפעמים צריך הצדיק דווקא לעשות פעולה גשמיות, כי בדיבור אינו יכול לפעול כי אם לבני אדם המאמינים בזה שהצדיק יכול לפעול בדיבור, אבל אותם שאין מאמינים בזה צריך הצדיק להמשיך לו בדרך הטבע, ולזה צריך לפעולה גשמיות, בדרך משל אל החולה שאינו יכול לקבל הרפואות הטובים לו מחמת שהם חריפים ביותר וצריך לבקש לו רפואה קלה לפי טבעו שיהיה יכול לסבול, אף אם היה לוקח הרפואה החריפה היה יותר בריא, מה לעשות לו כיון שאינו יכול לסבול, והנמשל מובן.

וכוונת משה רבינו ע"ה ג"כ שסבר אמת אם אדבר אל הסלע יהיה כרצון הבורא ב"ה, אבל לא אהיה יכול לפעול כי אם לאנשים הצדיקים כאשר בארנו, לכך מוטב אעשה פעולה גשמיות ויהיה טוב לכולם והכל שוין בטובה, ולזה הסכים הקב"ה על ידו בראותו כוונתו הטובה מאד, ולזה כתיב "ויצאו מים רבים" פירוש רבים שהיו בשביל רבים די לכולם כנ"ל.

וזהו "יזל מים מדליו" פירוש הצדיק יכול להמשיך השפע ע"י דיבורו, כי הדיבור נקרא "דל", כי מי שרוצה לפעול בדיבור צריך להיות מוכנע כדל ואביון, כמו שמצינו בדוד המלך ע"ה שעשה עצמו כעני בעת התפילה כמ"ש תפילה לעני, "וזרעו במים רבים" פירוש הפעולות הגשמיות שעושה והם כמו זריעה נחשבים, הם בשביל מים רבים, פירוש בשביל ריבוי השפע שיהיה ג"כ לאותן שאינם יכולים לקבל ע"פ הדיבור. והבן.

וירא פינחס כו' ויקח רמח בידו. הדקדוק מפורש מה ראה, ורש"י הרגיש בזה ע"ש. ונראה דאיתא בילקוט ראובני וירא פינחס ראה מ"ם חתומה בדם פורחת להביא אותיות וי"ו תי"ו ונתיירא שח"ו שלא יהא מות לכן ויקח רמ"ח, פינחס גימטריא ר"ח, ונטל המ"ם וחיבר לשמו ונעשה רמ"ח.

ונקדים לפרש עוד פסוק אחד. "ואתם הדבקים כו'", דהנה אמרינן וכי אפשר לדבק בקב"ה אלא הדבק במדותיו מה הוא רחום כו', והנה העולמות נקראים מידות וצריך אדם לדבק עצמו ע"י עשיות המצות בעולמות, ואמנם גם העולמות הם גבוהים מעל גבוה וא"א לדבק בהם כי אם בעשות המצוה בשלימות, ולמדו לנו רבותינו איך נתנהג בעשיות המצוה, ואמרו מה הוא רחום, דהיינו הש"י המטיב לנו הוא הכל מצד הרחמים, כמ"ש חז"ל על פסוק מי הקדימני כו' כלום עשית מעקה אם לא נתתי לך בית, וכן בכל מצוה הש"י מקדים להאדם ואחר כך האדם עושה המצוה, וזהו "מה הוא רחום כו'", דהיינו בעשותך המצוה תעשה ברחמים, הא כיצד? היינו בדביקות גדול במסירות נפש בכל רמ"ח אברים, ובזה אתה מרחם על עצמך ונשמתך כמ"ש ז"ל "מה יעשה אדם ויחיה ימית את עצמו", והיינו כמאמרינו במה שהוא ממית עצמו במסירות נפש בעבודתו בזה מחיה עצמו. וזהו "ואתם הדבקים" ר"ל הוי"ו מוסיף על ענין ראשון, היינו כשאתם מדבקים בהש"י ב"ה ע"י המצוות, תראו שתהיו גם אתם בהדביקות, פירוש תמסרו עצמכם בכל רמ"ח אברים ותכניסו הכל בהדביקות.

והנה הדביקות הוא דבר התבוננות ועיוני בשכל להסיר כל מחשבותיו רק שיהא חושיו ומחשבתו על הדבר הזה שהוא עושה, והוא הנקרא בשם "ראיה" שרואה בעין השכל להדבק בדבק טוב, וזהו "וירא פנחס", דהיינו בחשבו לעשות המצוה הזאת לנקום נקמת ה', ראה לעשות המצוה בדביקות גדול, "ויקח רמח" דהיינו כל רמ"ח אבריו ומסר נפשו והכניס כל עצמו בהדביקות, "וידקור את שניהם", ועי"ז השיב החימה מעל בני ישראל.

בדרך אחרת. והוא ע"פ דאיתא בגמרא "לעולם ילמוד אדם תורה ומצוות אפילו שלא לשמה שמתוך שלא לשמה בא לשמה", נראה לפרש דהנה כל תורה ומצוות הנעשים בלי כוונה היא כגוף בלי נשמה, ונמצא כשאדם לומד תורה או עושה מצוה שלא לשמה נברא מזה רק הגוף לבד בלא נשמה, ולא כן הצדיק הקדוש הלומד לשמה שנברא על ידו רמ"ח אברים רוחניים, ויש יכולת ביד הצדיק הלומד לשמה להעלות התורה והמצוות של זה שלמד שלא לשמה, כי יכולת בידו להמשיך נשמה לתורתו של זה שעשה הגוף לבד. וזהו הפירוש "מתוך שלא לשמה בא לשמה" פירוש שהתורה היא תבוא ליד הלומד לשמה והוא יתקנה ע"י אברי הנשמה.

וזהו ג"כ יכול להיות כונת הפסוק "תפלה לעני כי יעטוף כו'", פירוש "עני" הוא הנקרא העני בדעת, ואינו יכול לכוין בתפילתו, ותקנתו שיחבר את עצמו עם הצדיק הגמור המכוין בתפילה והוא יעלה את תפילת העני עם תפילתו הזכה, כי תפילת העני נשארה בלא נשמה והצדיק נותן בה חיות ועי"ז תפילתו עולה. וזהו "תפלה לעני" איך יעשה שתקובל תפילתו לרצון? ומפרש הכתוב "כי יעטוף" פירוש שיתחבר עם הצדיק גמור, ויעטוף הוא לשון חיבור, וזהו "ולפני ה' ישפוך שיחו", פירוש שהצדיק ישפוך את השיחה של העני לפני ה' לקבלה באהבה.

וזהו פירושו גם כאן, "וירא פינחס", דהלומד תורה לשמה נקרא הלימוד הזה בשם "ראיה", כי כוונתו בלימודו לראות המצוה הכתובה בלימוד ההיא למען עשותה, משא"כ הלומד שלא לשמה כוונתו כדי להקרא רבי, וזהו "וירא פינחס" הכתוב מעיד עליו שתורתו היה לשמה הנקרא בשם ראיה, והנה זמרי היה נשיא שבט מישראל והיה גדול בתורה, וכאשר ראה פינחס שעשה המעשה ההוא, הבין שתורתו היה שלא לשמה כל מה שלמד, ונמצא שלא נברא מתורתו רק הגוף של התורה ולכך "ויקח רמ"ח בידו" פירוש את הרמ"ח אברי הגופיים של זמרי לקח בידו לתקנם ולהשפיע להם חיות בתוכם. וק"ל.

**פנחס**

וידבר כו' פינחס בן אלעזר בן כו', עד ולא כליתי כו'. ופירש"י לפי שהיו השבטים מבזין אותו הראיתם בן פוטי זה שפיטם כו' והרג נשיא שבט מישראל לכך בא הכתוב ויחסו אחר אהרן. ויש להקשות וכי הם לא היו יודעין מזה שמצד אב הוא מיוחס ואעפ"כ דברו, ומה הועיל שנכתב בתורה היחוס של אהרן? ונראה לפרש דהנה יש כמה בני אדם שאינם מרגישים איזה דבר אם בא לידם אם לעשות הדבר ההוא או לאו, לפי שאין מבינים לנטות עצמן אם יש מצוה בעשות הדבר ההוא, כי היצה"ר מסמא את עיני האדם לבלתי ראות האמת חלילה, אלא כשרואין צדיק א' שעושה הדבר ההוא והצדיק הוא עושה הדבר באהבה ויראה כ"כ עד שכל הרואין אותו מעידין על הדבר שהוא מצוה גדולה לעשות כמעשהו, אעפ"י שמתחילה לא ידעו אם יש מצוה בה. כן היה הדבר כאן שאצל השבטים בתחילה לא הבינו את המצוה של הריגת זמרי וכמ"ש שנתעלמה ממנו הלכה, וכשבא פנחס ועשה הדבר הזה בכח קדושתו הגדולה, אז הרגישו כולם פה אחד שזה מצוה גדולה להרוג אותו אעפ"י שהוא נשיא, לכך היה בעיניהם חידוש גדול על פינחס שהיה מצד אם בן פוטי ויעשה דבר גדול כזה מה שלא עלה בלבם כלל שזה הוא מצוה, ואיך בא זה לפינחס לידע מן הסוד ההוא. לכך מתרץ הכתוב לומר לא יהיה הדבר חידוש בעיניכם, הלוא הוא נין אהרן ועמדה לו זכות אהרן, והם שדברו חלילה לא מחמת גנאי דברו, אלא כמתמיהים על עצמם איך לא הרגישו בדבר לעשות כמעשהו הקדושה והטהורה. היוצא לנו מזה, שאחר שעשה פנחס דבר זה הכניס קנאה בלב עם הקודש שמהיום והלאה יביטו על ארחותיהם בעינא פקיחא להיות זריז ונשכר במצות ה'. והנה האדם העובד ה' מעצמו ולפי שכלו אז אינו יכול להגיע לעלות כי אם עד מקום ששכלו מגיע וכפי שרשו וכח הבנתו, אבל כשאדם רואה מחבירו דבר טוב והוא מקנא עצמו בו עשות ג"כ כך, הקנאה מביאה שיעשה אפילו שלא בדרך הטבע ויכול לעלות למעלה עי"ז, ולכך כתוב "אל תקנא כו' כי אם ביראת ה' כל היום". וזהו "פינחס בן אלעזר כו' השיב כו'" ע"י "בקנאו את קנאתי בתוכם", פירוש שהכניס בלב ישראל הקנאה ביראת ה' כו', "ולא כליתי" פירוש הדבר הזה הוא דבר שאין בו כליון, "לכן אמור הנני נותן לו את בריתי שלום" כי האדם הנקרא עובד ה' באמת הוא השלם בעובדי', ומי גרם זה? פינחס בגודל קדושתו, ולכן נתתי לו ברית שלום. ועיין עליו.

בדרך אחרת, כי מלת "בתוכם" הוא שפת יתר לכאורה. ונראה לפרש בהקדים פירוש "אני ה' לא שניתי ואתם בני יעקב לא כליתם", למשל מי שיש לו אבן טוב רק שאינו מבין גדולתו ובכל פעם שמסתכל בו היטב הוא רואה ומבין גודל מעלתו יותר ויותר, והאבן הזה אין בו השתנות בעצמותו, כן הנמשל הבורא ב"ה יתעלה אין בו שום השתנות חלילה והוא אחד פשוט האמיתי, וכל זמן שאדם מסתכל ורואה בגדולותיו ורוממותיו הוא משיג בכל פעם יותר ויותר גודל רוממותו, ואין קץ וסוף לרוממותו להשיגו, וזהו "אני ה' לא שניתי" לכן "ואתם בני ישראל לא כליתם", ר"ל שבלתי אפשרי לכם לבוא אל כלות הסוף השגתו ואין לכם תכלה וסוף להשגתו. וזהו "אלקים בארמנותיה נודע למשגב", ר"ל כשאדם רואה שיהא אלקים שוכן בארמנותיו, היינו בגופו ובתוכו, שהוא מחשב ומסתכל בו תמיד, אז "נודע למשגב" פירוש אז נודע שהוא גדול וקדוש ונשגב ואין חקר לתבונתו. ונמצא בזמן שישראל מסתכלין ורואים בגדולותיו אין יכולים לבוא אל סוף השיגו, וכמו כן ישראל כשיש להם אחדות, ג"כ אין סוף וקץ להשיג מעלתם.

והנה יש ב' מדרגות בבני אדם, [יש] שפלים ורשעים בראותם הצדיק שהולך בצדקו ותומו, מתקנאים בו ומתקוטטים ועוררים עליו באמרם כוונתם לקנא קנאת ה' צבאות הבוער בלבם, ויש צדיקים המתקנאים באמת קנאת ה' צבאות ברשעים גמורים, ומאן מוכיח מי האמת אתו הזה או זה? אלא כן הדבר, מי שדבריו נשמעים ומתקבלים אל הלב, בוודאי דבריו כנים ואמיתים והוא הצדיק שדבריו יוצאים מן הלב ונכנסים אל הלב, ועי"ז יבוא אחדות להם בינו לבינם. וזהו "וירא פנחס כו' בתוכם", פירוש שנכנס קנאתו אל לבם ובתוכם, והוטב בעיניהם המעשה דפינחס, "ולא כליתי כו'" ר"ל עי"ז אין סוף ותכלה להשיג לא אותי ולא ישראל, מחמת שהם מסתכלים בגדולתי ורואים ומבינים שאין לי סוף ותכלה, ומחמת שיש להם אחדות אין תכלה להשיגם ג"כ, ומלת "את" פירושו כמו "עם" בני ישראל. וק"ל.

או יאמר ע"ד הפשוט. דהנה כבר דקדקנו כתוב אחד אומר "חסד אל כל היום" וכתוב אחד אומר "אל זועם בכל יום". ונראה שלפי כשיש דין למטה אין דין למעלה, והיינו כשהצדיק רואה איזה שפלות מהאדם והוא מוכיחו על פניו וכועס עליו על עשותו זאת, זה הוא כמו דין, הוא פועל שמבטל מעליו הדין מלמעלה, ו"אל" נקרא הצדיק כמ"ש "ויקרא לו אל אלקי ישראל" ודרשו שהקב"ה קרא ליעקב אל, והיינו בזמן ש"אל" הוא הצדיק "זועם בכל יום" למטה, אז "חסד אל כל היום", ונמצא צדקו יחדיו ב' הפסוקים.

וזהו "אלקים בארמנותיה", העוה"ז נקרא ארמון, ע"ד שאמרו התקן עצמך בפרוזדור, ואלקים הוא דין, והיינו כשיש דין בארמנותיו למטה, אז "נודע למשגב" פירוש אז נודע ית' למשגב, פירוש למחסה ולמסתור מכל נזק. וזהו "בקנאו את קנאתי.. ולא כליתי", מתוך שעשה בהם דין למטה, לזה לא כליתי אותם, כי נתעורר עליהם הרחמים הגדולים, אמן כן יה"ר.

עוד לאלוה מילין ונשוב שנית לבאר פירוש הפסוק "אני ה' לא שניתי ואתם בני ישראל לא כליתם". דהנה כשעלה ברצונו הפשוט לברוא את העולם כדי להטיב לברואים, ולא היה מקום פנוי זולתו כי הא"ס ב"ה אין בו לא תחילה ולא סוף, וצמצם שכינתו ונשאר מקום פנוי וזו היא הנקודה ונעשה יו"ד היא חכמה וזהו "והחכמה מאין תמצא", וברא את העולם באור הישר הוא השם הוי"ה ב"ה כסדרו, ויצר את האדם בצלמו וחתם אותו בחותם המלך הוא השם הוי"ה ב"ה מבית ומחוץ, חותם בתוך חותם על הגוף ועל הנשמה, כי כן הדין ביין במקום חשש מגע נכרי צריך חותם בתוך חותם, כמו כן האדם בעוה"ז השפל צריך חותם המלך הקדוש כדי להשמר לבל יתערבו בגוים, וחתמו בשם הוי"ה ב"ה הישר, ואף שבאותיות האל"ף בי"ת הה"א קודמת ליו"ד, אך מפני שהאותיות עליונים הם ע"פ תשר"ק והי' קודמת והוא השם הישר.

ואמנם כי כן שהש"י ב"ה אין בו שום השתנות ח"ו להיות פעמים לטובה ופעמים להיפך חלילה "כי מפי עליון כו'", והוא אחד באחדות האמיתי בלי שום השתנות, רק ההשתנות בא ע"י מעשה בני אדם בעשותם א' מכל מצוות אשר לא תעשינה ח"ו, הם מהפכין האור הישר ונעשים האותיות של השם מהופכים דהיינו והיה. וזהו ג"כ פירוש הפסוק "ויאמר אם שמוע כו' והישר בעיניו תעשה", פירוש תפעול ע"י מעשיך שתעשה הישר באותיות השם הקדוש, כי האותיות נקרא "עינים" לפי שמאירים, וזהו "כי אני ה' רופאך", והיינו כשתהרהר בתשובה לתקן את אשר הפכת האותיות השם ותחזירו לכמות שהיה, זו היא רפואתך.

היוצא לנו מזה, עבור שהאדם מלובש בחומר ועל ידו תתהפך כחומר חותם המלך הוא הוי"ה ב"ה הנחתם על הגוף, אמנם הנשמה שהיא חלק אלוה ממעל משתוקקת תמיד עלות לשרשה מאור העליון ומעוררת את האדם תמיד לתשובה, ולכן חותמה קיים והשם הוי"ה שבתוכה עומד בקיומו ואינו משתנה. וזהו "אני ה' לא שניתי" פירוש לשון שני ולשון שינוי, ר"ל השם השני החתום על הנשמה אינו משתנה לעולם "ואתם בני ישראל לא כליתם" לפי שהנשמה מחזרת אתכם למוטב.

וכיוצא בדבר זה היתה כוונת פנחס גם כאן, להשיב את ישראל ולעורר רוחם בקרבם אל ה', ועי"ז פעל שנעשה השם הוי"ה ב"ה ישר באותיותיו, ולזה נעשה מן חמה מחה, וזהו "השיב את "חמתי"" ונעשה "מחיתי" מעל בני ישראל את כל חטאתם, כי חזרו בתשובה על ידו, "ולא כליתי כו'". והבן.

ויאמר כו' צרור את המדינים כו' על דבר פעור ועל דבר כזבי כולי. ויש לדקדק אמרו "כי צוררים כו'" בהוה על דבר העבר ונתהוה כבר. וגם אמרו "בנכליהם" שפירושו המחשבה, וכי במחשבה לבד הרעו לישראל? הלא גם פעלו המעשה ג"כ בדבר פעור וכזבי כנאמר.

ונראה לפרש כי עיקר כוונת הבורא ב"ה בנקמתו במדין היה מחמת גודל המחשבות והרהורים רעים שנתהוו לישראל על ידם בדברם בסיפור המעשה דפעור או מעשה דכזבי, וע"י הדיבור שדברו בם נפלו לישראל הרהורי תאויות, והכלל בזה שבכל עבירה נברא קליפה ר"ל, וכל זמן שהקליפה בעולם אזי נופלים מחשבות רעות לאדם מאותה העבירה, וצריך האדם השב לבער הקליפה ההיא מן הארץ. וגם בנידון דידן כל זמן שהיו אותם הרשעים המדינים בעולם, אז היו עדיין הרהורי עבירה דפעור שולטים בישראל לבלבל להם המחשבה, ולכך נצטוה משה רבינו ע"ה לנקום בהם נקמת ה'. וזהו "כי צוררים.. לכם" בהוה, פירוש עדיין הם צוררים לכם, ומפרש הכתוב במה "בנכליהם אשר נכלו לכם על דבר פעור", פירוש באותן המחשבות הרעות המתהוים לכם בדברכם במעשה דפעור "ועל דבר כזבי כו'", ולכך תבערו אותם מן הארץ ותהיו טהורים וקדושים ובערת הרע מקרבך, אמן כן יה"ר. וק"ל.

או יש לפרש באופן אחר ובסיגנון אחד, ע"פ מ"ש חז"ל "פסל לך, הפסולת יהא שלך, מכאן נתעשר משה", והנה כמו זר נחשב שיחפוץ הצדיק בעשירות, ואדרבה הלא מצינו ההיפך שלא חפץ בעשירות בארונו של יוסף, ועליו נאמר "חכם לב יקח מצות". אך נראה דהנה כל דיבור היוצא מהאדם אינו הולך לריק ולבטלה, כי אם מדברי הצדיק הקדוש נברא מלאך הקדוש, ולהיפוך מאדם רע נברא מלאך רע ח"ו. והנה זה הדיבור הוא משוטט בארץ באין מנוחה עד בואו להצדיק ואז נופל להצדיק הזה במחשבתו הדיבור ההוא והוא מעלהו אל הקדושה. וזהו שלפעמים בא להצדיק מחשבה אשר מעולם לא עברה על דעתו המחשבה ההיא, ואין זה כי אם היוצא מפי איזה רשע ומשוטטת עד מצאה מנוח.

וזהו פירוש הפסוק "משכני אחריך נרוצה", דהיינו שהמחשבה אשר לא טובה אומרת להצדיק "משכני" להקדושה כי "אחריך נרוצה", ואח"כ בבואה אל הקדש משבחת ואומרת "הביאני המלך חדריו", הוא הצדיק הנקרא 'מלך', הביאני בחדרי קדש של הש"י ב"ה.

וזהו שאמרו "פסל לך, הפסולת יהא שלך", פירוש הדברים הפסולים והמחשבות הפסולות יהא שלך, שאתה תביאם אל הקדושה ובזה יתעלו, "ומכאן נתעשר משה" עשירות גדול לא יערכנו כל זהב סגור, הם המחשבות.

וזהו כוונת הפסוק בכאן "כי צוררים הם לכם בנכליהם" פירוש ע"י מחשבותם הרע ודיבורם הרע, פועלים שגם אתם יש לכם המחשבות ההם כדי להעלותם, ובאמת הוא עבודה גדולה לכם. וק"ל.

## מטות

וידבר משה אל ראשי המטות לבני ישראל. דהנה הצדיק הרוצה להמשיך השפעות על ישראל צריך לחבר עמו שאר צדיקים, שע"י הדיבור המדבר עמהם הוא משפיע לכל ישראל, והם המסייעים אותו אל הטוב ההוא להסתים פי המקטרג מעליו בזכות הרבים, משא"כ כשהוא לבדו צריך כח גדול ויד חזקה להשקיט המקטרג לבל ישלוט בו. וזהו שאמר משה רבינו ע"ה "איכה אשא לבדי כו'", פירוש כשאני לבדי בלא התחברות שאר צדיקים הוא למשא עלי להמשיך לכם צורכיכם כו'. וזהו "וידבר משה אל ראשי המטות" פירוש שחיבר עצמו עם הצדיקים, "לבני ישראל" כמו בשביל ישראל, להמשיך להם שפע. וק"ל.

וזהו "עורי צפון ובואי תימן", ר"ל הסיבה שעל ידה תעורר את הצפון היא השפעות פרנסה ע"ש "מצפון זהב יאתה", "ובואי תימן" צריך אתה שתבוא למדרגות "תימן", ע"ד הרוצה להחכים ידרים, והיינו התחברות הצדיקים והחכמים כנ"ל.

בדרך אחרת. "וידבר משה אל ראשי המטות כו' זה הדבר אשר צוה ה'", ע"פ דאיתא בגמרא "כל הנביאים נתנבאו ב'כה'", נוסף עליהם משה שנתנבא בלשון "זה הדבר"". ולהבין הפרש שביניהם ומה נפקא מינה באיזה הלשון שניבאו. ונראה כי דרך הצדיק הגדול אשר רוח אלקים דבר בו בגודל קדושתו, אז השומע דבריו, נדמה לו שכדבריו הקדושים כן כתוב בתורה הקדושה, ומוצא פסוקים המסייעים לדברי הצדיק, והוא אומר על דברי הצדיק "זה הדבר אשר צוה ה'", פירוש אלו דברים שהצדיק דיבר הם הדברים הנאמרים מפי ה'. ויש שאר צדיקים אשר אינם במדרגתם כ"כ שיהיו כל השומעים נדמים בעיניהם כאילו כתובים בתורה, אלא שמעידים על דבריהם שהם דברי יושר ואמת ודברי אלקים חיים, אבל אינם מוצאים אותם כתובים בתורה. וזהו "כל הנביאים מתנבאים בכה", פירוש שהיו מעידין על דבריהם לאמר כה ראוי ונכון, "נוסף עליהם משה שהתנבא בלשון זה הדבר", פירוש שהיו אומרים על דבריו זה הדבר אשר צוה ה', פירוש שרוח אלקים כ"כ דבר בו עד שהיו מעידים הכל שדבריו דברי תורה והמה בכתובים.

וזהו "וידבר משה אל ראשי המטות לבני ישראל לאמר זה הדבר", פירוש כנ"ל שיאמרו בני ישראל על דבריהם זה הדבר אשר צוה ה'. והבן.

איש כי ידור נדר כו'. נ"ל דהנה האדם יש בו חלק אלוה ממעל, וצריך האדם להכין ולעשות דירה נאה להחלק הזה דהיינו בעולמות עליונים, וזהו "כי ידור" לשון דירה, "לה'" ר"ל לחלק אלוה, וזהו שאמרו חז"ל "סתם השוכר דירה הוא לתלתין יומין", זה רמז על האדם הרוצה לקנות דירה לחלקו ממעל, צריך לתקן מעשיו בכל תלתין יומין, דהיינו להרהר בתשובה ולהדר על כל מעשיו שעשה כל שלשים יום, שלזה תקנו חז"ל להתענות בכל ער"ח כדי לפשפש במעשיו, ולזה רמזו על ריב"ל שהיה מהדר תלמודו כל ל' יום.

"או השבע שבועה", פירוש שבועה הוא מלשון שבעה, שצריך האדם לעבוד בז' מדריגות, ע"ד שפרשתי "ששת ימים תעשה מלאכה וביום השביעי שבת" רמז שצריך לתקן הששה קצוות ואחר זה יבוא אל המדריגה השביעית היא קדושת שבת, וזהו "השבע שבועה" דהיינו ז' מדריגות שכל אחד כלול משבעה.

"לאסור איסר על נפשו" רמז אחר שיבוא הצדיק לכל המדריגות, צריך לראות בשכלו ולהבין שעדיין לא יצא ידי חובתו בעבודתו, וידמה בעיניו תמיד כאילו מקצר בעבודה ולמצוא בעצמו תמיד חסרונות וחטאים ואיסורים, כדי שע"י פשפושו במעשיו יהיה דבוק עם העולם למטה ויהיה מקושר עמהם להשפיעם רב טוב הצטרכותם. וזהו "לאסור איסר על נפשו", פירוש למצוא תמיד שעשה איסורים של חטא. וזהו שאמרו "הכורע בברוך צריך שיראה איסר נגד לבו", פירוש צריך שיוכנע כ"כ שיראה איסור כנגד לבו, להיות נגד לבו שעשה איסורים וחטאים, למען הפעולה הנ"ל להטיב לישראל ע"י התקשרותו בהם. וזהו שאמרו על ר"ע "כשהיה מתפלל בציבור היה מקצר ועולה", פירוש שהראה לעצמו שהוא מקצר בעבודה למען היות דבוק עם הציבור להשפיע להם רב טוב, "וכשהיה מתפלל ביחיד", ר"ל שלפעמים כשהיה מתבודד בפני עצמו להתאחד באחדות, "אדם מניחו בזוית זו ומצאו בזוית אחרת", פירוש שלבני אדם נדמה להם שהוא בזוית זו העוה"ז, והוא היה בזוית אחרת בעולמות עליונים, כי כן דרך הצדיק, אף שהוא מדבר עם בני אדם, בכל זאת נפשו קשורה למעלה בעולמות.

ואפשר שלזה רמזו ז"ל באמרם "מאן דלא כרע במודים אחר כו' נעשה שדרתו נחש", כי זה מדה כנגד מדה, דבאמת צריך להבין מאין יבוא להצדיק גמור שלא יהיה יוכל למצוא עצמו שלם במעשיו? זה הוא באמת מחמת חטא הנחש בלתי אפשרי היות שלם, וזה "שלא כרע במודים", פירוש בדרך הכריעה, היינו עד שיראה איסר שפירושו כנ"ל ההכנעה הגדולה, והוא סובר בעצמו שתיקן הכל ולא התאמץ לבוא אל ז' מדריגות הנ"ל, "נעשה שדרתו נחש" מדה כנגד מדה עבור שלא הכניע עצמו.

ונחזור לביאור הכתוב. "לא יחל דברו" פירש"י ז"ל "לא יעשה דבריו חולין", י"ל הפירוש לפי דרכנו, שהצדיק הזה צריך לראות שלא יהא דבריו חולין כלל וכלל כי אם קדושה ודביקות, "אבל אחרים מוחלין לו", ר"ל אבל אחרים הבאים אליו בדבר הצטרכותם לפעול להם דברי גשמיות, הוא מוכרח לדבר עמהם בדברי חולין הגשמיים האלו לפעול להם כל צרכם, "ככל היוצא מפיו יעשה" פירוש ככל אשר יצא מפי הצדיק כן יעשה ה' אלקים, כמ"ש הצדיק גוזר והקב"ה מקיים.

או יאמר "ככל היוצא כו'", ע"ד שאנו אומרים "ה' שפתי תפתח ופי יגיד תהלתך", דהיינו שיפתח את שפתינו, "ופי יגיד" לשון המשכה, "תהלתך", ר"ל הדיבורים היוצאים מפי יהיו נמשכים עד עולם עליון הנקרא תהילה. ונמצא דברי קדושה שהצדיק מדבר הם דבוקים בפיו ונמשכים ועולים עד עולם עליון, ואינם נפסקים לצאת מפיו ממש רק דבוקים גם בפיו הקדוש, ולא כן דברי הגשמיות הנפסקים מהדיבור, והצדיק צריך לראות שגם דברי הגשמיות שלו יהיה ג"כ בקדושה וטהרה גדולה למען יעשה בהם ג"כ עשיות קדושה, וזהו "היוצא מפיו" פירוש אפילו דברי גשמי "יעשה" בהן תיקון.

וזהו שנאמר בפרשת מסעי "צו את בני ישראל כו' כי אתם באים אל ארץ כנען", פירוש כשתבואו להכניע ולשבר כח החיצונים וס"א הנקרא "ארץ כנען", "זאת הארץ אשר תפול לכם" כפירש"י ע"י שהפיל הקב"ה שרי האומות לפניהם, ולפי דרכנו פירושו אתם תפילו הס"א, "בנחלה" ר"ל ע"י התורה הקדושה הנקרא נחלה, "ארץ כנען לגבולתיה" ר"ל שתראו לשבר הגבולות של הס"א. ואמר הכתוב "והיה לכם פאת נגב ממדבר צין", פירוש אחר הגבול של הס"א על שאינו מניחה לכם לבא לפאת נגב היא החכמה ע"ד הנ"ל הרוצה להחכים ידרים, "מדבר צין" דאיתא מדבר צין הוא רמז להתורה הקדושה הניתנה בסיני, והס"א מעכבת אתכם מעסוק בה, ועיקר העיכוב הוא "על ידי אדום" כמ"ש מי מעכב שעבוד מלכיות, אבל אחר שתשברו את הס"א וגבולותיה, תזכו "והיה לכם גבול נגב מקצה ים המלח קדמה", "קצה ים" הוא העולם עליון הנקרא ים התלמוד, "המלח" ר"ל תמתיקו אותם כמו מלח הממתיק הבשר, "קדמה" פירוש ע"י שתגיעו בתורה לים העליון תעשו נחת רוח להבורא ב"ה שהוא קדמונו של עולם. "ונסב לכם הגבול מנגב למעלה עקרבים", פירוש שתזכו בזה לסבב אתכם עם הגבול הזה אחר שתתקנו אותו עד למעלה עקרבים, דאיתא "אפילו נחש כרוך על עקבו לא יפסיק", ר"ל "נחש" רמז לנחש הקדמוני שהטילה זוהמא, שעי"ז אין צדיק בארץ אשר יעשה טוב ולא יחטא,

כמו שכתבתי כבר בפרשתינו שהצדיק מוצא תמיד בעצמו חסרונות וקיצור בעבודתו יתברך, והוא באמת מחמת חטא הנחש, וזהו "נחש כרוך על עקבו" דהיינו חטאים שאדם דש בעקביו כרוך עליו מחמת הנחש, "לא יפסיק" ר"ל בשביל זה לא יפסיק מדבקותו, ואמרו חז"ל "הני מילי נחש אבל עקרב יפסיק", זה רמז שאם חלילה באיזה חטא נכשל שהוא חלילה סכנה דהיינו חטא ממש ח"ו, עי"ז יפסוק עצמו מהדביקות חלילה, וזהו שאמר הכתוב כשתשברו ותכניע הס"א אזי תגיעו למעלה עקרבים, שלא ישלוט בכם שום עקרב הוא חטא ממש חלילה, ותהיו למעלה למעלה שלא יוכל ליגע בכם כזאת.

והשם יזכנו לעבדו בתמים שלא ישלוט בנו יצה"ר, ונזכה במהרה לביאת משיחנו שיתוקן חטא הנחש ומלאה הארץ דעה. אמן כי"ר.

**מסעי**

ויכתוב משה את מוצאיהם למסעיהם. נ"ל דהנה לכאורה יש לדקדק. א' שהיה לו לכתוב "ויכתוב משה את מסעיהם" ומלת "מוצאיהם" הוא מיותר ואין לו פירוש לכאורה. וגם למה נכתבו המסעות הללו וכמו שדקדק רש"י ז"ל. ועוד למה נכתב בכל מסעי "ויחנו" והיה די בכתבו "ויסעו בני ישראל מרעמסס לסוכות" וכן כולם.

אך הענין דהנה מ"ב מסעות נכתבו כאן רמז למ"ב עולמות. והנה יש עולם שהוא דין ויש עולם שהוא רחמים ויש עולם שהוא משותף ברחמים, וכן כל עולם ועולם מיוחד לעצמו כל אחד למצותו ותיקונו, אך מחמת שיש בני אדם המקלקלים במעשיהם אשר לא טובים ופוגמים חלילה באיזה עולם, זה נקרא בשם מסעי ע"ד "ויסעו מהר ההר" דאיתא בזוהר פ' חוקת דנטלי מלאלפא תלמודא כו' ע"ש לשונו, וצריך הצדיק לתקן מה שקלקלו עולם, וזה נקרא בשם חנייה ע"ד שאמר הכתוב "ויחן ישראל נגד ההר", ולכן נאמר "ויסעו ויחנו", ר"ל מה שנסעו מקדמונו של עולם קצת וקלקלו באיזה עולם, "ויחנו" פירוש שהיו הצדיקים שביניהם מתקנים כנ"ל, לכן בפסוק "ויחנו ברתמה" פירש רש"י בפירושו על שם הלשון הרע של מרגלים נקרא המקום רתמה, על שם גחלי רתמים ע"ש, ולא פירש כן בשאר מסעות, בשביל שזה החטא היה בגלוי שהוא חטא המרגלים, וזהו "ויכתוב משה את מוצאיהם למסעיהם", פירוש היינו מה שהצדיקים מוציאים בפיהם בכחם בפנימיותם הקדושה, הם מתקנים את המסעות כנ"ל. וזהו (תהילים סה, ט) "ויראו יושבי קצוות מאותותיך", ר"ל יושבי קצוות הם הצדיקים היושבים תמיד על הקצוות, דהיינו על ב' קצוות, לתקן ולהמתיק הדינים ולעורר הרחמים, ע"ד "יעקב איש תם יושב אהלים" פירוש ב' אהלים היינו דין ורחמים, ומפרש הפסוק לה' שהצדיקים נוטלים ראיה לזה "מאותותיך", פירוש והצדיקים הם נוטלים ראיה מן התורה הקדושה, שכן נראה מאותיות התורה, כאשר מצינו בהתורה לכאורה תיבות ואותיות יתירות, כמו המסעות הנ"ל שצריך אומד למה נכתבו, ומלת "ויחנו" הוא מיותר לכאורה, אלא שהתורה רמזה בזה שהצדיקים תקנו הכל, כל מה שקלקלו אותו כנ"ל, ולפעמים היו ממתיקים הדינים שנתעוררו ע"י המעשה לא טוב, ולפעמים היו מעוררים רחמים כל עולם לפי ענינו, ולכן הצדיקים הבאים אחריהם יוצאים בעקבותיהם ועושים ג"כ כמעשיהם בב' קצוות כנ"ל, וזהו "מוצאי בקר" ר"ל שהם ממציאים ופועלים רחמים הנקרא "בקר", "וערב תרנין" הם הדינים הנקראים "ערב" וממתיקים אותם לרחמים, ונמצא גם הם מרננים ברנה ושמחה ואור ליהודים. אמן.

וזהו פירוש "מעולם לא לן אדם בירושלים ועבירה בידו", וכבר דקדקתי בו עיין לעיל, ולפי דרכנו פירושו דהדין נקרא לשון "לינה" שהוא ערב כנ"ל, ומי שבידו להתפלל ולהמתיק אותם ואינו עושה זאת הוא נקרא חוטא, כמו שאמר הכתוב "גם אנכי חלילה לי מחטוא מחדול להתפלל", וזהו "לא לן אדם", דהיינו שלא היה איזה דין חלילה על איזה אדם ולא היו ממתיקים אותו, זה לא היה כלל, וזהו "ועבירה בידו" פירוש שלא היתה המכשלה הזאת תחת ידם שיראו איזה דינין ולא היו מתפללים וממתיקים, כי תיכף ומיד התפללו ופעלו בתפילתם הזכה ועובדות הכשרות להמתיק הכל ולהפכו לרחמים.

<u>**ספר דברים**</u>

**דברים**

אלה הדברים כו'. ונקדים לפרש הפסוק (תהלים סח, לה) "תנו עוז לאלקים כו' ועוזו כו'", לכאורה אין מחובר זה לזה. אמנם כבר הקדמנו וכתבנו שהצדיק ע"י מעשיו הקדושים יכול לבטל כל הגזירות מישראל ולהשפיע להם כאשר יגזר אומר ויקם, הקב"ה מקיים דבריו. וזהו שאמרו חז"ל "כל העולם לא נברא אלא לצות לזה", דהיינו בריאת העולם הוא למען צוות להשי"ת ב"ה הנקרא "זה", כמו שכתוב "זה אלי ואנוהו" כנ"ל שהצדיק גוזר והקב"ה מקיים.

ואפשר לומר שלזה כוונו ג"כ חז"ל "מתחילה עלה במחשבה לברוא במדת הדין ראה שאין העולם מתקיים ושתפו למדת הרחמים", וכבר צווחו קמאי דקמאי וכי יש ח"ו השתנות. ונראה דאיתא בגמ' "שלשה שותפים באדם הקב"ה אביו ואמו" ר"ל "אביו" הוא הצדיק הנקרא "אב", כמו שאמר אלישע לאליהו "אבי אבי רכב ישראל", ו"אמו" היינו כנסת ישראל היא השכינה, ו"אביו מזריע את הלובן", דהיינו שהצדיק מלבן את העוונות ומהפך הדינים לרחמים, וגם השכינה נקראת רחמים.

ונמצא יהיה הפירוש כך, שבוודאי לא חזר הקב"ה, ומחשבתו ית' נתקיימה אף לאחר הבריאה שנברא במדה"ד, אך שמסר ונתן הרשות ביד הצדיק ועשאו שותף למעשה בראשית שיהיה יכול להפך הדין לרחמים בצדקותיו ותפילותיו, ונמצא שהניח הדבר כמקדם, וזהו הפירוש של "ושתפו" קאי על הצדיק שעשאו השי"ת שותף בזה שיהיה יכול להמתיק הדינים ולהפכם לרחמים גמורים, והכל היה בסקירה אחת.

ובמה הוא ממתיק את הדינים? היינו ע"י גבורותיו של הצדיק שצריך להתגבר עליהם דהיינו דוגמתם שהדינים נקראים 'גבורות', והנה הצדיק צריך לעלות במדרגתו עד מקום שורש הדינים ושם הוא ממתיק אותם בשרשם ע"י גבורותיו, כי כל דבר צריך להיות דומה בדומה, דהיינו לגבור מלחמה צריך לעמוד כנגדו ג"כ גבור מלחמה. וזהו דאיתא במשנה "היוצאין להציל חוזרין למקומן", ואמרינן בגמרא "וכלי זיינן בידם", ר"ל הצדיקים היוצאין להציל את ישראל להכניע ולהמתיק הדינים, "חוזרין למקומן", צריכין לחזור ולעלות למקום שורש הדינים ומוצאם ועיקרם, "וכלי זיינן בידן" דהיינו בגבורתם צריכין לעלות לשורשם להמתיק אותם במקומם, והשי"ת ב"ה רוצה בזה כדאיתא "נצחוני בני". וזהו "נעימות בימינך נצח" ר"ל נעימים הם הגבורות והניצוח כשהצדיק ממתיקם ומביאם למקומן לימין. וזהו "הנוי והנצח לחי עולמים" ר"ל שיהיה לו לנוי כשמנצחין אותו.

וזהו שאמר בלק לבלעם "ועתה ברח לך אל מקומך" ותיכף אחר זה אמר בלעם לבלק "לכה איעצך", וכי משום דאמר לו ברח לך כו' נתן לו עצה? אלא משום דבלק היה קוסם גדול יותר מבלעם כפירש"י ז"ל, והנה אותו הפעם היה שורה קצת רוה"ק עליו כאשר אמר "מחזה שדי יחזה" כדי לברך את ישראל, ואמר לו בלק "אל מקומך" דהיינו לכתרין תתאין למקום שרשם ששרשו בס"א, ולכן נתן לו עצה מיד על הזנות להפקיר בנותיהם, וזהו שאמר לו בלעם "ועתה הנני הולך לעמי" דהיינו למקום שרשי "לכה איעצך כו'".

ונחזור לענינינו, שהצדיק עולה במדרגתו עד מקום ושורש הדינים וממתיקם שם, וגם מעורר את הדינים על הרשעים הראויים לכך שיהא חלין עליהם, ועי"ז כשעושין דין ברשעים מתייראו ומתקלס ומתגאה על ישראל, וזה פירוש הפסוק "אשירה לה' כי גאה כו'" ר"ל אשירה לה' הרחמים, שנהפכו הדינים לרחמים עלינו, "כי גאה גאה" לעילא ולתתא, דהיינו שנעשה מהדינים עלינו ישראל כעין גאות כנ"ל, ועל הרשעים נשארו הדינים וזהו "סוס ורוכבו רמה בים".

וזהו פירוש הפסוק "תנו עוז לאלקים", דהיינו שתעלו במדרגתכם ליתן עוזכם וגבורתכם נגד אלהים, הם הדינים, להכניע ולהמתיק אותם, וממילא "על ישראל גאותו" כנ"ל שלא יהיו הדינים אלא כעין גאות, "ועוזו בשחקים" דהיינו עוזו וגבורותיו של הקב"ה אחר שהם נמתקים מה יהיה מעשיהם ופעולתם על ישראל? ואמר "בשחקים" ששוחקים מן לצדיקים, כי מזוני ופרנסה בא ג"כ ע"י גבורות כדאמרינן בגמרא בגשמים "למה נקרא שמן "גבורות גשמים"? שיורדין בגבורה", וגשמים היינו מזוני. וזהו ג"כ דאמרינן בגמרא "קשה מזונותיו של אדם כקריעת ים סוף", דקריעת ים סוף היה ע"י גבורות כנ"ל ומזוני באים ג"כ ע"י גבורות.

אך בכל זאת צריכין ישראל להיות התחברותם ואחדותם עם הצדיק, ועי"ז הצדיק נאזר בגבורה לבטל הדינים מהם ולהשפיע להם. וזהו "ויחן.. ישראל נגד ההר", נאמר "ויחן" לשון יחיד כפרש"י שהיה באחדות כאיש אחד, זה היה התנגדות "נגד ההר", נגד הדינים הנקראים "הר" להמתיק אותם, "ומשה עלה אל האלהים" להמתיקם בשורשם.

וזהו "אלה הדברים אשר דבר משה אל כל ישראל", דהיינו שהיה משה מדבר ב'דבור', הוא קשות וגבורה, בשביל כל ישראל, "בערבה כו'" דהיינו בכל המקומות שחטאו והיו צריכין לרחמים לבטל הדינים מהם, ביטל אותם משה מהם ע"י גבורותיו, "בין תופל ולבן", "תופל" הוא לשון התחברות, דהיינו ע"י התחברותם היה פועל להם לבטל הדינים מהם, וגם "לבן" הוא המן כפרש"י, שהיה משפיע להם ג"כ השפעות מזוני ופרנסה.

עוד בפסוק הנ"ל. "אלה הדברים אשר דבר משה אל כל ישראל כו'". יש לבאר שנרמז בכאן עצה לעם ה' איך יתנהגו לבוא אל אמיתת עבודת השם ב"ה, כי הטעם למה שאנו אומרים קודם כל עבודתינו ותפילתינו "לשם יחוד כו' בשם כל ישראל", והכוונה היות שאין צדיק בארץ כו' וא"כ האיך יכול לעשות איזה דבר קדושה באברינו כיון שנעשה בהם איזה עבירה חלילה ונפגם אותו האבר ואיך יכול להשרות עליו קדושת העבודה ההיא? אך שהתיקון לזה הוא במה שכולל עצמו עם כללות ישראל, כי יש עולם הנקרא "כל ישראל" והעולם ההוא שלם בלי שום פגם, כי הכללות ישראל הם הצדיקים כמ"ש "ועמך כולם צדיקים", וא"כ אף שהפרטים חוטאים לפעמים אבל הכללות הם תמיד קיימים בקדושתם ואין שטן ואין פגע רע בהם חלילה, ותמיד צורתם חקוקה למעלה, והוא הנקרא בספרי קודש "אדם קדמון", ושם אין שליטה לחטא כלל והאדם מקשר עצמו שם בהתכללות ההיא, ואז אותו האבר נקשר בכללות ונתקן בקדושה עליונה, ואז יכול לעשות המצוה או העובדא ההוא. וזה עצה אחת.

ועוד יש עצה, היות ששורש כל החטאים הם באים מכח עץ הדעת, שנתקללה האדמה בל"ט קללות ומהם באה הזוהמא לאדם, אבל כשאדם שומר שבת כהלכתו בל"ט מלאכות, מתקן הל"ט קללות ואז יפרדו ממנו כל הקליפות, וזהו הטעם "כל השומר שבת כהלכתו כו' אפילו עבד כו' מוחלין לו". וזהו שרמז להם משה רבינו ע"ה באומרו עצות הללו לעם הקודש באמרותיו הטהורים, "אלה הדברים" נרמז שמירת שבת בל"ט מלאכות, כדרך שאמרו בגמרא "אלה הדברים" מכאן לל"ט מלאכות, דברים הדברים ואלה הם ל"ט, יעוין במסכת שבת. ועצה השנית הוא תיבת "כל ישראל" ליחד ולקשר עצמו בכללות ישראל. וזהו "אלה הדברים אשר דבר משה אל כל ישראל", פירוש אל העצת "כל ישראל" שאנו עושין כנ"ל, נתן לנו עוד עצה ב"אלה הדברים", דהיינו שמירת שבת. ודו"ק.

או יאמר "אלה הדברים כו'". נ"ל בהקדים לפרש פסוק "אשא עיני אל ההרים מאין יבא עזרי כו'", דאיתא בגמרא "קיים אברהם אבינו ע"ה כו' אפילו עירוב תבשילין", והיינו שהיה מקדש ומטהר את כל רמ"ח אבריו ושס"ה גידיו כל אבר במצוה השייך לה, דכל מצוה ומצוה יש לה עולם בפני עצמה, ואברהם אבינו ע"י שהיה עובד השי"ת מאהבה, השיג את כל מצוה ומצוה בשורשה, ואפילו מצוה דרבנן יש לה שורש ועיקר בדאורייתא בעולם המיוחד לה. וזהו "בן שלש שנים הכיר אברהם את בוראו", דעיקר צריך האדם להתקדש ולהטהר עצמו מיד בהגיעו לשכל

מקטנותו, והיינו "שלש שנים יהיה לכם ערלים ובשנה הרביעית יהיה כל פריו קודש הילולים לה'", דאדם נקרא "פרי" ששורשו הוא למעלה והוא אינו אלא כפרי הגדל באילן, וצריך האדם תיכף ומיד בשנה הרביעית להיות כל פריו קודש הילולים לה', כמ"ש "אשרי הגבר כי ישא עול מנעוריו", ואברהם אבינו ע"י עבודתו שלימה באהבה רבה, פעל והשפיע לנו שורש קדושה שנהיה אנחנו ג"כ יכולים לילך בדרכיו לעבוד הבורא ב"ה באהבה, וזהו פירוש "זרע אברהם אוהבי", ר"ל שאהבה הזאת הזריע אברהם לכל באי עולם, ובזכות אבותינו אנחנו חיים וקיימים בגלות המר הזה.

אך ברצות הצדיק להשפיע ולפעול איזה דבר ע"י פעולת עצמו אף בלא זכות אבות, דהיינו שהקטרוג חלילה גדול ואין מועיל זכות אבות לבד, צריך להחזיק במדריגה גדולה ממדריגת אבות, כמו שמצינו במשה רבינו ע"ה שכשחטאו ישראל אמר "ונחנו מה כי תלינו כו'", דהנה אברהם אבינו ע"ה כשהיה מתפלל על סדום אמר "הנה נא הואלתי לדבר ואנכי עפר ואפר", דהנה שורש הדבר כשהצדיק בא למדריגה זאת שיוכל לפעול בדיבורו, צריך להיות מאוד שפל רוח בעיני עצמו, וזהו שאמר אברהם אבינו ע"ה "הנה נא הואלתי לדבר", ר"ל שבאתי למדריגה זאת כנ"ל, הכניע והשפיל עצמו מיד ואמר "אנכי עפר ואפר", ומשה רבינו ע"ה כשחטאו ישראל ורצה להתפלל עליהם, החזיק במדריגה יותר גדולה מזו, דאברהם המשיל עצמו עכ"פ לעפר, ומשה רבע"ה אמר "ונחנו מה" שהיה מסופק ולא ידע מה הוא ואפשר העפר חשוב ממנו, וזה שאמר משה רבינו ע"ה ג"כ "אתה החילות להראות את עבדך", אחר שעלה למרום והוריד התורה וראה מלאכים ועולמות עליונים, והיה זה בעיניו הכל התחלה נגד גדולת הבורא ב"ה, והיינו "אתה החילות כו'". והנה עתה ברצות הצדיק לפעול ולהשפיע, צריך להכניע ולהשפיל עצמו יותר, דהיינו שיהיה נחשב בעיניו כלא ואין, שמילת "מה" הוא לשון שאלה וספק, שהוא עכ"פ דבר מה אך שאינו יודע אותו הדבר הנמשל ונדמה לו, אבל מי שמחזיק עצמו כאין, אין לך הכנעה ושפלות גדול מזה.

וזהו "אשא עיני אל ההרים" ר"ל שבטוח אני בזכות אבותי הנקראים "הרים" לשון הורי ומורי, "מאין יבא עזרי" פירוש אבל כשאני צריך דבר מעצמי שיבא העזר מפעולתי לבד, הוא ע"ז שאני מחזיק עצמי כ"אין". ומהיכן בא עזרי? "עזרי מעם ה' כו'". וזהו פירוש (תהלים עב, ג) "ישאו הרים שלום לעם וגבעות בצדקה", ר"ל ישאו הרים, היינו ע"י זכות אבות הוא "שלום לעם", "וגבעות בצדקה" דאיתא בפוסקים דאבות לא קיימו יסוד מצות צדקה לגמרי מחמת שלא היה להם ליתן צדקה למולים, וע"י נתינת צדקה האדם בא ג"כ למדריגה יותר גדולה שיוכל לפעול הכל. וזהו "גבעות", ר"ל רחמים גדולים העליונים בא ע"י "צדקה", שזה הוא בלא זכות אבות ע"י שעתה מקויים יסוד מצות צדקה לגמרי.

וזהו "אלה הדברים אשר דבר משה כו' בעבר הירדן כו'", ר"ל דא"י מקודשת מכל ארצות, בית המקדש של מטה מכוון כנגד מקדש של מעלה, ושם בקל הוא לאדם לבוא למדריגות גדולות, והיה משה רבינו ע"ה אומר להם לישראל כל הדברים כאילו היה בעבר הירדן, דהיינו כאילו היה בא"י, כך אמר להם בקדושה ודביקות כ"כ גדול והשיג המדריגות כאילו היה בא"י.

או יאמר בעבר הירדן. ונקדים לפרש פסוק "ידרך ענוים במשפט וילמד ענוים דרכו". דהנה הצדיק צריך כ"כ לעבוד הבורא ב"ה עד שיוכל לפעול בדיבור בעלמא ולהכניע ולהמתיק הדינים, וזו צריך להיות בהסתר הדיבורים לפני המקטרג, וכשהיו ישראל במדבר היה הקב"ה בכבודו ובעצמו ממתיק עליהם הדינים, וזהו שאמר משה רבינו ע"ה לישראל בתוכחתו "ידע לכתך במדבר הגדול" ששם הוא מקום הדינים, "זה ארבעים שנה לא חסרת דבר" ר"ל שאפילו דיבור בעלמא לא הוצרך אז להמתיק הדינים מחמת גודל חסדו ית' עליכם. וזהו "ידרך ענוים במשפט" ר"ל ענוים היינו הצדיקים דורכים במשפט במדת הדין וכובשים אותו להמתיקו, "וילמד ענוים דרכו" ר"ל שהשי"ת ב"ה מלמד להצדיקים שיעשו בהסתר הדבר הזה להמתיק הדינים, כאדם ההולך לפי דרכו ועושה פעולותיו כלאחר יד בהסתר.

וזהו "בעבר הירדן" ר"ל ירדן הוא לשון יר"ד די"ן, והיינו שמשה רבינו ע"ה המתיק והוריד הדינים לבל ישלטו בהסתר ומן הצד עשה פעולה הזאת, ומשמעות דבורו היה כאילו היה מדבר על צד ועבר אחר, וזהו "בעבר הירדן במדבר" ר"ל שבדיבור בעלמא פעל ועשה זאת, "בערבה" ר"ל זה על הצדיק לעשות מחמת ערבות שכל ישראל ערבים זה לזה, וגם פירוש בערבה הוא לשון מתיקות ועריבות, שצריך הצדיק להיות מתוק לשמים ולבריות, "מול סוף" שצריך להיות כל עבודתו הכל למול אין סוף ב"ה בעולמות העליונים והכתוב מקצר בלשונו, "בין פארן" ר"ל שצריך להיות במידת תפארת מדת יעקב אבינו ע"ה לעורר רחמים על ישראל ולהמשיך הדינים על רשעים, "ובין תופל" ר"ל שיהא שפל בעיניו וטפל בעולם, "ובין לבן" ר"ל ע"י ז בא ללובן העליון, "וחצירות" ר"ל שהצדיק הזה הוא כחצר לפני הבית שבל בני החצר נותנים עירובם אצלו, כך כל ישראל נשענים ונסמכים עליו להתפלל עליהם ולהשפיע ולהמשיך להם כל הצורך לכל אחד ואחד.

או יאמר "חצירות" מרמז לשם הויה ב"ה, דחצר שיש בו דין חלוקה אינו פחות מד' אמות לכל אחד, ד' אמות הוא רמז לשם הויה ב"ה, וזהו "וחצירות" ר"ל שצריך שיהא השם הויה ב"ה תמיד לנגד עיניו כמ"ש שויתי ה' לנגדי כו', "ודי זהב" ר"ל שצריך להמשיך פרנסה והשפעה לכל אחד די פרנסתו.

או יאמר "ידרך ענוים" ע"ד הפשוט, ר"ל שהצדיק מדריך את הענוים הם האנשים המתחברים לעבודת השי"ת שישפטו את עצמם תמיד ויחזרו בתשובה תמיד, "וילמד ענוים דרכו" ר"ל ואחר זה מלמדם שילכו בדרכיו בדביקות ואהבה רבה ושלימה להשפיע ולהטיב לישראל, שזה הוא דרכו ורצונו של הבורא ב"ה להטיב ולהשפיע. וק"ל.

ותקרבון אלי כולכם ותאמרו נשלחה אנשים לפנינו וכו' אחינו המסו כו' ובדבר הזה אינכם כו' לתור לכם מקום כו'. נראה לבאר הטעם שילוח מרגלים ובפרט על אשר הוטב בעיני משה אדון הנביאים, לפי שכוונתו היה לטובה, לפי שהיו צריכין לפנות להם הדרך לפניהם ולבער הקליפות אשר היו בארץ כנען למען היות להם בקל להלחם באויביהם ולהרוג אותם, כי יחשבו לפגרים מתים באין כח וחיות עוד להם מהקליפות, ולזה רצו לבחור להם המובחר והחשוב שבהם, "כולם אנשים" - צדיקים, שיהיה להם כח לבער הקליפות מגודל קדושתם, ולזה שלחו איש אחד מכל שבט המעולה שבהם, ובאותה השעה כשרים היו כפירוש רש"י ז"ל, אבל אח"כ כשקלקלו הוכיחם משה רבינו ע"ה באמור להם באמת כוונתכם היתה לטוב, אבל היה לכם להאמין בה' אלקיכם אשר עשה לכם הניסים הנפלאות והנוראים האלה במדבר הגדול והנורא אשר היה מקום נחש כו' הם הקליפות, והוא הלך לפניכם ובער אותם, כן יעשה בוודאי לכל הממלכות אשר תעברו שם לילך לפניכם ולתור לכם מנוחה, כדי שיהא קל לכם להנקם מאויביכם ולשרש אחריהם לבלתי השאיר להם כל חי. וזה שאמר "ותקרבון אלי כו' נשלחה אנשים לפנינו" הוא הפירוש כנ"ל, שיהא להם לעזר לפנות להם הדרך מכל מכשול, כיון שכל הקליפות חונים שם עדיין, "ואומר אליכם כו' לא תערצו ה' אלקיכם ההולך לפניכם ובמדבר אשר ראית כו' ובדבר הזה אינכם מאמינים בה' אלקיכם ההולך לפניכם לתור לכם מנוחה", ומוטב היה לכם להאמין בו ית' כי הוא יפנה הדרך לפניכם והוא ינחיל לכם את הארץ. וק"ל.

עוד בפסוק הנ"ל. "ותקרבון אלי כו' נשלחה אנשים ויחפרו לנו כו' את הדרך אשר נעלה בה כו' ואת הערים אשר נבא אליהם כו' ויפנו ויעלו כו' וישיבו אותנו דבר ויאמרו טובה הארץ כו'". ולכאורה יש לדקדק על כפל הלשון את הדרך כו' ואת הערים, ב' מה [הוא] ויפנו ויעלו, ג' ויאמרו טובה הארץ למה לא הזכיר משה רבינו ע"ה מה שהוציאו דיבת הארץ, ואם תאמר שלא רצה להוכיח אותם ולגלות עוונותיהם, הרי אמר להם ובחורב הקצפתם וכמוהו רבים.

אלא נ"ל דכוונת ישראל היה בשליחות המרגלים כדי שהם יתקנו בעלותם כל דבר רע ולהכניע השרים בצדקתם, וכדי שיבואו ויאמרו טובה הארץ ויפעול דיבורם שאחר זה לא יהיה שום מונע בבואם אל הארץ ויבואו בהשקט ובטח, וזהו שהוכיח אותם משה רבינו ע"ה "ותקרבון כו' ונשלחה אנשים" צדיקים כפירש"י ז"ל שאותה שעה כשרים היו, "ויחפרו לנו את הארץ", דהיינו שהם בצדקתם יעשו חפירה בהילוכם לתקן כל המכשולות והעקמומית והקטרוגים, וזהו לשון חפירה דהיינו שצריך להיות בהסתר כנ"ל, וזהו "את הדרך אשר נעלה בה" כפירוש רש"י ז"ל שאין דרך שאין בו עקמומיות, רמז לכל המכשולות והקטרוגים והמסכים כנ"ל, "ואת הערים אשר נבא כו'" ר"ל שאז נבא בקל אל הערים, זהו שנאמר "וייטב בעיני הדבר", כי לפי כוונתם היה הדבר טוב, וזהו "ויפנו כו'" שהיו מרגלים פונים אל הדבר הזה ונתנו לבם על זאת, "וישיבו אותנו דבר ויאמרו טובה הארץ", ולפי ענינינו הוא מובן מה שלא הזכיר להם הוצאת דבת הארץ, שזה היה קלקולם שלא האמינו מיד מה שאמרו המרגלים טובה הארץ, כי כוונתם לזה כנ"ל שיבואו ויאמרו טובה הארץ ולא היה [להם] לפנות אל שאר הדברים.

ועוד הוכיח אותם "ובמדבר אשר ראית כו' ובדבר הזה אינכם מאמינים בה' ההולך לפניכם כו' באש לילה כו' ובענן יומם", ולכאורה "ובדבר הזה" אינו מדויק, אך כשאדם הולך בגשמיות ועניני עוה"ז יום יום, ע"ז הוא נתגשם כ"כ שאפילו הניסים והנפלאות הנגלים והנראים בחוש הראות אינו מאמין, וזהו שהוכיח אותם אף שקלקלתם ואמרתם "אחינו המסו כו'", היה לכם להאמין ע"י הניסים שראיתם בחוש, העמוד אש וענן ההולך לפניכם, "ובדבר הזה אינכם מאמינים", ר"ל ואתם אפילו הניסים הנגלים, דהיינו עמוד אש וענן שאתם רואים, אינכם מאמינים מחמת שאתם מגושמים כ"כ, והוכיח אותם שישימו לב לגודל הניסים והנפלאות שעשה עמהם השי"ת בכל עת ועי"ז יזדככו ויתקדשו בקדושה רבה. וק"ל.

גם בי התאנף ה' בגללכם לאמר כו'. נ"ל דאיתא בגמרא דור המדבר אין להם חלק לעוה"ב, ולכאורה הדבר תמוה לחשוב על דור המדבר דור דעה כזה שקיבלו התורה בסיני וראו אלקים שלא יהא להם חלק לעוה"ב. אלא נראה הטעם שהסיע הקב"ה את ישראל דרך המדבר, הוא מחמת שכשיצאו ממצרים וקבלו התורה ופסקה זוהמתן, ומחמת גודל קדושתם היה כח בידם להמתיק הדינים, לכן הנהיגם דרך המדבר ששם הוא מקום ושורש הדינים כדי שימתיקו הדינים, שבשביל זה נשתלח השעיר למדבר, מחמת ששם הוא שורש הדינים והקליפות כידוע, ואילו היה דור המדבר נכנס לא"י לא היה שום גלות לישראל, מחמת שהיו הדינים נמתקים לגמרי עד שורשם.

וזה שאמרו בגמרא (שבת קמה, ב) "מפני מה עופות שבבבל שמנים וא"ל לך למדבר עזה ששמנים מהם", ולכאורה מה זו שאלה ומה זו תשובה על שאלה זאת. אך נראה שרמז בזאת השאלה על גלותינו המר, דהנה העוף טמא נקרא הקליפה, זהו דאמרינן בגמרא אמרו עליו על יונתן בן עוזיאל כשלמד תורה עוף הפורח נשרף בהבל פיו, מחמת שהיה לימודו בקדושה ובטהרה, נשרף מהבל פיו הקליפות הנקראין "עוף", שכשרצו לפרוח ולהגביר הדינים חלילה על ישראל נשרפו מהבל פיו הקדוש. וזה ששאל "מפני מה עופות שבבבל שמנים", ר"ל מפני מה יש להדינים והקליפות הנקראים "עופות" התגברות כל כך על ישראל, והשיב "לך למדבר עזה ששמנים מהם", ר"ל ששם אתה צריך להמתיק הדינים, כי עיקר התגברות שלהם הוא משום שבמדבר הוא שרשם, כי עדיין דור המדבר לא המתיקו עד השורש מחמת שלא נכנסו לא"י.

ונמצא עיקר נסיעתם דרך המדבר היה מחמת גודל קדושתם. וזה שאמר התנא "דור המדבר אין להם חלק לעוה"ב", ר"ל שחלקם הוא צפון לעוה"ב, דאיתא בגמרא כל ישראל יש להם חלק לעוה"ב, ר"ל שחלקם הוא צפון לעוה"ב, דהיינו מה שעוסקים בתורה ובמצוות נצפן להם לעוה"ב, שבעוה"ז בלתי אפשרי לבוא למדרגה הזאת שיהיו יכולים ליהנות מזיו השכינה שזה הוא העוה"ב, אבל דור המדבר מחמת רוב קדושתם לא היו צריכין להמתין לעוה"ב, ונהנו מחלקם בעודם בחיים חיותם, וזה הוא כוונת "אין להם חלק לעוה"ב". ומחמת שדור המדבר לא נכנסו לא"י, היה משה רבינו ע"ה ג"כ מוכרח למות במדבר, בכדי שבכל דור ודור יתגלגל הוא בנשמת צדיק ויהיה בכל דור צדיקים כמותו שיכולים להמתיק הדינים,

ואילו בא משה רבינו ע"ה לא"י לא היה יכול להתגלגל, שאז היה מקיים כל המצוות התלויים בארץ, ועכשיו שמת במדבר עדיין לא קיים מצוות התלויות בארץ ויכול להתגלגל.

וזהו שאמר משה רבינו ע"ה "גם בי התאנף ה' בגללכם", ר"ל "התאנף" הוא לשון ענף, שאותיות אחה"ע מתחלפים, דהנשמות יש בהם ענפים ענפים המחוברים בשורש העליון, וז"ש משה מחמת שאתם לא נכנסתם לא"י ולא המתקתם הדינים עד שורשם, ואני מוכרח להתגלגל ג"כ עמכם, כדי שיהיה בכל דור צדיק שיוכל להמתיק הדינים, ובשביל זה נקרא הצדיק בשם משה ע"ד שאמרו "משה שפיר קאמרת כו'", וזה "גם בי התאנף" פירוש גם אני צריך להיות ענף בתוך הנשמות, "בגללכם" ר"ל כדי להתגלגל עמכם, "לאמר גם כו'" ר"ל ש"גם" הוא לרבות, היינו שאתה ג"כ צריך להתגלגל, לכן "אתה לא תבא שם" כנ"ל כדי שיעוכב עדיין בשביל המצוות התלויים בארץ ויוכל להתגלגל בכל דור וימתיק הדינים מעל ישראל.

וזהו שסיפר הקב"ה מעלות לויתן ואמר (איוב מ, כג) "יבטח כי יגיח ירדן אל פיהו", שלויתן נקרא הצדיק שמתחבר ומתדבק עם הקב"ה לשון "הפעם ילוה אישי כו'", והצדיק יש לו כח להמתיק הדינים בפיו הקדוש ע"י לימודו ועוסקו בתורה לשמה, וזהו "יבטח" הצדיק יש לו בטחון ש"יגיח את הירדן" ר"ל הדינים כנ"ל יר"ד די"ן, "אל פיהו" פירוש בפיו הקדוש.

וזהו "וללוי אמר תומיך ואוריך לאיש חסידך", דהלוים היו המובחרים מישראל לעבודתו ית"ש, שלא חטאו והיו נותנים אורות גדולות בעולמות העליונים וממתיקים דינים מישראל, וזהו "תומיך ואוריך" היינו התמימות והאורות שבך, "לאיש חסידך" פירוש זה ניתן ונמסר ג"כ לאנשי חסידים הקדושים שיש בהם כח לפעול כנ"ל. וק"ל.

ויאמר ה' אלי אל תצר את מואב כו' כי לבני לוט נתתי כו' האמים לפנים ישבו בה כו' רפאים יחשבו אף הם כענקים כו' והמואבים יקראו להם אמים: ובשעיר ישבו החורים לפנים כו' וידבר ה' אלי לאמר וקרבת מול בני עמון אל תצורם כו' כי לבני לוט נתתי כו' ארץ רפאים תחשב אף היא רפאים ישבו בה לפנים והעמונים יקראו להם זמזומים. הדקדוק נראה ומובן מאליו, מה הודיע לנו התורה בזה מי שישב בה לפנים, ותיפח רוחם לחושבים שהתורה ספורי דברים חלילה וחלילה.

אלא שהתורה הקדושה לימדה לנו חכמה גדולה בזה איך לעשות להשפיל ולשבר כח שרי האומות, שמשה רבינו ע"ה ראה שעמון ומואב ועשו שהיה להם זכות, שלוט התחבר עצמו לאברהם אבינו ע"ה, עשו קיים מצות כיבוד אב, והיה קשה לשבר את כח שרי האומות הללו, לכן השכיל משה רבינו ע"ה בחכמתו ואמר בדיבורו הקדוש "האמים ישבו בה לפנים כו' ובשעיר ישבו החורים כו' רפאים ישבו בה לפנים כו'", ופעל זאת בדיבורו הקדוש שקשר שרי האומות הללו בהשרים הקודמים, והגביה את השרים הקודמים באומרו "רפאים יחשבו אף הם כענקים", והיינו שהם גדולים מאומות הללו והם מחויבים להיותם מוכנעים תחת השרים, וגם אמר "והמואבים יקראו להם אמים", שהשר של אומה נקרא על שם אומתו, והם קראו לאותה אומה שם אחר, והזכיר ג"כ אותו השם כדי לקשרם היטב בכל אופן, וכוונת משה רבינו ע"ה היה בכל זה לקשרם בשרים הקדומים, מחמת שהשרים הקודמים לא היה בהם שום זכות והיה כח ביד משה לשבר ולהשפיל אותם, וממילא כששפיל השרים הקודמים, ישפלו וישברו גם אותם הנקשרים עמם, כמ"ש הכתוב וכשל עוזר ונפל עזור.

וזהו פירוש הכתוב "ועשית מזבח מקטר קטורת", והקשה הזוהר הקדוש איך שייך להקרא "מזבח", והלא מזבח נקרא ע"ש זבח, ועל המזבח הפנימי לא נזבח כלום שום זבח, וע"פ הדברים הנ"ל יבואר, די"א סימני הקטורת היו כדי להכניע י"א כוחות הטומאה, והם עשתי עשרה יריעות עיזים כידוע, וזהו "ועשית מזבח", היינו שתזבח כל הקליפות, "מקטר" פירושו הוא לשון קשר, והיינו אפילו השרים הנקשרים שאתה קושרם בהקודמים כנ"ל, כל זה תפעול ע"י קטורת לזבחם ולהכניעם.

וזהו "תכון תפילתי קטורת לפניך", דהנה יש שני מדרגות צדיקים, דהיינו יש צדיק שתמיד בכל העובדות והמצוות שעושה, נדמה בעיניו תמיד שמחסר בעבודתו ית"ש, שלא עשה המצוה כהלכתה בשלימות, ויש לו צער גדול על זה, ורואה תמיד בשפלותו ומוכיח עצמו על שהוא מחסר בעבודת הבורא ית', מחמת שיודע ומכיר גדולות ורוממות האל ית', ובכל אבר שרואה בו שהוא מחסר, ע"י הרהור תשובה הזאת, הוא מקדש את האבר הזה ומוסיף קדושה על קדושתו, ומחזק עצמו בעבודת הבורא ית' יותר, ומקדש כל אבר ואבר מחמת שרואה שכל ימיו עדיין עבודתו אינו שלימה באבר הזה, והצדיק הזה נעשה כל אבר ואבר אצלו ככלי זיין לעשות פעולה בכל אבר ואבר. וזהו שאמר דוד המלך ע"ה "ויוציאני למרחב יחלצני כי חפץ בי", כי האדם שאינו רואה ומסתכל בשפלותו וחסרונו שהוא מחסר בעבודת הבורא ית', יש לו הרחבה גדולה, שהוא בעיניו צדיק גמור ואין מתחזק עצמו להוסיף בעבודתו ית', וזהו "ויוציאני למרחב" ר"ל שהוציא אותי מבחינה הזאת שמגיע ממנה הרחבה לאדם, שאין לי הרחבה רגע אחת, רק שאני מצטער תמיד שאני מחסר בעבודתו ית', "יחלצני" ר"ל לשון חלוצי צבא, שעי"ז כל אברי הם חלוצים ומזויינים ככלי זיין שאוכל לפעול בכל אבר ואבר, וכל זאת מאתו ית' שמו, "כי חפץ בי" לעזרני, כמ"ש חז"ל אלמלא שהקב"ה עוזרו כו'.

ויש עוד צדיק שאינו במדרגה הזאת, רק שהוא מתפלל תמיד להשי"ת יומם ולילה שיעזרהו לעבוד עבודתו בשלימות. וזהו "תכון תפילתי קטורת לפניך" ר"ל אפילו מי שאינו במדריגה זאת להכיר חסרונו, רק שהוא מתפלל על עצמו כנ"ל, אעפ"כ יהא כח בידו ג"כ לפעול להכניע ולהשפיל הדינים הקליפות כקטורת כנ"ל.

אלה הדברים כו' בעבר הירדן כו'. נ"ל כי הנה הצדיק תמיד תשוקותיו הגדולים להשפיע רב טוב לבית ישראל, ולפעול להם כל צורכיהם בני חיי ומזוני, ולהפך מדת הדין לרחמים, ולהמשיך להם חסדים גדולים, כדי לעשות נחת רוח ליוצרו ית', לפעול תענוג בכל העולמות ולהמשיך השפעות תמיד בלי הפסק, ולזה צריך הצדיק להיות הפקר כמדבר, כדרך שאמרו בגמרא לגבי יואב "וביתו כמדבר" שהיה ביתו הפקר לעובר ושב כמדבר, וגם הצדיק הזה צריך שיהיה הפקר לכל הצריך אליו לכל דבר, וזו היא הפירוש "אלה הדברים אשר דבר משה אל כל ישראל במדבר"... (חסר כאן).

**ואתחנן**

ואתחנן אל ה' בעת ההיא לאמר כו' אתה החלות להראות כו'. היות שנאמר במקום אחר "ימינך ה' נאדרי" כתב רש"י ז"ל שבאותו הימין עצמו שנאדר בכח באותו ימין מרעיץ אויב, וגם כאן הפירוש כך, "את גדלך" הוא החסד, "ואת ידך החזקה" לומר שבמקום שנתעורר הגדולה הוא החסד, שם באותו המקום שורה היד החזקה. והטעם לזה כי לכאורה אינו מובן, לפי שהימין הוא הנקרא חסד בכל מקום ושמאל הוא הגבורה, אך שהאמת הוא כך, כשהשי"ת עושה דין בהרשעים הם האומות, אז הדין נקרא למעלה בשמים "חסד", כי הוא חסד לישראל לנקום נקמתם באויביהם אעפ"י שאליהם הוא גבורות, וזהו שאמר כאן "את גדלך כו' ואת כו'" פירוש הם נכללים באחת בימין, שלפי שהוא חסד בשמים אך למטה בארץ הוא גבורה למי שעושים בו דין, וזהו התירוץ "אשר מי אל בשמים ובארץ אשר יעשה כמעשיך" הם הרחמים למעלה בשמים, "וכגבורתיך" למטה בארץ כנ"ל, אשר אתה עושה אותם בכח אחד בימינך הכל. וק"ל.

השמר לך ושמור נפשך מאוד פן תשכח את הדברים אשר ראו עיניך. כי האדם צריך לילך תמיד בדביקות לחשוב ברוממות אל ית', לבחון בנפשו ובנפלאותיו אשר רואה תמיד ניסים ונפלאות ונוראים בברואיו, וההתחלה לבוא להמדריגה הזאת, צריך מתחילה לחשוב בחלק הניתן לו ממעל והוא הנפש שלו מה היא ואיך היא פועלת ניסים ונפלאות, כמ"ש בגמרא בחמשה דברים הנשמה שוה להבורא ב"ה וב"ש, אבל כשאין יודע את עצמו הוא מחוסר ידיעה ג"כ בבורא ב"ה, כיון שאפילו עצמו הוא אינו בוחן, וזהו "השמר לך ושמור נפשך", כי אם לא תעשה כך "פן תשכח את הדברים אשר ראו עיניך" הם רוממות הבורא ב"ה שאדם רואה תמיד בעיניו הפלאת הניסים והנפלאות, ע"כ צריך האדם להשגיח בעצמו תמיד. וק"ל.

בצר לך ומצאוך כו' באחרית הימים כו' ושבת כו' עד לא ירפך ולא יעזבך כו'. נראה ע"פ שאמרו חז"ל ""חלאים רעים ונאמנים" -- בשליחותם", שאעפ"י שניתן רשות למקטרג חלילה לאיזה צרה ח"ו, אעפ"כ אינו רשאי לעשות שום דבר עד שמשלחין אותו במכוון לעשות הדבר ההוא, וזה הוא מחסדי הבורא ב"ה שנקצב לאיזה אדם איזה צער חלילה לכמה ימים, אז אינו יכול הבע"ד למצוא עת ההוא כי אם בסוף הימים שנקצב לו, למען יוכל האדם לסבול כיון שלא יאריך זמן הצער, אבל אחר כ"ז צריך האדם הצדיק היודע מזה לתקן שלא ייולד שום צער וצרה לישראל כלל, והתקנה הוא להביא הדינים אל שורש העליון ולהמתיקם שם כמו שדברנו מזה במ"א, ואז אין שטן ואין פגע רע שולט כלל.

ונבוא בזה אל ביאור הכתובים. "בצר לך", פירוש כשיהיה לך הצר, הוא הבע"ד, יבוא לקטרג עליך חלילה להמציא לך איזה צרה ח"ו, ["ומצאוך"] אני אומר לך שהשי"ת עושה עמך חסד זה, שלא ימצאך הבע"ד ההוא כי אם "באחרית הימים", אבל כשתעשה אתה כך "ושבת" את הדינים אל שורשם ותמתיקם, אז תפעול שלא יהיה לך שום צרה כלל, והראיה לזה ש"לא ירפך" הוא מלשון רפואה, כי יש תיבות חסירות א', "ולא ישחיתך" פירוש שלא ישלוט בך שום השחתה, כי יומתק הכל ולא תצטרך לרפואה כלל ואז טוב לך. והבן.

היום הזה ראינו כי ידבר אלקים את האדם וחי, ואח"ז כתיב "אם יוספים אנחנו לשמוע כו' עוד ומתנו". הנה השני כתובים הם מכחישים וסותרים זה את זה לכאורה, שהם בעצמם אמרו "כי ידבר אלהים את האדם וחי", והדר אמר "אם יוספים כו' ומתנו".

ונקדים לפרש פסוק בתהילים "אני אמרתי אלקים אתם ובני עליון כולכם אכן כאדם תמותון". דהנה כתבנו פעמים רבות דהצדיק נקרא "איש אלקים", כמ"ש "משה איש אלקים", מפני שהצדיק הוא בעל הדינים והם בידו לכל אשר יחפוץ יטנו להכניעם ולהמתיק אותם, והצדיק הוא הדיין, כי הדיינים נקראים אלקים, וכאשר ידין ויגזור למטה כן יקום, כי כשיש דין למטה אין דין למעלה, ולכן ע"י זה יכול לבטל כל הדינים מישראל וכל הגזירות, ולכן נקרא הצדיק איש אלקים פירוש בעל אלקים. וזהו דאמרינן בגמרא "הקב"ה גוזר והצדיק מבטל שנאמר (איוב כב, כח) ותגזור אומר ויקם", והנה לכאורה האיך מוכח מזה שהצדיק יבטל הדינים והגזירות שהקב"ה גוזר, והלא משמעות הפסוק הוא כשהצדיק גוזר הקב"ה מקיים, ועפ"י הדברים הנ"ל ניחא שפיר, כשהצדיק דן למטה וגוזר, אין דין למעלה וממילא הם בטלים.

אך זאת צריך להבין, מאין הוא להצדיק שיכול לרפאות לחולה ע"י תפילתו ולהמשיך לו חיות שיחי' האדם, והלא חיותו של הצדיק איננו לעולם, הלא הוא כמקריות והאיך דבר מקרה יכול ליתן חיות לאדם, השי"ת ב"ה וב"ש שהוא חי וקים לעד ולעולמי עולמים וחיותו הוא עצמיות יכול ליתן חיות לאדם המקרי, אבל לא כן האדם שאין חיותו עצמיות. אמנם אין זה כי אם מחמת שהצדיק מדבק עצמו בהש"י ב"ה, ונמצא חיותו דבוק בהחיים הנצחיים העצמיות, והוי ליה חיותו של הצדיק ג"כ עצמיות ונצחיות, כי עצם אל עצם יחד ידובקו, ולכן יש כח ביד הצדיק להמשיך חיות אל החולה. ואם תאמר א"כ יהא הצדיק חי וקים לעולם, זה בלתי אפשרי מחמת שהצדיק אינו תמיד בהדביקות, ולפעמים נפסק מהדביקות כי העולמות כך נבראים, מטי ולא מטי (בזהר ח"א טז, ב) (בזהר ח"א סה, א), דהיינו שהצדיק צריך להיות הולך תמיד ממדריגה למדריגה, וברצותו לעלות להמדריגה היותר גבוה ועליונה, צריך להוריד ולשוב קצת למטה ואח"כ עולה למדריגה היותר גבוה, ובהגיע עת וזמן הילוכו בדרך כל הארץ לעלמא דקשוט והוא נפסק מהדביקות, אזי ילך ויאסף אל עמיו. ואמנם זה היה חפצו ורצונו של המקום ב"ה שנהיה אנחנו כולנו דבקים בו,

ולכן אנכי ולא יהיה מפי הגבורה שמענו, כי אנכי הוא מצות עשה, ולא יהיה לך הוא מצות ל"ת באלקות, והם דברי דביקות, ולכן אמר לנו השי"ת ב"ה בעצמו למען נהיה דבקים בו בהחיים הנצחיים.

וזהו פירוש "אני אמרתי אלקים אתם", דהיינו שתהיו דבקים בה' ע"י מדריגת אלקים, היינו הל"ת לא יהיה לך כו', "ובני עליון" היינו מ"ע אנכי שהוא עליון על כל, ונמצא שאתם דבוקים בהחיים הנצחיים, "אכן כאדם תמותון" דהיינו בהפסק עצמכם מהדביקות.

וזהו פירוש ג"כ "ואתם הדבקים בה' חיים כלכם היום", הנה מלת "היום" מיותר. אמנם ע"פ הנ"ל יבואר, דהיינו שאתם דבוקים בה', "כולכם" כל אחד ואחד ע"י דביקות בהשי"ת בחיים הנצחים הוא חי, אך אין זה כי אם "היום", דהיינו בכל יום ויום צריך לחזור ולדבק בו ית' כנ"ל, כי א"א שיהיה בדביקות בתמידות.

וזהו שאמרו ישראל "היום הזה ראינו כי ידבר אלקים את האדם", דהיינו עם האדם כמדברים זה אל זה, שהשי"ת ב"ה מדבר וגוזר והצדיק גוזר ומבטל, אף אם נגזר ח"ו מיתה על האדם, הצדיק יכול להמשיך לו חיות, וא"ת כנ"ל האיך האדם אשר חיותו בלתי עצמיות יכול ליתן חיות? לזה אמר "וחי", היינו ע"י הדביקות שיש לו בהשי"ת בחיים הנצחים ונמצא חיותו ג"כ עצמיות, ואמרו "אם יוספים אנחנו" דהיינו מה ששמענו מפי הגבורה אנכי ולא יהיה לך, שהם מ"ע ול"ת באלקות, והוא הדביקות, יכולים היינו שפיר לשמוע ולחיות, אך אם יוספים אנחנו לשמוע שאר מצוות מפי השי"ת ב"ה בעצמו, זה א"א שידבר השי"ת עם האדם וחי כי אם לצורך איזה דבר, היינו שדבר ה' עם משה פנים בפנים כדי לדבר אל ישראל, ואלולי זאת "מי כל בשר כו'", לכן "קרב אתה ושמע".

**עקב**

והיה עקב כו' ואת החסד. ע"פ מה שאמרו "מה שעשתה חכמה עטרה כו' עשתה ענוה עקב לסולייתה", והפירוש פשוט שהענווה הוא המקור והשורש של כל דבר קדושה והוא המקיים הכל, ולכך נקראת בלשון 'עקב' כמו הרגל שהוא הקיום שהגוף עומד עליו. נמצא שבכל דבר שאדם עושה צריך להיות שתהיה בעובדא ההיא הענוה. וזהו "והיה עקב" צריך "תשמעון את המשפטים האלה", פירוש בכל המשפטים האלה תראו להשרות בתוכם העקב היא הענוה, "ושמרתם ועשיתם אותם", פירוש בכל מצוה תפעלו ב' דברים, האחד עשיית המצוה במעשה, והב' המחשבה הטהורה בה והיא הענוה, והמחשבה נקרא בלשון שמירה ששומר הדבר בתוכו, וזהו "ושמרתם ועשיתם אותם" רמז על ב' דברים הנ"ל. ולזה הבטיח לנו בוראינו ית' בשביל ב' דברים שתעשו גם אני אשפיע לכם ב' דברים אחרים כנגדן והם הברית והחסד, ה"ברית" הוא מי שזוכה לעשות מצוות שהם נקראים ברית, ו"חסד" הוא מה שמשפיע השי"ת לאדם בעוה"ז טובה רק מצד החסד, כי שכר מצוה בהאי עלמא ליכא ואעפ"כ מטיב לנו תמיד, וזהו שאמר דוד המלך ע"ה (תהלים קיט, קיב) "נטיתי לבי כו' לעולם עקב", פירוש עיקר השגחתי היתה לעשות החוקים ע"י מדת העקב היא הענוה כנ"ל. וק"ל.

או יאמר "והיה עקב תשמעון כו'", נ"ל דהנה האדם צריך ללמוד תורה לשמה ולהסתכל תמיד על הפניות, אם יבוא לו בתוך לימודו איזה פניה להתפאר בפני שום אדם וכיוצא בהם, אזי ישבר כח הפניה הזאת, ואז כשיתנהגו כך, יתן לו השי"ת שיבוא לידי מחשבות טהורות. וזהו "והיה עקב תשמעון כו'", פירוש כשתסתכלו על אותן הדברים שאדם דש בעקביו כפירש"י ז"ל והיינו כנ"ל, "ושמרתם" ר"ל ע"י תזכו לבוא לידי מחשבות טהורות שזה נקרא בשם שמירה כמ"ש "ואביו שמר את הדבר", "ועשיתם אותם", דהנה כתיב "ששת ימים עשה ה' את השמים כו' וביום השביעי שבת וינפש", נמצא ימי החול נקראים אצל השי"ת עשייה כמ"ש "ששת ימים עשה", "ויום השביעי" דהיינו הקדושה הוא הנפש הרוחנית, והיינו "שבת וינפש" ר"ל שנתן והכניס השי"ת נפש בתוך השבת דהיינו הקדושה והדביקות. ואצלינו נאמר בהיפך "ושמרו בני ישראל את השבת לעשות את השבת" דהיינו השמירה והמחשבה והדביקות שיש לנו בשבת, הוא נחשב לעשייה. וזהו "ושמרתם" כנ"ל שיהיה לכם מחשבה טהורה, "ועשיתם אותם" שזה נחשב אצליכם עשייה, שאתם עושים בזה עשייה שלימה.

וזהו שאמר דוד המלך ע"ה "נפשי לה' משומרים לבוקר כו'", דהנה השי"ת נתן בתוכנו בגופנו נפש רוח ונשמה, שהם כנגד שלש עולמות דהיינו עולם המלאכים ועולם הגלגלים ועולם השפל, דהיינו הנשמה היא כנגד עולם המלאכים, שהם כולם דבקים בדבקות גדול ואין להם שום מחשבה אחרת רק רצונם וחשקם תמיד לדבק אל הבורא ית', כך הנשמה אין לה שום סיבת עשייה אחרת רק רצונה וחשקה לדבק בהבורא ב"ה יתעלה ותמיד שומרת ומצפה על זאת. והרוח הוא כנגד עולם הגלגלים, שעל ידיהם ניתן כח והשפעה לדצח"מ, כן ע"י הרוח שבאדם הוא שואב השפעה למטה. והנפש הוא כנגד עולם השפל, שבנפש יש ג"כ נפש הבהמית המתאווה לדברים גשמיים, והנשמה והרוח שניהם שומרים ומצפים אל הקדושה והדביקות. ואמר דוד המלך ע"ה "נפשי לה'" שהיה מתפלל שיבוא אל הבחינה הזאת שגם נפשו לא יתאוה לשום דבר רק לדבק להקדושה, כמו הנשמה והרוח שהם "שומרים" תמיד ומצפים "אל הבוקר", דהיינו הקדושה והדביקות והחסדים הנקראים בוקר, כמו כן תתאווה נפשו לזאת, ומי יגרום לי זאת? "שומרים לבוקר" הם הנשמה והרוח יכריחו ויביאו גם הנפש להיות כמותם בלתי לה' לבדו. וק"ל.

או יאמר "והיה עקב תשמעון כו'", "עקב" הוא רמז לאנשים כאלה שאין להם שכל ובינה להשיג גדולת הבורא ועבודתו שלימה לעבדו באמת ובשלימות, רק שהם מחברים עצמם אל אנשי צדק ואמת היודעים ומכירים גדולת הבורא ב"ה ועובדים באמת, אזי נחשב גם להם כאילו גם הם עשו עבודתם שלימה כהצדיקים השלימים. וזהו "והיה עקב תשמעון את המשפטים האלה" כנ"ל, שהאנשים הפחותים בשכלם ישמעו ויחברו את עצמם אל אותן הצדיקים היודעים המשפטים האלה, "ושמרתם ועשיתם אותם" ר"ל יהיה נחשב לכם כאילו גם אתם שמרתם ועשיתם כמוהם. וזהו "נפשי לה' משומרים לבוקר", ר"ל כשאני מדבק עצמי לה' מחמת אותם אנשים הצדיקים השומרים ומצפים לבוקר כנ"ל, "שומרים לבוקר" ר"ל גם אנכי נחשב עם אותם השומרים לבוקר. וק"ל.

או יאמר "והיה עקב תשמעון", ונקדים לפרש פסוק (תהלים עב, ז) "יפרח בימיו צדיק ורוב שלום עד בלי ירח", דאיתא בגמרא אמרה לבנה לפני הקב"ה אי אפשר לשני מלכים להשתמש בכתר אחד ואמר הקב"ה תמעיט עצמך, ואמר צדיקים יקראו בשמך דהיינו שמואל הקטן דוד הקטן, וזהו "והיה עקב תשמעון", ר"ל שצריך לשמוע את המשפטים בענווה ולא להתגדל חלילה. והנה המשל בשעת פריחת הפירות אז הוא דבר נאה מאוד ונחמד למראה, כמו שאמרו חז"ל היוצא ביומי ניסן וראה אילנות מלבלבים מברך כו', ואחר גמר הפרי הוא טוב למאכל, ונמצא דבר גשמי בשעת הפריחה עיקר התאווה הוא לעינים וצריך לברך, ובשעת גמר הפרי העיקר התאוה למאכל. וזהו שנאמר אצל חוה 'ותרא האשה כי טוב העץ למאכל ותאוה היא לעינים', דהיינו שבפעם אחד היה לה שני תאויות והבינה שזה דבר קדוש מאוד, לכן "ותקח.. ותאכל". ואיתא "ואברהם זקן בא בימים" ופירשו שלא חיסר מימיו כלום, שבכל יום ויום השלים עבודת הבורא ב"ה. וזהו "יפרח בימיו צדיק" ר"ל הצדיק שכל ימיו שלמים בעבודתו ית', והם כמשל פריחת הפירות שפורח בקדושתו ומעשיו נאים ונחמדים כל ימיו, "ורוב שלום עד בלי ירח" הצדיק הזה הוא מרבה שלום בעולם, אף שאינו בקטנות דהיינו מדריגת ירח. וק"ל.

ועוד נראה לפרש הדקדוק שכבר דקדקו קמאי, והוא שאמר "עקב תשמעון כו' ושמרתם כו' ושמר ה' כו' את הברית כו' אשר נשבע לאבותיך", הלא כשהם בעצמם ישמרו ויעשו את החוקים והמשפטים, למה להם הבטחה זאת אשר נשבע לאבותיך?

אך נראה דאיתא בגמרא "בני חיי ומזוני לאו בזכותא תליא מילתא אלא במזלא", ולכאורה יש להבין למה אינם תולים בזכות? וגם הא איתא בגמרא אין מזל לישראל. ונראה כוונת חז"ל דהשלש האלה הם צורך העולם בתמידות בלי הפסק, והשי"ת ברוב רחמיו וחסדיו הגדולים חסדו בזה שלא לתלות השלש אלה בזכות האדם עצמו, כי אולי לא יהיה זכות כ"כ שיזכה לשלש אלה, מה עשה הקב"ה? תלה אותם במזל, דהיינו הזכותים והמצוות של אבותינו, עשה מאותם מצוות והזכות מזל, כדי שיבוא לבניהם השלש אלה ע"פ מזל בהכרח אף למי שאינו הגון כ"כ, והמצוות שעושין הבנים הקב"ה מצפין אותם ג"כ לבניהם אחריהם וכן לעולם, וזה באמת אין מזל לישראל שיהיו נהוגין על פיו כשאר האומות, רק שיש להם מזל כזה מזכויות אבותיהם.

ולכן נאמר באברהם ויוצא אותו החוצה, ודרשו חז"ל צא מאצטגנינות שלך מה חזית דקאי צדק במערב כו' ע"ש, ואשנה את מזלך, מחמת שלא היה לאברהם זכות אבות והוכרח שיהיה לו בן ע"פ שינוי המזל, וזכיותיו וצדקותיו ישארו ויגנזו לזרעו אחריו שיהיה להם כמזל כנ"ל.

וזהו "והיה עקב תשמעון כו' ושמרתם כו' ושמר ה' לך אשר נשבע לאבותיך", וזכות עצמך ישאר לך ולזרעך אחריך, ולמה כן? ואמר "ואהבך", דהיינו שרוצה להטיב עמך את שלש האלה, דהיינו "והרבך" רמז לחיי שירבו ימיך, "וברך פרי בטנך" היינו בני, " דגנך ותירושך כו'" היינו מזוני, ובשביל השלש האלה "ישמור לך אשר נשבע לאבותיך" שיהא למזל כנ"ל, וזכות עצמך יהיה ג"כ "לזרעך אחריך עד עולם", אכי"ר.

או יאמר "והיה עקב תשמעון כו'", בצירוף הפסוק בתהילים "כשמן הטוב היורד על הזקן זקן אהרן שיורד על פי מדותיו", דאיתא בגמרא אין מושיבין זקן בסנהדרין, והטעם מחמת שטבע הזקן הוא קצת אכזריות ואינו כ"כ במדת רחמנות, אך לא כמדת הקב"ה מדת ב"ו, שהקב"ה נגלה על הים כזקן מלא רחמים, והוא מחמת שהרחמים נשפעים מעולמות העליונים ששם כולו רחמים, ומשם יורדים הרחמים ונשפכים על הזקן ונעשה גם הוא רחמים, וזהו "כשמן הטוב" היינו רחמים הגמורים, "על הראש" רמז לעולמות עליונים הנקראים ראש, "יורד על הזקן" ר"ל שהרחמים יורדים משם על הזקן, ונעשה הזקן "זקן אהרן" היינו רחמים גמורים, דאהרן היה אוהב שלום ורודף שלום, והכהן הוא חסד ורחמים, "שיורד על פי מדותיו" פירוש שהרחמים יורדים ע"פ מדותיו של הקב"ה כנ"ל, שלא כמדת הקב"ה מדת ב"ו, שמדת ב"ו הזקן הוא טבע אכזריות ומדת הקב"ה הוא זקן מלא רחמים, והבן. ולא כמדת הקב"ה כו', שהשי"ת ב"ה הוא ממתיק מלמעלה למטה כנ"ל, ואנחנו ברצותינו להמתיק הדינים, אנו צריכין להתחיל מלמטה למעלה להמתיקם עד שורשם.

וזהו "והיה עקב כו' המשפטים" ר"ל הדינים, "תשמעון" להמתיקם מן ה"עקב" דהיינו מלמטה כנ"ל, "ושמרתם ועשיתם אותם" פירוש ע"י שתהיה לכם מחשבה טהורה כנ"ל, "שמירה" היא רמז למחשבה, ע"י "ועשיתם אותם" שתהפכם לרחמים. וק"ל.

ואכלת את כל העמים כו'. נראה לפרש ע"פ הכתוב "הן עם לבדד ישכון ובגוים לא יתחשב", ופירש רש"י ז"ל "כשהן שמחין אין אומה שמחה עמהם וכשהאומות בטובה הם אוכלים עם כל א' וא' ואין עולה להם מן החשבון", ויש לכוון ג"כ הפירוש כאן, "ואכלת את כל העמים", ר"ל כשיהיו האומות בטובה תאכל עם כל אחד ואחד, "ולא תחוס כו'", דהנה מטבע האדם שמקבל טובה מאיזה אדם הוא מחזיק לו טובה וחנות ומרחם עליו בשעת דוחקו, ואמר הכתוב "ולא תחוס עינך עליו ולא תרחם עליו", ואף שמדת בני ישראל להיותם רחמנים כמ"ש חז"ל כל המרחם על הבריות בידוע שהא מזרעו של אברהם וכל שאינו מרחם כו', ושמא תחוש ותאמר באם שלא תרחם עליהם תהיה חשוב כעושה מעשיהם ועובדותיהם, ואמר הכתוב "ולא תעבוד את אלהיהם", ר"ל שבזה לא תהיה חשוב כעובד אלקותם ח"ו, "כי מוקש הוא לך" כשתרצה לחוש לזה ולרחם עליהם יהיה לך למוקש, ולא תרחם ולא תחנם כלל וכלל, ומלמד אותנו הכתוב באומרו "כי תאמר בלבבך רבים הגוים", ר"ל "כי" הוא לשון אלא, דהיינו שתצעק תמיד עליהם ותאמר בלבבך שרבים הם, "איכה אוכל להורישם" אם לא בתשועת השי"ת שהוא ילחם לנו, ואז בודאי לא תירא מהם. וק"ל.

ועתה ישראל מה ה' אלקיך שואל מעמך כי אם ליראה כו' ללכת כו' ולאהבה כו' בכל לבבך כו'. הדקדוק מפורש, מה המקרא חסר עוד מלפרשו שחושב ומונה כל העבודות הללו יראה ואהבה וללכת בכל דרכיו, ומה יש עוד לעשות שאמר הכתוב שואל מעמך כי אם כו'. ונראה לפרש דהנה הבורא ב"ה לא ברא את עולמו רק להטיב לברואים, אך שצריך לזה כלי נכון ומוכשר שיוכל לקבל ההטבה, והנה המשל מי שרוצה לשלוח לחבית יין או דבש ואין לו כלי נאה ויפה, שואל מחבירו זה שיש לו כלי נאה של כסף וממלא אותה יין או דבש ושולח לזה שהכלי שלו, והנמשל מובן, שהאדם הוא הכלי לקבל, וזה הוא הכשרו ותיקונו של הכלי דהיינו האדם שיהיה מוכשר לקבל הטובות והשפעות הבורא ב"ה הוא היראה ואהבה וקיום מצוות ה' וחוקותיו וכל דרכיו, ואז הוא כלי נאה ויפה, ושואל השי"ת הכלי הזאת וממלא אותה כל טוב.

וזהו "מה ה' אלקיך שואל מעמך", ר"ל אימתי השי"ת שואל מה שיש עמך, דהיינו הכלי שלך, כדי למלא אותה משפעת טובו וברכותיו, "כי אם ליראה" ר"ל זה בלתי אפשרי כי אם שתעבוד אותו בכל העבודות המנויים והמפורשים בפסוק, ואז תהיה כלי יפה ונאה ומוכשר לקבל, וישאל ממך הכלי שלך, דהיינו את עצמך, "לטוב לך" כדי שייטיב לך, ועל ידך יבואו טובות והשפעות לכל ישראל. וק"ל.

והיה אם שמוע תשמעו אל מצותי כו' ונתתי מטר ארצכם כו'. נראה לפרש, דהנה צריך האדם לעסוק בתורה לשמה בכוונה שלימה, וכן כל דיבור ודיבור שיוצא מפיו צריך לכוין בו מאד שלא יהא דבר בטל, ולקשר את הדיבור בעולמות העליונים, ויש לומר שזה הוא כוונת חז"ל שדרשו "ולא יהיה בך עקר" - שלא יהא תפילתך עקורה, ורש"י ז"ל פירש עקר שאינו מוליד, והכל אחד, דתפילה הוא לשון קשר, ואמר הכתוב ולא יהיה בך עקר, ופירושו שלא יהא תפילתך, דהיינו הדיבור שאתה מוציא מפיך, שצריך אתה לקשרו בעולמות העליונים, שלא יהיה קישורך עקורה, ר"ל שלא תפעול ח"ו בדיבורך, וזהו שפירש"י ז"ל שאינו מוליד, שדבורו אינו מוליד איזה ולדות, דהיינו הטבה, רק שצריך שתקדש עצמך בלימודך ודיבורך שלא יצא דבר בטל מפיך, והסתכל בדיבורך מאד לאיזה תועלת יהיה דיבורך, ואז תפעול כל אשר תרצה.

וזהו כוונת התנא "אל תהי מפליג לכל דבר כי אין לך דבר שאין לו מקום", פירושו כנ"ל, שלא תוציא דיבורך לבטלה ויהיה מופלג ומופרש ח"ו מעולם העליון, וזהו "אל תהי מפליג לכל דבר" ר"ל לכל דיבור, רק תכוין מאוד לקשרו בעולם העליון, "שאין לך דבר שאין לו מקום", דהעולמות העליונים נקראים "מקום", וכל דיבור ודיבור היוצא מפי אדם בקדושה, יש לו עולם מיוחד לאותו דיבור בעולם השייך לו לפעול פעולתו.

וזהו "והיה אם שמוע", ודרשו חז"ל השמע לאזניך מה שאתה מוציא מפיך, דהיינו שתכוין בדיבורך מאוד היוצא מפיך שיהיה בכוונה, שישמעו האזנים הדיבור הזה, ולא כאדם המדבר שהורגל לשונו לדבר ואזניו אטומים לשמוע מה שמוציא מפיו, שהוא מחשב בדברים אחרים, ונמצאו דבריו בטלים שאין פועלים כלל. ורש"י ז"ל פירש "אם שמוע בישן תשמע בחדש", ונוכל לומר שרש"י ז"ל ג"כ מרמז לדברינו הנ"ל, ד"ישן" היינו התורה הנתונה לנו במדבר על הר סיני, כאשר תשמע בה, דהיינו שתלמוד לשמה במחשבה טהורה, "תשמע בחדש" ר"ל ע"י זה תשמע דבר חדש, ומה הוא הדבר החדש? אמר הכתוב "ונתתי מטר ארצכם כו' ואספת דגנך", לכאורה למה שינה הכתוב באמרו "ארצכם" לשון רבים - ואספת "דגנך" לשון יחיד? יש לומר מחמת שהצדיק הזה הרוצה להמשיך השפעות לעולם, צריך להסתיר את דיבורו באיזה תורה בפני המקטרג, וצדיק כזה הלואי המצא ימצא אחד בעיר, לכן אמר בלשון יחיד ואספת כו', שהוא מלשון "ואספתו אל תוך ביתך", דהיינו שהצדיק יסתיר את דיבורו הצריך לו לפעול לבל יבחין המקטרג, וע"י זה יפעול השפעות טובות לכל ישראל, וזהו "ונתתי מטר ארצכם" לכל, ע"י צדיק המיוחד, והכתוב מלמדו "ואספת דגנך" ר"ל כנ"ל. וק"ל והבן.

כל המצוה אשר אנכי מצוך היום כו'. ע"פ הגמרא "אמר ר"ח הכל בידי שמים חוץ מיראת שמים שנאמר ועתה כו' כי אם ליראה", ומקשה הגמרא "אטו יראה מלתא זוטרתי, אין לגבי משה כו'". ומקשים המפרשים איך תלוי קושיית הגמרא בר"ח ולמה לא על הפסוק גופא. ונראה בוודאי הקושיה היא על הפסוק, אלא שעל הכתוב עצמו הייתי אומר שאין הקושיה גדולה כ"כ, כי נותנין לו סייעתא דשמיא לבוא אל היראה, וא"כ היא מילתא זוטרתי כיון שהיא בידי שמים לסייע לכל אדם, אלא שר"ח אומר שאין זה בידי שמים, פירוש שצריך האדם להתעורר בעצמו לבוא אל היראה בלי שום סיוע, ואז מקשה שפיר אטו יראה כו'. היוצא לנו מזה שצריך האדם להזדרז אל היראה תמיד שלא ישכח כי אין לו סיוע, וזהו ג"כ פירוש הפסוק "ועתה כו' שואל מעמך", פירוש נעשית שואל על היראה, כמו השואל החייב באונסין כן אתה צריך להשגיח תמיד שלא תאבד ממך היראה בשום פנים אף באונס.

וזהו "כל המצוה אשר אנכי מצוך כו'", פירוש עיקר המצוה היא שתשרה בתוכה היראה הנקראת "אנכי", פירוש ממני, שתראה שתהיה שכינתי שורה במצוה ההיא ע"י היראה. וק"ל.

**ראה**

ראה אנכי נותן לפניכם כו'. כבר דקדקו קמאי דפתח בלשון יחיד "ראה", ו"לפניכם" הוא לשון רבים. ונראה לפרש בצירוף הפסוק "לעושה אורים גדולים כי לעולם חסדו", דהנה השני האורות הם אהבה יראה, והם היו שניהם גדולים כאחד דיש יראת רוממות, והנה כשאמרה הלבנה "אי אפשר לשני מלכים כו'", היה כוונתה שתעלה במדריגה, או היא או החמה, ולא שימעיט מדריגת אחד חלילה, והשי"ת ב"ה ראה שזה בלתי אפשרי מחמת הרשעים שצריך ליראם ביראת העונש, ואמר לה "לכי המעיטי עצמך", והיינו יראה קטנה, תחילה יראת העונש.

ובאמת איתא באור של ז' ימי בראשית "ראה שאין כדאי כו' וגנזו לצדיקים לעתיד לבא", דאנו אומרים "יוצר אור ובורא חושך", והיה לו לומר "יצר אור כו'" לשון עבר ולא לשון הווה, אלא האמת הוא שהשי"ת ברוב רחמיו יוצר אור תמיד, דהיינו הצדיק ההולך בדרכי השם באמת ובתמים, אליו נראה ונגלה אור הגנוז, ובכל יום יום שהצדיק הולך במדריגה יותר, נתגלה לו האור יותר. וזהו "ראה שאין כדאי כו' וגנזו לצדיקים לעתיד לבא", ר"ל שהצדיקים עתידים להיות לבוא אל האור הזה הגנוז שנתגלה אליהם. וזהו "לעושה אורים גדולים" ג"כ לשון הווה.

והנה יראת העונש יכול להיות לאדם אף שאין רואה הדבר המיראו, רק באומרים לו למשל "אל תלך אל המקום הזה ששם הוא דבר הממית והמזיק", הוא מתירא ואינו הולך, אבל אהבה בלתי אפשרי להיות לאדם כי אם בראותו הדבר הנאהב, וכל זמן שאין רואה בעיניו אין לו רק השתוקקות לראות, ואהבה הוא האחדות, ולכן אהבה בגימטריה אחד. והנה בהיות האדם במדריגה זו באחדות, צריך שמירה תמיד ולהחזיק עצמו שעדיין אינו במדריגה זו, ונמצא שורש הדבר אהבה נקרא בשם ראיה כנ"ל, שאין אהבה נגמרת אלא בראיה.

וזהו "ראה", פירוש כשאתה במדריגת אהבה הנקרא בשם ראיה, "אנכי נותן לפניכם", ר"ל עדיין צריך להחזיק עצמך שאינך במדריגת אחדות גמור, רק "לפניכם" שהוא לשון רבים, ועדיין אתה כשאר בני אדם, כי אם "היום ברכה וקללה", ר"ל תחזיק עצמך כאילו התחלת היום להרגיל עצמך במדריגת אהבה ויראה, "ברכה" רמז לאהבה "וקללה" רמז ליראה, דהיינו רצועה לאלקאה, "את הברכה אשר תשמעו כו'", י"ל ע"פ המשל אדם שהיה בו איזה חולשה ר"ל ונתרפא ממנה, אזי בכל עת ורגע הוא מעיין ושומע אם חלילה החולשה הזאת מתעורר בו, כן הנמשל בכל אדם צריך בכל עת ורגע לשמוע בעצמו ולעיין אם הוא יוצא ידי חובתו בעשיית מצוות ה', אם אין מתעורר בו ח"ו איזה דבר שאינו הגון, וזהו "את הברכה אשר תשמעו" ר"ל זה הוא ברכה לאדם אשר תשמעו אל כו' כנ"ל, שתשמעו ותעיינו תמיד אף בעשותכם מצוותיו ית"ש אם אין אתם מחסרים בהם, "והקללה אם לא תשמעו" ר"ל אם לא תשגיחו על עצמיכם כנ"ל, לכן צריך האדם להסתכל תמיד ולהשגיח על עצמו בכל עת שזה יהיה ברכה לו ולזרעו עד עולם. וק"ל.

או יאמר "ראה אנכי נותן לפניכם ברכה כו'". ונקדים לפרש פסוק "זכר רב טובך יביעו כו'", דכבר כתבנו מזה פעמים הרבה שהצדיק הוא מעורר רחמים תמיד ע"י תורתו הקדושה שעוסק בה לשמה, וע"י מצוותיו ית"ש, וע"י השבחים והשירות שנותן ומשבח להבורא ב"ה יתעלה, שאיתערותא דלתתא הוא איתערותא דלעילא, והוא דאמרינן בגמרא "אין טיפה יורדת מלמעלה אלא אם שני טיפות עולות מלמטה". וזהו "זכר רב טובך יביעו", מלשון "מים תבעה אש", כששופכין מים על אש המים מבעבעין (בבא קמא ד, ב), וזהו "זכר רב טובך", פירוש שיזכר רב טובך להשפיע לעולם, "יביעו" ר"ל לזה צריך איתערותא דלתתא, והוא כמשל המים שמבעבעים ועולים ב' טיפות מלמטה, כן הצדיקים מבעבעים קדושתם ואיתערותם דלתתא כפי יכולתם, והשי"ת משפיע לעולם רב טוב ורחמים גדולים, ומה הוא איתערותם דלתתא? ואמר "וצדקתך ירננו", ר"ל ע"י צדק וחסד שעושים ושיר ושבח שנותנים לו ית' ועי"ז נמתקים הדינים, אך גם זאת צריך הצדיק לעורר הגבורות והדינים על האומות, וזהו "כבוד מלכותך יאמרו", פירוש הצדיקים ע"י מעשיהם הטובים כנ"ל ממשיכים את הבורא ב"ה לעולמות, לעשותו מלכות בחסד ורחמים, וזהו "יאמרו" דהיינו אמירה רכה, "וגבורתך ידברו" ר"ל והגבורות הקשים, "דיבור" הוא לשון קשה, צריכין ג"כ למען "להודיע לבני האדם גבורותיו", דבני האדם הם האומות, כדאיתא בתוס' בע"ז (בבא קמא ג, א) החילוק שבין "אדם" ל"האדם", דישראל נקרא "אדם" והאומות נקרא "האדם".

וזהו "ראה", כנ"ל רמז להצדיקים שהם במדריגת אהבה הנקרא בשם ראיה כנ"ל, "אנכי נותן לפניכם ברכה וקללה", דהיינו הקללה על האומות, והברכה היינו הרחמים על ישראל, כל זה יהיה מסור בידכם, שאתם בצדקותיכם תפעלו הכל. וק"ל.

עשר תעשר את כל תבואת זרעך כו'. נ"ל ע"ד שאמר התנא "שכר מצוה מצוה", וזהו הפירוש "עשר תעשר", כשתתן מעשר פעם אחד תזכה עוד לעשר, "את כל תבואת זרעך היוצא השדה שנה שנה", ר"ל גם תזכה שכל תבואת זרעך שהוציאה השדה בשנה העברה, תהיה לשנה הבאה הברכה בשדה שיעלה המעשר כמו כל התבואה של שנה העברה, וכן כל שנה ושנה, וזהו "תעשר את כל כו' שנה שנה".

או יאמר "עשר תעשר". דהנה ידוע שכל מצוה ומצוה צריך האדם להכניסה לעשר, שכל העולמות כלולים מעשר, וכמו כן צריך להיות עשיית המצוה, ובכל פעם שמעלה את המצוה לעולם עליון היותר גבוה, גם שם הוא כלול מעשר כידוע. וזהו "עשר תעשר" ר"ל שתראה כל המצוות לכוללם בעשר בכל עולם ועולם שתעלה אותה, "את כל תבואת זרעך" היינו המצוות הנקראים זרע ותבואה, וזהו "בבוקר זרע זרעך כו'", ר"ל "בבוקר" כשתהיה בבהירות ובקדושה המאיר לך כבוקר אהבה ודביקות הבורא ב"ה, אז "זרע זרעך" תתאמץ לעשות מצוות הרבה, "ולערב" ר"ל גם אם חלילה יהיה לך ערב ולילה, שאין לך בהירות וקדושה ודביקות, אעפ"כ "אל תנח ידך", אל תתיאש ותתאמץ לעשות מצוותיו ית"ש.

ונחזור לעניננו, "את כל תבואת כו' היוצא השדה", פירוש כל המצוות היוצאים בהשדה העליונה, הוא שדה תפוחים ששם הוא שורש המצוות, וריח הטוב העולה מהמצוות שם הוא, וזה שאמר יצחק אבינו ע"ה "ראה ריח בני כריח שדה אשר ברכו השם", ר"ל שאני רואה שהריח הטוב למטה כמו ריח העליון חקל תפוחים, "שנה שנה" ר"ל שכל מצוה ומצוה עולה אל עולם המיוחד לה, שנה בגימטריה ספירה, "ואכלת לפני ה' אלקיך", דהנה אנו אומרים "ברוך אתה ה' אלהינו", היינו שמתחילה אנו אומרים שהוא "אלקינו", ואח"כ אנו ממשיכים את הבורא ב"ה לעולם הנקרא בשם "מלכות", ולשכן את שמו ית' במקום אשר יבחר בו, וזהו שאומרים "מלך העולם". וזהו "ואכלת", דעשיית המצוה נקרא "אכילה", שהוא התענוג והדביקות, "לפני ה' אלקיך" כנ"ל שהוא אלקינו, "במקום אשר יבחר לשכן שמו שם", פירוש ואח"כ תכוין לפעול להמשיך ולשכן את שמו ית' בהיכל קדשו כנ"ל שהוא מלך העולם, "מעשר דגנך כו' למען תלמד ליראה כו' כל הימים", פירוש ע"ד שכתבתי לעיל שגם בעשותך כל מצוות ה' תחזיק עצמך שעתה התחלת להרגיל עצמך ביראת השם, ככה תעשה כל הימים.

"וכי ירבה ממך הדרך", ר"ל אבל אם יהיה דרכי השם רב וגדול בעיניך, באומרך "כי לא תוכל שאתו" שבלתי אפשרי לעמוס עליך המשא הזאת, "כי ירחק ממך המקום אשר יבחר לשכן שמו שם", ר"ל שיהיה רחוק בעיניך שתוכל לפעול כנ"ל, שישכון השי"ת ב"ה בעולמו במלכותו, תדע הסיבה שהביאך לחשוב זאת הוא מחמת "כי יברכך ה'" בממונך ובכל טובך, "ונתת בכסף" ר"ל ולא נתת כל מחשבותיך רק בממונך, ואמר הכתוב זאת העצה "וצרת הכסף", דאיתא בגמרא "אין מחללין מעשר שני על אסימון אלא על כסף שיש בו צורה", וזהו "וצרת הכסף" שתעשה צורה קדושה על הכסף, "בידך" אשר ברשותך, "והלכת אל המקום כו'", ר"ל ותלך עם ממונך בדרכי השם, "אשר יבחר ה' בו, ונתת הכסף בכל אשר תאוה נפשך", פירוש שתעשה עם ממונך דברים שהנפש מתאוה ולא הגוף העכור החומד ומתאוה לתענוגי והבלי עולם, אלא תרבה בצדקה כפי יכולתך, "וחטאך בצדקה פרוק", "בבקר ובצאן כו'", ר"ל רמז שתרבה בצדקה לכל, הן לפשוטי עם והן לצאן הוא צאן קדשים, "וביין ובשכר" רמז לת"ח, ע"ד שאמרו חז"ל "הרוצה לנסך יין ע"ג המזבח ימלא גרונם של ת"ח יין", "ובכל אשר תשאלך נפשך", ר"ל וכן בכל דבר תראה שלא יהא שום תאוה חיצונית רק מה שישאלך נפשך, אז "ואכלת לפני ה' כו'" תזכה לעשות מצוות ה' ככל הצדיקים כנ"ל. וק"ל.

או יאמר "עשר תעשר כו'", דהנה צריך האדם לעבוד את הבורא ב"ה במעשה ובמחשבה, דהיינו בכל מצוה ומצוה שעושה, צריך לעשות המעשה בקדושה עם המחשבה, וזהו "עשר תעשר" רמז להקדושה צריכה להיות כפול בשני אופנים, דהיינו במעשה ובמחשבה, "את כל תבואת זרעך" רמז לכל כללות המצוות נקראים "תבואות זרעך", פירוש לפי הזריעה שלך, כמשל מי שזורע תבואה נקייה בלי פסולת אזי מצמיח ג"כ תבואה נקיה, ומי שזורע תבואה מעורבת עם פסולת אזי עולה ומצמיח ג"כ התבואה מעורבת עם פסולת, כן במצוות האדם אשר עושה, יש שעושה בלי שום תערובת סיג ופסולת, ויש שעושה המצוה בתערובת כל אחד לפי בחינתו, ואמר הכתוב שצריך אתה לעשות בקדושה "כל תבואת זרעך" במעשה ובמחשבה כנ"ל, "היוצא השדה", ר"ל שהמצוה יוצאת ועולה אל השדה העליונה הוא שדה תפוחים כידוע, "שנה שנה" רמז שכל שנה ושנה צריך האדם לעבוד הבורא ב"ה בבחינה יתירה בהתגברות קדושה.

או יאמר "היוצא השדה שנה" רמז שפועל ע"י המצוה שהש"י יוצא מעולמו העליון אל העולמות התחתונים הנקראים "שנה", וגם האדם מעלה את נשמתו למעלה, וזהו "שנה שנה" כפול, ומלמד אותנו הכתוב דרכי השם שנלך בעבודתו ית', היינו "ואכלת לפני ה'" ר"ל שתתנהג באכילתך שיהיה הכל לפני השם דהיינו בקדושה, ומפרש הכתוב "מעשר דגנך כו'", פירוש שצריך האדם לדמות לעצמו כאילו אוכל מעשר או בכורות קדשים כמו שהיו הלוי וכהן אוכלין בפרישות גדול ובקדושה גדולה, כן תעשה שיהא דומה בעיניך כאילו הוא תרומה או מעשר, "למען תלמד ליראה את ה' כו'" ר"ל ע"ז תרגיל את עצמך שתבוא לך יראה שלימה מהבורא יתעלה.

"וכי ירבה ממך הדרך" ר"ל אם רב הוא ממך עבודת הבורא ב"ה, ותאמר בלבך "כי לא תוכל שאתו" שקשה עליך מאד והרבה בעיניך עבודתו ית', אמר הכתוב תדע "כי ירחק ממך המקום" ר"ל זה הוא מחמת שהמקום ב"ה רחוק ממך, אבל מי שמקרב עצמו להבורא ב"ה ע"י מעשיו, אזי השי"ת קרוב אליו וקרוב אליך הדבר בפיך ובלבבך לעשותו, וכל אשר תעשה לעבודתו יתברך יהיה מעט בעיניך, ואמר הכתוב מי שקשה עליו עבודתו ית"ש אזי זאת העצה היעוצה, "ונתת בכסף" ר"ל שתתן עצמך אל הכסף, שתתקן את מעשיך ע"י הכסף בנתינת צדקה, "וצרת הכסף" פירוש ותראה שתעשה צורה על הכסף אשר תקח "בידך" דהיינו בידים טהורות מגזל וגניבה ושאר דברים אסורים, אזי כשתקח הכסף באופן הנ"ל, מיד תעשה עליו צורה קדושה, שתשרה קדושה על הכסף הזה, "והלכת אל המקום אשר יבחר ה' כו'" ר"ל ע"י הכסף הזה תוכל לילך אל המקום אשר יבחר ה' בעבודתו יתברך, ואז "ונתת הכסף בכל אשר תאוה נפשך", ר"ל אחר שתתנהג עצמך בכספך בקדושה כנ"ל, אז גם אם תתן הכסף בכל תאוות נפשך בבקר כו', "ובכל אשר תשאלך נפשך" ר"ל שלא יהיו אז התאויות אצלך תאווה ממש מתמדת ועיקר, רק כעין שאלה יהיה אצלך, כדבר הנשאל לאדם, שהוא מחזיר את השאלה ואינו שלו, כן לא יהיו התאוות אצלו רק כשאלה ותלך ממנו התאוה מיד. וק"ל.

השמר לך פן תעזוב את הלוי כל ימיך על אדמתך. נראה לפרש דאיתא בגמרא "ההולך בדרך ואין עמו לויה יעסוק בתורה", ונוכל לומר שרמזו לנו בזה איך לעשות להתנהג ולילך בדרכי השם יתברך. דהנה הצדיק גמור והקדוש אשר כל מחשבותיו טהורים צלולים בצחצחות גמור והולך תמיד בדבקות וקדושה, וגם כשמדבר עם בני אדם נראה כמדבר דברים גשמיים אבל באמת כל מחשבותיו להבורא ב"ה גם בדברים האלו, ועושה יחודים בשעה שפוסק מלימודו, זה נקרא בשם "לוויה", לשון חיבור ודביקות, ע"ד הפעם ילווה אישי כו'. ואמרו חז"ל "ההולך בדרך" ר"ל בדרכי השם ית' ב"ה, "ואין עמו לוויה" פירוש ואינו במדריגה זאת להתחבר ולהתדבק במחשבתו כנ"ל, אל יאמר אעשה כן גם אני וילמוד מהצדיק גמור לבטל ח"ו מלימודו, אלא "יעסוק בתורה" תמיד.

וזהו "לוויתן זה יצרת לשחק בו", ר"ל כנ"ל, שהצדיק נקרא בשם "לוויתן" לשון חיבור ודביקות, "זה יצרת", גם שאינו אלא מעולם יצירה, "לשחק בו", השי"ת משחק ומשתעשע עמו מאד, ועי"ז "כולם אליך ישברון לתת אכלם בעתו", שע"י הצדיק הזה הקב"ה משפיע לכל העולם, ור"ל "בעתו" כאשר כתבנו מזה במקום אחר דיש כ"ח עיתים שאמר שלמה המלך ע"ה, י"ד ימין וי"ד שמאל, והצדיק מכניס גם השמאל אל הימין ועי"ז באים רחמים והשפעות גדולות לעולם, וזהו "עת לעשות לה'" ר"ל "עת" הוא הצדיק שעושה ומכניס כ"ח עיתים לעת אחד לימין כנ"ל, "לעשות לה'" ר"ל ע"ד דאיתא כביכול כאילו עשאני, "הפרו תורתך" ר"ל הצדיקים כאלו מפירים גזרותיו של הקב"ה, שהוא גוזר והצדיק מבטל.

וזהו "שמאלו תחת לראשי וימינו תחבקני", ר"ל דהצדיקים יש להם כח כנ"ל להכניס השמאל אל הימין, והשמאל והימין הם ברשות הצדיק, וזהו "שמאלו תחת לראשי" ר"ל שהשמאל הוא בא אל העולם העליון הנקרא "ראשי", "וימינו תחבקני" עי"ז אני מחבק ומשתעשע עצמי עם הצדיק שהכניס הכל לימין.

וזהו "יבטח כי יגיח ירדן אל פיהו", ר"ל הצדיק שיש לו בטחון גדול על השי"ת ב"ה, "יגיח ירדן" היינו יר"ד די"ן, "אל פיהו" פירוש שבפיו הקדוש הוא מוריד ומכניע הדינים ומגיחם שלא יהא בהם כח וממתיקם.

וזהו "השמר לך פן תעזוב את הלוי", ר"ל שהכתוב מזהיר את הצדיק שלא יעזוב את הלוי, היינו דביקותו וחיבורו במחשבותיו הקדושים והטהורים בהבורא ב"ה, "כל ימיך על אדמתך" ר"ל כל זמן שאדם בעוה"ז צריך האדם שימור ולהתחזק תמיד בדביקות ושלימות בלי הפסק, ולדבק עצמו בדבק טוב כל הימים. אמן.

**שופטים**

שופטים ושוטרים כו'. נראה לפרש ע"ד דאיתא בגמרא "צדיקים יצר טוב שופטן כו'", יש לומר הפירוש כי כן דרך הצדיקים שיש להם מוכיח בקרבם המוכיח אותם, על כל מעשיהם אשר הם עושים מוכיח אותם על פניהם ומראה להם גם במעשיהם הטובים איך שחסרו ולא עשאום כהלכתן כראוי לעשות להבורא יתעלה, וזהו "יצר טוב שופטן", ולא כן הרשעים, כי נהפוך הוא שכל מעשיהם טובים בעיניהם, וגם המעשים רעים שעשו מראה להם היצה"ר שטוב עשו, וזהו "יצר הרע שופטן", "בינונים זה וזה שופטן" כמו שאמר התנא "כגון אנו בינונים", דהיינו שאדם צריך להחזיק עצמו בשני דרכים האלו להתווכח בקרבו תמיד על מעשיו, שיהיה תמיד לנגד עיניו שהוא בעל חסרון שמחסר בעבודתו ית"ש ואינו יוצא ידי חובתו, בעשותו אחת ממצוות ה' יבין וישכיל היטב ויחשוב שלא עשאה ככל הצורך בצלילות וזכות כראוי להשם יתעלה ויהיה שפל ונבזה בעיני עצמו, אך אעפ"כ לא יחזיק עצמו כרשע ח"ו, כאמרם ז"ל "אל תהי רשע בפני עצמך", והטעם הוא כי אם ח"ו יחזיק עצמו כרשע, אזי אין לבו בקרבו לעשות איזה מצוה או תורה ותפילה ואיזה עובדא כשרה וישרה, כי מתייאש עצמו באומרו שאין ראוי לזה, ונמצא צריך האדם להחזיק בשני מדריגות יחדיו יהיו תמים אצלו, כאמרם ז"ל "בכל לבבך בשני יצריך", וזהו כגון אנו בינונים, ו"בינונים זה וזה שופטם".

וזהו "שופטים ושוטרים תתן לך" רמז לשני שופטים הנ"ל, דהיינו היצר טוב והיצה"ר, ומכנה הכתוב להיצר הטוב בלשון "שוטרים", כי הוא כמו השוטר הרודה בעם לבלתי עשות רע, כמו כן היצה"ט המוכיח ומיסר לאדם בשבט פיו ומראה לו מה שחיסר בעבודה, "בכל שעריך", כי לכל דבר מצוה וקדושה יש לו שער בפני עצמו, וכל מה שאדם עושה בעוה"ז תורה או תפילה או איזה קדושה, הוא פותח שער של המצוה ההיא, וזהו "בכל שעריך".

"לא תטה כו' ולא תכיר פנים", דהנה כתיב "לא יהיה לך אלקים אחרים על פני" י"ל הפירוש כך, דהנה הבורא ב"ה הוא הנקרא פנים של כל דבר, כי כל דבר יש לו חלק אלקות המהווה ומחיה אותה, ואם ח"ו אדם חושב איזה מחשבה זרה או שהוא מסתכל איזה הסתכלות רע, אזי הוא מגרש ומרחק את הפנים ממנו, והמחשבות זרות וההסתכלות והרהורים רעים נקראים "אלהים אחרים", וזהו "לא יהיה לך אלהים אחרים כו'", וזהו "לא תכיר פנים" ר"ל שלא תחטא ולא תחשוב מחשבת חוץ, כדי שלא תרחק את הפנים ותתנכר ממך. "ולא תקח שוחד כי השוחד יעור עיני חכמים כו'", ולכאורה הלא עינינו רואים כמה וכמה מקבלי שוחד והם בריאים וחזקים ומתים בעוצם מראה עיניהם. אך הענין הוי דהצדיק העובד ה' באמת זוכה להשיג מדריגות גדולות בעיני שכלו היא החכמה העליונה, וזהו "עיני ה' אל צדיקים", שהשי"ת מזכה את הצדיקים בעיני שכל העליון, וזה "לא תקח כו' כי השוחד יעור עיני חכמים כו'", פירוש שלא יזכה בעיני שכלו בחכמה העליונה, "ויסלף דברי צדיקים" ר"ל דברי הצדיקים המדברים בקדושתם הוא מסלף אותם, ר"ל לא זו בלבד שלא יזכה לחכמה עליונה, אלא גם זאת אם ירצו הצדיקים ליסרו בדבריהם להחזירו למוטב לא יועילו דבריהם, כי ידמה לו כל דבריהם לדברים המסולפים.

"צדק צדק תרדוף" פירוש שתראה להצדיק מעשיך, שע"י הצדק שלמטה תרדוף את הצדק העליון להעלותו לשורשו ולהמתיקו, וזהו ג"כ הפירוש "ושפטו את העם משפט צדק".

או יאמר "שופטים כו'", דהנה יש שני צדיקים, יש צדיק שיוכל לפעול הכל ע"י דיבורו הקדוש ואינו צריך כ"כ לזעוק ולהתפלל, כי דיבורו עושה רושם ויכול לעכב הדינים שלא יבואו כלל, ויש צדיק שאינו במדריגה זו וצריך להתפלל ולזעוק להשי"ת עד שישמע השי"ת את תפילתו. וזהו "עיני ה' אל צדיקים ואזניו אל שועתם", כי העינים הם למעלה מאזנים כידוע, והצדיק אשר הגיע אל מדריגה העליונה עד שהשי"ת משגיח עליו בעין פקיחא, אזי יפעול הכל ע"י השגחה הזאת שהשי"ת משגיח על דיבורו ותנועותיו, וזה "ואני תפילה". והצדיק שהוא למטה ממדריגה זו צריך שועה ותפילה, וזהו עיני ה' כו' רמז לשני מדריגות הנ"ל.

וזהו "שופטים כו' תתן לך כו' לשבטיך", ר"ל שתתן שופטים כאלו אשר יכולים לעכב הדינים שלא יבואו כלל, "בכל שעריך" דהעולם הוא של הצדיק, כדאיתא שהשי"ת היה נמלך עם נשמות הצדיקים במעשה בראשית, וזהו "לשבטיך" רמז שיכולים לעכב שבט הדין, וזהו "ה' חפץ למען צדקו כו'", ר"ל כל מה שחפץ ה' לעשות הן רחמים והן דין ח"ו, הוא הכל "למען צדקו" שרוצה לעשות צדקות, דהיינו שמעכב הדינים ע"י הצדיק, והוא צדקה לעולם ולצדיק כי צריך לעלות במדריגה גדולה. וזהו "יגדיל תורה כו'". וזהו "שבטך ומשענתך" פירוש "שבטך" ר"ל הדינים, "ומשענתך" פירוש הצדיקים המעכבים אותם והם למשענת לנו שלא יבואו, "המה ינחמוני". וק"ל.

כי יפלא ממך דבר כו' בין דין כו' וקמת ועלית כו'. נרלפרש דהנה הצדיק הוא מפליא פלאות גדולות, ע"י דיבורו הקדוש נמתקים כל הדינים מעל ישראל, וממשיך דינים על הרשעים, וזה הוא פלא גדול, וזהו "כי יפלא ממך דבר", ר"ל כאשר תרצה שהדיבור שלך יעשה פלא כנ"ל, "בין דין לדין

# נֹעַם אֱלִימֶלֶךְ

כו'" כנ"ל דהיינו להמתיק הדינים על ישראל ותמשיך הדין על רשעים, ותבחין איזה דין להמתיקו ואיזה דין להמשיכו על הרשעים, "וקמת ועלית" פירוש תראה לתקן את כל אבריך לקדש כל אבר ואבר שתהיה קומה שלימה, כאשר אמרתי על פסוק "ואראה דמות כמראה אדם יושב על כסא", וחלילה לחשוב זאת על הבורא יתעלה שאין לו דמות ותמונה כלל, אך הענין שיחזקאל הנביא התקדש בקדושה רבה כל אבר ואבר והגיע עד שורשו בקומה שלימה, וזהו שאמר "ואראה דמות כמראה אדם" ר"ל שראה את דמותו שהגיע עד כסא הכבוד, וזהו "ועלית אל המקום אשר יבחר ה'" ר"ל שתעלה בקומתך עד כסא הכבוד. וק"ל.

כי יכרית ה' כו' את הגויים כו'. נ"ל דהנה האדם הוא תחילת המחשבה וסוף המעשה, כי בריאת האדם היה ביום ו' אחר כל הנבראים, ותחילת המחשבה כי כל הנבראים נבראו למען האדם, וצריך האדם לזכך עצמו שיגיע לעולם המחשבות, דהיינו שיהיה לו מחשבות טהורות שיגיע בהם לשורשו. וזהו שאמרו חז"ל "הרוצה לעקור עבודה זרה צריך לשרש אחריה", כי המחשבות זרות נקראים בשם "עבודה זרה", דהיינו עבודה שזרה לו, ו"צריך לשרש" ר"ל שצריך לתקן השורש אשר ממנו באים ונובעים המחשבות זרות, כי כל המחשבות זרות הם נובעים משורש חטאת נעורים ומעבירות שאדם דש בעקביו, וזהו צריך לשרש כו', אך בכל זאת צריך סייעתא דשמיא, כי הבא לטהר מסייעין לו ואלמלא הקב"ה עוזרו לא היה יכול לו, וזהו "כי יכרית כו' את הגוים", ר"ל המחשבות זרות והקליפות הנקראים בשם "גוים", "אשר ה' אלקיך נותן לך", ר"ל שזה מתנה מהשי"ת שנותן לך את ארצם, היינו הגשמיות שהשרשוך בהם, "וירשתם" ר"ל שע"י תשובתך תוציא מהם הניצוצות הקדושות חיל בלע ויקיאנו, "וישבת בעריהם ובבתיהם", פירוש "עריהם" לשון עיר פרא, דהיינו משובותיך שהיית כעיר פרא תשיב הכל אל הקדושה, הן הדברים הגשמיים, "ובבתיהם" ר"ל ותגיע להדביקות והפנימיות העליון. וק"ל.

תכין לך הדרך. פירוש אחר, תראה שתכין ותרחיב לך דרך ישר להבורא, "ושלשת את גבול ארצך", פירוש ע"י שתשליש את ימיך, כאמרם ז"ל לעולם ישליש כו' שליש במקרא, "והיה לנוס שמה כל רוצח", פירוש לנוס לשון הרימו נס, פירוש ע"י זה תעלה ותגביה את כל הדברים אשר נרצחו, דהיינו כל זמן שלא עשה תשובה, אזי הן התורה והן התפילה לא פרחת לעילא ומוטל כדבר הנרצח, ועתה תגביהנו ותנשאנו למעלה, "וזה דבר הרוצח", פירוש הדבר הזה אשר היה נרצח עד עתה, "אשר ינוס שמה", פירוש ועתה תנשאנו ותגביהנו למעלה, "וחי" ר"ל שתתן בו חיות. ואם תאמר מי יודע שהיה תחילה כמו דבר הנרצח? ואמר הכתוב זאת האות, "אשר יכה את רעהו" ר"ל מעשיך הקודמים - הן תורות ותפילות שלך, היו מכים את רעך, הוא הצדיק הנקרא רעהו, לא היה יכול לסבול את מעשיך ולא היו מקובלים על הבריות, "בבלי דעת" פירוש בעבור שהיו בלי דעת. ואם תאמר איך אדע שזה האמת? ואמר "והוא לא שונא לו", פירוש כי ראינו שלא היה שונא לו מעולם רק מחמת מעשיו המכוערים, לכך מעשיך יקרבוך לתקן הכל. וק"ל.

**כי תצא**

כי תצא כו' וראית בשביה כו'. דהנה יש בני אדם אשר בכללות אבריהם הם מוסרים נפשם להשם בתעניות וסיגופים וכדומה, אבל בפרטות כל אבר ואבר בפני עצמו אינו כראוי ונכון, ולפעמים נכשל בהם דהיינו באיזה ראיה והסתכלות או דיבור ושאר דברים שאדם דש בעקביו. וזהו רמז בדברי חז"ל "אברים שפקעו מעל המזבח", פירוש כנ"ל שאברים פוקעים ונכשלים באדם שהוא זובח עצמו לה', "יחזור" פירוש צריך לחזור ולתקן אותם לקדש כל אבר בפני עצמו.

וזהו "כי יפלא ממך דבר למשפט כו'", דהנה דברים בטלים אינם נקראים בשם דיבור כלל, כי אם דברים הנוגעים לדבר ה' ותורתו המה יקראו בשם דיבור, וזהו "כי יפלא ממך דבר", פירוש אם יופרש ממך הדיבור, "בין דם לדם", דהדם הוא הנותן כח ותאוה לאדם, ואם יהיה בך שני מיני דמים, דהיינו ב' כחות, שלפעמים יתגבר כח היצה"ט ולפעמים להיפוך, "דברי ריבות בשעריך", פירוש שלא יהיו אבריך במזג השוה אלא הם מריבים זה עם זה כנ"ל, "וקמת ועלית אל המקום" ר"ל אל הצדיק השופט אמת שבימיך, "ועשית על פי הדבר אשר יגידו לך" כפשוטו.

וזהו "ועשית מעקה לגגך ולא תשים דמים בביתך", דהתורה הקדושה נקראת בשם גג, דהגג הוא המגין על הבית, והתורה מגינה ומצלה האדם, וצריך לזה שיהיה בהכנעה, שלא יהא לימודו להתפאר ולהתגאות בפני בני אדם, וזהו 'מעקה' לשון עומק והשפלה, דהיינו הכנעה תשים לגגך היא התורה, "ולא תשים דמים בביתך" פירוש כנ"ל שלא יהא בך שני מיני דמים וכחות, רק הכל כח אחד כולו לה', "כי יפול הנופל ממנו", פירוש כי אף המעשה הטוב אשר תעשה תפול ממך ולא תתקיים ולא תפעול כלל, "הנופל ממנו" פירוש אשר מן הראוי היה שע"י הדבר הזה יפלו וישלכו אחרים, דהיינו הדינים והקליפות, וחלילה אם יהיה כח אחר מעורב בו תפיל גם אותו הדבר שלא תפעול כלל, ולכן צריך האדם לתקן כל אבר ואבר עד אשר יבין בשכלו בעצמו שהוא מחסר בעבודתו וכל מעשיו אינם מתוקנים על מכונם.

וזהו "כי תצא למלחמה כו'", דהיינו מלחמת היצה"ר, "ונתנו ה' בידך" פירוש אז כאשר יתן ה' אותו בידך, דאילולי הקב"ה לא היה יכול לו, "וראית בשביה אשת יפת תואר", דאיתא דהנשמה נקראת "יפת תואר", פירוש אז תראה ותבין בעצמך שהנשמה היא בשביה, שלא יצאתה עדיין ידי חובתה כלל, "וחשקת בה". וק"ל.

או יאמר "כי תצא כו'", דהנה העיקר עבודת האדם להבורא ב"ה באהבה ויראה, ואהבה היא המחשבה, דהיינו לחשוב רוממות האל ועי"ז מכניס בלבו אהבה שלימה, כי במחשבה אפשר לצייר אף דבר שלא ראה מעולם, ואח"כ צריך לראות שפלותו והיא היראה, והיראה היא הדבור והמעשה, שלפעמים האדם מדבר ועושה איזה מצוה מחמת יראה, או מיראת האדם שמתיירא שענש יענשו אותו בעברו על דת ישראל או מיראת השי"ת, וזהו שאנו מסדרין בברכת ק"ש "כולם אהובים כו'" שהוא שבח המלאכים, זה הוא כדי לעורר אהבה, ואח"כ אנו אומרים "עונים באימה כו' ביראה" לעורר היראה, ואח"כ תפילה בלחש וזו היא אהבה שלימה.

אמנם יש בני אדם שיש להם אהבה אחרת, דהיינו שיש להם מחשבות זרות, ובודאי זו היא אהבתם שאותו הדבר שהוא אוהב כונס במחשבתו, והאדם הזה שעושה מצוה או מתפלל מחמת יראת אדם, התפילה הזאת מביאה אותו לאהבה החיצונית וזרה, כי דיבורו מעורר אהבתו וכל מחשבותיו להרהר בהם בעת תפילתו יותר מלאחר התפילה, שאין מחשבותיו מרובים כ"כ אחר התפילה רק דוקא בשעת התפילה, ונמצא אחר התפילה אהבתו החיצוניות בטילה, וזהו דאמר התנא "כל אהבה שהיא תלויה בדבר בטל דבר בטלה אהבה", כי דבר מלשון דיבור, דהיינו אהבה החיצוניות שהיא תלויה בדיבור כנ"ל, שדוקא בשעת התפילה באים לו כל מחשבותיו הזרים האהבים לו, "בטל דבר" דהיינו אחר תפילתו, "בטילה [אהבה]" שאין לו כ"כ מחשבות זרות כמו בשעת התפילה. אבל לא כן הצדיק השלם אשר נפשו דבוקה תמיד באהבה בחשבו תמיד רוממות אל, אהבה כזאת אינה בטילה לעולם.

וזהו "כי תצא", פירוש כאשר תצא חוץ לשיטה, דהיינו שמדבר בתפילה ויוצא עם מחשבתו חוצה, תגרום לעצמך "למלחמה" זו מלחמת יצה"ר, "על אויביך" ר"ל בשביל שאהבה זרה החיצוניות נעשה לך לאויב. ואמר הכתוב "ונתנו ה' בידך" דהיינו ע"י תשובה שתתקן את מעשיך ומחשבותיך שתהיה דיבורך ואהבתך אחד, אז "ושבית שביו", דהיינו השביה ששבה כבר וטרפה הקליפה לעצמה, תוציא את הכל אל הקדושה, ואני נותן לך עצה לחשוב בעת תשובתך להוציא את כל העבודות והתפילות שלך העשוקות בהקליפות ותביאם אל הקדושה. וק"ל.

כי תהיין לאיש שתי נשים כו' והיה הבן הבכור לשנואה. לכאורה מלת "והיה" אינו מדוקדק שהוא לשון וודאי, והכי הוי ליה למימר "ואם יהיה הבן הבכור כו'". ונראה לפרש דהנה המחשבה נקראת "אשה", שהמחשבה מוליד את המעשה. והנה יש שתי מחשבות, אחת היא מחשבה הקדושה ואחת היא מחשבה זרה, ואמר הכתוב "כי יהיה לאיש שתי נשים" שיהיה מעורב בטוב ורע מחשבה קדושה ומחשבה זרה, וזהו "אחת אהובה ואחת שנואה", ואמר הכתוב "והיה הבן הבכור לשנואה" ר"ל שזה הוא בודאי שהבן הנולד מהשנואה דהיינו המעשה הבאה מהמחשבה זרה שזה נקרא "בן", הוא יהיה הבכור שידו על העליונה, "והיה ביום הנחילו את בניו" פירוש כשיגיע יום שינחיל את בניו הם המעשים טובים להעלותם לה', "לא יוכל לבכר את בן האהובה על פני בן השנואה הבכור", "לבכר" הוא מלשון ביכורים, דהיינו שלא יוכל לעשות שום מצוה בשלימות, "על פני בן השנואה הבכור" מחמת שבן השנואה הוא הבכור, לכן שמור עצמך מאד מאד וקדש וטהר עצמך לזכך את מחשבתך כדי שתוכל לעשות מצוה בשלימות. וק"ל.

כי יקרא קן צפור כו'. יראה לפרש דהנה כל מעשינו ועבודתינו להשי"ת ב"ה הוא להמשיך אותו להעולמות, דהיינו שאנו מכנים את בוראינו ב"ה עיני ה', יד ה', וח"ו לדמות אותו בשום דמיון בעולם, אך העולמות נקראים כן, והיינו כשהצדיק רוצה להמשיך לעולם איזה דבר הצורך, דהיינו פרנסה, צריך לעורר המידה הנקרא יד ה', וכן בכל דבר צריך לעורר המידה שאותו דבר שייך לה, וכשהצדיק ממשיך את הבורא ב"ה להעולמות, זה הוא היחוד.

וזהו דאמרינן בגמרא "אין דורשין במרכבה ביחיד אלא אם כן הוא חכם ומבין מדעתו", פירוש "אין דורשין" להמשיך יחידו של עולם להביאו לה"מרכבה" שלו, "אלא אם כן" מי שהוא במדריגה הזאת להמשיך השפעות ממידת "חכמה ובינה", "מדעתו" שהוא דעת שלישית המכרעת, כמאמר חז"ל "עשה מצוה אחת מכריע כל העולם לכף זכות", דהיינו שיהא העולם בעיניו כאילו הוא מחצה על מחצה ובעשותו מצוה אחת מכריע כל העולם לזכות, והוא המכריע ע"י הדעת שבו, שהוא "דע את אלקי אביך ועבדהו", שעובד השי"ת בדביקות ובדעת. וזהו (תהלים קיט, סב) "חצות לילה אקום להודות לך", פירוש העוה"ז נקרא 'לילה', ואמר דוד המלך ע"ה בעיני הוא העוה"ז "חצות", ר"ל מחצה על מחצה, לכן "אקום להודות לך" כדי להכריע את העולם בדעתו.

וזהו "דעת קנה הכל קנה" (נדרים מא, א), פירוש כשהצדיק קונה לעצמו הדעת שהוא הכרעה לזכות, גורם להשי"ת שקונה הכל, היא המידה הנקרא 'כל', קונה לעצמו והשגחתו עליו. וזהו שאנו אומרים בברכות ראשונות מהתפילה "וקונה הכל וזוכר חסדי אבות", והיינו כשהקב"ה קונה לעצמו מדת 'כל', עי"ז "זוכר חסדי אבות" שהם היו כולם במידה הזאת, כמו שאנו אומרים "אברהם בכל יצחק מכל כו'", וכמו שנאמר "וה' ברך את אברהם בכל", יצחק אמר "ואוכל מכל", יעקב אמר "יש לי כל" רמז על המידה הנ"ל כידוע.

ואיתא "אין דורשין במעשה בראשית בשנים", יראה לפרש דהנה השי"ת ב"ה ברא ועשה את עולמו ועושה בו כרצונו, ולעומת זה ברא השי"ת הצדיק שיכול לבטל גזירותיו. והנה איך אפשר שיבטל הגזירות שכבר נגזרו בשמים בעולמות עליונים? אך הוא כאשר כתבנו כמה פעמים "בדבר ה' שמים נעשו", דהיינו הצדיק ע"י עסקו בתורה לשמה ומחדש בה חידושים, נעשו שמים חדשים ועושה מעשה בראשית, ונמצא ממילא הגזירות בטלין, שלא היו באותן העולמות שנבראו מחדש. ואמרינן במסכת תענית "בימי רבי שמואל בר נחמני הוי כפנא ומותנא אמרו היכי נעביד נבעי על תרוייהו? אין מבקשין על שני דברים כאחד", ע"ש, וזהו "אין דורשין במעשה בראשית", ר"ל כשהצדיק רוצה לדרוש במעשה בראשית ע"י עסקו בתורה לחדש שמים חדשים לבטל הגזירות ולהשפיע לישראל, אל ידרוש בשנים, דהיינו לבקש על שני דברים כאחד, כי אם ידרוש כל דבר בפני עצמו.

וזהו פירוש הפסוק "כי יקרא קן צפור כו'", דהעולמות נקראים "קן צפור". עולם העליון נקרא קן צפור במרכבה עליונה, כדאיתא בזוהר הקדוש בלק בן צפור, בלק היה קוסם יותר מבלעם, כי היה לו אחיזה בצפור במרכבה טמאה ובהאי צפור ידע כל, ואת זה לעומת זה עשה אלקים. ומלמד הכתוב להצדיק שהוא במדריגה הזאת להמשיך את הבורא ב"ה להעולמות הנקראים "קן צפור", "לפניך" ר"ל זה הדבר מוכן לפניך ותוכל לפעול כנ"ל. ואמר הכתוב בלשון שאלה "בדרך", פירוש כעת שאנחנו בגלות המר האיך נעשה, אם נבקש רחמים על גלות השכינה או על ישראל, כי שני דברים כאחד אי אפשר להתפלל כנ"ל ואיזה מהן קודם? וזהו "בכל עץ או על הארץ", ר"ל אם יהא עסקינו ועבודתינו בעבור "כל העץ" היא השכינה הנקראת "כל" ו"עץ", או אם יהא עבודתינו "על הארץ" על דבר ארציות צורכי עם ישראל הנקראים "אפרוחים או ביצים" כדאיתא בזוהר. ואמר הכתוב בוודאי השכינה קודם יותר ויותר, כי "והאם רובצת על האפרוחים כו'", היינו השכינה האם שלנו רובצת ומגינה תמיד עלינו בגלות המר. ואמר הכתוב אני נותן לך עצה "לא תקח האם על הבנים" ר"ל לא שתהא כל מחשבתך ותפילתך על השכינה לבדה, אלא "שלח תשלח את האם", דהיינו שתהא מחשבתך זכה וטהורה, וע"י זה תעלה את השכינה למעלה לשלח אותה ליחדא אותה עם הקב"ה, "ואת הבנים" הם הישראל הנקראים בנים למקום, "תקח לך" תתפלל עליהם להשפיעם כל טוב, וזה אפשר לעשות כאחד, דהיינו המחשבה על השכינה והתפילה על ישראל, ומחשבתך תפעול להעלות את השכינה כפי הגעת מדריגתך, וזהו "שלח תשלח" כפל לרמז שתתחזק ותאמץ תמיד במחשבתך כנ"ל, ולא תאמר כבר יצאת ידי חובתך, כי הוא דבר שאין לו סוף, וכל עוד שתתחזק יותר תעלה את השכינה למעלה למעלה והתפילה תפעול על ישראל. והבן.

כי תבנה בית חדש ועשית מעקה לגגך. ומתחילה נבאר הפסוק "וירא אלקים את האור כי טוב". הנה לכאורה המשמעות אחר שנתהווה האור ראה השי"ת את האור כי טוב, וחלילה לחשוב ולומר על הבורא ב"ה האחד הפשוט האמיתי בלי שום השתנות, לומר שמתחילה לא ראה ועכשיו ראה כי טוב. אמנם כי כן האמת שהשגחתו וראייתו של הקב"ה להיות כל דבר בטוב, וכל מקום שהוא משגיח הוא למען היות הדבר בטוב ובשלימות, וזהו "וירא אלקים את האור", דהיינו שהשגיח עליו בעין השגחתו, "כי טוב" למען היות טוב.

וזה הוא שאנו אומרים בברכת ק"ש "ובטובו מחדש בכל יום תמיד מעשה בראשית", ר"ל באותו טוב שהשגיח על האור "מחדש בכל יום תמיד מעשה בראשית", דהיינו בכל יום מחדש עלינו ישראל רחמים וחסדים וכל טוב, "כאמור לעושה אורים גדולים כי לעולם חסדו", דהיינו שעשה את האור למען יהיה "לעולם חסדו", כי בכל יום מחדש עלינו חסדים.

ונמצא ראייתו של השי"ת בהאור היה כדי להשפיע כל טוב לישראל, ואנחנו המקבלים את הטוב צריכין ג"כ להיותנו דומים להשי"ת ב"ה לקבל את הטוב ע"י הראיה, ואמנם זאת בלתי אפשר רק ע"י השמיעה, דהיינו כמאמר הכתוב "אשר אנכי מצוך היום", ופירשו רבותינו שיהיו דברי תורה בעיניך כחדשים כאילו עומד בכל יום על הר סיני ומקבל התורה, ונמצא מדמה עצמו להבורא ב"ה ג"כ בחידוש בכל יום. וזהו "מסיר אזנו משמוע תורה", דהיינו שאין מחשבתו זכה וטהורה לחשוב זאת בכל יום כאילו שומע התורה מסיני, "גם תפילתו תועבה" מחמת שתפילתו מטורפת ומעורבת במחשבות זרות, רק צריך שיהא מחשבתו תמיד כאילו היום שומע ומקבל התורה, וע"י זה יכול לקבל השפעת הטוב שהקב"ה מחדש בכל יום, דהנה כתיב "יום הששי", ודרשו חז"ל "הששי הידוע מלמד שהתנה הקב"ה במעשה בראשית על מנת שיקבלו ישראל את התורה שנתנה בששי בסיון". ונמצא כשאדם חושב ומדמה לעצמו כאילו היום שומע התורה, הוי ליה כאילו היום נברא העולם, ואז השגיח הקב"ה להיות טוב, ונמצא בכל יום הצדיק ממשיך הטוב ההוא.

וזהו "ראה שאין רשעים כדאים להשתמש באור וגנזו לצדיקים לעתיד לבא", וכבר דקדקו קדמונים להבין באיזה מקום גנז הש"י את האור, והלא האור היה מסוף העולם ועד סופו והיכן גנזו? אך אפשר לומר ע"פ הדברים הנ"ל, דהנה השי"ת השגיח בראייתו על האור כדי להיות טוב כנ"ל, ונמצא גם הרשעים יהיה להם הנאה מהטוב ההוא, מה עשה הקב"ה? גנז את הטוב באור לצדיקים לעתיד לבא, דהיינו בכל עת שיצטרכו יהיה עתיד ומזומן להם הטוב כנ"ל, שמחדש עליהם בכל יום חסדים ע"י מחשבתם הטהורה שמחשבים בכל יום כאילו שומעים התורה בסיני.

וזהו "כי תבנה בית חדש", דהיינו הפנימיות של אדם נקרא "בית", כשתבנה הפנימיות שלך ע"י מחשבות טהורות, "חדש" ר"ל צריך אתה שיהיה דברי תורה חדשים עליך כנ"ל, "ועשית מעקה לגגך", פירוש וצריך אתה שתעמיק ותשפיל את גבהותך, "מעקה" לשון "ממעמקים קראתיך כו'", ו"גג" רמז לגאות כמו הגג שהוא גבוה, וכשישפיל את עצמו אז יבנה ביתו בצדק. והבן.

כי ימצא איש נערה כו'. נראה לפרש ע"ד הרמז, דאיתא בכתבים שלפעמים יזכה הצדיק ע"י מעשיו שתבא אליו נשמה בעיבור מנשמת צדיק גדול, רק שחיסר איזה נדנוד משלימות המצוה או מהתמימות, ובאת הנשמה אל הצדיק בסוד העיבור עד שעושה המצוה הזאת שחיסר בה ואז חוזרת והולכת למקומה. ופעמים אם הצדיק הזה שהנשמה מתעברת בו הולך בצדקתו בתמימות, אזי אינה הולכת מאתו ומסייעת לו לעבודת הבורא יתברך, וזה נקרא בשם "מציאה".

וזהו "כי ימצא איש", ר"ל הצדיק נקרא "איש", אם ימצא מציאה דהיינו עיבור נשמת צדיק, "נערה" לשון "וינערו רשעים מן הארץ", ר"ל שעי"ז יפעול לנער ולגרש את כל הרשעות והרעות מישראל, "בתולה" דהיינו ע"י שיחדש חידושין דאורייתא לשון קרקע בתולה, דהיינו שיחדש דבר חדש בתורה הקדושה, "אשר לא אורשה" דאיתא בגמרא "הלומד תורה בפני עם הארץ כאלו בועל ארוסתו בפניו", ולא כן הצדיק שלא למד תורה בפני ע"ה ולא לשום פניה שזו לימוד שלא לשמה, רק שלומד תורה לשמה, "ותפשה" פירוש שיתפוש את הנשמה שלא תלך מאתו, "ושכב עמה" דהיינו שתשכון עמו, "ונמצאו" פירוש שיהיה מציאה דהיינו להצדיק הזה ולהנשמה המתעברת, "ונתן לאבי הנערה".... (חסר כאן קצת)

וזהו "לא תראה את שור אחיך או שיו נדחים", דיש צדיק הנקרא "שור" לשון הסתכלות, ע"ד אשורנו ולא קרוב, דהיינו שמסתכל תמיד ברוממות האל יתברך, ויש צדיק הנקרא "שה" דהיינו שהולך בתמימות, "נדחים" פירוש שנדחו ממקומם ובאו אליך בסוד העיבור מחמת שחיסרו קצת בעבודתם להבורא יתברך כנ"ל, "והתעלמת מהם" ר"ל ותרצה להתעלם, לכן אני מזהירך "השב תשיבם לאחיך", ר"ל שתראה לתקנו, כי הנשמה המתעברת בו מודיעה לו מה שחיסרה במצוות ה' כדי לתקנה. "ואם לא קרוב אחיך אליך" ר"ל שאין לה קרבות עמך להודיע לך, "ולא ידעתו" מה שחיסר, והוא מחמת שמעשיך עדיין אינם בשלימות כ"כ, "ואספתו אל תוך ביתך" דהיינו שתוסיף שלימות במעשיך, "והיה עמך" ר"ל ותהיה הנשמה עמך "עד דרוש אחיך אותו" ר"ל עד שתדרוש אשר יחסר לו, "והשבתו לו" ר"ל שתתקננו. וק"ל.

כי תבא בכרם רעך כו'. נ"ל דכרם ה' צבאות הוא סודות התורה, הוא יין המשומר בענבים, ואמר הכתוב אם זכית לבוא לסודות התורה, "ואכלת ענבים כנפשך" ר"ל כפי מדריגתך, שלא תעלה במדרגות אשר עדיין לא הגעת לה, רק כפי מדריגתך כן תעלה בה ולא יותר, "שבעך" ר"ל איך תדע זה אם הוא כפי מדריגתך או יותר? ואמר הכתוב פי' כשתראה שאתה שבע מזה מאד מכל תענוגים ומעדנים, "ואל כליך לא תתן" הכתוב מזהירך שלא תתענג גופך מזה, ע"ד שאמר התנא "ואל תעשם עטרה להתגדל בהם".

וזהו "כי תקצור קצירך בשדך כו'", דהעוסקים בסודות התורה נקראים "מחצדי חקלא", ואמר אם תרצה להיות במחצדי חקלא, וזהו "שדך" ר"ל שדה תפוחים, "ושכחת עומר בשדה" עומר כמו אומר באלף, שעין מתחלף באלף באותיות אחע"ה, ר"ל שעדיין תשכח איזה אומר קדוש הנוגע בזה ועדיין לא הגעת למדריגה זו להיות ממחצדי חקלא, ואמר הכתוב "לא תשוב לקחתה" ר"ל גם אם התחלת לא תשוב עוד לקחת את המדריגה הזאת עד אשר תגיע אליה, "לגר ליתום ולאלמנה יהיה", רמז צדיק כזה שהוא כגר בעוה"ז ואין לו שייכות עם העולם והוא מוכנע ושפל כיתום, ודואג על גלות השכינה, לו ראויה המדריגה הזאת, "למען יברכך ה' כו'" פירוש הכתוב מבשרך שגם תתברך ע"י זה, שתמשיך עצמך ממדריגה אשר אינך ראוי לה עדיין.

ונחזור להפסוק הנ"ל, "כי תבא בקמת רעך" פירוש אם תזכה לבוא למדריגה גדולה כזו שתהיה קומה שלימה, שכל אבריך וגידיך מקודשים ומתוקנים להשראת שכינה וקדושה, "וקטפת מלילות" פירוש תזכה להוציא הקדושה מלילית דהיינו מהקליפה, ע"ד (איוב כ, טו) "חיל בלע ויקיאנו".

כי יהיה בך איש אשר לא יהיה טהור כו'. ע"ד הרמז, שהתורה הקדושה מרמזת על איש צדיק ההולך בדרכי השי"ת אבל עדיין אינו טהור בכל מחשבותיו, וזהו "כי יהיה כו' מקרה לילה", שאירע לו מקראות של שפלות וחטאים חלילה הנקראים "לילה", דהיינו שאין גופו טהור לגמרי שיהיה נשמר מטומאת קרי ח"ו, ועיניו מלהסתכל הסתכלות לא טובות ומלראות ברע ואזניו משמוע ופיו מלדבר דבר שאינו צורך גבוה לעבודתו ויראתו ית"ש, "ויצא אל מחוץ למחנה", פירוש הכתוב משיאו עצה, מאחר שיצא חוץ למחנת קדושים, צריך לתקן עצמו במדרגות תחתונות, שלא יאחז בדרכי הצדיקים הקדושים האמיתיים העוסקים בסודות עליונים ביראתם ובאהבתם שלימה בלי שום סיג ונדנוד חטא והרהור עון כלל, ולא כן הוא שמחשבתו פגומה ואינה צלולה בקדושה ואבריו אינם מתוקנים, ואיך יכנוס בהיכלא דמלכא לחפש ולפשפש באוצרות המלך, הם הסודות התורה הקדושים העליונים, ואדרבה ח"ו קנאים פוגעים בו, הם הקליפות החיצונים, ומתאחזים בו להחטיאו ולהכשילו יותר חלילה, ולכן צריך לתקן את נפשו ואבריו באיזה ענינים שהם מחוץ למחנה הקדושה העליונה, דהיינו שיסגף עצמו באיזה סיגוף ויתחרט וישוב ויזהר וישמר עצמו מהדברים המביאים אותו לידי חטאים הנ"ל, ויראה להתאמץ ולהתחזק להצליל את מחשבותיו, ולדקדק במעשיו ולהסתכל בהם אם הם עשויים באמת בלב שלם בלי שום תערובות חמץ וסיג ופסולת, ושיהיו מעשיו בדרך אמת בלי שום ערבוב טוב ורע, ולדבק עצמו בהתורה הקדושה ולעסוק בה בטהרה, לטבול עצמו בעת שצריך טבילה, ואז יתלהב בו בקרבו לדביקות והתלהבות בהירות קדושה עליונה, וזהו כונת הפסוק "והיה לפנות ערב" ר"ל כאשר יפנה את התערובות הרע שהיה בו כנ"ל, "ורחץ במים" רמז להתורה הקדושה הנקרא "מים", וגם מים כפשוטו, שיעסוק בתורה בטהרה בטובלו במים כנ"ל, ואז "וכבוא השמש" ר"ל כשיבוא לו הבהירות והתלהבות, "יבא אל תוך המחנה" פירוש אז יבוא אל פנימיות המחנה הם הסודות העליונים וק"ל.

כי יהיה ריב בין אנשים כו'. ע"פ המוסר, לאדם אשר אינו במזג השוה, רק לפעמים יצרו מתגבר עליו כענין ריב, ואין שלום בעצמיו ע"ד שאמר דוד המלך ע"ה "אין שלום בעצמי כו'", "ונגשו אל המשפט", ר"ל אל הצדיק שהוא שופט אמיתי, "ושפטום" באופן "והצדיקו את הצדיק" פירוש שהצדקות יעלה וינשא למעלה, "והרשיעו את הרשע" פירוש שהרשעות שעשה ירשיע מאד להוכיח אותו בפניו את רשעתו ויגדיל בעיניו מאוד את הרשעות, וזה שאמרו חז"ל "והצדיקו את הצדיק דמעיקרא", ר"ל הצדקות שעשה מתחילה יצדיק, "והיה אם בין הכות הרשע" פירוש "בין" לשון בינה, ר"ל כאשר יזכה הצדיק לבוא למדריגת בינה ששם היא עיקר התשובה, "הכות הרשע" פירוש אזי יכה ויכתת את הרשעות, "והפילו השופט" פירוש שיפיל את הרשעות שלא תשוב אליו עוד, "והכהו לפניו" פירוש שהצדיק יכתת בפניו את הרשעות, "כדי רשעתו במספר" פירוש ע"י שהצדיק יספר בפניו עבירות כאלו כפי רשעתו שעשה, ויגנה בפניו המעשה התעתועים, עי"ז יכתת את רשעתו שלא תשוב אליו עוד ויבוא לידי תשובה שלימה, "ארבעים יכנו" פירוש הכתוב מלמדו להצדיק ברצותו להחזירו בתשובה שלימה, אז יחזיק עצמו לצדיק גמור, ולזה רמז ארבעים, עין יפה א' מארבעים, אע"פ שצריך אדם להחזיק עצמו לבינוני תמיד, אבל בשעה זו צריך להחזיק עצמו לצדיק גמור כדי שלא יוסיף על רשעתו עוד יותר, וזהו "פן יוסיף להכותו על אלה מכה רבה", פירוש שתוסיף עליו יותר מכות רבות ועונשים אם לא יכתת את רשעתו לגמרי שלא

יעשה כזאת עוד, "ונקלה אחיך לעיניך" ר"ל ותגרום לעצמך לצאת מן הג"ע לראות את יסורי אחיך איך הוא קלוי באש של גיהנם, לכן תראה לכתת את רשעתו לגמרי, שלא ישוב אל רשעתו וישוב בתשובה שלימה ויזכה לנועם עליון. וק"ל.

**כי תבוא**

והיה כי תבא כו'. נראה לפרש דהנה יש שני מדריגות צדיקים, יש צדיק עובד ה' מיראה כל ימות החול, ובהגיע שבת קודש ניתוסף עליו קדושה יתירה שעובד מאהבה, כי בחינת שבת היא אהבה, ובוא יבוא הצדיק במדריגת אהבה, ויש צדיק שגם בימי החול עובד ה' באהבה, וזה הצדיק נקרא בשם "שבת" כדאיתא בזוהר הקדוש תלמיד חכם נקרא שבת, והיינו כי שבת היא בחינת אהבה, והצדיק הזה ג"כ תמיד בבחינה הזאת לכן ג"כ נקרא שבת.

וזהו שאמרו חז"ל "כל המענג את השבת נותנין לו נחלה בלי מצרים", ר"ל הצדיק שהוא תמיד בבחינת אהבה והוי כמענג עם השבת שמתענגין זה עם זה, כי הוא תמיד בבחינת אהבה כמו השבת, נותנין לו נחלה כו' ר"ל נחל ה', הוא הנחל העליון אשר משם מושך הצדיק השפע לישראל.

וזהו דמצינו באליהו הנביא ז"ל "וישב בנחל כרית והעורבים מביאים לו לחם", ולכאורה למה בחר ה' בעורבים שהם אכזרים על בניהם שהם יביאו לו לחם? וע"פ דברינו הנ"ל כך פירושו, "וישב בנחל" שהיה ממשיך השפעות מנחל העליון, ודרכי העורבים הם הקליפות לטרוף טרף ההשפעות, אלא העובד ה' מאהבה גם הם ישלימו ויסכימו עמו לבלתי יגעו בהשפעה, וזהו רמז ש"העורבים הביאו לו לחם" ר"ל שגם הקליפות הסכימו עמו. וזהו "כל המענג כו' נותנים לו נחלה", כנ"ל להמשיך השפעות מנחל ה', "בלי מצרים" ר"ל בלי שום קטרוג ומונע.

וזהו "כי תבא" לשון יחיד, דהיינו כשיהיו כל ישראל באחדות, "אשר ה' אלקיך" ר"ל שבכללות ישראל יש שני הבחינות הנ"ל אהבה ויראה, ה' הוא אהבה, ואלקים הוא דין הוא יראה, אז כשתהיו כולם באחדות "נותן לך נחלה וירשתה", ר"ל אז יהיה הנחל ה' בידך להמשיך השפעות קדושה וברכה לכל ישראל.

כי תכלה לעשר כו'. נראה לפרש דאיתא בגמרא "לעולם ישליש אדם שנותיו שליש במקרא כו'", יש לומר הפירוש כך, ד"מקרא" הוא לשון מקריות, דהיינו האדם בהתחלתו בעבודת הבורא ית' אינו אלא במקריות, שלפעמים יתגבר על יצרו ולפעמים יצרו מתגבר עליו ואינו דבר תמידיות, וצריך האדם להתגבר בהדרגה לטהר מחשבותיו עד שיזדככו, דעיקר הוא המחשבה, וזהו שדרשו חז"ל "חמוקי ירכיך למה נמשלו דברי תורה לירך מה ירך בסתר אף דברי תורה בסתר", פירוש מה ירך בסתר רמז על עון קרי הבא לאדם מחמת מחשבות זרות ח"ו והמחשבה הוא בסתר, לזה צריך תשובת המשקל לתקן ע"י דברי תורה בסתר, דהיינו שיעסוק בתורה במחשבה טהורה ולשמה, וזה בלתי אפשר שיזדכך מחשבותיו בבת אחת כי אם בהדרגה בכל פעם יותר ויותר עד שמן השמים יסייעו לו. ולכן תחילת עבודת השי"ת [נקרא] מקרא מלשון מקריות כנ"ל.

ואח"כ צריך לעלות במעלה יתירה דהיינו "שליש במשנה", ר"ל שצריך האדם לכוין בלימודו לעולמות עליונים לשם יחוד כידוע. וזהו לשון משנה דהיינו כפול, לשון (שמות טז, ה) "והיה משנה על אשר ילקטו כו'", וזהו "שנו חכמים בלשון המשנה" ר"ל ששנו בלשון כזה שהוא משנה כנ"ל, דהיינו שלמדו למטה וכוונתם למעלה ליחד. וזהו "כל השונה הלכות בכל יום מובטח לו שהוא בן עוה"ב" - מובן ממילא כנ"ל.

"שליש בתלמוד" שהוא מידה שאין גדולה הימנה כדאיתא בגמרא, דהיינו הדביקות ואהבה. וזהו רמז שדרשו חז"ל "בראשית, בשביל התורה שנקרא ראשית ובשביל ישראל ובשביל ביכורים שנקראים ראשית", והכל אחד, דהנה ה"ביכורים" רמז על הכנעה ושפלות האדם, שצריך להחזיק עצמו במידת ענווה והכנעה אמיתית, כמאמר התנא "הגיע להר הבית אפילו אגריפס המלך נוטל הסל על כתיפו ונכנס", זה היה למען הכנעה, ולזה רמז התנא בלשונו "כיצד מצות ביכורים אדם יורד לתוך שדהו וראה תאנה שבכרה כורך עליה גמי", דהיינו האדם הרוצה לשבר תאוותיו כי לב האדם מתאוה לפרי ראשון וצריך לשבר תאוותיו בזה, "כורך עליה גמי" פירוש יזכור יום המיתה איך יהא מונח בקבר ויצמיח עליו גמי ועשב. ואחר שיבוא האדם למידת הכנעה וענווה אז יראתו ואהבתו שלימה בעבודת הבורא ית', וזה הוא לשון ביכורים כפשוטו לשון בישול וגמר הפרי. וזהו "שליש בתלמוד שאין לך מידה גדולה הימנה".

וזהו דאיתא בגמרא "הקונה שתי אילנות מביא ואינו קורא כו'", רמז על ב' המדריגות הנ"ל, דהיינו האדם אשר עדיין אינו בא והגיע לכל המדריגות הנ"ל כי אם לשנים מהם, והיינו רמז "שני אילנות", ד"אילן" רמז לעולמות עליונים, "והקונה שתי אילנות אין לו קרקע" ר"ל שעדיין אין לו יסוד גמור, "מביא" פירוש באמת הוא מביא אותו הדבר לפני השי"ת, "ואינו קורא" ר"ל שאינו במדריגה זו עדיין שיהיה קורא ונענה מיד מהשי"ת ע"י מעשיו כדרך הצדיק הגוזר אומר ויקם. אבל "הקונה שלשה אילנות", ר"ל שקנה לעצמו כל השלש המדריגות הנ"ל, וזה "קנה קרקע" דהיינו שיש לו יסוד גמור, "מביא וקורא" ע"ד הנ"ל ותגזר אומר ויקם.

וזה כי "תכלה לעשר כו' בשנה השלישית", ר"ל אם תזכה לכלות לגמור "את כל תבואתך", ר"ל מה שאתה מביא לפני השי"ת בעולמות העליונים המכונים בשם "עשר", והוא "בשנה השלישית" שבאת לכל השלש המדריגות הנ"ל, "ונתת ללוי" ר"ל תתן ותתלה הכל שבא לך כל המדריגות הנ"ל ע"י התחברות והתלוות עם צדיקים, "לגר כו'" שהיא מידת ענווה באמת וק"ל.

**האזינו**

האזינו השמים ואדברה כו'. נ"ל ע"ד דאיתא בזוהר הקדוש לעתיד כשיבוא משיח צדקינו במהרה יבוא משה רבינו ע"ה וילמוד תורה עם ישראל ויגלה להם הרזין דאורייתא ופירוש התורה הקדושה, ואמר להם משה רבינו ע"ה "האזינו השמים" דהלומדי תורה נקראים "שמים", וציוה להם שהם ילמדו התורה כאשר יחדשו בה איזה חידוש יהיו בבחינת "האזנה", דהיינו שיאזינו הדבר מלמעלה בהופעת האור הקדושה עליהם מלמעלה כשלומד הדבר ההוא ואז יפתחו פיהם לדבר בה, וע"י לימוד התורה תגרמו לקרב הגאולה ותזכו לשמוע רזין דאורייתא מפי כמאז ומקדם, וזהו "ואדברה" פירוש שתגרמו שאדבר עמכם לעתיד, במהרה בימינו אמן.

או יאמר "האזינו", דהנה הדברים היוצאים מפי צדיק הנשפעים אליו מלמעלה, אזי הדברים עולים למעלה לשמים ומאירים עד רום רקיע, ואז דברים כאלו נכנסים בלבות בני אדם מרוב קדושתם מחמת שיוצאים מן הלב נכנסין אל הלב. וז"ש "האזינו השמים", פירוש שדברי יאזינו בהשמים שיעשו רושם למעלה, אז "ותשמע הארץ אמרי פי", ר"ל אז גם בני אדם אשר על הארץ ישמעו ויקבלו דברי ויכנסו בליבם כי הם נאמרים באמת.

ומפרש "יערוף כמטר לקחי", דהיינו שהתפלל שיהיו דבריו בבחינה זאת כמטר, שהמטר המרווה את הארץ ומולידה ומצמיחה אין פועל לעצמו שום הנאה ותענוג ואין הכוונה רק לטובת העולם, וכך הוא רצון הצדיק שאין כוונתו בכל דבר שעושה להנאת עצמו כלל, כי אם לטובת ישראל להשפיע להם ולעורר עליהם רחמים, וזהו שהתפלל משה רבינו ע"ה על עצמו שיהיו דבריו כמטר הזה, שלא יכוין בדבריו שום הנאת עצמו כלל כי אם רצון הבורא ב"ה וטובת ישראל. "תזל כטל אמרתי", פירוש שיהיו דברי כטל, ע"ד שאמרו חז"ל "כל העוסק בטל תורה, טל תורה מחייהו", פירוש שיהיה חיות בדברי ויהיו כטל המחיה. "כשעירים עלי דשא כו'" כנ"ל, כמו שהשעירים והרביבים פועלים לדשא ועשב ואין מגיע הנאה לעצמם, כן יהיו דברי.

"כי שם ה' אקרא הבו גודל לאלקינו", ע"ד דאיתא "מתחילה עלה במחשבה לבראו במידת הדין ראה שאין העולם מתקיים ושיתף בו מידת הרחמים", וכבר דקדקו קמאי איך שייך אצל הבורא הפשוט האמיתי שמתחילה עלה במחשבה כך ואח"כ ראה שאין העולם מתקיים כו', וחלילה לחשוב שום השתנות אצל הבורא ב"ה. אך הענין הוא דיש להבין עוד על אומרם "מתחילה כו' במידת הדין", הלוא עיקר בריאתו היה להטיב לברואים. ולענ"ד עולה הכל על נכון, דבאמת היה עיקר הבריאה רק למען הצדיקים כדאיתא במדרש "וירא אלקים כו' מה ראה ראה נשמתן של צדיקים", והנה לצדיקים ראוי להם כל הטוב לפי מעשיהם הטובים להנתן להם שכרם ע"פ הדין, כי רחמים נקראים לפנים משורת הדין, הגם שע"פ הדין אין ראוי, השם הטוב ברחמיו נותן לו מתנת חנם והוא נהמא דכסופא, אבל הצדיקים מגיע להם ע"פ הדין. והבריאה היתה כדי להטיב לברואיו, ונמצא עיקר הטבה הוא שיהיה השכר ע"פ הדין שלא יהיה נהמא דכסופא, אך טבע הבריאה היא כמו הזריעה, שעיקר כוונת הזריעה הוא התבואה רק שטבעה שעולה פסולת מעורב בה, כן היא הבריאה כדאיתא בספר הישר לר"ת.

וזהו "מתחילה כו' במידת הדין" דהיינו שהפירוש "מתחילה" היא עיקר הדבר, ותחילתו היה למען הצדיקים העתידין להיות ויקבלו טובם בדין וביושר, וכן הוא קיים לעד ולא נשתנה המחשבה זאת לעולם, שכן הוא תמיד שהצדיק נוטל שכרו בדין, אלא מחמת שהבריאה היא בשוה שממילא יעלה הפסולת הם הרשעים, והוכרח להיות עבורם שיתוף מידת הרחמים כדי שיהיה קיום העולם, להיות שאינם זוכים מן הדין וצריך לרחם עליהם, זה היה הכל במחשבה אחת ובסקירה אחת, אלא שמחשבת בריאת הצדיק נקרא "תחילה" ע"ש שהיא עיקר כוונת ורצון הבורא ב"ה בבריאת העולם.

וזהו "כי שם ה' אקרא", פירוש שאמר משה רבינו ע"ה לישראל לפי בחינתו, כל השמות הם אצלי רחמים, אפילו הדין הוא רחמים, שהדין נותן להטיב לי, אבל אתם שאינכם בבחינה זאת, "הבו גודל לאלקינו" פירוש שצריכים שתתנו גדולה דהיינו חסד, להשם אלקינו שהוא מידת הדין, שתכניסו בו רחמים וחסד.

"הצור תמים פעלו". "צור" הוא לשון חוזק ותוקף קשה, דהיינו כשהשי"ת רוצה לענוש את האדם הוא עושה עצמו כביכול כ"תם", דתם הוא שאינו יודע לרמות, כך השי"ת עושה עצמו כאינו יודע ומענישו ברחמים לא לפי מעשיו. וא"ת לא יתנהג כלל במידת הדין? לזה אמר "כי כל דרכיו משפט כו' צדיק וישר הוא", פירוש שהעולם צריך להתנהג בדין ולפנים משורת הדין, פירוש "צדיק" הוא לפי הדין והצדק ו"ישר" הוא לפנים משורת הדין.

"שחת לו לא כו'", פירוש דהנה כל הברכות והטובות והרחמים הוא הכל לישראל, אך כשאדם חוטא ח"ו אזי בלתי אפשר שיבוא לו כל הטובות, והבטיח להם שאעפ"כ אל יתייאשו עצמם כי כבר הבטיחם (מלאכי ג, ו) "אני ה' לא שניתי ואתם בני יעקב לא כליתם", וזהו "שחת" פירוש כשאדם חוטא ח"ו, "לו לא" פירוש גורם שהשי"ת עושה מ"לו" בוי"ו "לא" באלף, שצריך לזכור את השבועה שלא לכלות אותם. "בניו מומם" פירוש שמשה רבינו ע"ה הוכיח אותם לאמר, אמת אל תתייאשו כי בוודאי אע"פ שתשחיתו ח"ו אעפ"כ לא יכלה אתכם ח"ו כנ"ל מחמת השבועה, רק שאין יפה לכם שאתם הנקראים בנים למקום ב"ה, שתלכו במומים שתחבלו בעצמכם בחטאתיכם חלילה.

"דור עיקש ופתלתול הלה' תגמלו זאת", פירוש כל זה הוכיח אותם, האיך תעשו ותגרמו במעשיכם ח"ו לעשות פירוד בין קב"ה ושכינתיה חלילה, 'זאת' נקראת השכינה כידוע. וזהו "הלה' תגמלו" לשון "ויגמל את יצחק", האיך אפשר זאת, הלא ממך תראה, כי "הוא עשך" רמז לגוף האדם שהוא למטה בעשייה, "ויכוננך" רמז לנשמה הקדושה שהיא עיקר היסוד והכן והבסיס של בריאת אדם, ושניהם הגוף והנשמה מיוחדים תמיד בלי פירוד וכל העולמות מתנהגים כאחד, וא"כ איך תעשו פירוד ח"ו.

זכור ימות עולם. פירוש אך כן תתנהגו, שתזכרו ותחשבו תמיד רוממות אל וגדולתו, כל הניסים והנפלאות שמימות עולם כדי שתכניסו רוממותו וגדולתו בלבכם, "בינו שנות דור ודור" שתבינו האיך דור הולך ודור בא, ומה טוב לדבק במעשה הצדיקים ולא להיפך חלילה. ואם תאמרו האיך

אפשר להתבודד לחשוב תמיד רוממות אל ולהפריד עצמו מעניני עולם, מלאכתי מתי נעשית לפרנסתי ולפרנסת אנשי ביתי? לזה אמר "שאל אביך" פירוש התפלל להשי"ת ב"ה הוא אביך, "ויגדך" לשון המשכה, והוא ימשיך לך שפע וברכה לפרנסתך, ולכן נכתב בלשון "שאל" לרמז שלא יהיה הכל כל מגמותיו בשביל הפרנסה, אלא העיקר יהיה העבודה להבורא ב"ה באמת, והבקשת הפרנסה תהיה כדבר המושאל הצריך להם בעניני עולמים.

ואם תחשבו לומר איך נדע שנהיו נענים בתפילתינו? לזה אמר הראיה הזאת היא לכם "זקניך ויאמרו לך", פירוש הלא גם הצדיקים הנקראים "זקנים" זה קנה חכמה, יכולת בידם להמשיך לכם פרנסה ושפע בדיבורם ואמרותם הצרופה, על אחת כמה וכמה כשתתפללו מקירות לבכם להבורא ב"ה.

ואם תאמרו הלא האומות הם יושבים שקטים ושלווים מלאים כל טוב והם תמיד בעולם הפירוד, ומדוע אתה מצווה עלינו כל הנ"ל, לעשות כל התורה הזאת ולהתפלל על הפרנסה בדרך שאלה, למה ניגרע מכל האומות אשר הנחיל להם כל טוב באין מעשה טוב להם כלל? וזהו "בהנחל עליון גוים בהפרידו כו'", ולזה השיב להם "יצב גבולות עמים למספר בני ישראל", פירוש בוודאי לא להם הוא המנוחה והנחלה שיש להם עתה, כי לעתיד במהרה בימינו תתחלק ארצם לשבטים למספר בני ישראל, ולזה הציב להם גבולות. והשם הטוב במהרה יגאלנו ויתן לנו נחלת גוים ועמל לאומים נירש למען נעבוד אותו בשמחה ובטוב לבב מרוב כל. אמן.

## נספחים

### ליקוטי שושנה

אשריך וטוב לך, אשריך בעולם הזה וטוב לך לעולם הבא. כי מה שטוב לצדיק בעניני העולם הזה, הוא הכל כדי שיבוא על ידו לעולם הבא. כי הדברים הצריכים לעולם הבא המה התורה והמצוות, והם אינם יכולים להיעשות ולהיפעל אם לא שיש לו כל צורכי עולם הזה בריוח. למשל, הכנסת אורחים סוכה ואתרוג ציצית מזוזה אשה ובנים וכדומה להם, לזה צריך הכל שיהיה להצדיק מעות בריוח, וזהו "אשריך" פירוש מה שיש לך טוב "בעולם הזה" אינה עיקר הכוונה, כי אם "וטוב לך לעולם הבא", ולזה נאמר "אשריך" שפירושו דרך ונתיב לבוא על ידו לעיקר טובת עולם הבא. וק"ל.

פתחו לי שערי צדק כו'. דהנה עיקר מידת הצדיקים כך היא, בכל מה שעובד יותר להבורא ב"ה, הוא מבין יותר שאינו יכול להגיע אל תכלית העבודה, כי אין סוף בדבר, וזה הוא עיקר הבנת הצדיק שמבין זה שאינו יכול לבוא אל התכלית הגמור, והיא היא העבודה, וזהו שאמר הכתוב "פתחו לי" פירוש הצדיק אומר שיפתחו לו השערי העבודה לבוא בם לעבוד הבורא, לפי שסובר שלא עשה כלום עדיין ולא פעל בעבודתו כלל עדיין, ומשיבין לו "זה השער לה'" פירוש היא היא עיקר העבודה לידע זה שאינו יכול לגמור בהעבודה, כי דבר שאין לו סוף ותכלית. והבן.

זה היום עשה השם נגילה ונשמחה בו. י"ל "זה" רמז על י"ב צרופי הויה שצריך האדם לכוין בכל יום ובכל שעה, ולכאורה הלא הצירוף הוא ממילא כאשר עשאם השם יתברך, ואמר הכתוב "נגילה ונשמחה בו" רוצה לומר, הפעולה היא בכוונה הזאת להכניס בה אהבה ויראה. "נגילה" רמז ליראה, כמו שאמרו ז"ל במקום גילה שם תהי רעדה, ו"שמחה" היינו אהבה. וק"ל.

פדות שלח לעמו צוה לעולם בריתו. דהנה הבורא ב"ה שולח רפואה קודם המכה, ומה הוא הרפואה? היינו תהילותיו ושבחיו שאנחנו משבחים ומפארים את שמו הגדול ותורתו הקדושה, וזהו "בורא רפואות" על ידי "נורא תהילות", מחמת תהילותיו הנוראים הם הרפואות, וזהו "פדות שלח לעמו" היינו שהשם יתברך ב"ה שלח מקודם פדות מכל צרות ומכות קודם למכה, היינו על ידי ש"ציוה לעולם בריתו", דהיינו התורה, היא הרפואה השלוחה לנו קודם לכל דבר המגינה ומצילה עלינו ועל כל ישראל אמן.

ובחסדך תצמית אויבי. ולכאורה קשה אדרבה אם יצמיתם בגבורה היה יותר טוב ולמה התפלל להצמיתם בחסד. וגם שם בפסוק "ימינך ה' נאדרי בכח ימינך ה' תרעץ אויב" גם כן קשה, למה בימין שרומז לחסד. ונראה "כי אין צדיק בארץ" כו', ואם היה מתלבש הקב"ה בגבורות להצמית, היו ישראל מתפחדים מאימתו מחמת הגבורות, ולזה עושה הקב"ה ברחמיו לבל ייראו עמו מהגבורות, ולזה עושה נקמות בשונאים ואעפ"כ הוא מתלבש בחסדים גדולים, ואין שום פחד כיון שהוא רחמים וחסדים, נמצא שברחמיו פועל שניהם, לא זה בלבד שמכרית האויבים שלנו, אף שאין עולה על לבנו שום פחד, וזהו ימינך כו', וזהו גם כן תפילת דוד המלך עליו השלום "ובחסדך תצמית אויבי" לכוונה זו. וק"ל.

גם עדותיך שעשועי אנשי עצתי. נ"ל דהנה התורה הקדושה לפעמים נקראת תורה, ולפעמים נקראת עדות, ופקודי ה', מצות ה', כמו שאמר הכתוב תורת ה' כו', עדות ה' כו', פקודי ה' ישרים כו', והכל הוא לפי בחינת האדם באיזה בחינה הוא לומד התורה, אם לומד התורה בקדושה ובטהרה בתמימות גדול לשמו הגדול יתברך, אזי נקראת תורת ה' כו', וכשלומד בבחינה אחרת אזי לפי הבחינה שלומד כך התורה נקראת, ובחינה הזאת הנקראת "עדות" יש לומר שאינה כל כך בחינה גדולה, רק שהיא מחכימת פתי, כמו שאמר הכתוב "עדות ד' נאמנה מחכימת פתי", ואמר דוד המלך ע"ה, "גם עדותיך" רצה לומר גם הבחינה הזאת הנקרא עדות, היא גדולה אצלי כל כך שהם "שעשועי," שהיא בחינה גדולה, כמו שכתוב בספרים שעל ידי שעשועים ברא הקב"ה את העולם, כמו כן אצלי היא שעשועים, שהצדיק בורא עולמות בתורתו הקדושה שלומד, ופועל רפואות והשפעות גדולות לעולם, והיא כל כך אצלי במדריגה גדולה שהיא "אנשי עצתי", על דרך שאמר התנא כל הלומד תורה לשמה זוכה כו' ונהנין ממנו עצה. וק"ל.

איתא בגמרא כל הדר בארץ ישראל דומה כמי שיש לו אלקי וכל הדר בחוץ לארץ דומה כמי שאין לו אלקי. ושמעתי מקשים הדיוקים אהדדי, דקאמר כל הדר בארץ ישראל דומה כו', משמע שאינו אלא כדמיון, אבל באמת אין לו אלקי חלילה, והדר קאמר כל הדר בחוץ לארץ דומה שאין כו', משמע אבל באמת יש לו אלקי.

ונ"ל דאיתא בגמרא "לא גלו ישראל אלא להתוסף גרים", ולכאורה יש להבין וכי בשביל זה יסבלו הקדושים עול גלות וצרות, הלא טוב היה שיבואו האומות לארץ ישראל ויתגיירו שם. אך כשרוצה הצדיק לפעול איזה דבר, צריך לירד קצת ממדרגתו ואז יכול לפעול, כי כל דבר צריך להיות מתפעל על ידי דוגמתו ודומה לו. והנה ידוע שקדושת ארץ ישראל היא גדולה מאוד, ונמצא לא היה באפשרי לישראל שיפעלו להתוסף גרים, מחמת ששם בארץ ישראל קדושת ישראל רבה וגדולה, ומופרשים ומובדלים מכל וכל מהאומות, ואין שום שייכות בהם להיות דוגמתם לשבר את כחם כדי שיתגיירו, ולכן גלו ישראל ובחוץ לארץ הקדושה מועטת ויכולים לפעול שיתוסף עליהם גרים, דהיינו אף שיהיה צדיק בקדושה גדולה, יכול לירד ממדרגתו קצת, והוי קצת כעין דוגמתו של הגר הבא להתגייר על ידו, אבל בארץ ישראל מחמת שהקדושה גדולה מאוד, ואף שירד הצדיק קצת ממדרגתו, אף על פי כן ישאר בקדושה רבה, ולא יהי' כלל שייכות בגוויה דהגר הבא להתגייר כנ"ל.

וזהו פירוש הגמרא "כל הדר בארץ ישראל דומה כמי שיש לו אלוקי", רוצה לומר אף הדמיון, דהיינו כשיורד ממדרגתו, אף על פי כן הוא כמו שיש לו אלקי, ואף אותם בני אדם שאינם כל כך במדרגתו, ואינם אלא כדבר הדומה והדוגמא, אף על פי כן כמי שיש לו אלקי, "והדר בחוץ לארץ דומה" כו', רוצה לומר שדר בחוץ לארץ ואינו מחזיק עצמו בקדושה רק כדבר הדומה, הוא "כמי שאין לו אלקי".

והוא שאמר דוד המלך ע"ה "אליו פי קראתי ורומם תחת לשוני", דהנה דרך בני אדם כשהוא נצרך לאיזה דבר להתפלל להבורא ב"ה, אזי מחמת שמחשבתו על אותו הדבר, נפסק קצת ממדרגתו ומדביקותו. ודוד המלך עליו השלום היה אומר אף על פי ש"אליו פי קראתי" דהיינו אף בעת שאני מתפלל על צורכי, אעפ"כ אינני נפסק ממדרגתי ומדביקותי, וזהו "ורומם תחת לשוני", רצונו לומר רוממותו יתברך תחת לשוני, שאני עושה שניהם כאחד, שאני מתפלל ומחשב גם כן רוממות אל. וק"ל.

ועמך כולם צדיקים לעולם ירשו ארץ. דהנה הצדיקים העובדים ד' באמת, הם כמו הסרסור שבין המוכר והלוקח, כמו כן הצדיקים הם הסרסורים בין התורה הקדושה ובין הקב"ה להביא ולהעלות התורה לפניו יתברך, דהצדיק הוא דבוק תמיד בקודשא בריך הוא ובתורתו, וזהו "וירא אליו ד'" ולא נאמר אל אברהם, לרמז במלת "אליו" דהיינו להדבוק אליו ית' תמיד, הוא הצדיק האמיתי שהוא דבוק בו יתברך. והנה דרך הסרסור הרוצה לסרסר ללוקח ולהביא לו סחורה, צריך להניח את הקונה ולילך מאיתו ומבקש ממנו שיעמוד וימתין על ביאתו עם הסחורה. ודומה לזה היה אצל אברהם, אף על פי שהוא היה הסרסור האמיתי בין התורה הקדושה ובינו יתברך ויתעלה, והיה דבוק אליו יתברך, נאמר בו "אדני אל נא תעבור מעל עבדך" פירוש שאמר להקב"ה המתן עד שאכניס כו', דהצדיק רשות לו להפסיק מדבקותו יתברך כדי לילך ולקיים מצוותיו. וזהו שאמרו חז"ל על פסוק בירמיהו (קפיטל ט"ז) "ואותי עזבו ואת תורתי לא שמרו" הלואי אותי עזבו ותורתי שמרו, דלכאורה אינו מובן כלל הלואי אותי עזבו, ויש לכוין בדבריהם כדברינו הנ"ל, "הלואי אותי עזבו" שיפסיקו עצמם מהיותם דבוקים לי, "ותורתי שמרו" רצה לומר למען ישמרו תורתי שילכו ויקיימו מצוותי כנ"ל.

והנה כל עניני עולם הזה הנמצאים בעולם כולו, הכל לכבודו ברא, שהכל הוא משל ומליצה להבין בהם איזה מוסר השכל והתורה הקדושה, ומי שזיכהו השם בלב בינה להבין ולהשכיל, אזי מכל דבר בעולם יש כיון להבין משל ומליצה אל התורה הקדושה וליראתו יתברך. וזה שאמר דוד המלך עליו השלום "ואהי להם למשל" כו', דהנה דוד המלך עליו השלום ידע בעצמו בהנהגתו בתורה שהוא אינו כמו משל לבני אדם שעל ידו ישכילו איזו משל אל התורה, כי הוא עצמו היה בו כל התורה, ואינו כמו שאר בני אדם העוסקים בעניני עולם הזה אשר מהם יוכל איש משכיל ליקח משל אל התורה הנ"ל, ולהבין מוסר איך הוא מתחזק בעניני עולם הזה על אחת כמה וכמה שיש להתחזק בעניני עולם הבא וכדומה, לא כן היה דוד, וזהו "ואהי להם למשל" רצה לומר ששונאיו היו מחזיקים אותו למשל, דהיינו שהיו אומרים עליו שהוא איש שפל חלילה ומשוקע בכל עניני עולם הזה, ואמר דוד אם הייתי להם למשל שעל ידי ישכילו ויקחו ממני איזה משל אל התורה הקדושה או לאיזה מוסר היה טוב, "אך ישיחו בי יושבי שער" כו' רצה לומר שגם זה שמחזיקים אותי למשל אינו מועיל להם אפילו ליקח ממני משל, והם יושבי שער ושותי שכר.

וזהו "ועמך כולם צדיקים לעולם", דהנה יש ג' מדרגות: עולם נפש שנה. עולם, היא המדריגה עליונה, והיינו "לעולם" רצה לומר למדריגה עליונה. "ירשו ארץ" הם מעלים כל הארציות אשר בזה העולם. והבן.

משנה שבת לא ישב אדם לפני הספר סמוך למנחה עד שיתפלל כו' מפסיקין כו'. נראה דאיתא בגמרא אליהו לא נענה אלא בתפילת המנחה, ונמצא דתפילת מנחה הוא מעלה ודבר גדול מאוד, והתורה הקדושה היא נקראת ספר, י"ל על שם שהוא לשון סְפָר של מדינה שהוא הגבול של המדינה, דהיינו ההתחלה שמשם הולכים אל תוך המדינה, כמו כן התורה הקדושה היא התחלה שיוכל אדם לבוא לעבודתו יתברך שמו באמת. גם ענין גילוח השערות איתא בספרי קודש שצריך האדם ליזהר שלא לגדל השער כי הסיטרא אחרא יש להם אחיזה בשערות, והאדם צריך שלא ליתן שום אחיזה להסיטרא אחרא, נמצא דגם גילוח הוא התחלה לעבודתו יתברך שמו.

וזה שאמר התנא "לא ישב אדם לפני הספר" כו׳, פירוש באיזה אופן שתקרא תיבת "ספר", הן אם אקרא סֵפֶר והן סְפַר והן כפשוטו סַפָּר ממש. דהיינו כל עניני התחלות שיתחיל אדם בעבודתו יתברך שמו, לא יחשוב האדם ביושבו לעסוק בהם שהוא מיד במדריגה גדולה, וזה הרמז באומרו "לא ישב לפני הספר" דהיינו אפילו בספר ממש ללמוד תורה, אף שהוא עיקר ענין עבודתו יתברך, לא יחשוב שהוא "סמוך למנחה", כי מנחה הוא המדריגה גדולה וסמוך וקרוב לה, חלילה לאדם לחשוב כן, רק יחשוב תמיד שאינו אלא כמתחיל בעבודתו יתברך שמו. "עד שיתפלל" פירוש עד שיהיה במדריגה שיהיה יכול להתפלל במחשבה טהורה וזכה וצלולה בלי שום סיג כלל, ויאיר אור תפילתו בכל העולמות, אז יהיה בטוח שלא יפסיק עוד מעבודתו יתברך שמו לעולם. וזה שמפרש התנא "ואם התחילו" פירוש אם יהיה תמיד במחשבתו שאינו אלא מתחיל בעבודתו יתברך, "אין מפסיקין" פירוש אלו בוודאי לא יפסיקו עוד מעבודתו השלימה. "מפסיקין לקריאת שמע" כי קריאת שמע היא כמו לימוד תורה, כי היא בעצמה לימוד הוא, דהיינו אף אם יעסוק אדם בתורה יכול להיות שיהיה נפסק מעבודתו יתברך שמו, דאורייתא בלא דחילו ורחימו לא פרחה לעילא, והעיקר לימוד התורה או עסק המצוה צריכה להיות שיהיה שפל ונכנע בעיני עצמו, שיחזיק עצמו באמת שאינו אלא כמתחיל בעבודתו וכנ"ל. "ואין מפסיקין לתפילה" אבל הצדיק שתפילתו ברור וזך כנ"ל, בוודאי לא יפסוק עוד מעבודתו וילך ויתגבר.

וזהו שאמר הנביא "שער החצר הפנימית" כו׳, ד"חצר" הוא לפני הבית, וצריך אדם לדמות עצמו בעבודתו שאינו עומד אלא בחצר המלך ולא בבתי גוואי, ואינו עומד אלא אצל "שער" מחצר קדשו של עבודתו יתברך. "הפנימית" פירוש שיהא דבר זה מוחלט בפנימיותו באמת. "הפונה קדים" רצונו לומר קדים הוא לשון קודם, דלפעמים מחמת שהיה צדיק בגלגול ראשון, זה גורם לו שיהיה צדיק גם עכשיו והולך בעבודת הבורא, וזה הוא הפונה קדים, דבר זה פונה אותו לצדקו, מחמת שהיה צדיק מקודם דהיינו בגלגול ראשון. והזהיר הנביא את האדם אשר לו מדרגות אלו, "סגור יהיה" שיהיה מוצנע ומוסגר הצנע לכת, "לא יפתח, וביום השבת יפתח" אם לא בשבת כשיבוא לו הבהירות הגדול מרוב קדושתו, וממילא יפתח פנימיותו מרוב ההבערה אשר בקרבו, "וביום החדש יפתח", החדש נקרא על שם הצדיק המבטל דינין, ועל ידי איזה סיבה הוא מבטל? על ידי שבורא עולמות חדשים, כדאיתא במדרש: הקב"ה קראו ליעקב אל, אמר לו אתה אל בתחתונים ואני אל בעליונים כו׳, אני בורא עולמות ואתה בורא עולמות, עיין שם באריכות, נמצא כשהצדיק בורא שמים חדשים וארץ חדשה, ממילא הדין נמתק, כי בזה העולם שנברא עתה מחדש אין שייך בו שום דין, שהוא של הצדיק, וזה פירוש "ביום החדש", רצה לומר כשהצדיק רוצה לחדש שמים חדשים דהיינו לבטל דינים, "יפתח" קדושתו להתהלך ברחבה.

ר' ישמעאל אומר בשלש עשרה מידות כו׳. נ"ל דהנה השם יתברך ברוך הוא נתן לנו שלש עשרה מידות, ואנחנו צריכין להכניס את השלש עשרה מידות בהתורה שיהא התורה נדרשת בהן, דהיינו שתהא לימודינו בתורתינו הקדושה לעורר את השלש עשרה מידות שיידרשו על ידי התורה. ועל ידי איזה פעולה נוכל לבוא לזה? ואמר "מגזירה שוה" פירוש כל מה שגזר השם יתברך בעולמו, הן הרוחניות הן דברים גשמיים, יהא הכל שוה לעבודת הבורא יתברך שמו, להכניס כל הגשמיות אל הקדושה. "מקל וחומר" פירוש הן עבירה קלה יהיה בעיניו כחמורה, וירגיל את עצמו תמיד בלי שום הפסק עד שיוטבע אצלו בטבע עד בלתי אפשרי לדבר בדברים בטלים.

וזהו דאיתא "מרגלית טובה היתה תלויה בצוארו של אברהם אבינו", פירוש "מרגלית" מלשון הרגל נעשה טבע, "היתה תלויה בצוארו" שמשם יוצא הדיבור, והיה ההרגל בצוארו בדיבורו שלא לדבר כי אם דברים טובים הנוגעים ליראת ד׳ ולתורתו הקדושה, "ואחר כך תלאה בגלגל חמה", דהנה השמש כשם שהיא מאירה בעולם הזה כך היא מאירה בעולמות העליונים, ובעולם הזה נקראת שמש, שהיא משמשת בעולם, ובעולם העליון נקראת חמה שהיא לשון חימום ודביקות, שמה שמאירה בעולם הזה היא בגשמיות נגד ההארה שבעולם העליון, וזהו "ותלאה בגלגל חמה" דהיינו שלימד את דורו אחריו שיעשו כמוהו, להרגיל את עצמם עד יוטבע הדבר בטבע להכניס כל דברי הגשמי אל הקדושה, דהיינו להתנהג בכל זה עד התגלגלות הדבר שיבוא לחימום וקדושה ודבקות בטבע, "שכל הרואה בו מיד נתרפא" ופירושו כל מי שרואה ומאמין לזה מיד נתרפא, וזהו "וחם השמש ונמס" פירוש "השמש" שהוא הגשמי כנ"ל, הביאו לחימום ודבקות כנ"ל, "ונמס" שנבלע באברים, שהיה הכל רוחניות. וזהו "אשריכם כלים שנכנסתם בטומאה ויצאתם בטהרה" פירוש דאברי האדם הן נקרא כלים, ובהתחלתו של הצדיק להרגיל את עצמו כנ"ל בכל דברי גשמי, הוא בעיניו כדבר טמא, על דרך שאמרו חז"ל "בגדי עם הארץ מדרס לפרושים", כו', אך אחר כך בהרגיל את עצמו שיהא לו לטבעיות, בודאי הוא טהרה וקדושה גדולה בהמשכתו בכל דבר גשמי קדושת הבורא יתברך שמו.

וזהו "שלא כמידת הקדוש ברוך הוא מידת בשר ודם, מידת הקדוש ברוך הוא כלי מלא מחזיק ריקן אינו מחזיק, ומידת בשר ודם להיפוך". ויבואר גם כן על פי הפסוק "וימלא כבודו את כל הארץ אמן ואמן", פירוש שאנחנו צריכין להמשיך ולהביא את הבורא ברוך הוא בכל העולמות, וזהו "אמן ואמן" דהיינו בעולם התחתון ובעולם העליון. וזהו "כלי מלא" פירוש הצדיק כזה שהוא כלי, דהיינו כל אבריו הן קדושים ומטוהרים כנ"ל, שכבר הוטבע בטבע שבכל דברי הגשמי הוא מכניס וממלא כבוד ה' וקדושתו, "מחזיק" פירוש על ידי זה הוא מחזיק טובה לישראל להיותם מלאים ושבעים כל טוב, "וריקן אינו מחזיק" פירוש אם הוא להיפך חלילה שאינם ממשיכין את כבודו לכל העולמות, אזי אינו מחזיק חלילה, "ומדת בשר ודם הוא להיפך", "מלא" פירוש אם הוא מלא וחשוב בעיניו שיש בו חכמה ומעלות, זה "אינו מחזיק" אין יכול להחזיק טובה לכל ישראל, דהיינו שבלתי אפשר שיבוא טובה על ידו, "ריקן מחזיק" פירוש מי שהוא בעיניו ריקן ושפל ואינו נחשב בעיניו לכלום, זה יכול להחזיק טובה לכל ישראל, להשפיע להם כל מיני שפע וברכה וחיים ולמלאותם כל טוב. וזהו "אל יתפלל במקום גבוה" פירוש אל יחזיק את עצמו בגבהות, אלא "במקום נמוך" פירוש שיהא בהכנעה גדולה כנ"ל.

ועל פי הנ"ל יפורש גם כן הפסוק בפרשת משפטים "ויראו את אלקים" וגו׳, פירוש שהיו תמיד מסתכלים ורואים בכל מעשיהן, אפילו בגשמיותן היו משגיחין על עצמם שיהיה לה׳, והיינו "ויראו את אלקים" פירוש על אלקים, והיו מרגילין את עצמם עד כי "ותחת רגליו כמעשה לבנת הספיר", דהעולם הזה נקרא "רגליו" כמו שנאמר "השמים כסאי והארץ הדום רגלי", והן היו פועלים שכל מה שבעולם הזה, דהיינו אפילו הגשמיות, היו מכניסין אל הקדושה, והיינו "תחת רגליו" נעשו "כלבנת הספיר" כנ"ל. אך שיש צדיקים שצריכין סעד לתומכם אל כל הנ"ל, ויש צדיקים שאין צריכין סעד, היינו אותן הצדיקים שנשמתן הוא מעולם האצילות, וזהו "ואל אצילי בני ישראל לא שלח ידו" היינו כנ"ל אותן הצדיקים שהיה להן נשמה מעולם אצילות, לא היה צריך השם יתברך לשלוח ידו להם לתומכם בידו, רק שהן עצמם היו יכולין לעשות כל זה בלי סעד ותומך, "ויאכלו וישתו ויחזו אלקים" היינו שאפילו אכילתן ושתייתן היו מביאין אל הקדושה.

כשמן הטוב על הראש יורד על הזקן זקן אהרן שיורד על פי מדותיו. נ"ל דאיתא בגמרא (סנהדרין לו ב). אין מושיבין זקן בסנהדרין, והטעם מחמת שטבע הזקן באכזריות ואינו כל כך במידת רחמנות. אך לא כמידת הקדוש ברוך הוא מדת בשר ודם, שהקדוש ברוך הוא נגלה על הים כזקן מלא רחמים, והוא מחמת שהרחמים העליונים מעולמות העליונים ששם כולו רחמים, משם יורדים הרחמים ונשפכין על הזקן ונעשה גם הוא רחמים. וזהו "כשמן הטוב" רוצה לומר שמן הטוב היינו הרחמים הגמורים, "על הראש" רמז לעולמות העליונים הנקראים ראש. "יורד על הזקן" י"ל שהרחמים יורדין משם על הזקן, ונעשה הזקן "זקן אהרן", דהיינו שגם הזקן הוא רחמים, דאהרן היה אוהב שלום ורודף שלום, והכהן הוא חסד ורחמים, "שיורד על פי מדותיו" רוצה לומר שהרחמים יורדין על פי מדותיו כנ"ל, שלא כמידת הקדוש ברוך הוא מידת בשר ודם, שמידת בשר ודם הזקן הוא מטבע אכזריות, ומידת הקדוש ברוך הוא הוא זקן מלא רחמים. והבן.

שמעתי מקשים על המשנה ארבע מידות בהולכי לבית המדרש, וחושב התנא לאינו הולך ואינו עושה לאחד מד׳ מידות, ואיך שייך להיקרא מידה מד׳ מידות, בשלמא בהולך ואינו עושה או בעושה ואינו הולך הוא על כל פנים מד׳ על צד אחד, או בהליכה או בעשייה, מה שאין כן באינו הולך ואינו עושה. ונ"ל דאיתא במשנה "בעשרה מאמרות כו׳ והלא במאמר אחד כו׳ אלא להיפרע מן הרשעים כו׳ וליתן שכר טוב לצדיקים". ולכאורה הלא עיקר הבריאה היה להטיב לברואים ולא להיפך חס ושלום, אלא ההכרחי הוא לפרוע לרשעים כשחוטאין, והיה לו לתנא לומר בהיפך: "אלא ליתן שכר טוב לצדיקים כו׳ ולפרוע" כו׳. אך נראה דהנה פירשו על שאמר השם יתברך להושע שישראל חטאו, והשיב לו החליפם באומה אחרת, וחס ושלום לאותו צדיק שיקטרג על ישראל. ופירשו שכך היה כוונת הושע החליפם באומה אחרת ותראה בכל אומות אם יש כיוצא בהן, והשפל והגרוע בישראל הוא יותר טוב מטובים שבאומות. ונמצא בהסתכל בהאומות אין כח למקטרג על ישראל. וכמו כן "אין צדיק בארץ אשר יעשה טוב ולא יחטא" ויש כח חס ושלום לקטרג עליהן, אך בראות מעשה הרשעים יסתם פי המקטרג. נמצא עיקר שילום השכר להצדיקים בא על ידי ראיית ההפרש שבין הרשע לצדיק. ומובן ממילא כל הנ"ל להיפרע כו', כדי שעל ידם יותן שכר טוב לצדיקים. וזהו שחשב אינו הולך ואינו עושה גם כן למידה, כי גם על ידי זה בא טובה להצדיק, שאין כח ביד המקטרג לקטרג כלל, וצדיק באמונתו יחיה.

משוך חסדך ליודעיך וצדקתך לישרי לב. ומתחילה נפרש הפסוק שאמר יעקב אבינו עליו השלום "ידעתי בני ידעתי" שהוא מילות כפולות, ועוד שהיה לו לומר יודע אני כו׳. אך נראה דהנה הנשמה שהיא תחת כסא הכבוד אז היא יודעת להשכיל כל התורה כדאיתא בגמרא: ומלמדין אותה כל התורה כולה וכיון שיצא לאויר העולם בא מלאך וסטרו על פיו. ויש ליתן טעם לשבח לזה שמתחילה מלמדין אותו ואחר כך המלאך סטרו. ונ"ל שמתחילה הנשמה ששוכנת תחת כסא הכבוד ולמען לא יהא לה נהמא דכיסופא היא נבראת כידוע, וזהו ההכרחי ללמדה כל התורה כולה, כי אילולי זה לא היה באפשרי להנשמה בבואה אל הגוף החומרי להתגבר עליו לשבר תאוותו, וההכרחי ללמדו כל התורה שעל ידה יכול לשבר כח תאוות הגוף. ועוד אם לא היו מלמדין אותה לא היה באפשרי לקבל וללמוד אחר כך את התורה, לכן מלמדין אותה מתחילה כדי שאחר כך בנקל תוכל לקבל וללמוד התורה. אך אם היה נשאר כך בלתי סטירת המלאך, לא היה תועלת בבריאתו כלל, כי לא היה צריך שום עבודה ופעולה לעבוד ולשבר כח התאוה, כי היה כבר מלא תורה כאשר היו מלמדין אותו מתחילה בקדושה, בא המלאך וסטרו על פיו ומשכחו. אך אף על פי כן נשאר הרושם שנרשם בו בזה שהיו מלמדין אותו כל התורה, וצריך האדם לעבוד בכל כחו והתאמצותו לעורר את הרושם הנרשם בו לבוא אל המעלה שהיה בו קודם בריאתו, כמו שהיה במחצבתו מתחת כסא הכבוד. וזהו "ידעתי" פירוש כבר בהיותו תחת כסא הכבוד, "בני" פירוש אף אחר כך היינו עתה שאתה בני, דהיינו שאני בעולם הזה, "ידעתי" פירוש גם עתה באתי אל המעלה הראשונה כמו שהייתי קודם בואי לעולם כנ"ל, "כי מנשה הבכור" כו׳, וזה "משוך חסדך ליודעיך" היינו הצדיקים הגמורים שכבר עבדו ותיקנו את עצמם להיותם בידיעה ברורה כנ"ל, ובוודאי הן מבינים את הכל, ויודעים שכל דבר הוא לטובתינו אף שאין נראה טובה כל כך, יודעין שסוף תבוא הטוב מאותו דבר, אף על פי כן "משוך חסדך" פירוש שיהא מיד חסדים, וזהו "ענני באמת ישעך" פירוש ענני מן צרה זו אף על פי שסוף הצרה בוודאי לישועה, בקשתי מהשם יתברך ברוך הוא שיענני מיד לישועה כנ"ל. והבן.

משנה איזהו חכם הרואה את הנולד ונראה על פי שדרשו חז"ל וירא אלקים את האור כו׳ שגנזו לצדיקים. י"ל הפירוש שהשם יתברך גנז את האור לצדיקים שהם יהיו יכולין לדעת על ידי האור הזה דבר שעתיד להיות, והנה התורה נקראת חכמה לשון נקיבה, והצדיק הלומד תורה לשמה נקרא חכם בשם זכר, וזהו שאמרו הני בבלאי טפשאי דקיימי מקמי ספר תורה ולא קיימי קמי תלמיד חכם. ואמר התנא "איזהו חכם הרואה את הנולד", כנ"ל שעל ידי האור שבה יכולים לראות את הנולד.

מלך אסור ברהטים מה יפית כו'. נ"ל בהקדים לפרש "זאת קומתך דמתה לתמר", דאיתא דתמר יש בו זכרות ונקבות, והאדם צריך להתקדש עצמו ממדריגה למדריגה מלמטה למעלה, דהיינו לתקן עצמו במדרגות זכרות ונקבות. וזהו "זאת קומתך" רוצה לומר זה הוא קומתך שלמה, "דמתה לתמר" רוצה לומר כשהוא דומה לתמר כנ"ל, מה תמר יש בו זכרות ונקבות כו', וזהו "זכור ושמור בדיבור אחד נאמרו" רמז גם כן לשני מדריגות דוכרא ונוקבא, צריך להיות בדיבור אחד, דהיינו מהמחשבה בא אל הדיבור ונעשה אחד, והצדיק הזה הוא יכול להמתיק הדינים ולכובשם תחת ידו, וזהו "שמאלו תחת לראשי" רצה לומר כשהשמאל הוא כבוש תחת ראשי, אז "ימינו תחבקני", דהיינו שהצדיק הזה הוא בא למדריגת חיבוק ונשיקין ותענוג העליון, אך שצריך לעלות ממדריגה למדריגה כנ"ל, דהיינו מיראה לאהבה ומאהבה לתענוג ושמחה, והצדיק הזה הוא משפיע לעולם שפע טובה, וזהו "ולשמחה מה זו עושה" רוצה לומר על ידי מדריגת "שמחה" הוא מתקן את מדרגת "מה", שעל ידה באים ההשפעות, וזהו "מה ד' אלקיך שואל מעמך", רוצה לומר שתתקן מדרגת "מה", וזה הוא מתקן על ידי יראה ואהבה, וזהו "כי אם ליראה" כו'.

והנה השי"ת בחר אותנו באהבה, ולכאורה בהשם יתברך אין שייך כי אם תענוג. אך מחמת התורה הקדושה שאנו עוסקים בה לשמה, השם יתברך יורד מתענוגו ואוסר עצמו בהתורה, ובוא יבוא אל מדריגת אהבה. וזהו "מלך" רצה לומר הקדוש ברוך הוא, "אסור ברהטים" דהתורה נקראת רהטים, ונמצא יורד ממדריגת תענוג לאהבה. "מה יפית ומה נעמת" רוצה לומר ראה האיך היה טוב ויפה, "אהבה בתענוגים" רצונו לומר שגם כן אתה תעשה את שלך ותלך מאהבה לתענוג כנ"ל.

אור זרוע לצדיק כו'. ונקדים לפרש פסוק בשיר השירים "אכלתי יערי עם דבשי כו' אכלו רעים שתו ושכרו דודים". דהנה התורה הקדושה נמשלה לדבש כמו שנאמר ומתוקים מדבש וכו', וכשהצדיק עוסק בתורה לשמה כדי לייחד שמו הגדול, זהו תענוג ואכילה להקדוש ברוך הוא, וזהו "כי ה' אלקיך אש אוכלה הוא", רצה לומר אכילתו של הקדוש ב"ה הוא אש, והיא התורה הנקראת אש, וזהו גם כן "את קרבני לחמי לאשי", הקרבן שהוא לחמי לאשי לעסוק בתורה הנקרא אש. והנה הדבש מקומו הוא מצוי ביער ואין הנאה מוכנת כי אם מהדבש אבל לא מעצי היער, ואומר הקדוש ברוך הוא "אכלתי יערי עם דבשי", דהיינו כשהצדיק עוסק בתורה לשמה הנקרא דבש, אזי אכילתי ותענוגי מה"יער" הוא הצדיק, "עם דבשי" הוא התורה, ולעומת זה יש גם כן להצדיק השפעת קדושה מלעילא וזהו אכילתו ותענוגו, וזהו "אכלו רעים" דהצדיק נקרא ריע להקדוש ברוך הוא, שהוא גוזר והצדיק מבטל, ורמז לזה "למען אחי ורעי אדברה נא שלום בך", רצה לומר "למען" הצדיקים הנקראים "אחי ורעי", "אדברה נא שלום בך" הוא על כללות ישראל הנקראים בלשון יחיד, וגם משום שנבראו ע"י ך"ב אתוון וזהו "בך". ועל ידי הצדיק העוסק בתורה יש גם כן השפעה להעולמות העליונים והם נקראים "דודים", וזהו "שתו ושכרו דודים".

ועל פי זה יבואר גם כן פסוק "אז ירננו כל עצי היער לפני ה'", דהנה שם הוי"ה ב"ה הוא המנהיג לכל העולמות, אלא שלא כעולם הזה העולם הבא, דהיינו עולמות העליונים נקראים "עולם הבא" מחמת שהצדיק הולך ובא מעולם לעולם ושם הוי"ה ברוך הוא נקרא ככתיבתו, אבל בעולם הזה "לא כשאני נכתב אני נקרא, נכתב בי"ה ונקרא באדני", והצדיק צריך לייחד השני שמות הקדושים הללו. וזהו "אז" דהיינו השני שמות הן מנין א"ז ח' אותיות, "ירננו כל עצי היער", דהיינו הצדיק הנקרא "עצי היער" כשמייחד השני שמות כנ"ל, מכניס ומביא רנה וחדוה לפני ה' בעולמות העליונים, וזהו "אור זרוע" ראשי תיבות א"ז, דהיינו על ידי "אור" שהיא התורה, הצדיק מייחד השני שמות כנ"ל, ועל ידי זה הוא מזריע ומשפיע בעולמות העליונים, ומעילא לתתא הוא גם כן משפיע "לישרי לב שמחה".

או יאמר בדרך אחר בהצטרף לפרש עוד פסוקים. דהנה "בי"ה ה' צור עולמים", דעולם הבא נברא ביו"ד ועולם הזה נברא בה"א, והאומות חלקם בעולם הזה, כי יש להם אחיזה במקום הדינים ומשם הוא יניקת השפעתם, וזהו שאמר יוסף למצרים "ה"א לכם זרע", דהיינו השפעתם היא מה"א, וישראל הקדושים יניקת השפעתם היא מהיו"ד היא חכמה. וזה בא על ידי הצדיק הוא החכם המעורר השפעה ביו"ד, וזהו שאמרו פותח את ידיך אל תקרא ידיך אלא יודיך, דהיינו שהצדיק פותח את היו"ד להשפיע לעולם ומשביע לכל חי רצון. וזהו שאמר הנביא "אל יתהלל חכם בחכמתו כו' כי אם בזאת כו' השכל וידוע אותי", דהיינו שהצדיק אל יתהלל שפועל כל זאת על ידי חכמתו, כי אם ידוע "אותי", דהיינו אות יו"ד. וזהו גם כן סיפא דקרא הנ"ל "ויבטחו בך יודעי שמך". וזהו שנאמר "והמן כזרע ג"ד", דתיבת ג"ד הוא גומל דלים, דהיינו היו"ד משפיע לה"א דהיא נקראת "דלה", דלית לה מדילה, וזהו "והמן" דהיא השפעה, הוא "כזרע ג"ד", והבן.

ואמנם בבוא היוד בין שתי אותיות ג"ד נעשה גיד, שנסתם חס ושלום השפעה מהיוד, וזהו "על כן לא יאכלו בני ישראל את גיד" כו', אך הצדיק מעורר השפע לה"א מהיו"ד וממתיק את הדינין, וזהו פירוש הפסוק "ויאמר אלהים יהי אור ויהי אור", דהיינו שהצדיק יש לו כח שני מדרגות, דהיינו להכניס הה"א בין היודי"ן ע"י האור שלו דהיינו "יהי", להמתיק אותה ברחמים גדולים על ישראל, וזהו "גדולה נקמה שניתנה בין שתי אותיות", נקמה דהיינו הדינין נמתקין בין שני אותיות, וגם יש לו כח להשפיל ולהכניע את הרשעים על ידי האור שלו, וזהו "ויהי אור", כל מקום שנאמר ויהי אינו אלא לשון צרה, וזהו "אור זרוע" כו', כי דרך הזריעה להצמיח תבואה וגם קוץ ודרדר, והאור של הצדיק הוא גם כן כמו זריעה להשפיל ולהכניע את הרשעים, "ולישרי לב שמחה".

בגמרא בבא מציעא מציאת בת לאב ומפרש בגמרא משום איבה, ופירש רש"י משום מזוני, ותוספות פירשו משום איבה שלא ימסרנה למנוול ומוכה שחין. ונראה פירוש לפירושם, דאיתא במשנה "אל תהיו כעבדים המשמשים את הרב על מנת לקבל פרס אלא" כו', ויש לדקדק איך עלה על הדעת שישמש על מנת שלא לקבל פרס, הלא ידוע שאין הקדוש ברוך הוא מקפח שכר כל בריה, אלא שיש לתרץ שאדם יעלה על דעתו שכבר קיבל כל שכרו, על דרך שאמר הכתוב מי הקדימני ואשלם, דהיינו שהקדוש ברוך הוא זן אותו מעודו עד היום, וגם על דרך שאמר הכתוב ה' לא יעזבנו בידו, לולי ה' בעזרו, ויעלה על דעתו דאף אם הקדוש ברוך הוא היה רוצה ליתן לו שכר היה ממאס בו, וזה פירוש המשגה "אלא הוו כעבדים המשמשין את הרב שלא על מנת לקבל פרס", והפירוש מובן מאליו.

ואיתא בגמרא "מתייחד אדם עם בתו ועם אמו", ויש לפרש על פי דאיתא במדרש: "לא זז מחיבתו עד שקראו בתי, לא זז עד שקראו אמי", וזהו פירוש "יתירה עליו אמה עבריה שיוצאה בסימנין", ורצה לומר יתירה עליו על אותו צדיק שנקרא בשם עבד עברי, דהיינו שעובד את ה' אבל עדיין אינו נקרא בשם בתו של הקב"ה כנ"ל, יתר עליו אותו צדיק שנקרא בשם בתו, ונקרא בשם אמה עבריה שיוצא בסימנין, דהיינו שיוצא לעולמו בסימני הקטורת, על דרך שאמר הכתוב הדודאים נתנו ריח אלו בחורי ישראל שלא טעמו טעם חטא, והיינו שיוצא לעולמו בריח טוב. ועוד יש לפרש יוצא בסימנים על דרך דאיתא שהקטורת היתה מעשרת, דהיינו נותן שפע לעולם, כך הצדיק הזה יוצא בסימני הקטורת להשפיע לעולם. וזהו פירוש מתייחד אדם דהיינו אדם עליון הקדוש ברוך הוא וברוך שמו, הוא מתייחד עם צדיק הזה שנקרא בתו, או עם הצדיק הנקרא בשם אמו.

וזהו פירוש "מציאת בתו", דהיינו כל העובדות והמציאות של המצוות שהצדיק הזה הנקרא "בתו" עובד ועושה, ומתקן כל המצוות שהיו בסיטרא אחרא ומוציא אותן משם, והוא נקרא בשם "מציאה" דהוא עובד הכל "לאב" ולא בשביל לקבל פרס, ומפרש בגמרא משום איבה, ורוצה לומר שהוא משער בשכלו הזך אף אם הקדוש ברוך הוא היה רוצה ליתן לו שכר היה ממאס בו כנ"ל, והיינו משום איבה שהוא ממאס בשכר, ופירש רש"י מהיכן בא לו זאת שימאס בהשכר, ופירש משום מזוני, דהיינו שעלה על דעתו שכבר קיבל שכרו, ודי לו בזה שהוא משפיע לעולם מזוני כנ"ל יוצא בסימנים, וגם שהקדוש ברוך הוא זן אותו מעודו עד היום, ותוספות פירשו שזאת עלה על דעתו שדי לו בזה שלא מסר אותו למנוול ומוכה שחין, דהיינו על דרך שאמר הכתוב ד' לא יעזבנו בידו, והיינו לא מסר אותו ליצר הרע הנקרא "מנוול".

נפשי בכפי תמיד ותורתך לא שכחתי. דהנה יש בני אדם הנותנין לב להתחרט על עוונותם, ורואים איך אין עובדים הבורא ברוך הוא באמת, ובזה הם עיקר תיקונם, כשהם יושבים עצמם ללמוד אומרים שכבר נתכפר להם בזה הכל, ותיכף נתגבר כח יצרם בקרבם, עד שכמעט שחושבים אין כמוהם בלימוד ובמעשים טובים, אף על פי שקודם הלימוד ידעו בבירור גודל עיוותם, וכעת הם מתוקנים כיון שכבר למדו מה לעשות להם עוד, ותהי עוונותם על עצמותם. אבל האיש הנלבב הוא רואה תמיד שפלותו אפילו בעת התורה והמצוה, ואדרבה הוא נותן לב יותר לשוב מעבירות שבידו, באמרו בלבו איך עברתי על דברים מתוקים מדבש ונופת כו' כאלו יצאו מפי אלקים חיים, וכל מה שלומד הוא יותר קטן בעיני עצמו ונבזה ושפל. וזה שאמר דוד המלך עליו השלום "נפשי בכפי" כי ההרהורי תשובה הם מרומזין בכפים, כענין שנאמר נשא לבבנו אל כפים, וזה הוא שאמר נפשי בכפי "תמיד" אני הולך בהרהורי תשובה וחטאתי נגדי תמיד, "ותורתך לא שכחתי" פירוש אף על פי שאני יושב עצמי ללמוד תורתך, אף על פי כן איני שוכח את כל אשר הכעסתי לפניך, ואני חוזר בתשובה עליהם בלב שלם. כן יורנו ד' אשר בדרכיו נלך באמת. אמן.

מצאתי דוד עבדי בשמן קדשי משחתיו אשר ידי תכון עמו אף זרועי תאמצנו. נראה לפרש דהנה בגמרא אמרו מאי מצאתי ומשני מצאתי בסדום, והפירוש הוא כך, שדוד המלך עליו השלום נולד על ידי חלק מסיטרא אחרא, על ידי לוט ושתי בנותיו, וכונתו לא היה לשם שמים, והם כוונו עצמם למצוה באמרם ואדם אין בארץ כו', ודבר קדושה היוצא מהם פירוש מהסיטרא השניה הוא כמו מציאה שמוציאין בולעם מפיהם, וזו היא אשר נקרא מציאה, וזה הוא שאמרו בגמרא מציאה ומשיח ונחש באין בהיסח הדעת, ושלשה אלו דבר אחד הם, שמשיח נולד על ידי שתיהם, על ידי מציאה ועל ידי נחש כנ"ל, והם גם כן אחד, שהמציאה היה על ידי שיצא מחלק הסיטרא אחרא הם הנחש. ואחר כך כשנמשח דוד המלך, נמשח בקדושה גדולה בקרן השמן, רמה קרני ולא רמה פכי. ולמה היה זה באמת שיבוא מתחילה על ידי הנחש ואחר כך למשחו כל כך בקדושה ובמעלה גדולה.

נראה לתת טוב טעם, כי הכוונה בזה היה לפי שקדמה מחשבת בוראינו ית"ש ויתעלה להיות גלות, ואם היה משיח נולד מצדיק, אז בודאי לא היה כח ביד האויב לשלוט עלינו להגלותינו מארצנו, ומחשבת ורצון הבורא היה לזה, מחמת כי לא מחשבותי מחשבותיכם וטעמים ידועים, לכך גילגל הדבר בסיבה שיוולד משיח ד' דווקא ע"י חלקם, ואחר כך כשבא דוד, רצה לבער הסיטרא שנולד משם, כדי לבערם מן העולם ויהיה יכול להיות משיח האמת והקיים שלא יהיה עוד גלות, ולא נתקיימה בידו מחמת שלא היה לו כח עליהם, לפי שנולד מהם, כאשר נאמר "וירד העיט על הפגרים כו' אברם כו'" וכפירוש רש"י שדוד בא ומכלה את האומות וישב כו' עיין שם, עד שיבוא משיח צדקנו במהרה בימינו אמן ואז תרום קרננו. וכדי שיהא לנו שארית בארץ, ויהיה לנו קיום בגלות המר והנמהר בין הזאבים הללו, לכך נמשח בקרן השמן ובקדושה גדולה, רמה קרני ולא רמה פכי, כדי שיגין עלינו בגלות הזה שיהיה לנו קיום, כאמרם ז"ל שמשיח יתיב אתרעא דרומי וסובל עבור ישראל, עיין שם הלשון היטב, ולכשיצמח קרן הודו במהרה, אז יהיה נצב וקיים חזק ואמיץ לעד ולנצח.

וזו הוא "מצאתי דוד עבדי" פירוש על ידי מציאה כנ"ל, על ידי נחש כנ"ל, עבור זה נקרא מציאה, "ובשמן קדשי משחתיו" שהמשיחה שנמשח היה בקדושה גדולה, ולמה היה זה באמת ב' דברים, דבר והיפוכו? מתרץ הפסוק "אשר ידי תכון עמו" שהעולם הזה נקרא "יד" כדכתיב אף ידי יסדה ארץ כו', ופירושו כדי שיהיה לנו קיום בארציות עכשיו בגלותינו שאנחנו בגשמיות מגושמים, "אף זרועי תאמצנו" לכשיבא משיח במהרה, ואז תאמצנו זרועי שתהיה חזק וקיים לעד.

הצנע לכת עם ד' אלקיך. י"ל הפירוש דלכאורה היה לו לומר "תלך" בלשון נוכח, כמו שמסיים בפסוק "אלקיך" הוא לשון נוכח. אך הענין הוא, דצריך האדם להשכיל מאוד מאוד על היצר הרע העומד עליו לפתותו, גם אם בהצנע בחדרי חדרים יהיה מאין אדם, אעפ"כ אם יידע בעצמו שהוא עובד השם, דהיינו שיידע שהוא עוסק בלימוד ובמצות צדקה וגמילות חסדים וכדומה, על ידי זה יכול לבוא לידי פניות גם אם הוא בחדרי חדרים, וכאשר יסתכל על עצמו יראו עיניו שדברי הנ"ל אמיתיים, רק צריך האדם שלא יעלה על לבו כלל לחשוב מחשבת מעשיו הטובים, רק כאילו הם נסתרים ממנו ואינו יודע כלל ממעשיו הטובים כלל, ואדרבה לא יוטבו בעיניו כל מעשיו, וזהו "הצנע לכת", ד"לכת" הוא גם כן לשון נסתר שהוא שם דבר, רמז שגם בהצנע יהיה הצנע בתוך הצנע, ר"ל שגם בהצנע מאין אדם יהיה עוד הצנע ממנו ומעצמו כל מעשיו כלל, שלא ידע מהם שהוא עושה איזה דבר.

וזהו "ואהבת לרעך כמוך" דהשי"ת ב"ה נקרא ריעך, כמו שכתוב ריעך וריע אביך אל תעזוב, ואמר הכתוב "ואהבת" כו', ר"ל הסיבה שתוכל לבוא לידי אהבה שלימה, לאהוב את המקום ב"ה הנקרא "ריעך", בלתי אפשר כי אם באופן שתהיה "כמוך" ר"ל בכ"ף הדמיון, שלא תדע מעצמך כלל שאתה הוא העושה ובמה נחשב, אלא שאינך אלא כדמיון, והבן כי זה עיקר ושורש גדול לעבודת הבורא ב"ה.

יראת מאלקיך אני ה'. י"ל הפירוש דהנה מתחילה צריך האדם להיות ירא אלקיו באיזה אופן, וחלק אלקים שבו צריך להיות תמיד ביראה, ולכן נאמר "אלקיך", דהיינו חלק אלקות שבך כפי הבנתך, ואז כאשר תתמיד ביראתך בלי הפסק, תוכל לבוא שתדע ש"אני ד'", להשיג מציאותי על ידי פעולותי.

ואתם הדבקים בד' אלקיכם חיים כולכם היום. מלת "היום" אינו מדוקדק. וי"ל דהנה אמר התנא אל תאמין בעצמך עד יום מותך, הגם שרואה אדם שהנהיג את עצמו היום הזה בדרך הישר, ודקדק במעשיו מאוד מאוד לקשר ולדבק עצמו בהבורא יתעלה, אעפ"כ אל יאמין עצמו שהוא איש ישר רק היום הזה שהוא עומד בו, ולמחרתו מיד צריך להתחיל מחדש לחפש רוממותו ית"ש לדבק בו יתברך ויתעלה. וזהו "ואתם הדבקים כו' כולכם" ר"ל שזה דבר השוה לכל ישראל שאפשר לו לדבק עצמו בהבורא יתעלה, כמו דאיתא אפילו עבד אפילו שפחה כו', אך אין להאמין לעצמו להיותו בטוח ביום מחר, כי אם בלתי "היום" ר"ל היום שהוא עומד בו כנ"ל, וביום מחר צריך להתחיל מחדש. וק"ל.

שויתי ה' לנגדי תמיד. כי ידוע שלב חכם לימינו, היינו היצר הטוב שהוא מסיטרא דהויה רחמים, ולב כסיל לשמאלו, שהוא יצר הרע מסיטרא דאלקים אחרים, והצדיק מהפך מידת הדין לרחמים, על דרך ומלאך רע יענה אמן בעל כרחו, וזהו הוא הפירוש "שויתי ה' לנגדי" כלומר מי שהוא לנגדי שהוא היצר הרע, הפכתי אותו ושויתי הויה.

ה' עוז לעמו יתן ה' יברך את עמו בשלום. הנה כל מגמותינו במחשבותינו ובמעשינו להעלות מדת מלכות, וזה הוא קישור עולמות ליחד קודשא בריך הוא ושכינתיה כידוע, ואז כל העולמות מושפעים, ומדת מלכות נקראת "עוז" כד"א יתן עוז למלכו, וזה הכל ביד הצדיק להשפיע בעולמות על ידי מעשיו הטובים והיחודים והדביקות שלו, כמו שנאמר תנו עוז לאלהים. וזה פירוש הפסוק "ה' עוז לעמו יתן", וכשישראל במדריגה הזאת שמיחדים מדת מלכות הנקראת עוז כדלעיל, אז "ה' יברך את עמו בשלום" שנשלם שפע כל העולמות ברב טוב ושלום על ישראל אמן.

נזכירה דודיך מיין משרים אהבוך. על דרך דאיתא בגמרא שהיה רבי חנינא בן דוסא מתפלל שיתנו לו מחלקו המזומן לעולם הבא ונתנו לו, אחר כך הראו לו בחלום שלכל הצדיקים יש להם כסא של ארבע רגלים ושלו של שלש רגלים, עיין שם הלשון היטב, ונמצא שאין לאדם להתפלל שיתנו לו מחלקי העולם הבא המזומן לו, כי שמא יגרעו לו משם, אבל כל זה כשאדם מתפלל על עצמו, אבל כשמתפלל על אחרים יכול לבקש שיתנו להם מחלקם של עולם הבא, כי בודאי לא יוגרעו בשביל זה, כי אין כוונתם לכך, כי הם אינם יודעין בדבר, והצדיק המתפלל עבורם הוא כונתו גם כן לשם שמים להשפיע להם רב טוב, וזהו "נזכירה דודיך" שאנו מזכירים ומתפללים לפניך שתמשיך עלינו אותן דודים הערבים והנעימים עלינו, "מיין" מעולמות העליונים הנרמזים ביין והוא עולם הבא, תשפיע מעליו עלינו בעולם הזה, ואם תאמר יוגרע מחלק העולם הבא חלילה, לזה אמר "משרים אהבוך", פירוש הלא אהבתם שהם אוהבים אותך ועושין מצוות ומעשים טובים לפניך, אשר עבורם מגיע להם זה החלק העולם הבא שלהם, זה הוא מישור אהבתם בלי עקבה ורמיה, כי העולם אינם יודעים שזו היא מחלקם, והצדיק גם כן כונתו אינו רק להשפיע לעולם, תיתי מהי תיתי, ונמצא בשביל זאת לא יוגרע חלקם כנ"ל. והשם יזכנו לאור בנועם העליון, אמן.

ארון נושא את נושאיו. י"ל הפירוש כי דרך בני אדם כשהם רואים אדם המתחיל בעבודת הבורא ב"ה, הם מדברים בו ומתקוממים עליו, ויש לו יסורים גדולים מזה, ואף על פי כן הוא אינו משגיח על זה כלל, ועובד את הבורא ביתר התאמצות עוד, ועל ידי זה הוא עולה בכל פעם למעלה יתירה, נמצא הם נושאים אותו ומגביהים אותו למעלה יתירה בעבודתו ית"ש, ואחר כך כשהוא צדיק גמור, אז הוא נושא אותם, שמחזירם בתשובה ומשפיע עליהם כל צרכם, והפירוש ממילא מובן, שהצדיק נקרא "ארון" כאשר ביארנו כבר בכמה מקומות, הוא "נושא את נושאיו" רוצה לומר אותם שהיו מנשאין אותו, הוא נושא אותם. וק"ל.

יראיך יראוני כו'. דהנה איתא כל אומן שונא את בני אומנותו, אבל היראים יש להם שמחה זה מזה כשרואה ירא אחר, כי מדרך הירא באמת שסובר שהוא מקצר תמיד בעבודת השי"ת, ונמצא כל אחד סובר בעצמו שהוא מקצר, ובמה יש לקנאות בו כיון שהוא בעצמו סובר שאין בו יראה כלל. וזו היא "יראיך יראוני וישמחו" פירוש כשרואים אותי הם שמחים בי ואין מקנאים אותי, "כי לדברך יחלתי" לשון חיל ורעדה, כי תמיד אני בחיל ורעדה שמתפחד אני שמקצר בעבודתך חלילה, ולזה אין מקנאים בי, אדרבה שמחים עלי.

ולציון יאמר איש ואיש יולד בה. יש לומר הפירוש דהנה מדרך הצדיק המדבר עם איזה אדם בדבר איזה הצטרכות פעולות הגשמיות שיפעול לו על ידי דיבורו, אזי כוונתו של הצדיק לפעול לאותו אדם מה שצריך לו, וגם כונתו להשי"ת לתקן שם בעולמות העליונים על ידי דיבורו. וזהו "ולציון" הוא הצדיק המצויין בהלכה, "יאמר" עליו "איש", "ואיש יולד בה" דהיינו באותו הדיבור שהוא מדבר פועל שני כונות, דהיינו לאיש המדבר עמו שיפעול לו כל צורכו, וגם להשי"ת הנקרא "איש מלחמה" נולד ונפעל הכל על ידי אותו הדיבור. וכאשר מתנהג הצדיק כן, הוא פועל רחמים לכל העולם, וזהו "ה' יספור בכתוב עמים" רוצה לומר ה' הוא מידת הרחמים, מאיר ברחמיו אל כתיבת עמים הרוצים לכתוב חס ושלום איזה גזירה על ישראל, אזי מאיר מידת הרחמים אל הכתיבה שנהפך לרחמים גמורים.

לעושה נפלאות גדולות לבדו כו'. בגמרא אמרו: בכל מלכותם מאין כמוך, שאל האי מינא בכל מלכותם הוא דאין כמוך אבל בישראל יש ומנו, אמר ליה אין שמצינו הקב"ה מחיה מתים ואליהו החיה בנה של צרפית, הקב"ה מוריד מטר ואליהו אמר חי ה' כו'. נמצא הצדיק עושה גם כן נפלאות כמו השי"ת ב"ה, אלא שההפרש הוא בין הנפלאות שהצדיק עושה ובין נפלאות ה', שהצדיק אינו יכול לעשות שום דבר כי אם על ידי הבורא ב"ה, שמתפלל אליו והבורא ב"ה שומע תפילתו ומקיים דיבורו, ונמצא הצדיק שיכול לפעול איזה דבר, זה הוא הכל בחסדי הבורא ב"ה, אבל השי"ת ב"ה בעצמו אין צריך לשום נברא כלל וכלל, ועושה הכל לבד בלא סיוע אחר, וזו הוא "לעושה נפלאות גדולות לבדו" שעושה בלבדו, "כי לעולם" רצה לומר מה שיש נפלאות אצל העולם, דהיינו הצדיקים, "חסדו" פירוש זה הכל חסדו ששומע תפילתם ועושה רצונם.

חסדך ה' מלאה הארץ חוקיך למדני. דאנשי כנסת הגדולה תיקנו לומר גומל חסדים טובים, היינו אף למי שאין ראוי והגון, על דרך "הודו לה' כי טוב כי לעולם חסדו" בין הגון ובין אינו הגון "לעולם חסדו". ואנו אומרים "גומל" חסדים כו', מלשון ביום הגמל את יצחק, דהיינו שאין אנו צריכין לחסדים האלה, כי השי"ת ב"ה מקבל הכל מאיתנו, ואנו לוקחים בשורת הדין ואין צריכין להחסד, והיינו "קונה הכל" על ידי זה הוא "גומל חסדים" כלומר שאינו עושה כבר בחסד כי אם במידת הדין, ועל דרך שאמרו צדיקים ניזונין בזרוע, אבל זה יש להמקטרג עדיין פתחון פה לקטרג ולומר באמת למה השי"ת מקבל מאיתנו הכל? על זה אנו אומרים "וזוכר חסדי אבות", דהנה יש חסדים מגולים וחסדים מכוסים, והחסדים המכוסים הם נקראים "חסדי אבות", דהזרע אצל האב הוא מכוסה, ועל החסדים המכוסים אין שום קטרוג עליהם, כי אין המקטרג יודע מהם והם מכוסין ממנו. ולזה אומרים "וזוכר חסדי אבות" ושוב אין למקטרג רשות לקטרג עליהם.

וזהו "חסדך ה' מלאה הארץ", האמת שהחסד שלך הוא מלאה הארץ, אבל אני מתפלל אליך "חוקיך למדני" דהיינו שתשפיע עלינו החסדים המכוסים, ויהיה תמיד בלי הפסק כחוק, וכנ"ל שלא יהיה להשטן רשות להרהר אחריה.

ירונו וישמחו חפיצי צדקי כו'. ד"שמחה" הוא לצדיק כשניצול מאיזה חטא הבא לידו וניצול ממנה אזי ישמח מאד, ו"רינה" הוא כאשר יעשה הצדיק איזה דבר המותר באכילה ושתיה, ועושה זאת לשמים ומכניס אל הקדושה, זה נקרא רינה שהוא למעלה מהשמחה, שמשמח אפילו אחרים על ידי רינתו, כי כל העולמות יש להם תענוג גדול כשמעלין איזה דבר השפל שבעולם התחתון לעולם העליון. וזהו "ירונו וישמחו חפיצי צדקי" רמז לאותן בני אדם השומרים עצמם מעבירה וחפצים צדקת ה', כלומר שיהיה צדיק להשי"ת והם במדריגת שמחה, "ויאמרו תמיד יגדל ה'" פירוש אותן שאומרים תמיד יגדל ה', שרוצים תמיד שיתגדל שמו של הקב"ה ביחודים ודביקות ובעליות מ"נ, הם במדריגת רינה כנ"ל.

או יאמר ירונו כו', על דרך הפסוק "מה ה' אלהיך שואל מעמך" כו', ושמעתי אומרים ד"מה" רמז לעניוות, לשון "ונחנו מה", זה הוא שה' שואל מעמך, שתהיה במדריגת "מה". ויש לומר שזה רמזו רבותינו ז"ל שדרשו חייב אדם לברך מאה ברכות בכל יום, מפסוק הנ"ל אל תקרי מה אלא מאה, הפירוש הוא כך, "אל תקרי מה", שבלתי אפשרי שתבוא למדריגת עניוות להיקרא מה, "אלא מאה" דהיינו באופן שתוכל לברך מאה ברכות בכל יום בלי שום מחשבה זרה, ואז תהיה במדריגת מה.

וזהו "ה' מלך גאות לבש" דעל ידי מעשינו הטובים שאנחנו עושים, אזי השי"ת ב"ה נקרא מלך, אך איך אפשר שיתקרא מלך על ידי מעשינו הטובים, מאחר שיש גאות בעולם ותועבת ה' כל גבה לב, ואין אני והוא כו'?, אך לזה עשה השי"ת ב"ה בחכמתו, שנתן לבוש להלביש עצמן, דהיינו שנתן לנו התורה הקדושה שתהיה לבוש לכסות את הגאות ולבא אל מדת עניוות. וזהו "ה' מלך" רוצה לומר שהשי"ת יהיה נקרא מלך, "גאות לבש" עשה לבוש להלביש את הגאות ולכסותו כנ"ל.

והנה האדם הצדיק העובד ד' באמת, הוא כסא להשי"ת ב"ה לשכון עליו, כמו שאמר הכתוב "צדק ומשפט מכון כסאך", דהיינו על ידי הצדק ומשפט שאדם מתנהג בו, מכין הכסא להשי"ת ב"ה, ונמצא הצדיק על ידי מעשיו הטובים, הוא מתגדל עד הכסא כבוד שישכון עליו השי"ת ב"ה, ובכל זאת אין כוונתו להנאתו שיתגדל הוא, אלא שיתגדל שמו של השי"ת ב"ה וברוך שמו. וזו היא "ויאמרו תמיד יגדל ה'" וכו'.

בגמרא אסור לילך בקומה זקופה. פירוש כי עיקר בריאת האדם לתקן שורשו בעולם העליון ולתקן הקומה העליונה, כדכתיב כי בצלם אלקים עשה את האדם, פירוש בקומה עליונה וכדמותה עשה אותו, שיש עולם הנקרא יד ה' עיני ה' רגלי ה' וכל שאר אברים, ואף שאין שם בעולמות עליונים שום דמיון ותואר כלל, וחלילה וחלילה לדמות שם, או לצייר במחשבה כלל דבר זה שם, ואין לו גוף ולא דמות כו', אלא שהעולם התחתון יש לו דמות ונאחז בשורשו בעולם העליון, העינים למשל יונקים מאותן העולמות הנקראים עיני ה', והם נקראים עינים לא על דמותם חלילה, כי אם על פעולתם, שיש בעולם העליון רחמים הנקראים עינא פקיחא, שמשגיח תמיד על רחמי העולם וצרכם, לזה נקראים עינים, וכן על דרך זו שאר האברים בפעולתם נקראים ולא בדמותם.

והאדם עיקר בריאתו היתה לתקן השיעור קומה, דהיינו על דרך זו, כשאדם עושה איזה מצוה בידו, אז ניתקן העולם הנקרא יד ה', וכן ברגל, ניתקן עולם הנקרא רגל, וכן שאר האיברים, באיזה אבר שמקדש עצמו, אז ניתקן העולם השייך לאבר ההוא. אבל העיקר התיקון הוא שיהיה שפל ונבזה בעצמו באמת, וזאת היא מדריגת הצדיקים העובדים ה' באמת לבבם, וזו היתה מעלת משה רבינו עליו השלום שבא במדריגה גדולה כל כך, הכל בשביל גודל ענוותנותו האמיתית, שהבין בעצמו שלא תיקן עדיין הקומה כלל. וזהו הוא הפירוש "אסור לילך בקומה זקופה" פירוש שאסור לסבור בעצמו שכבר תיקן הקומה והיא זקופה כבר, אלא תמיד יהיה שפל ונבזה, שייף עייל שייף נפיק, ואז טוב לו.

אשרי שומרי משפט עושה צדקה בכל עת. דאיתא בגמרא אגרא דתעניתא צדקתא, ונמצא הצדקה הוא יותר מן התענית. וקשה הא איתא בגמרא גדולה תענית יותר מן הצדקה שזה בגופו וזה בממונו. נראה דכך הוא הפירוש, על דרך המשל מי שנתמנה אצל שר המושל להיות שוטר ורודה לכל מי שיתחייב אצלו עונש, וכאשר האדם המחויב העונש מבקש על נפשו מהשר למחול לו והשר נותן לו כתב פטור, אז גם השוטר יש לו הנאה מזה, שאינו צריך לעשות דין באדם. ונמצא זה השר נחשב כאילו עשה צדקה עם השוטר, שמתחילה היה ממונה לעשות דין, עתה נהפך לרחמים, ומי גרם זה להשר שיעשה הצדקה הזאת? האדם שביקש ממנו המחילה ונכנע לפניו. כן הדבר הזה, האדם החוטא כשנותן לב לשוב להבורא ב"ה ומתענה על חטאיו, קורעין לו גזר דינו והוה כאילו השי"ת ב"ה נתן כתב רשום להמקטרג שלא לענשו עוד, ונהפך הממונה עצמו לרחמים עליו, ונמצא למפרע שאדם השב עשה צדקה עם המלאך הממונה על הדין. וזהו "אגרא דתעניתא צדקתא" שכר התענית הוא הצדקה שעושה עם המלאך וכדלעיל.

וזהו "אשרי שומרי משפט" כו', פירוש שמשמר את המשפט, הוא הדין הנקרא משפט, משמר אותו שלא לבא עליו, ואדרבה יתהפך לרחמים, ומפרש הקרא על ידי מה נעשה זה? ומפרש "עושה צדקה בכל עת" שרואה ומשמר העיתים שחטא לעשות תשובה עליהם ולהתענות עליהם, ועל ידי זה עושה הצדקה עם המקטרג ונהפך לרחמים גמורים. אמן.

שירו לאלהים זמרו שמו. נ"ל דשיר הוא נוקבא, דהוא שייך לשם אלקים שהוא מדרגת נוקבא, וזמרו הוא דכורא, שהוא שייך לשם הויה ב"ה, ולעתיד יחודש השירה ותבוא גם כן למדרגת הויה, וזהו "שירו לד' שיר חדש" רצה לומר השיר שיתחדש לעתיד, הוא שירו לד', שיהיה בחינת שירה בהויה.

והנה מדרגת זמר שהוא מדריגה גדולה שהיא דכורא וכנ"ל, צריך האדם שימור גדול לבל יתגאה במדרגה הזאת, וצריך להתחזק במאד מאד שיהא הזמר כך כאילו השכינה מדברת מתוך גרונו, וזהו "זמרו ד' כי גאות עשה", דיש לדקדק על הלשון "זמרו ה'" כי "לה'" היה לו לומר, אלא רצה לומר מדרגת הזמר תראה כאילו ה' בעצמו מזמר, כאילו השכינה מזמרת מתוך גרונו. ומפרש למה צריך כל כך חיזוק ואימוץ גדול כזה? "גאות עשה" פירוש מחמת שעשה השי"ת גאות בעולם, לכן צריך להתחזק במדריגה הזאת.

וזהו "אז ישיר משה ובני ישראל" ואמרו חז"ל שר לא נאמר אלא ישיר רמז לתחיית המתים וכו', והיינו "אז" רצה לומר לעתיד, "ישיר משה את השירה הזאת" שהיא נוקבא, "לה'" רצה לומר שיחודש למדרגת ה' שהוא הויה ב"ה שהוא דוכרא. וזהו "שירו לאלהים" רצה לומר דהיינו שהשירה שייך לשם אלקים, ו"זמרו שמו" והזמר הוא שייך לשם הקדוש הוא הויה ב"ה, ולכך לא כתיב "זמרו לשמו", לפי שצריך התחזקות כאילו השכינה מזמרת מתוך גרונו וכדלעיל.

וזרחה לכם יראי שמי שמש צדקה ומרפא בכנפיה. נ"ל דאיתא בגמרא העושה תפילתו קבע אין תפילתו תחנונים. וי"ל הפירוש על דרך שאמרו חז"ל על פסוק שמעו נא אבירי לב הרחוקים מן הצדקה, מאן אבירי לב צדיקים שכל העולם ניזונין בצדקה והם ניזונין בזרוע, ואמרתי הפירוש "בזרוע" רצה לומר שהם הולכים במדרגתם לעולמות עליונים, והם קרובים להעולמות, והרי הוא כאילו נוטלים ההשפעה בידם, כאדם שהוא קרוב אצל דבר ומושיט ידו ליקח אותו דבר.

וזהו הפירוש "העושה תפילתו קבע" דהיינו שתפילתו עולה תמיד בקביעות לעולם העליון, לעולם המיוחד לה, "אין תפילתו תחנונים", רצה לומר זה אין צריך ליקח ההשפעה על ידי תחנונים, דהיינו שיהא ניזון בצדקה כעני המתחנן על הפתח, כי אם בזרוע כנ"ל, ולא כן האדם שלפעמים מחזק עצמו בתפילתו ולפעמים ייחלש, כמו ששמעתי מאחי הרב "ואל יבא בכל עת אל הקודש", ואמר הפירוש שאל יבא לעתים אל הקדושה, דהיינו שלפעמים יתגבר בקדושה ולפעמים ייחלש, רק שיהיה תמיד בקדושה בלי עת. וזהו גם כן הפירוש "כל הקובע מקום לתפילתו" רצה לומר שתפילתו עולה למקום אחד המיוחד לה, "אלקי אברהם" כו'.

וזהו הפירוש "שמש בשבת צדקה לעניים", דהנה הצדיקים ההולכים תמיד בקדושה ומסתכלים ברוממות אל כל ימי השבוע, אז ביום שבת קודש בא להם הבהירות הגדול, והקדושה מתנוצצת מאליה, אבל מי שצריך בשבת להתעורר עליו בהירות מחדש על ידי שהוא מסתכל וממשיל לעצמו רוממות אל בשבת עצמו, אף על פי שגם זה הוא טוב, אינו אלא כמו צדקה לעניים שאין להם משלהם כלום, וזהו "שמש בשבת" רצה לומר שהוא צריך להסתכל על הבהירות בכדי שימשיל לעצמו רוממות אל בשבת, הרי הוא כמו "צדקה לעניים" כנ"ל.

וזהו "וזרחה לכם יראי שמי שמש צדקה ומרפא בכנפיה" דהיינו רצונו לומר שיזרח לכם יראי שמי, "לכם" דייקא, פירוש מחמת יראה שלכם שעבדתם עליו כל ימי החול, "שמש צדקה" פירוש מה שלאחרים אני נותן להם בצדקה, יזרח לכם ממילא, "ומרפא בכנפיה" רמז על הצדיק המעופף תמיד, ומשוטט בכנפיו בעולמות העליונים, הוא גורם רפואה והשפעות לישראל, וזהו הבטחה ליראי שמי. וק"ל.

יהללו ה' דורשיו יחי לבבכם לעד. נ"ל דהנה כשהצדיק עושה מצוה ומקיים המצוה בשורשה, אז מביאה אותו המצוה לידי חימום והתלהבות הבוער בו על ידי המצוה שעשה, לזמר שירות ותשבחות להשי"ת ב"ה. וזהו "יהללו ה' דורשיו" בשירות ותשבחות מחמת ש"יחי לבבכם".

מלכותך מלכות כל עולמים וממשלתך בכל דור ודור. פירוש הדורות ממשיכים עליהם מלך כפי מעשיהם, אם טוב אם להיפך חס ושלום, ולפיכך דורות הראשונים שהיו צדיקים, המשיכו עליהם מלכים טובים, אבל בעוונותינו הרבים בדורות הללו בגלות המר שנתמעטו הדורות, אין אנו יכולים להמשיך עלינו מלך טוב. אף על פי כן הקב"ה ברוב רחמיו וחסדיו, אף על פי שאין לנו מלך טוב, אין הקב"ה נותן הממשלה בידו שיהיה חס ושלום מושל בנו, אלא הממשלה נשארת תחת ידו של הקב"ה כמו בדורות הראשונים. וזהו "מלכותך כו' כל עולמים", פירוש שהמלכות הוא לפי העולם כמו שממשיכים עליהם, אבל "וממשלתך בכל דור ודור", פירוש דהממשלה נשאר קיים לעד בידו של הקב"ה המלא רחמים, ולא כלו לעד מדור לדור.

עוד פירוש אחר על פי זה, כי השם הוי"ה ב"ה הוא נעלם לעת עתה בגלות, כמו דכתיב זה שמי "לעלם" חסר וי"ו, ויש ליתן טעם לשבח למה באמת הוא נעלם בגלות? כי בגלות המר הזה אנחנו תחת הדינים חס ושלום, והקב"ה ברוב רחמיו כשרוצה לעשות לנו חסדים, אזי הוא מסתיר אותם, כדי שלא יהיה עליהם קיטרוג חס ושלום, ומעלים את החסדים והרחמים בהחבא ובהצנע, שלא יבינו שרוצה לעשות לנו רחמים, והוא עושה לנו חסד בהסתר, וזה נקרא "נפלאות", כי תרגום פלא הוא ואתכסיא, וזהו כתיב "לעושה נפלאות גדולות לבדו" שמכסה הרחמים, שאינו יודע כי אם הוא לבדו, ולא עוד אלא שנתן לנו צדיקים אף בגלות, שהם מזכירים את הרחמים תמיד לפניו ומעוררים רחמים עלינו, והצדיק נקרא "זכר", שמזכיר להקב"ה, הגם שאין שכחה לפניו, אף על פי כן צריך איתערותא דלתתא כידוע. והצדיק הוא איתערותא, ובזה מזכיר כ"י להשי"ת, שמעוררים רחמים על בניו. וזהו כתיב "זכר עשה לנפלאותיו", רצה לומר אף על פי שהעלים הרחמים, וזה נקרא "נפלאות" כנ"ל, "עשה להם זכר", הוא הצדיק שיזכור תמיד בהם. וזהו "זה שמי לעלם" הנ"ל, אף על פי ששמי הויה אני מעלים, אף על פי כן "זכרי לדור דור", רצה לומר בכל דור ודור אני מעמיד להם צדיקים שנקראו זכרי כנ"ל.

וזהו פירוש הפסוק "מלכותך מלכות כל עולמים" רצה לומר עולמים לשון נעלם, שהמלכות שלך נעלם, אבל "וממשלתך בכל דור ודור" רצה לומר דהיינו הצדיקים המושלים על הרחמים וממשיכים אותם על ידי איתערותא דלתתא, אתה מעמיד להם בכל דור ודור.

מרו בגמרא מי שיש לו צעקת לגימה על חבירו ודומם הקב"ה עושה לו דין. נ"ל הפירוש מפני שהאדם יש לו להתפלל תמיד בעד חבירו, שלעצמו אין יכול לפעול כל כך, שאין חבוש מתיר כו', אבל על חבירו הוא נענה מהרה, וכל אחד יש לו להתפלל בעד חבירו, ונמצא זה פועל לזה חפצו וזה לזה עד שכולם נענים. וזהו שאמרו "ישראל ערבים זה לזה", פירוש עריבין לשון מתיקות כמו וקולך ערב, מפני שממתיקין זה לזה בתפילתם שמתפללין כל אחד בעד חבירו ועל ידי זה הם נענים. ועיקר התפילה היא במחשבה, מפני שבמחשבה יכול בנקל להתקבל תפילתו, בעבור שאין עליה קטרוג. וזהו פירוש "כל מי שיש לו צעקת לגימה על חבירו" שצועק בשביל חבירו שאין לו פרנסה, "ודומם" פירוש שמעלה תפילתו בעולם המחשבה, "הקב"ה עושה לו דין" פירוש שפועל רצונו הטוב ונענה בתפילתו.

רצון יראיו יעשה ואת שועתם ישמע ויושיעם. נראה לתרץ על שמתחיל בלשון יחיד ומסיים בלשון רבים, וגם כפל הלשון, לפי שהצדיק אינו מתאווה לשום דבר ברצונו, כי הוא כל כך במדרגתו הקדושה שאין לו תאוה לשום דבר. אך מהיכן בא זה שהצדיק צריך לפעמים לאיזה דבר, למזון או למלבוש או לכסף וזהב והדומה להם? זה הוא הכל לצרכי העולם, שהעולם צריכים לכל זה תמיד, ומתאוים להם תמיד ומתפללים עליהם, רק שאין כח בידם להיותם נענים בתפילתם, מפני שאין כח בתפילתם לעלות למעלה, וכשהצדיק צריך גם כן לאותו דבר ומתפלל עבורו, ותפילתו הזכה עולה בלי שום פגע, אזי נאחזין כל תפילות ישראל באותה התפילה, ונענין כל ישראל בזכותו. וזו היא פירוש "רצון יראיו יעשה" פירוש השי"ת ב"ה עושה רצון להצדיק, שיהיה צריך לאיזה דבר ויתאוה לה, כדי "ואת שועתם ישמע" כו', שישמע תפילת הציבור ויושיעם.

או יש לפרש בענין אחר. כי גם על הצדיק יש לפעמים עליו קיטרוג, ומהיכן בא הקיטרוג? מפני שאין צדיק בארץ אשר יעשה טוב כו', פירוש שגם בטוב אי אפשר שיהיה ברור וצלול בלי חטא כלל, כי אינו יכול האדם להיות כל כך ברור שיעשה דבר בלי שום פגם, ובכל דבר שעושה יש איזה פניה או גדלות, וכיון שאינו ברור לעשות דבר בלי שום פגם כלל, על זה יש עליו קיטרוג רחמנא ליצלן. אבל השי"ת ב"ה ברוב רחמיו הגדולים הוא מבטל הקיטרוג, ובמה מבטלו? בעשות רצון הצדיק כמעשה, כי הרצון אצל הצדיק הוא ברור מאוד, כי רוצה הוא לעבוד את הבורא ב"ה בשלימות גדול בלי שום פיגול מחשבת זרה כלל, והקב"ה ברחמיו עושה את הרצון כמעשה, כמו שאמרו בגמרא מחשבה טובה הקב"ה מצרפה למעשה, ונמצא כאילו כבר נעשה הרצון כן בלי שום פגם כלל, ונתבטל הקיטרוג ממילא, כיון שהעשיה היא ברורה על מה יש לקטרג? וזה הוא הפירוש "רצון יראיו יעשה" פירוש שמחשב הרצון של הצדיק למעשה, ובזה "ואת שועתם" שהם צועקים על הקיטרוג שיש עליהם, "ישמע ויושיעם" ומבטל הקיטרוג כיון שהמעשה הוא טוב. והבן.

עוד פירוש אחר כי הקיטרוג אינו רק על המעשה שאינו ברורה וכדלעיל, אבל על הרצון אין שום קיטרוג, כי הרצון הוא ברור וצלול, והצדיק ברוב צדקתו הוא מכניס רצונו ומחשבתו הטובה באחרים שגם הם יהיה להם הרצון הטוב להידבק בהבורא ב"ה בכל לבבם, ובזה שמכניס הרצון באחרים זה כבר נקרא מעשה, כי נעשה מהרצון שיש לו מעשה באחרים ובשביל זה נתבטל הקיטרוג, שהרי גם המעשה היא ברורה מאוד. וזהו הפירוש בפסוק "פותח את ידיך ומשביע לכל חי רצון" כי הצדיק ממשיך שפע להעולמות ולכל אדם, ועל ידי מה הוא פועל כך? בהכניס רצונו באחרים, ונמצא כי נעשים כולם צדיקים על ידו, ולזה יכול להמשיך עליהם שפע רב, ובזה מדויק הלשון נוכח ונסתר כחדא, "פותח" הוא נסתר,

"את ידיך" נוכח, אלא שזה קאי על הצדיק, שהצדיק הוא הפותח הידים להבורא ב"ה כביכול להשפיע על העולם, ובמה הוא פותח? ומפרש הפסוק "ומשביע לכל חי רצון" במה שמשביע לכולם רצון אהבת הבורא ב"ה, ונעשה מהמחשבה מעשה ואין קיטרוג כלל, ויכול להשפיע כרצונו, ואין שטן ואין פגע רע. וזהו הפירוש עצמו גם כאן, "רצון יראיו יעשה" רצה לומר מהרצון נעשה מעשה וכדלעיל, וממילא "את שועתם" על הקיטרוג "ישמע ויושיעם".

קול ד' בכח קול ד' בהדר. כי ידוע שקול הוא הוי"ה ודיבור הוא אדנ"י, והשי"ת ב"ה בחסדיו הגדולים אינו משפיע את הרחמים אלא על ידי המשכת הצדיק, ולמה זה? כדי לקרב את הצדיק אליו. והנה "הדר" אינו כי אם דבר הנראה לעינים, כי על דבר שאינו נראה אינו שייך הידור. וזה הפירוש "קול ה'" שהוא רחמים "בכח" ולא בפועל עדיין, "קול ה' בהדר", שהצדיק מביא אותם אל ההתגלות ונקרא הדר.

עוד פירוש ונקדים כמה פסוקים לפרשם יחד. כתיב "נעימות בימינך נצח", וכתיב "ימינך ד' נאדרי בכח ימינך ד'", וכתיב "ד' איש מלחמה", והצעת הדברים כך הם. הנה יש שתי מידות, חסד וגבורה, ויש עוד חסד שבגבורה וגבורה שבחסד, וחסד שבגבורה הוא כשהקב"ה נוקם באומות ומשלם גמול לאויביו בשביל ישראל, נמצא בזה הגבורה שעושה הוא חסד גדול, וזה הוא הפירוש "נעימות בימינך נצח" מה טוב ומה נעים כשאתה לוקח בימין שלך שהוא החסד את הנצח שהוא הנצחון וגבורה, וממילא מובן הפסוקים הקודמין. והבן.

ה' חפץ למען צדקו יגדיל תורה ויאדיר. כי ידוע שעיקר כוונת הבורא ב"ה בבריאת העולם להטיב לברואיו, מפני שהוא רב חסד, ולא היה עם מי לעשות חסדים, הוכרח להמציא העולם כדי לקיים מידת החסד, והכל נעשה על ידי הצדיק הממשיך כל ההשפעות על ידי איתערותא דלתתא, והצדיק יכול להמשיך בפעולותיו מה שרוצה, אם לחסד ואם לגבורה, ובמה? בתורה, כי הקב"ה ברוב רחמיו הגדולים העמיד בתורה מידת גדולה וגבורה, כדי לכשילמוד האדם התורה לשמה, ימשיך בכחה מידת חסד וגבורה למטה, חסד לישראל וגבורה לאומות העולם.

וזה הוא הפירוש בגמרא "חסד ומשפט אשירה, אם לחסד אשירה ואם למשפט אשירה", "אשירה" הוא מלשון המשיר פירותיו, והפירוש הוא "אם לחסד" אם אני רואה שהחסדים גברו למעלה והרחמים מתעוררים, אז "אשירה" אותם לישראל, "ואם למשפט" וכשאני רואה שהמשפט חלילה מתעורר, "אשירה" אותם לאומות העולם.

וזה אומרו "ד' חפץ למען צדקו" רצה לומר שחפץ הבורא ב"ה לעשות צדקה להעולמות, "יגדיל תורה ויאדיר", פירוש העמיד בתורה גדולה וגבורה, כדי שימשיך אותם הצדיק על ידי התורה כנ"ל. והבן.

שבענו בבקר חסדך ונרננה ונשמחה בכל ימינו. תחילה נקדים לפרש פסוק אחד שנאמר "וישכם אברהם בבקר", כי ידוע שבקר נקרא חסד, ויש חסדים מכוסים וחסדים המגולין. וחסדים המכוסים נקראין מוחין, כי המוח הוא מכוסה, וחסדים המגולין נקראין שכם, כי השכם, הם הכתפיים, הם מגולין ונראין רחבים. ולזה נאמר ביששכר "ויט שכמו לסבול" שעשה מן החסדים המכוסים חסדים המגולין, שיתגלו ויבואו אל התפשטות. וגם אברהם כיון לעשות מן חסדים המכוסין חסדים המגולין שיהיו במדרגת שכם, ולזאת כתיב "וישכם אברהם בבקר" שעשה מן הבוקר שהוא החסד, שיהיה נקרא שכם, ויתגלו בהתפשטות ויהיו נראין.

וזה הוא "שבענו בבקר חסדך" לשבע אותנו בחסדך הגדול, ויתגלה אלינו במגולה, ואז "נשמחה ונרננה בכל ימינו" תמיד, שאף על פי שחס ושלום תמה זכות אבות, יהיה חסדך קיים לעד ולנצח.

גר אנכי בארץ אל תסתר ממני מצותיך. נ"ל דהנה האותיות והכתב של התורה הקדושה, הוא הלבוש והגוף של התורה, והפנימיות והנסתרות שין התורה היא הנפש של התורה, והצדיק העוסק בתורה לשמה, זוכה לדברים הרבה ומגלין לו רזי התורה, דהיינו שזוכה להשיג הפנימיות של התורה. וזהו דאמרינן בגמרא דאנכי הוא ראשי תיבות "אנא נפשי כתבית יהבית", דהיינו כנ"ל שהשי"ת ב"ה נתן הפנימיות היא הנפש בתוך הכתב, ומחמת גודל הדביקות של הצדיק העוסק בתורה לשמה, הוא מעלה את התורה ומקשרה מעולם לעולם עד אין סוף ב"ה וברוך שמו. וזהו שנאמר "ברוך ה'" פירוש התורה הנקראת ברוך ד', שהיא הבריכה העליונה שממנה הולכין כל הרחמים והשפעות, היא "מהעולם ועד עולם", והיינו "אורייתא וקודשא בריך הוא חד", דהיינו על ידי הצדיק המקשר מהעולם לעולם עד אין סוף ב"ה. וזהו פירוש הפסוק "תורת ד' תמימה משיבת נפש" פירוש על ידי הצדיק המשיב את הנפש היא הפנימיות של תורה למעלה למעלה עד אין סוף ב"ה, על ידי זה היא תמימה. וזהו שאמר דוד המלך עליו השלום "גר אנכי בארץ" רצה לומר הפנימיות שמרומז בתיבת "אנכי" שמרמז על הנפש הנתונה בתוך הכתב, אנא נפשי כתבית כו', הוא כמו "גר בארץ" שאין העסק התורה אצל העולם כל כך בשלימות להשיג הפנימיות, פירוש האור הפנימי הנגנז והנסתר במצוותיך, בכן בקשתי "אל תסתר ממני מצותיך" שתזכני להשיג הרזין דאורייתא באמת.

או יאמר דהנה כבר כתבנו מזה דהצדיק השלם יכול לבטל כל הגזירות, דהקב"ה גוזר וצדיק מבטל, והוא על ידי שהצדיק הוא מופרש ומובדל מענייני עסקי העולם הזה, והוא כאילו אינו בעולם הזה כלל, ומחמת דבר זה קדושתו הרבה מאד, כדמיון המלאכים שואלין זה לזה איה מקום כבודו, שהם סוברים שהשי"ת ב"ה הוא בתחתונים, ומחמת זה מודים ומשבחים להשי"ת ב"ה, ונמצא המלאכים שואבים הקדושה על ידי עולם הזה שהם אינם בו, והצדיקים שואבים ומקבלים הקדושה מהעולמות העליונים, שסברתם בהיפך המלאכים, והצדיק המופרש ומובדל מעולם הזה הוא שואב גם כן הקדושה מהעולם הזה כדמיון המלאכים, שגם הוא כאילו אינו בזה העולם כלל מחמת גודל פרישותו וקדושתו, ויש לצדיק כזה אהבת המלאכים ויראת המלאכים, ומדרגתו הוא יותר מהם, ולהצדיק כזה לא יעשה ה' דבר כי אם גילה סודו לעבדיו, כמ"ש באברהם המכסה אני כו', ויודע הצדיק להתפלל ולבטל, וזהו שאמר דוד "גר אנכי בארץ" דהיינו שאני מובדל ומופרש מכל גשמי עולם הזה, לכן "אל תסתר ממני מצותיך" פירוש הציווים שאתה מצוה בעולם, הודיעני מקדם, כדי שאוכל למתקם על ידי תפילתי הזכה.

במשלי: שמחה לאיש במענה פיו. נ"ל על פי דאיתא בגמרא רבי חנינא בן דוסא כשהיה מתפלל על החולה אמר זה חי כו', אמרו לו מנין אתה יודע, אמר להם אם שגורה תפילתי בפי כו', וזהו "שמחה לאיש" פירוש על ידי "מענה פיו", דהיינו תפילתו של האיש צדיק, אם שגורה בפיו אז שמחה הוא לו, שיודע שתפילתו רצויה מקובלת לפני המקום ב"ה.

או יאמר דהנה יש ב' מדריגות בצדקות. א' מדרגת יראה היא הנקראת בשם יעקב, כמו שנאמר אל תירא עבדי יעקב, נמצא מצינו יראה אצל יעקב, והב' היא מדרגת העובד מאהבה, היא הנקראת בשם ישראל, דהיינו ישר אל, שהוא מודה ומשבח להשי"ת ב"ה בשירות ותשבחות, והוא על ידי אהבה רבה, ואיתא בחובות הלבבות שצריך האדם לקבל על עצמו תנאי הגירות בעולם הזה, כאשר האדם שהוא גר בארץ אחרת והוא שפל ונבזה בעיניו מאד, שאין לו אל מי לפנות, ותמיד בכל רגע הוא בעמוד וצא קאי, וממהר לעשות פעולותיו והצטרכותו בשעה מועטת זו, כמו כן צריך להיות העולם הזה נדמה בעיני האדם, כאשר מבואר שם באר היטב בצחות לשונו הזך והטהור, וזהו מדרגת יראה, שרואה בשפלותו ומתיירא מהבורא ב"ה הגדול והנורא.

והנה הצדיק צריך להיות עובד בשני המדרגות, דהיינו מדרגת יראה הוא התנאי הגירות והשפלות, ובמדריגת אהבה שהוא לחשב תמיד רוממות אל וגדולתו, והפעולה המביאה את האדם לידי אהבה, היא המחשבה הטהורה הזכה והצלולה, דהיינו שיסיר ממנו כל מחשבת חוץ, ולמעט בדיבורו בעניני העולם הזה כי אם לצורך גדול, ואותו הצטרכות יהיה גם כן לעבודתו יתברך שמו, ולחשב תמיד רוממות אל, ושיהא הילוכו בקדושה, ודיבורו בקדושה ביראת אל כל היום, ועל ידי זה הוא בא לאהבה רבה ושלימה. וזהו פירוש הפסוק "שמחה לאיש", דהיינו שהפסוק מלמדינו איך לבוא לידי אהבה שהיא השמחה, ואמר באיזה פעולה יבוא שמחה לאיש צדיק? "במענה" הוא לשון עינוי וסיגוף, דהיינו על ידי שהוא מענה ומסגף את פיו מדבר דבר שאינו צורך גבוה, וישמור פיו ולשונו מאד לדבר בקדושה, ועל ידי זה מחשבתו טהורה להיות מחשב רוממות אל וגדולתו, ובא לידי אהבת הבורא יתברך ובמצוותיו חפץ מאד, וזהו "גרים ותושבים אתם עמדי", שהקב"ה מצוה לישראל שיהיו עובדים אותו בשני המדרגות הנ"ל, דהיינו גירות היא היראה, ותושבים זה הוא מדריגות אהבה, כי הנשמה הבאה מלמעלה והלכה בכל העולמות עד העולם התחתון הזה, צריכה להיות גם כן מחשבת תמיד בעולמות עליונים שהיתה בהם תושב, וזהו רוממות אל, וזהו פירוש הפסוק "גר אנכי" שאמר דוד המלך עליו השלום, ריבונו של עולם, מדרגות יראה היא הגירות והשפלות יש בי, אך על זאת אתפלל "אל תסתר ממני מצותיך" הוא מדריגת אהבה הפנימיות שבמצותיך, שהיא על ידי אהבה ודביקות כנ"ל.

או יאמר שמחה לאיש כו'. דהנה ידוע שעיקר החיות של כללות ישראל אינו אלא בארץ הקדושה, השי"ת יקבץ נידחינו מהרה למקום חיותנו. אך הצדיק הדבוק בהבורא ית"ש ובשמו הגדול, יש לו חיות אף בכל מקום שהוא, וזהו "ויחי יעקב בארץ מצרים שבע עשרה שנה", פירוש יעקב היה לו חיות אף בארץ מצרים, על ידי שם הוי"ה ב"ה וברוך שמו, שהוא במספר קטן שבע עשרה בגימטריא "טוב". וזהו "שמחה לאיש במענה פיו", כי "מענה" הוא לשון מעון ודירה, דהיינו הצדיק על ידי עסקו בתורה ותפילותיו הזכים והצלולים בדביקות גדול שיש לו, יש לו חיות, ונמצא "פיו" הוא דירתו בכל מקום שהוא, וזה "שמחה" לו, ואשרי לו ולחלקו לאיש הצדיק.

בבבא מציעא דף ל' (ב"מ ל, א) משנה איזה היא אבידה כו'. ונ"ל על דרך המוסר, אם תרצה לדעת "איזה היא אבידה" שאדם אובד בו נשמתו, ואמר "מצא חמור או פרה רועים בדרך", ד"חמור" הוא גוף והחומר של האדם העוסק בעניני העולם הזה ודברי גשמי הרודף אחריהם, וזה הוא הפירוש של "רועים" שרועה את עצמו במרעה העולם הזה, אלא שאף על פי כן הוא "בדרך" פירוש שהוא נוהג את עצמו בדרך הישר, שנושא ונותן באמת, "אין זו אבידה" בשביל זה אינו מאבד חס ושלום נשמתו. אבל "חמור וכליו הפוכים", ד"כלים" הם האיברים של האדם שהוא משמש בהם, אם הם "הפוכים" פירוש שקלקל בהם והיפך אותם מטוב לרע, "הרי זו אבידה", שבזה בוודאי הוא אובד את נשמתו, לכן חוס וחמול ורחם על נפשך ונשמתך ותחזור בתשובה מהרה להבורא ית"ש. "החזירה וברחה החזירה וברחה אפילו ארבעה וחמשה פעמים" דהיינו שחזר בתשובה כמה פעמים וחזר לקלקולו, אף על פי כן אל יתיאש עצמו חס ושלום לומר למה זה הבל איגע, אלא "חייב להחזירה" שחל עליו חיוב התשובה, "שנאמר השם תשיבם משמע אפילו כמה פעמים". והשי"ת המקבל שבים יחזירינו בתשובה שלימה לפניו ויחתור חתירה מתחת כסא כבודו לקבל אותנו ברחמים, ולתקן את אשר שחתנו ברחמיו, אמן כן יהי רצון.

משנה סוף פמשנה סוף פרק המפקיד, השולח יד בפיקדון כו'. ע"ד המוסר נראה לפרשה, דהנה הנשמה נקראת פיקדון, שנתן השי"ת לאדם שישמור אותה ולא יפגום אותה חלילה. וזהו "השולח יד בפיקדון", שאם חס ושלום שלח ידו בפיקדון, היא הנשמה הקדושה אשר הפקד אתו, שפגם בה חלילה, "בית שמאי אומרים ילקה בחסר וביתר", פירוש שנענש מחמת שני דברים, דהיינו שחסר ופגם לעילא ופגם לתתא ופגם בנשמתו, וזו היא "ילקה בחסר", "וביתר" היינו עבור שנתן כח בהקליפה הנקראת יתר, דכל יתר כנטול דמי. "ובית הלל אומרים כשעת הוצאה" פירוש איך יעשה ויתקן את אשר עוות וקלקל, דהיינו שימסור עצמו לכבוד קדושת שמו "כשעת הוצאה מן העולם" כאילו יוצא מהעולם הזה, כן יהיה מסירת נפשו גמורה ושלימה, ואז ישיב את הנשמה כשעת הוצאה מן העולם העליון. רבי עקיבא אומר "כשעת תביעה", פירוש דאין לך אדם שאין לו שעה שיתעורר עליו התעוררות תשובה מלמעלה, וזהו "שעת תביעה" שהקב"ה תובע אותו שישוב אליו, ואמר רבי עקיבא שיהיה תמיד בהרהור תשובה כשעת התביעה מלמעלה, ואז יהיה יכול לעשות מסירת הנפש בשלימות.

וביותר יש סייעתא לזה שיבא לו הארה והתעוררות על ידי ראיית צדיק בפניו, שבעבור שיראתו על פניו, אזי המסתכל בפניו מקבל הארה גדולה, וזהו שאמר יעקב אבינו עליו השלום "אמותה הפעם אחרי ראותי פניך", דאיתא ויפול יוסף על צווריו ויבך אבל יעקב לא נפל משום דקרא קריאת שמע, ומסתמא התפלל והוצרך לעשות מסירת הנפש בנפילת אפים, ואמר "אמותה הפעם" דהיינו שעתה אוכל לעשות מסירת נפש בשלימות, "אחרי ראותי פניך" וקבלתי ממך הארה וקדושה גדולה.

משנה בבא בתרא בפרק יש נוחלין ומנחילין כו'. נ"ל על דרך הרמז, דמה ששאלו ישראל "היש ה' בקרבנו אם אין", פירוש ששאלו באיזה עולם תהיה עבודתם, דהנה יש שעולם אחד נקרא "יש" ועולם אחד נקרא "אין", דאיתא "לא כשאני נכתב אני נקרא, נכתב ביו"ד ה"א ונקרא באדנ"י", והקריאה הוא שם אדני נקרא "יש" שהוא הנגלה, והשם הויה ב"ה נקרא "אין" שהוא נסתר. וזהו "אתה הוא אחד קודם שנברא" כו', "אתה" הוא נגלה ו"הוא" נסתר, וצריך האדם להיות עבודתו על ידי שם אדנ"י שמשם יבוא להשם הוי"ה ב"ה.

וזהו דאיתא בגמרא "מיום שנברא העולם לא היה אדם שקרא להקב"ה אדון עד שבא אברהם אבינו עליו השלום וקראו אדון", ולכאורה מה חידש אברהם אבינו דוקא בשם אדון. אך האמת שדבר גדול חידש, שמתחילה לא היה עבודתו כי אם עד שם הוי"ה ב"ה, ובא אברהם וקראו אדון, היינו כנ"ל, ולימד שצריך אדם לילך מתחילה על ידי שם אדנ"י ומשם יבוא להשיג השם הוי"ה ב"ה. ושני השמות הללו נקראים יראה ואהבה, השם אדנ"י הוא נקרא יראה, והשם הוי"ה ב"ה הוא אהבה, וצריך האדם לבוא מן היראה אל אהבה, והיינו שחידש אברהם אבינו עליו השלום שקראו אדון, דהיינו שהשכיל בחכמתו היחוד שם אדני בהשם הוי"ה ב"ה. וזהו "מרגלית טובה היתה תלויה בצווארו של אברהם אבינו עליו השלום", היינו שמן הצוואר יוצא הדיבור וזהו שם אדנ"י כידוע, וזהו זכור ושמור, וזהו "אילו שמרו ישראל שני שבתות", היינו השני עולמות הנ"ל ליחדם, "מיד היו נגאלין".

וזהו "ביום השבת שני כבשים" כו', "כבשים" הוא לשון מעלה ומדריגה כמו עלה בכבש, כי הנקודה אינה מעכבת הפירוש, והיינו כנ"ל שצריך האדם לעלות בשני המדרגות, והיינו לייחד שני עולמות הנ"ל, "בני שנה" דשנה היא גימטריה ספירה, ששני העולמות באים אל האחדות בספירה אחת, והיינו "תמימים", "ושני עשרונים", דכל אחד כלול מעשר, ועל ידי זה פועל הצדיק "סולת" היינו השפעה נקיה, "מנחה" רצה לומר שעושה נחת רוח להבורא ב"ה שגורם השפעה למעלה בעולמות העליונים, "בלולה בשמן", דכתיב טוב שם משמן טוב, רצה לומר דהצדיקים מהפכים מידת הדין למידת הרחמים על ידי אור תורתם, דאור נקרא שמן, והיינו שלומדים תורה לשמה ומעלים אורות גדולים על ידי לימודם, וזהו "טוב שם" רצה לומר זה שהשם נעשה טוב שנהפך לרחמים, הוא על ידי "שמן הטוב" הוא התורה והאור העולה על ידי הצדיקים, וזהו בלולה בשמן היינו שיהא בלול באור התורה.

וזהו "יש נוחלין ומנחילין" רצה לומר אותם הצדיקים ההולכים במדריגתם על ידי עולם הנקרא "יש", "נוחלים" רצה לומר שהם נוחלין מלמעלה השפעה להמשיכה למטה, "ומנחילין" היינו שהם גורמים השפעה למעלה בעולמות עליונים על דרך ישראל מפרנסין לאביהם שבשמים. ומפרש המשנה "נוחלין ומנחילין הבנים את האב" היינו ישראל הצדיקים הנקראים בנים למקום והוא אבינו, אנו מנחילין אותו ית"ש השפעה למעלה, "והאב את הבנים" והוא נותן לנו השפעה למטה. וזהו "וממדבר מתנה" כו', דהיינו שצריך הצדיק לעשות עצמו כמדבר ואז ניתן לו התורה במתגה, "וממתנה נחליאל" רצה לומר שמנחיל התורה לאל ית', "ומנחליאל במות" רצה לומר על ידי זה נותן השפעה למעלה בעולמות העליונים, "ומבמות הגיא" פירוש שממשיך השפעה למטה, "והאחין מן האב" פירוש שגם זה גורם השפעה כשיש אחדות בין ישראל, ו"אחין" הוא מלשון מאחה, "מן האב" פירוש על ידי שאב אחד לכולם, על ידי זה יש להם אחדות גמור, "ויש נוחלין ולא מנחילין", דאיתא בגמרא אורך ימים בימינה כו' אלא העוסק לשמה יש לו גם אורך ימים והעוסקים שלא לשמה עושר וכבוד לבד, והיינו שהוא על כל פנים גורם השפעה למטה, אבל לא למעלה בעולמות עליונים, ועיקר עסק התורה הקדושה צריך להיות לשמה, שעל ידי זה יוכל לבוא לדעת את ה' ולהכיר גדולותיו ונפלאותיו ולהדבק עצמו באלקות, וזהו "וידבר כו' את כל הדברים לאמר אנכי" כו' רצה לומר שהש"י ב"ה אמר לנו "כל הדברים", היינו כל התורה כולה, כדי "לאמר אנכי ה' אלהיך", פירוש שעל ידי התורה יהיה יכול לומר אלקותו לנו, ובכל זה התירו לנו חכמים קצת ואמרו "לעולם ילמוד אדם כו' שמתוך כך יבא לשמה", ששורש היסוד והעיקר הוא לשמה כדי להשיג אלקותו ית"ש, ומה שאמרו שמותר ללמוד שלא לשמה, הוא כדי שלא ילך האדם בטל לגמרי חלילה וישועמם, וזהו "שמע בני מוסר אביך" רמז בזה העסק בתורה לשמה, והאיך הוא הדרך ללמדה לשמה? ומפרש שיהא התורה כשתלמוד אותה למוסר לך, שתייסר ותוכיח אותך שתלמוד לשמה ובדביקות, ועל ידי זה הוא נקרא בן לאב הוא הבורא ב"ה, "ואל תטוש תורת אמך" רצה לומר על כל פנים אל תעזוב את התורה לגמרי חלילה, ולמוד אפילו שלא לשמה שזה נקרא בשם נוקבא, שאינו אלא מקבל ולא משפיע. וזהו "יש נוחלין ולא מנחילין הבן את האם" היינו הלומד שלא לשמה הנקרא בשם נוקבא, שזה אינו אלא נוחל השפע למטה וכנ"ל.

זאת מנוחתי עדי עד פה אשב כי אותיה. נראה בצירוף הפסוק "בזאת יבא אהרן אל הקודש בפר בן בקר", י"ל הפירוש כי ידוע שהשכינה נקראת "זאת" שהוא דין, והמתקת הדינים צריך להיות בדוגמתו, דהיינו עם גבורה שבחסד, שהשורש הוא חסד הוא ממתיק חסד שבגבורה ונעשה הכל חסד. וזהו "בזאת כו' בפר" דהוא דינים כידוע, "בן בקר" הוא חסד מלשון בוקר, והיינו גבורה שבחסד נקרא בן, שהשורש הוא חסד ועל ידי זה נמתקין הדינים ונעשים רחמים גמורים. וזהו "זאת מנוחתי עדי עד פה אשב" רצה לומר ש"זאת" כנ"ל "היא מנוחתי", מחמת שאני ממתיק הדינים "עד פ"ה אשב", והיינו "פ"ה" עם הכולל הוא גימטריא אלקים, "אשב" פירוש שאני משיב ומהפך הדין לרחמים גמורים, "כי איויתיה" מחמת שתאוותי תמיד על זאת. והבן.

אשרי יושבי ביתך כו' אשרי העם כו', נ"ל דהנה איתא בגמרא חסידים הראשונים היו שוהים שעה אחת כו', וכוונתם היה כדי לזכך ולטהר את מחשבתם ולדבק עצמם בעולמות עליונים עד הגיעם קרוב להתפשטות הגשמיות כמבואר בש"ע א"ח, רק אחר כך בשעת התפילה, הדיבור של תפילתם הקדושה נתלבש ממילא במחשבותם הקודמות, וזהו פירוש הגמרא מחשבה טובה הקב"ה מצרפה למעשה, היינו הדיבור שהוא מעשה נגד המחשבה, ועוד יש מדריגה גדולה מזו, דהיינו בשעת התפילה מחשבים גם כן בעולמות ודבוקים שם כאילו אינם בזה העולם כלל, ומובן ממילא "אשרי יושבי ביתך" פירוש שיושבים בעולמות עליונים "עוד יהללוך סלה" רצה לומר אפילו בשעת תפילתם "אשרי העם שככה לו".

דהנה הקב"ה נתן לצדיקים מתנה שיהא כח בידם לבטל גזירות ולהמתיק הדינים, כאשר כתבנו מזה פעמים הרבה. ונקדים לפרש מה שאנו אומרים "כי כל אלהי העמים אלילים וד' שמים עשה", ולכאורה איך מקושר סיפא לרישא, וגם היה לכתוב וד' אלקינו כדבר והיפוכו. אך נראה דהנה ידוע שכל האומות הם תחת השרים המושל עליהם ומנהיגם, והשר אינו יכול למחול להם על סרחונם, אבל אנחנו בני ישראל אין לנו שום שר ומנהיג, רק הבורא ב"ה בכבודו ובעצמו, ומחמת חסדיו הגדולים נתן כח ביד הצדיקים להמתיק דינים ולבטל ממנו כל הגזירות, ולפעמים חלילה הקיטרוג גדול ואין כח כל כך ביד הצדיק להמתיקו, ובעולם העליון הוא עלמא דקשוט, ואז הש"ית ב"ה ברוב רחמיו וחסדיו הגדולים משיב להמקטרג הדין עמך, וכתיב בתורתי אם לא בריתי חוקות שמים וארץ לא שמתי, וכיון שאתה אומר שבני חטאו לפני, אם כן אחריב ואבטל שמים וארץ וכל אשר בהם, ואז בשמעו כך הוא מירתת מאד מדבר הזה, מפני שגם הוא יהיה בטל כשלא יהיה שמים וארץ, ואז גם הוא חוזר מדבריו ונהפוך לסניגור, וזהו "כי כל אלהי העמים אלילים" והם מקטרגים עלינו, והפעולה לזה "וד' שמים עשה" כנ"ל. וזה שאמר דוד המלך עליו השלום "השמים שמים לה'" כנ"ל שהשמים הם לד', פירוש להוי"ה המרמז לרחמים, שעל ידי השמים נהפך הדין לרחמים כנ"ל, וזה השי"ת ב"ה בעצמו עושה דבר זה, "והארץ נתן לבני אדם" פירוש שגם נתן כח לצדיקים אשר בארץ שיהא כח בידם להמתיק הדינים.

וזהו "אשרי העם שככה לו" מלשון וחמת המלך שככה, פירוש אשריו להעם כשיש צדיקים כאלו בעולם, אשר כח בידם לשכך כעס וחימה, ולהשקיט הדינין והקיטרוגים ממנו, "אשרי העם שד' אלהיו" רצה לומר כנ"ל שאף לפעמים חלילה שהקיטרוג גדול ואין כח ביד הצדיק להמתיקו, ואז הקב"ה עושה פעולתו בכבודו ובעצמו להמתיקו על ידי תשובת שמים וארץ, ומבטל הדינים ומהפכן לרחמים גדולים עלינו ועל כל ישראל, אמן.

או יאמר ונקדים פסוק "לא יהיה לך אלקים אחרים על פני", שמלת פני אין לו פירוש. ונראה דהנה הצדיק ברצותו להמתיק דינים ולבטלם, צריך לעשות זה בהסתר דבר עד מאד, מפני המקטרג שלא יבין בו, והפנים הוא נגלה, וזהו "לא יהיה לך אלקים אחרים על פני" פירוש שלא יהיה לך הדינים שהם אלקים אחרים, שלא יהיו "לך" פירוש שלך, שלא יהיו נמתקים כשיהיו "על פני" כשתעשה זה בנגלה, כי אם בנסתר כנ"ל, וזהו "אשרי העם שככה לו" שפירושו כנ"ל שיש צדיק שיוכל לשכך הדינים בסתר, ו"לו" דייקא שהוא לשון נסתר, "אשרי העם שד' אלקיו", דהנה יש עוד אופן להמתיק דינים, היינו כשישראל הם באחדות, והיינו "ד' אלקיו" לשון יחיד, שהם כולם כאיש אחד, ואשרי להם שדינים נמתקים מאליהם.

או יאמר משום דלפעמים הצדיק בעצמו צריך לרחמים, ואז נשאר העולם מבלי מגין, וצריך הקב"ה ברחמיו הגדולים בעצמו להמתיק הדינים, וזהו "אשרי העם שככה לו" רצה לומר שיש צדיק כזה שאף לצורך עצמו יכול להמתיק דינים, וזהו מדריגה גדולה כי אין חבוש מתיר את עצמו[162], ולא כן הוא שאף לעצמו יכול לפעול, אך שהעולם נשאר מבלי מגין, כי הצדיק שרוצה להמשיך השפעות לישראל, צריך שלא יחוש לעצמו כלל, ולא יהא כוונתו להנאתו כי אם רק בשביל ישראל לבד, ואמר "אשרי העם שד' אלקיו" פירוש שהקב"ה בעצמו יעשה זאת בזמן ההוא, וימתיק בעצמו הדינים ויהפכם לרחמים על ישראל עמו, אמן.

טוב ד' לכל. נראה דהעולם הבא נקרא "הכל", כדאיתא בגמרא שלשה הקב"ה הטעימן מעין עולם הבא אברהם יצחק יעקב שנאמר בכל מכל כל. וזהו "טוב" פירוש המעשים טובים של אדם, הקב"ה עושה מהם סגולה לעולם הבא, וזהו "ד' לכל" שהוא משלם לו בעולם הבא הנקרא כל, "ורחמיו על כל מעשיו" פירוש ועניני עולם הזה שהשי"ת נותן לאדם, שהם בזה העולם העשיה, הם אינם אלא מצד הרחמים והחסד מהבורא ב"ה.

אני בצדק אחזה פניך אשבעה בהקיץ תמונתך. נ"ל דכך אמר דוד מחמת שהיה אוהב ישראל, וחשק מאד להטיב לישראל להסיר מהם כל דינים, ואמר "אני בצדק" פירוש בצדקה, ותפילה הנקרא גם כן צדקה, כמרומז במילת "צדק" - צ' אמנין, ק' ברכות, ד' קדושות, כידוע, וכל מה שאני עושה זה הכל בשביל ישראל, לאחוז מהם הפנים של זעם, וזו היא "אחזה פניך", ובאיזה אופן יהיה לי שכר לעולם הבא? אינו כי אם על ידי שאני מחשב תמיד בעולמות עליונים ועוסק תמיד ברוממותך, וזו "אשבעה" בעולם הבא, הוא "בהקיץ תמונתיך" כמו בשביל הקיץ תמונתך, מה שאני מקיץ ומעורר עצמי לחשוב בתמונתך, אבל השורש המצוות המעשים טובים, אני נותן לישראל להשפיע עליהם רחמים.

העושה תפילתו קבע אין תפילתו תחנונים. על דרך המשל אדם המסתכל באיזה חפץ טוב, ואינו משים אל לב מדי יום מעלות החפץ ההוא, אז החפץ ההוא אינו נושא חן בעיניו מחמת ההרגל בו. ותחנונים הוא לשון חן, והיינו "מי שעושה תפילתו קבע" פירוש שאינו מתאמץ עצמו בכל יום בתשוקה יתירה יותר מיום הקודם לו, "אין תפילתו תחנונים" שאין נושאת חן בעיניו. וזהו "ד' חנינו לך קווינו" פירוש מחמת שלך כל תשוקתינו ומקוים אנחנו לך, לכך הוא לחן לנו עד מאד.

קדם ידעתי מעדותיך כי לעולם יסדתם כו׳. בהקדים לפרש על דרך הרמז "כיצד עלה בכבש" פירוש כיצד עולה ממדריגה למדריגה, ומפרש "ופנה לסובב" פירוש שיפנה עצמו לסביבות ישראל להשפיע להם די צרכיהם, "דרומית" רצה לומר הרוצה לבוא אל החכמה, כמו "הרוצה להחכים ידרים", "מזרחית" פירוש מיד בקומו בבוקר לא יפנה רק אל התורה, שמזה יבוא לו שיזריח אור גדול, וזהו "השמש יצא על הארץ" פירוש כשיבוא הבהירות על הארץ, הוא הגוף, על ידי עסק התורה, "ולוט בא צוערה" רצה לומר יצר הרע הנקרא לוט בא צוערה, מלשון מצער, שנעשה מצער וקטן, "מזרחית צפונית" פירוש עם האור הזה יכול להשפיע השפעות וטובות גדולות, שצריך לזה הצפנה והטמנה גדולה, שלא יבין המקטרג, על דרך שפירשתי "הרוצה להעשיר יצפין" פירוש מי שרוצה להעשיר את ישראל ולהמשיך עליהם השפעה, צריך להצפין הדבר מן הקטרוג. וזהו "מצפון זהב יאתה" על ידי שיצפין יבא זהב, היינו השפעות.

וזהו "קדם" רצה לומר על ידי מזרח האור, "ידעתי מעדותיך" פירוש אוכל לדעת השני דברים הנקראים "עדות", דהיינו מנורה היתה בדרום ושולחן בצפון ונאמר בשניהם "עדות". וזהו "ידעתי מעדותיך" שאוכל להשיג החכמה כדי להשפיע, "כי לעולם יסדתם" פירוש שכל זה יסדת בשביל העולם, כדי להשפיע להם.

טעמו וראו כי טוב ד׳. ויש לפרש דהנה האדם אין רשאי להנות מהעוה"ז, הן אכילה ושתיה, והן הראיה שאדם רואה בעיניו שהם עיקר החמדה, כדרך שאמרו עין רואה ולב חומד, ואם כן צריך האדם שכל ראיותיו לא יהיו כי אם בדבר ד׳ וברוממותו לבחון בנפלאותיו, ומובן ממילא "טעמו" פירוש כל מה שתטעמו בפה היא אכילה ושתיה, "וראו" וכל מה שתראו, זה לא יהיה הכל כי אם להבין "כי טוב ד׳" להכיר טובתו וגדולתו יתברך.

או יאמר טעמו וראו כו׳, דאיתא מה שישראל התרעמו על המן אף שהיו טועמין בו כל מיני טעמים שרצו לטעום, רק מחמת שלא ראו בעיניהם המאכל ההוא, והיה להם זה כסומא אשר אין לו שובע, וזהו "טעמו וראו כי טוב ה׳" פירוש מה שאתם טועמין המאכל וגם רואין אותו מה הדבר ההוא, הכל מחמת כי טוב ה׳.

צדיק מושל ביראת אלקים. ונראה לפרש על פי מה שפירשתי כבר בפסוק "אשתחוה אל היכל קדשך ביראתך", דאמרינן ואתם הדבקים בד׳ כו׳ וכי אפשר לדבק בהשי"ת ב"ה אלא הדבק במדותיו, ולכאורה כיון שאדם צריך לדבק במדותיו של הקב"ה, אם כן קשה איך שייך יראה בהבורא ב"ה, אך מציגו גם כן יראה בהשי"ת, דהיינו שמתיירא ב"ה וב"ש שלא יחטא אדם וייענש חלילה, ונמצא האדם צריך גם כן להיות לו יראה זו שיש להבורא ב"ה, שיתירא לנפשו פן יחטא חלילה, וזהו "אשתחוה כו׳ ביראתך" פירוש במידת יראה זו ששייך בהשי"ת, ביראה זו "אשתחוה אל היכל קדשך" גם אנכי, אך הצדיק השלם אם רואה איזה אדם שחטא להשי"ת, הוא עושה בצדקו ומרצה ומחפה עליו בקדושתו הגדולה לבלתי ענוש ייענש חס ושלום, וזהו "צדיק מושל ביראת אלקים" פירוש שמושל אף ביראה זו של השי"ת ב"ה, דהיינו שלא יחטא האדם וייענש, כי אף שיחטא, הצדיק ההוא מושל בזה ומגין עליו שלא ייענש, ומחפש ומרצה עליו ונסלח לו.

או יאמר צדיק מושל כו׳, ומתחילה נקדים לפרש מה שכבר כתבנו מזה, "מתחילה עלה במחשבה לבראו במידת הדין וראה שאין העולם מתקיים שיתפו למידת הרחמים". וקשה וכי חס ושלום יש שינוי לפניו ב"ה וב"ש? ונראה דכך פירושו, "מתחילה עלה" הבורא ב"ה בעולם ה"מחשבה", דהיינו תחילת בריאתו היה בעולם המחשבה במידת הדין, כי שם אין צריכין לרחמים מחמת שאין שם יצר הרע, "וראה שאין העולם מתקיים", פירוש שאז באותו פעם כשברא אותו העולם, ראה גם כן שאין זה העולם עיקר הקיום, כי כל כוונתו היה רק להטיב לברואים וזה כל תענוגו, "ושיתף בו מידת הרחמים" פירוש שברא עולם הזה התחתון הצריך לרחמים, וחס ושלום לחשוב שום השתנות חלילה, רק הבריאה היתה כסדר, מתחילה העולם העליון בדין ואחר כך העולם הזה ברחמים. והנה בעולם העליון הדינים נקראים בשם יראה, כי שם לא שייך דין ועונש, רק בעולם הזה נקראין דינים, לעשות דין ועונש חס ושלום בעוברי רצונו.

והנה הצדיק צריך לעסוק בעבודתו הקדושה להפך את הדינים בעולם הזה גם כן לרחמים, וזהו פירוש המשנה "שבועות שתים שהן ארבע" כו׳, דעיקר כללות התורה הם שנים, מצוות עשה ולא תעשה, והכללות משניהם הוא הדביקות בבורא ית"ש על ידי מצותיו, והדביקות נקרא בשם "אכילה", דמצינו במלאכים אצל אברהם נאמר בהם ויאכלו, וקשה וכי שייך אכילה אצל המלאכים, אלא שזה קאי על הדביקות, דהיינו אברהם אבינו עליו השלום בקדושתו הגדולה היה מסדר לפניהם השולחן הטהור בקדושה רבה ובדביקות גדול, ודבקו המלאכים ונהנו מדביקות זה של אברהם אבינו עליו השלום שהוא דבר רוחני וזה היה אכילתם, ונמצא לפי זה אכילה נקרא דביקות, וזה לעומת זה שגם אצל עבירה שייך דביקות, כמו שנאמר ותדבק נפשו בדינה כו׳, והדביקות הזאת נקרא גם כן בשם אכילה, כמו שכתוב אכלה ומחתה פיה, וזהו "שבועות שתים שהן" כו׳ "שאוכל ושלא אוכל", פירוש שבועות שאדם מושבע ועומד מהר סיני הם שתים, דהיינו שאוכל הוא הדביקות הטוב שידבק בה האדם, ושלא אוכל הוא הדביקות הרע שירחק ממנה האדם, והוסיפו חכמים עוד שתים "שאכלתי" כו', דהנה העולמות העליונים נבראים במידת הדין כנ"ל, והיינו האותיות למפרע על פי תשר"ק, דכל דבר הישר הוא רחמים וההיפך הוא דין, והעולם הזה הוא על פי א"ב הישר שהוא רחמים, והצדיק צריך להפך מידת הדין לרחמים, וזהו "שאכלתי" דהיינו לשעבר הרומז לתשר"ק לעשותו ישר ע"פ דביקותו ולהפכו לרחמים, והרשעים מהפכין חלילה להיפך, והוא "שלא אכלתי". והמשכיל יבין:

לרוקע הארץ על המים. נראה דהנה העולם נברא בארבע יסודות ארמ"ע, ויסוד העפר הוא דבר עב וחומר הממשיך את האדם לתאוות הגופניות, ולכן הוא קשה מאוד לפעמים לשבר כח התאוה, על ידי שלא קדשו עצמם אביו ואמו בשעת תשמיש ויסוד העפר הוא גדול בו על ידי זה. וזהו דאמרינן בגמרא במקום שבעלי תשובה עומדים אין צדיקים גמורים יכולין לעמוד, והוא לכאורה דבר זר שהצדיק דמעיקרא לא יהיה יכול לעמוד במחיצת אשר מעולם עבר ושנה ועשה תשובה, אלא מחמת שבעל תשובה קשה לו ליפרד מתאוות הגופניות על ידי שחומרו עב, ואף על פי כן הוא משבר עצמו בכל כוחו את תאותו, ולכן שכרו הרבה מאוד. אבל יסוד המים הוא ממשיך את האדם לעבודת הבורא ית"ש, ונמצא זה חסד אל על האדם שמשבר כח תאותו ומגביר יסוד המים על העפר. וזהו "לרוקע הארץ על המים", פירוש "רוקע" הוא לשון חיזוק כפירוש רש"י על יהי רקיע בתוך המים, והיינו "לרוקע הארץ על המים" פירוש שברא הקב"ה יסוד העפר, שהוא חזק יותר מיסוד המים שהוא ממשיך את האדם לתאוות כנ"ל, "כי לעולם חסדו" למען ישבר האדם את כח תאוותו אף שקשה עליו מאד, ועל ידי זה חסדים גדולים באים לעולם:

ויסב חזקיהו פניו אל הקיר כו׳. כי בגמרא אמרו המתפלל צריך שלא יהיה דבר חוצץ בינו ובין הקיר. ועוד אמרו שלשה דברים מזכירין כו׳ ואחד מהן קיר נטוי, כי כשהולך אדם תחת הקיר נטוי בודקין אותו אם ראוי לזה שלא תיפול הקיר עליו. ובגמרא הראשונה יש לדקדק בלשון "הקיר" בה"א הידיעה, ולמה לא אמר סתם בינו לבין קיר, אך על פי הגמרא שניה הוא מדויק שפיר, והפירוש הוא כך, לפי שאדם קודם התפילה צריך לטהר מחשבותיו שיהיו בלי שום פיגול, ולפשפש במעשיו אם חטא לעשות תשובה שלימה, שתוכל התפילה לעלות בלי שום מסך המבדיל, רק זכה וברורה בלי פיגול כלל, ובוודאי האדם המדקדק על עצמו להרהר בתשובה תמיד ולפשפש במעשיו כראוי, וממילא הוא מטוהר ומנוקה מכל עוון וחטא, ומותר לו לילך תחת קיר נטוי, כי אף שיבדקו בו יצא זכאי, כי התשובה מועלת לכל ומגינה עליו. וזה הוא הפירוש "המתפלל צריך שלא יהיה דבר חוצץ בינו ובין הקיר", פירושו הקיר הידוע דהיינו קיר נטוי, פירוש שצריך לפשפש כל כך עד שלא יהא הקיר נטוי חציצה אף אם יעבור תחתיו, ואז ילך להתפלל, ובוודאי תהיה תפילתו זכה וברורה ותעשה פירות למעלה ושורש למטה, וזהו שנאמר בחזקיהו "ויסב חזקיהו פניו אל הקיר", פירושו כדלעיל שפשפש במעשיו כל כך עד שלא תהיה הקיר הפסק בינו לבינו, ואז היתה תפילתו זכה מאד. וק"ל.

הוגעתם את ה׳ בדבריכם. כי האדם צריך להיות מחשבותיו כל כך ברורים, עד שכל הדברים שידבר שלא יהיו לריק, ויגיעו עד כסא הכבוד ויעשו פרי, וכל עבודת האדם צריך זאת, להיות תמיד דבוק בו ית', וכאשר ידבר איזה דיבור, יהיה מחשבתו בזה הדיבור הכל לכבוד הבורא ב"ה, ואף שידבר בצרכי העולם כוונתו יהיה לשמים. וזה הוא הפירוש בפסוק "הוגעתם את ה׳ בדבריכם", הפסוק מלמדינו שיהיה דברינו כל כך ברורים עד שיגיעו אל הבורא ב"ה, וזה פירוש הפסוק "כל הדברים יגעים לא יוכל איש לדבר", כי צריך לעבוד על זה המדריגה תמיד, שיגיעו דבריו אל הבורא ב"ה, ולא יסבור שכבר הוא במדריגה זו, לפי שזה צריך עבודה תמידית, ושפלות האדם שהוא ההכנעה והעניוות, וכשיסבור שכבר הוא במדריגה זו, אם כן יש לו גאות, וכיון שיש לו גאות בוודאי אין לו מדריגה זו. וזהו "כל הדברים יגעים" דהיינו הדברים שאתה סובר שכבר הגיעו אל ה׳ ית׳ ב"ה, בוודאי "לא יכול איש לדבר" כי בוודאי אינו כך, כיון שסובר כך כדלעיל, וק"ל.

ההופכי הצור אגם מים חלמיש למעינו מים. נראה כי יש שני צדיקים, הצדיק האחד יש שממתיק דינים בעבודתו הקדושה, שמהפך מידת הדין למידת הרחמים. ועוד יש צדיק שאינו עושה שום פעולה לזה, אלא שמכח צדקתו הגדולה ממילא אין הדין יכול לשלוט כלל, והחסדים גוברים בזכותו. וזה הוא "ההופכי" כו׳, כי הדינים נקראים "צור", שהם קשים כמו האבן, והצדיק מהפך אותם לרחמים, ואדרבה ממשיך חסדים, וזהו "ההופכי הצור" שהם הדינים להיות "אגם מים" שהם מרמזין אל החסד, "חלמיש" הוא הצדיק היותר גדול וחזק, כמו חלמיש הזה, "למעינו" כמו למענו, "מים" כלומר בשבילו לבד בלי שום פעולה, רק שזכותו מגין ובא השפע על ידו.

שמרו משפט ועשו צדקה כי קרובה ישועתי לבא. דאיתא בגמרא כל העוסק בתורה ובגמילות חסדים ומתפלל עם הציבור כאילו פדאני לי ולבני כו׳. ולכאורה הלא עסק התורה הכל בכלל, כי זה עיקר עסק התורה לשמה לשמור ולעשות ולקיים, ולמה פרט את אלו, גמילות-חסדים ותפילה עם הציבור. ונ"ל דאיתא בגמרא כל העוסק בתורה לבד דומה כמי שאין לו אלקי אלא בתורה וגמילות חסדים. ועוד איתא בפסוק גומל נפשו איש חסד. ויבואר הכל בסיגנון אחד. דהנה אנו מתפללין כרחם אב על בנים כו׳, ולכאורה איך אנו מתפללין שירחם ה' עלינו רק כרחם אב, בוודאי רחמי השי"ת עלינו הם אין קץ. אך נראה דהנה הרחמים של הבורא ב"ה הם כאשר אנחנו הולכים בדרכיו ומתנהגים כשורה, אזי הוא מעורר רחמים עלינו, וחסד הוא לפנים משורת הדין אף לאינו הגון, כדכתיב וחנותי את אשר אחון אף על פי שאינו הגון, וזה שאנו מתפללין שנהיה במדריגה זו שלא נצטרך לחסדים, רק שנתקן את מעשינו והוא מרחם עלינו על פי שורת הדין, כן תרחם עלינו.

וזהו "העוסק בתורה לבד" כו׳, דעל ידי עסק התורה זוכה אדם לבוא אל הדביקות ולהתעוררות רחמים, ואם עוסק בתורה לבד, פירוש בלא דביקות כי אם שלומד תורה, בודאי הוא מחמת מעשיו המקולקלין, וזהו "דומה כמי שאין לו אלוה", כיון שאין לו דביקות בהבורא ית"ש, אלא בתורה וגמילות חסדים מלשון "הגמל את יצחק", רצה לומר על ידי עסק התורה יגמול החסדים שלא יצטרך עוד אליהם. וזהו "גומל נפשו" פירוש שגומל נפשו מהתאוות הבהמיות, ומרגיל עצמו בתורה ומצוות, שעל ידי זה יבוא האדם אל הנפש השכליות והדביקות, "איש חסד" לשון בעל כמו איש נעמי, דהיינו שהוא בעל ואדון להחסדים, אבל הוא אינו צריך לחסדים. וזהו גם כן "כל העוסק בתורה ובגמילות חסדים" כנ"ל, שעל ידי התורה הוא גומל החסדים שלא יצטרך אליהם, "ומתפלל עם הציבור" דאיתא בגמרא כל הקובע מקום לתפילתו אלקי אברהם בעזרו, י"ל הפירוש כך, דהנה הצדיק צריך להמשיך השם ב"ה וב"ש לעולם הזה שישרה עמנו וישפיע עלינו, ואחר כך צריך להעלות את השכינה, ולכן אנו אומרים בתפלת י"ח "אלקי אברהם" כו׳, כי מתחילה אנו צריכים לקשר עצמינו באבות, שעל ידם יש כח בידינו להמשיך את הבורא כביכול אלינו בעולם הזה, ואחר כך אנו אומרים "הגדול" כו׳, דהיינו המידות העליונות שאנו מדבקין עצמינו למעלה כדי להעלות השכינה. וזהו "כל הקובע מקום לתפילתו" פירוש שרוצה לקבוע, דהיינו להמשיך השכינה הנקראת "מקום" לתפילתו, "אלקי אברהם בעזרו" פירוש צריך לקשר עצמו תחילה

באבות. והיינו "מתפלל עם הציבור" שמתפלל על צרכי הציבור, שגורם להם השפעות כנ"ל, "כאילו פדאני" דהיינו העלאת השכינה, "ואת בני" שגורם להם השפעות. וזהו "שמרו משפט" פירוש שמרו שלא יהיה כח בדינים לשלוט, שיתעורר רחמים על פי מעשיכם הטובים, "ועשו צדקה" הוא השפעות שהם צדקה לעולם, "כי קרובה ישועתי" ישועה שלי הוא העלאת השכינה.

על זאת יתפלל כל חסיד אליך לעת מצוא רק לשטף מים רבים אליו לא יגיעו. הנה מלת "כל" הוא מיותר לכאורה. גם אין מובן "לעת מצוא" לפי פשוטו, עד שדרשו חז"ל כדאיתא בגמרא. אמנם נ"ל דהנה עולת חובה על הצדיק ומוטל עליו להתפלל תמיד על כללות ישראל להשפיע להם השפעות חסדים ורחמים, וזהו מחמת שהצדיק עובד את השי"ת באהבה, ואהבה הוא האחדות ויחוד שמו הגדול, וחפץ ה' בידו, כי השם יתברך חפץ תמיד ומתאוה לתפילתן של צדיקים שהם מיחדים שמו הגדול באהבה, לכן ההשפעות נמשכין ויורדין על ידי הצדיק, וזהו שאנו אומרים בברכת קריאת-שמע "אהבה רבה אהבתנו" כו', ואנו חותמין "הבוחר בעמו ישראל באהבה", דהיינו על ידי אהבה בחר אותנו, וחתימה הוא תוקף הדבר, כי תיכף ומיד באמירתינו הבוחר כו', מיד הם מסולקים ונסתמים פיות מסטינינו ומקטריגנו העומדים על תפילתינו, כי הדבר אשר נחתם בטבעת המלך אין להשיב, וחס ושלום אין ברכתינו יוצא לבטלה, ומה החתימה? היא האהבה, ואהבה בגימטריא אחד, שעל ידי האהבה הוא האחדות, אך פן ואולי עדיין אין זה אהבה שלימה, לכן אנו אומרים אחר זה תיכף שמע ישראל, ליחד שמו הגדול במסירת הנפש, למען תהיה אהבה שלימה ויחודא שלים, ואהבה ואחד גימטריא כ"ו, הוא הוי"ה ב"ה.

והנה בהשם הוי"ה ב"ה יש ד' מדריגות, וא' מהם הוא מדריגות שם של מ"ה, והשם הזה הוא השומר אמיתי העליון של ישראל בגלותינו, כי אף במצרים היה גלוי וידוע השם הזה לישראל, וכה אמר משה רבינו עליו השלום להקב"ה, הנה אנכי בא אל בני ישראל כו' ואמרו לי מה שמו מה אומר אליהם, רצה לומר כשהם יאמרו לי "מה" שמו, גם אנכי אומר אליהם שכדבריהם כן הוא, שזה השם המשמר אותנו ברחמים, וזה שאמר יחזקאל הנביא ואראה דמות כמראה אדם כו', כי אדם בגימטריא מ"ה, ראיתי שהוא יושב על כסא רחמים לשמור אותנו, ונמצא הצדיק על ידי אהבה ואחדות שלו, צריך לעורר רחמים וחסדים על ידי המדריגה הזאת הנקראת "מה", אך צריך עוד לזה שבמקום גדולתו צריך שתהא ענוותנותו, דהיינו מחמת שהצדיק עולה במדריגה כזו, ופן חס ושלום יגבה לבו קצת לאמר הלכתי בגדולות ובנפלאות ממני, לכן צריך לזה מידת ענווה, וזהו פירוש "מה יפית ומה נעמת אהבה בתענוגים", רצה לומר "מה יפית" שהצדיק צריך ליפות את השם של מ"ה לעוררו ברחמים, "ומה נעמת" דהיינו מידת ענווה, כמו שאמר משה רבינו עליו השלום ונחנו מה, צריך הצדיק להנעים המידה הזאת, להיותה נעים ומתוק לו המידה הזאת, ועל ידי זה "אהבה בתענוגים" דהיינו אהבה כזאת גורמת לישראל להיותם בתענוגים ורחמים גדולים.

וזהו נמי שאמר הנביא דרשו ה' בהמצאו, כי דרשו הוא לשון ציווי, דהיינו שבגלות המר הזה צריכין אנו לדרוש את ה' תמיד לעורר עלינו רחמים, כמו שעשתה אמנו רבקה בהיות לה צער עיבור, ותלך לדרוש את ה', כמו כן אנחנו בגלותינו בכל עת צריכין אנו להקדים לעורר רחמים, וצוה הנביא "דרשו ה' בהמצאו" פירוש עד המצא המדריגה הזאת של השם הוי"ה ב"ה הצריכה לכם בגלותכם כנ"ל, ועל ידי מה תמצאו המדריגה הזאת? ומפרש "קראוהו בהיותו קרוב" דהיינו על ידי אהבה שהיא אחדות וקרבות העולם התחתון לעליון, על ידי זה תמצאנו. ועל דרך זו יבואר הפסוק הנ"ל "על זאת יתפלל כל חסיד" כו', פירוש החסיד יתפלל אליך על כללות ישראל להשפיע להם רחמים וחסדים, ואמר "לעת מצוא" דהיינו כשיגיע הצדיק לעת הזאת, וממציא המדריגה הזאת שעל ידה ישפיע להם לישראל, ופן מחמת זה יגבה לבו קצת כנ"ל, לכן אמר "רק לשטף מים רבים אליו לא יגיעו" דהיינו שיכניס עצמו במידת ענווה, דהיינו שיחשוב מי יתן שעל ידי תפילתו יפעול רק לשטף מים רבים כו' הם הקליפות, אליו לא יגיעו, וממילא על ידי אהבה ואחדות של הצדיק, ובהצטרף לזה מידת ענווה, הוא מעורר רחמים גדולים וחסדים על ישראל, אמן כן יהי רצון.

רחש לבי דבר טוב כו' עד לשוני כו'. נראה לפי עניות דעתי לפרש כל הפסוקים הנ"ל בחדא מחתא, ועל פיהם יבואר גם הפסוק הזה. דהנה הצדיק הוא מתפלל תמיד על גלות השכינה, וכוונתו תמיד במעשיו הקדושים ליחד קב"ה ושכינתיה, ולבל תהיה להדינים וקליפות שום אחיזה בקדושה להבדיל בין הקודש ובין החול. והנה השכינה נקראת "דבר", כי הוא דיבור הוא תורה שבכתב, ואמירה הוא תורה שבעל פה, ודיבור הוא לשון קשות ואמירה הוא רכה, ורמז לזה "על פי שנים עדים יקום דבר", ודרשו בגמרא דבר ולא חצי דבר, רצה לומר שהצדיק יקום דבר, שמקיים את השכינה שיהא דבר שלם ולא חצי דבר, ובגלות המר הזה היא חצי, וזה סוד פגימת הלבנה, והצדיק על ידי תפילותיו ומעשיו הקדושים, מפריד ומפריש הקליפות לתהומא רבא, שלא יהא להדינים והקליפות אחיזה בדבר, היא השכינה, רק שתהא בשלימות כולו טוב.

וזהו גם כן פירוש "ודבר דבר אז תתענג על ה'", שמצוה הקב"ה להצדיק שידבר דיבורו הטוב, ועל ידי דיבורו יעשה דבר שלם, היא השכינה בשלימות כנ"ל, "אז תתענג" השכינה "על ה'" על ידי שהצדיק מפריש ומפריד הקליפות מקדושה, על ידי זה תתענג השכינה עם ה', הוא יחוד קב"ה ושכינתיה. וזהו גם כן "מה יפית ומה נעמת" כשהצדיק מיפה את השכינה, ומפריד הקליפות ומנעים וממתיק אותו בכולו טוב, על ידי זה הוא גורם "אהבה" ואחדות כנ"ל, ועל ידי זה הוא היחוד "בתענוגים". וזהו גם כן "על זאת יתפלל כל חסיד אליך" כי "זאת" היא השכינה, דהיינו שהצדיק יתפלל על השכינה, "רק לשטף מים רבים אליו לא יגיעו" פירוש שלא יגעו בהקדושה כלל, ולא יהא להם אחיזה בקדושה כלל. וזהו גם כן "וירא אלקים את האור כי טוב", אלקים הם הדינים, ועינים להם ולא יראו, כי חס ושלום בעת שליטתם רחמנא ליצלן אינם מבחינים בין טוב לרע חס ושלום, והם כסומא בלא ראות, והצדיק מחמת האור שלו המאיר בתוכם להפכם לרחמים, הם באים לראייה, והוא גורם בהם חוש הראות, וזהו "וירא אלקים" הדינים באים לידי ראיה, "את האור" כלומר בשביל האור של הצדיק המאיר בתוכם, עד "כי טוב" נהפכין לרחמים וטוב על ישראל נצח. אמן.

זקני תלמידי חכמים כל זמן שמזקינים דעתם מתיישבת עליהן. י"ל הפירוש לפי מה שפירשתי "אין צו אלא זירוז", השורש שצריך האדם להיות תמיד בהכנעה גדולה, אף שהוא במדריגות גדולות לא יחזיק עצמו אלא כמתחיל בעבודת הבורא ית"ש, שהוא הזירוז שהוא תחילת עבודה המביאה לידי עבודת הבורא ב"ה ית"ש, על דרך שאמר התנא זריזות מביא לידי נקיות עד לידי רוח הקודש, ונמצא הזירוז היא התחלה, וצריך המוכיח המצווה בטוב על ישראל, עיקר לצוות להם שלא יחזיקו עצמם לעולם רק במדריגת זירוז, וזהו "אין צו אלא זירוז מיד ולדורות" רצה לומר אף אחר שיהיה לך כל המדריגות, אף על פי כן לעולם לא תחזיק עצמך אלא כמתחיל בעבודה, עיין בחיבורי על סדר הפרשיות בפרשת תצוה באריכות, שם תמצא מרגוע לנפשך. וזה הכוונה גם כן דחכם הוא נקרא הממולא בכל החכמות שבעולם, ותלמיד חכם הוא הלומד אצל החכם, כמו תלמיד לחכם, ולכן אמרו "זקני תלמידי חכמים" פירוש מי שמחזיק עצמו לתלמיד אפילו בזקנותו, דהיינו שהוא מוכנע גדול, שאפילו בעת זקנותו שאז פסק כח היצר הרע, בודאי הוא יותר במעלות ומידות טובות מבחרותו, ואף על פי כן מחזיק עצמו לתלמיד, ונמצא "כל זמן שמזקינין דעתן מתיישבת עליהן".

וזהו פירוש "תלמידי חכמים מרבים שלום בעולם" פירוש אותם חכמים המחזיקים עצמם לתלמידים, והם מוכרחים תמיד להתגבר בעבודתו בכל פעם יותר, הם מרבים שלום בפמליא של מעלה ובפמליא של מטה, וגורמים ברכות והשפעות לעולם התחתון, וזהו שאמר שלמה המלך עליו השלום "אמרתי אחכמה והיא רחוקה ממני" פירוש נתיישבתי בדעתי שעיקר השורש שאחכים הוא על ידי שהיא רחוקה ממני, פירוש שאהיה במדריגה זו כאילו לא נגעתי בתורה כלל, ואז אחכמה בודאי. שזה עיקר גדול לאדם שישכיל ויבין בדעתו, לו אלף שנים יחיה, לא ישיג עיקר שורש חכמות אלקות, שהוא דבר שהוא אין לו סוף ולא ערך, וכל מה שיתגבר אדם בעבודתו ית"ש ויתעלה, בכל פעם יבין אז יותר שאינו מבין כלל, והוא רחוק מאוד מהחכמה העליונה. והשם ברחמיו וחסדיו המרובים יעזרנו להבין ולהשכיל על כל הנ"ל באמת. אמן כן יהי רצון.

ואהבת לרעך כמוך. דאיתא בזוהר הקדוש דהנשמה יש לה לבוש דק שהיא מתלבשת בגן עדן, והיא דוגמת אברי הגוף, והנשמה היא חושקת תמיד לאהוב את השי"ת ב"ה, רק הגוף שהוא חומר עב, הוא המונע אותו, וציוה השי"י "ואהבת לריעך" השם יתברך נקרא "ריעך", כמו ריעך וריע אביך כו', "כמוך" פירוש כמו הנשמה שהיא כמוך דוגמתך באבריך, וכמו שהיא אוהבת אותו באהבה שלימה, כמו כן אתה הגוף תסכים עמה, ותאהוב את השי"ת באמת.

שירו לה' שיר חדש תהלתו בקהל חסידים. יש להשיב כהלכה לאותן שאינם יודעים האיך נענה אדם בתפילה בהתפללו על חולה והוא נתרפא, הרי הוא כמו השתנות חלילה אצל הבורא הפשוט האמיתי. אך הענין הוא, באמת מפי עליון לא תצא הרעות, רק האדם הוא מקושר בכל העולמות, ומחמת חטא הוא נפסק מהקשר עליון ונופל בענין חולי רע רחמנא ליצלן, ואחר שבא הצדיק ומתפלל, הוא מקשר את האדם הזה בשרשו כבתחילה, ולכן נקראת תפילה, כי תפילה היא מלשון התקשרות, כמו נפתולי כו', ונמצא ממילא מתרפא, ולפעמים אין מועילו תפילה חלילה, כי יש עליו קיטרוג חלילה, ואז צריך לקשרו בעולם הגדול הנקרא "תהלה", כי תהלה הוא מלשון ואחריו תהל אור כו', כי שם הוא רק אור גדול, ואין כח בדין לקטרג שם, והוא רחמים גמורים ושם נמתק הכל. ולכך נקראים שירי דוד מלכנו "תהלים", שיכולין לפעול על ידם הכל, ואין שטן ואין פגע רע. וזהו "שירו לה' כו' תהלתו בקהל חסידים" פירוש ענין התהלה הוא ביד החסידים המתחסדים עם קונם.

אקוה שמך כי טוב נגד חסידיך. נראה דהנה הצדיק כל עבודתו ומעשיו, הוא מעלה אותם למעלה למעלה להשם הוי"ה ב"ה, וזהו שאמר שלמה המלך עליו השלום "אין כל חדש תחת השמש", פירוש שצריך האדם להתגבר בעבודתו ית' כשהוא עושה איזה עובדא, או מחדש חידושין דאורייתא, צריך לראות שלא תהא נשאר למטה תחת השמש, רק להעלותם למעלה מן השמש אל השם ב"ה. וזה "יקוו המים מתחת כו' ותראה היבשה ויהי כן", ולכאורה יש להבין מה רבותא השמיענו הכתוב שהיה כן, היפלא מה' דבר? אך לפי דברינו הפירוש עולה כך, שכל זה עשה השי"ת ב"ה כדי שיעשה אחר כך הצדיק דוגמת הדבר הזה. והיינו "יקוו המים" דהתורה נקראת מים, וציוה השי"ת ב"ה שיקוו ויכנסו התורה "אל מקום אחד" רצה לומר אל האחדות העליון, ועל ידי זה "ותראה היבשה" רצה לומר כי ביבשה יהיה נראה הדבר הזה אם התורה נקווה בשרשה, דהיינו שיהיו השפעות גדולות על ידי התורה, או העוסק במצוה ההוא, ואז ידעו כי הוא השלימה מכל מום ועלתה מעלה, וגם "ותראה היבשה" שהבריות יהיו נראין יפין מכח העובדות ההם, "ויהי כן" פירוש שזה היה כמו דבר הבטחה מהשם הטוב להצדיק, שגם הוא יהיה יכול לפעול כן. וזהו "אקוה" מלשון ויקוו, "שמך" פירוש כי על ידי זה בא טובה וברכה לעולם, זה הדבר הוא "טוב לפני חסידיך".

או יאמר אקוה שמך כו', דהשם הוי"ה ב"ה במספר קטן הוא גימטריא טוב, והחסיד האמיתי כל השתוקקותו הוא למלאות שמו הגדול וזה כל עבודתו. אבל הצדיקים שאינם במדריגה זו, אזי עבודתו בקטנות, שהוא מספר קטן של השם. וזהו שאמר דוד המלך עליו השלום "אקוה שמך כי טוב" אפילו כשהוא בקטנות גימטריא טוב, אבל הוא "נגד חסידיך" פירוש זה הוא התנגדות לחסידים שרוצים דוקא לעבוד אותך בגדלות.

למה הצדיקים דומים לפני השכינה כנר לפני אבוקה. י"ל הפירוש על פי שאנו רואים בחושינו בהתקרבות נר לפני אבוקה, אז הנר מתכבה, ולהבין החקירה הזאת מאיזה סיבה באמת כך הוא שהנר תתכבה לפני אבוקה, י"ל מחמת שכל דבר נמשך לשורשו, ואבוקה הוא אור גדול, ובהגיע הנר לפניו אז נמשך לשרשו, ולכן נסתלק האור אל השורש. וזה פירוש "למה הצדיקים דומין" כו', פירוש באיזה הבחינה הם דומים ובאים "לפני השכינה", "כנר לפני" כו', דהיינו שכל מעשיהם ועבודתם הם מתלהבים בלהב גדול, למשוך אל שרשם היא השכינה. והבן.

כה אמר ה' זכרתי לך חסד נעוריך כו'. נ"ל דהנה מדרך בני אדם המתחילים בעבודתו ית"ש, בתחילתו הוא סובר שכל עובדא טובה שעושה מצוה או עסק התורה וכיוצא בזה, הוא עושה בזה חסד להבורא שעובד אותו, ומחזיק טובה לעצמו כאילו עושה חסד גדול עם הבורא חלילה. אבל כשבא אל עבודת הבורא בשלימות, אז הוא מבין באמת שאין הבורא צריך למעשיו, ולא התחיל בעבודתו עדיין כלום, וכאילו אינו עושה כלל, כך הוא נחשב בעיניו, ואינו מצפה לתשלום שכר, מחמת שלפי הבנתו ודעתו אין מגיע לו כלל, ומוסר נפשו לעבודתו ית"ש כדבר הפקר. וממילא מובן "זכרתי לך" רצה לומר שהשי"ת ב"ה ברוב רחמיו הגדולים זוכר לאדם גם המעשים שעשה בנערותו, אף על פי שסבר שעשה חסד עם הבורא, אף על פי כן הוא מקבל ממנו, וזהו "זכרתי לך חסד נעוריך אהבת כלולותיך" פירוש האהבה הכוללת, כלומר אחר שתקנת עצמך, "לכתך אחרי במדבר" לעבדני במדריגת מדבר, דהיינו כהפקר במסירת נפשך, וכל זה אני זוכר לך.

גמרא, כינור היה תלוי למעלה ממטתו של דוד כו'. נראה דהנה מטה הוא לשון זיווג, שהצדיק הוא מזווג ומייחד העולמות בעבודתו ומעשיו הקדושים, ודוד המלך עליו השלום היה בו מעלה יתירה, שמרוב דבקותו היה מזמר מאליו בשירות ותשבחות, וזהו "כינור היה כו' למעלה ממטתו", "כיון שהגיע חצות לילה" שהשכינה נקראת חצות לילה כדאיתא בזוהר הקדוש, וכיון שהגיע להיחוד השכינה, "רוח צפונית מנשבת בו" רצה לומר רוח הקודש שהיה צפון עמו היה מנשב בו בכח, דהיינו בדביקות והתלהבות, והיה מנגן מאליו, על דרך שפרשתי "זמרו אלקינו" ולא נאמר "לאלקינו", שצריך הצדיק להתקדש ברוב קדושתו עד שתהא השכינה מזמרת מתוך גרונו, וזה "והיה מנגן מאליו".

וזהו שאמר דוד המלך עליו השלום "אטה למשל אזני" פירוש התורה נקראת משל הקדמוני, וצריך האדם להטות אזנו להבין תוכן הדברים של התורה הקדושה, ולא ידמה חלילה שהוא רק סיפורי דברים, כדאיתא תיפח רוחם האומרים שהתורה היא סיפורי דברים, "אפתח בכינור חידתי" פירוש וגם זאת אפעל בעבודתי באמת, שעל ידי הכנור כנ"ל, דהיינו בשירות ותשבחות, אני פותח על ידם עוד עולם גדול, שהוא למעלה ממדריגה הזאת הוא הנקרא "חידתי". כי חידה הוא דבר היותר גדול מדבר שיכול לשמוע באזנים. והבן.

בשרתי צדק בקהל רב כו'. דהנה כתיב "צדק לפניו יהלך וישם לדרך פעמיו", פירוש מי שרוצה לשום פעמיו לדרך האמת לילך בדרכי ה', צריך לעשות צדקה, וצדקתו מועלת לעורר על ידי זה צדקה העליונה, כדאיתא הדבק במדותיו מה הוא רחום כו' מה הוא חנון כו', והיינו על ידי שמחזיק במידה זו, הוא מעורר את המידה ההיא בעולם העליון, כי הכל תלוי באיתערותא דלתתא, ועל ידי שהוא נותן צדקה למטה, גורם שהקב"ה נותן צדקה לכל ישראל, וזהו "צדק צדק תרדוף", פירוש כשאתה נותן צדקה, תהא כוונתך שצדק זה ירדוף הצדק העליון לעוררו. והנה הצדקה הזאת שאדם נותן אינו אלא כגומל חסד לפי שעה, כי בודאי בלתי אפשרי להעשיר אותו שנותן לו, אבל צדקה שהקב"ה נותן היא מעשרת לו ולזרעו, וזהו "וחסד ה' מעולם ועד עולם על יראיו", כלומד בשביל יראיו הנותנים צדקה, הם מעוררים חסדים על כל העולמות, כי כל העולמות עליונים צריכין לחסדים, "וצדקתו לבני בנים" כנ"ל, שהצדקה של השי"ת ב"ה הוא לבני בנים. וזהו "בשרתי צדק בקהל רב", פירוש על ידי צדקה שלי אני מבשר צדקה בקהל רב, שאני מעורר שהקב"ה יתן צדקה לכל ישראל. הפסוק מקצר וכולל שני צדקות כאחד.

או יאמר "בשרתי צדק בקהל רב הנה שפתי לא אכלא", דהצדיק הוא מרגיל את לשונו ודיבורו לדבר תמיד דברים טובים, שהוא אומר לכל אדם שצריך לאיזה הצטרכות מזון או בני או בריאות הגוף, הוא מבשר אותו שיהיה לו כך כמו שרוצה, ואחר כך בינו לבין עצמו הוא מתפלל להבורא ב"ה על הדבר שיקום כן. וזהו שאמר דוד המלך עליו השלום "בשרתי צדק בקהל רב" אמת שאני מבשר טוב לעמך ישראל, ואף על פי כן אני מתפלל עליהם גם כן, והנה "שפתי לא אכלא" שאני מתפלל לפניך שכדברי כן יקום, "ה' אתה ידעת" האמת שכך כוונתי בדיבורי, שאחר כך אתפלל לפניך.

או יאמר בשרתי צדק כו'. דהנה הקדושה נקראת צדק, והאדם הצדיק הדורש ברבים דברים קדושים, ולפעמים יש ברבים ההוא בני אדם שאינם מהוגנים, והם מגשמים את הקדושה, אל ימנע עצמו בשביל זה, כי הוא אינו יודע מה בלבו של חבירו, וזהו שאמר דוד המלך עליו השלום "בשרתי צדק בקהל רב" שאני מבשר הצדק שהוא הקדושה בקהל רב, כלומר בכל מיני קהל, ואף על פי שיכול להיות שיש ביניהם בני אדם שאינם מהוגנים, אף על פי כן "שפתי לא אכלא" כי "ה' אתה ידעת" את לב אדם, אבל אני איני יודע, ולכן שפתי לא אכלא.

שאו מנחה ובואו לחצרותיו. נ"ל דהנה האדם המתחיל בעבודתו ית"ש, אי אפשר שיבוא תיכף לעבודה השלימה מחמת חטאיו שחטא וקלקל בהם, והם המעכבים אותו לעלות במעלות קדושים, וצריך לעשות כנגד מה שקלקל, חבילות מצוות ועובדות כשרות, כדי שיעלה גם החטאים לעשותם זכיות, רמז לזה מנחת סוטה הבאה מן השעורים, שזה היה חלק לסיטרא אחרא כדאיתא בזוהר, וציוה השי"ת ב"ה להביא מנחת העומר גם כן מן השעורים זה לעומת זה, בכדי להעלות השפלות של מנחת סוטה שיש לסיטרא אחרא אחיזה גם כן אל הקדושה.

וזהו "משכני אחריך נרוצה" פירוש שלמה המלך עליו השלום היה מרמז בדבריו, כאילו השפלות והחטאים של אדם הם המדברים בעצמם עם האדם, "משכני" כלומר הביאני אל הקדושה, ואף על פי ש"הביאני המלך חדריו" פירוש השי"ת ברוב רחמיו וחסדיו מביא אותם אל חדריו, הם העולמות עליונים, כי אלולי שה' בעוזרו אינו יכול לו, אף על פי כן "נגילה ונשמחה בך" יהיה לי גילה ושמחה כאילו אתה פעלת דבר זה בעצמך. וזה "שאו מנחה" פירוש שתשאו ותעלו את השפלות למעלה לעשותם זכיות, כרמז המנחה כנ"ל, "ובואו לחצרותיו" היינו העולמות עליונים, "השתחוו לה'" כו', דאיתא עומדים צפופים ומשתחווים רווחים, זה היה למען לא ישמע אחד דברי חבירו שמתודה על חטאיו, ונמצא הוידוי והחטאים המה נקרא השתחוואות, ומלמד אותנו הכתוב להתוודות בדרך הזה, שאנחנו בטוחים בחמלתו ית"ש שירחם עלינו וימחול לנו על חטאתינו, ולא בעצבות שמפרש את חטאיו ומעורר דינים על עצמו, כי אם בביטחון גדול כמאמר הכתוב ומודה ועוזב ירוחם.

לסוסתי ברכבי פרעה דמיתיך רעיתי. היות גבי פרעה שינה ב"ה את הסדר, דרך הסוסים מושכין כו' וכאן הקרון מושך כו', וזהו "לסוסתי" כמו הסוסים ברכבי פרעה היו בהיפך הטבע, כן "דמיתיך רעיתי", זאת אומרת כנסת ישראל להשי"ת כן דמיתיך, כי הצדיקים עושין כן, שהקב"ה גוזר גזירה והצדיק מבטל, והצדיק גוזר והשם יתברך מקיים, נמצא העולם מתנהג לפי רצון הצדיק.

שחורה אני ונאוה. נ"ל דרוח הקודש הוא מרמז על מעשי הצדיקים והנהגתם הקדושה, היות שהצדיק יש לו ב' בחינות, א' מה שמשגיח על עצמו תמיד על כל פסיעה ופסיעה ועל כל דיבור ודיבור שלא יהא בהם שום נדנוד חטא, ורואה תמיד שמעשיו אינם מתוקנים, ומתודה תמיד שחטא, וב' שלפעמים הוא גם כן מתפאר עצמו במעשיו הטובים, כדי להכניס יראה בלב השומעים, להחזיק לבם ביראת ה' יותר. וזהו רמז על הצדיק שלפעמים "שחורה אני" ופעמים "נאוה", "בנות ירושלים" המה המידות של הירא שלם, שהם מסבבים ומקיפים את הצדיק כאפרכיה המקפת את הכרך. וזו היא "כאהלי קדר כיריעות שלמה" פירוש שלפעמים הוא דומה כאהלי קדר המשחירים עצמם, וכן הוא בהכנעתו בוידוי וחרטה על עוונותיו, ולפעמים הוא דומה כיריעות שלמה, דהיינו יריעות המקדש, בהתפארו במעשיו הטובים ורוממות עבודתו. "אל תראוני שאני שחרחורת ששזפתני השמש", דהנה יש בני אדם השומעים דברי צדיק בשעה שמוכיח עצמו ומבייש עצמו ברבים לאמר שחטא, וסוברים שבאמת חטא איזה חטא ועוון, מחמת כל הגדול מחבירו יצרו גדול ממנו, ולזה אמר "אל תראוני שאני שחרחורת ששזפתני השמש" פירוש אל תאמרו שחרחורת שבי מחמת הבהירות וגודל הקדושה, ומחמת זה יצרי גדול, לא כן הוא, רק "בני אמי נחרו בי", דכתיב כי יסיתך אחיך בן אמך, ומקשה הגמרא וכי בן אם מסית כו', כנ"ל דהאם רמז לנקבות, ורמז הכתוב בזה דעל ידי חטאת בני אדם החוטאים, הם גורמים בחטאתם שעל ידם בא איזה הרהור בלב הצדיק גם כן, וזהו "כי יסיתך אחיך", ועל ידי מה? מפרש על ידי שהוא "בן אמך" רמז לחוטאים כנ"ל, וזהו "בני אמי נחרו בי" ומובן. ועוד אפשר שזה גרם שנכשלתי, מחמת "שמוני נוטרה את הכרמים" כו'. דהנה דרשו חז"ל על פסוק אשר נשיא כו' אשרי הדור שהנשיא יחטא, י"ל הפירוש דהנה הצדיק שהוא תמיד בקדושה עליונה, בלתי אפשר לו להתדבק עם בני אדם לעוררם בתשובה שלימה ולהעלות את מעשיהם, אבל הצדיק המוצא עצמו באיזה חטא, והוא מתחרט ומוכיח עצמו על קיצור בעבודתו ית"ש, אז גם כן מעורר לב אחרים בתשובה, ואחר כך בעלותו בקדושה, הוא מעלה גם כן כל ישראל עמו. וזהו "רבי עקיבא כשהיה מתפלל בציבור היה מקצר ועולה", רצה לומר כשרצה להתפלל עם הצבור, דהיינו שיעלה גם הציבור עמו, "היה מקצר" פירוש היה יורד ממדריגתו, ומוכיח עצמו שמקצר בעבודתו ית"ש, "ועולה" פירוש ואחר כך היה עולה להקדושה העליונה. וזהו שדרשו חז"ל אשרי הדור שהנשיא יחטא, דהיינו שהיא תועלת להם שיעלה גם אותם עמו אל הקדושה. וזהו "שמוני נוטרה את הכרמים" פירוש על ידי זה ששמוני השי"ת ב"ה שאהיה נוטר את כרמו, כי כרם ה' צבאות בית ישראל, להעלותם אל הקדושה, זה גרמה לי ש"כרמי שלי לא נטרתי" וירדתי מקדושתי כדי להעלות אותם עמי אל הקדושה העליונה.

אם לא תדעי לך היפה בנשים כו'. פירוש כנסת ישראל מתפללת בעד ישראל ואומרת להקב"ה אם לא תדעי כו', דהנה כשישראל מתנהגין כשורה בכל עסקיהם, דהיינו בעניני הגשמיות ומשא מתן באמונה, אז זה נוח לפניו ית' ומסתכל במעשיהם, אבל אם חס ושלום אין מתנהגין כשורה, אין רואה במעשיהם, ומסתלק ידיעתו מן המעשים הללו, ו"נשים" רמז לגשמיות שהוא לשון נקבה, ועל זה אומרת כנסת ישראל "אם לא תדעי לך היפה בנשים" דהיינו אם אין מעשה הגשמיות נוחין בעיניך, "צאי לך בעקבי הצאן" פירוש הסתכל בעקבי הצאן, דהיינו הריקנים שבהם מלאים מצוות כרמון, "ורעי את גדיותיך על משכנות הרועים" כלומר תן דעתך על הצדיקים הקטנים המחוברים ומקורבים אל הצדיקים הגדולים, ו"גדיותיך" לשון גדי הרך, לשון קטנות, "על משכנות הרועים" הצדיקים השלימים.

כי נר מצוה ותורה אור. לכאורה הוה ליה למכתב כי מצוה נר, כמו בסיפא דקרא ותורה אור. אך הענין הוא דאדם הרוצה לעשות מצוה בשלימות, צריך מתחילה לקדש עצמו, להיותו שלם במידותיו כמו הגאוה והקנאה והשנאה והכעס וכדומיהן בכל המידות, אז לפי שלימות המידות שבו, כן יהיה ערך המצוה בשלימות, ובלתי אפשרי שתהיה המצוה שלימה מכל סיג, כי אם שיהיה שלם בכל מידותיו, וזו שאמרו חז"ל שכר מצוה מצוה, דהנה אמרו ז"ל "הבא לטהר מסייעין אותו", והפירוש הוא "הבא לטהר", דהיינו שמתקן את מידותיו כראוי, "מסייעין אותו" עיקר הסיוע שיזכה לעשות המצוה בשלימות. והמידות המה נקראים שכר מצוה, שעל ידם אדם זוכה למצוה, וזהו "שכר מצוה" המה המידות הגורמים לעשות מצוה מה בא על ידם? ומפרש "מצוה", שהקב"ה מזמן לידו מצוה לעשותה, כיון שהוא מוכן במידותיו וכנ"ל, הבא לטהר מסייעין אותו.

וזהו "מה ה' אלקיך שואל מעמך כי אם ליראה", דהנה אנחנו צריכין לדבק עצמינו במדותיו ית"ש, ולכאורה איך שייך יראה אצל הבורא ב"ה שנהיה אנחנו מתדבקין במדת יראתו, והלא הוא שלם בכל מידותיו ואיך מצינו אצלו ית' יראה. הענין הוא, דאנחנו בני אדם אנו בעלי חסרונות, וכל דבר הנחסר לאחד שואל מחבירו, ולא כן הבורא ב"ה שהוא שלם במידותיו ואין שייך בו שום שאלה, כי אם היראה של אדם, שזה חפצו ית"ש שיראה האדם מפניו, ומקבל השי"ת ב"ה את היראה מהאדם בדרך שאלה דהדרא בעיניה, ומחזיר לאדם היראה וגם שכרה, הוא המצוה שיעשה בשלימות בהזדמן השי"ת לידו מיד לעשותה, ונמצא הכל נכון, שמצינו יראה אצל הבורא גם שאלה שניהם כאחד. וממילא מובן פירושו "מה ה' שואל מעמך כי אם ליראה", דיראה הוא אצל הבורא בדרך שאלה, והיראה היא גם כן אחת מהמידות הטובים הצריך להמצוות, כי מצוה בלא דחילו לא פרחת לעילא, וזה שכרו שהשי"ת מחזיר לו יראתו וגם מזמן לו מצוה לעשותה בשלימות, כנ"ל שכר מצוה מצוה.

וזהו "כי נר מצוה" שמתחילה צריך להיות נר דולק, דהיינו שיתקן מידותיו, ועל ידי זה מזדכך נשמתו, נר ה' נשמת אדם, ואחר כך זוכה למצוה שיעשנה בשלימות, "ותורה אור" רצה לומר שהתורה הוא היפך זה, שעל ידי התורה יזכה לאור גדול שישפיע עליו השי"ת ב"ה. וזהו "כי אם

## נֹעַם אלימלך

בתורת ה׳ חפצו ובתורתו" כו׳, ורש"י ז"ל פירש שמתחילה נקרא תורת ה׳ ואחר כך נקרא תורתו עיין שם, ולפי דברינו יבואר היטב תוכן הדברים, דהעיקר הוא המידות שעל ידם יזכה האדם לתורת ה׳ ומצוותיו לעשותם בשלימות, ואילולי שיתקן מידותיו ובצירוף לזה היראה שהיא גם כן אחת מהמידות, אין תורה ומצוות נעשין בשלימות. וממילא יובן פירוש "כי תורת ה׳ חפצו" רצה לומר כשיחפוץ האדם שיזכה לתורת ה׳, דהיינו לשם ה׳ לעשותה בשלימות, "ובתורתו יהגה יומם ולילה" צריך מתחילה להגות יומם ולילה בתורתו, הם המידות שלו שהם אינם כתובים בתורה, כי אם שהם תורתו של אדם, על ידם יבוא ויזכה לתורת ה׳. וזהו "קומי אורי כי בא אורך", הקב"ה אומר לישראל אז תקום את אורי, היינו תורתי, "כי בא אורך" פירוש אחר אשר תקנת את אורך, היינו מידותיך שהם תורת האדם כנ"ל.

או יאמר קומי אורי כו׳, על דרך שאמרו חז"ל שאמר הקב"ה נרך בידי ונרי בידך אם אתה משמר את נרי אני משמר את נרך כו׳, וזהו "קומי אורי" פירוש ראה שתעמול בתורה להקימה על קיומה, "כי בא אורך" כלומר כי כבר יש לך אורך שהיא הנשמה, ותרויח עוד בזה "וכבוד ד׳ עליך זרח", שעל ידי שתקים את אורי, ישוב האור עליך ויזרח לך אור גדול.

והנה הצדיקים ההולכים בתורת ה׳ לשמה, ובהקדימם לתקן מידותיהם בטבע כנ"ל, הכח בידם להשפיע טובות הרבה לעולם, וכולם יתברכו מברכות פיהם הקדושים, וזהו "השמים מספרים כבוד אל" כו׳, כי ידוע למה נקרא שמם שמים, אש ומים, דהנה האדם צריך לעבוד לו ית׳ ולתקן את הד׳ יסודות שבו, הם ארמ"ע, והנה יסוד העפר הוא קל לאדם לתקן יותר מהשאר, דתיקון יסוד העפר הוא שיחשוב שפלותו תמיד, איך הוא יסודו מעפר וסופו לעפר, ועל ידי זה ייכנע לבבו מאד, אך לפעמים יש בני אדם שהם מחשבים שהם שפלים כעפר, וכמחשבותם כן הוא באמת, שהם כמו עפר, שאין בהם שום לחלוחית יראה והם גוש עפר, ואין זה מתקן מידותיו ויסודותיו, וזה הוא המהרס יסודו, אך ורק שמתחילה צריך לעמול בתורת ה׳ לשמה ולקיים מצוותיו בשלימות, ואחר כך יהיה כעפר, לבל יתגאה לבבו בעבודתו, ולכן אנו מתפללין "ונפשי כעפר לכל תהיה" וסומכין לזה תיכף "פתח לבי בתורתך", וזה הוא ב׳ דברים בסוגר אחד, דהיינו שצריך שיהא לבו פתוח בתורה ושיהא מוחזק בצדקתו ואף על פי כן יבין שהוא כעפר. וזהו שאמר הלל הזקן עליו השלום "אם אני כאן" כו׳, רצה לומר "אם אני" שאני שפל מאד באין ערך, "כאן" וזכיתי לשמוח בשמחה, "הכל כאן" ממילא מן המוכן הוא לכל להיות כאן לשמוח בה׳, נמצא שכלל שניהם כאחד, שהבין שהוא צדיק שאמר אם אני כאן, והבין שהוא שפל מאד באמרו הכל כאן להורות שהכל מוכנים יותר למדריגה הזאת יותר ממנו, מחמת שהיה שפל בדעתו.

נחזור לענינינו, שיסוד העפר הוא קל להחזיק בו, גם יסוד הרוח, כי רוח בני אדם העולה היא למעלה, כי כך הוא הטבע, ועיקר היסוד אש, הוא החמימות והזריזות במצוות ה׳, ויסוד המים הוא התורה לשמה, וכשיזכה האדם לתקן הב׳ יסודות אלו שהם אש ומים, דהיינו זריזות וחמימות ביראת ה׳ וגם בתורה הקדושה, המה "מספרים כבוד אל" הם מאירים לכבוד אל, הם העולמות העליונים, "ומעשה ידיו מגיד הרקיע", "מעשה ידיו" הם ההשפעות שהם מעשי ידיו של הקב"ה, "מגיד" לשון המשכה, "הרקיע" רצה לומר הצדיק הזה שעושה מעשים דקים רוחניים במחשבותיו ודביקותיו, הוא ממשיך את ההשפעות לעולם, רקיע הוא מלשון ריקועי פחים, והצדיק הזה הוא מוחזק בצדקותיו שלא ימוט לעולם, ולא יפסוק לעולם מהדביקות ומהאש החמימות והתלהבות שבו, וזהו "ולא כבו הגשמים אש של עצי המערכה" פירוש הצדיק הזה שהוא מעריך עצמו במערכת אש, לדבק עצמו בעץ החיים היא התורה הקדושה, עץ חיים היא למחזיקים בה, בלתי אפשרי שיכבה את האש שבו שום גשמיות שבעולם, שלא ימוט לעולם מסיבות הגשמיות שבעולם. והשם הטוב יזכנו להיותינו דבקים בעץ החיים במערכה גדולה של אש והתלהבות באהבתו ית"ש עד עולם. אמן כן יהי רצון.

הפך ים ליבשה בנהר יעברו ברגל. נראה על פי דאיתא בגמרא בחולין דף ז׳: רבי פנחס בן יאיר הוה קאזיל לפדיון שבויים, פגע ביה בגינאי נהרא, חלוק לי מימיך כו׳, חלוק ליה נמי להאי כו׳, אמר רב יוסף כמה נפיש האי גברא ממשה כו׳, אלא במשה כו׳. ולכאורה מהיכן מוכח דנפיש גברא ממשה, ודילמא משום דלא היה צריך משה רבינו עליו השלום לקרוע הים אלא חדא זימנא. ואך דהענין הוא דאבות סימן לבנים, והפירוש הוא כך, שכל דבר ודבר בתחילתו לפעול איזה נס הוא קשה מאד, אבל כיון שכבר נעשה פעם אחת, כבר יכולים הצדיקים שיהיו אחר כך לעשות כזאת אפילו כמה פעמים, כיון שנפתח השער, והפירוש בגמרא הוא כך "כמה נפיש גברא" כלומר מהיכן בא לו זה שהיה יכול לפעול דבר גדול כזה? ומפרש "ממשה ושתין רבבן" שהם פתחו השער והיה זה יכול לפעול, "דאילו התם חדא זימנא" פירוש אף שלא היה התם כי אם חדא זימנא, היה רבי פנחס יכול לפעול "הכא תלתא זימנא". והפסוק ממילא מובן "הפך ים ליבשה" פירוש משה רבינו עליו השלום הפך פעם אחת ים ליבשה, ופעל במעשיו הקדושים ש"בנהר יעברו ברגל" שרבי פנחס בן יאיר עבר ברגל תלתא זימני עם הטייעא וכו׳. ולכך מתורץ הדקדוק שפתח בלשון יחיד ומסיים בלשון רבים וגם שפתח בעבר וסיים בעתיד.

או יאמר על דרך שפירשתי "ובני ישראל הלכו ביבשה בתוך הים", דהנה ישראל בשעת קריעת ים סוף ראו נפלאותיו ית"ש ורוממותו וגדולתו, ויש צדיקים שהולכים תמיד בדביקות, וליבם תמיד ברוממות אל ובגדולתו אף שלא בשעת קריעת ים סוף, שגם ביבשה רואין נפלאותיו איך הם עד אין קץ וערך בכל דבר ודבר הנמצא בעולם. וזהו הפירוש "ובני ישראל הלכו ביבשה בתוך הים" פירוש שביבשה הלכו בזה הרוממות אל כמו בים, וזהו "הפך ים ליבשה" שהצדיק, הניסים והנפלאות הנראין בים הוא רואה ביבשה, לאשר הולך תמיד ברוממות אל וגדולתו ית"ש.

איזה היא מחלוקת שהיא לשם שמים זו מחלוקת הלל ושמאי, ושאינה לשם שמים זו מחלוקת קרח ועדתו. לכאורה היה לו לומר מחלוקת קרח ועדתו עם משה, כמו במחלוקת שלשם שמים נאמר מחלוקת הלל ושמאי. אך הענין, דהנה עינינו רואות כמה בעלי מחלוקת העומדים על הצדיקים, ודוברים על הצדיק בגאוה ובוז, ומי יודע להבחין אם כוונתם כדי לקנתר ולבזות צדיקי אמת, אם כוונתם לשמים כאשר יגידו בפיהם כמה בני אדם שכוונתם לשמים, וגם לומדי תורה נמצאים במחלוקת זו באומרים כוונתם לשמים, אך בזאת ייבחנו אם אמת איתם שכוונתם לשמים, דהיינו אם אנו רואים שחבורתם שלימה, כולם כאיש אחד חברים בכל אופנים, אזי בודאי כוונתם שלימה לשמים, כי כן הוא הדרך של הצדיקים גמורים ואמיתיים שנפשם קשורה זה בזה באהבה רבה וחביבות, ואוהב את חבירו יותר מגופו, ולא יקנא איש באחיו, בראותו גדולות חבירו ישמח נפשו ויגל בלבבו ויצפה עוד לגדולתו שיתגדל ויתנשא יותר ויותר, אבל אם אנו רואים בני אדם בעלי מחלוקת שאין להם התחברות, רק להמחלוקת יבערו כולם כאחד, אבל בשאר התחברות, לבביהם פרודות וחלוקות, ולא יוכל אחד לראות בגדולת חבירו, ויתאו תאוה להיקום אשר ברגליהם זה ממונו וגדולת חבירו יהי לו, זה האות שאש התבערה המצה ומריבה אשר תבער בעדתם יחד שכם אחד, אין זה כי אם רוע לב, וזדון לבם השיאם קנאת איש מרעהו לדבר על הצדיקים עובדי ד׳ באמת. וזהו שאמר התנא "ואיזה מחלוקת שאינה לשם שמים זו מחלוקת קרח ועדתו", רצה לומר שהם היו ר"ן איש והתאוו כל אחד כהונה גדולה כפירוש רש"י ז"ל, ונמצא גם ביניהם היה ליבם פרודות וחלוקות, רק נגד משה רבינו היו כולם כאחד בעצה רעה לחלוק עליו. וזהו קרח ועדתו, רמז כנ"ל, שהיו לב קרח ועדתו נפרדות זה מזה, אבל צדיקים לבביהם דבוקות זה בזה וכל מעשיהם לשם שמים. וק"ל.

### אגרת הקודש

**הקדמה**

הקדמה לאיגרות מהמביא לבית הדפוס:

קדוש יאמר לו כל הכתוב ובהם נזכה לחיים בירושלים

הנה בהיותי בק"ק ליזענסק מצאתי ראיתי ראיה אחת שהיא כשתים, והם הכתב והמכתב שנאמרו ונשנו על האגרתיים, הצד השוה שבהם שאלו ואלו דברי אלקים חיים.

המכתב הראשון תשובה כהלכה על גוף הכתב מה ששאל כענין איש אחד להרבני החסיד מוהר"ר אלעזר, והוא בן איש אלקי הנזכר מטה, על דברי קטטות ומריבות שנתעורר על הרב האי הגאון איש האלקי קדוש יאמר לו אב"ד דק"ק זעלחוב נ"י, להשיב לו מה ששמע מאביו נ"י על דברי קטטות הנ"ל, והשיב לו על פי ציווי אביו.

והמכתב השני על דברי תוכחת מגולה שנכתב להרבני החריף החסיד שלשלת היוחסין מוהר"ר זכריה מענדיל נ"י, ותוכן הדברים הנאמרים במכתב השני היה להוכיח את מורינו זכריה מענדיל הנ"ל על דבר שהיה מתנהג בחסידות וסיגוף, ועינה את עצמו בעינויים וסיגופים ועל ידי זה נפל על ערש דוי, והשיב לו הרבני מו"ה זכריה מענדיל הנ"ל על פי ציווי הרב החסיד איש אלקי מוהר"ר אלימלך נ"י אשר איתן מושבו בק"ק ליזענסק, ומצודתו ואור תורתו יזרח מסוף העולם ועד סופו, ואין אני כמסהיד עליו, כי מה אני להיות משנה למלך, ושם האיש אלימלך כבר יצא בעולם, ואין אני יכול להבין מעשיו וקדושתו ופעולתו אפילו כטיפה מן הים, אך אהבה מקלקלת השורה.

ובקראי במכתבים ההם ואשתומם כשעה חדא, ואמרתי מתלא הדין אם לא חזי׳ האריה אנא חזא מרבעתיה, אז אמרתי אם לא באתי כי אם לשמוע את דבר ה׳ מהמכתבים הנ"ל דייני, וקריתי ושניתי בהם פעמים, וכל כך חביבין עלי דברי הרב הנ"ל, שטעמתי בהם טעם מן שהוריד ד׳ לנו מן השמים, ומתוך כותלי מכתבן ניכר שרוח אלקים דיבר בו שדבריו חיים, וראיתי תועלת המכתבים הנ"ל עד אין קץ למי שיש בו נשמת רוח חיים ולקח גם הוא מעץ החיים וחי לעולם חיים הנצחיים, שכתוב בהם מדות טובות שיקנה אדם לבא בהם למדרגות גדולות, וגם הם שוים לכל נפש, שיש בהם מוסרים רבים והנהגות טובות להכניע לבבו ליראת ד׳, ולהיות לנו בגלות המר הזה בין העמים קיום, עד שירחם ד׳ עלינו ויקבץ נדחינו מבין העמים. ואזרתי כגבר חלצי וחגרתי מתני להוציא לאור הדברים הנ"ל שהם מעט הכמות ורב האיכות, וחשתי ולא התמהמהתי, וזה שמו אשר יקראו לו בשם אגרת הקודש, קדוש יאמר לו כל הכתוב ובהם נזכה לחיים בירושלים.

(נכתבה ע"י רבי אלעזר בן רבי אלימלך)

גליון יד קדשו הגיעני ושם נאמר לשאול את פי הקדוש אדוני אבי מורי נ"י ויזרח לנצח.

נידון המחלוקת שנתעוררה בעוונותינו הרבים על הרב האי הגאון החסיד המפורסם, האב"ד דק"ק זעלחאב נ"י. שאלתי את אאמ"ו נ"י והשיב לי בזה הלשון: מה זה חידוש אצלכם, כבר היה לעולמים דברים כאלו. מצינו אברהם אבינו עליו השלום שהפיל אותו נמרוד לכבשן אש ויצא בשלום, וכשבא לארץ ישראל נתהווה רעב בארץ ואמרו יושבי המקום ההוא מחמת שזה המין בא אצלינו אירע לנו מקרה זה, והלך למצרים כדי להשקיט הדבר לבל יתפשט ביניהם, ואלולי זאת לא היה הולך למצרים שלא אמר לו השם יתברך כי אם לך אל ארץ כנען, וזה היה מעשרה נסיונות שנתנסה. והנה לכאורה מה זה נסיון שהלך למצרים שהוא כמעט נגד ציווי השם יתברך? אלא צריך לומר כנ"ל.

# נֹעַם אֱלִימֶלֶךְ

והנה תמוה מאד וכי אפשר שלא שמעו יושבי ארץ כנען מגודל הנס שנתרחש לו באור כשדים, הלא בבל קרוב הוא לארץ ישראל? שנית, בבואו למצרים לקח פרעה את אשתו וינגע ה' את בית פרעה כו' נמצא שנעשה לו ג"כ נס גדול ואח"כ לקח אבימלך את אשתו, והנה תרי תמיהות מדכר דכירי אינשי ובודאי נשמע בית אבימלך מזה הנס כי קרוב זה אל זה היה כדכתיב "ולא נחם אלהים דרך ארץ פלשתים כי קרוב הוא", ובפרט כי דרך המלכים להודיע זה את זה דברי חידושים ובפרט נסים גדולים כזה אשר לא היו מיום הוסדה הארץ, וזה מצאנו ראינו שנמרוד לא נענש כי אם אחר כמה שנים אחר המעשה של מצרים, גם פרעה לא נענש מיד ועיקר עונשו היה בצאת ישראל ממצרים בעשר מכות כאשר מצינו בספרים. ומה שלקה פרעה מיד בקחתו את שרה, זה לא היה כי אם למען מנוע אותו בל יגע בה ח"ו, וגם אבימלך לא נענש מיד רק בעצור עצר ד' בעד כל רחם, זה היה ג"כ כדי שלא יאמרו מאבימלך נתעברה שרה, כי היו עצורים הזכרים והנקבות למען דעת כל עמי הארץ כי לא יצא מהם זרע כי עצורים היו מכל צד. והרשעים אלו מהם נתחרטו אחר המעשה, ומהם עמדו במרדם כמו נמרוד אף שראו גודל הנס, ואף אח"כ כשנשבה לוט כוונתו היה על אברהם אבינו ע"ה כמבואר, ומה לכם להשיב על כל הקושיות והתמיהות הללו הנ"ל.

אמנם אמינא לכם אנא וכך הוא האמת, כשהצדיק עובד ה' מיראה ומאהבה, אהבה מביאה אותו כמעט לשגעון כמו שנאמר "באהבתה תשגה תמיד", כמו שמצינו בדוד המלך ע"ה "ודוד מפזז ומכרכר בכל עוז", והצדיק הוא הולך תמיד ממדרגה למדרגה בכל יום ויום, וקודשא בריך הוא מחדש עליו חסדים בכל יום ויום, בין למעלה בין למטה לפי מדרגתו, ואין הקב"ה מחדש עליו חסדים כי אם ע"י נסיון. והטעם בדבר הוא מחמת הקיטרוג, כי אין צדיק בארץ אשר יעשה טוב וכו', ומוצא המקטרג איזה עילה בהצדיק הנ"ל ועולה ומקטרג, הגם שהש"י ב"ה מוחל לו, כי דרך הצדיק שמהרהר בתשובה תיכף ומתחרט ומדקדק על עצמו כחוט השערה, ובודאי עשה תשובה והאיך יכול המקטרג להשטין עליו, אך מחמת שהמקטרג עומד למעלה ואומר שאין עושה זאת אלא כדי להשתבח ולהתפאר בעיני בני אדם, ואולם אם יעמדו עליו בני אדם לבלבל אותו לא יהיה יוכל לעמוד בניסיון והא ראיה שחטא, ומחמת זה הקב"ה מנסה אותו להראות שעומד בנסיון, ועי"ז הש"י מביא להצדיק למדרגה גדולה יותר בכל פעם.

וזה דאמרינן בגמרא "במקום שבעלי תשובה עומדין אין צדיקים גמורים" כו', וזהו כמו זר נחשב שהצדיק מתחילה שלא חטא, לא יוכל לעמוד במחיצת הבעל תשובה שעבר ושנה ועשה תשובה באחרונה ויהיה מחיצתו לפנים מהצדיק הזה הנ"ל, אלא כן הוא כוונת הגמרא על הצדיק אשר עובד ה' באהבה ומדקדק על עצמו ועושה תשובה בכל רגע, והקדוש ברוך הוא מושך עליו חסדים על ידי נסיונות למען הביא אותו למדרגה גדולה, ובמקום הצדיק הזה שהוא בעל תשובה כנ"ל אין הצדיקים גמורים יכולים לעמוד, היינו הצדיקים שאינם מרגישין בחטא קל לעשות תשובה בכל רגע אין יכולים לעמוד שם, מחמת שאין עושה תשובה על עבירות קלות אין ראוי לבא לידי נסיון מחמת הקטרוג שיש לו בו אחיזה.

והנסיון הזה שמנסה אותו הש"י רובא דרובא הוא ע"י בני אדם רעים, כי מגלגלין חובה ע"י חייב כמאמר חז"ל וכמאמר הכתוב "צדיקים ילכו בם ופושעים יכשלו בם". והפירוש הוא כך, כמו דאמרינן בגמרא כאשר יאמר משל הקדמוני והאלהים אנה לידו, זה הרג שוגג וזה הרג מזיד והקב"ה מזמן אותם לפונדק א' כו', וזה הצדיק עשה איזה עבירה שוגג ועשה תשובה, אעפ"כ צריך כפרה ע"י נסיון כנ"ל, וזה עשה עבירה במזיד ולא עשה תשובה, הקב"ה מביאם לפונדק א', דהיינו שמביא נסיון לצדיק הזה על ידי זה שלא עשה השובה ועשה עבירה במזיד, זה נהרג שהרגו א"ע, וזה הצדיק גולה דהיינו יסורים וצערו נחשב לו גלות. ומה שאין הקב"ה מעניש את החייב מיד, למען צדיקים ילכו בם כו' ולמען סמות עיני רשעים. ומה שנענשו אח"כ כמו שנענשו נמרוד וחביריו, הוא מחמת שהעונש בא מאליו, ששקר אין לו רגלים והרע הורג את עצמו, וכל זמן שהקב"ה יכול להצילו באיזה זכות מציל אותו. ואחר כל הנסיונות נסה הש"י לאברהם אבינו ע"ה לעקוד את בנו כדי לעמוד זכותו ואפרו צבור על גבי המזבח לדורי דורות. כן יזכו כל עובדי השם אשר יש להם מתנגדים ועומדים עליהם בשקרים ודברי ריבות, ועינינו רואות צדקתם אשר נענים בתפילתם כמו בדורות ראשונים. נזכה שאנחנו נאכל פירותיהם וזכותם יעמוד לנו:

ואפשר שנמצא איזה גדול הדור, גדול בתורה וגדול ביחוס, והוא ג"כ מתקוטט, ואפשר מחמת שעשה איזה חטא ושכח לעשות תשובה, או חטאת נעורים שצריך לזה תשובה גדולה והכנעה גדולה, ומי לנו גדול מדוד המלך עליו השלום היה מתפלל תמיד על חטאת נעורים כאמור חטאת נעורי כו'. ומה לי לעשות שההכרח מביא אותי לידי דברים אלו כדי להצדיק את הצדיק דמעיקרא ע"י תשובות אדוני אמ"ו נ"י.

ושאלתי אאמ"ו שיאמר לי מפני מה משנים הנוסחאות שבתפילה, והשיב לי כך: הלא הב"י ז"ל שהוא ראש לכל הפוסקים, הוא ז"ל מביא אלו הנוסחאות, ואח"כ בא הרמ"א ז"ל שהוא ג"כ ראש לכל הפוסקים, אזן וחקר כל התיקונים על מכונם בפני כללות ישראל, וראה בנוסחא זו שהוא אור גדול ואין העולם כדאי להשתמש בו והעמיד לנו נוסחא אשכנזית שהיא דבר השוה לכל נפש כערכנו, אבל לפני הצדיקים אלו אשר רחצו מצואתם ומדקדקים טל עצמם כחוט השערה ודאי לא היה כוונתו ז"ל עליהם לבטל אורם מלהתפלל נוסחא זו שכתב הב"י, ואלו ואלו דברי אלקים חיים.

ואם תקשה לך הלא יש כמה אנשים שאינם במדרגה זו כאשר כתבתי ואעפ"כ מתפללים נוסחא זו ומתחברים לחסידים עליונים וגם הם נקראים בשם חסידים, הנני אומר לך, הנה מצינו בשירת הים שכתוב "ויאמינו בה' ובמשה עבדו", מה לנו מזה שישראל האמינו במשה, הגם שהשי"ת הבטיח למשה "וגם בך יאמינו לעולם", מה לו למשה רבינו מזה, וכי רצונו היה שיאמינו ישראל בו, הלא לא היה חפץ רק שיאמינו בה'. אמנם התורה הקדושה השמיענו בזה דבר גדול, והוכרחו על כרחם להאמין במשה. דהנה כונת המקום היה להוציאנו ממצרים שנקבל התורה, והוכרח לצרוף כצרוף הכסף מזוקק שבעתים, ולכך היה כל אלו המאורעות, קריעת ים סוף ושאר כל הניסים, ומשה רבינו ע"ה היה מקדש עצמו עד שבא למדרגות הנבואה ועלה למרום והוריד התורה לישראל. והנה כל ישראל לא היו יכולים בודאי שיהיו כולם במדרגה זו של משה ושיקבלו התורה על פי מדרגות הנבואה. אך מחמת שהאמינו במשה והתקשרו בו והוא היה משפיע עליהם רוח קדושה והיה כאילו הם ג"כ במדרגה זו, ועי"ז יכלו כולם לקבל התורה ע"י אחדותם והתקשרותם במשה, והנמשל מובן מאליו.

ומי שאינו מאמין לדברי אני אומר לו כך. מתחילה ישוב על חטאת נעוריו, ויתבודד בעצמו וישים אל לבו כמה פעמים הלבין איזה אדם אף אחד מבני ביתו, וכמה פעמים אמר שקר אף בדברי הבאי, ושאר דברים אשר הם מבוארים בספרי היראים, ולעשות עליהם תשובה גדולה וחרטה גדולה: והגאוה עולה על כולם:

ושמעתי פעם אחד פירוש על פסוק מפי אאמ"ו נ"י, ולא ידעתי אם מדיליה אמר זאת או בשם איזה ספר, דכתיב "ויתאו המלך יפייך" ומקודם כתיב "ושכחי עמך ובית אביך", והפירוש הוא כך, כשתשכחי עמך ובית אביך ויחוסך וגאותך מי את, אז ויתאו המלך, מלכו של עולם, את יפייך:

וידקדק על עצמו כחוט השערה לקיים הכל כמבואר בפוסקים ובפרט בש"ע אורח חיים ובספרי מוסר אשד עודנה חיים בגן עדן:

אח"כ יתפלל נוסחא זו של הב"י ז"ל, ובוודאי יטעום בה טעם ולא יהיה יכול להתאפק מלהתפלל גוסחא זו, אף שיהיו מתקוטטים עמו לא יחוש ויסבול הכל.

וכך אמר אאמ"ו נ"י אם תרצו להשגיח בדברי אלו תראו שדברי כנים ואמיתים: ומי שיש לו עוד ספיקות וקושיות על עובדי השי"ת, אני נותן לו עצה, שישב בבדידות ויפשפש במעשיו כמבואר לעיל, אף שלא ביארתי קצהו מחמת שקצרה היריעה מהכיל, אתן לו עוד עצה שיתחיל ללמוד תורה לשמה בכל אופני' בלי פניות, ויקום בחצות לילה תמיד לבכות על עונותיו אשר עשה מנעוריו עד היום במר נפש, וילמוד תורה לשמה והתורה תזכיר לו כל עונותיו ותסמר שערות בשרו, והתורה תלמדנו לעשות תשובה: ועבירה שהיה כמצחק בעיניו יעמוד גדולה בעיניו ותסמר מפחד בשרו, ואז יתורצו לו כל הספיקות, ושב ורפא לו ויראה מעלות הצדיקים העובדים את ד' באמת:

אהובי אחי אל תשגיח אל דברים שקרים האלו מקראים (?) אשר בין לילה היה ובין לילה אבד, ועיני ראו אשר כמה יצאו מהעולם שלא בזמנם בעו"ה מחמת המחלוקת כאלו, וחבי כמעט רגע ותראה נפלאות מחמת שהשקר אין לו רגלים וצדיק באמונתו יחיה, ורק שתשגיח היטיב בדברי למען לא תהיה מכת שמסמים עיניהם ח"ו.

אהובי אחי אילו הייתי רוצה לכתוב הכל מה שאאמ"ו נ"י אומר על הצדיקים אלו, קצרה היריעה מהכיל, שכך אמר, מה שאתה רואה אותם הצדיקים עובדין שלהם בנגלה, הוא כטיפה מן הים נגד הפנימיות שלהם, קיצור הדבר שמשמרים את עצמם שלא לצאת חוץ, שלא יעמדו במקום הטינופת מחמת גודל מחשבות קדושות שלהם, וכתבי האר"י זלה"ה הם אצלם כמפתח ופותחים בהם מעיינות החכמה ויחודים גדולים, ואף שמדברים עם בני אדם, מחשבתם תמיד ברוממות אל ובשאר יחודים, וכשלומדים הגמרא הקדושה ממש אש אוכלת אותם מגודל אהבה וקדושה, ונפתח להם מעיינות החכמה הן בנגלה והן בנסתר. וכך אמר אאמ"ו נ"י ששמע מרבו ז"ל ואמר, האיש הזה המזכיר התנא ואין רואה אותו הוא תמיה גדולה עליו.

וגם הצדיקים אין עוברים חצות לילה בשינה כי אם מעט בשנה איזה לילות קצרים, ותמיד הם מתאוננים על גלות וצרת ישראל עם כללות השכינה, ומתפללים עליהם תמיד במסירת נפשם באמת ובתמים. ומי יוכל להעלות על הכתב שאר הדברים אשר שמעתי מאאמ"ו נ"י, אהה על המבוכה זאת, ראה עם מי מתקוטטים, אהה על גפשינו, בודאי אלולי זאת, אין כל אומה ולשון היו יכולים לשלוט בגו מחמת גודל התפילות שלהם במחשבות קדושות. איעצך ברח אל מקומך ועשה תשובה שלימה, אם בארזים נפלה שלהבת מה יעשו איזובי קיר, ואל תבלבל מחשבתך בדברים אלו כי זה קיצור נפש. וכך אמר אאמ"ו נ"י, היחודים אשר הם עושים קודם אכילתם ותשובות שקודם אכילתם, הלוואי שנהיו אנחנו עושים זאת בעת התפלה. ותוכל להתבונן בשכלך הזך תכליתן האיך מגעת, וזו בחול, ובשבת אף פשוטי בני אדם כערכי יכולים להבין הקדושה שבהם. וסיפר לי אא"מ נ"י שיש ביניהם צדיקים שאין יכולים לנגן, ואעפ"כ קולם ערב ומתוק יותר מצוף ודבש בעת תפלתם, ובודאי אין זה פשוט גודל חידוש הזה:

והייתי רוצה לגלות לך כמה חידושים שסיפר אאמ"ו נ"י מהצדיקים, רק ששמעתי פירוש על פסוק אחד מכב' אאמ"ו נ"י ובשביל זה מנעתי את עצמי, וכך אמר אאמ"ו נ"י פירוש על פסוק "דור לדור ישבח מעשיך", כי איתא בגמרא עד שלא שקעה שמשה של עלי זרחה שמשו של שמואל, עד שלא שקעה שמשו של רבי כו', כי אין הדור ריק מן הצדיקים בכל דור ודור, רק שאין מאמינים רק מי שיש לו נשמה קדושה ולא טנפה בעבירות, הגם שמביאין להם ראיה מן הצדיקים ומדורות הקדמונים, אומרים בזה הלשון, אנו מאמינים בחכמים קדמונים שהיתה להם מדריגת רוח הקודש, אבל עתה בדור הזה בלתי אפשר להיות זאת, וכן בכל דור ודור אומרים כך, כמו שמצינו בשאול המלך ע"ה כידוע. אהובי אחי יהי' לבך בטוח כי גם בימי הקדוש האר"י ז"ל היו ג"כ מתקוטטין עמו, וזהו פירוש הפסוק דור לדור ישבח מעשיך, ר"ל דור שהוא עתה מודים בעצמם שהדורות שהיו לפנים היתה להם מדריגת רוה"ק, וזהו ישבח מעשיך, שמשבחים ומודים שגדולים מעשה ד' שנותן לצדיקים אבל לא בדור הזה. וזהו פירוש הגמרא גדולים הצדיקים במיתתם יותר מבחייהם, כי בחייהם היו מתקוטטים עמהם ואחר מיתתם כולם מודים ומשבחים אותו שהיו לו מדריגות הנ"ל. ובשביל זה מנעתי את עצמי מלהודיע.

כל הנ"ל כתבתי מה ששמעתי מפי אאמ"ו נ"י, ותמכתי יתדותי עליו שבודאי אם היו נותנים לו כל חללי דעלמא לא היה מוציא דבר שקר מפיו, ואין דבר אחד מדבריו יוצאין לבטלה, וכך אמר לי אבי שבקל כל אדם יכול לבא למדריגה זאת, רק שיהא למדן בגמרא עם פירוש רש"י עכ"פ אף אם אין מפולפל כל כך, ואם הוא מפולפל יותר טוב, ורבים שתו ולא ישתו מחמת שאוחזין החבל בשני ראשין, שפורשין עצמם מהעולם בשביל אהבת עולם ורודפין אחר הכבוד, והממון חביב עליהן יותר מגופן ונשמתן, וזה מבלבל אותן מכל מחשבות טהורות, ואין מועילין בזה כלום, כי בודאי למי שהשי"ת רוצה בעשרו ממילא בא לו העשירות בלי עמל וגם הכבוד, אף שמראים בעצמם ענוה גדולה, זה הכל בשביל הכבוד שהוא במקום מרה ובמקום חיותם ממש. ואי אפשר להעלות הכל על הכתב, רק החכם ומי שרוצה ד' לקרב אותו יבין בשכלו.

ושמעתי מגדול אחד שאמר זה היצר הרע של ע"ז אנשי כנסת הגדולה הרגו אותו, זהו תמיהה גדולה האיך אפשר להרוג המלאך שהוא גוף נקי זך ורוחני, אלא רק שהעבירו מאומנתו ראשונה, א"כ מה הוא אומנתו עתה, הלא כל מלאך נברא לאיזו שליחות, אלא שנותגין לו אומנות הממון לבלבל בני אדם ברדיפת ממון ועושר שזהו קרוב לע"ז בעוונותינו הרבים, רק צריך להיות וותרן בממון כמו שמצינו ביעקב אבינו ע"ה שהיה וותרן בממונו ונתן חומש מכל כמו שנאמר וכל אשר כו' עשר אעשרנו לך, ואעפ"כ הקפיד על פכים קטנים ששכח, וזהו חכמה גדולה, אף שהדברים אינן כפשוטן אבל הפשוט ג"כ אמת, וזהו צריך סיוע גדולי' והוא עיקר בעבודת השי"ת העובדים באמת.

ואם תרצה לשאול מה זאת אהבה ביניהם שממש מניחין ממון על זה כדי לראות זה את זה ויש להם געגועין גדולים זה ע זה וששים ושמחים בהם יותר מבאביהם. אני אומר לך מה ששמעתי פרוש על פסוק מאאמ"ו נ"י, ואף שאינני זוכר כל כך על בוריו, אעפ"כ כמדומה לי שתנוח נפשך בזה, וזהו "אל יאמר בן הנכר הבדל יבדילני ה' מעל עמו", ודקדק על הלשון שכפל הבדל כו', ואמר חקירה אחת להבין מ"מ[4] יש שני צדיקים השוין במעשיהם הקדושים ומחבבין זה את זה עד מאד, ולעומת זה יש שני רשעים שעושין מעשים רעים, רעה של זה כרעה של זה, זה מוסר ממון כו' וזה ג"כ, וזה מוסר את זה וזה את זה, למה אין אוהבין זה את זה. והשיב על הצדיקים לא קשיא מידי, ואמשול לך משל כשיש שני עבדים אצל מלך, וכל זמן שהעבדים עובדים את המלך באמת ובתמים, ובאהבה גדולה ושלימה מצפה תמיד שיהא המלך בשמחה ובתענוגים גדולים ולא יהיה לו צער משום אדם, וכאשר רואה שאיזה אדם משמח המלך ומביאו לתענוג, אוהב מאד לאיש הזה, ואם היה יכול ליתן לאיש ההוא כל חללי דעלמא היה נותן לו עבור שמשמח את המלך, וזהו בלתי אפשר שיהא אהבת העבד במלך שלימה כי אם בהפריד והפריש עצמו מכל וכל מן העולם הזה, ועניו בעיניו וכלא נחשב יהיה, כמו שאמר משה רבינו ע"ה ואנחנו מה, ואילולי זאת שהוא במדריגה זאת לא היה לו שמחה כל כך מתענוגי המלך ומשמחתו, ומחמת שמחשב במחשבתו להיות לו לעצמו ג"כ תענוגים ושמחה ועושה בשביל תענוג שלו, אין אהבה שלימה למלך. וכשהוא במדריגה זאת להיות כל מחשבתו על המלך לבדו הוא נחשב בעיניו לכלום כנ"ל, וכשרואה איש אחד משמח את המלך, אוהב אותו וחביב עליו יותר מגופו מחמת שהוא בעיניו כלא נחשב, וכל מה שעושה למלך קטן בעיניו כאילו אינו עושה כלום, וחבירו גם כן סובר כך, ומחמת זה אוהבים זה לזה עד אין קץ ותכלית:

ושני הרשעים השונאים זה את זה, הוא מחמת שאין אדם עובר עבירה אלא אם כן יצר הרע בוער בו, וכל אדם יצרו תקפו לחטוא ויצה"ר מסמא את עיניו וסובר לפעמים שעושה מצוה, אבל כשרואה חבירו עובר עבירה זו בעצמה שעשה, הוא נבזה בעיניו, כי על עצמו נסמית עיניו ולא על חבירו, וכשחבירו עושה עבירה רואה את שפלותו:

וזהו פירוש הפסוק ואל יאמר בן הנכר, שנתנכרו מעשיו לאבינו שבשמים, הבדל יבדילני מעל עמו, הן מצדיקים והן מרשעים אני נבדל, והיינו כפלי הבדלות, כי מהצדיק בודאי הוא נבדל שאין לו שמחה מזה שהצדיק משמח אלקים, ומהרשע אני נבדל ג"כ ושונא אותו בראותו שעובר עבירה, כי רואה בשפלותו כנ"ל ובמעשיו הרעים: אל יאמר כן, כי אין לך דבר שעומד בפני התשובה והקב"ה מקבלו:

ואם תרצה לומד אם הצדיקים שונאי בצע מדוע לוקחים ממון מבני אדם אף אם היה נותנים להם כל היום: אהובי אחי יש לי בזה כמה טעמים כמוסים אשר אי אפשר להעלותם על הכתב: אך הפשוט הוא גם כן אמת, שמעולם אין מניחים ממון בקופסא ולא לן אצלם אף לילה אחת הממון, רק מוציאים אותם לצורך עניי ישראל ולצורך בתולות ישראל להשיאם, כי אין מצוה גדולה מזאת כעת אשר בעוונותינו הרבים נגזר גזירה בגבולינו כידוע. ואאמ"ו נ"י אמר שהגזירה הזאה בודאי לא היה כה בידם לגזור כי אם מחמת הקטטות שהיה על הצדיקים והדפיסו אגרות מכוערים. ואף כעת ששולחים אגרות ההם, אהובי אחי מנע עצמך מלהסתכל בו, כי כך אמר אאמ"ו נ"י מי שמסתכל בו ומשמח בו, לא יזכה לראות בנהמות ציון ושמחת לויתן ובחופת הצדיקים. או שנותנין ממון לפדיון שבוים, ומחזיקים לומדי תורה שאין משגיחין עליהם אחרים להחזיקם כמבואר בספר חסידים שנכון לעשות כך, וזה פירוש הפסוק יד ליד לא ינקה רע, ר"ל כשלוקח מיד ונותן ליד אחר עושה טובה לזה שלוקח ממנו, שהרע המקטרג עליו למעלה לא ינקה אותו מנכסיו, מלשון פלוני יצא נקי מנכסיו.

כל זה כתבתי בקיצור נמרץ, ותקח אזני שמץ מדברי אאמ"ו נ"י, ואין פי יכול לדבר את כל ונוכחת דברי אאמ"ו נ"י, בפרט להעלות על הכתב, ואם יחפוץ וישתוקק לבו הטהור דברי פי קדשו פי הכם חן, ישיב פעמי מרכבותיו לכאן, ויערב נא שיחו ואמריו הנעימים מנופת צוף וכל טעם.

הק' אלעזר במהור"ר אלימלך נרו יאיר כאור הבהיר בשחקים

(נכתבה על ידי רבי זכריה מנדל תלמיד רבי אלימלך)

גליון יד קדשו הגיעני. והנה מה שמחשב אהובי דודי שמרוב הסיגופים נחליתי, האמת יורה דרכו וסהדי בשחק שאינו כך, שמעולם לא עשיתי סיגופים כאלו כלל, ומקוואות לפעמים היה לי בעת הצורך כשהייתי בריא וחזק היטב, אבל כשהרגשתי בעצמי שום רפיון כח לא הייתי הולך במקוה כלל:

ומה שכתב אהובי דודי שאני פורש עצמי מדרכי אבותי הקדושים, לא ידענא פירוש הדברים, אדרבה אני הולך בעקבי החסידים הקדושים אנשי השם מופתי הדור אשר בזכותם אנו קיימין בגלות המר והנמהר הזה:

והנה אהובי דודי אם ארצה לבאר היטב פרטי מעשיהם הטובים והנהגותיהם הקדושים, תקצר היריעה מהכיל. והנה אספר לאדוני דודי קצת מעלת הנהגותיהם הקדושים בדרך כלל, וזה אינו אלא כטיפה מן הים.

בראש כל מחשבותיהם תמיד להשלים רצון הבורא ית"ש בלבב שלם, ולעבדו באמת בלי שום תערובת הנאת עצמם כלל, ובלי שום גיאות והתרוממות אדם כלל ברצון השי"ת ב"ה, והם תמיד עוסקים בתורת השם לשמה ללמוד על מנת לקיים, גם כוונתם בלימודם לזכך ולטהר עצמם ומחשבותם כדי שיוכלו להתפלל בלי שום מחשבה זרה כלל, ועי"ז תפילתם עולה בכוונה גדולה מאד, גם כוונתם בלימודם למען טהר עצמם ומחשבותם שלא יבא להם שום הרהור ביום כדי שלא יבואו לידי טומאת קרי בלילה חלילה: כשלומדין הגמרא הם מלבישין עצמם פחד ורעדה ואימה ויראה גדולה מהשם יתברך ב"ה, ותורתם מאירה בפניהם: כשמזכירין שם התנא או שאר בעלי השמועה, מציירים בשכלם כאלו התנא ההוא עומד בפניהם חי עם שורש אורו ממרכבה העליונה, כדרך שמבואר בירושלמי שצריך לצייר לעצמו הבעל השמועה כשמזכירין אותו, ועי"ז נופל עליהם פחד ויראה גדולה מהשי"ת עד אין קץ ותכלית, ואהבת התורה ואורה בוער בם בלי הפסק. כשהולכין מלימודם כזה, נעשים להם ניסים ונפלאות כמו בדורות הראשונים, ומרפאים חולאים וממשיכים השפעות על כל ישראל: והם הנקראים עיני העדה המשגיחים תמיד הצטרכות העדה, ומתחננים להם כל צרכם הן לנפש והן לגוף. בקיצור, הם מקדשים עצמם כל כך עד שנתבטל מהם כח התאוה הגשמי, ואין להם שום תאוה וחמדה לשום תענוג עוה"ז.

ומידי דברי במדה הזאת זכור אזכרנו לטובה לפני אהובי דודי מה ששמעתי פעם אחת מגדול אחד שבהם פירוש על פסוק אחד "אם בחוקותי תלכו כו' ונתתי גשמיכם בעתם", פירש רש"י ז"ל בלילי שבתות, פירוש כי אדם צריך לקשר עצמו כל כך במחשבותיו הטהורים תמיד בעבודת השי"ת ב"ה, עד שמגיע למדריגה זו שיתבטל החמדה מגופו כל עיקר, ולא יהיה לו שום תאוה לתענוגי העוה"ז, הן אל אכילה ושתיה ומשגל והן שאר תענוגי האדם כמו הכבוד וכדומה לו. אך כשהוא במדריגה זו, אין יכול לקיים מצות עונה האמורה בתורה המוטלת על אדם בחיוב. ותירוץ לזה, שהשם הטוב ברחמיו הגדולים מרחם על האדם כזה שהוא במדריגה זו, ויתן לו בעת הצורך הגמור כח גשמי ותאוה לזמן ההוא בלבד, כדי שיהיה יכול לקיים המצוה, ואח"כ חוזר למדריגתו הראשונה אשר היה בו מקדם ונשאר בביטול כל חמדת ותאוה הגשמי, כאשר פעל בעצמו ע"י מעשיו הטהורים ומחשבותיו הקדושים. ולפי זה פירוש הפסוק מובן מעצמו, "אם בחוקותי תלכו", והיינו כמו שכתבתי לעיל שהצדיק הולך במחשבות השי"ת תמיד בלי הפסק, עד שבא למדריגה זו שיתבטל ממנו כח התאוה כנ"ל, "ונתתי גשמיכם בעתם", הבטיח השי"ת שיתן לו גשמיות חדש לעת הצורך לקיים עונה דאורייתא, וע"ז כתב רש"י היינו בלילי שבתות שהוא עונת ת"ח. היש חיך מתוק מזה.

האמת יורה דרכו שאין אתי השגה כל כך להשיג עד היכן מגיעין במחשבותיהן הטהורים, אך זאת ידעתי בבירור בעזהש"י ודרשתי וחקרתי היטב על כל זה, ולא ראיתי מהם שום התרוממות וגיאות, או דבר שקר וחנופה לאדם, או חימוד ממון, או שידברו ח"ו איזה דיבור קל שיגיע להם הנאה גופניות מכח הדיבור ההוא. וזה כמה שנים שאני שרוי אצלם ולא ראיתי מהם שום דבר שפלות, ומעולם לא לן אצלם ממון בקופסא אפלו' לילה אחד, ותמיד כל ימיהם עוסקים בתורה ומצות ומעשים טובים, להשיא יתומים ויתומות ואלמנות, ולהתיר אסורים ולפדות השבויים, ולרפא החולים, ולנחם אבלים, ולגמול חסדים עם כל אנשים, ולהכניס אורחים, ולקבל את כל אדם בסבר פנים יפות, ולרחם על אביונים, ומצטערים תמיד בצרות ישראל, ועוסקים בתורת ד' לילה ויום, ומחדשין חדושין דאורייתא ומגלין רזי תורה וסודותיה, וכל דבריהם מתוקין מדבש וגופת צופים. כשאומרים איזה דבר תורה או יראה או דבר חידוש, אז נופל על אדם השומע מהם יראה ופחד מאימת השי"ת ב"ה.

בלילה, איני יכול להשיג מה שפועלים ועד היכן הם פועלים בגודל היחודים והעובדות שעושים מחצות לילה ואילך, אך זאת הנראה לכל, גודל קדושתם ניכרים מתוך מעשיהם ומפעלם, בראש מים סמוכים למיטתם כל הלילה, תיכף כשיגיע חצות לילה הם נעורים משנתם באימה וחרדת הגוף מאוד, ורוחצים ידיהם ומטהרים ומנקים עצמם ומפנין עצמם היטב כדרך שכתוב בש"ע, והכל באימה ויראה ופחד: אח"כ יושבין על הארץ ואפר מקלה על ראשיהם, ובוכים בלב נשבר ונקרע על שנים עשר קרעים על גלות השכינה וצרות ישראל ועול הגלות וגזירות המלך, ומתפללים עליהם שירחם השם הטוב על עמו הקודש מהרה, ויטה לב המלך ויועציו ושריו עליהם לטובה להצילם מכל צרה ומיני חלאים ויסורים ומשעות רעות, ושלא יצטרכו עם הקודש זה לזה ולא לעם אחר, ושיהיה פרנסתם מזומן להם קודם שיצטרכו להם בריוח בלי טרדה, ולהפך את לבבם ליראת ולאהבת השם, ולהסיר לב אבן מקרבם וליתן להם לב בשר למען ידעו כולם ויכירו גדולת הבורא ורוממותו הגדולה ויעבדוהו בשמחה.

ואח"כ לומדים גמרא ותוספות עם מפרשי הש"ס ופוסקים ראשונים ואחרונים ורמב"ם ז"ל. ואח"כ עוסקים בספרים הנסתרים כמו הזוהר הקודש ודומה לו כתבי האר"י ז"ל, וג"כ לומדים ארבע ש"ע מכל א' שיעור, ותנ"ך. ואח"כ הם מתחילין להתבודד עצמם בינם ובין קונם ולהכין עצמם אל התפילה, כי ראו כי יבא יום, והם מפרישין עצמם מכל מחשבות צורך הבלי הזמן כלל, רק דבקים עצמם ומחשבותם ונר"נ באהבה גדולה ורוממות אל, ומחשבין שפלות אדם וסופו, ונותנים לפני עיניהם יום המיתה בלי ידיעה מקודמת, ומדבקים עצמם עד שמגיעים קרוב להתפשטות הגשמיות

כדרך שכתוב בש"ע מעלות התפילה איך צריכה להיות, ובוער בלבם אהבה גדולה עד שנראה האור בפניהם, ואימתם מוטלת על הבריות, ובעלי עבירות בורחים מפניהם מגודל הפחד המגיע מהם מרוב קדושתם ויראת שמים.
יאמין לי אהובי דודי דברים הללו, כי במדינתינו כבר ידוע לבני אדם למאות ולאלפים מפורסמים ובמופתים נגלים, הם מתפללים ופועלים בתפילתם כמו בדורות הראשונים, ולפעמים אפילו בדיבורם לבד פועלים כמו בהתפילה, כדרך שנאמר ויגזור אומר ויקם לך. אם היה רוצה אהובי דודי להיות בכאן, הייתי מראה לו הכל במופת ובחוש הראות, וכעת יאמין לי על נאמנות, כי עדיין אין אני מוחזק בשקרן חלילה. וראוי להאמין לי שיש ביניהם צדיקים כאלו שיכולים כמעט להחיות מתים בתפילתם, אשר עיני ראו ולא זר שהביאו להם כמה פעמים חולאים אשר היו ביאוש כולם, וע"י תפילתן הזכה חזרו לבריאותם כבראשונה כדרך כל הארץ. בקיצור כמעט שאינם בזה העולם כלל, רק תמיד הולכים במחשבתם בעולמות העליונים, וזה נראה מהם שמרוב דביקותם אינם שומעין לפעמים מה שבני אדם מדברים אליהם, והולכים על הארץ בגופם ונשמתם דבוקה למעלה.
וכשרואים איזה בן אדם שאינו הגון, מרגישים תיכף בו איך ומה, ולפעמים יודעים בבירור איזה עבירה שעשה, ומחזירין רבים בתשובה שלימה בלי שום תערובת גיאות והנאות צורך אדם כלל, רק מחמת אהבה ויראה גדולה ורוממות הבורא ב"ה וב"ש. מה אכתוב לאדוני דודי, יש ביניהם צדיקים כאלו שיודעים אם יבא איזה כאב או חולה ח"ו לאדם, הם נודרין בעדן לצדקה ומקדימין תפילה לצרה, ולפעמים ניצול האדם ההוא מן הכאב, ולפעמים בא הכאב ההוא לזמן שקבע הצדיק הנ"ל בלי שום איחור וקידום כלל, וזה ניסיתי בעצמי ובדידי הוה עובדא כמה פעמים, שיש צדיק אחד במדינתינו שהוא יודע ומרגיש בי תמיד קודם חיסורים, ואמר בפירוש למחר בשעה זו יהיה לי כך ונודר צדקה בעדי, וע"פ רוב פעל בתפילתו וצדקותיו עד שנצלתי מהם, ואם לא היה בי כולה נשאר מקצתו למען דעת כי צדקו דברי אמת, ואפילו כשהייתי כמה פרסאות ממנו.
מה לי לספר גודל מעלותיהם מי יוכל לספר כי דבר שאין סוף הם. תמיד מפרסמין גנותיהם ומביישין עצמם ברבים אם יש להם איזה מחשבה פסולה, או אם דיברו איזה דיבור קל בלא קדושה, או אם הלכו איזה פסיעה אחת בלא קדושה הם מפרסמין ומגלין תיכף הדבר ההוא כדי לבייש עצמן, וחוזרין תיכף בתשובה שלימה כאילו עשו עבירה חמורה ח"ו מעבירות שבתורה. ואין חילוק ביניהם כלל, ותמיד רואין חוב לעצמם וזכות לחבירו, וחבורתן נאה מאד לשמים ולבריות, שיש ביניהם אהבה גדולה כל כך יותר מאהבת אב על בגו ובעל עם אשתו, ויש להם אחדות גמור זה עם זה כמעט כיס אחד לכולם, ואין חילוק ביניהם לבניהם אל בני חבריהם, כמעט שאין ניכר מי הם אביהם של הבנים מגודל האהבה ואחדות זה עם זה, וזה הכל מרוב השתוקקותם ואהבתם להשלים רצון הבורא ב"ה בלב שלם אשר בלבם תמיד. כשבאים שני בני אדם לדבר זה עם זה, אזי אין שומעין מהם רק אהבה ויראה ורוממות אל וגדולתו ותורתו הקדושה, ומסייעין זה לזה בעבודת השי"ת ב"ה באמת, וכל אחד מהם שפל בדעתו וחבירו גדול ממנו אצלו, ולומדים זה לזה בעבודת הבורא ב"ה ותורתו הקדושה, ואינם מתפארים בעצמם בשום מדה טובה שיש בהם, ותמיד הם חוזרים בתשובה כל ימיהם כמעט שאפילו רגע אחד אינן הולכין בלא הרהור תשובה בלבבם, ויש להם מוכיח היושב בלבם תמיד, ומוכיחין זה לזה בתוכחת מגולה ואהבה מסותרת.
והם מקיימין הש"ע מה שכתוב בהתחלתו "שויתי ד' לנגדי תמיד", וממש השם הויה ב"ה אינו זז מנגד עיניהם כלל של אש מאיר להם, והם תמיד רואים אותו, וכדרך שנאמר וה' הולך לפניהם כנ"ל, ואם לפעמים השם הויה ח"ו אינו מנגד עיניהם או שרואה שם אחר כמו שם אלקים או אדנ"י, יודעים בבירור שיש התגברות הדינים ח"ו בעולם העליון, ומנדרין תיכף צדקות ומרבים בתפילתן ובקשות ויחודים גדולים מאוד, עד שחוזרים ורואים השם הוי"ה ב"ה ויודעים בבירור שנתהפך לרחמים, וזהו שאמרו בגמ' צדיקים מהפכין מדת הדין למדת הרחמים:
ובכן אהובי דודי יכתוב לי פירוש הדברים שכתב אלי שאני פורש עצמי מדרכי אבותי הקדושים, הכי ראוי לפרוש חלילה מדרכי הצדיקים כאלו, ואיך היה באמת אבותי, כי נתגדלתי ונתרביתי אצל כבוד דודי הרב הגאון החסיד הגדול איש אלקים מופת הדור רבן של כל בני הגולה הלוא הוא אב"ד דק"ק ניקלשפורג הבירה והמדינה יצ"ו, ידעתיו שכל הנהגותיו היה כך, ומוטל עלי לילך בעקבותיו הטהורים, כדרך שאמרו בגמ' רוב בנים הולכין אחר אחי האם. ובכן אהובי דודי יפרוש לי במכתבו כדי שילמוד סתום מן המפורש.
כ"ד אהובו ב"א דורש שלומו ומצפה לטובתו וחפץ בהצדקו
הק' זכריה מענדיל

## אגרות שונות

### איגרת בענין מי הוא הראוי להתפלל בנוסח ספרד

איגרת מהרב הקדוש אדומו"ר מורינו הרב אלימלך זכר צדיק וקדוש לברכה נב"מ זכותו יגן עלינו ועל כל ישראל
שלמא רבא יסגא לאהובי ידידי אוהב נפשי הלוא הוא הרבני המופלא ומופלג החריף ושנון הירא וחרד לדבר ה' ותורתו כ"ש מורינו הרב משה נרו יאיר לנצח:
גליון ידו הקדושה הגיעני.
ומה שכתב מעלתו אם לשנות הנוסחא ולהתפלל בנוסח ספרד, מיום עמדי על דעתי בידיעת ספר ראיתי וגם שמעתי שהיו מתפללים בנוסח ספרד, גם רבותי סיפרו לי שהיה בימיהם וקודם להם אנשים צדיקים שהיו מתפללים בנוסח ספרד, רק שהיו עדיין מעטים בימיהם, והנה אני לא הבנתי את הנוסחא הנ"ל, עתה הנה נא זקנתי הבנתי התועלת והמעלה של אותה הנוסחא, עד שבלתי אפשרי להעלות על הכתב גודל מעלתה, גם אם הייתי מבטא בשפתי, איני יודע בבירור אם היה אפשר שיבינו.
אך צריך שיהיה המתפללים בנוסח הזה פרושים מדרכי העולם. הראשון מהפרישות שלא להוציא שקר מפיו, ושלא להיות מקלל את חבירו אפילו בני ביתו בשום פעם, גם שלא יקפיד עליהם אפילו הקפדה בלב, ושלא להוציא שבועה מפיו, ושלא להיות לו קנאה וחמדת ממון, ומדת גאוה בלתי אפשרי להעלות על הכתב גנותו, כידוע לכם שאני מוכיח עצמי תמיד ומבייש עצמי ברבים כדי להוציא מכח אל הפועל, ושלא להיות משתכר בשום פעם בשום משקה המשכר כי אם מעט לצורך מה, גם שיהא מרגיש בעצמו באמת שאין לו שום מנוחה מדאגות מצרות ישראל, ולבו כואב ומיצר עליהם מבלי הפוגות, עד שמגודל הצער בלתי יכול להתאפק מלהתפלל עליהם בינו לבין עצמו, אף שאינו ראוי והגון בעיני עצמו, על כללות ישראל, ואפילו על שונאיו, אם לא שיראה מהם שעוברים על מצות עשה או לא תעשה, ועיקר שיהיה למדן על כל פנים גמרא ותוספת ופירוש רש"י, ושאר דרכי הקודש כמבואר בספר עץ חיים, ועיקר אהבת חבירים ודיבוק חבירים.
ומי שאין בו כל המידות הללו בוודאי אינו מכת זו. ומי שיש בו כל המידות הללו, אותם בני אדם ראוי וטוב להם להתפלל בנוסח ספרד, הגם שידעתי בכם שאינכם עדיין במדריגה זו ככל הצורך, אף על פי כן מחמת שאני רואה שנפשכם חשקה מאד ומתאמצים מאד לבוא לעבודת הבורא יתברך באמת, הבא ליטהר מסייעין לו, והנוסחא זו גם כן מסייע שתוכלו להחזיק בעבודתו יתברך שמו באמת, כיון שאתם משתוקקים לבוא באמת להמידה הנ"ל. ואם לאו, חלילה להתפלל בנוסחא הנ"ל, כי הנה ראיתי אנשים גדולים שהם פרושים מדרכי העולם, אבל הכל בשביל הנאתם. גם יש לומדים ספרי קבלה ומתפללים בתוך סידור האר"י ז"ל ולומדין בטלית ותפילין אשר אין לך פרישות גדול מזה, כי באמת הדברים הללו הם טובים, אך שאין בהם פנימיות.

### איגרת בענין מניעה מתוארי כבוד ומניעה מקטטה

שלום וישע רב לאהובי אוהב נפשי הנצמד בקירות לבי התורני והרבני חכם ומושלם וותיק ועושה חסד כש"ת מורינו הרב יהודה נ"י ויופיע:
איגרת הקודש הגיעני, ותנוח נפשו כמו שהניח דעתי שפקדני לשלום, אך לזאת לא יאות לי יען כי גידלני בשבחות וקורא אותי בשם רב וכו', הגם שדרך העולם לכתוב שבחים המגיעים לכתבים, אך לא נח לי מאד, כי לא הגעתי אף לרועי בקר, ומה אני ומה משפחתי לבוא אלי בדברים כאלה, ובפרט שאני רואה כי הנני נרדף מגדולי הדור תפארת ישראל, בודאי לא על חנם זאת, כי אם מד' יצא הדבר שאין מניח כבודם לישב בשבת שלש סעודות, ובוודאי גם זה חטאנו שכבודכם נקשרים לי באהבה רבה, אבל זאת בקשתי מכבודכם הרמה, ממני תראו וכן תעשו לדורות, להיות שבלבלה המנין שלי שקשה עלי כמוות, ולבי אומר לי שבוודאי אינני ראוי לכך, והעיקר רחמנא ליבא בעי, ואשב בדד ואדום וכו' לדין את עצמי לכף חוב וחבריו לכף זכות, והצנועים מושכין ידיהם מהמצוה, שבאים חס ושלום לידי קטטה ומריבה חס ושלום, ומחמת שכבדים עלי ידי מזוקן ומצער אקצר באמרים.
כה דברי האיש העלוב המונח תחת כפות רגלי הצדיקים הק' אלימלך בן אלעזר ליפמאן זללה"ה
ולכולם אשר אהובים וברורים בעבודת השם יתברך, אחוי קידה, ומצפה לשרתם בגן עדן אם יניחו אותי לשם.

### איגרת בענין מטרת הנסיעה לצדיקים שהוא ללמוד ממעשיהם

איגרת הקודש מהרב הקדוש מורינו הרב אלעזר בן הרב הקדוש מורינו הרב אלימלך זללה"ה נב"מ זכותו יגן עלינו ועל כל ישראל.
שלום וישע רב יקרב לה"ה אוהב נפשי הרבני המופלג כבוד שלום תורתו מורינו הרב יעקב נרו יאיר.
מכתבו הגיעני והראיתיו לכבוד אדומו"ר, והיה בקראו ותסמר שערות ראשו ונזדעזעו אבריו, בראותו נראה מתוך שאלתו שעיקר נסיעתו אצל הצדיקים אינו למען ילמד ממעשיהם ויראתם וקדושתם ופרישתם, וגודל מחשבתם וחרטותיהם בכל עת ובכל רגע, ופגימותיהם על כל פסיעה ופסיעה ועל כל דיבור ועל כל ראיה וראיה דואגים ומתאנחים אולי לא היה דיבור זה לדבר השם ויראתו, וזוכרים חטאת נעורים תמיד כמאמר דוד המלך עליו השלום וחטאתי נגדי תמיד, ואינם משגיחים כלל לחשוב שום השבח הזה נאה יותר מזה, כדדרשינן בגמ' על פסוק ורועה זונות וכו' האומר הלכה זו נאה וכו' ע"ש, רק כל עבודתן אינו אלא למלאות רצון הבורא ברוך הוא וברוך שמו בכל מעשיהם, כמאמר בכל דרכיך דעהו.
(ומכאן חסר):

### הנהגות האדם

אלה הדברים אשר יעשה האדם וחי בהם א. הראשון צריך האדם ללמוד גמרא ופירש"י ותוס' ומפרשים כל אחד לפי השגתו והפוסקים אחריהם, ומתחילה ילמוד שולחן ערוך אורח חיים, וצריך להתפלל להשם יתברך שיבוא על האמת, כי חטאת נעורים של האדם הראשון מסטין עיניו שלא יראה, אף שיכול לפלפל ולהגיד לאחרים דינו אבל הוא בעצמו שוכח ולא מקיימם באמת, לכן צריך האדם להתחרט מאוד על עוונותיו, ולהתבודד

עצמו קודם אור היום שאז עת רצון לבכות על גלות השכינה פעמים הרבה עד אין חקר, ויבכה בדמעות, וגם ביום לפעמים יתבודד, ואז יראה בעצמו שעמדו עונותיו נגד עיניו. ויזכור את חטאתיו ועוונותיו ופשעיו כהרים וגבעות אשר מעולם לא זכר אותם אם עשה ככה. ככה יעשה לא פעם ולא שתים ולא מאה פעמים, עד אשר ירחמו עליו מן השמים, ויתפלל להשם יתברך שידריכהו בדרך ויורהו דרכו שלא יבלה חיי חייו, ואז השם יתברך ברחמיו וברוב חסדיו יאיר עיניו באור תורתו הקדושה, ויבין וישכיל תוכן הדבר לעשותו ולקיימו:

ב. אלה הדברים צריך ליזהר: מחנופה ומשקרים וליצנות ולשון הרע וקנאה ושנאה ותחרות וכעס וגאוה, ומלהסתכל בנשים, ומלהרבות שיחה עם אשה אפילו עם אשתו אמרו כו׳, ובפרט בעת נידתה צריך הרחקה:

ג. ויזכור תמיד יום המיתה, וכשילמוד גמרא או שאר ספרים לא יפסיק, שלא יעבור על דברי חז״ל שדרשו על הקוטפים וכו׳. ויתפלל להשם יתברך שילמוד תורה לשמה:

ד. ויעסוק באימה וביראה באיזה ספרי מוסר בכל יום, בראשית חכמה ושל״ה וחובות הלבבות:

ה. ולפעמים ילמוד באימה במעט איזה כתבים מהאר"י זצלל״ה, וכל זה באימה וביראה ופחד ה׳. בדורות הראשונים היו נשמותיהם נשמות קדושות והיו נשמרים מנעוריהם מכל חטא ועון והיו נשמותיהם ראויים ומסוגלים ללמוד חכמה זאת, אבל עתה בעוונותינו הרבים שיש לנו גוף עכור וחומר עב, צריך האדם לזכך ולכבס עצמו מכל חטא ולזכך נשמתו. ויבין האדם אם זיכך נשמתו כאשר אין יצה"ר מסיתו לשטות והבלים כאשר בתחילה, ואז יוכל ללמוד בכל פעם הכתבים. והשם יתברך יזכהו אם יזכך מחשבתו בקדושה באמת ובתמים, שיפתח לו שערי החכמה בכתבי האר״י זללה״ה, אשר לא כן כל זמן שמלובש בתאוות גופניות בהבלי זמן שהלימוד קשה לו מאד ח״ו:

ו. צריך האדם לזכך גופו ונפשו בלימוד כנ״ל בלימוד הגמ׳ ותוס׳. גם דברי אגדה שבגמרא המה מסוגלים מאד לזכך נשמתו:

ז. וישמור עצמו מעבירות מהרהורים רעים בכל אופן ואופן:

ח. וישמור עצמו מלשנוא שום אדם מישראל, כי אם הרשעים שנודעים לו בבירור שאי אפשר לדונם לכף זכות, וכל שאפשר לדונם לזכות מחויב לאהוב כנפשו בכל מאודו בגופו וכנפשו לקיים ואהבת לרעך כמוך:

ט. וישמור את עצמו מלדבר שום דיבור קודם התפילה אפילו דבר אחד, כי זה מבטל כוונת התפילה:

י. ויזהר לנקות את עצמו קודם התפילה וקודם סעודה. גם בכל פעם שצריך לנקביו, שלא להשהות ויעבור על בל תשקצו:

יא. ויזהר שיהיו בגדיו הכתונת ומכנסים מנוקים מלכלוך וצואה וש״ז ח״ו:

יב. לא יטיל אימה יתירה בתוך ביתו, ולא יקפיד שום הקפדה בתוך ביתו, ואם יהיה לו שום הקפדה על שום אדם או על דבר אחד, יזכור מיד חטאת נעוריו ויאמר בלבו אין זה כי אם עוונותי הביאוני לידי הקפדה זו. וכן בכל דבר יזכור חטאותיו ועל ידי זה יוכנע ויושבר כח היצר הרע:

יג. ויתפלל להשם יתברך שיעזרהו לעשות תשובה שלימה, ושלא ימות בלא תשובה, ויכלול את עצמו בתוך שאר בעלי תשובה שיעזרו שיעשה תשובה שלימה, ויתפלל על מחילת עוונותיו בכלל מחילת עוונות ב״י:

יד. ויהיו דבריו בנחת עם בני אדם, ואם משבחין אותו ילך בזריזות ויצטער את עצמו ויאמר מה זה משבחין אותי ואין בי, אילו היו מכירין בשפלותי ושטותי ומעללי ומעשי הרעים, ואיך אשא עיני לפני הבורא יתברך שמו שהוא יודע ורואה מעשי בכל עת ורגע אף על פי כן הוא מרחם עלי בכל דברי:

טו. ידמה בעיניו כאילו אדם עומד לנגדו תמיד ולא ירף ממנו השגחתו במעשיו תמיד, ואילו היה רואה בו דבר מכוער היה מתבייש ונמאס בעיניו והיה מטמין את עצמו באמתחת עכבר מגודל הבושה, על אחת כמה וכמה יתברך שמו עומד עליו ורואה במעשיו בכל עת ורגע, בלתי אפשר להטמין עצמו ממנו כמו שנאמר אם יסתר כמו שכתוב באורח חיים:

טז. אם יגנה אותו שום אדם, ישמח מאד שהקרה ה׳ לפניו איש כזה שמתגנה במעשיו המכוערים, וכל אדם יהיה בעיניו טוב ממנו:

יז. ירחיק את עצמו מכל דבר שאין בו צורך לתכלית בריאות גופו לעבודת השם יתברך, הן באכילה ושתיה, הן בכל תאוות והנאות:

יח. ועיקר שישמור את עצמו ממשקה המשכר, כי זה חולי רע ומביא את האדם לשפלות גדול, כמאמר התנא לא תרוי ולא תחטא:

יט. וישמור מלהזכיר שם לבטלה:

כ. וישמור עצמו מלדבר ומלחשוב שום דבר קדושה במקום מטונף, כי היצר הרע מתגבר דוקא להזכיר דבר קדושה במקום מטונף:

כא. וישמור עצמו מלדבר בבית הכנסת הקדוש אף דברי מוסר, שלא יומשך מתוך כן לדבר בטל:

**תפילה קודם התפילה**

תפילה קודם התפילה מהרב אלקי המפורסם רבי אלימלך מליז'נסק זי"ע.

יְהִי רָצוֹן מִלְּפָנֶיךָ, יְיָ אֱלֹהֵינוּ וֵאלֹהֵי אֲבוֹתֵינוּ, שׁוֹמֵעַ קוֹל שַׁוְעַת עֲתִירָה, וּמַאֲזִין לְקוֹל תְּפִלַּת עַמּוֹ יִשְׂרָאֵל בְּרַחֲמָיו. שֶׁתָּכִין לִבֵּנוּ וּתְכוֹנֵן מַחְשְׁבוֹתֵינוּ וּתְשַׁגֵּר תְּפִלָּתֵנוּ בְּפִינוּ. וְתַקְשִׁיב אָזְנְךָ לִשְׁמֹעַ בְּקוֹל תְּפִלַּת עֲבָדֶיךָ הַמִּתְחַנְּנִים אֵלֶיךָ בְּקוֹל שַׁוְעָה וְרוּחַ נִשְׁבָּרָה.

וְאַתָּה אֵל רַחוּם בְּרַחֲמֶיךָ הָרַבִּים וּבַחֲסָדֶיךָ הַגְּדוֹלִים, תִּמְחוֹל וְתִסְלַח וּתְכַפֵּר לָנוּ וּלְכָל עַמְּךָ בֵּית יִשְׂרָאֵל. אֶת כָּל מַה שֶּׁחָטָאנוּ וְהֶעֱוִינוּ וְהִרְשַׁעְנוּ וּפָשַׁעְנוּ לְפָנֶיךָ, כִּי גָּלוּי וְיָדוּעַ לְפָנֶיךָ כִּי לֹא בְּמֶרֶד וּבְמַעַל חָלִילָה וְחָלִילָה מָרִינוּ אֶת פִּיךָ וְדִבְרֵי תּוֹרָתְךָ וּמִצְוֹתֶיךָ, כִּי אִם מֵרֹב הַיֵּצֶר הַבּוֹעֵר בְּקִרְבֵּנוּ תָּמִיד. לֹא יָנוּחַ וְלֹא יִשְׁקֹט עַד אֲשֶׁר מְבִיאֵנוּ אֶל תַּאֲוַת הָעוֹלָם הַשָּׁפָל הַזֶּה וְאֶל הַבְלָיו, וּמְבַלְבֵּל אֶת מַחְשְׁבוֹתֵינוּ תָּמִיד, אֲפִלּוּ בְּשָׁעָה שֶׁאֲנַחְנוּ עוֹמְדִים לְהִתְפַּלֵּל לְפָנֶיךָ וּלְבַקֵּשׁ עַל נַפְשֵׁנוּ. הוּא מְבַלְבֵּל אֶת תְּפִלָּתֵנוּ וְאֶת מַחְשְׁבוֹתֵינוּ תָּמִיד בְּתַחְבּוּלוֹתָיו, וְאֵין אָנוּ יְכוֹלִים לַעֲמֹד נֶגְדּוֹ. כִּי נֶחֱלַשׁ שִׂכְלֵנוּ וּמֹחֵנוּ וְלִבֵּנוּ עַד מְאֹד. וְכָשַׁל כֹּחַ הַסַּבָּל מֵרֹב הַצָּרוֹת וְהַתְּלָאוֹת וְטִרְדַּת הַזְּמַן:

לָכֵן אַתָּה אֵל רַחוּם וְחַנּוּן. עֲשֵׂה עִמָּנוּ כְּמוֹ שֶׁהִבְטַחְתָּנוּ עַל יְדֵי נֶאֱמַן בֵּיתֶךָ. וְחַנֹּתִי אֶת אֲשֶׁר אָחֹן וְרִחַמְתִּי אֶת אֲשֶׁר אֲרַחֵם, וְאָמְרוּ חֲכָמֵינוּ זִכְרוֹנָם לִבְרָכָה. אַף עַל פִּי שֶׁאֵינוֹ הָגוּן וְאֵינוֹ כְדַאי, כִּי כֵן דַּרְכְּךָ לְהֵיטִיב לָרָעִים וְלַטּוֹבִים, כִּי גָלוּי וְיָדוּעַ לְפָנֶיךָ אַנְקָתֵנוּ וְצַעֲרֵנוּ וְשִׂיחֵנוּ עַל אֲשֶׁר אֵין אָנוּ יְכוֹלִים לְקָרֵב עַצְמֵנוּ לַעֲבוֹדָתֶךָ. וּלְדַבֵּק לִבֵּנוּ בְּךָ בֶּאֱמֶת וּבְתָמִים, אֲהָהּ עַל נַפְשֵׁנוּ, אוֹי עָלֵינוּ מְאֹד, אָבִינוּ שֶׁבַּשָּׁמַיִם:

וְעַתָּה תְּעוֹרֵר נָא עָלֵינוּ רַחֲמֶיךָ וַחֲסָדֶיךָ הַגְּדוֹלִים וְהַמְרֻבִּים לְגָרֵשׁ וּלְבַעֵר אֶת יִצְרֵנוּ הָרָע מִקִּרְבֵּנוּ, וְתִגְעַר בּוֹ שֶׁיָּסוּר וְיֵלֵךְ מֵאִתָּנוּ, וְאַל יַסִּית אוֹתָנוּ לְהַדִּיחֵנוּ מֵעֲבוֹדָתֶךָ חָלִילָה. וְאַל יַעֲלֶה בְּלִבֵּנוּ שׁוּם מַחֲשָׁבָה רָעָה חָלִילָה הֵן בְּהָקִיץ הֵן בַּחֲלוֹם. בִּפְרָט בְּעֵת שֶׁאֲנַחְנוּ עוֹמְדִים בִּתְפִלָּה לְפָנֶיךָ, אוֹ בְּשָׁעָה שֶׁאֲנַחְנוּ לוֹמְדִים תּוֹרָתֶךָ. וּבְשָׁעָה שֶׁאֲנַחְנוּ עוֹסְקִים בְּמִצְוֹתֶיךָ, תְּהֵא מַחְשְׁבוֹתֵינוּ זַכָּה צְלוּלָה וּבְרוּרָה וַחֲזָקָה, בֶּאֱמֶת וּבְלֵבָב שָׁלֵם כִּרְצוֹנְךָ הַטּוֹב עִמָּנוּ:

וּתְעוֹרֵר לְבָבֵנוּ וּלְבַב כָּל יִשְׂרָאֵל עַמְּךָ, וּלְבַב כָּל הַנִּלְוִים אֵלֵינוּ, וּלְבַב כָּל הַחֲפֵצִים בְּחֶבְרָתֵנוּ, לְיַחֶדְךָ בֶּאֱמֶת וּבְאַהֲבָה. לְעָבְדְךָ עֲבוֹדָה הַיְשָׁרָה, הַמְקֻבֶּלֶת לִפְנֵי כִּסֵּא כְבוֹדֶךָ. וְתִקְבַּע אֱמוּנָתְךָ בְּלִבֵּנוּ תָּמִיד בְּלִי הֶפְסֵק, וּתְהֵא אֱמוּנָתְךָ קְשׁוּרָה בְּלִבֵּנוּ כְּיָתֵד שֶׁלֹּא תִמּוֹט, וְתַעֲבִיר מֵעָלֵינוּ כָּל הַמְּסַכִים הַמַּבְדִּילִים בֵּינֵינוּ לְבֵינְךָ אָבִינוּ שֶׁבַּשָּׁמַיִם. וְתַצִּילֵנוּ מִכָּל מִכְשׁוֹל וְטָעוּת, אַל תַּעַזְבֵנוּ וְאַל תִּטְּשֵׁנוּ וְאַל תַּכְלִימֵנוּ, וּתְהֵא עִם פִּינוּ בְּעֵת הַטִּיפֵנוּ, וְעִם יָדֵינוּ בְּעֵת מַעְבָּדֵינוּ, וְעִם לִבֵּנוּ בְּעֵת מַחְשְׁבוֹתֵינוּ: וּתְזַכֵּנוּ אָבִינוּ שֶׁבַּשָּׁמַיִם אֵל מָלֵא רַחֲמִים, שֶׁנְּיַחֵד אֶת לְבָבֵנוּ וּמַחְשְׁבוֹתֵינוּ וְדִבּוּרֵנוּ וּמַעֲשֵׂינוּ וְכָל תְּנוּעוֹתֵינוּ וְהַרְגָּשׁוֹתֵינוּ, הַיְדוּעוֹת לָנוּ וְשֶׁאֵינָן יְדוּעוֹת לָנוּ, הַנִּגְלוֹת וְהַנִּסְתָּרוֹת, שֶׁיְּהֵא הַכֹּל מְיוּחָד אֵלֶיךָ בֶּאֱמֶת וּבְתָמִים בְּלִי שׁוּם מַחֲשֶׁבֶת פְּסוּל חָלִילָה, וְטַהֵר לִבֵּנוּ וְקַדְּשֵׁנוּ, וּזְרֹק עָלֵינוּ מַיִם טְהוֹרִים וְטַהֲרֵנוּ בְּאַהֲבָתְךָ וּבְחֶמְלָתֶךָ, וְתִטַּע אַהֲבָתְךָ וְיִרְאָתְךָ בְּלִבֵּנוּ תָּמִיד בְּלִי הֶפְסֵק, בְּכָל עֵת וּבְכָל זְמַן וּבְכָל מָקוֹם, בְּלֶכְתֵּנוּ וּבְשִׁבְתֵּנוּ וּבְשָׁכְבֵנוּ וּבְקוּמֵנוּ תִּבְעַר תָּמִיד רוּחַ קָדְשְׁךָ בְּקִרְבֵּנוּ. וְנִשְׁעָנִים תָּמִיד בְּךָ וּבִגְדֻלָּתְךָ וּבְאַהֲבָתְךָ וּבְיִרְאָתֶךָ. וּבְתוֹרָתְךָ שֶׁבִּכְתָב וְשֶׁבְּעַל פֶּה הַנִּגְלֶה וְהַנִּסְתָּר וּבְמִצְוֹתֶיךָ, הַכֹּל לְיַחֵד שִׁמְךָ הַגִּבּוֹר וְהַנּוֹרָא:

וְתִשְׁמְרֵנוּ מִן הַפְּנִיּוֹת וְהַגַּאֲוּת וּמִן הַכַּעַס וְהַקַּפְּדָנוּת וְהָעַצְבוּת וְהָרְכִילוּת וּשְׁאָר מִדּוֹת רָעוֹת, וּמִכָּל דָּבָר הַמַּפְסִיד עֲבוֹדָתְךָ הַקְּדוֹשָׁה וְהַטְּהוֹרָה הַחֲבִיבָה עָלֵינוּ, וְתַשְׁפִּיעַ רוּחַ קָדְשְׁךָ עָלֵינוּ שֶׁנִּהְיֶה דְּבֵקִים בָּךְ. וְשֶׁנִּשְׁתּוֹקֵק תָּמִיד אֵלֶיךָ יוֹתֵר וְיוֹתֵר, וּמִמַּדְרֵגָה לְמַדְרֵגָה תַּעֲלֵנוּ, שֶׁנִּזְכֶּה לָבוֹא לְמַעֲלַת אֲבוֹתֵינוּ הַקְּדוֹשִׁים אַבְרָהָם יִצְחָק וְיַעֲקֹב, וּזְכוּתָם יַעֲמֹד לָנוּ שֶׁתִּשְׁמַע בְּקוֹל תְּפִלָּתֵנוּ שֶׁנִּהְיֶה תָּמִיד נַעֲנִים בְּעֵת שֶׁנִּתְפַּלֵּל אֵלֶיךָ עָלֵינוּ אוֹ עַל שׁוּם אֶחָד מֵעַמְּךָ יִשְׂרָאֵל, עַל יָחִיד אוֹ עַל רַבִּים, וְתִשְׂמַח וְתִתְפָּאֵר בָּנוּ, וְנַעֲשֶׂה פְּרִי לְמַעְלָה וְשֹׁרֶשׁ לְמָטָּה:

וְאַל תִּזְכָּר לָנוּ חַטֹּאתֵינוּ וּבִפְרָט חַטֹּאת נְעוּרֵינוּ, כְּמַאֲמַר דָּוִד הַמֶּלֶךְ עָלָיו הַשָּׁלוֹם חַטֹּאת נְעוּרַי וּפְשָׁעַי אַל תִּזְכֹּר, וְתַהֲפֹךְ עֲוֹנוֹתֵינוּ וּפְשָׁעֵינוּ לִזְכוּת, וְתַשְׁפִּיעַ עָלֵינוּ מֵעוֹלַם הַתְּשׁוּבָה תָּמִיד הִרְהוּר לָשׁוּב אֵלֶיךָ בְּלֵב שָׁלֵם. וּלְתַקֵּן אֶת אֲשֶׁר פָּגַמְנוּ בִּשְׁמוֹתֶיךָ הַקְּדוֹשִׁים וְהַטְּהוֹרִים:

וְתַצִּילֵנוּ מִקִּנְאַת אִישׁ מֵרֵעֵהוּ וְלֹא יַעֲלֶה קִנְאַת אָדָם עַל לִבֵּנוּ וְלֹא קִנְאָתֵנוּ עַל אֲחֵרִים, אַדְּרַבָּה, תֵּן בְּלִבֵּנוּ שֶׁנִּרְאֶה כָּל אֶחָד מַעֲלַת חֲבֵרֵינוּ וְלֹא חֶסְרוֹנָם, וְשֶׁנְּדַבֵּר כָּל אֶחָד אֶת חֲבֵרוֹ בַּדֶּרֶךְ הַיָּשָׁר וְהָרָצוּי לְפָנֶיךָ. וְאַל יַעֲלֶה שׁוּם שִׂנְאָה מֵאֶחָד עַל חֲבֵרוֹ חָלִילָה:

וּתְחַזֵּק הִתְקַשְּׁרוּתֵנוּ בְּאַהֲבָה אֵלֶיךָ, כַּאֲשֶׁר גָּלוּי וְיָדוּעַ לְפָנֶיךָ. שֶׁיְּהֵא הַכֹּל נַחַת רוּחַ אֵלֶיךָ, וְזֶה עִקַּר כַּוָּנָתֵנוּ. וְאִם אֵין לָנוּ שֵׂכֶל לְכַוֵּן אֶת לְבָבֵנוּ אֵלֶיךָ, אַתָּה תְּלַמְּדֵנוּ אֲשֶׁר נֵדַע בֶּאֱמֶת כַּוָּנַת רְצוֹנְךָ הַטּוֹב: וְעַל כָּל זֹאת מִתְחַנְּנִים אֲנַחְנוּ לְפָנֶיךָ אֵל מָלֵא רַחֲמִים שֶׁתְּקַבֵּל אֶת תְּפִלָּתֵנוּ בְּרַחֲמִים וּבְרָצוֹן, אָמֵן כֵּן יְהִי רָצוֹן: